Das Wilhelminische Berlin

Panorama einer Metropole

1890–1918

Ruth Glatzer

Das Wilhelminische Berlin

Panorama einer Metropole 1890 – 1918

Einleitung
von Ernst Engelberg

Siedler Verlag

Inhalt

Ernst Engelberg

Das Wilhelminische Berlin

Die Würde der Reichshauptstadt hatte nach den seit 1871 vergangenen zwei Jahrzehnten auch ihre Bürde zu tragen. Immerhin residierten in Berlin die Spitzen des neuen, mitunter parvenuehaft erscheinenden Kaisertums: die Reichsbehörden, der Reichtstag, gesamtdeutsche Leitungsorgane von Parteien, von Organisationen und vielerlei Institutionen, von all denen man Lösungen der schwieriger werdenden Probleme in Wirtschaft, Gesellschaft und Politik erwartete. Zu fragen blieb, wie weit es denn nun mit der Anerkennung Berlins als Weltstadt sei. Der Vergleich mit London, Wien und Sankt Petersburg drängte sich auf, insbesondere natürlich der mit Paris, das im Säkularjahr der großen Französischen Revolution mit seiner Weltausstellung viele Millionen aus allen Erdteilen angezogen hatte. Paris repräsentierte damals Weltgeschichte in Vergangenheit und Gegenwart und sprach Menschen aller Länder, Klassen und Schichten an. Damit konnte sich Berlin auch als Reichshauptstadt noch nicht messen.

Wie sollte es auch, hatte doch das Reich selbst noch nicht seinen Platz im europäischen Staatengefüge gefunden. Noch wußte man nicht, wie sich das traditionell gute Verhältnis Preußen-Deutschlands zu Rußland künftig gestalten sollte. War in einer zunehmend aufgeteilten Welt die 1871 proklamierte Maxime der territorialen Saturiertheit des Reiches aufrechtzuerhalten? Und wie konnte man innenpolitisch auf die soziale Unruhe, die sich bei der Streikbewegung im Sommer 1889 gezeigt hatte, reagieren? Erste Antworten darauf gab der Reichstag, der im Januar 1890 das Ausnahmegesetz gegen die Sozialdemokratie nicht mehr verlängerte. Bei der Neuwahl im Februar errangen die antibismarckschen Oppositionsfraktionen schließlich die Mehrheit; die Sozialdemokraten erhielten im Vergleich zu anderen Parteien die meisten Stimmen, in Berlin gewannen sie sogar die absolute Mehrheit.

So verlangte vieles sachliche wie personelle Entscheidungen. Mit einem Anflug von Tatendrang zugunsten von Arbeiterschutzforderungen steuerte der geltungssüchtige und von hochbeamteten Intriganten angetriebene Wilhelm II. auf die Trennung von seinem Kanzler Bismarck hin, den er im Frühjahr 1890 zum Rücktritt geradezu nötigte.

Nachdem er das Rücktrittsgesuch dann mit verlogenen Huldbeweisen bewilligt hatte, verließ Bismarck am 29. März 1890 Berlin; das verlief spektakulär, denn ungeachtet aller Kritik an ihm säumten an diesem Tage viele Menschen dicht gedrängt die Straßen vom Reichskanzlerpalais bis zum Lehrter Bahnhof, wo sie den Reichsgründer mit brausenden Ovationen verabschiedeten.

So begann der Zeitabschnitt nach 1890 damit, daß ein politisch nie reif werdender Thronfolger einen Gestalter deutscher und europäischer Geschichte verdrängte. Nicht verwunderlich also, daß nach Bismarcks zwanzig Kanzlerjahren im letzten Dezennium des 19. Jahrhunderts unter Wilhelm II. drei Reichskanzler einander ablösten, nach General von Caprivi kam Hohenlohe-Schillingsfürst, dann folgte Bernhard von Bülow. Dennoch, bei allen Rodomontaden Wilhelms II., denen zufolge nur er allein »Herr im Lande« und »der Wille des Königs ... oberstes Gebot« sei, das bis in unsere Tage so viel erwähnte »persönliche Regiment« ist eine Legende. Da wirkten in der Reichspolitik letztlich ganz andere Kräfte, wie später offenkundig werden sollte. Nicht einmal im hauptstädtischen Bereich konnte der Kaiser so eigenmächtig verfahren. Durchaus gewillt, im September 1890 die Wiederwahl des Freisinnigen Max von Forckenbeck zum Berliner Oberbürgermeister nicht zu bestätigen, weil dieser im Reichstag gegen die Heeresvorlage gestimmt hatte, mußte am Ende der sich aufspielende Kaiser und König eben doch auf den vorgesehenen Kraftakt verzichten. Dafür begab er sich zunächst auf einen im wahrsten Sinne des Wortes anderen Schau-Platz, nämlich den des Inaugurierens preußischer Denkmäler in großem Stil.

Im Unterschied zu anderen europäischen Staaten vereinte das Deutsche Reich als Relikte einstiger staatlicher Zerrissenheit die Dynastien in einem Bundesstaat. So war der deutsche Kaiser zugleich König von Preußen, und Berlin galt als Reichs- wie auch als Landeshauptstadt. Eben das sollte nach der Vorstellung Wilhelms II. sichtbar und denkwürdig gemacht werden und bewegte ihn bei dem Vorhaben, im Ostbereich des Tiergartens eine »Siegesallee« mit 32 Skulpturengruppen zu Ehren der brandenburgisch-preußischen Herrscher und ihrer herausragenden Zeitgenossen anlegen zu lassen. Mitte der neunziger Jahre begann man damit, und Ende 1901 waren die Arbeiten abgeschlossen. In der Nähe des Reichstagsgebäudes wirkten die dynastischen Monumente wie eine antiparlamentarische Beschwörung auf borussisch-landesväterliche Art. Der deutsche Kaiser rühmte die marmornen Verherrlichungen Preußens als Kunstwerke, »wie sie wohl kaum in der Renaissancezeit schöner hätten sein können«; bei einem Empfang in Rom erdreistete er sich sogar, das Reichstagsgebäude Wallots als »Gipfel der Geschmacklosigkeit« zu verhöhnen. Seine tiefsitzende Antipathie gegen das Parlament verriet er in dessen Verunglimpfung als »Reichsaffenhaus«.

Neben dem königlich-preußischen Berlin wollte Wilhelm II. auch dem kaiserlichen Reichsberlin architektonisch huldigen. Da er seinen Großvater Wilhelm I. als »den Großen« gefeiert sehen wollte – schon um Bismarcks historische Verdienste herabzusetzen –, ließ er ihm zu Ehren zwischen Schloß und Spree ein überdimensionales Reiterdenkmal errichten. In Imponiergehabe waren Roß und Reiter umgeben von Arkaden, auf denen Viergespanne heranstürmten, und vielerlei sonstigem Zierat, auch von mächtigen Löwen, was die Berliner reizte, über »Willem in de Löwenjrube« zu spotten.

Zu den Denkmälern mit ihren feudalen Reminiszensen gesellten sich zunehmend Bauten, die in ihrem eklektisch-historisierenden Protzentum die feudal-dynastische Selbsherrlichkeit mit aufkommendem hochkapitalistischen Reichsbewußtsein verbinden wollten. So entstanden in den Jahren 1891 bis 1895 die Kaiser-Wilhelm-Gedächtniskirche und im Jahrzehnt von 1894 bis 1905 der Domkoloß.

In solchen Repräsentationsbauten erreichte der sogenannte Historismus jene Spätphase, wo in der Architektur das Rezipieren, bisweilen Kopieren früherer Stile vorherrschend wurde. Da weiterhin viele einzelne Bauherren oder Gesellschaften am Werke waren, entstanden je nach Geschmack oft recht unterschiedliche Stilimitate. Dieser Stilpluralismus beraubte die neu- oder umgebauten Straßen in Berlin jenes großzügig-einheitlichen Schwunges, mit dem in den fünfziger und sechziger Jahren der berühmte Haussmann die Pariser Boulevards gestaltete.

Merkwürdigerweise kamen durch dichtes Bauen von Mietskasernen auf teurem Boden gelegentlich doch Straßenfluchten mit Fassaden zustande, die den Anschein solider Wohnkultur vermittelten – hier fast in positivem Gegensatz zu Paris, wo in Arbeitervierteln der Banlieu oft ärmliches Durcheinander herrschte. Im Wedding, in Neukölln, im Friedrichshain und auch an anderen Orten in Berlin verbargen dunkelgraue Häuserfassaden enge Hinterhöfe, mehrfach hintereinander gelegen, umgeben von Wohnungen mit ungenügenden sanitären Einrichtungen, licht- und luftarm. Die zahlreich zugezogenen Arbeiter mit ihren Familien steigerten noch die Wohnungsnot, die am schlimmsten in den alten Vierteln der Innenstadt war. Die wachsende Industrie zog die Arbeiter ungeachtet immer wiederkehrender Arbeitslosigkeit an, zugleich vermehrten die vielfältigen Institutionen und Bedürfnisse der Hauptstadt den begüterten Mittelstand, also die Schicht der Beamten, Ärzte, Rechtsanwälte, Lehrkräfte höherer Bildungsanstalten und etablierten Künstler. Für deren Ansprüche wuchsen komfortable Mietshäuser in den westlichen Stadtbezirken wie etwa in Friedenau und Steglitz oder um den Rüdesheimer Platz, wo sie gar ein Landhaus-Ensemble bildeten. Die Wohlhabenden, vor allem in Vororten wie Wannsee, Nikolassee, Schlachtensee und Dahlem, statteten ihr Zuhause standesgemäß aus. Die Luxusvillen der Industriellen, Bankiers oder der hohen Beamten wandelten sich so oft genug nicht nur zu Stätten der erholsamen Annehmlichkeiten, sondern auch zu gesellschaftlichen Zentren imponierender und kulturell umrahmter Macht.

In der Vielfalt des hauptstädtischen Bauens zeigten sich seit der Jahrhundertwende neue Ansätze in der Architektur. Die innere Spannung im vorherrschenden Historismus zwischen Funktion und Form der Bauten, zwischen Tektonik und Erscheinungsbild, regte zu neuen Schöpfungen an. Ein erster Übergang zu moderner Architektur entstand in der Leipziger Straße, nahe dem Potsdamer Platz, in dem 1897 eröffneten Warenhaus Wertheim von Alfred Messel mit seiner gotisch stilisierten – nicht imitierten – Fassade. Als Pionierleistung technischer Architektur ist zudem ein 1909 entstandenes Industriegebäude am Rande der Stadt, im Nordwesten Moabits, zu werten, das von Peter Behrens geschaffene Turbinenhaus der AEG. Und im Stadtzentrum, am Bülowplatz, entstand, getragen von der Volksbühnenbewegung, noch das Gebäude der Volksbühne, das im Innern alle Stuckverzierung und jegliche Ränge vermied – ein bewußt demokratischer und auch in diesem Sinne moderner Theaterbau, geschaffen von dem Architekten Oskar Kaufmann.

Alles in allem, Berlin wuchs sich aus zu einem Ganzen mit sehr verschiedenartigen Stadtteilen, äußerlich verbunden durch die sich ausdehnenden Streckenführungen der Stadt- und Untergrundbahnen. Noch lange zogen Dampflokomotiven die Stadtbahn, weil die Urväter der Berliner Großindustrie, Borsig und Schwartzkopff, durch Kartellabsprachen nicht nur ökonomisch, sondern auch politisch einflußreich, den elektrischen Zugbetrieb bis zum Ausbruch des Weltkrieges zu verhindern wußten. Schließlich entwickelten sich Omnibuslinien, deren erste mit Benzinmotoren betriebene Strecke zwischen dem Halleschen Tor und der Chausseestraße im November 1905 eröffnet wurde.

Die Modernisierung des hauptstädtischen Verkehrs gab der äußeren Physiognomie Berlins, der es an anziehender Großzügigkeit mangelte, mehr Dynamik. Berlin war spätestens seit den achtziger Jahren, trotz vieler Uniformierter im Straßenbild, nicht mehr vorwiegend eine Stadt der Beamten und Militärs, es hatte sich vielmehr zum aufstrebenden und vielgliedrigen Industrie- und Gewerbezentrum gewandelt. Keine Hauptstadt in Europa konnte mit diesem Aufschwung Schritt halten; über das durchschnittliche industrielle Niveau ragten die beiden Elektro-Riesen Siemens und AEG heraus, gegründet und geleitet von Männern mit geistigem Format: Werner Siemens gehörte als Begründer der Elektrotechnik unter anderem durch die Erfindung der Dynamomaschine zu den Großen in der Technikgeschichte; Emil Rathenau, mit Gespür für technische Neuerungen begabt, erweiterte in der AEG das Produktionsprogramm von der Fabrikation von Glühlampen bis zu der von Turbinen. Sein Sohn und Nachfolger Walther Rathenau zeichnete sich zwar nicht mehr als industrieller Pionier aus, dafür aber als vielseitiger und gebildeter Unternehmer, als Physiker, Politiker, Organisator und auch als Kulturphilosoph.

Viele der im frühen 19. Jahrhundert gegründeten Betriebe wie auch die später entstandenen Elektrowerke, für die die Innenstadt und die unmittelbar angrenzenden Bezirke zu eng geworden waren, bauten ihre erweiterten Produktionsstätten auf den Wiesen und Äckern der Außenbezirke auf. Die Borsigsche Lokomotiven- und Maschinenbauanstalt verlegte ihre gesamte Produktion nach Tegel; Siemens konzentrierte sich auf den Nordwesten Berlins und gründete dort stolz »Siemensstadt«. Die AEG trieb es ebenfalls in die Randgebiete, allerdings an mehrere Standorte: Die Turbinenfabrik verblieb in Moabit, ein ansehnlicher Komplex entstand beim Humboldthain, das Kabelwerk fand seinen Platz an der Oberspree.

Zur industriellen Physiognomie Berlins gehörten auch die mittelgroßen Firmen des Maschinen- und Werkzeugbaus, die der Nahrungs- und Genußmittelindustrie und die der Konfektion, die vor allem in der Innenstadt konzentriert war.

Trotz beachtlicher Fortschritte in der industriellen Fabrikation existierte das traditionelle Handwerk weiter und befriedigte immer noch spezielle Bedürfnisse. Es bewies seine Lebenskraft ebenso wie der Kleinhandel, der sich trotz aller Warenhäuser wie Wertheim, Hertzog, Tietz und anderer vorerst behaupten konnte; noch lange Zeit verbreiteten Kellerläden mitten in der werdenden Weltstadt eine romantisch-kleinstädtische Atmosphäre.

Das immer lebhafter werdende Getriebe in Industrie, Gewerbe und Handel warf bald auch Schatten; der Kontrast zwischen Reich und Arm wurde stärker. Wie auch immer die Konjunktur verlief, die Löhne der verschiedenen Arbeiterschichten bewegten sich auf einem Niveau, das nur ein beengtes und vielfach eingeschränktes Dasein erlaubte, wie ordentlich geführte Haushaltsbücher von Arbeiterfrauen in eindrucksvoller Weise belegen. Proletarisches Elend war nicht selten, besonders wenn Arbeitslosigkeit die Familien heimsuchte. Vielfach mußten Frauen, um die Familien über Wasser zu halten, jämmerlich bezahlte Heimarbeit annehmen – etwa in der Schuhfabrikation, der Konfektion, oder der Papier- und Schmuckwarenbranche. Widerstand selbst gegen krasse Formen der Ausbeutung war den Frauen schon durch das preußische Vereinsgesetz mit seinem berüchtigten Paragraphen 8 erschwert, der ihnen die Mitgliedschaft in politischen Vereinen verbot, wobei die Polizeibehörden das Kriterium dafür weit und willkürlich fassen konnten.

Nicht minder bedrückend für die Arbeiter war die unzureichende Fabrikgesetzgebung, die sich vor allem auf die Fabrikinspektionen und die Regelung der Arbeitsverhältnisse nicht zuletzt von Frauen, Kindern und Jugendlichen bezog. Der seit den achtziger Jahren in allen europäischen Industrieländern geforderte »Normalarbeitstag« war noch längst nicht gesetzlich fixiert. In den kleinen und mittleren Betrieben arbeitete man täglich zwischen zehn und elf Stunden, in den Großbetrieben setzte sich bei zunehmender Intensivierung der Produktion eine neun- bis zehnstündige Arbeitszeit durch. Noch angespannter war die Lage in saisonabhängigen Betrieben, etwa in der Konfektionsindustrie rund um den Hausvogteiplatz, wo zwölf Stunden geschneidert und genäht wurde, bisweilen ging es auch bis ein und zwei Uhr nachts. Die nichtindustriellen Berufszweige hatten es am schwersten, die Schneidergesellen und Näherinnen, die Bäckergesellen, die mit zusätzlicher Nachtarbeit belastet waren, oder die Rollkutscher mit Schichten bis zu achtzehn Stunden. Verhängnisvoll wirkte sich in diesen Berufen aus, daß die Vereinzelung und die überlangen Arbeitszeiten bei kargem Lohn die Kräfte verzehrten und damit die geistige und physische Fähigkeit einschränkten, einen höheren Lebensstandard zu erkämpfen.

Anders war die Lage im Großgewerbe und in der Klein- und Mittelindustrie, von denen die Gewerkschaftsbewegung ausging. Sie wuchs gerade in Berlin stark, von 40000 Mitgliedern der Freien Gewerkschaften im Jahre 1895 bis auf 302000 im letzten Vorkriegsjahr. Mit dieser Mitgliederbewegung veränderte sich auch die Organisationsstruktur; aus ursprünglich reinen Berufsgewerkschaften gingen umfassendere Industriegewerkschaften hervor. So gab es beispielsweise nicht mehr nur die fachspezifische Gewerkschaft der Dreher oder die der Former, sondern schließlich die Interessenvertretung aller in der Metallindustrie beschäftigten Arbeiter.

Das alles lief parallel und im Zusammenhang mit Machtkonzentrationen in der Industrie- und Bankwelt, die sich nach der Wirtschaftskrise von 1901 noch beschleunigten. Unternehmer, gelegentlich auch selbständige Meister, bildeten Ringe, die durch Preisabsprachen und Eingrenzung von Absatzgebieten die Konkurrenz auszuschalten suchten. Überdies strafften Großunternehmen ihre bisherigen Kartelle und Syndikate. Besonders expansiv waren AEG und Siemens; teils schluckten sie die Konkurrenten, wie Siemens das Nürnberger Schuckert-Werk, teils trafen sie mit ihnen Vereinbarungen, wie Emil Rathenau mit der General Electric Company, der die USA und Kanada als alleiniges Wirkungsfeld verblieben, während sich die AEG in Deutschland, in Mittel-, Nord- und Osteuropa geschäftlich ausbreiten durfte. In Südamerika und anderen, nicht ausdrücklich erwähnten Gebieten der Erde ließ man die gegenseitige Konkurrenz zu. Das also war, von Berlin aus inauguriert, die »Weltpolitik« auf ökononomischem Terrain.

Eng verbunden mit dem, was in der Industrie und im Gewerbe geschah, vollzog sich die Konzentration und der Machtzuwachs im Bankwesen. Als kapitalkräftigste Institutionen agierten von Berlin aus die vier sogenannten D-Banken: zwei von ihnen, die Disconto-Gesellschaft und die Darmstädter Bank, existierten bereits seit 1851 beziehungsweise 1853, die Deutsche Bank war im Frühjahr 1870 gegründet worden und die Dresdner Bank 1872. Anfänglich engagierten sich diese Banken weniger bei Industriegründungen als weit mehr im Eisenbahnbau, bei Regierungsanleihen, schließlich in den Jahren 1866 und 1871 bei der Kriegsfinanzierung; die Deutsche Bank orientierte sich zunächst auf die geschäftliche Abwicklung des auswärtigen Handelsverkehrs. Nur die Berliner Handels-Gesellschaft, schon 1856 ins Leben gerufen, wurde bei ihrer Neuformierung in den achtziger Jahren zu einer Industriebank par excellence. Ihr damaliger Leiter, Carl Fürstenberg, wußte seinen Aktionsradius so auszudehnen, daß er um 1910 die Rekordzahl von 44 Aufsichtsratsposten in Aktiengesellschaften erreichte. Damit personifizierte er in geradezu klassischer Weise die Verbindung von Bank- und Industriekapital.

Wie die Großindustrie gingen auch Großbanken dazu über, schwächer gewordene Konkurrenten zu inkorporieren. Wenige Monate vor Ausbruch des Ersten Weltkrieges wirkte es sensationell, daß die Deutsche Bank die dem früheren preußischen Finanzminister von der Heydt nahestehende Elberfelder Bergbank vereinnahmte; die Disconto-Gesellschaft schluckte die älteste deutsche Aktienbank, den »Schaaffhausenschen Bankverein«. Die Deutsche Bank war inzwischen zum größten Geldinstitut der Welt geworden, und überhaupt begann sich der Berliner Kapitalmarkt von den alten Finanzmächten in London und Paris zu emanzipieren. Der auch heute noch lesens- und bemerkenswerte Berliner Ökonom und Soziologe Werner Sombart nannte damals die modernen Großbanken »Zwingburgen des Kapitalismus, der ... für Generationen und aber Generationen die Herrschaft über uns alle angetreten hat ...«

Die Kapitalmächte konnten die Reichspolitik zunehmend beeinflussen, nachdem sich seit 1890 vieles im Staatsgetriebe verändert hatte. Zwar waren die Verfassungen des Reiches und Preußens ohne Abstrich in Kraft geblieben, doch ungeachtet des »persönlichen Regiments«, das Wilhelm II. anstrebte, erhielten die einzelnen Glieder des Staatsapparates größeren Spielraum. Nebenregierungen aller Art mischten mit in der Gesamtpolitik, nicht zuletzt das Schattenkapinett unter dem Geheimrat Friedrich von Holstein im Auswärtigen Amt. Er vor allem bewirkte eine Abkehr von der Bismarckschen Außenpolitik, die immer auf Sicherung des prekären Gleichgewichts in Europa bedacht gewesen war.

Nun streifte auch der Generalstab, dem Bismarck mühevoll politische Zügel angelegt hatte, die Bindungen ab und pervertierte den Gesamtwillen der Regierung. Verhängnisvoll wirkte sich das aus in dem unter Admiral Tirpitz betriebenen Ausbau der Flotte, für die der Kaiser immer wieder zu entflammen war. Das Schlagwort von Deutschlands »Weltgeltung zur See« tauchte seit der Jahrhundertwende auf. Diplomaten, Generäle und Admiräle kamen dem tätigen, weitausgreifenden

Interesse von Konzernen und Großbanken entgegen, deren politischer Sprecher der Reichskanzler von Bülow wurde. Als er im Dezember 1899 vor dem Reichstag vom Schutz der »Interessen in allen Weltteilen« sprach, da ging es nicht mehr um die Sicherheit des 1871 gegründeten Reiches, sondern um die stärkere Ausnutzung des ökonomisch-sozialen Kräftepotentials der Nation für »Weltmachtpolitik«. Es blieb auch nicht bei Erklärungen und einprägsamen Schlagworten; in Ostasien und in der Südsee besetzte man bereits 1898 einen »Platz an der Sonne«. Deutschen Kolonial- und Flottenenthusiasmus entfachend, erzwang die Reichsregierung von China die Verpachtung von Kiautschou und Konzessionen für den Bau von Eisenbahnen und Industrieunternehmen für nicht hundert, sondern 99 Jahre, wie beim neckisch-kleinen Preisnachlaß im Warenangebot.

Die Säkulardauer des Pachtvertrages, eine verhüllte Annexion chinesischen Territoriums, setzte forsch auf eine sichere imperiale Entwicklung: »Deutschland in der Welt voran« oder – wie der Redefluß des Kaisers es verheißungsvoll glauben machen wollte: »Ich führe Euch herrlichen Zeiten entgegen!« Sicherlich, dieses Gehabe reizte zum Spott, und dennoch schien auch in Paris oder London der Bestand des großindustriell und finanzmächtig gestützten Hohenzollernreiches und seiner Landesdynastien ungefährdet.

All das stellte auch die Sozialdemokratie vor die Frage nach der Lebensdauer eines Regimes, das sie überwinden wollte. Die Auseinandersetzungen waren beherrscht von Problemen der Strategie und Taktik. Konnten die immer wieder aufbrechenden Widersprüche des Systems in einem allmählichen Reformprozeß gelöst werden oder trieben sie innen- und außenpolitisch doch zu Katastrophen, die dann eine Alternative verlangten?

Bekanntester Vertreter des sogenannten Revisionismus war Eduard Bernstein, der die Sozialdemokratie auf den Kampf um Reformen im gegenwärtigen Staat lenken wollte, gemäß seinem berühmt gewordenen Satz: »Was man gemeinhin Endziel des Sozialismus nennt, ist mir nichts, die Bewegung alles.« Folgerichtig war er innenpolitisch für eine Annäherung an den Liberalismus, in der Außenpolitik wollte er »nationale Interessen« berücksichtigt sehen. Es vertrat auch in den China betreffenden Fragen ein »Mitspracherecht« gegenüber den Ansprüchen anderer Mächte.

Als Bernsteins Kontrahenten traten August Bebel, Karl Kautsky, Franz Mehring und Rosa Luxemburg auf, die immer wieder auf die Dialektik von Reform und Revolution, von Tagesinteressen und Zukunftsperspektiven verwiesen. Ihre Aufsätze erschienen in der »Neuen Zeit«, die um die Jahrhundertwende ihre Redaktion von Stuttgart nach Berlin verlegte, von wo aus diese theoretische Zeitschrift weit über Deutschland hinaus auf die Arbeiterbewegung wirkte.

Die kritischen Intellektuellen in und um die »Neue Zeit« waren allerdings nur ein kleiner Kreis, verglichen mit der großen Anzahl konservativer Gelehrter. Mochten auch von den zahlreichen Universitäten, Gründungen und Stolz deutscher Dynastien, produktive Impulse ausgehen, erst die 1810, in der preußischen Reformzeit entstandene Berliner Universität erreichte am Jahrhundertende unbestritten Weltgeltung. Während in ihrer Anfangsperiode die in der Hegelschen Dialektik gipfelnde klassische Philosophie beherrschend und ausstrahlend war, veränderten sich im Laufe des 19. Jahrhunderts die Akzente in und zwischen den Geistes- und den Naturwissenschaften. In der Literatur- und Geschichtswissenschaft brach die große Zeit der philologisch scharfsinnigen Textanalysen und historisch umfassenden Quellenkritik an, verbunden mit psychologischer Vertiefung in individuelle Phänomene. Am bekanntesten unter den Berliner Geistes- und Sozialwissenschaftlern wurden der Germanist Erich Schmidt, der Kunsthistoriker Herman Grimm, der Altphilologe von Wilamowitz-Moellendorff, der Historiker und Herausgeber der »Preußischen Jahrbücher« Hans Delbrück, der Wirtschaftshistoriker und Sozialpolitiker Gustav Schmoller, auch der Theologe und Religionshistoriker Adolf von Harnack, der wissenschaftspolitisch führend im Wilhelminischen Deutschland werden sollte. Der bedeutendste unter diesen Gelehrten, Theodor Mommsen, berühmt geworden vor allem durch seine »Römische Geschichte«, wurde 1902 wegen der literarischen Meisterschaft seiner historischen Darstellung mit dem zum ersten Mal vergebenen Nobelpreis ausgezeichnet.

Theodor Mommsen starb 1903, ein Jahr nach dem Mediziner und linksliberalen Politiker Rudolf Virchow, der die Zellentheorie weiterentwickelt und die Zellularpathologie begründet hatte; er war darüber hinaus in Forschung und Praxis so vielseitig tätig, daß er bis zu seinem Tode den Vorsitz der Medizinischen Gesellschaft innehatte. Ihm folgte in diesem Amte der Direktor der Chirurgischen Universitätsklinik, Ernst von Bergmann. Kein geringerer Ruf umgab den Chirurgen August Bier. Zu den weltbekannten Internisten gehörten Ernst von Leyden und Friedrich Kraus, der von 1902 bis 1927 der II. Medizinischen Klinik vorstand. Für Robert Koch, den Bakteriologen und Entdecker des Tuberkelbazillus, wurde bereits 1891 ein Institut geschaffen. Die bauliche Umgestaltung und Neuinstallierung des ganzen Charité-Komplexes erfolgte erst in den Jahren von 1897 bis 1910. In derselben Zeit entstanden auch die Gebäude der Chemie-Institute; den Weltrang ihrer Forschungsergebnisse unterstrich die Vergabe von Nobelpreisen für Chemie, im Jahre 1901 an van't Hoff, ein Jahr darauf, 1902, an Emil Fischer und 1907 an Eduard Buchner. Im Jahre 1920 folgte dann Walter Nernst, seit 1905 Leiter des Physikalisch-Chemischen Instituts.

Den vielseitigen Auf- und Ausbau vor allem der Institute im Bereich der technischen wie der Naturwissenschaften leiteten die ebenso bescheiden wie energisch wirkenden Ministerialdirektoren Friedrich Althoff und sein Nachfolger Schmidt-Ott. Sie verstanden es auch, die beamtete Umgebung des Kaisers zu beeinflussen. Im Jahre 1909 schrieb Rudolf von Valentini, Chef des Zivilkabinetts, an den Kaiser, geschickt auf dessen Mentalität abgestimmt: »Für Deutschland ist das Behaupten seiner wissenschaftlichen Vormachtstellung eine ebensolche Staatsnotwendigkeit wie die Überlegenheit seiner Armee.«

In der Tat verkündete der Kaiser ein Jahr darauf aus Anlaß der Hundertjahrfeier der Berliner Universität die Schaffung von wissenschaftlichen Instituten, die sich ausschließlich der Forschung widmen sollten. Seinem Stil gemäß rühmte er es als »heilige Aufgabe«, und dies bewirkte dann 1911 die Gründung der »Kaiser-Wilhelm-Gesellschaft zur Förderung der Wissenschaften«. Zunächst profitierten davon die Bereiche der physikalischen Chemie und Elektrochemie, dann die der Biochemie und der Physik. Zur Finanzierung flossen die Spenden in Berlin auch aus den Kassen von Industriellen, aus Kreisen der Bankiers und der Verleger wie der von Warenhausbesitzern. Der Kaiser-Wilhelm-Gesellschaft stand für viele Jahre Adolf Harnack vor, der nicht nur Theologieprofessor war, sondern von 1905 bis 1921 auch Generaldirektor der Preußischen Staatsbibliothek. Die vielseitige Forschungsorganisation überdauerte selbst schwierige Zeiten und trägt heute den Namen Max-Planck-Gesellschaft.

Die auf die veränderten Zeitverhältnisse reagierende Umbenennung geschah mit viel Berechtigung, wirkte doch Max Planck an der Berliner Universität als Forscher, dessen Entdeckungen Einzel- und auch Zentralbereiche der Natur erhellten. Viele Physiker gingen bei ihren wissenschaftlichen Fragestellungen zunächst von der industriellen Praxis aus. Die enorme Entwicklung der Beleuchtungstechnik seit den achtziger Jahren veranlaßte zahlreiche Forscher – auch die in der 1887 von Werner von Siemens mitbegründeten »Physikalisch-Technischen Reichsanstalt« – sich um die Erklärung der Licht- und Strahlungsphänomene zu bemühen. Angeregt davon, so bekannte Max Planck in seiner Selbstbiographie, ging er als Vertreter der Theoretischen Physik eigene Wege, die ihn schließlich zu der Entdeckung führten, daß Energie nicht kontinuierlich, sondern »portionsweise«, in Form des sogenannten Elementarquantums, ausgesandt und absorbiert wird. Plancks Quantentheorie verwies zusammen mit Ergebnissen von Einsteins Relativitätstheorie auf die Welt des Atoms und der Atomkerne. Bereichert durch Albert Einstein, der im Frühjahr 1914 nach Berlin berufen worden war, entwikkelte sich hier ein internationales Zentrum der Theoretischen Physik, sekundiert von den Atomforschungen in Cambridge und Kopenhagen.

Wie die Wissenschaften dazu beitrugen, Berlin zu einer Weltstadt zu machen, so gehörten auch die Künste zu ihrer Lebenswelt. Seit Mitte der achtziger Jahre nahm auch das Musikleben einen bedeutenden Aufschwung. Woche für Woche füllten sich die Konzertsäle, nicht allein die traditioneller Klangkörper wie etwa der Singakademie, sondern auch die der Königlichen Kapelle. Bald aber überragte sie alle das erst Anfang der achtziger Jahre ins Leben gerufene Philharmonische Orchester. Seinen Ruhm begründete eine solch vielseitige Musikerpersönlichkeit wie Hans von Bülow, der 1887 nach Berlin gekommen war. Er arbeitete als Pianist, Musikschriftsteller, Komponist und Dirigent und zeigte zudem schon seit den fünfziger Jahren Aufgeschlossenheit im gesellschaftlichen und politischen Leben. Denkwürdig für die Musik- wie für die politiche Geschichte wurde sein Abschiedskonzert 1892, zwei Jahre vor seinem Tode, das er, höchst ungewöhnlich, im Konzertsaal mit einer politischen Rede beendete, die mit kritischen Anspielungen auf Wilhelm II. gespickt war. Sie gipfelte in der Erklärung, daß er sich das Recht herausnehme, die einstens Napoleon zugedachte »Eroica« nun dem »Beethoven der deutschen Politik«, nämlich Bismarck, zu widmen. Was zunächst nur sensationell wirkte, erwies sich in der Folgezeit als ein frühes Anzeichen für das Unbehagen bedeutender Künstler gegenüber dem Wilhelminischen Regime.

Nachdem Hans von Bülow aufgrund seiner schweren Erkrankung den Dirigentenposten verlassen hatte, standen zunächst wechselnde, aber ausnahmslos berühmte Dirigenten am Pult der Philharmonie: Felix Mottl, Ernst von Schuch, Richard Strauss, Hermann Levi und Johannes Brahms. Erst seit 1895 leitete Arthur Nikisch als ständiger Dirigent sowohl das Berliner Philharmonische wie das Leipziger Gewandhaus-Orchester. Durch ausgedehnte Konzertreisen erlangten beide Klangkörper einen Weltruhm, den sie über Jahrzehnte bewahren konnten.

Die Orchester in Berlin waren in ihrer Programmgestaltung und künstlerischen Arbeit unabhängig. Anders war die Lage an der Königlichen Oper Unter den Linden; auch dort war das Orchester meisterhaft, und die Einzelleistungen der Sänger konnten sich mit denen in Wien und Mailand durchaus messen. Dennoch war das künstlerische Niveau der Opernaufführungen in ihrer Gesamtheit durch konservative Hofeinflüsse, gehorsam unterstützt von dem Intendanten von Hülsen, immer wieder gefährdet. So erlaubte sich gelegentlich die Kaiserin wegen »Verletzung des sittlichen Empfindens« zu intervenieren, oder Wilhelm II. verließ die Aufführung des »Rosenkavalier« mit der schnoddrigen Bemerkung: »Det is keene Musik für mich!« Nicht verwunderlich, daß Richard Strauss die Uraufführungen seiner Opern in Dresden inszenieren ließ.

Frischer Wind kam in die Opernregie 1905 aus der Komischen Oper, die Hans Gregor leitete. Seine »Carmen«-Inszenierung empfand die Kritik als »Kriegserklärung gegen alle Traditionen«, wich doch das bislang Salonhafte der Interieurs, der Gewänder und der agierenden Personen dem Plebejischen südspanischen Volksmilieus. Witzig und spritzig, mit leicht eingängigen und daher vielverbreiteten Melodien zeigte sich das Operettentheater; alles, was in Paris und Wien berühmt geworden war, fand auch Aufnahme in Berlin, wo Jacques Offenbach, Johann Strauß, Franz von Suppé und Karl Millöcker ein großes Publikum gewannen, gefolgt vom Urberliner Paul Lincke und anderen Schöpfern der »Berliner Operette« mit ihrer oft zeitbezogenen Mischung von Posse, Revue, Lied und Marsch. Alles in allem bot das Musikleben der Reichshauptstadt ein breites und vielfarbiges Spektrum.

Neue Entwicklungen zeigten sich auch im Theater, das, wie Herbert Ihering einmal schrieb, zu den »Atmungsorganen der Stadt« gehörte. Es war offensichtlich, Berlin »zog an, kräftigte, förderte, setzte durch«, die Naturalisten aus Deutschland und die ihnen verwandten Richtungen aus Frankreich, Rußland und den skandinavischen Ländern, daneben deutsche Klassiker und Künstler von weltliterarischem Rang.

Es erregte die Gemüter heftig, als die Naturalisten in den neunziger Jahren auf die Berliner Bühnen drängten mit ihrem »sozialen Drama«, das Konflikte der unteren Klassen und Schichten gestaltete. Mit Sudermanns Stücken nahm es seinen Anfang. Gerhart Hauptmanns Dramen aber wurden Höhepunkte der heißumstrittenen Bewegung. Im Jahre 1889 kam »Vor Sonnenaufgang« im Verein Freie Bühne zur Uraufführung, 1892 erschienen die »Weber« in Buchform, dann folgte im selben Jahr der »Biberpelz«. Besonders das Thema des schlesischen Weberaufstandes verursachte viel Aufruhr. In düsteren Versen hatte einst Heinrich Heine die verzweiflungsvolle Lage der darbenden Weber im Eulengebirge beschworen. Später ließ sich Käthe Kollwitz von Hauptmanns Drama zu ihrem berühmten Weber-Zyklus inspirieren. Im April 1892 hatte der Autor sein Schauspiel im vertrauten Kreise vorgelesen, als ein Zuhörer ausrief: »Das Stück schreit nach der Bühne!« Und das war allerdings der Theaterdirektor Adolph L'Arronge, der zwar unschwer die Zustimmung des Verfassers für eine Aufführung im Deutschen Theater erwarb, nicht aber die der Polizei, die das Stück »aus ordnungspolitischen Gründen« bis auf weiteres verbot. Daher kam es zunächst nur zu den Aufführungen in den Volksbühnenvereinen – am 26. Februar 1893 in der »Freien Bühne«, am 15. Oktober 1893 in der »Neuen Freien Volksbühne« –, weil hier nur Vereinsmitglieder Zutritt hatten und man also mit einer geschlossenen Gesellschaft rechnen konnte. Erst am 25. September 1894, zwei Jahre nach der Publikation, kam es dann zur skandalumwitterten Premiere im Deutschen Theater, bei der sich die Polizei mit der Annahme beruhigte, es sei bei der Höhe der Eintrittspreise nicht zu befürchten, »daß Arbeiter und Arbeitslose dorthin kommen, die aufgereizt werden könnten«. Und dann ging es doch turbulent zu bei der Aufführung dieses Stückes, von dem Theodor Fontane meinte: »Es ist ein Drama der Volksauflehnung« ... und es enthalte eine doppelte Mahnung, »eine, die sich nach oben und eine andere, die sich nach unten wendet«. Hier agierte nicht mehr der dramatische Einzelheld, schrieb Franz Mehring, Gerhart Hauptmann setze »die Massen selbst in dramatische Bewegung«. Das Deutsche Theater verwandelte sich zum Tribunal, besonders der zweite Rang, wo die Jugend war, reagierte heftig; die Wogen der Erregung schlugen so hoch, daß Wilhelm II. erbost seine »kaiserliche Loge« im Theater kündigte. Da gab es keinen Mittelweg mehr, nur noch begeisterte Zustimmung oder wütende Ablehnung.

Und die Konfrontation setzte sich fort in einer ganzen Reihe von Theaterstücken, die von stilprägenden Regisseuren inszeniert wurden. Otto Brahms Name stand für die naturalistischen Dramen und den ihnen gemäßen Bühnenstil einer dem Alltagsleben verwandten Gebärdensprache. Als die Hauptdramen des Naturalismus im Deutschen Theater durchgesetzt waren und Brahm sie weiter im Lessingtheater spielen ließ, da machte sich Max Reinhardt 1903 im Kleinen Theater Unter den Linden mit der deutschen Erstaufführung von Maxim Gorkis »Nachtasyl« einen Namen, erregte dann 1904 mit seiner modernen Inszenierung von Lessings »Minna von Barnhelm« Aufsehen und prägte schließlich seit Oktober 1905 im Deutschen Theater einen Theaterstil, der sich durch intensive Arbeit am gesprochenen Wort, aber auch durch Bündelung aller optischen, klanglichen und farblichen Effekte auszeichnete. Um die theatralische Illusion so perfekt wie möglich zu machen, ließ Reinhardt sogar Tannenduft versprühen, und er scharte exzellente Schauspieler um sich wie Alexander Moissi, Agnes Sorma, Paul Wegener. Der Wiederbelebung des klassischen Repertoires gesellte er in den neueröffneten Kammerspielen die Inszenierung moderner Stücke bei. Eduard von Winterstein erinnert sich der beeindruckenden Aufführung von Ibsens »Gespenster« mit der großartigen Agnes Sorma in der Hauptrolle. Alles schien möglich in Berlin, nebeneinander, untereinander und auch in produktiven Reibungen, die die »Wirkungsmöglichkeiten der Bühnenkunst«, so Osborn, nur noch steigerten. Unvoreingenommen und aufnahmebereit war man auch gegenüber ausländischen Theatern. Schon nach dem ersten Gastspielabend des Moskauer Künstlertheaters im Deutschen Theater im Februar 1906 berichtete Stanislawski glücklich von einem »Triumph, wie wir ihn nie gesehen haben, weder in Moskau noch in Petersburg«. Die Gebildeten unter den Deutschen hätten sie staunen gemacht, sie seien in ihrer Freude an der Kunst ohne nationale Vorurteile. Überdrüssig war das Berliner Theaterpublikum lediglich der routinemäßigen Aufführungen des Schauspielhauses am Gendarmenmarkt.

Der lebendige Pulsschlag einer Weltstadt zeigte sich auch in der 1890 gegründeten »Freien Volksbühne«, die mit zeitnahen Stücken und geringen Eintrittspreisen neue Zuschauer anzog. Eine Künstlerin wie Tilla Durieux sah sich so veranlaßt, dem dankbaren neugewonnenen

Publikum in Berlins Vororten des Sonntags vormittags in einem sorgfältig ausgewählten Programm Goethe und Schiller, Dehmel, Herwegh und Chamisso nahezubringen. Dort begegnete ihr auch Rosa Luxemburg, mit der sie sich künftig gelegentlich traf, wenn auch nur geheim. Ganz sicher, es bewegte sich vieles in dieser Stadt, auch im Kabarett, wo Claire Waldoff keß berlinerisch die Herzen eroberte.

Auch die Belletristik bot vielerlei. Vor allem in dem von Samuel Fischer 1886 in Berlin gegründeten Verlag kamen Autoren wie Henrik Ibsen und Emile Zola, die Brüder Goncourt, Gerhart Hauptmann neben Max Halbe und Johannes Schlaf, aber auch Dostojewski, Schnitzler und Hofmannsthal, dazu Hermann Hesse und Bernhard Kellermann heraus. In eben der Zeit, da Theodor Fontane noch an seinem Altersroman, dem »Stechlin« (1898), arbeitete, bereitete Thomas Mann schon seinen »Kleinen Herrn Friedemann« vor (gleichfalls 1898). Sein Berliner Verleger riet ihm zu einem »größeren Prosawerk«, ja »vielleicht einem Roman«, ohne zu wissen, daß die »Buddenbrooks« bereits in Arbeit waren. Als Thomas Mann in seinem Werk den Weg von der bürgerlichen Solidität der Buddenbrooks zur Ellbogengesellschaft der Hagenströms beschrieb, da machte sein Bruder Heinrich Mann im ungeliebten Berlin schon ahnungsvoll Erfahrungen mit einer »sklavischen Masse ohne Ideale« und schrieb darüber im Jahre 1906: »Zu dem alten menschenverachtenden preußischen Unteroffiziersgeist ist hier die maschinenmäßige Massenhaftigkeit der Weltstadt gekommen, und das Ergebnis ist ein Sinken der Menschenwürde unter jedes bekannte Maß.«

Auch den Malern forderten die neuen sozialen Kräfte und Spannungsfelder der Zeit andere Sichtweisen auf diese Themenkreise ab. In der Historienmalerei eines Anton von Werner mit seinen Hof- und Staatsbildern sah man immer mehr den erstarrten Stil konventioneller Staatsraison. Beunruhigt und zugleich irritiert verfolgte Anton von Werner das Schaffen der jüngeren Malergeneration. Er vermochte als Direktor der Hochschule für Bildende Künste und Vorsitzender des Vereins Berliner Künstler zwar 1892 noch das Verbot einer Ausstellung des Norwegers Edvard Munch durchzusetzen, aber das Verbot der offiziösen Kunsthüter erwies sich als Pyrrhussieg. Die Wogen der Empörung schlugen so hoch, daß sie Munch erst recht bekannt, ja berühmt machten.

Wortführer der aufbegehrenden Künstlergeneration wurde Max Liebermann, der sich 1892 mit zehn gleichgesinnten Berliner Malern in der »Vereinigung der XI« zusammenschloß. Liebermann hatte sich zu wiederholten Malen in Paris, Amsterdam und München aufgehalten und war seit 1872 mit Werken hervorgetreten, die die Arbeit im Handwerk oder auf dem Lande darstellten. Industriebetriebe oder großstädtische Baustellen wie bei Menzel waren nicht sein Thema, ihn fesselten großstädtische Lebensgewohnheiten wie etwa die in Restaurants, beim Baden, beim Reiten, beim Polo- oder Tennisspielen. Sein Stil entwickelte sich vom geistreichen Naturalismus zu einem von Frankreich beeinflußten Impressionismus, der über zeichnerische Wirklichkeitstreue hinaus den farbigen Abglanz des Daseins wiedergab. Liebermann verfügte über einen imponierenden geistigen Radius. Aus gebildetem jüdischen Großbürgertum stammend, von europäischer Erfahrung, intimer Kenner der Kunstentwicklung seiner Zeit und selbst Schöpfer eines umfangreichen Œuvres, war er wie geschaffen für eine künstlerische Führungspersönlichkeit von weltstädtischem Format. So inaugurierte er auch im Mai 1898 in Abkehr vom offiziösen Künstlerverein die »Berliner Secession« von Malern, die schon ein Jahr darauf von sich reden machte, zumal sie von dem ebenso fachkundigen wie geschäftstüchtigen Verleger Bruno Cassirer unterstützt wurde, der bald auch die vielbeachtete Zeitschrift »Kunst und Künstler« herausbrachte. Die erste secessionistische Ausstellung gab, ohne Stilrichtungen auszuschließen, einen Überblick über das zeitgenössische Kunstschaffen und stellte unter 187 Künstlern auch 46 aus Berlin vor. Aus Süddeutschland waren Wilhelm Leibl und Hans Thoma, Lovis Corinth und Max Slevogt vertreten. Das Interesse an der Ausstellung ging weit über das traditionelle Kunstpublikum hinaus und wurde durch Anfeindungen in der Publizistik noch gesteigert.

Lovis Corinth siedelte, angetan von der Berliner Atmosphäre, im Jahre 1900 von München nach Berlin über und wurde dort einer der Köpfe der Secession. Ihm folgte im Jahre 1901 Max Slevogt. Auf der bahnbrechenden Ausstellung von 1899 war auch Käthe Kollwitz aus Berlin schon vertreten, deren Themen nicht nur die Armen und Gepeinigten dieser Welt werden sollten, sondern auch die Wehrhaften. Angeregt von Gerhart Hauptmanns Drama schuf sie ihre eindrucksvollen Radierungen zum Weberaufstand; Höhepunkt ihres künstlerischen Schaffens wurden dann ihre Blätter zum Bauernkrieg, erfüllt von menschlicher Dramatik, besonders in jenen revolutionären Extremsituationen, wo eine leidenschaftlich bewegte Frau (»Losbruch« im Bauernkriegszyklus) die Kämpfenden anfeuert.

Unter den um die Jahrhundertwende in Berlin wirkenden Malern mit sozialkritischem Impetus ist auch Hans Baluschek zu nennen. Mit Sympathie für die Großstadtmenschen und Mitgefühl für die Armen und Beladenen schuf er thematisch variationsreiche Bilder: Arbeiter und Arbeiterinnen auf dem Weg in die Fabrik, Großstadtstraßen, Rummelplätze, die Vergnügungen und das Elend der Vorstädte und immer wieder die faszinierende Welt der Eisenbahnen.

Wie kein anderer war Heinrich Zille mit den Lebensverhältnissen und -schicksalen in den Proletariervierteln vertraut. Sein Zeichenstift bannte alles aus dieser Lebenswelt aufs Papier: die kummervollen Schwangerschaften und den bedrückenden Kindersegen, die Berliner

Jöhren und kessen Jungs, die Bürde der Arbeit und die ganze Mühsal des Lebensunterhalts, das Abgleiten in die Prostitution und ein ausgemergeltes Alter bis zum Tod im Elend. Zille wußte wohl, daß man mit einer Wohnung einen Menschen ebenso töten kann wie mit einem Beil, und so hielt er sie fest, all die jämmerlichen Wohn- und Schlafstuben, oft im Kellergeschoß gelegen. Auch die Geselligkeit in den Destillen und Hinterhöfen fehlte bei ihm nicht, poesievolle Szenen gab es selbst im tristen Alltag. Mit Humor und Witz zeichnete er einen Berliner Menschentyp, der gelernt hatte, sich auch in der Armseligkeit zu behaupten. Unter vielen in Zeitschriften veröffentlichten Bildern Zilles standen Texte im Berliner Dialekt, die die Herzen der Menschen erreichten, denn da war Ernst im Spaß und Spaß im Ernsthaften. Nicht verwunderlich, daß das den geistreichen Max Liebermann ansprechen mußte, der den Maler- und Secessionskollegen förderte. In eine Stilrichtung war Zille schwer einzuordnen, er schuf selbst eine, die dem Münchener »Simplicissimus« vielleicht noch am nächsten kam.

Die Secession war tolerant gegenüber der Tendenz und dem Stil der Maler und bezog in ihre Ausstellungen auch Vertreter moderner Kunstrichtungen aus dem Ausland ein. Dem Kaiser paßte wieder einmal die ganze Richtung nicht, die sich vom traditionellen Künstlerbund unter der Ägide Anton von Werners getrennt hatte; in hemmungsloser Selbstherrlichkeit äußerte er im Dezember 1902 öffentlich sein Mißfallen: »Eine Kunst, die sich über die von Mir bezeichneten Gesetze und Schranken hinwegsetzt, ist keine Kunst mehr.« Und mit maßregelndem Ingrimm fuhr er fort: Wenn die Kunst, »wie es jetzt vielfach geschieht, weiter nichts tut, als das Elend noch scheußlicher hinzustellen, wie es schon ist, dann versündigt sie sich damit am deutschen Volke«. Allmählich wurde das Kunstrichtertum des Kaisers auch außenpolitisch peinlich. Als die obrigkeitliche Einmischung in die Auswahl der Bilder für die Weltausstellung in Saint Louis unerträglich wurde, war im Jahre 1904 auch der Reichstag zur Stellungnahme gezwungen. Selbst die ausländische Presse staunte darüber, daß alle Vertreter der Parteien mit zum Teil ungewöhnlicher Härte die Regierung kritisierten und damit indirekt auch den Kaiser. Jeder wußte, von seinen Ansichten konnte man ihn nicht abbringen, aber man wollte ihn wenigstens dazu bewegen, nicht mehr öffentlich in dieser autoritativen Pose aufzutreten. Für die Kunstentwicklung in Preußen-Deutschland war damit schon mehr Freiraum geschaffen.

Die gesellschaftliche Atmosphäre in den kommenden Jahren wurde kritischer und angespannter. Allein die Wirtschaftskrise zu Beginn des neuen Jahrhunderts ließ im Volk Mißstimmung und Zweifel aufkommen. Zu den mehr als drei Millionen, die im Juni 1903 bei den Reichstagswahlen für die Sozialdemokratie stimmten, zählten auch viele Kleinbürger und Intellektuelle. Der Russisch-Japanische Krieg und erst recht die russische Revolution von 1905 taten ein Übriges, um das Vertrauen in die Stabilität der Verhältnisse zu erschüttern. Nicht verwunderlich also, daß in der Sozialdemokratie die stets schwelende Auseinandersetzung über Reform und Revolution anläßlich der Frage des politischen Massenstreiks wiederauflebte. Es schien an der Zeit, das preußische Dreiklassenwahlrecht durch das allgemeine Wahlrecht zu ersetzen. Immer empörender empfand man im größten deutschen Bundesstaat das indirekte Wahlsystem und die Einteilung der Wähler nach Vermögensklassen, wodurch die Reichen im Vergleich zu den Lohnarbeitern weit mehr Abgeordnete in den Landtag und die Stadtparlamente bringen konnten. Allerdings ängstigte sich das Bürgertum zu sehr vor der Sozialdemokratie, um energischen Reformwillen aufbringen zu können, wenn es mit einer sozialdemokratischen Mehrheit im Berliner Stadtparlament rechnen mußte. Es verhielt sich aber auch zwiespältig zu Preußens Gloria: Immer intensiver nahm man die bürokratischen Bevormundungen wahr, die polizeilichen Vorschriften und Gängeleien, das Imponiergehabe der Offiziere in Berlins Straßen, das einer werdenden Weltstadt unwürdig und anachronistisch erschien. Andererseits war das Bürgertum nicht so selbstbewußt, daß seine Söhne der Versuchung widerstehen konnten, sich als Reserveleutnants oder Verwaltungsbeamte den traditionellen Herrenschichten Alt-Preußens anzupassen und etwas von deren offiziellem Glanz zu erhaschen. Es gab schließlich genug Großbürger, die sich Adelsprädikate kauften.

Im Jahre 1906 blamierte ein besonderes Spektakel die militärisch-bürokratische Autoritätsgläubigkeit. Als Hauptmann verkleidet, übernahm der in Bedrängnis geratene Schuster Voigt die Befehlsgewalt über einen daherkommenden Soldatentrupp, besetzte das Köpenicker Rathaus, ließ den Bürgermeister verhaften und beschlagnahmte die Stadtkasse. Das Gaunerstückchen gab den altpreußischen Geist militärischen Gehorsams der Lächerlichkeit preis; Berliner Witz triumphierte und fand europäisches Echo.

Da wurde es im Jahre 1908 schon ernster, als bei der preußischen Landtagswahl die Volksmeinung durch das trickreiche Wahlsystem in grotesker Weise verzerrt wurde: 418400 konservative Wählerstimmen konnten 212 Parlamentsmandate erringen, hingegen 598500 sozialdemokratische Wähler nur sieben Mandate. Das brachte das Faß zum Überlaufen; Zehntausende Berliner gingen jetzt auf die Straße, um erneut und nun lautstark die Abschaffung des Dreiklassenwahlrechts zu verlangen. Als zwei Jahre später die preußische Regierung einen Gesetzentwurf einbrachte, der eine provozierend-unzulängliche Änderung und nicht die Abschaffung des verhaßten Wahlsystems vorsah, rief die Sozialdemokratie zu einer Protestdemonstration auf, die der Polizeipräsident prompt verbot. Doch 2500 Parteifunktionäre dirigierten die Demonstration von den vorgesehenen Treptower Wiesen sogleich in den

Tiergarten, wo sich dann 250 000 Berliner, deutlich opponierend, ergingen – ein Beispiel für die Organisationsfähigkeit der Berliner Sozialdemokraten wie für den Widerstandswillen des Volkes.

Es bewegte sich so mancherlei auf gesellschaftlichem Terrain; das weitverbreitete Unbehagen bezog auch die herkömmliche Lebensweise ein. Das betraf Veränderungen, die auf eine gesündere Frauenkleidung hinzielten oder auch auf eine zweckmäßigere Gestaltung der Gebrauchsgegenstände. Kunstgewerbe war gefragt. Der 1907 gegründete Deutsche Werkbund war bestrebt, Kunst, Industrie und Handwerk technisch zu verbessern und Produkte, die sowohl zweckmäßig schön als auch preiswert waren, auf den Markt zu bringen.

Auf der Suche nach neuen Lebensformen entstand auch der »Wandervogel«, den Steglitzer Gymnasiasten 1901 ins Leben riefen und damit bald eine gesamtdeutsche Jugendbewegung erweckten. Man wollte der konventionell-erstarrten Bürgerlichkeit durch einen Rückzug in eine vorindustrielle, antiurbane Welt entfliehen, konnte aber doch nur in einen relativ engen Lebensbereich eingreifen, wo die Bewegung allenfalls einige ihrer Anhänger zu umfassenderer gesellschaftskritischer Sicht anregte, letztlich aber auch konservativ oder sogar faschistisch mißbraucht werden konnte.

Zukunftweisend erwiesen sich die Emanzipationsbewegungen der Frauen, die sowohl proletarische Organisationen wie auch bürgerliche Vorkämpferinnen ins Leben gerufen hatten. Es ging um politische Rechte, wie das aktive und passive Wahlrecht, und mehr noch um die Entfaltung im Berufsleben. Gerade dagegen gab es schier unglaublich erscheinende Widerstände. Auf eine Anfrage hin meinte der Berliner Philosoph und Herausgeber von Hegels Schriften, Adolf Lasson: »... die Schöpfung im großen Maßstab und die Arbeit aus dem Vollen ist dem Weibe noch nie gelungen und wird ihm auch künftig nicht gelingen – aller Voraussicht nach ... Deutsche Wissenschaft ist Männerwerk.« Und sogar Max Planck erklärte dezidiert: »Amazonen sind auf geistigem Gebiet naturwidrig.« Die Natur habe »der Frau ihren Beruf als Mutter und Hausfrau vorgeschrieben«. Damit erhob er sich auf diesem Gebiet kaum über das geistige Niveau des Kaisers, der im Jahre 1910 anläßlich des hundertsten Todestages der preußischen Königin Luise verkündete: »Und was sollen unsere Frauen von der Königin lernen? Sie sollen lernen, daß die Hauptaufgabe der deutschen Frau nicht auf dem Gebiet des Versammlungs- und Vereinswesens liegt, nicht in dem Erreichen von vermeintlichen Rechten, in denen sie es den Männern gleichtun können, sondern in der stillen Arbeit im Hause und in der Familie.« Damit desavouierte der Monarch, was zwei Jahre zuvor der preußische Landtag gesetzlich geregelt hatte, als er das Verbot des politischen Organisierens für »Frauenspersonen« aufgehoben sowie Frauen zum Studium mit Examensberechtigung endlich zugelassen hatte. So war zu Beginn des Jahrhunderts zumindest juristisch der Weg für weibliche Emanzipation freigegeben worden.

Als im Vorkriegsjahrzehnt Berlin, hochindustrialisiert wie keine andere Hauptstadt in Europa, in atemberaubendem Tempo aus- und umgebaut wurde, entstanden zusätzliche Konflikte. War doch das auf den ersten Blick hin imponierende Wachstum allein von der privaten Spekulation ausgegangen, nicht vom planenden Willen einer auch nur halbwegs demokratisch mitwirkenden Öffentlichkeit. Karl Scheffler, Herausgeber der Zeitschrift »Kunst und Künstler«, sprach vernichtend über das »Stadtschicksal« der Reichshauptstadt: »Das ganze neue Berlin gehört den Bauunternehmern. Die ›stolze Kaiserstadt‹ ist buchstäblich vom subalternen Materialismus barbarischer Spekulanten gebaut worden.« Entstanden aus solchen profitorientierten Beweggründen, drängten sich dann besonders an der Peripherie weiterhin die engen und luftlosen Massenquartiere. Verständlich, daß angesichts dieser mitleidslosen, nur auf maximale Ausnutzung jedes Bodenstückes bedachten Bauweise die Forderung nach Wohnanlagen ohne Hinterhofe aufkam und lange weiterwirkte. Viele Kritiker beklagten, daß sich städtebauliche Überlegungen gegen die Terraininteressen der Großbanken und die Egoismen des Fiskus in den verschiedenen Gemeinden Groß-Berlins wie Tempelhof, Charlottenburg oder Grunewald wenig durchsetzen konnten. In diesem Gerangel machte auch die sich gern weltweites Flair gebende Deutsche Bank gute Geschäfte auf kommunaler Ebene.

Im raschen Wachsen Berlins, gleichsam im überhasteten Nachholbedarf gegenüber den älteren Weltstädten Europas, gesellte sich zum alten Zentrum – vom Schloß bis zum Brandenburger Tor und um die Nord-Süd-Achse der Friedrichstraße – ein neues um den Kurfürstendamm und die Tauentzienstraße. Und an der Peripherie drängten die dicht gebauten Mietskasernen vor in Wiese und Wald. So bekam der Begriff vom »steinernen Berlin« in vieler Hinsicht seine betrübliche Berechtigung.

All die spannungsreichen Verhältnisse des Vorkriegsjahrzehnts spiegelten sich auch in der Kunst wider, besonders in der Malerei und in der Skulptur. Gegen alle Widerstände hatte sich der Impressionismus Anerkennung verschafft. Aber schon meldeten junge Künstler ihre Ansprüche in Opposition zu dieser bereits etablierten und nach ihrem Empfinden klassisch werdenden Kunstrichtung an; sie kamen mit radikal neuen Sichtweisen und Ausdrucksformen, ohne Respekt vor Herkömmlichem, das ihnen ohnehin anrüchig erschien. Es entstanden Bilder, vor allem von Ludwig Meidner, die mit visionärer Kraft von Krieg und Revolution kündeten.

Um 1910 siedelten die Mitglieder der Künstlervereinigung »Die Brücke« – Pechstein, Kirchner, Schmidt-Rottluff, Heckel, Otto Mueller – von Dresden nach Berlin über. Zwei Zeitschriften – Pfemferts

»Aktion« und Herwarth Waldens »Sturm« boten der neuen »expressionistischen« Generation ein geistiges Forum für künstlerische, literarische und politische Auseinandersetzungen. In diesem Geiste entstand auch, von Herwarth Walden geplant und ausgestaltet, in Berlin »Der Erste Deutsche Herbstsalon 1913«, eine Gemäldeausstellung, in der 75 Künstler aus zwölf europäischen Ländern mit 366 Werken aller wichtigen Richtungen der Moderne vertreten waren. Ungeachtet aller Anfeindungen entwickelte sich die Ausstellung zu einem bedeutenden kunsthistorischen Ereignis, von Tragik umwittert: Als »Erster Herbstsalon« gedacht, wurde es die letzte Zusammenschau dessen, was die europäische Avantgarde vor der Katastrophe des Ersten Weltkrieges zu bieten hatte.

*

Das Weltengewitter kündigte sich schon mit den Marokkokrisen an, als das Deutsche Reich zuerst 1905, dann erneut 1911 demonstrativ koloniale Ansprüche geltend machte und dafür in diplomatische Isolierung geriet. Doch das Verlangen nach Land und Rohstoffen beherrschte weiterhin die pseudonationale Propaganda. Die Wellen der »nationalen Begeisterung« schlugen – wie die alt-konservative Kreuzzeitung im Juli 1913 feststellte – »von den Reihen der Alldeutschen bis weit hinein in das Lager der Linksliberalen«. Damals sprach auch die »Deutsche Volkswirtschaftliche Korrespondenz«, das Organ der Schwerindustriellen, vom »Platz an der Sonne, … den man dem deutschen Volke vor länger als einem Jahrzehnt so fest versprochen« habe. Selbst Walther Rathenau mahnte, »daß die Zeit eilends herannahe, in der die natürlichen Stoffe nicht mehr wie heute willige Marktprodukte, sondern heiß umstrittene Vorzugsgüter bedeuten«. Und noch deutlicher: »… wir wollen nicht der Gnade des Weltmarktes anheimfallen. Wir brauchen Land dieser Erde.«

Solche Forderungen hatten ihre innere Konsequenz; auch der Berliner Historiker Hans Delbrück verlangte Deutschlands »gebührenden Anteil« an der Weltherrschaft. Die »Berliner Neuesten Nachrichten«, die dem Bund der Industriellen nahestanden, sprachen es im Dezember 1913 offen aus; Deutschland müßte sich »eines Tages mit Naturnotwendigkeit um jeden Preis, auch um den eines Krieges, neue Siedlungen und Absatzgebiete« verschaffen. Den Gipfel der Unverfrorenheit erreichte das in sechs Auflagen erscheinende Buch des Generals der Kavallerie Friedrich von Bernhardy mit dem herausfordernden Titel: »Deutschland und der nächste Krieg«. Als oberstes Gebot politischer Moral postulierte er: »Immer wieder muß die Notwendigkeit, der Idealismus und der Segen des Krieges als eines ebenso unentbehrlichen wie fördernden Entwicklungsgesetzes betont werden.«

Noch herrschte dieser kriegerische Geist weder in der städtischen noch in der ländlichen Bevölkerung vor. Der imponierende Erfolg der Sozialdemokratie bei den Reichtstagswahlen im Januar 1912, als in Berlin drei von vier Wählern für sie stimmten und sich ihre Fraktion von 53 auf 110 Abgeordnete mehr als verdoppelte, war nicht allein eine Reaktion auf die Wirtschaftsrezession, viele wollten damit auch gegen die friedensbedrohende Entsendung des deutschen Kanonenbootes »Panther« nach dem marokkanischen Agadir im Juli 1911 protestieren.

Deutlich war die Gefahr eines europäischen Krieges auch im Herbst 1912 geworden, als die Großmächte die Einmischung in den Krieg der Balkanstaaten gegen die türkische Fremdherrschaft erwogen. Der sozialdemokratische Parteivorstand rief zu einer Antikriegskundgebung im Treptower Park auf, zu der 250 000 Berliner strömten. Einig in der Abwehr aller Kriegsvorbereitungen der Großmächte, bot die Sozialistische Internationale die besten Redner in den Großstädten Europas auf, und während des außerordentlichen Sozialistenkongresses in Basel richteten Jean Jaurès und August Bebel mit der ganzen Kraft ihrer Beredsamkeit von der Kanzel des Münsters aus flammende Appelle an die Menschen, den Frieden zu erhalten. Als es aber einige Monate später galt, die jeweiligen Aufrüstungsvorhaben, ob in Paris, London oder Berlin zu stoppen, sah alles weit prosaischer aus. Da gingen die sozialdemokratischen Abgeordneten von großen Worten zu kleinen Taten über. Am 30. Juni 1913 lehnte die sozialdemokratische Reichtstagsfraktion zwar die Rüstungsvorlage ab, sie bewilligte aber die Gesetze zu ihrer Finanzierung mit der spitzfindigen Begründung, durch stärkeres Heranziehen der Besitzenden bei den Rüstungskosten würden die großbürgerlichen Sympathien dafür erkalten. Dieses schäbige Manövrieren der Parlamentarier wurde dann auch noch vom sozialdemokratischen Parteitag 1913 gebilligt – ein schlechtes Omen für die kommende Zeit der Prüfung, die nach der Ermordung des österreichischen Thronfolgers und seiner Gemahlin am 28. Juni 1914 in Sarajewo bevorstand. Sicherlich war es für die sozialdemokratischen Führer schwierig, die geheimen diplomatischen Aktivitäten während einer mehrwöchigen Scheinruhe zwischen Berlin und Wien zu durchschauen. Erst am 23. Juli, als die österreichisch-ungarische Regierung ein unannehmbares Ultimatum an Serbien stellte, wurde deutlich, daß sich Unheilvolles zusammenbraute. Da erschien der Berliner »Vorwärts« mit dem Alarmruf »Gefahr ist im Verzug! Der Weltkrieg droht!« Überall in Deutschland, besonders aber in Berlin, kam es nun zu eindrucksvollen Antikriegskundgebungen. Doch nach wenigen Tagen ließ der sozialdemokratische Parteivorständ alles wieder abflauen, erkennend, daß die Straßendemonstrationen nicht mehr bloße politische Heerschauen bleiben konnten, sondern sich zu einer Kraftprobe mit dem zum Krieg entschlossenen Staat verwandeln mußten. Da schien Wohlverhalten angesagt, allenfalls nur ein zahmes Opponieren.

Als der laute Protest gegen den Krieg auf den Straßen und in den Betrieben verstummte – von einem politischen Massenstreik war nun nicht mehr die Rede –, da konnte der chauvinistische Taumel die öffentliche Atmosphäre beherrschen. Das gegenseitige An- und Aufpeitschen der Emotionen förderte verlogene Schlagworte wie das von der nationalen Verteidigung gegen ruchlose Feinde. Damit wurde die Opposition, die sich selbst entwaffnet hatte, zum Gefangenen der Regierung, der sie nach den Kriegserklärungen zuerst an Rußland und dann an Frankreich am 4. August die Kriegskredite bewilligte – zum Entsetzen vieler in der Sozialistischen Internationale.

Im zivilen Leben ging chauvinistisches Lärmen schon in suggestives Tun über: Spionen-Hatz, pseudopatriotischer Kitsch allerorten, von den Ladentischen bis ins Theater hinein, Eindeutschung fremdländisch anmutender Namen auf Firmenschildern, hymnische Verseschmiederei selbst bei namhaften Schriftstellern, Erbötigkeit von Wissenschaftlern, die allen kritisch-politischen Verstand verloren zu haben schienen. Junge Kriegsfreiwillige zogen durch die Straßen, trunken im Glauben, nun den grauen Alltag gegen ein Leben in heldischer Bewährung tauschen zu können.

Als die Regimenter in den Augusttagen 1914 blumengeschmückt und umjubelt von einer in Begeisterung versetzten Menge unter schmetternden hurrapatriotischen Weisen und in gelerntem Gleichschritt zum Fronteinsatz zogen, da ahnten nur wenige, daß die Völker in einen langen, blutigen und millionenverschlingenden Krieg geraten würden. Das Traumbild eines raschen deutschen Sieges zerstob, als im September in der Marneschlacht der Durchbruch nach Paris, also der scheinbar so feindurchdachte Schlieffenplan, scheiterte. Bereits Anfang November ging der sogenannte Bewegungskrieg in den Stellungskrieg über.

Die Regierung war gezwungen, neue Kriegskredite zu fordern, deren Bewilligung nun Karl Liebknecht als einziger sozialdemokratischer Reichstagsabgeordneter verweigerte. Dieses Ausbrechen aus der Fraktionsdisziplin war mehr als Charakterstärke; im Sohn Wilhelm Liebknechts, des radikalen Demokraten und Sozialisten seit den turbulenten Tagen von 1848, verkörperte sich eine in dieser schweren Zeit weiterwirkende revolutionäre Tradition, die nicht zuletzt in Berlin lebendig geblieben war.

Im Frühling und Sommer 1916 tobten die Dauer- und Materialschlachten: die Hölle vor Verdun und an der Somme. Mitten in diesen Monaten des schweren Leidens und Sterbens erhob sich von neuem Karl Liebknechts Stimme. Im Herzen Berlins, auf dem Potsdamer Platz, ertönte am 1. Mai 1916 vor demonstrierenden Arbeitern sein Ruf:

»Nieder mit dem Krieg! Nieder mit der Regierung!« Und als im Juni daraufhin der Prozeß gegen ihn begann, streikten 50000 Berliner Arbeiter; es war der erste politische Protest in diesem Weltkrieg. Denn selbst auf der vom Waffengang verschonten Heimat lastete neue Not. Die Behörden verordneten, um dem Mangel an Rohstoffen abzuhelfen, die Ablieferung von kupfernen, messingnen und bronzenen Einrichtungsgegenständen für die Kriegsindustrie. Unerträglicher noch für die hart arbeitenden Menschen war die Lebensmittelknappheit bei steigenden Preisen, und all das angesichts eines provozierenden Kriegsgewinnlertums. In den Munitionsfabriken oder Verkehrsbetrieben mußten Frauen die Männer an der Front ersetzen, ständig in Angst vor den Schrekkensmeldungen: »Gefallen auf dem Felde der Ehre«.

Erbittert und geplagt von körperlichen und seelischen Nöten, aber bewegt von den revolutionären Geschehnissen in Rußland vom Februar 1917, streikten nach dem berüchtigten Kohlrübenwinter im April 1917 die Arbeiter in dreihundert Berliner Rüstungsbetrieben. In jenen Wochen bildete sich die Unabhängige Sozialdemokratische Partei (USPD) heraus, zu der in Berlin mehr als die Hälfte der Mitglieder aus der von Friedrich Ebert und Philipp Scheidemann geführten Sozialdemokratie übertrat; auch die von Karl Liebknecht und Rosa Luxemburg politisch geleitete Spartakusgruppe verband sich der neuen Partei als selbständige Gruppe.

Den Arbeiterinnen und Arbeitern drängte sich mehr und mehr die Frage auf, ob man dem Krieg und der Militärdiktatur nicht auf russisch-revolutionäre Art ein Ende bereiten könne. Bewegt davon, legten am 28. Janur 1918 in Berlin 400000 die Arbeit nieder; es bildeten sich Räte als Organe der Massenaktionen. Das Streikprogramm forderte im wesentlichen einen gemäßigten Frieden, Brot und Demokratie. Bald folgten diesem politischen Aufbegehren in Berlin die Arbeiter in allen bedeutenden Industriestädten Deutschlands. Obwohl führende Sozialdemokraten wie Otto Braun, Ebert und Scheidemann durch geschicktes Manövrieren die Lage ruhig halten konnten, ging das Hohenzollernregime seiner tödlichen Krise entgegen.

Großkapitalisten, Junker und fürstliche Aristokraten begannen sich gegenseitig der egoistischen Ausnutzung des Staates zu beschuldigen. Bis in den Sommer 1918 hinein wollte die Heeresleitung noch durch Offensiven einen »Siegfrieden« erzwingen. Er scheiterte an der zunehmenden Erschöpfung der Truppen und am wachsenden Übergewicht der Alliierten. Deren wochenlange Gegenoffensiven drohten dem deutschen Heer zum Debakel zu werden. Das zwang Hindenburg und Ludendorff am 29. September 1918, sich an die Reichsregierung zu wenden; sie solle beim amerikanischen Präsidenten Woodrow Wilson die Vermittlung eines Waffenstillstands erwirken. Doch nur eine andere Regierung mit einem anderen Programm hatte Aussicht auf Erfolg.

So wurde als neuer Reichskanzler der Prinz Max von Baden ernannt, der Anfang Oktober eine parlamentarische Monarchie initiieren und zugleich Waffenstillstandsverhandlungen einleiten sollte. Wilhelm II. blieb noch einige Wochen in Berlin in einer ihm immer unheimlicher werdenden Atmosphäre. Noch wagte niemand, öffentlich seine Abdankung zu fordern, nicht einmal die sozialdemokratischen Staatssekretäre in der Regierung; da reiste der einst so selbstherrliche Wilhelm am Morgen des 31. Oktober heimlich ins Große Hauptquartier nach Spa. Erst am 7. November verlangte die sozialdemokratische Parteispitze in ultimativer Form die Abdankung des Kaisers, die – wie Friedrich Ebert im Gespräch mit dem Prinzen Max von Baden bekannte – die herannahende »soziale Revolution« verhindern sollte.

Als am 28. Oktober die Kieler Matrosen das Signal gaben und sich weigerten, gegen die englische Flotte auszulaufen, griff in den Folgetagen die Bewegung gegen den Krieg, gegen die Hohenzollern, gegen die regierenden Fürsten und für eine Arbeiter-Republik auf die großen Städte der Wasserkante, Nordwestdeutschlands, Bayerns und schließlich auf Berlin über.

Am 9. November 1918 war Berlin reif für die Revolution. Alle Maßnahmen des Kommandierenden Generals des Gardekorps zur Verteidigung der Innenstadt wurden zunichte vor der Massenbewegung. Selbst die als zuverlässig geltenden Truppenteile – wie das Jäger-Bataillon und das Alexander-Regiment – wollten die kaiserliche Macht nicht mehr verteidigen gegen Hunderttausende, die dem Aufruf ihrer Obleute und des Spartakusbundes folgten und ins Stadtinnere strömten. Die Truppen verbrüderten sich mit den Demonstrierenden und bildeten gemeinsam mit ihnen Arbeiter- und Soldatenräte.

Daraufhin besetzten die Arbeiter den riesigen, nicht mehr verteidigten Gebäudekomplex des Berliner Polizeipräsidiums und ernannten selbst einen Polizeipräsidenten. Um eine weitere Radikalisierung zu verhindern, mußten die führenden Sozialdemokraten rasch handeln: Scheidemann rief an einem Fenster des Reichtstagsgebäudes die Republik aus; Prinz Max von Baden übergab die Regierungsgeschäfte Friedrich Ebert, der – eine Konzession an die Massenstimmung – einen »Rat der Volksbeauftragten« bildete, in dem die Vertreter der Unabhängigen Sozialdemokratie recht abhängig werden sollten von den Mehrheitssozialdemokraten.

Einen Tag nach diesem turbulenten 9. November und einen Tag vor Abschluß des Waffenstillstands ging der Kaiser ins holländische Exil, wo er erst am 28. November 1918 den Thronverzicht unterzeichnete. Die jahrhundertelange Herrschaft der Hohenzollern und der Fürsten fand damit ihr Ende. Berlin war nicht mehr wilhelminisch, mußte aber wie das ganze Reich all die Lasten tragen, die ihm das alte Regime überlassen hatte.

»Spreeathen ist tot, und Spreechicago wächst heran« – Stadtbild um die Jahrhundertwende

In den sechziger Jahren des 19. Jahrhunderts verkündet der Hausdiener Friedrich in David Kalischs Lokalposse »Haussegen, oder Berlin wird Weltstadt« halb stolz, halb selbstironisch von der Bühne des Wallner-Theaters: »Berlin wird Weltstadt. Schon wieder ein Haus eingestürzt, drei Menschen spurlos verschwunden und sechs neugeborene Kinderleichen an der Waisenbrücke gefunden. London und Paris können nicht mehr mit uns konkurrieren. Berlin wird immer größer.«

Dreißig Jahre später hat die Realität die Phantasie des populären Possendichters eingeholt. Berlin, seit 1871 deutsche Reichshauptstadt, hat sich unwiderruflich in die erste Reihe der europäischen Weltstädte geschoben.

Für den Ausländer, der in den beiden letzten Jahrzehnten vor dem Kriege regelmäßig nach Berlin kam, war jeder neue Besuch eine Überraschung. Von Jahr zu Jahr mußte man seine Vorstellung von der Stadt revidieren, so irrsinnig rasch war das Tempo, womit sie sich nach innen wie nach außen entwickelte. In verblüffender Hast wuchs die Stadt über Preußen hinaus und wurde Reichshauptstadt, sprengte auch diesen Rahmen und war bei Ausbruch des Weltkrieges durch ihre neugeschaffenen gewaltigen Kunstsammlungen, durch ihre weltumspannenden Finanzinstitute, durch Musik, Theater, Ausländerverkehr und seine internationale Halbwelt eine Art Weltzentrum, ja auf mehreren Gebieten *das* Weltzentrum. Die gewaltige Entwicklung der gesamten Nation – in Einwohnerzahl, Wohlstand, Geschmack – ließ sich von Jahr zu Jahr aus der Physiognomie der Stadt ablesen, die sprunghaft von dürftigem Provinzialismus zu Weltgeltung wechselte …

An einem Sonntagvormittag verließ ich meine Wohnung am Belle-Alliance-Platz, um zu Fuß an den Tegeler See zu spazieren; als gegen vier Uhr die Sonne unterging, sah ich noch kein Ende der Häuserreihen und mußte das Unternehmen aufgeben. Es war eine Wanderung vom Zentrum über die mittlere Stadt an den Stadtrand und von da über die gleichen Etappen, nur in umgekehrter Reihenfolge, in ein neues Zentrum: vier-, fünfmal hintereinander. Wie viele Wiederholungen mich noch erwarteten, weiß ich nicht; Berlin ist tatsächlich nicht zu bewältigen.

Wahrscheinlich weil die Stadt in einem Zug auf seinen eigenen Beinen zu durchwandern unmöglich ist, steht sie einem so formlos, so unüberschaubar vor dem Bewußtsein. Oder ist es vielmehr ihr internationaler Anstrich? ... Wie ein Weltlager kam einem die Stadt vor; jedesmal, wenn ein neues Volk in die Weltkonkurrenz eintrat oder sich auch bloß der modernen Entwicklung öffnete, wuchs Berlin um neue Hunderttausende und vermehrte sich das Gewimmel auf den Hauptstraßen um neue Repräsentanten der fernsten Winkel der Erde. In allem diesem war der Berliner schwer zu entdecken; existierte er überhaupt? Jedesmal wenn ich meinte, einem echten Berliner gegenüberzustehen, stellte es sich bei näherer Bekanntschaft heraus, daß er ganz woanders wurzelte ...

Nach mehreren Monaten Aufenthalt in Berlin erlebte ich eines Tages, daß dort zwei Männer den Hut voreinander zogen. Das war tatsächlich ein Erlebnis; in diesem Babel begegneten sich zwei, die einander von früher kannten!

Martin Andersen Nexö, Deutschlandbriefe

Das Berlin der Jahrhundertwende war die unruhigste und betriebsamste Stadt in der ganzen Welt. Räumlich erstreckte es sich im Norden und Osten etwa bis an die Ringbahn, aber im Süden und Westen, vor allem im Südwesten, hatte es diese noch lange nicht erreicht, und namentlich der spätere Stadtteil Wilmersdorf war noch Bauland, über das, man muß schon sagen, die Bauwut der wachsenden Stadt sich ergoß. Zu diesen ungezählten Wohnbauten wurde gerade neben einer ganzen Reihe von öffentlichen Gebäuden, Brücken, Straßen und Plätzen die erste Strecke der Hoch- und Untergrundbahn gebaut, die bisherigen Pferdebahnen auf elektrischen Betrieb umgestellt, Denkmäler in Reihen verfertigt – kurz, das Baufieber raste in den Adern der Stadt. Überall sah man Straßen aufgerissen, Spundwände eingetrieben, Bauzäune kilometerweise errichtet und Notstege angelegt, über die der Verkehr weiterging. Das häufigste Lastfahrzeug im Straßenverkehr war der Mörtelwagen. Aber die Unbeteiligten kümmerte das alles nicht; es war erstaunlich, wie wenig der Baubetrieb den Verkehr beeinträchtigte. Dieser flutete in ungebrochenem Strome Tag und Nacht durch die Straßen; wenn die letzten Nachtschwärmer nach Hause gingen, kamen ihnen schon die ersten Früharbeiter entgegen.

Georg Siemens, Erziehendes Leben

Berlin, diese wenig beschwingte, kühle Stadt gegenüber Wien, hatte angefangen, sich zu entwickeln. Die Frauen wurden eleganter und schöner, man verdiente Geld und gab es aus. Die Straßen blieben bis weit über Mitternacht hinaus belebt von Menschen und Wagen. Tanzlokale waren bis in die frühen Morgenstunden geöffnet. Zahllose kleine lustige Winkel existierten, wo man um drei oder vier Uhr morgens Erbssuppe mit Schweinsohr essen ging. Die Cafés schlossen kaum, und der Berliner, der die ganze Nacht gebummelt hatte, kam am Morgen früher als jeder andere Großstädter in das Büro. Es blieb ein Rätsel, wann der Berliner eigentlich schlief. Wir waren alle toll von Lebenslust und Tatkraft. Der Nachtbummel konnte uns nicht ermüden und kein Hindernis sein für die heftigsten Debatten über Kunstfragen, die den Tag erfüllten ...

In Halensee hatte man den Lunapark, auf den einst die Fenster meiner bescheidenen Wohnung schauten, zu einem großartigen Vergnügungsetablissement umgebaut, mit allen Überraschungen und Erfindungen, die man damals kannte. Überall gab es Geschrei, Gelächter und Fröhlichkeit. Ein großer Tanzsaal wimmelte Abend für Abend von Menschen, die es vorzogen, im Straßenanzug zu tanzen. Hier war der Treffpunkt der Boheme, der Maler, der Schriftsteller, hier traf man würdige Träger bekannter Namen, die sich plötzlich vergnügten und mit einem hübschen Mädel unermüdlich bis zum Morgen tanzten. Die Bars und das »Palais de Danse« stellten schon andere Ansprüche an den äußeren Menschen und an das Portemonnaie. Der Onestep war eben aufgekommen, und nach dem Schlager »Bobby, wo hast du deine Haare« tanzte man »Holzbein«, das heißt, man hüpfte mit einem lahmen Bein den Saal entlang. Ein Rausch hatte ganz Berlin erfaßt.
Tilla Durieux, Eine Tür steht offen

Das atemberaubende Tempo, mit dem sich die innere und äußere Entwicklung der Stadt zwischen 1890 und 1914 vollzieht, die Rigorosität, mit der überkommene Werte in Frage gestellt und durch neue ersetzt werden, die Bedenkenlosigkeit, mit der in Jahrhunderten Gewachsenes und Gewordenes dem Neuen geopfert wird, bereiten nicht wenigen Zeitgenossen Unbehagen. Ohne einen verklärenden Blick auf die Vergangenheit geht es da selten ab:

Es gab eine Zeit, da reichte die Stadt bis zum Pariser Platz, und vor den Toren versteckten sich weiße Landhäuser mit hohen Ziegelhauben unter blühendem Fliedergebüsch. Alle Droschken waren zweiter, das Pflaster war dritter Klasse, und auf den Straßen standen hölzerne Pumpen und Schilderhäuser. An der Stelle der Bierkirchen und Würstelpaläste gab es Konditoreien von Stehely und Spargnapani; dort lasen die Bürger ihre politischen Blätter und stritten, ob der göttlichen Sontag oder der himmlischen Crelinger der Vorrang gebühre. Die Schulzes und Krauses, die heute mit ihren Frauen zum Rennen fahren, sie lagen in ihren Fenstern auf geblümten Kissen oder saßen auf Strohstühlen vor der Haustür und diskutierten, ob demnächst ein Prinz oder eine Prinzessin zu erwarten sei. Anmutige Zopfstilhäuser aus der Zeit Meister Gontards, nicht höher als zwei Stockwerke, säumten die breiten Straßen …

Damals hatte Berlin einen Charakter: den der bescheidenen Residenz eines schöngeistigen Hofes, einer Heimstätte akademischer Kultur. Inmitten der niederen Wohnhäuser, die in Ehrfurcht vor den königlichen und prinzlichen Palais erstarben, ließen klassische Bauwerke ihre vornehme, schön gemessene Sprache vernehmen, die heute im Tamtam der Gipsorgien und der Stucktrompeten verhallt. Was einst der Stolz und die Schönheit der Stadt war, das ist heute erdrückt, veraltet, deplaziert. Es ist, wie wenn eine kleine Beamtenfamlie das große Los gewinnt und »sich neu einrichtet«: da wandern die soliden Mahagonimöbel zum Trödler, weil sie zu Madames goldenen Rokokoengelchen nicht mehr passen wollen. Berlin ist nicht gewachsen, es ist verwandelt. Schinkel und Wertheim, Schlüter und Begas vertragen sich einfach nicht. Das königlich Preußische findet im kaiserlichen Reichsberlin keinen Platz mehr. Spreeathen ist tot, und Spreechicago wächst heran.
Walther Rathenau, Die schönste Stadt der Welt

Die Umbrüche, die Berlin seit den neunziger Jahren in zunehmendem Maße prägen, zeigen sich am sinnfälligsten in den Veränderungen, die das äußere Bild der Stadt erfährt. »Es kommt mir vor, als wäre ich in einer fremden Stadt«, schreibt der Hamburger Kunstwissenschaftler Alfred Lichtwark am 18. Februar 1894 aus Berlin, »so vieles hat sich seit dem Sommer verändert. Am Leipziger Platz ist das Palast-Hotel eröffnet. Vor zwanzig Jahren war dort ein Zinshaus im Stil der Schinkelschule erbaut worden, vor zehn Jahren hatte es einem Barockbau in Putz mit echtem Portal Platz gemacht. Dieselbe Generation sieht an der Stelle nun schon das dritte Haus stehen, diesmal von unten bis oben in echtem Material.« (Alfred Lichtwark, Briefe/3)

Und der amerikanische Schriftsteller Mark Twain, der sich 1891 mehrere Wochen in der deutschen Hauptstadt aufhält, schreibt:

In Berlin komme ich mir verloren vor. Es hat keine Ähnlichkeit mit der Stadt, die ich mir darunter vorgestellt hatte. Es gab einmal ein Berlin, das ich von Beschreibungen in Büchern her erkannt hätte … Aber dieses Berlin ist verschwunden. Es scheint ganz und gar verschwunden zu sein und kein Zeichen hinterlassen zu haben. Der größte Teil des heutigen Berlins erinnert mit keiner Spur an eine frühere Zeit. Der Boden,

Die Mittelpromenade Unter den Linden, Ecke Friedrichstraße. Photo von Max Missmann, 1912

auf dem es steht, besitzt seine Tradition und seine Geschichte, doch die Stadt selbst besitzt diese nicht. Es ist eine neue Stadt, die neueste, die ich je gesehen habe. Chicago nähme sich dagegen ehrwürdig aus, denn es gibt viele altaussehende Bezirke in Chicago, in Berlin jedoch nicht viele. Die Hauptmasse der Stadt macht den Eindruck, als sei sie vorige Woche erbaut worden; der Rest wirkt eine kaum wahrnehmbare Schattierung gesetzter und sieht aus, als wäre er sechs oder vielleicht sogar acht Monate alt.
Mark Twain, Das deutsche Chicago

Kultur und Geschichte des preußischen Staates symbolisieren noch immer das gewaltige Schloß der Hohenzollern an der Spree und die Bauten entlang der berühmten Allee Unter den Linden, eine der schönsten Straßen Europas. Heinrich Mann, der 1891 als Volontär des S. Fischer Verlages zum erstenmal für längere Zeit nach Berlin kommt, zählte sie zu den »überdimensionalen Schöpfungen europäischer Kultur«. Unter den Linden scheint die Zeit still zu stehen: »Es fahren keine elektrischen Bahnen hier, denen die Menschen eilig mit unschönen Laufbewegungen nachjagen. Keine eisernen Spinnennetze begrenzen den Straßenhimmel, keine klappernden Stadtbahnwagen donnern über unsern Köpfen dahin, nur die Autos pusten, rasen und dünsten, und es scheint hier sogar – ein Wunder in Berlin – Leute zu geben, die nicht nur rasch einem Ziele zustreben, sondern die sich Zeit nehmen unterwegs. Leute, die die Straße als Aufenthalt, nicht nur als Weg benutzen.« (Anselm Heine, Berlins Physiognomie)

Die bunte Menge ist wie ein Wald, und für den, der stille ist, der sehen kann und sich hingeben, so erquickend und wundersam wie dieser. Ich bin manchmal in den heißesten Tagen, wenn die Wohlhabenden Berlin fliehen, wenn stickiger Dunst, die unbewegte heiße Luft den Aufenthalt im Zimmer schon kaum erträglich macht, sonntags in die Stadt gegangen, unter die Linden, um den großen Heimzug der geputzten Menschen zu sehen. Dann ist das schöne Forum Friedrichs des Großen beinahe leer von Wagen, und die riesige helle Asphaltfläche liegt unbenützt sonntäglich da, beinahe wie die Steinplatten des Markusplatzes. Aber die Menschen betreten ihn selten, wie aus Alltagsscheu, und so breitet sich nur ein dünnes Menschennetz über die weite Fläche, und an den Seiten drängen sich die beiden bunten Ströme, sie füllen die leise am Fuße der Gebäude auftauchenden Abendschatten ganz aus, schwarze Hüte, helle Männeranzüge und der bunte Flitter der Frauen bilden ein dichtes, schimmerndes Band, das wie eine bunte Schlange aus dem Schutze der Häuser über die offenen hellen Nebenplätze gleitet. Das Ganze ist in wundervolles Licht getaucht; rötlicher Staub scheint alles einzuhüllen, der Himmel schimmert blaßblau hindurch, die langsam verblassenden Gebäude, nur noch hie und da von der Sonne getroffen, leuchten zart und eindringlich, ihre leise bewegten Gliederungen begrenzen und formen den weiten Raum. Weithin leuchten aus dunklem Grau einige Fenster des Schlosses in der Sonne auf, und darunter blitzt das grelle Gelb eines Postwagens.
August Endell, Die Schönheit der großen Stadt

Aber auch unter den schönen alten Linden bleibt nicht alles wie es war. Seit langem ist eine »Regulierung« des 250 Jahre alten Verkehrsweges im Gespräch, die eine Verbreiterung der schmalen Fahrbahnen und Fußgängerpromenaden ermöglichen soll, auf Kosten der feudalen Reitwege, die sich wie eh und je rechts und links der Mittelpromenade erstrecken. Hauptgegner einer solchen Veränderung ist der Kaiser, der auf seinen gewohnten Reitweg nicht verzichten will, und ohne dessen Allerhöchste Genehmigung an der Straße Unter den Linden weder etwas gebaut noch etwas abgerissen, noch auch nur geändert werden darf.

Um die Jahrhundertwende mischt sich auch der Reichskanzler Fürst Hohenlohe mit einer anonymen Zeitungszuschrift in die Diskussion:

Der »Berliner Lokal-Anzeiger« hat vor einiger Zeit eine Reihe von Artikeln gebracht, in welchen von hervorragenden Künstlern und Gelehrten Vorschläge zur Verschönerung Berlins gemacht wurden. Man findet da eine Fülle von Gedanken. Es sollen Paläste erbaut, Statuen aufgestellt, Gärten in der Stadt angelegt, Straßen durchbrochen und zahlreiche recht kostspielige bauliche Veränderungen vorgenommen werden, wie sie sich der Phantasie der berufenen und unberufenen Projektemacher darstellen. Wunderbar erscheint es dabei einem Fremden, der diese Vorschläge liest, daß gerade der Hauptpunkt, wo Berlin einer Verschönerung bedarf, mit Stillschweigen übergangen wird.

Der Fremde, der nach Berlin kommt, geht doch zunächst »unter die Linden«. Hier bekommt er zu seinem Erstaunen den Eindruck einer zurückgebliebenen Provinzialstadt. Er findet in der Mitte einen breiten, von verkümmerten Bäumen eingefaßten Sandweg, an dessen einer Seite sich ein je nach Witterung staubiger oder sumpfiger Weg für Reiter hinzieht, an dessen anderer Seite ein gepflasterter schmaler Weg für Lastfuhrwerke sein unmotiviertes Dasein fristet. Längs der Häuser läuft je ein schmaler asphaltierter Straßendamm mit verhältnismäßig schmalen Trottoirs oder Bürgersteigen. Das Ganze ist unharmonisch und macht einen verwirrenden Eindruck. Besucht man die Linden an Sonn- und Feiertagen, so erkennt man sofort, daß die Bürgersteige für die Spaziergänger ungenügend sind. Man wird geschoben oder gestoßen und beeilt sich, ruhigere Straßen aufzusuchen. Hat man sich mühsam durchgedrückt und endlich das Standbild Friedrichs des Großen erreicht, so atmet man auf, denn man findet eine breite, einer Großstadt würdige Straße, die an der Universität und der Oper vorbei nach dem Schloß führt.

Wenn man zurückblickt, begreift man nicht, daß diese große Straße nicht bis zum Pariser Platz fortgesetzt worden ist. Wie würden die »Linden« gewinnen, wenn man nach Beseitigung der oben geschilderten, überaus häßlichen und ungenügenden Wege – denn Straßen kann man sie kaum nennen – eine nach Pariser Muster mit Holz bepflasterte Straße (Avenue) nach dem Brandenburger Tor führte, an beiden Seiten breite, mit Linden bepflanzte Bürgersteige. Der Reitweg, den man für nötig erachtet, würde entbehrlich, weil man auf Holzpflaster ebenso gut wie auf dem jetzigen Reitweg die Pferde tummeln kann, und Berlin erhielte eine stattliche, für den Verkehr vollkommen geeignete Straße. Freilich muß dabei vorausgesetzt werden, daß das Holzpflaster aus gutem, dauerhaften Kiefernholz und mit der Sorgfalt gelegt werde, die man in Paris auf die Herstellung dieses Pflasters verwendet. Daher bedarf es nur einer Reise der mit der Holzpflasterung beauftragten Techniker nach Paris und der Einsicht, daß man auch vom Feinde lernen kann.

Chlodwig Fürst Hohenlohe-Schillingsfürst, Denkwürdigkeiten der Reichskanzlerzeit

Nach langen Debatten – hie Stadtverordnete und Magistrat, hie die Vertreter des königlichen Hauses, die uralte Privilegien gefährdet sehen – kommt es schließlich zu einem Kompromiß: der südliche Reitweg wird gänzlich, der nördliche wenigstens teilweise beseitigt. Die beiden Fahrbahnen werden verbreitert, ebenso die Bürgersteige, auf denen nun der Strom der Einheimischen und Fremden ungehinderter passieren kann.

Über die neue Gestalt der »Linden« habe ich viel schimpfen hören und eine boshafte Kritik gelesen. Nicht ohne Voreingenommenheit habe ich sie mir eben angesehen. Ich finde sie aber nur wenig verändert. Die Bäume sind geblieben, die Lastfahrstraße ist aufgehoben, hinzugekommen sind die steingefaßten Rasenstreifen zwischen den Bäumen. Alles ist einfacher und klarer geworden, und die breiten Fahrstraßen tun an dieser Stelle wohl.
Alfred Lichtwark, Briefe/9

Nicht nur die »Linden« verändern ihr Gesicht. Wilhelm II., seit 1888 deutscher Kaiser, will es seinen Vorfahren mindestens gleichtun und dem historischen Ensemble zwischen Lustgarten und Brandenburger Tor Kunst- und Architekturwerke von ewigem Wert hinzufügen. Berlin soll zur »schönsten Stadt der Welt« werden, verkündet der junge Monarch ohne falsche Bescheidenheit bei einem Festmahl am 13. Juni 1898.

Unmittelbar am Schloß, an der Kurfürstenbrücke, zwischen Breite Straße und Spree, öffnet sich bereits ein riesiger Bauplatz. Hier entsteht der Neue Marstall, von Hofbaumeister Ihne entworfen. Für den neubarocken Monumentalbau, der 1901 fertiggestellt wird, läßt Ihne die alte Häuserzeile am Schloßplatz abreißen und verbindet den Neubau mit dem Alten Marstall in der Breiten Straße. Zwei Stockwerke des Spreeflügels nehmen Ställe für dreihundert Pferde auf: eine Art Hochgarage der ausgehenden Pferdezeit.

Die Bebauung der Nordhälfte der Museumsinsel geht ihrem Ende zu. 1901 wird ein erstes Pergamonmuseum eingeweiht, das, mit seinem speziell für diesen Zweck geschaffenen hohen Oberlichtsaal, zum erstenmal die Rekonstruktion und öffentliche Ausstellung des Pergamonaltars und seiner Schmuckfriese ermöglicht – eine museale Sensation:

Die Griechen haben einen neuen Sieg erfochten, einen durchschlagenden Kunstsieg. Sie haben in Berlin den »grand succès« der Winter-Kunstzeit davongetragen, und dieser Erfolg wird Jahrhunderte durchdauern. Wer in den Weihnachtsfeiertagen das neue Pergamonmuseum besucht und die Völkerwanderung der Berliner zu dem großen pergamenischen Altare des Zeus und der Athena gesehen hat, wird gewiß sein, daß dieser Modebesuch mehr als Mode ist. Man ist hingerissen,

man ist überwältigt. Die gewohnheitsmäßigen Skeptiker schweigen, die verschiedenen Vertreter des »Modernen« – was man so darunter alle fünf Jahre versteht – schweigen, die Naturalisten, die Stilisten – sie schweigen alle. Ja, es schweigen sogar diejenigen, welche längst wissen, was es mit dem Griechentum auf sich hat, was bei diesen genialen Kulturmenschen Natur und Stil, Phantasie und Leidenschaft, Bewegungskraft und Rhythmus, höchste Musik des Anschauens, Witz und Humor, Anmut und Erhabenheit, unendlich Wildes und unendlich Zartes in allen Gebieten der Dichtung und der Kunst bedeuteten. Es schweigen selbst die Kenner Griechenlands. Aber es ist ein beglücktes Schweigen ... Da ist ja alles, was wir selbst möchten, und was wir in geteilten Haufen, bald Stil suchend, bald Natur heischend, anstreben, zum Erstaunen geleistet. So groß ist die Wirkung, daß man zunächst ganz kleinlaut wird. Denn um 170 vor Christus unter König Eumenes II. wurden zu Pergamon bereits die größten künstlerischen Probleme auch des zwanzigsten Jahrhunderts nach Christus gelöst.
Wolfgang Kirchbach, Pergamon in Berlin

1908 muß das Museum wegen baulicher Unzulänglichkeiten wieder geschlossen werden. Nach Entwürfen von Alfred Messel wird 1910 mit dem Bauarbeiten zu einem neuen, größeren Pergamonmuseum begonnen. Aber Widrigkeiten des sumpfigen Baugrundes und der Ausbruch des Weltkrieges lassen die Arbeiten während des Kaiserreiches nicht mehr zum Abschluß kommen.

1904 wird an der Nordwestspitze der Museumsinsel das Kaiser-Friedrich-Museum (heute Bodemuseum) eingeweiht: »Bei entsetzlich grauem, lauen Regenwetter«, wie die Baronin Spitzemberg am 8. Oktober in ihrem Tagebuch vermerkt, »mit einem Trara weit über die Wichtigkeit der Sache hinausgehend, Fürsten und Minister angereist, den Schulen freigegeben, die Rederitis in vollster Blüte.«

Die für den Betrachter reizvoll an der Wasserfront gelegene Anlage mit der abgerundeten Eingangsfront an der neugeschaffenen Monbijoubrücke und der krönenden Kuppel kann nun die gesamte Gemäldegalerie aus dem Alten Museum in erweitertem Umfang darbieten, dazu die Skulpturenabteilung, das Münzkabinett und die neugegründete islamische Kunstabteilung. Unter seinem Direktor Wilhelm Bode wird sich das neue Haus bald zu einem Anziehungspunkt für Forscher und Kunstinteressierte aus aller Welt entwickeln. Nur wenige Monate nach Eröffnung des Museums ist bereits erneut großes Einweihungszeremoniell angesagt:

27. Februar 1905. Heute früh haben wir den neuen Dom eingeweiht. Die Feier verlief in der äußerlich glänzenden Weise, die wir ziemlich gleichmäßig allen solchen Festlichkeiten angedeihen lassen. Gleichsam

Der Schloßplatz mit dem Neptunbrunnen. Rechts, an der Einmündung der Breiten Straße, der 1901 fertiggestellte Neue Marstall

als wäre das Ganze ein Abbild unserer Zeit, wollte meine Stimmung während des Gottesdienstes sich nicht besonders erheben und verinnerlichen lassen. Die beiden Geistlichen hielten glänzende Reden, aber viel Byzantinertum in ihren Worten machte mich bekümmert. Ob sie wohl den vierten Teil der Dinge selbst glaubten, von denen sie soviel Aufhebens machten? Besonders gefielen sie sich in Lobpreisungen über das herrliche Werk und und seinen Schöpfer, womit sie natürlich den Kaiser meinten. – Zunächst ist der Platz schlecht gewählt, denn das große Bauwerk steht auf einem viel zu kleinen Raum. Die Kuppel ist zu groß für den Unterbau, und besonders im Innern fehlt das doppelteilige

Schiff sehr, das man sonst gewöhnt ist, in solch einem Dom zu sehen. Überhaupt ist das Ganze prätentiös und fordert zu Vergleichen mit anderen großen Kathedralen heraus. Wieviel großartigere Linien und Maße haben St. Peter in Rom oder die Dome von Florenz und Mailand. Und wieviel schöneres und ruhigeres Material hat man dort im Innern verwendet. Abwechslung ist hier im Dom ja genug vorhanden, und ich verstehe, daß man manche Details bewundert und über andere diskutiert, aber groß, erhebend und weihevoll wirkt das Ganze nicht.
Graf Robert Zedlitz-Trützschler, Zwölf Jahre am deutschen Kaiserhof

Über den Domneubau – nach einem Entwurf von Julius Raschdorff – hatte es bereits vor der Grundsteinlegung im Juli 1894 in Fachkreisen heftige Debatten gegeben: zu offensichtlich prägte sich in ihm das übersteigerte Repräsentationsbedürfnis des jungen Kaisers aus, zu peinlich berührte die wahllose Benutzung fremder Stile, die zum Charakter einer protestantischen Predigtkirche so gar nicht passen wollten. Nicht wenige beklagten auch die Beschädigung des architektonischen Ensembles, dem der alte, von Knobelsdorff entworfene, von Schinkel umgestaltete Dom gemeinsam mit Schloß, Lustgarten und der edlen Linienführung des Alten Museums das Gepräge gegeben hatte.

Was man erreicht hat, ist Eleganz, nichts mehr ... Welchen Sinn hat der gewaltige Triumphbogen über der bescheidenen Tür in der Mitte? Drückt er irgend etwas Architektonisches aus, oder symbolisiert er an dieser Stelle irgend einen kirchlichen Gedanken oder irgend ein Gefühl überhaupt? Er prunkt, und das ist alles. Hunderte von Säulen, Pilaster, Gesimse, Bögen, Giebel, Statuen und andere Zierstücke prunken, prunken, prunken und sind ihrem Wesen nach nur ein immer wiederholtes Nichts. Auch die italienische Renaissance, die hier Vorbild war, hat zuzeiten geprunkt. Aber ihr Prunk lebte dann wenigstens; wenn er von keiner Realität Ausdruck war, war er's von spielendem Kraftgefühl und von schaffenslustiger Phantasie. Die Architektur des Domes ist bis in alle Einzelheiten hinein Nachlese, Nachahmung, Nachschrift, es ist eine Architektur des Auswendiglernens, des Umarrangierens und des Hersagens ohne zu stocken. Wo wäre an diesem ganzen Äußeren eine bauliche Schönheit eigener Art? ... Im Innern findet sich vielleicht dies und jenes Bessere, auch unter den Skulpturen und Bildern, es haben ja viele zusammengewirkt, und nicht allen ist dreingeredet worden. Welche Sorte aber von Kunst hier herrscht, an das zu erinnern genügt, daß man angesichts all der Aufträge Anton von Werners Beruf zum religiösen Maler entdeckte und ihm und seinesgleichen alles Wichtige übergab.
Ferdinand Avenarius, Der Dom

Der Dom ist übrigens nur eines von vierunddreißig neuen Gotteshäusern, die in den ersten zwanzig Regierungsjahren Wilhelms II. in Berlin errichtet werden:

Wir sind seit 20 Jahren mit einer solchen Fülle neuer und neuester Kirchen in der Reichshauptstadt und ihrem Umkreis bedacht worden, daß in Berlin die Scherzrede geht, es würden jeden Mittwoch und Sonnabend Vormittag (von 10–12 Uhr) neue Kirchen eingeweiht oder, wenn zufällig keine neuen Gotteshäuser fertig seien, an ihrer Stelle Orgeln,

Teppiche und dergleichen ... Es ist ein holder Wahn der hochkirchlichen Kreise unserer Stadt, wenn sie für den absoluten jährlichen Zuwachs von 50 000 Menschen – fünf jährliche neue Kirchen fordern, also für je 10 000 Zuziehende ein eigenes »Gotteshaus«! Nach diesem famosen Kostenanschlag hätten wir zunächst noch etwa neunzig Kirchen – nachzubauen, um frühere Versäumnisse einzuholen, dann aber das jährliche Quantum von fünf neuen Kirchen pünklich abzuleisten. Schon jetzt sind die vorhandenen Kirchen gar nicht gefüllt, abgesehen von wenigen hohen Festtagen wie Karfreitag oder allgemeinen Stimmungstagen wie Totenfest und Sylvesterabend; das kirchliche Interesse sinkt langsam, die Austritte aus der Landeskirche mehren sich durch die lebhafte sozialdemokratische Agitation.
Theodor Kappstein, Das kirchliche Berlin

Am bekanntesten von den Kirchenneubauten dieser Zeit wird die von Franz Schwechten entworfene Kaiser-Wilhelm-Gedächtniskirche im Herzen des neuen Berliner Westens. Im September 1895 ist Einweihung:

Einen kuriosen kleinen Zwischenfall bei der Einweihung der Kaiser-Wilhelm-Gedächtniskirche haben, so viel ich gesehen, alle Blätter in ihren Berichten unerwähnt gelassen. Ein Freund hatte mir einen Balkonplatz am Kurfürstendamm angeboten, von dem aus ich die Anfahrt der höchsten Herrschaften bequem übersehen konnte. Gerade gegenüber, auf der anderen Seite des Kurfürstendammes, zieht sich die Mauer des Zoologischen Gartens entlang. Als nun die Glocken zu läuten begannen und der kaiserliche Herr jeden Augenblick erwartet werden konnte, scholl plötzlich in die rhythmischen Schwingungen des klingenden Metalls und in die ersten fernen Hoch- und Hurrarufe des Volkes ein befremdliches Geräusch hinein. Die Raubtiere, vor allem die Wölfe des Zoologischen Gartens, begannen unruhig zu werden. Auch in den Hundezwingern regte es sich. Lang hallendes Geheul ... mischte sich in den Friedensgruß der Glocken und akkompagnierte den Jubel des Publikums. Das aber stand nicht auf dem Programm. Ein Polizeioffizier zu Pferde jagte wie rasend nach dem Zoologischen Garten; ein paar Wachtmeister stürmten hinein, um den heulenden Bestien kraft ihres Amtes und ihrer Autorität das Singen zu verbieten – aber die rebellischen Tiere hatten wenig Respekt vor den blauen Uniformen: sie heulten, kläfften und bellten unentwegt weiter. Endlich wurde ein Wärter aufgestöbert. Wie er die Biester zur Ruhe bekommen hat, weiß ich

Folgende Doppelseite:
Blick von der Tauentzienstraße auf die Kaiser-Wilhelm-Gedächtniskirche, 1905

nicht; vielleicht hat er ihnen ihr Morgenfrühstück ein Stündchen früher gereicht als sonst. Jedenfalls schwiegen sie – aber sie hatten eine heitere Episode in das ernste Fest gebracht.
Fedor von Zobeltitz, Chronik der Gesellschaft/1

Baugruben und Bauzäune bestimmen in den Jahren vor und nach der Jahrhundertwende auch das Bild der Prachtstraße Unter den Linden. An der Nordseite, zwischen Charlotten- und Universitätsstraße, erstreckt sich seit 1903 eine riesige Baustelle. Hier entsteht das neue, vom Hofarchitekten Ihne entworfene Gebäude der Königlichen Bibliothek (heute Staatsbibliothek), das auch die Akademie der Wissenschaften und die Universitätsbibliothek aufnehmen soll. Als das Bauwerk im März 1914 seiner Bestimmung übergeben wird, findet vor allem die riesige Kuppel des Hauptlesesaals allgemeine Bewunderung:

Der Baurat Adams hat ihn aus Betonmasse mit einer Kühnheit konstruiert, in der wahre, innere Größe ist. Hinterher ist Exzellenz Ihne dann gekommen und hat die stolze Betonwölbung mit Renaissanceornamenten verziert, hat Architekturkulissen errichtet und in den Beton Fugen gemeißelt, damit der Beschauer an ein Quaderngewölbe glaubt. Die beiden Pole unserer Baukunst, Technik und Kunst, treten in ihrem verlogenen Verhältnis zueinander wie in einem Schulbeispiel hier zutage. Zuletzt ist der Kaiser hinzugekommen und hat – in einem Lesesaal! – eine Akustikprobe gemacht. Und dann: Hurra, Hurra, Hurra!
Kunst und Künstler, 1. Mai 1914

Ohne Wehmut verlassen Bibliothekare und Benutzer die alte Bücher-»Kommode« am Opernplatz, deren räumliche und technische Unzulänglichkeiten seit mehr als zwei Jahrzehnten Gegenstand heftiger öffentlicher Kritik gewesen waren.

Im preußischen Abgeordnetenhaus preist anläßlich der Beratung des neuen Kultusetas der Abgeordnete Georg Irmer die neue Einrichtung:

Wer Preußen knauserig schilt, den führen Sie, Meine Herren, nur in die Bibliothek, und er wird von seinem Irrtum ganz bestimmt bekehrt werden … Im Auslande kenne ich keine Bibliothek – und die meisten habe ich gesehen und auch in ihnen gearbeitet –, die an innerer Einrichtung höher stände als gerade diese neue Königliche Bibliothek. Ich denke oft, wenn ich dort sitze, an frühere Zeiten zurück, wo wir da drüben in der sogenannten »Kommode« mit der schönen Überschrift »Nutrimentum spiritus« arbeiteten … Man sitzt in engem Raume eingepfercht, die größten Gelehrten mit dem einfachen Studenten zusammen: Momm-

sen, Droysen. Und da es recht fußkalt war, hatte Droysen eine grün und schwarz gestrickte wollene Decke um die Füße gelegt. Jetzt ist in dem neuen Palast Wärme, Licht, Luft und – Tinte! Die mußte man früher selbst mitbringen. Sogar Erfrischungsräume sind vorhanden.
Stenographische Berichte des preußischen Abgeordnetenhauses, 12. Mai 1914

»Daß Berlin der ideale Aufenthaltsort für einen gemächlich wandernden beschaulichen Menschen wie mich sei, habe ich nicht bemerken können«, schreibt 1906 der englische Journalist Bart Kennedy. »Man kann kaum seinen Kopf wenden, ohne gleich ein Bildwerk zu sehen. Sie sind hier und dort und überall, in den schönen laubreichen, so sauber gepflegten Anlagen, auf den Plätzen, an den Ecken der Straßen, in der Mitte der Straßen, am Anfang und Ende der Straßen. Denkmäler und Bildwerke überall.« (Vorwärts, 21. Juni 1906) Der »Denkmalssegen«, der sich während der Regierungszeit Wilhelms II. über die Hauptstadt ergießt, ist in der Tat beachtlich.

Eine Berliner Denkmäler-Statistik besagt:
Nach dem Stand vom 1. Juli 1905, 6 Uhr morgens, gibt es in der Reichshauptstadt:

165 Einzeldenkmäler in Stein oder Erz
232 Denkmäler überhaupt, darunter
716 dargestellte Personen,
128 Tiere

Im Tiergarten allein, der seinen Namen ursprünglich wegen des Reichtums an lebendigen Tieren bekommen hat, wurden vom März 1898 bis März 1905 enthüllt:

14 Tiergruppen, darstellend
36 Tierindividuen, und
48 Denkmäler von Personen.
Die Siegesallee zählt 114 Köpfe.

Berlin und die Berliner

Die Denkmäler, die die öffentlichen Gebäude, Straßen und Plätze der Hauptstadt zieren sollen, haben, nach den Intentionen Wilhelms II., zuvörderst die Aufgabe, von den ruhmreichen Taten des Hohenzollerngeschlechts zu künden, Symbol und Unterpfand deutscher Einheit und Stärke. Der Bildhauer Reinhold Begas, dem die Stadt das schöne Schillerdenkmal vor dem Schauspielhaus und den bei den Berlinern rasch populär gewordenen Neptunbrunnen vor der Südseite des Schlosses verdankt, soll den kaiserlichen Vorstellungen Gestalt geben. Der Bildhauer entwirft nach den Vorgaben seines Monarchen den Plan zur Siegesallee,

Das 1897 eingeweihte Nationaldenkmal für Wilhelm I. an der Schloßfreiheit, im Hintergrund Schloßbrücke und Zeughaus, um 1900

mit deren Bau 1898 begonnen wird, er stellt einen überlebensgroßen Bismarck vor das neue Reichstagsgebäude, und vor allem ist er der Schöpfer des Nationaldenkmals auf dem Schloßplatz, mit dem Wilhelm II. seinen Großvater, den ersten Kaiser des neuerstandenen Deutschen Reiches, ehren will.

Um Platz für das gewaltige Monument zu schaffen, werden mit Hilfe einer Lotterie die historischen Bauten auf der sogenannten Schloßfreiheit aufgekauft und abgerissen. »Das Ergebnis«, notiert Alfred Lichtwark am 22. April 1894, »ist zunächst ziemlich kläglich. Das Schloß hat gewissermaßen den Halt verloren, es ist kleiner geworden, seit es nicht mehr mit seiner gewaltigen Masse über die Häuser hinausragt, die es um so höher erscheinen ließen, als sie aus dem Wasser aufsteigen. Nun sitzt auch der Akzent der Kuppel an der verkehrten Stelle. Vielleicht gewöhnt man sich.« (Alfred Lichtwark, Briefe/3)

Im Frühjahr 1897 wird das Monumentaldenkmal eingeweiht: zur Hälfte in die Spree hineingebaut, erhebt sich nun an Stelle der alten Schloßfreiheit ein halbkreisförmiger barocker Säulenbau, dessen seitliche Abschlüsse durch kupferne Viergespanne besetzt sind; in der Mitte, hoch wie ein vierstöckiges Haus, das Reiterdenkmal Wilhelms I. (oder, wie der Kaiser jetzt zu sagen pflegt, Wilhelms des Großen), zu dem, wie die Chronisten akribisch vermerken, 1770 Zentner Bronze verarbeitet wurden, umgeben von symbolischem Beiwerk die Hülle und Fülle. »Da steht es nun«, schreibt Ferdinand Avenarius im »Kunstwart«, »eine Art von Vorbau vor dem Schloß, von keiner Stelle als von den Schloßfenstern aus gut zu sehen ..., beinahe stumpfsinnig im Wiederholen derselben abgebrauchten Motive, kunstgewerblich, wo monumentale Kraft am Platze, in seinem Besten von theatralischem Schwunge, grundfremd dem Geiste nach, ihm, den es feiern soll, und der vor allem eine würdige Mitehrung der Männer gewünscht hätte, die ihm halfen, ja die ihn leiteten – als Ganzes ein Prachtstück etwa à la Louis XIV.« (Der Kunstwart, 1. Aprilheft 1897)

Das Denkmal ist ein typisches Erzeugnis der Fürstenkunst, die alles schnell fertig haben muß, sogar die Patina, die nur die Zeit geben kann. Das künstliche Grün, das so himmelweit verschieden ist von dem satten, beruhigenden Ton, den die Zeit gibt, läßt das Werk unecht erscheinen. Es sieht aus, als sei es angestrichener Gips.

Die Gesamtwirkung ist noch nicht da, weil Planken und Gerüste die Bahnen überall verdecken. Aber es dürfte eintreten, was von vornherein zu befürchten stand, daß die Architektur im Verhältnis zu der absoluten Größe der Figuren viel zu klein geraten ist. Diese zierliche Halle wäre sehr am Platz als Abschluß der Perspektive eines nicht allzu großen Gartens, wenn an der Stelle, wo das kolossale Reiterstandbild steht, ein hübscher kleiner Brunnen, der aber sehr niedrig sein müßte, seine Wasser spielen ließe.

Nun steht sie außerdem noch in Konkurrenz mit der Masse des Schlosses.

Dann gehen die Maßstäbe trostlos durcheinander. Wenn man sieht, wie so viele bedeutende Künstler für die Einheit der Proportionen gar keine Spur von Gefühl haben, fängt man an zu zweifeln, ob man unbefangen sei. Aber sowie man den Blick auf das Ganze lenkt, empört sich das Gefühl wieder.

Der Kaiser und das schöne Weib, das sein Roß leitet, sind größer als die Viktorien, die an den Ecken des Postaments auf Kugeln balancieren; die Genien des Kriegs und des Friedens, die auf den Stufen ruhen, sind wieder doppelt so groß als der Kaiser und seine Begleiterin, auf den Reliefs sind die Figuren dann ganz klein – nebenbei, diese Reliefs am Sockel sind kaum zu entwirren –, einen andern Maßstab haben die sperrigen, aber imposanten Löwen, noch einen andern die Lenkerinnen und Pferde der Quadrigen auf den Pavillons, wieder einen andern die Männer, die an dem Gesims der Architektur umherklettern.
Alfred Lichtwark, Briefe/5

Die »sperrigen, aber imposanten Löwen«, von dem jungen Bildhauer August Gaul modelliert (man kann sie heute als einzige Überreste des im Zweiten Weltkrieg zerstörten Denkmals vor dem Alfred-Brehm-Haus im Tierpark Friedrichsfelde bewundern), verhalfen dem neuen Berliner Straßenschmuck rasch zu seinem Spottnamen: die Berliner nannten das Ganze kurz und respektlos: »Willem in de Löwenjrube«. Übrigens denkt man eine Zeitlang ernsthaft daran, Schinkels Bauakademie als »unwürdigen Hintergrund« aus der Umgebung des Denkmals zu entfernen:

Wenn man rechts durch die Säulen der Halle blickt, hat man einen sehr wirksamen Hintergrund in der stattlichen Front der Bank für Industrie und Handel ... Wenn man durch die Halle nach links sieht, wird dagegen der Ausblick durch die Bauakademie empfindlich beeinträchtigt. Wie vor 26 Jahren in Berlin eine allgemeine Hetze gegen den ehrwürdigen Backsteinbau der »Gerichtslaube« vor dem neuen Rathause losbrach und dieses Bauwerk – gegen den Willen des Kaisers Wilhelm I. – verschwinden mußte, so erhebt sich jetzt eine starke Stimmung für den Abbruch des alten »Baukastens«, wie das klassische Werk Schinkels jetzt genannt wird, der mit dieser Großtat eine alte einheimische Kunst wieder belebte und vielen Tausenden von Menschen neue Erwerbsquellen geschaffen hat. Daß gleichwohl die Bauakademie nach dieser gründlichen Umgestaltung ihrer Umgebung nicht mehr bleiben kann, müssen selbst die eifrigsten Verehrer Schinkels bekennen, mit tiefem Ingrimm vielleicht. Aber die Kunstgeschichte lehrt uns, daß der Enkel immer auf den Ruinen des Großvaters baut, und wenn man noch dazu Philosoph ist, glaubt man auch an die Ewigkeit klassischer Baudenkmäler nicht mehr.
Adolf Rosenberg, Das Nationaldenkmal

Kaum ist das Nationaldenkmal auf dem Schloßplatz eingeweiht, so wendet der Kaiser seine Energien einem anderen Denkmalsprojekt zu, das alles in Berlin bisher Geschaffene in den Schatten stellen soll: Eine steinerne Ahnengalerie der Hohenzollern soll »zur Verschönerung des Tiergartens« und »zur Erinnerung an die ruhmreiche Vergangenheit« geschaffen werden. Seit 1898 werden rechts und links der neuen Siegesallee, die den Königsplatz mit dem Kemperplatz verbindet, 32 in Carraramarmor gehauene Skulpturengruppen aufgestellt: Vertreter der in Brandenburg aufeinander folgenden Herrschergeschlechter der Askanier, Wittelsbacher, Luxemburger und Hohenzollern, flankiert von Büsten ausgewählter Zeitgenossen, von Taxushecken und halbrunden Steinbänken eingefaßt: ein persönliches Geschenk des Monarchen an die Stadt Berlin.

Goethe forderte, der Schauspieler solle beim bildenden Künstler in die Lehre gehen, jetzt ist es umgekehrt. Malerisch drapierte Mäntel, kühne Helmsilhouetten, gebietende Armbewegungen, protzige Schlächterstellungen, bohrende Blicke, Kostümexegesen vom Bärenfell zum Hermelinmantel, Kronen, Kanonenstiefel, kurz: Panoptikum. Alles hübsch der Ordnung gemäß; ein Hosenlatz ist so ausführlich behandelt wie ein Auge, ein Panzerhemd ist so wichtig wie ein Kopf.

Nicht einer, vielleicht mit Ausnahme von Begas und Brütt, hatte eine Ahnung, wie eine Büste mit dem Postament und dieses mit der Bank organisch zu verbinden sind. Einer sägt unter den Armen den Leib durch und stülpt das Fragment auf einen vierkantigen Pfahl, und ein anderer komponiert die Hermenform individualistisch um. Die Hauptpostamente mit den Säulchen, Kartuschen und ornamentalen Bändern disponiert jeder bessere Stukkateurgehilfe geschickter; und die Eulen, Gänse, Schwäne, die Adler zu sein prätendieren, spotten in ihrer schreienden stilistischen Hilflosigkeit jeder Beschreibung. Ach – und die Ornamente! Mit romanischen Motiven fängt es an, mit klassizistischen hört es auf; der ganze Kreislauf, den das Kunstgewerbe der letzten dreißig Jahre gemacht hat: hier ist ihm in Stein ein bleibendes Denkmal gesetzt ... Außerdem merkt man überall die rohe Faust des Marmorarbeiters; die Künstler haben kaum hier und da die schematische Routine des Handwerkers überarbeitet, so daß überall eine gleichmäßige Brutalität der Ausführung herrscht. Das ist keine Technik, sondern Maschinenarbeit, nicht Marmor, sondern Zuckerguß. Diese ganze geschichtlich dozierende Plastik ist nicht in einer Linie persönlich; kaum eine Form ist recht verstanden, keine Silhouette schön; patriotische, schauderhaft verstimmte Blechmusik.

Karl Scheffler, Moderne Baukunst

Als Ende 1901 die Aufstellung der Denkmäler abgeschlossen wird, ist – außer dem Kaiser – niemand so recht glücklich. Olaf Gulbransson zeichnet für den »Simplicissimus« (9. Jahrgang, Nr. 1) eine Berliner Bürgerdeputation, die den Kultusminister demütig bittet, die Hauptstadt von weiteren Hohenzollerndenkmälern zu verschonen. »Nein, meine Herren«, erwidert der Minister, »solange Berlin sozialdemokratisch wählt, ist nicht daran zu denken, daß mit der Errichtung von Denkmälern innegehalten wird.« (»Strafe muß sein«)

Wilhelm II. aber scheut sich nicht, die Bauwerke der Siegesallee, diese »in Marmor ausgeführte Fibel für ABC-Schützen« (Max von Boehn) in seiner Einweihungsrede als Kunstwerke zu bezeichnen, »wie sie wohl kaum in der Renaissancezeit schöner hätten sein können«.

Ein wesentlich distanzierteres Verhältnis legt Wilhelm II. zeit seines Lebens gegenüber dem neuen Reichstagsgebäude an den Tag, das mit seinem wuchtigen Quaderbau und der weithin sichtbaren Kuppel seit 1894 den Königsplatz vor dem Brandenburger Tor beherrscht. Dreiundzwanzig Jahre lang hatte sich die oberste deutsche Volksvertretung nach ihrer konstituierenden Sitzung im Jahre 1871 mit einem bescheidenen Provisorium in der Leipziger Straße behelfen müssen. Erst 1884, nach langwierigen Debatten, kann der Grundstein zu dem repräsentativen Neubau, nach einem Entwurf von Paul Wallot, gelegt werden, und weitere zehn Jahre werden bis zur endgültigen Fertigstellung vergehen.

Früh schon hatte sich Unzufriedenheit mit dem isolierten Platz des neuen Parlamentsgebäudes artikuliert, denn für die meisten Berliner ist die Stadt jenseits des Brandenburger Tores noch immer zu Ende:

Dort begrüßt der Bürgermeister einziehende Helden und Kreuzfahrer, wenn die Stadt auch jenseits des Tiergartens und der Spree noch große Vorstädte hat. Um den ganz freistehenden Reichstagspalast saust der Wind wie an keiner anderen Stelle Berlins. Die Schutzleute klagen, die dort Posten stehen; die Droschkenpferde schaudern, und ältere, nicht ganz feste Volksvertreter geraten, in einigermaßen stürmischen Zeiten, in Gefahr, umzufallen, noch ehe es zur Abstimmung kommt.
August Stein, Es war alles ganz anders

Wilhelm II., der aus seiner Geringschätzung des Parlamentarismus nie ein Hehl gemacht hat, soll das Gebäude nur zweimal in seinem Leben betreten haben. »Reichsaffenhaus« nannte er es verächtlich in einem Brief vom 9. Dezember 1894 an seinen Freund Philipp Graf Eulenburg, und bereits ein Jahr zuvor hatte der Monarch bei einem Empfang in Rom verlauten lassen, daß er das Reichstagsgebäude als »Gipfel der Geschmacklosigkeit« betrachte. Der Architekt Paul Wallot reagierte auf die gezielte Indiskretion in einem Brief an seinen Freund Friedrich Bluntschli vom 6. Mai 1893 mit verständlicher Bitterkeit:

Für heute nur ein paar Worte, auf daß Du siehst, daß ich noch lebe und daß der Strahl des kaiserlichen Gassenbuben mich nicht niedergeschmettert hat. Was will man da machen, wenn man in solcher Weise und von solcher Stelle angesungen wird. Wenn ich auch zu meiner Freude feststellen kann, daß der kaiserliche Schreier – der immer verblüffend und geistreich sein will, ohne es in Wirklichkeit zu sein – mit seinem Urteil ziemlich allein steht, so ist es doch keine Kleinigkeit, so vor den Augen der ganzen Welt an den Pranger gestellt zu werden. Begas ist der Ohrenbläser und zugleich derjenige, auf dessen Genie und Urteil der Kaiser und seine liebe Frau Mama – vom Papa lohnt es sich nicht zu reden – unbedingt schwören … Und all diese Süßigkeiten, wel-

che Reinhold dem Wilhelm im Lauf der Jahre einflößte, polterte dieser dann in seiner Lieutenantsmanier in Rom heraus … genug – er ist ein gewöhnlicher, niederträchtiger Hund, für den auf anderem Gebiet Deutschland die Zeche wird bezahlen müssen. Denn es ist wohl anzunehmen, daß der Kaiser auf anderem Feld, sagen wir dem militärischen, genau so verfährt, wie hier auf dem Kunstgebiet. Nur können wir seine Arbeit auf letzterem Gebiet genauer übersehen.
Michael S. Cullen/Uwe Kieling, Der Deutsche Reichstag

Eine künstlerische Ausgestaltung des Königsplatzes rings um das Parlamentsgebäude, wie sie Wallot vorgeschlagen hatte, wird vom Kaiser ebenso abgelehnt wie die geplante Giebelinschrift »Dem deutschen Volke«. Erst im Dezember 1916, mitten im Weltkrieg, werden die Buchstaben als eine verspätete Geste und ohne viel Aufhebens eingefügt.

In der Stadt Berlin wohnen 1890 1,6 Millionen Menschen, bis zur Jahrhundertwende steigt ihre Zahl auf runde 1,9 Millionen an. Aber während die etwa dreißig kommunalpolitisch noch immer selbständigen Vorortgemeinden rings um Berlin ein rasantes Wachstum verzeichnen – zwischen 1900 und 1905 wächst hier die Bevölkerung um fünfundvierzig Prozent –, erhöht sich im eigentlichen Stadtgebiet von Berlin die Bevölkerung nur noch äußerst langsam (zwischen 1900 und 1905 um ganze acht Prozent) und erreicht 1912 mit rund 2,1 Millionen ihren höchsten Stand. Vor allem das Zentrum Berlins entvölkert sich. Jeder zweite Einwohner von Alt-Berlin und Alt-Cölln, aus der Dorotheenstadt und dem Friedrichswerder verläßt zwischen 1895 und 1913 seine Wohnung und siedelt sich in den Randgebieten an: Die »Citybildung« macht rasche Fortschritte. »Heute sind ganze Straßenzüge, die noch vor nicht langer Zeit reine Wohngegenden waren, zu Zentren des Gewerbslebens geworden«, schreibt das »Berliner Tageblatt« am 20. Oktober 1912, »es sei nur an die Nebenstraßen der Friedrichstraße, an die Gegend um den Gendarmenmarkt, an die Potsdamer Straße erinnert.« Ganze Straßenzüge werden niedergelegt, um Platz für Geschäftsbauten und Vergnügungsetablissements, Straßendurchbrüche und Verkehrsbauten zu schaffen. 1895 beginnt der Abbruch des alten Häuserviertels am Spittelmarkt. Dem Bau des Berliner Stadthauses fällt ein Teil des alten Stadtkerns um die Parochialkirche zum Opfer, schmale Häuser aus dem 17. und 18. Jahrhundert, in denen Schuh- und Kesselflicker, Hausierer und kleine Händler ihre Gewerbe betrieben. Am Gendarmenmarkt reißt man zu Beginn des Jahrhunderts den reizvollen Bau der Seehandlung aus dem 18. Jahrhundert ab, um der Preußischen Staatsbank Platz zu machen. 1908 kommt das Köllnische Rathaus unter die Spitzhacke. Die Häuser des Marienkirchhofs werden niedergelegt. Beim Bau der Kaiser-Wilhelm-Straße (der heutigen Karl-Liebknecht-Straße), die die Königs-

Der Werdersche Markt mit der von Schinkel 1824 bis 1830 errichteten Friedrichwerderschen Kirche, links der sogenannte Kaiser-Bazar, seit 1893 Sitz des renommierten Modewaren- und Konfektionshauses Hermann Gerson. Photo von Lucien Levy, um 1900

und Leipziger Straße vom innerstädtischen Ost-West-Verkehr entlasten soll, büßt auch das historische Ensemble des Lustgartens seine alte Geschlossenheit ein:

Ein Teil der alten Schloßapotheke wurde abgebrochen gegen eine Entschädigung der Stadt an den Hof von 500 000 Mark; um einem Verkehr die Wege zu ebnen, der auch heute noch, nach 25 Jahren, nur gering zu nennen ist, wurde in die schöne und so wirkungsvolle Ostfront des Platzes eine Lücke gebrochen. Weite Asphaltflächen bedecken jetzt die Fläche, wo früher hohe Bäume und bescheidene alte Bauten den Blick hemmten und denselben der Bedeutung des Platzes gemäß auf das Schloß konzentrierten. Wenn auch die Baugesellschaft Kaiser-Wilhelm-Straße bei der Ausführung der Bauten an der Burgstraße durch

großen Aufwand und viel Kosten der Bedeutung des Platzes Rechnung zu tragen suchte, konnte doch nicht wieder eingebracht werden, was dieses einzigartige Städtebild dadurch verloren hatte.
Otto Schilling, Die innere Stadt-Erweiterung

Und so gehen in diesen Jahren unwiederbringliche Werte der alten Stadtkultur verloren:

Keine vulkanischen Ausbrüche mit Lavaströmen und Ascheregen, keine Erdbebenstöße, Springfluten und Feuersbrünste, keine fremden Eroberer und blutrünstigen Communards – wir, wir selbst sind die Zerstörer Berlins. Mit einem Eifer und einer Rastlosigkeit, als gelte es, eine große und gute Tat zu tun, sind wir dabei, die Reste der schönen Stadt zu vernichten, die sich einstens an den Ufern der Spree erhoben hat. Denn, so wunderbar es klingen mag: Die Residenz der Preußenkönige war einmal eine schöne Stadt. Ja, mehr als das: Sie war überhaupt eine Stadt, während sie heute mehr und mehr den Charakter einer Häuseransammlung ohne besondere Merkmale annimmt. Immer wird alles häßlicher und zeitloser statt schöner. Für eine so schwächliche Zeit wie die unsere ist dreifacher Respekt gegen die Überbleibsel der Vergangenheit geboten. Aber die Respektlosigkeit gegen die Denkmäler der Stadt ist uns eine liebe Gewohnheit.
Max Osborn, Die Zerstörung Berlins

Nur einmal gelingt es, ein Stück Alt-Berlin mit einem Neubau überzeugend zu verbinden: als man in der Spandauer Straße zwischen 1904 und 1906 die Handelshochschule errichtet, wird das alte Heiligen-Geist-Kirchlein als Hörsaal eingebaut.

Abgebrochen wird in diesen Jahren auch ein großer Teil des Scheunenviertels nördlich des Alexanderplatzes. Dieses Gewirr schmaler, feuchter und dunkler Gassen, zwischen Linien- und Münzstraße, Alter Schönhauser und Prenzlauer Straße gelegen, galt als das verrufenste Viertel Berlins, das dem gutsituierten Bürger einen Schauder über den Rücken trieb. Die Unübersichtlichkeit der eng gebauten Häuser und dunklen Höfe hatte allerlei lichtscheues Gesindel angezogen, die niederste Prostitution war hier zu Hause, kleine Händler betrieben ein armseliges Gewerbe. Jüdische Einwanderer aus Rußland und Polen suchten im Scheunenviertel erste Unterkunft:

Kleine, enge, finstere Gäßchen mit Obst- und Gemüseständen an den Ecken. Frauen mit bemalten Gesichtern, mit großen Schlüsseln in den Händen strichen herum wie in der Zosina-Wolja-Gasse in Stanislau

oder in der Spitalna in Lemberg. Viele Läden, Restaurants, Eier-, Butter-, Milchgeschäfte, Bäckereien mit der Aufschrift »Koscher«. Juden gingen herum, gekleidet wie in Galizien, Rumänien und Rußland. Die keine Geschäfte hatten, handelten mit Bildern und Möbeln auf Abzahlung. Man ging hausieren mit Tischtüchern, Handtüchern, Hosenträgern, Schnürsenkeln, Kragenknöpfen, Strümpfen und Damenwäsche. Andere wieder gingen von Haus zu Haus, alte Kleider kaufen, die Großhändler wieder kauften und an die alte Heimat lieferten. Die meisten aber in dieser Gegend waren Arbeiter und Arbeiterinnen, die in den Zigarettenfabriken von Manoli, Garbaty oder Muratti beschäftigt waren. Da war auch ein reges gesellschaftliches Leben. Die Frommen hatten verschiedene Gebetshäuser, nach ihren Sekten, nach ihren Rabbis benannt. Da gab es Zionisten aller Schattierungen. Da gab es Sozialrevolutionäre, Sozialisten, den »Bund« und Anarchisten. Es gab auch Theater und Sänger. Im Königs-Café in der Münzstraße trat der Komiker Kanapoff auf. Und das Restaurant Löwenthal in der Grenadierstraße, nahe der Münzstraße, hatte eine Bühne und spielte Theater. Da traten kleine Schauspieler und Statisten auf von den guten Theatern in Rußland, Rumänien, Galizien und priesen sich mit Riesenlettern und Klischees auf den Plakaten als berühmte internationale Stars an.
Alexander Granach, Da geht ein Mensch

1907 beginnt die Stadt mit der Niederlegung des alten Scheunenviertels:

Spitzhacke und Spaten haben im Laufe des Sommers eine öde Lichtung im Häuserwald des Scheunenviertels im Herzen Berlins geschaffen. Die weiten staubigen Flächen sind schämig eingezäunt, damit die neue Zeit ungeniert ihre Dessous anziehen kann. Oberhalb des Bauzauns ist hier offenbar alles gleich. Braune nackte Arme stoßen die neuen Steine ins Erdreich. Neue Straßen werden geschaffen. Schon flutet die Menge darüber hinweg. Und es ist ein Aufatmen – nach langer Gefangenschaft in den Mauern wieder einmal freier gehen zu können, ein bißchen mehr Himmel zu sehen. Und ringsherum, im weiten Kreis, stehen graue kalte Häuser und sehen mit tausend erschreckten Augen auf die Wüste nieder. Da und dort versucht eines mit schnörkliger Fassade mühsam zu lächeln, als wollte es sagen: bin noch zu jung, zu schön, um zu sterben. Aber die anderen, die kennen ihr trostloses Schicksal, ängstlich drücken sie sich aneinander und hüten mit letzter Kraft das Altgewohnte, Graue, Elende, das sie bergen. »Zum Kaiser der Sahara« heißt das letzte Wirtshaus dieser Wüste, und seine grelle Malerei ist wie der letzte plumpe Witz geschminkter Lippen.

Wenig Winkel mehr. In einer Scheune nistet noch ein Lumpenhandel – alte und neue Lumpen – »vom 1. Oktober verlege ich mein Geschäft.« – Ein Hof mit Gerümpel. Die spitzen Giebel stechen in die Luft; in dem Verfall kein bißchen Anmut. Nicht ein spukhafter Schimmer der Romantik. Nur da und da blüht am Fenster mitleidig eine Blume. Ein junges Mädchen im blaßblauen Kleid spielt im Erdgeschoß Klavier. Ein harter Berliner Walzer. In der Hirtengasse steht noch die Schule, in die man die Scheunenkinder geschickt hat. Wie ein einziger anständiger Mensch unter Halunken, so steht die Schule eigen unter den anderen Häusern und zeigt in aller Dürftigkeit die Abkunft von klassischen Ahnen. Als eines der letzten wird auch das Schulhaus fallen.

Berliner Tageblatt, 19. August 1908, 1. Beiblatt

Bis 1910 ist der größte Teil des Scheunenviertels abgebrochen. Die Stadt erhofft sich einen lukrativen Verkauf des zentral gelegenen Areals, aber der schlechte Ruf der Gegend läßt Investoren zögern. So entsteht denn auf dem alten, plötzlich wieder jungfräulich gewordenen Bauland bis zum Ausbruch des Weltkrieges kaum Neues. Nur der Architekt Oskar Kaufmann beginnt, wie ein Symbol für Zukünftiges, 1913 am Bülowplatz mit dem Bau der Volksbühne, dem ersten modernen Theaterbau Berlins, ein Rangtheater völlig ohne Logen, im radikalen Bruch mit dem alten Rezept weiß-goldener Stuckherrlichkeit. Am 30. Dezember 1914, schon mitten im Weltkrieg, kann die Volksbühne ihr erstes eigenes Haus beziehen.

Abriß, Baugruben, aufgerissene Straßen – das gehört zum Alltag im kaiserlichen Berlin. Nicht nur im Scheunenviertel. »Gestern habe ich den schönen Sonntag Nachmittag benutzt«, schreibt Alfred Lichtwark am 31. Oktober 1892, »mir das Neueste in der Architektur anzusehen. Ein Haus ist gar nichts wert. Man zählt nur mit dem Grundstück. Am Potsdamer Platz wurde vor fünf Jahren ein riesiges Haus in Sandstein aufgeführt, jetzt reißt man es schon ein, um ein den modernsten Ansprüchen an die Ausnützung des kostbaren Platzes entsprechendes Werk aufzuführen.« (Alfred Lichtwark, Briefe/1) Mit der Umgestaltung des alten Stadtkerns zur »City« steigen die Grundstückspreise in Berlin zwischen Alexanderplatz und Brandenburger Tor, zwischen Leipziger Straße und Bahnhof Friedrichstraße in schwindelerregende Höhen:

Im Jahre 1895 hatten die Grundstücke am Hausvoigteiplatz einen Gesamtwert von 13,53 Millionen Mark, von denen 77 % auf den Bodenwert entfallen. Die Gesamtfläche des Hausvoigteiplatzes mißt nur einen halben Hektar, aber dieser gesegnete halbe Hektar bringt jährlich einen Nutzertrag von einer halben Million Mark … Bei einem der Grundstücke hat in der Zeit von 1790 bis 1895, also in etwa einem Jahrhundert, eine Steigerung des Bodenwertes um das 280fache stattgefunden, das heißt, von 4,30 Mark auf 1290 Mark pro Quadratmeter. Bei einem anderen betrug der Wert im Jahre 1803 nur 32 Mark, im Jahre 1895 aber

1600 Mark pro Quadratmeter, die Steigerung war also hier eine 50fache, und das dürfte ungefähr der Durchschnitt sein.
Berliner Tageblatt, 8. Januar 1907, 1. Beiblatt

Aus dem Sparstrumpf sind solche Grundstückspreise nicht mehr zu bezahlen. Im raschen Tempo geht der Grund und Boden im Berliner Zentrum in die Hände kapitalkräftiger Aktiengesellschaften und Wirtschaftsunternehmen über: Banken und Versicherungen, Immobilienfirmen und Kaufhäuser legen ein immer dichteres Netz über die Innenstadt:

Unsere großen Kaufhäuser, Warenhäuser und Großbanken besitzen jetzt in der City Berlins, im Mittelpunkt des geschäftlichen Lebens, die wertvollsten Grundstücke. Die Kaufhäuser Rudolph Hertzog und N. Israel, die Warenhäuser A. Wertheim GmbH und Hermann Tietz und die Deutsche Bank und die Dresdner Bank besitzen zusammen allein 223 Grundstücke. N. Israel hat für sein Geschäftshaus 22 Grundstücke in der Spandauer, Königs-, Post- und Probststraße inne. Die A. Wertheim GmbH und die mit ihr liierte Wertheim-Grundstücksgesellschaft ist Eigentümerin von 68 Grundstücken, die von ihren vier Warenhäusern Leipziger, Rosenthaler, Oranien- und Königstraße benutzt oder für Büro- oder Lagerzwecke verwendet werden. Für den Neubau Oranienstraße am Moritzplatz sind im Vorjahr elf Grundstücke erworben worden. Das Warenhaus Hermann Tietz besitzt laut »Confektionär« für seine drei Häuser Leipziger Straße, Alexanderplatz und Frankfurter Allee 43 Grundstücke, die Deutsche Bank für ihren Riesenkomplex 42 Grundstücke in 5 Straßen und die Dresdner Bank 10 Grundstücke.
Berliner Tageblatt, 1. Oktober 1912, Abend-Ausgabe, 1. Beiblatt

Einzelne Branchen drücken ganzen Vierteln ihren Stempel auf: Zwischen Leipziger Straße und Unter den Linden hat sich ein »Bankenviertel« herausgebildet, mit der Behrenstraße als Hauptstraße. Südlich schließt sich das Zeitungsviertel an. Hier ist das Reich der drei großen Berliner Pressekonzerne Ullstein, Mosse und Scherl, die sich zwischen Schützen-, Zimmer-, Koch- und Jerusalemer Straße moderne Redaktions- und Druckereigebäude errichten. Die Hotels konzentrieren sich nördlich der Linden zwischen Weidendammer Brücke, Neuer Wilhelm- und Charlottenstraße und in einem zweiten Zentrum rings um den Potsdamer und Leipziger Platz und entlang der südlichen Königgrätzer

Leipziger Straße, Ecke Friedrichstraße.
Blick in Richtung Potsdamer Platz, um 1910

RUDOLF MOSSE
LOWRY CIGARETTES

Straße. »Die beiden neuen Hotels habe ich mir auf dem Wege angesehen, Bristol und Reichshof. Sehr bequem und im Stil unserer neuen Dampfer vornehm beabsichtigt. Aber es ist wie immer, wie wenn der Viehkommissionär mit Hülfe von Ringen, Ketten und Brillantnadeln den feinen Mann markieren will.« (Alfred Lichtwark, Briefe/1) 1907 öffnet das Hotel Adlon seine Pforten, für dessen Bau an der südöstlichen Ecke des Pariser Platzes das Schinkelsche Palais Redern abgerissen wird: »In dem gewaltigen Wettstreit der vier Weltstädte hat Berlin einen neuen Sieg errungen«, jubelt die Lokalpresse. »Das Hotel Adlon, das in diesen sonnigen Oktobertagen zur Vollendung gediehen ist, wird jeder Deutsche, der Augen hat zu sehen, als ein Wahrzeichen deutschen Unternehmungsgeistes und als ein Monument der nationalen Kunst freudig begrüßen.« (Max Rapsilber, Hotel Adlon)

Auch die Leipziger Straße verändert ihren Charakter:

Die Leipziger Straße hat sich in den letzten 20 Jahren vollständig zur Geschäftsstraße umgewandelt. Man glaubt es kaum, daß noch tätige Parlamentarier in ihrer Jugendzeit vor dem Herrenhaus »Murmeln« gespielt haben, wo man sich jetzt im Gewühl nur mühsam vorwärtsschiebt. Nur noch ein Privathaus der ganzen langen Straße, das an der Ecke der Wilhelmstraße, wo auch noch ein kleiner alter Erker verspätet in das neumodische Leben blickt, weist keine Läden und Magazine auf. Sonst ist alles Geschäftshaus. Laden an Laden.

August Stein, Es war alles ganz anders

Die Leipziger Straße entwickelt sich zur Haupteinkaufsstraße der Berliner. Hier befinden sich die Spezialgeschäfte mit den klangvollen Namen – vom Leinenhaus Grünfeld bis zu den Schuhgeschäften von Tack und Salamander –, hier kann man nach dem »Shopping« (»eine neue Sitte in Berlin«, schreibt das »Berliner Tageblatt« am 16. August 1908, bei der die Damen »ohne die geringste Absicht des Kaufens sich die neuesten Kreationen vorlegen lassen«) ein elegantes Café besuchen, hier konzentrieren sich die großen Warenhäuser, allen voran Wertheim, das 1897 seine Pforten in der Leipziger Straße öffnet.

Neulich habe ich Wertheim zum ersten Male besucht. Es handelte sich um den Einkauf verschiedenerlei Dinge, von denen meine Frau behauptete, daß man sie bei Wertheim am billigsten und besten bekäme (aber auf dem »billigsten« lag der Ton). Da habe ich den Berliner Louvre kennengelernt. Zuerst mußte ich mir an einer der Hauptkassen ein »Sammelbuch« kaufen; die Kassen waren umdrängt, aber nach einer kleinen halben Stunde hatte ich mein Buch und konnte nun losziehen. Doch ich zog nicht. Ich versuchte zunächst einmal, mich zu orientieren.

Ich bin nicht ganz ohne Findigkeit; hier jedoch verließ mich jedwede topographische Begabung. Die strömende Menschenmenge schob mich hin und her; ich wollte zu den Parfüms und geriet zu den Kurzwaren, und plötzlich stand ich vor einer Dame, die mir Taschentücher zeigte, und eine halbe Minute später war ich mitten unter das Emaillegeschirr geraten. Nun gedachte ich, das Parfüm bis zuletzt zu lassen und mich den Korbwaren zuzuwenden, wo ich einen Triumphstuhl als höchsten Triumph der Madonna della Sedia erstehen wollte. Da mußte ich aber in den dritten Stock. Einer der offiziellen Führer, ein Herr, der wie ein Legationssekretär aussah, sagte mir, ich solle doch den Fahrstuhl benutzen oder die Rutschbahn. Der Gedanke an die Rutschbahn lockte mich; so etwas kannte ich eigentlich nur von Jahrmärkten her oder aus der Hasenheide; in den Berliner Geschäften war das Rutschen bisher nicht üblich. Die Wertheimsche Rutschbahn ist ein Trottoir roulant; bei Schwindelfreiheit kann man sich ihm beruhigt anvertrauen. Das tat ich denn auch; aber zu den Korbwaren gelangte ich doch nicht; ich weiß nicht, woher es kam – ich befand mich plötzlich in einer Gemäldeausstellung. Da gab es denn mancherlei Hübsches zu sehen, nur keinen Triumphstuhl. Jetzt faßte mich der Grimm; ich beschloß, die Korbwaren zu suchen, koste es, was es wolle. Ich unternahm Gebirgspartien, stieg hinauf in luftige Höhen, geriet unvermutet in einen Menschenknäuel hinein, der die photographischen Apparate umdrängte, und sah mich dann wieder von wallenden Schleiern, farbigen Bändern, von Spitzen und Rüschen umgeben. Ein Herr, der wie ein Geheimrat aus dem Kultusministerium aussah, mochte meine Verlegenheit bemerken und fragte nach meinem Begehr. »Oben«, meinte er lächelnd und wies auf den Lift. Aber ich hatte nicht aufgepaßt: der Lift ging nicht hinauf, sondern hinunter – und als ich mich umschaute, weilte ich in einem prachtvollen Saale mit Lapislazulisäulen und hörte eine Fontäne rauschen. Jetzt war ich wirklich schon müde. Ich schlenderte mit schweren Schritten weiter, kam in einen Palmengarten und an ein Büfett, wo ein niedliches Mädchen mir ein Glas Limonade kredenzte, kam dann in ein Gewirr von Kinderwäsche, von Hemdchen, Höschen und Röckchen, hierauf zu den Phonographen und endlich zu den ersehnten Parfüms ... Ganze Menschenringe umballten die Verkaufstische; ich berechnete, daß ungefähr fünfviertel Stunden verfließen würden, ehe ich an die Reihe käme. Das dauerte mir zu lange, und da mir meine Frau auch anbefohlen hatte, ich solle mich auf Postkarten photographieren und sechsunddreißigmal abziehen lassen, so wollte ich inzwischen das photographische Atelier des Hauses aufsuchen. Ein Herr, der wie ein Rittmeister in Zivil aussah, bedeutete mich: zu diesem Zwecke müsse ich mir an einer bestimmten Kasse erst eine »Nummer« kaufen, und rief ein Fräulein herbei, das mich an diese Kasse führen sollte. Das Fräulein war hübsch, was ich ihr auch sagte, worauf sie mir erwiderte: »Mein Herr, ich habe

keine Zeit zu so etwas« – eine Äußerung, die mich anfänglich befremdete, mir doch aber auch des Nachdenkens wert schien: keine Zeit, hübsch zu sein – das ist zweifellos tiefsinnig. Ich kam also an die photographische Kasse und kaufte mir eine Nummer, die mich dazu berechtigte, mich photographieren zu lassen. Als ich mir die Nummer näher ansah, war es die Ziffer einhundertunddrei. Nun raste ich über endlose Treppen bis in das höchste Geschoß (die Rutschbahn war plötzlich geschlossen worden und der Fahrstuhl beständig besetzt), drang auch bis zu dem photographischen Atelier vor, mußte dort aber erfahren, daß vor mir noch zweiundsechzig andre Aufnahmen zu erledigen seien; aber das gehe schnell – in etwa fünf Stunden möchte ich nur wiederkommen. Zuerst war ich sehr verblüfft; dann ergriff mich etwas wie Raserei und hierauf eine stille und sanfte Verzweiflung. Ich suchte mir eine friedliche Ecke aus und ließ mich auf einem freistehenden Stuhle nieder; kaum war das geschehen, so ertönte unter mir ein Schnurren und Walzen und dann die Melodie »Komm herab, o Madonna Theresa«. Ich war in die Abteilung der musikalischen Automaten geraten und hatte mich auf einen Musikstuhl gesetzt, in dem ein ganzes Orchester mit Pauken und Trompeten versteckt zu sein schien – eine wahnsinnige Maschine, von der ich eilends flüchtete, um einem guten Bekannten, einem Assessor aus dem Justizministerium, in die Arme zu laufen. »Ach, sieh mal an«, sagte der zu mir, »machst du hier Einkäufe?« – »Ich möchte schon«, antwortete ich, »aber ich komme nicht dazu. Hilf du mir doch ein bißchen.« – »Bedaure sehr«, entgegnete der Freund, »ich bin bloß hier, um zu frühstücken.« Das war mir wieder etwas Neues, aber es sagte mir zu. So frühstückten wir denn in dem sehr hübschen und appetitlichen Wertheimschen Restaurant gemeinsam (es war gerade die Stunde des »warmen Prager Schinkens«); ich erholte mich langsam und fuhr dann nach Hause. »Na«, fragte meine Frau, »hast du alles besorgt?« – »Jawohl«, erwiderte ich, »hier hast du ein Sammelbuch und hier Nummer hundertunddrei zum Photographieren. Ich bin kein Odysseus, der das Irrfahren aus Liebhaberei betreibt; ich bin auch kein Bergfex, der sich im Klettern üben möchte; ich gehe nur noch zu Wertheim, wenn ich frühstücken will.« Dieses Wort werde ich halten.
Fedor von Zobeltitz, Chronik der Gesellschaft/2

»Laufstraße« (Unter den Linden), »Kaufstraße« (Leipziger Straße) und »Saufstraße« – so charakterisieren die Berliner kurz und bündig ihre neuentstandenen »Viertel«. »Saufstraße« – das ist die Friedrichstraße. »Neulich setzte ein Mann sein Geld darauf, daß es auf dieser Straße mehr Lokale gibt als Hausnummern – und er gewann. Es gibt 254 Nummern und 257 Lokale.« (Mark Twain, Das deutsche Chicago) Wirklich gezählt hat all die Eckkneipen, Bierpaläste, Likörbars, Kaffeestuben,

Weinrestaurants, Animierkneipen und Billardcafés, die sich in diesen Jahren vor dem Ersten Weltkrieg zwischen Belle-Alliance-Platz und Oranienburger Tor etablieren, wohl niemand. Da ist der berühmte Pschorr-Palast, Friedrich-/Ecke Behrenstraße, in dessen erster Etage sich bis 1922 Castans Wachsfigurenkabinett befindet; in unmittelbarer Nachbarschaft baut Bruno Schmitz 1904 ein Geschäftshaus mit einem Automatenrestaurant; Aschingers Bierquellen, mit vierzig Filialen in fast allen Stadtteilen verbreitet, sucht man in der Friedrichstraße nicht vergebens. Wer's vornehmer liebt, trinkt sein Glas Wein bei Borchardt Ecke Französische, und die Billardspieler zieht's zu Kerkau, Friedrichstraße/Ecke Leipziger. Für jeden Geldbeutel und für jeden Geschmack gibt's etwas. Auch Vegetarisches. Begeistert schreibt Franz Kafka am 4. Dezember 1910 an seinen Freund Max Brod:

Der Unterschied ist der: in Paris wird man betrogen, hier betrügt man, ich komme aus einer Art Lachen nicht heraus. Fast aus dem Coupé bin ich Samstag in die Kammerspiele gefahren, man bekommt Lust, Karten im Vorrat zu kaufen ... Aber nichts ist so gut wie das Essen hier im vegetarischen Restaurant. Die Lokalität ist ein wenig trübe, man ißt Grünkohl mit Spiegeleiern (die teuerste Speise), nicht in großer Architektur, aber die Zufriedenheit, die man hier hat. Ich horche nur in mich hinein, vorläufig ist mir freilich noch sehr schlecht, aber wie wird es morgen sein? Es ist hier so vegetarisch, daß sogar das Trinkgeld verboten ist. Statt Semmeln gibt es nur Simonsbrot. Eben bringt man mir Grießspeise mit Himbeersaft, ich beabsichtige aber noch Kopfsalat mit Sahne, dazu wird ein Stachelbeerwein schmecken und ein Erdbeerblättertee wird alles beenden. Adieu.
Franz Kafka, Briefe

Vor allem aber konzentrieren sich in der Friedrichstraße die Nachtlokale, Tanzbars und Animierkneipen. Sie haben der Hauptstadt den Ruf eines Sündenbabels eingetragen, in das der brave Provinzler nur mit frommem Schauder (und heimlicher Sehnsucht) fährt:

In der Nähe des Bahnhofs begann zur nächtlichen Stunde die Teufelsmagie. Auf dem Trottoir zog der Strom von Frauenwaden, dicken und dünnen, und Männerbeinen, langen und kurzen, trippelnd, schlurfend, schiebend, stoßend, ständig auf und ab. Zeitungshändler, Blumenmädchen, Ambulanten mit Hoteladressen, Spielzeug- und Zigarettenverkäufer standen dem Strom entlang und schrien ihn an. Ein weißbemützter Koch trug einen dampfenden Messingtrog am Bauch und je ein Paar Würstchen um jedes Ohr und bot seine Ware an. Gruppen Betrunkener quollen aus den Lokalen, und ihre Wut, von dem Dunst, so-

Die berühmte Kreuzung Friedrichstraße/Unter den Linden. Blick in Richtung Norden. Photo von O. Haeckel, 1908

STOLLWERCK
VICTORIA CAFE

lange sie saßen, gezügelt, suchte an dem Strom Vergeltung für erlittene Schmach. Andere, soeben noch heiter, sahen plötzlich den Untergang vor sich und weinten. Andere, die sich nicht fürchteten, trieben Kapriolen, hielten Reden, sangen Schnadahüpfel. Wieder andere, von Liebe getrieben, hopsten wie Büffel oder stürzten sich mit rollenden Augen auf den Feind. Ein Greis öffnete seinen Paletot und sagte: Da sehen Sie! Auf dem Fahrdamm trotteten Droschken, jede von einer dürren Mähre gezogen. Aus den Fenstern der schwankenden Wagen gleißten geschminkte Totengesichter unter Damenhüten aus wippendem Draht. An flackernde Gaslaternen klatschten die gerippten Flügel schwarzer Fledermäuse. Man freute sich, den Bahnübergang zu erreichen. Ein Zug donnerte über die Brücke und zerriß das Gehör. Man hatte Lust, eine Anhöhe zu suchen und dort Schreie auszustoßen, und so taten wir zuweilen, wenn anders der Spannung, mit der uns Satan füllte, nicht abzuhelfen war.

Julius Meier-Graefe, Geschichten neben der Kunst

Im Café Oranienburger Tor hörte ich zum erstenmal so etwas wie eine Jazzkapelle. Man nannte es damals eine Radaukapelle. Es war auch keine Jazzkapelle im heutigen Sinn, eher eine Wiener Salonkapelle, die plötzlich verrückt geworden war. Zwei bis drei Musikanten mit Sägen und Kuhglocken parodierten und unterbrachen irgendwie rhythmisch die allgemeine Melodie. Der Kapellmeister nannte sich »Mister Meschugge« und benahm sich wie ein Wahnsinniger. Er tat so, als könne er den Lärm nicht mehr meistern, zerbrach seinen Taktstock oder hieb mit seiner Geige plötzlich einem Musiker über den Kopf. Schließlich riß er die große Baßgeige an sich und führte mit ihr einen grotesken Kampf auf; das Ende war immer, daß er die Stücke der zersplitterten Geige ins Publikum schleuderte, das vor Entzücken brüllte und die Trümmer zurückwarf.

Ununterbrochen brachten Kellner neue Lagen Bier und Schnaps für die Kapelle. Das erhöhte die Stimmung enorm. »Meschugge« riß den Musikern die Instrumente aus den Händen, tanzte, sang, sprang plötzlich auf den Flügel und markierte einen sich kratzenden Affen, nahm dann ein großes Glas Bier, tat so, als ob er dem begeisterten Publikum zuproste und goß es dann blitzschnell einem seiner Musikanten in die Trompete … Das Publikum wälzte sich vor Lachen …

In der Friedrichstadt wimmelte es von Huren. Sie standen in den Hauseingängen wie Schildwachen und flüsterten ihr stereotypes: »Kleiner, kommste mit?« Es war die Zeit der großen Federhüte, der Federboas und des hochgeschnürten Busens. Die hin und her geschwenkte Tasche war das Abzeichen der Gilde. Das berühmteste Hurencafé war das Café National in der Friedrichstraße.

Wir hatten Flaubert und Maupassant gelesen, und so umgaben wir dieses Nachtleben mit einer Art Poesie. Viele jüngere Dichter besangen die Hure unter der Laterne, den Zuhälter und allgemein die freie Liebe. Vielen wurde die Hure zu einer Idealgestalt. Auch das lag in der Zeit.
George Grosz, Ein kleines Ja und ein großes Nein

Berlin entwickelt sich zwischen 1890 und 1914 zu einer modernen Großstadt von weltstädtischem Rang – zu einer schönen, zur »schönsten« gar, wie Wilhelm II. prophezeit hatte, gewiß nicht. Der Mangel an Stilempfinden, die Diskrepanz zwischen Form und Inhalt, der vielgescholtene Eklektizismus der wilhelminischen Bauten prägen über weite Strecken auch die Bauwerke, mit denen sich das neue Berlin in diesen Jahren schmückt.

Je nach dem persönlichen Geschmack des Bauherrn tasteten die Architekten die gesamte Vergangenheit ab. Antik, romanisch, gotisch, maurisch, Tudor, sie richteten ganz nach Wunsch in allen Schüsseln an, nur nicht in ihrer eigenen, denn sie besaßen keine. Der Krieg gegen Frankreich, der zur Aufrichtung des deutschen Kaiserreiches führte, lenkte den Blick auf die großen Epochen der Vorzeit und brachte die deutsche Renaissance zu Ehren, die mit der berühmten Münchener Ausstellung von 1875 sozusagen Mode wurde. Fast ein Menschenalter hindurch gab sie die stilbildenden Elemente aller neuen Bauten her. Ob Schloß oder Rathaus, Parlament oder Wohnhaus, ohne Giebel und Schnörkel, Verkröpfungen und Säulchen war kein Heil. Das ging nicht ohne Gewaltsamkeit ab, aber mochte auch die Einteilung der Räume darunter zu leiden haben, die Lichtzufuhr ungenügend sein, die Stiegenhäuser stockdunkel bleiben, dem Stil zuliebe nahm man alle Unzuträglichkeiten in den Kauf. Das »Altdeutsche« war die alleinseligmachende Formel. Nur für die Kirchen galt die Ausnahme gotisch oder romanisch, denn da man dem Volk die Religion erhalten wollte und ungeschickt genug war, das auch noch laut zu sagen, so suchte man in der Vergangenheit nach einer Zeit, in der der Glaube auch wirklich noch ganz intakt gewesen zu sein schien, und da verbot sich allerdings die Renaissance von selbst. Diese Neigung, sich in Formen auszusprechen, die der künstlerische Ausdruck vergangener Kulturen waren und durch alle Einfühlung niemals zu den eigenen einer ganz anders gearteten Epoche werden können, glich einer Seuche …
Max von Boehn, Die Mode

Nicht nur repräsentative Bauten des Staates oder der Stadt, nicht nur Handelspaläste und Banken – auch Gebäude, die der Befriedigung ganz profaner, alltäglicher Bedürfnisse dienen, bleiben von dieser Seuche

Der Potsdamer Platz im Jahre 1914. Im Hintergrund der Bildmitte das von Franz Schwechten 1911/12 errichtete »Haus Potsdam«, rechts daneben der Potsdamer Bahnhof, links eines der beiden Schinkelschen Torhäuser zum angrenzenden Leipziger Platz. Photo von Max Missmann

1914
MM
5430

nicht verschont. Berühmtheit erlangt die Gaststätte »Rheingold« in der Bellevue-/Ecke Potsdamer Straße, die der Architekt des Leipziger Völkerschlachtdenkmals, Bruno Schmitz, für die Aschinger-Gesellschaft entworfen hat:

Man muß sich das ansehen: die Fassade mittelalterlicher Kathedralenstil, Mauern gleich heidnischen Totengerüsten, Untergeschosse, Tausendundeiner Nacht entnommen, wahre indische Felsennester, die Säle reinste Thronsäle der Gotenkönige, eine Flucht riesiger Räume in Onyx, Marmor, kostbaren Holzarten, rohem Gestein, wo 4000 Menschen zu speisen vermögen ... Ich habe im ganzen elf Säle, von der Größe von Kirchenschiffen, gezählt.

Durch Tore aus getriebenem Kupfer, zwischen Marmor und Mosaikwänden, tritt man in den Tempel ein: Ein sehr niedriges Souterrain mit gewölbter Decke, die wie die Wände aus Muschelwerk und Kieselsteinen gemauert ist, durch bunte Scheiben fällt dann und wann ein spärliches Licht auf verwitterte, zerschundene Statuetten, die sich ausnehmen, als seien sie seit 5000 Jahren allen Unbilden von Sturm und Wetter ausgesetzt gewesen. Im Erdgeschoß liegen der Onyxsaal, der Ebenholz- und Mahagonisaal, reich an Schnitzereien und Verzierungen. Jedes dieser Zimmer kann drei- bis vierhundert Personen fassen. Der Kaisersaal im ersten Stock ist für 1200 Personen berechnet ... Zwei kupferne Kolossalstatuen, Friedrich Barbarossa und Wilhelm I., die Hände auf den Knauf eines großen, nackten Schwertes gelegt, beschützen den Eingang ... Wo bin ich? In welcher altdeutschen Ritterburg, in welchem Riesenkloster? In welchem buddhistischen Totengewölbe, in welcher Walhalla?

Ich bin in einem Restaurant, dessen Küche schlecht ist und wo ich zu ermäßigten Preisen essen kann. Das Unglaubliche ist in der Tat das, daß man diese maßlose, aber imposante Geschichte erbaut, daß man diesen phantastischen, mit Nibelungen, Göttern, Riesen und Zwergen bevölkerten Schmuck ersonnen hat, um Leuten, die kaum einen Blick darauf werfen, Gerichte für achtzig Pfennige aufzutischen.

Jules Huret, Berlin

In den Büros der Ingenieure und Techniker hat indessen das 20. Jahrhundert längst begonnen. Während die Architekten den Gebäuden altdeutsche Gipsornamente verpassen, schaffen neue Baustoffe eine neue Formensprache, werden Ziegel und Kalk schrittweise von Stahl, Beton und Glas verdrängt.

Staunend beobachten die Berliner 1911, wie in der Königgrätzer Straße das »Haus Potsdam« entsteht, in dem auch das beühmte Café Piccadilly seinen Platz findet:

Man wußte aus den Reklamenotizen der Zeitungen, daß da ein Riesenkino, ein Riesencafé, ein Riesenschwofbetrieb im Werden war … Das allgemeine Staunen galt phantastischen Impressionen, vor die Augen gezaubert von verwegenen Konstrukteuren, die die Krane spielen ließen mit gewaltigen Eisenmassen, die wunderbar ersonnene Maschinentatzen zwangen, Stück um Stück aneinanderzufügen, bis nie gesehene Bogenformen mit gedrungener Silhouette in die verräucherte Luft hineinschnitten. Man war verblüfft, kaum ein paar Arbeiter zu erblicken, wo solche unerhörte Dinge aus dem Boden wuchsen. Wer mochte glauben, daß ein paar Hände diesen ganzen Mechanismus dirigieren sollten, wer nicht erstaunt sein über die Dimensionen eines Knochengerüstes, das da für einen Baukörper hergerichet wurde. Und es gab Leute, die entzückt über die Eleganz, die Wucht und die Ausdrucksgewalt der Eisenlinien, berauscht von dem Ebenmaß dieser Logik, von dem prickelnden Spiel der Überschneidungen waren … Wahrlich, es gab da für Augen, die auf neue Werte eingestellt sind, berückende Sensationen. Gab sie, denn heute, wo ich davon rede, wo ich diese Ingenieurschönheit aller Welt zeigen möchte, ist alles wie ein Traumgebild verschwunden. Ingenieure dürfen nämlich nur im geheimen bauen. Wenn sie alles klar und groß und zwingend konstruiert haben, kommt einer von der Kunstfakultät, ein Architekt, der wie ein Schneidermeister das nackte Gestell mit »Schönheit« nach romanischem, gotischem oder renaissancelichem Schnitt drapiert. Von dem wirklichen Körper, der die Sinne unbändig reizte, darf nichts mehr zu sehen sein.

Paul Westheim, Die steinerne Maske

Die Dokumente einer neuen Architektur, mit denen sich das 20. Jahrhundert ankündigt – sie entstehen fast unbemerkt in Berlin. Es sind Industriebauten und Geschäftshäuser, Bahnhöfe und Brücken, bei denen die Funktion des Bauwerks nicht mehr schamhaft hinter Säulen und Stuckornamenten verborgen wird. Im Dezember 1897 spricht von einem solchen neuen Bau plötzlich die ganze Stadt: »Berlin wird zu eng. Man sollte auf die Hauptstraßen ein Stockwerk setzen. Seit der Bazar Wertheim eröffnet ist, kann man sich auf der Leipziger Straße kaum durchwinden.« (Alfred Lichtwark, Briefe/5)

Was hat den Bazar Wertheim, der gegen Weihnacht 1897 in der Leipziger Straße eröffnet wurde, zum populärsten Privatbau Berlins gemacht und dem Namen seines Erbauers Alfred Messel einen so hellen Klang verliehen, als hätte er ein Zugstück fürs Deutsche Theater geschrieben?

Selbst das äußerlich weit pomphafter auftretende Gebäude der Equitable an der Ecke der Friedrichstraße hatte es seinerzeit zu keinem ähnlichen Aufsehen gebracht. Nur Fachkreise sprachen davon, das Publikum blieb ganz ungerührt, die Presse nahm kaum Notiz.

Eine populäre Wirkung der Architektur sind wir kaum noch gewöhnt, und es hält gar nicht so leicht, bei Messels wichtigem Bau die Ursache des volkstümlichen Erfolges zu finden.

Wenige von denen, die aus allen Ecken und Enden Berlins herbeiströmten, werden sich bewußt gewesen sein, daß in der ganz schlichten, gotisierenden Fassade ohne Säulen, Pilaster, Karyatiden und Gebälk die letzte Konsequenz aus einer langen Reihe von Versuchen gezogen war, die bis auf Kayser und von Großheims »Germania« an der Ecke der Friedrichstraße und der Französischen Straße zurückgehen. Hier trat, soweit ich mich besinnen kann, zum erstenmal der Typus des modernen Geschäftshauses in die Erscheinung, wenn auch nur für das Erdgeschoß und den ersten Stock, wo die Wände durch große Glasscheiben ersetzt waren. Aber noch war die ganze Fassade mit dem bekannten Schema dekorativer Architektur übersponnen, das auch die weitere Entwickelung des Typus in Berlin nicht aufgab … Messel selber hat am Werderschen Markt vor zehn Jahren die großen Geschäftshäuser, die sich auf dem Grund der alten Münze und des schönen Fürstenhauses erheben, sehr eigenartig mit Verzicht auf tragende Eisenkonstruktion in der Fassade errichtet. Aber erst im Bazar Wertheim wagt er, die stützenden Steinpfeiler nach Art gotischer Dienste in gerader Linie durch alle Stockwerke bis zum Dach hinaufzuführen, statt, wie bisher üblich, vier Pfeiler mit Basis und Kapitäl, von Gebälk durchquert, übereinander zu stellen …

Es muß schon die selbst dem blöden Auge sich aufdrängende Eigenart des schlichten Werkes gewesen sein, das so absolut anders aussieht als alle anderen Häuser in Berlin und das gerade durch den Verzicht auf das gewohnte Detail auch auf den Uneingeweihten wie die erste Fanfare der Ouvertüre eines neuen Aktes wirkt. Und sicher hat auch der Laie das Gefühl gehabt, daß ein neuer Bauorganismus entstanden ist, in dem sich ruhig und fest der Wille ausspricht, eine realistische Architektur zu schaffen, und es mag ihm, wenn er nachher andere Bauten betrachtet hat, zum erstenmale eine Ahnung davon aufgegangen sein, daß Architektur nicht bloß Säule, Gebälk und Ornament ist.

Hat er aber erst das Innere auf sich wirken lassen, so wird es ihm wie Schuppen von den Augen fallen, und er wird sich fragen, ob denn in den übrigen Staats- und Privatbauten, die er kennt, das Bedürfnis so klar und einfach und konsequent befriedigt ist wie hier.

Seit dieser Bau dasteht, hat auch der Laie für die Betrachtung der modernen deutschen Architektur einen neuen Standpunkt gewonnen.

Alfred Lichtwark, Realistische Architektur

Der Wertheim-Bau von Alfred Messel am Leipziger Platz, Blick in die Leipziger Straße, um 1910

Ohne Zitate aus der Architekturgeschichte, mit den Materialien und Möglichkeiten der Industrie des 20. Jahrhunderts erzielt auch der Architekt und Formgestalter Peter Behrens seine Wirkungen. In bewußter Abgrenzung zu gängigen Architekturklischees stellt er 1909 bei seiner Turbinenfabrik in der Huttenstraße eine nüchterne Konstruktion aus Stahl, Glas und Beton zur Schau. Begeistert reagieren die Fachleute: »Nur eiserne Träger und der bescheidene Stampfbeton sind verwendet; doch stolz, hoch und luftig erhebt sich das Haus: ein Maschinendom.« (Artur Fürst, Emil Rathenau) Und der Architekt Erich Mendelsohn schreibt an seine spätere Frau: »Kommen Sie durch Berlin, so vergessen Sie nicht, bevor wir in Florenz sind, sich das Turbinenhaus der AEG von Peter Behrens anzusehen. Sie müssen das gesehen haben!«

Steht man in Moabit vor der Turbinenfabrik der AEG an der Ecke der Hutten- und Berlichingenstraße, so hat man eine der merkwürdigsten Impressionen, die man im heutigen Berlin erleben kann. Aus Kunststein, Eisen und Glas ist eine riesige Halle emporgeführt ... Die eisernen Träger geben ein Tempo, das etwas Unwiderstehliches hat. Man denkt unwillkürlich an die Unbedingtheiten gotischer Pfeilerwirkungen, ohne doch mit einem Gedanken nur das Gebiet der modernen

Nutzbaumonumentalität zu verlassen. Dieses Bauwerk ist so neu, so originell und modern wie möglich; dennoch beruht seine Wirkung im wesentlichen auf etwas Allgemeingültigem. Konstruktion und Sachlichkeit, Materiallogik und Ingenieurrechnung, das alles ist nur Voraussetzung; es ist großen Sinnes ins Künstlerische erhoben worden. Es ist nicht die Monumentalität der Quantitäten, was so stark wirkt – obwohl die Masse natürlich wesentlich mitspricht –, sondern die Monumentalität der ausdrucksvollen Form. Alles Strähnige, Offene und Unarchitektonische des Eisenbaues ist vermieden worden. Die Stein-, Eisen- und Glasflächen sind bündig behandelt, wodurch die Masse einen kubisch geschlossenen Eindruck macht. Die ausdrucksvollen Verhältnisse sind es, worin das Zwingende liegt. Man sieht dieser mächtigen Halle an, daß sie die Arbeitsstätte kühner Unternehmungen ist.
Karl Scheffler, Die Architektur der Großstadt

Nach der Turbinenhalle errichtet Peter Behrens mehrere Fabriken der AEG im Wedding, Industrieläden in der Potsdamer und in der Königgrätzer Straße, ein Bootshaus in Oberschöneweide und eine Arbeitersiedlung in Hennigsdorf. Unter seinen Schülern und Mitarbeitern finden sich in diesen Jahren später so bedeutende Architekten und Städtebauer wie Walter Gropius und Le Corbusier.

Zu denen, die sich bewußt vom allgemein praktizierten Eklektizismus abwenden, gehört um die Jahrhundertwende neben Messel und Behrens auch Ludwig Hoffmann, seit 1896 Stadtbaurat in Berlin. »Hoffmann ist, alles in allem, einer der freiesten und erfahrensten Baubeamten, die wir zur Zeit haben. Unter den Offiziellen gilt er als modern, unter den Modernen als offiziell. Insofern repräsentiert er nicht übel den Geist des neuen Berlin.« (Karl Scheffler, Die Architektur der Großstadt) Hoffmanns stilistisch zwischen Historismus und Moderne vermittelndes Architekturkonzept hat in Berlin zahlreiche Spuren hinterlassen – Amtsgebäude, Gemeindeschulen, Volksbäder, Krankenhäuser, Feuerwachen, Brücken, Denkmäler und Altersheime: »Geschmacksinseln im wilden Häusermeer Berlin« (Fritz Stahl). Zu den bekanntesten seiner Bauten gehört das Märkische Museum (1908), eine Paraphrase über das Thema märkische Backsteingotik, und das Stadthaus zwischen Stralauer und Klosterstraße mit dem hoch über die Innenstadt aufragenden Turmbau. Ende Oktober 1911 ist Einweihung:

Ob der Bau einem großen Teil der Festteilnehmer gefallen werde, erschien mir recht zweifelhaft, war er doch im Gegensatz zu den in den letzten Jahrzehnten ausgeführten aufwandsvollen großen Bauten verschiedener Behörden ruhig und einheitlich gedacht und auch so in die Wirklichkeit umgesetzt worden. Was man etwa erwartete, prunkvolle

Räume mit reichem Stuck, mit viel Gold und mit großen Gemälden, dies alles fand man im Stadthaus nicht, und die Qualität der aufwandslosen, aber sehr sorgsam und mit Liebe behandelten Einzelheiten in verschiedenen Räumen konnten wohl nur wenige beurteilen. Da mußten schon die Gäste auf besondere Weise zu einer sie befriedigenden Stimmung gebracht werden ... Oberbürgermeister Kirschner hielt die Festrede, der Minister des Innern von Dallwitz rühmte die Stadt und überreichte die Orden. Dem ... folgte ein Rundgang durch die Haupträume, er endete im Dachgeschoß. Dort entwickelte sich bald ein vergnügtes Treiben, Männlein und Weiblein ließen sich's an den mit Blumen geschmückten Tischen gut munden, während andere inmitten des hohen Raums auf der Wendeltreppe und in dem Aufzuge zum Turm auf- oder abwärts sich bewegten. Das war ein lebhaftes, lustiges Bild, ein etwas verfeinertes Kirchweihfest, 900 Flaschen Sekt wurden getrunken. Kein Wunder, daß niemand das Gebäude verließ, ohne mit dem Dank für die frohe Feier zu versichern, daß das Stadthaus eine herrliche Sache sei.
Ludwig Hoffmann, Lebenserinnerungen eines Architekten

Deutlicher als im architektonischen Gesicht der Stadt spiegelt sich der Geist einer neuen Zeit in der raschen Entwicklung des Berliner Straßenverkehrs. Mit einer Mischung aus Stolz und Unbehagen registrieren die Zeitgenossen die Veränderungen:

Das Getriebe in den Hauptverkehrsstraßen wie Leipziger- und Friedrichstraße ist förmlich betäubend; die elektrischen Wagen und die Trams bilden eine ununterbrochene Linie. Wagen aller Art, Droschken, Drei- und Zweiräder zu Hunderten fahren neben-, vor-, hinter- und oft aufeinander, das Läuten aller dieser Vehikel, das Rasseln der Räder ist ohrzerreißend, der Übergang der Straßen ein Kunststück für den Großstädter, eine Pein für den Provinzler. Behauptete doch Frau von Beulwitz, sie hätten sich anfangs gerührt umarmt, wenn sie nach solchem Übergange des Potsdamer Platzes sich gesund auf der Insel wiederfanden!
Hildegard von Spitzemberg, Tagebuch

Der Potsdamer Platz zählt ebenso wie die Leipziger Straße, die Kreuzung Friedrichstraße/Unter den Linden und der Alexanderplatz zu den Brennpunkten des innerstädtischen Verkehrs. Auf dem Potsdamer Platz, an dem sich die Endstationen dreier Fern- und Vorortbahnen befinden, zählt man an einem Oktobertag des Jahres 1900 in sechzehn Stunden 146 000 Fußgänger und 27 412 Fahrzeuge. 1908 überqueren fünfzehn Straßenbahnlinien den Platz. Achtundzwanzig Linien führen von hier durch die Leipziger Straße bis zur Mauerstraße. Immer wieder bildet sich ein Knäuel von Lastfuhrwerken, Omnibussen, Droschken, Straßenbahnen und Passanten. Auf dem Alexanderplatz werden an einem Tage an der Unterführung der Königstraße 139000 Fußgänger und 13000 Fahrzeuge gezählt.

Sähe ein Unbeteiligter, Ruhiger, von irgendwoher hinein in dieses unablässige Rollen, Tuten, Drängen, Rufen, Scharren, Klingeln, in dieses Vorwärtsschieben und Umherwimmeln, es müßte ihm vorkommen, als jagte ein böser Dämon alle diese Menschen dort im Kreise umher; wie in den Wirbelstürmen der Danteschen Hölle, atemlos und scheinbar zwecklos; wie das Mädchen im Andersenschen Märchen, dem die roten Schuhe an den Füßen haften und das nun tanzen muß – tanzen, bis es tot zu Boden sinkt. Es ist, als riefe jedem eine unsichtbare Stimme zu: »Da, wo du nicht bist, da ist das Glück« …

Donnernd überqueren die Züge der Stadtbahn die überfüllten Straßen mit ihrem Gewimmel von elektrischen Bahnen, Omnibussen, großen Geschäftsautomobilen, Handwagen, Frachtwagen, Bäcker-, Bier und Milchwagen, Geschäftsomnibussen und Postfahrrädern, dazwischen die Weißhüte der Taxameterdroschken und die kanariengelben alten Postwagen, dann ein Trupp mittelalterlich kostümierter Postillone; daneben jagt eine ganze Kolonne von Wagen und Warenfrachten, die den Güterverkehr zwischen dem Osten und dem Zentrum vermitteln.
Anselm Heine, Berlins Physiognomie

Die Polizei, sonst nicht gerade zurückhaltend bei der Aufrechterhaltung der Ordnung in Berlin, tut sich schwer mit der Regelung des Verkehrs. An der Kranzlerecke Unter den Linden wird 1902 der erste Verkehrspolizist aufgestellt, dem später weitere an der Leipziger-/Ecke Friedrichstraße und auf dem Potsdamer Platz folgen. 1911 werden zum erstenmal Teile der Linden und der Friedrichstraße zu »Einbahnstraßen« erklärt. Dutzende von Polizeiparagraphen regeln penibel das Betreten und Befahren der Straßen – vom Lastfuhrwerk bis zum Kinderwagen –, an dem Verkehrschaos in Berlins Innenstadt ändert das nichts.

Den Gipfel der Leistungen der Berliner Verkehrspolizei bilden die zahlreichen Absperrungen bei allen möglichen Gelegenheiten. Es wird dem Beobachter schwer fallen, andere Grundsätze bei der Durchführung des Systems herauszufinden, als etwa die, daß die Hauptverkehrsadern nicht zur geregelten Zirkulation dienen, sondern leer zu halten sind, daß man den flutenden Strom der Menge zum Stauen bringen muß, daß die Linden und zahllose andere Straßen nicht überschritten werden dürfen, daß man auf die Verkehrsbedürfnisse des Publikums keine Rücksicht zu

nehmen braucht. Der Ärger, der sich bei all dem Zeitverlust, der unverständlichen Schikane, der aufreizenden Bevorzugung einzelner Personen – besonders der Offiziere – ansammelt, brächte ein weniger loyales Volk zur Revolution. Der Berliner hat sich gutmütig hineingefunden und begnügt sich mit gelegentlichen Ausbrüchen von Ungeduld und Roheit, die anderwärts, zum Beispiel bei den heißblütigen, aber mit einsichtiger Straßenpolizei bevorzugten Italienern nicht vorkommen, und auf welche die gleichfalls schwer geprüfte Schutzmannschaft kräftig reagiert. Fremde seien dringend gewarnt, einen Durchbruchsversuch zu machen; auf tätlichen Angriff gegen die Sperrposten, der stets zu konstruieren ist, stehen mindestens 14 Tage Gefängnis. Mit Vernunftgründen ist freilich auch nichts zu machen; alles prallt ab an den Worten: Es ist Befehl … Kurz und gut: Berliner Straßensperrungen sind Gottes Fügung, wie Hagelwetter oder Cholera. Man ergibt sich darein und erhofft für die Enkel ein besseres Los.
Berlin und die Berliner

Wesentliches zur Entlastung des Berliner Straßenverkehrs trägt die Stadtbahn bei, die 1900 zusammen mit der Ringbahn bereits über 80 Millionen Fahrgäste befördert. Eine ständige Erweiterung hat seit ihrer Eröffnung im Jahre 1882 vor allem der Vorortverkehr der Stadtbahn erfahren: vom Wannseebahnhof (am Potsdamer Platz) aus kann man nach Friedenau, Steglitz, Zehlendorf, Schlachtensee und Wannsee bis Potdam fahren. Bis 1896 wird der Bahnhof Grunewald, der vor allem dem Ausflugsverkehr dient, an die Stadt- und Ringbahn angeschlossen, 1912 nach Spandau eine Verbindung geschaffen. Die Zugfolge verdichtet sich in den Stoßzeiten auf zweieinhalb Minuten. Aber noch immer wird die Stadt- und Ringbahn, die durch dichtbesiedelte Wohngebiete führt, mit Dampf betrieben. An den technischen Voraussetzungen zur Elektrifizierung fehlt es nicht: Zwischen Schöneweide und Spindlersfeld und auf der Strecke vom Wannseebahnhof nach Zehlendorf ist der elektrische Zugbetrieb erfolgreich getestet worden. Auf der umgerüsteten Militärbahn zwischen Marienfelde und Zossen fährt eine elektrische Lokomotive der AEG am 28. Oktober 1903 Weltrekord: 210,2 Kilometer pro Stunde: »Der Lauf des Wagens war dabei so ruhig, daß man in seinem Innern ein vollgeschenktes Glas Wasser in der ausgestreckten Hand halten konnte, ohne etwas zu verschütten.« (Artur Fürst, Emil Rathenau)

Aber die Rekordfahrten bleiben folgenlos. Das Dampflokomotivenkartell, in dem Borsig und Schwartzkopff das Sagen haben, verhindert die Einführung des elektrischen Zugbetriebs. Erst 1913 beschließt das preußische Abgeordnetenhaus mit knapper Mehrheit die Elektrifizierung der Berliner Stadt-, Ring- und Vorortbahn. Aber ehe die Arbeiten richtig in Schwung kommen, bricht der Weltkrieg aus, und es dauert wei-

tere zehn Jahre, bis die ersten elektrischen Züge über Berlins S-Bahn-Gleise rollen.

Neben der Stadtbahn ist es bis zum Ende des Jahrhunderts vor allem die Pferdebahn, die den Massenverkehr zu bewältigen hat. Einundsiebzig Linien betreibt allein die »Große Berliner«, neunzehn die Berlin-Charlottenburger Straßenbahn. Die Streckenführungen unterscheiden sich durch farbige Scheiben am Vorderwagen, was bei der Vielzahl der Linien nicht nur zu seltsamen Farbkombinationen, sondern auch zu mancherlei Verwirrungen führt:

Es gibt eine Vielfalt sauberer, bequemer Pferdebahnen, doch wenn man glaubt, man wüßte, wohin eine Bahn führt, sollte man lieber an Land bleiben, denn die Pferdebahn fährt keineswegs dorthin. Die Pferdebahnlinien sind wunderbar verworren, und oft verfahren sich die Kutscher, und man hört Jahre hindurch nichts mehr von ihnen. Die Schilder an den Wagen geben keine Einzelheiten über den Reiseweg; sie nennen das Endziel, und dann probieren sie herum, wie viele Gegenden sie noch mitnehmen können, bevor sie dorthin gelangen. Alle paar Meilen kassiert der Schaffner das Fahrgeld neu und gibt einem ein Billett, worüber er offenbar keinerlei Buch führt, und man behält es, bis der Kontrolleur später zusteigt und eine Ecke davon abreißt (die er nicht behält); dann wirft man das Billett weg und hält sich bereit, ein neues zu kaufen. Verstand hat gar keinen Wert, wenn man versucht, mit der Pferdebahn durch Berlin zu steuern. Als der fähigste Zeitungsherausgeber Brooklyns einen Besuch hier machte, nahm er am frühen Morgen die Pferdebahn und machte sie mit dem Versuch zuschanden, zu einem Punkt im Zentrum zu gelangen. Den ganzen Tag saß er auf der Bahn, gab viele Dollar Fahrgeld aus und kam dann nicht an der Stelle an, zu der er aufgebrochen war. Das ist die gründlichste Art und Weise, sich Berlin anzusehen, aber auch die kostspieligste.
Mark Twain, Das deutsche Chicago

Um die Jahrhundertwende geht die Straßenbahn, die noch immer über sechzig Prozent des Personenverkehrs in Berlin bewältigt, entschlossen an die Modernisierung ihres Betriebes: zwischen 1896 und 1902 wird das gesamte Streckennetz elektrifiziert, 1901 für Fahrten in Berlin und in sechzehn Nachbargemeinden ein Einheitstarif von zehn Pfennigen eingeführt, und die verwirrenden Farbschilder werden durch eine Numerierung der Strecken abgelöst. So ganz ohne Diskussionen verläuft die Elektrifizierung jedoch nicht. Vor allem die stromführenden Drähte der Oberleitungen, die anfangs schon mal auf die Straße fallen und zu Bränden führen, sind vielen Berlinern nicht geheuer. Die Tierschützer befürchten ein Massensterben unter den Vögeln. Biologen erklären, daß das von den Drähten erzeugte magnetische Feld die Säfte des menschlichen Körpers ungünstig beeinflusse. Die Physikalisch-Technische Reichsanstalt befürchtet vagabundierende Ströme, die ihre Messungen stören könnten. Auch der Kaiser mischt sich in die Diskussion und verweigert seine Zustimmung, die Gleise der Charlottenburger Chaussee mit Oberleitungsdraht zu versehen: der Tiergarten dürfe nicht verschandelt werden.

Als alle Versuche, ihn umzustimmen, gescheitert waren, entschloß sich die Straßenbahngesellschaft zur Einführung des Akkumulatorenbetriebes auf dieser Strecke. Es wurden besonders große und schwere Wagen beschafft, die im Volksmunde die Donnerwagen hießen wegen des furchtbaren Lärms, den sie in Weichen und Kreuzungen machten; eine Eigentümlichkeit von ihnen war ihre Vorliebe für unerwartetes Stehenbleiben. In den Wagen husteten und niesten die Leute, gelegentlich floß auch die Säure aus und zerfraß Schuhe und Kleider der Fahrgäste. Es war ein Skandal, aber der Kaiser blieb eigensinnig.

Da kam eine der Schranzen auf einen guten Einfall. Nachdem man sich der Zustimmung der Straßenbahngesellschaft versichert hatte, wurde dem Kaiser folgendes vorgetragen: Zugegeben, daß die Oberleitung nicht zur Verschönerung des Tiergartens beitrage. Aber die Donnerwagen täten es auch nicht mit ihrem Getöse, und der Betrieb mit ihnen sei eine Unmöglichkeit; alle Ausländer belustigten sich über das technisch rückständige Berlin. Die Straßenbahn wolle aus dem Übergang zur Oberleitung kein Geschäft machen, und um das zu beweisen, sei sie bereit, ein erhebliches Opfer zu bringen, falls ihr die Oberleitung genehmigt würde. Wie wäre es, wenn sie zum Ausgleich der durch die Leitung bedingten Verunzierung des Parks beitrüge, indem sie einige Denkmäler stiftete? Anbei einige Vorschläge gleich im Entwurf: Jagd in grauer Vorzeit – Auerochs, wilder Eber, Bär und dergleichen, dazu St. Hubertus mit dem Hirschen, alles um den Großen Stern gruppiert.

Der Plan fand die freudige Zustimmung des allerhöchsten Jagdherrn ... Berlin war wieder um ein Halbdutzend Denkmäler reicher.
Georg Siemens, Erziehendes Leben

Keine Vorstellungen aber können den Kaiser davon überzeugen, daß eine Straßenbahn die Linden überqueren muß. »Unten durch, nicht drüber weg«, schreibt er auf das Gesuch des Magistrats. Dann empfiehlt er, Lifts »zum Herablassen und Wiederhinaufbefördern eines oder mehrerer Straßenbahnwagen« anzubringen. Schließlich einigt man sich auf den Bau eines, noch heute sichtbaren, Tunnels zwischen Singakademie und Opernplatz, der die nördlich und südlich der Linden verlaufenden Straßenbahnlinien miteinander verbinden kann.

Auch die pferdebespannten Wagen der Berliner Omnibusgesellschaft und die über 6000 Pferdedroschken (1. und 2. Klasse) genügen den Anforderungen an einen modernen Großstadtverkehr nicht mehr. Um die Jahrhundertwende macht man erste Versuche mit Elektromotoren: im Februar 1900 bringt der erste elektrisch betriebene Omnibus die Reisenden vom Anhalter zum Stettiner Bahnhof. Auf den Straßen tauchen elektrische Droschken und elektrisch betriebene Lastfahrzeuge auf. Aber es ist nicht der Elektroantrieb, der die neue Etappe im Berliner Kraftverkehr bestimmt, sondern der Verbrennungsmotor: 1899 erhält die erste Droschke einen Benzinmotor; im November 1905 wird auf der Strecke Hallesches Tor–Chausseestraße eine mit Benzinmotoren betriebene Omnibuslinie eingeweiht:

Das neue Verkehrsmittel bewährte sich tadellos; auch als der Abend mit starken Regenfällen einsetzte, blieb entgegen allen Befürchtungen die Steuerung auf der schlüpfrigen Straße vollständig sicher. Berlin ist gestern um eine billige Attraktion reicher geworden … An den Haltestellen sammelten sich viele Hunderte, die den Anspruch auf Beförderung erhoben. Der Bewerb um einen Platz war oft unlauter genug; es gab Kampfnaturen, die ihr Recht auf die Spitze des Regenschirms stellten, den sie dem Vordermann in die Rippen bohrten. »Der Mann, der hinter dem Omnibus herläuft«, sonst eine beliebte Coupletfigur, wurde gestern zur Tatsache. Der Automobil-Omnibus wird zwar dereinst feste Haltestellen erhalten, vorläufig aber nimmt er noch jedermann auf dem Wege auf. Dieses Recht des Fahrgastes war gestern unwirksam. »Besetzt, besetzt!«, oben und unten besetzt – wer einen Platz hatte, hielt bis zur Endstation aus. Der Mann, der hinter dem elegant und schwungvoll dahinsausenden Auto dahertrabte, gab bald das Rennen auf. Schon verschwand der Blitzwagen in der Ferne; nur ein zartes Parfum, das angenehm die Nase kitzelte, erinnerte daran.
Berliner Lokal-Anzeiger, 20. November 1905

Bereits 1892 hatte das erste Privatauto in Berlin eine amtliche Zulassung erhalten. Sie ging an den Kaufhausbesitzer Rudolph Hertzog. Aber die Zahl der Autobesitzer steigt nur langsam. Um das neue Fortbewegungsmittel populär zu machen und den Umsatz der Automobilhersteller zu steigern – 1907 zählt man erst 1976 Kraftfahrzeuge in Berlin – organisieren »maßgebendste Persönlichkeiten der Finanz, der Industrie und des Sports« (Vossische Zeitung, 9. März 1900) jährliche Automobilausstellungen, anfangs unter den S-Bahn-Bögen am Alexanderplatz, später in den neuerrichteten Ausstellungshallen am Zoo. Aber Autofahren wird in Berlins gutbetuchten Kreisen erst richtig Mode, als auch der Kaiser ihm seine Sympathie zuwendet: »Als die ersten Automobile Unter

Eine neue Erscheinung im Berliner Straßenbild – der Verkehrspolizist. Friedrich-/Ecke Leipziger Straße, um 1914

den Linden auftauchten, der Kaiser sie selbst aber noch nicht benutzte, ärgerte er sich über die Straßenfahrzeuge, die seine Pferde scheu machten. Er verlangte ihre polizeiliche Überwachung und Einschränkung und meinte vor mir: ›Ich möchte am liebsten jedem Chauffeur mit Schrot in den … schießen!‹ Als er dann selbst fuhr und seine eignen Chauffeure lustig ihr Tatütata erschallen ließen, wurde er ein feuriger Lobredner und Anhänger des Automobilsports und betrachtete jede Kritik seiner Auswüchse fast als persönliche Beleidigung.« (Bernhard von Bülow, Denkwürdigkeiten/2) Das Autofahren ist salonfähig geworden. Ein »Kaiserlicher Automobilklub« wird gegründet, die Trabrennbahn in Westend zum Schauplatz des ersten Autorennens umfunktioniert. 1901 gibt es bereits eine Rallye Paris–Berlin:

Einen neuen und interessanten Eindruck hatte ich, als neulich die Automobilen von Paris ankamen. Ich stand um einhalb sechs auf, fuhr eine Strecke mit der Bahn, wanderte dann auf der Chaussee und ließ die

ganze Gesellschaft bei Spandau an mir vorbeifahren. Es ist, als wenn eine Schar von Lokomotiven im schnellsten Kuriertempo auf der freien Chaussee dahinrast. Imposant, aber unsinnig. Und was wird aus den Pferden, wenn dieses Beförderungsmittel sich noch vervollkommnet, was es jedenfalls tun wird? Indessen, darüber mögen die nächsten Generationen nachdenken.
Friedrich von Holstein, Lebensbekenntnis

Obwohl die Dichte des Autoverkehrs auf Berlins Straßen aus heutiger Sicht noch eine bescheidene zu nennen ist, begleiten die Klagen der Zeitgenossen die Entwicklung des Kraftverkehrs von Anbeginn: Fußgänger beschweren sich über die Autofahrer, Autofahrer über die Fußgänger und beide zusamen über die Polizei:

Die sogenannten »Autofallen« in der Umgebung Berlins haben sich so bedrohlich vermehrt, daß das Generalsekretariat der Deutschen Autoliga beschlossen hat, gegen diesen amtlich beschönigten Unfug einzuschreiten ... Vor kurzem erst hat der Generalsekretär die Ortsaufnahme einer neuen Autofalle in Dahlwitz bei Berlin vornehmen lassen, die den Automobilisten schon ungeheuer viel Scherereien aller Art bereitet hat. Ein Köpenicker Gendarmeriesergeant hat da unter Assistenz eines Bürogehilfen seine Aufstellung, und zwar ist die Aufstellung derart, daß sie von den Fahrenden nicht bemerkt werden kann. Und nun schreibt der Mann fröhlich und unbekümmert auf, was seinem Gendarmeriegewissen nicht vorschriftsmäßig erscheint. Dann hageln die Strafmandate – und Sträuben dagegen hilft nichts. Der Sergeant muß genau wissen, welche Fahrtgeschwindigkeit erlaubt ist; das nimmt er auf seinen Diensteid. Aber es ist trotzdem Unsinn. Namentlich in der Nacht kann er das unmöglich so genau kontrollieren.
Fedor von Zobeltitz, Chronik der Gesellschaft/2

Am 23. Januar 1908 ist die Raserei der »wilden Autler« Gegenstand einer Diskussion im preußischen Abgeordnetenhaus. Der Abgeordnete August Strosser beklagt sich:

Daß das Fahren meist viel zu schnell geschieht, das haben meine beiden Herren Vorredner ja genügend hervorgehoben. Ich behaupte aber: nicht nur *häufig* kommt es vor, daß die Automobile zu schnell fahren, sondern *fast alle* Automobile fahren zu schnell, jedenfalls schneller, als es ihnen nach den polizeilichen Vorschriften und Verordnungen überhaupt erlaubt ist. Ich hätte gewünscht, daß der Herr Minister des Innern hier zugegen gewesen wäre, ich hätte ihn dann sehr gern ein-

mal die Frage vorgelegt, wozu eigentlich die polizeilichen Vorschriften da sind, wenn sie überhaupt so gut wie gar nicht mehr befolgt werden ... in Berlin zum Beispiel kehrt sich kein Fahrer und kein Schutzmann an diese Vorschriften ... Niemals nimmt ein Schutzmann Veranlassung, diese wilden Fahrer, die ja meistens, Gott sei Dank, nicht so viel Unheil anrichten, wie man eigentlich befürchten müßte, aufzuschreiben ... Der Kurfürstendamm wird von den Herren Automobilisten meist nicht mehr als Straße betrachtet, sondern als Rennbahn. Gehen Sie an einem Sonntag oder an einem andern schönen Nachmittage auf den Kurfürstendamm, dann werden Sie sehen, wie zwischen Berlin und dem Grunewald gerast wird. Ich selbst bin zweimal Augenzeuge gewesen – und das will etwas heißen in einem Jahre –, daß auf dem Kurfürstendamm ein Mensch von einem Automobil überfahren wurde ... Wenn gesagt wird, die Zahl der Unfälle hätte sich vermindert, trotzdem die Zahl der Automobile in den letzten Jahren zugenommen hat, so ist das eine ganz unrichtige Behauptung ... In Berlin hat sich die Zahl der Automobile von 1905 bis 1907 von 2000 nur auf 2400 vermehrt; also ist die Zunahme keine erhebliche. Dagegen hat sich die Zahl der Toten und Schwerverletzten in derselben Zeit vervierfacht ... Wir haben im Jahre 1906 in Berlin 20 Todesfälle, 92 Schwerverwundete und eine große Anzahl Leichtverwundeter gehabt ... Von den Schwerverletzten starben innerhalb acht Tagen nach ärztlichen Berichten immer noch 10 bis 15 Prozent ... Meine Herren, wir haben ja Jahr für Jahr hier die glänzenden Automobilausstellungen gehabt. Mit allem Prunk, mit aller Herrlichkeit werden sie ausgestattet. Wenn daneben einmal eine Ausstellung der Krüppel veranstaltet würde, die durch die Automobile in einem Jahre hier in Berlin dazu gemacht worden sind, das würde eine unangenehme Ergänzung solcher Ausstellungen sein.
Stenographische Berichte des preußischen Abgeordnetenhauses, 23. Januar 1908

Bis 1910 darf die Geschwindigkeit der Kraftwagen in Berlin die »eines trabenden Pferdes« nicht überschreiten. Dann wird, »weil nun das hiesige Publikum an die schnellere Abwicklung des Fuhrwerksverkehrs auf den Straßen gewöhnt und mit dessen Gefahren vertraut ist«, im Landespolizeibezirk Berlin die Höchstgeschwindigkeit auf fünfundzwanzig Kilometer pro Stunde heraufgesetzt.

Schuld an den zahlreichen Unfällen gibt man nicht nur der »Raserei« der Autofahrer, sondern auch der mangelhaften Ausbildung in den Berliner Fahrschulen:

Ein Freund der »Fahrzeitung« hat die Chauffeurschule in der Dessauer Straße in Anspruch genommen und ist in sechzehn Tagen ausgebildet worden. Der Lehrgangsunterricht wird wie folgt beschrieben:

»Am ersten Tage wurde der neue Eleve vormittags um 1/2 10 Uhr hinbestellt, traf dort aber nur eine junge Dame an, welche ihn abends zu sechs Uhr nochmals hinbestellte. Um diese Zeit ... erschien auch der Herr Ingenieur, welcher einige Ausführungen in bezug auf Automobile machte und dieselben durch Kreidezeichnungen erläuterte. Dies nahm nicht ganz zwei Stunden in Anspruch. Am zweiten Tage sollte der Unterricht fortgesetzt werden, doch wurden die Leute aus irgendeinem Grunde wieder nach Hause geschickt, und fiel der Unterricht aus. Am dritten Tage wieder zweistündiger Unterricht mit erläuternden Kreidezeichnungen. Am vierten Tage mußte aus irgendeinem Umstand der Unterricht ausfallen, ebenso am fünften, weil derselbe auf einen Sonntag fiel. Am nächsten Tag ging es hinaus nach Schmargendorf, um das praktische Fahren zu erlernen. Dies ging in folgender Weise vor sich: Die Betreffenden mußten während der Fahrt auf das Automobil springen, und fuhr jeder ungefähr zwei Minuten, dann mußte während der Fahrt abgesprungen werden, und sprang wieder ein anderer hinauf. Dies wurde die nächsten fünf Tage wiederholt ... Am sechzehnten Tage wurde dann die gesamte Gesellschaft um 1/2 10 Uhr nach der Königgrätzer Straße 109 hinbestellt, um vorzufahren, mußten aber dort bis 1/2 12 Uhr warten, ehe das Automobil, welches zum Vorfahren bei Herrn Altmann benutzt werden sollte, kam. Herr Altmann ist nämlich Zivilingenieur und hat die Berechtigung, den Befähigungsnachweis im Automobilfahren zu erteilen. In der Königgrätzer Straße fuhr nun ein jeder ein paar Mal auf und ab, welches von Herrn Altmann beobachtet wurde, worauf dann von demselben der Befähigungsnachweis ausgestellt wurde. Am genannten Tage erhielten elf Personen eine solche Bescheinigung.

Vorwärts, 11. August 1905

Wirtschaftsmetropole Berlin

»Berlin hat als Hauptstadt des deutschen Reiches einen Aufschwung ohnegleichen genommen, und es mag Berlin wohl anstehen, öffentlich und übersichtlich zu zeigen, was es im Reiche und durch das Reich geworden«, fordert Ludwig Goldberger, Bankier und Präsident der Vereinigung Berliner Kaufleute und Industrieller im November 1892 in einer Großveranstaltung im Hotel Kaiserhof (Groß-Berlin. Bilder von der Ausstellungsstadt).

Was sich hinter diesem demonstrativ zur Schau gestellten Selbstbewußtsein verbirgt ist der Plan Berliner Wirtschaftskreise, die nächste Weltausstellung nach Berlin zu holen. Paris, London, Wien, Philadelphia und Sidney hatten solche Veranstaltungen in der Vergangenheit mit großem Erfolg inszeniert. Warum sollte nun nicht auch die deutsche Hauptstadt, eine der mächtigsten Industriemetropolen Europas, als Gastgeber ihre gewachsene Wirtschaftskraft ins internationale Blickfeld rücken? Die Initiatoren vom Verein Berliner Kaufleute und Industrieller stoßen jedoch auf unerwarteten Widerstand. In einem Brief vom 20. Juli 1892 gibt der Kaiser seinem Reichskanzler Caprivi, der ihn für das Projekt zu erwärmen sucht, unmißverständlich zu verstehen, »daß er absolut dagegen sei und nicht wünschte, daß der Idee Folge gegeben oder Wachstum erlaubt werde«:

Der Ruhm der Pariser läßt den Berliner nicht schlafen. Berlin ist Großstadt, Weltstadt (vielleicht?), also muß es auch eine Ausstellung haben! Daß dieses Argument natürlich für Berliner Gasthäuser, Theater, Tingeltangels etc. sehr verständlich und annehmbar ist, begreift man leicht. Die würden die alleinigen Profitierenden sein! Daher die Reklame. Das Proton pseudos aber liegt in dem Schluß, der Fremdenverkehr allein habe Paris die guten Erträge geliefert. Das ist völlig falsch! Die hunderte von auf Monate dort zum wohnen und sich amüsieren niedergelassen habenden Millionäre, die stets neue Bekannte aller Herren Länder herangezogen, haben den Kohl fett gemacht. Paris ist nun mal – was Berlin hoffentlich nie wird – das große Hurenhaus der Welt, daher die Anziehung auch außer der Ausstellung. In Berlin ist nichts, was den

Fremden fesselt als die paar Museen, Schlösser und die Soldaten, in sechs Tagen hat er alles mit dem roten Buch in der Hand gesehen und zieht dann erleichtert weiter, nachdem er das Gefühl, seine Pflicht getan zu haben, empfunden. Das macht sich der Berliner nicht klar und würde es auch gründlich übelnehmen, wenn man ihm das sagte. Aber das ist eben das Hindernis der Ausstellung.
Hans Herzfeld, Berlin als Kaiserstadt und Reichshauptstadt

»Felsenhart ist mein Wille«, erklärt der Kaiser abschließend. »Ich will die Ausstellung nicht, weil sie meinem Vaterland und Stadt Unheil bringt!«

So findet denn die nächste Weltausstellung wiederum in Paris statt, und was übrigbleibt von den ehrgeizigen Plänen der Berliner Kaufleute ist eine hauptstädtische Gewerbeschau, die im Mai 1896 auf dem Gelände des Treptower Parks – janz weit draußen – ihre Pforten öffnet:

Die Wahl des Schauplatzes im Osten der Stadt fand lauten Beifall, weil sie bewies, daß man planmäßig die Massen der Einwohnerschaft an dem Ereignis teilnehmen lassen wollte. Für das zahlungskräftige Publikum brachte dieser Umstand freilich auch Unbequemlichkeiten mit sich, denn noch wußte die Welt nichts vom Automobil. So sah man Tag für Tag, vor allem Abend für Abend, endlose Reihen von Pferdewagen, Droschken und Equipagen die ganze Stadt vom äußersten Westen bis zum »Fernen Osten« durchziehen. Für die Menge der Besucher sorgte eine neue Eisenbahnlinie, sorgten neu angelegte Strecken der Pferdebahn und – Weltenwende für den Berliner Verkehr! – die erste Linie einer elektrischen Straßenbahn durch die ganze Stadt, die allerdings, da sie sich zwischen lauter Pferdebahnen eingeklemmt sah, diese Schwestern nur um wenige Minuten kürzerer Fahrzeit übertreffen konnte. Noch auf andere Weise kündigte die Elektrizität ihren Siegeszug an: sie lieferte die Beleuchtung der Ausstellung – während man sich am Lehrter Bahnhof noch mit Gas beholfen hatte (die Ausstellungen um die Jahrhundertmitte waren überhaupt nur bei Tage zugänglich gewesen). Die elektrische Beleuchtung führte von selbst zu einer Ausstellung der Elektrizitätsindustrie und des Maschinenbaus, die ihre Erzeugnisse praktisch, in Tätigkeit, vorführen konnten.
Max Osborn, Berlins Aufstieg zur Weltstadt

Auch wenn Kritiker bemängeln, daß die Ausstellung durch die zahlreichen Schauveranstaltungen den Charakter eines Jahrmarktes oder einer Vogelwiese angenommen habe – »Die Industrie ist hier nur noch das notwendige Übel und findet kaum mehr Beachtung als in einem üppig ausgestatteten Zimmer ein sauber gearbeiteter Aschenbecher« (Die Zukunft, 4. Juli 1896) –; auch wenn die aufdringliche Flottenpropaganda mit »Marineschauspielen« und »Seeschlachten« das Ganze streckenweise zum Politspektakel umfunktioniert: was die 3780 Aussteller zu bieten haben, verbindet sich zu einer eindrucksvollen Schau Berliner Wirtschaftskraft.

Berlins Bedeutung deckt sich nicht mit dem Begriff der Hohenzollernresidenz oder der Hauptstadt des Deutschen Reiches. Weit davon entfernt, nur eine Stadt der Beamten und Soldaten zu sein, hat Berlin vielmehr im letzten Jahrhundert sich mit jedem Jahrzehnt mehr zu einer machtvoll emporstrebenden Industriestadt entwickelt, der heute nur wenige gleichkommen. Die Entwicklung vom bescheidenen märkischen Ackerbürgerstädtchen zum gewaltigen Industriemittelpunkt, der mit seinen verschiedenartigsten Verbindungen die Erde umspannt, ist nicht minder großartig und packend als der Weg von der Residenz eines kleinen Brandenburger Fürsten zur Hauptstadt eines Sechzigmillionenreiches.
Conrad Matschoß, Berlins Großindustrie

Berlin und der Kranz seiner Vorortgemeinden haben sich um die Jahrhundertwende zu einem der größten und leistungsstärksten industriellen Ballungsgebiete Europas entwickelt. Vom Maschinen- und Werkzeugbau, der Metallindustrie, der Elektrotechnik über die Nahrungs- und Genußmittelindustrie bis zur Konfektion oder dem polygraphischen Gewerbe reicht die breitgefächerte, stark exportintensive Produktionspalette. 321 800 Arbeiter, mehr als die Hälfte der Berufstätigen, sind 1907 in fast 17 000 Fabriken »und diesen gleichgestellten Anlagen« beschäftigt, wie der Jahresbericht der preußischen Regierungs- und Gewerberäte für den Landespolizeibezirk Berlin ausweist. Längst ist das eigentliche Stadtgebiet für die expandierenden Industrieunternehmen zu eng (und zu teuer) geworden:

Nach dem Jahre 1895 begann mit der Entwicklung des Vorortverkehrs und mit der Elektrisierung der Straßenbahn die Ansiedlung der mechanischen Großindustrie außerhalb der Ringbahn. Nun vollzog sich eine ähnliche Erscheinung wie 1882 nach Vollendung der Stadtbahn, nur in großartigerem Maßstabe. Waren damals die Werke entlang der Spree und dem Landwehrkanal nach dem Schlesischen Tor und nach Charlottenburg gewandert, so dehnten sich die Wanderungen nun bis Wildau, Marienfelde und Hennigsdorf aus; war der Berliner Arbeitsmarkt durch die Stadtbahn auf 10 bis 12 km im Durchmesser erweitert worden, so

erreichte er nun durch den Vorortverkehr in südöstlich-nordwestlicher Richtung eine Ausdehnung von annähernd 50 km.
Roman Heiligenthal, Städtebaustudien

An die Peripherie der Stadt ziehen vor allem die Großbetriebe des Berliner Maschinenbaus, die, um konkurrenzfähig zu bleiben, ihre Produktionsabläufe und Technologien entschlossen zu modernisieren beginnen. Borsig, der »Lokomotivenkönig«, ursprünglich vor dem Oranienburger Tor, dann in Moabit ansässig, verlegt 1898 seine gesamten Berliner Produktionsstätten nach Tegel. Hier konzentriert er fortan den Bau von Lokomotiven, von Dampfmaschinen, Eis- und Kältemaschinen, Pumpwerken und Rohrleitungen. 5500 Arbeiter und Angestellte arbeiten um 1910 in den Tegeler Borsigwerken. Neben dem Stahlwerk, der Gießerei, der Kesselschmiede, den Lokomotivwerkstätten entstehen ein eigenes Kraftwerk, ein eigener Hafen und eine eigene Wohnsiedlung für »Beamte« und Facharbeiter: Borsigwalde. Die Ludwig Loewe AG, längst von der ursprünglich gepflegten Nähmaschinenproduktion zur lukrativeren Waffen- und Munitionsfabrikation übergewechselt, errichtet 1891 eine Gewehrfabrik in Martinekenfelde. 1898 ist das Gründungsjahr der Niles-Werkzeugmaschinenfabrik in Oberschöneweide, die sich mit schweren Werkzeugmaschinen international einen Namen macht. Neue Industrien, die das traditionelle Berliner Produktionsprofil erweitern – wie die chemische oder die Automobilindustrie – siedeln sich zum Teil von vornherein in den Randgebieten an: so die Aktiengesellschaft für Anilinfabrikation (Agfa) in Treptow und Rummelsburg, die Neue Automobil-Gesellschaft (NAG) in Oberschöneweide, die Protos-Automobilgesellschaft in Reinickendorf.

Besondere Hervorhebung verdient an dieser Stelle eine Industrie, die sich in Deutschland während der letzten beiden Jahrzehnte des Jahrhunderts zu einem der mächtigsten Zweige unserer Volkswirtschaft ausgewachsen hat und die durch die Wucht ihres Vordringens und die Eigentümlichkeit ihrer Organisation ein neues Zeitalter des Kapitalismus einzuleiten scheint: die elektrische Industrie.

Wie Pilze nach einem warmen Sommerregen im Walde, so sind in den 1880er Jahren, namentlich aber in den 1890er Jahren Werke über Werke dieses Zweiges gewerblicher Tätigkeit in die Höhe geschossen, so daß heute schon Deutschland übersät ist mit dieser neuen Industrie, die vor dreißig Jahren so gut wie unbekannt war. Wie ein hungriger Wolf hat das Kapital sich über die Beute hergestürzt und sie in meist recht ansehnlichen Bissen verschlungen. 129 Aktiengesellschaften, die sich mit Erzeugung oder Verwertung von Elektrizität befassen, gibt es heute in Deutschland, davon sind 71 in der Zeit von 1890 bis 1900 ge-

Den Anwendungsgebieten des Kraftstroms sind kaum noch Grenzen gesetzt: Werbung der AEG für elektrisch betriebene Haushaltsgeräte

gründet. Das Gesamtkapital beträgt (1909) 857,6 Millionen Mark, also soviel, wie mancher alten Industrie im Laufe des ganzen Jahrhunderts nicht in den Schoß geflossen ist.
Werner Sombart, Die deutsche Volkswirtschaft

Berlin ist Zentrum dieser neuentstandenen Wachstumsindustrie. In ihren Betrieben werden elektrotechnische Erzeugnisse von der Glühbirne bis zum Kraftwerk, vom Telephon bis zum Überseekabel, von elektrischen Ausrüstungen für die Marine bis zu ganzen Industrieanlagen gefertigt. Auch in die Haushalte dringt der neue Energieträger zunehmend vor. Mit günstigen Tarifen werben die Unternehmen für elektrisches Licht, für elektrisches Heizen, für elektrisches Bügeln, für elektrisches Haartrocknen, für elektrisches Kochen, für elektrisches Staubsaugen. »Die Entstaubung geht geräuschlos, rasch, ohne Störung des sonstigen Betriebes und ohne Verstreuung von Staubteilen in die Luft vonstatten. Welche erstaunlich großen Mengen von Staub mit dem Vacuum-Reiniger entfernt werden können, läßt sich leicht daran erkennen, daß eine Reinigung des Apollotheaters in Berlin 202 kg Staub ergab.« (Das Buch der neuesten Erfindungen)

Den Markt beherrschen zwei der ganz großen unter den Berliner Wirtschaftsunternehmen: Siemens und AEG. Siemens & Halske, mit dem Stammbetrieb in der Markgrafenstraße ansässig, siedelt sich in den siebziger und achtziger Jahren auch in Charlottenburg an. Zunehmend rückt hier die Starkstromproduktion in den Vordergrund und verdrängt die bis dahin dominierende Schwachstromtechnik, ein kapitalaufwendiger Prozeß, der 1897 durch die Umwandlung des einstigen Familienbetriebes in eine Aktiengesellschaft neue Schubkraft erhält. Bald wird auch am Spreebogen in Charlottenburg, im inzwischen dicht besiedelten Industriegebiet zwischen Salzufer und Franklinstraße, der Platz zu knapp:

Da in Charlottenburg nichts mehr zu haben war und man mit Rücksicht auf die Verhältnisse im Berliner Werk sich nicht wieder mit Teillösungen begnügen wollte, fiel die Wahl auf eine Gegend nördlich der Spree zwischen Charlottenburg und Spandau. Dort bot sich in den sogenannten Nonnenwiesen ein ausgedehntes Gelände, das freilich, wo es an die Spree grenzte, stark versumpft war und von dort in die Kiefernsandwüste der Jungfernheide überging. Verkehrsmäßig war es gänzlich entlegen, die nächsten Siedlungen waren etwa in drei Viertelstunden zu Fuß zu erreichen. Es kostete die Firmenleitung einen gewissen Entschluß, sich in dieser Wildnis anzukaufen, denn eigentlich sprach alles dagegen und nur eines dafür: hier war endlich Platz. Aber man war von den chronischen Raumnöten allmählich derart mürbe geworden, daß man den Vorteil der Ausdehnungsmöglichkeit allem anderen voranstellte. Daher machte man bei dem im Jahre 1897 erfolgten ersten Landkauf ausgiebig Gebrauch von dieser Möglichkeit und sicherte sich gleich 200 Hektar Bodenfläche. Bereits im nächsten Jahre wurde dort mit dem Bau eines Kabelwerks begonnen …

Georg Siemens, Der Weg der Elektrotechnik/1

Und Siemens nutzt die noch unbegrenzten Raumvorteile. Nach dem neuen Kabelwerk, das 1899 seine Produktion aufnimmt, wird der Stammbetrieb aus der Markgrafenstraße an den Nonnendamm verlegt. Diese Keimzelle des »Wernerwerkes«, 1905 eröffnet und in den folgenden Jahren bis zum Ausbruch des Krieges mehrfach erweitert, wird Arbeitsstätte für 5000 Arbeiter und Angestellte. Ein neues Industrierevier entsteht und mit ihm Wohnstätten, neue Straßen, Brücken, Verkehrsverbindungen und wieder neue Werke: 1914 erhält es den Namen Siemensstadt.

Im Gegensatz zu Siemens, der bis zum Ausbruch des Ersten Weltkrieges praktisch seine gesamte Produktion zwischen Charlottenburg und Spandau konzentriert, produziert die AEG, der andere Berliner Elektroriese, an fünf verschiedenen Standorten in Berlin. 1884 baut die Deutsche Edison-Gesellschaft, wie die drei Jahre später in Allgemeine Elektrizitätsgesellschaft (AEG) umbenannte Firma sich damals noch nennt, ihr erstes Verwaltungs- und Fabrikationsgebäude vor dem Oranienburger Tor, in der Schlegelstraße, und beginnt dort mit der Glühlampenfabrikation. 1887 erwirbt sie ein Grundstück in der Ackerstraße, in der nach und nach die Produktion von Dynamos, Elektromotoren, Leitungsdraht und Straßenbahnmotoren konzentriert wird. Es ist der Beginn einer ganzen »Stadt der Elektrizität«, die in den folgenden zwei Jahrzehnten rund um den Humboldthain entstehen wird: die Fabrik für Transformatoren und Hochspannungsapparate, die Kleinmotorenfabrik, die Fabrik für Bahnmaterial, eine Lokomotivfabrik, eine Fabrik für Großmaschinen. Über 20 000 AEG-Arbeiter sind allein in diesem Komplex beschäftigt, die Jahresproduktion übersteigt den Wert von 100 Millionen. 1904/05 siedelt sich die AEG auch in Moabit an: nach der Sickingenstraße wird die Glühlampenproduktion verlegt, nach der Huttenstraße die Turbinenfabrikation, für die Peter Behrens seine aufsehenerregende Turbinenhalle baut. Bereits 1897 hat der Konzern mit der Errichtung eines eigenen Kraftwerks den Kern einer neuen »Elektropolis« in Oberschöneweide geschaffen. 8000 Hektar des ehemaligen Gutes Wilhelminenhof werden durch eine elektrische Industriebahn erschlossen. Zwei neue Brücken, die Treskowbrücke und die Stubenrauchbrücke, verbinden das »Berliner Ruhrgebiet« mit Niederschöneweide, wo gleichfalls ein Industriegebiet entsteht. Kurz vor der Jahrhundertwende zählt Oberschöneweide kaum 300 Einwohner – bis zum Ersten Weltkrieg steigt die Bevölkerungszahl auf 20 000.

Das um 1905 erbaute, bis zum Ersten Weltkrieg mehrfach erweiterte Dynamowerk von Siemens zwischen Nonnendammallee und Motardstraße. Zustand um 1914

Zentrum der Industrieansiedlung an der Oberspree ist das Kabelwerk, dem Kraftwerk benachbart, in dem 1906 rund 5000 Arbeiter, 1913 bereits knapp 9000 beschäftigt sind:

Dem eigentlichen Kabelwerk wurden Jahr für Jahr neue Betriebe angegliedert. Da zur Drahtisolation Gummi gebraucht wurde, begann das Werk auch die Fabrikation technischer Gummiartikel. Kupfer- und Messingblech mußten für den Apparate- und Maschinenbau in großer Menge gekauft werden. Was lag näher, als daß ein eignes Blechwalzwerk im Anschluß an das Kabelwerk erbaut wurde und im Interesse seiner besseren Rentabilität auch für fremde Auftraggeber arbeitete. Ähnlich war es mit der Herstellung von Profilstangen, Rohren und Draht.

So streckte sich das Kabelwerk Oberspree – längst nicht mehr bloß ein Kabelwerk, sondern eine Vereinigung verschiedener Fabriken – im Lauf eines Jahrzehnts über einen Flächenraum von mehr als 100 000 qm aus.

Artur Fürst, Emil Rathenau

1909 erwirbt die AEG in Hennigsdorf, am neuen Großschiffahrtsweg Berlin–Stettin, ein weiteres großes Gelände, auf dem 1910 mit der Produktion von Flugzeugen, später von Lokomotiven begonnen wird.

AEG und Siemens sind nicht die einzigen, auf die sich der Weltruf der Berliner Elektroindustrie gründet – eine Vielzahl kleiner und mittlerer modern ausgerüsteter Spezialbetriebe gibt es in der Stadt –, aber sie sind die »Könige«, bei denen sich in einem für die Zeitgenossen schwindelerregendem Tempo Produktionskapazität, Kapital und Macht zu konzentrieren beginnen.

Eine Wirtschaftskrise, die 1901 ihren Anfang nimmt, beschleunigt diesen Konzentrationsprozeß.

Der Aufschwung ist dahin und der Krach gekommen. Feine Nasen wittern es überall. Man war so sicher gewesen, so unerschütterlich sicher, jahrelang. Kleine Schwankungen, rasch vorübergehende Krisen: darauf war man vorbereitet; von dauerndem Niedergang aber konnten nur Narren und Fixer schwatzen. Eben erst hatte die deutsche Industrie ja den Welteroberungszug angetreten. Gesunde Finanzwirtschaft; Geld wie Heu; Intelligenz und Tatkraft vereint; und in Handel und Wandel eine Solidität, wie nie und nirgends sie noch gesehen ward. Schon sind in China, auf Samoa, in Afrika und Kleinasien des größeren Deutschlands Grenzen abgesteckt, die weltpolitische Entwickelung führt in die reichsten Schatzkammern der Erde, und herrlichen Tagen geht es entgegen. Auch der Triumph, den in Paris unsere Industrie dem Neid abgetrotzt hat, wird goldene Frucht tragen. Mag in der Politik nicht alles so sein, wie es zu wünschen wäre: wer wird sich darum den Kopf zerbrechen! Der Wohlstand steigt, schneller, als man's je für möglich gehalten hatte; und die Bourgeoisie kannte nur die eine Angst, irgendeine gute Konjunktur zu versäumen. Damit ist's nun vorbei ... Aus allen Provinzen kommen schlechte Berichte, und in den wichtigsten Industrien haust verheerend die Not. Jeder Tag bringt neue Hiobspost von Geschäftsstockungen, entdecktem Betrug, Arbeiterentlassungen, Einschränkung aller gewerblichen Betriebe ... Und dabei wird das meiste noch in der Stille gemacht; das Publikum darf ja nicht ahnen, in welchen Prachtpalästen arrangiert und saniert werden muß. Es ist schlimmer als in den siebenziger Jahren; viel schlimmer. Damals war's eine Kinderkrankheit, jetzt geht's um Hals und Kragen ...

In Berlin sieht's besonders schlimm aus. Nirgends sonst hatte man so siegesgewiß in die Welt geguckt, so bedenkenlos über die Verhältnisse gelebt. Der Neuberliner baut seine Häuser für die Vorübergehenden. Denen will er imponieren, wenn er hinter der »monumentalen Fassade« mit Weib und Kindern auch unheimisch in engen Räumen hockt ... Wer länger blieb, merkte schon vor dem kritischen Jahr, daß die Fassadenkunst ihm das Auge geblendet hatte. Und jetzt reißt der holde Wahn noch schneller entzwei; denn die ganze Shoddypracht ist fahl geworden. An eine Katastrophe darf man in einer Stadt, wo so hart und so tüchtig gearbeitet wird, nicht denken. In der Holztäfelung der Protzenhäuser aber sitzt der Wurm, der stucco di lustro bröckelt sacht ab, und nicht lange mehr wird der Schein beglückenden Wohlstandes zu wahren sein.

Noch wird er gewahrt. So lange es irgend geht, sagt jeder: Ich kann vorläufig nicht klagen. Nur die alten Börsenfüchse geben sich nicht mehr die Mühe, ihre Angst zu verbergen; sie wissen, daß selbst das ihrem Interesse günstigste Börsengesetz die entschwundene Pracht nicht zurückbringen könnte, und nickten mit wehmütigem Lächeln, als ein mehr witziger als ehrlicher Makler, der nach der Badereise zum ersten Mal wieder in die Burgstraße kam, schon im Vorhof des Mammonstempels rief: »Hier riecht's nach Pleite!«

Die Zukunft, 12. Oktober 1901

Als die Krise 1903 in eine neue Konjunktur übergeht, sind viele der Kleineren und Schwächeren, aber auch manch großes Unternehmen, das in seinen Finanzoperationen zu optimistisch auf die fortwährenden Segnungen des freien Marktes vertraut hatte, auf dem Schlachtfeld geblieben. Die Überlebenden versuchen, durch produktions- und absatzmanipulierende Maßnahmen die ruinösen Auswirkungen der kapitalistischen Konkurrenz einzugrenzen und die Preise »auf angemessener Höhe« zu halten: die Zahl der Kartelle, Syndikate und Ringe steigt sprunghaft an. »Unbegreiflicherweise hüllt unser Unternehmertum, und was ihm bezahlte Dienste leistet, alles, was mit dem Kartellwesen im Zusammenhange steht, in einen undurchdringlichen Schleier. Von Kartellen mit Draußenstehenden zu sprechen, gilt schon als verdächtig und gefährlich; gar Studien über das Geschäftsgebaren der Syndikate werden geradezu verabscheut und gefürchtet. Als ob es sich um geheime Spielergesellschaften oder Verbände von Falschmünzern handelte; und als ob Dinge vor sich gingen, die man dem hellen Tageslichte nicht aussetzen möchte.« (Werner Sombart, Die deutsche Volkswirtschaft)

Natürlich weiß Werner Sombart, Professor an der Berliner Handelshochschule, sehr gut, daß die Kartellmitglieder allen Grund haben, ihre Praktiken nicht dem »hellen Tageslichte« auszusetzen. Nur gelegentlich, und bei den kleineren »Ringen«, dringt davon etwas in die Öffentlichkeit:

Der Ring der Steinsetzmeister von Berlin und Umgegend hat sein erstes Geschäftsjahr beendet. Die Beteiligten sind mit dem Abschluß zufrieden; und sie haben Grund dazu! Der Zweck des Ringes: die Preise um etwa 50 Prozent in die Höhe zu treiben, durch Ausschluß der gegenseiti-

gen Konkurrenz und sonstige Abmachungen, ist erreicht. Die Ringunternehmer arbeiten nach folgendem Plan: Vor jeder Submission auf Pflasterarbeiten werden die Ringmitglieder zu einer – natürlich streng vertraulichen – Versammlung zusammenberufen. Hier wird zunächst »ausgeknobelt«, wer die betreffende Arbeit ausführen soll. Nach den Satzungen des Ringes hat dabei jedes Mitglied Anspruch auf Berücksichtigung ... Der Unternehmer, dem eine Arbeit zugesprochen ist, gibt die Preise bekannt, die er seiner Offerte zugrunde gelegt hat, und alle anderen Ringgenossen, die sich an der Submission beteiligen, müssen vertraglich höhere Preise einsetzen. Zur Sicherheit dafür, daß das auch geschieht, haben die Ringmitglieder Sicherheitswechsel hinterlegt. Derjenige Unternehmer, der zur Ausführung der Arbeiten bestimmt wird und diese auf Grund der abgegebenen Offerte auch erhält, zahlt an die Ringkasse 10 Prozent des Bruttoertrages.
Vorwärts, 3. April 1908

Wo immer in Berlin gebaut wird, hat ein Ring, ein Kartell, ein Syndikat seine Hände im Spiel. Kartelliert sind Kalk, Mörtel und Ziegel; das Zementkartell bietet dem Großindustriellen August Thyssen sieben Millionen Mark dafür, daß er darauf verzichtet, in Rüdersdorf ein neues Zementwerk zu errichten, das die Preise drücken könnte. Kartelliert ist nicht nur der Baumarkt: kartelliert sind Kohle und Stahl, Petroleum und Zucker; Carl Duisberg, der spätere Chef der IG Farben, schlägt 1904 den wichtigsten deutschen Chemieindustriellen vor, auf den »wüsten Konkurrenzkampf, der nicht Maß und Ziel kennt«, zu verzichten und eine »Interessengemeinschaft« der Großen zu bilden. Damit werde nicht nur eine wesentliche Verbilligung der Produktion und »eine günstige Verzinsung der angelegten Kapitalien«, sondern auch die »jetzt bestehende Herrschaft der deutschen chemischen Industrie, speziell der Farbenindustrie, über die ganze Welt ... gesichert«. »In der Notlage werden viel leichter Mittel und Wege zu einer solchen Verständigung gefunden und persönliche Interessen geopfert ..., als wenn die Zeitverhältnisse günstig sind.« (Carl Duisberg, Denkschrift über die Vereinigung der deutschen Farbenfabriken)

Derartige »Interessengemeinschaften« gibt es bald zu Hunderten. Auch Berlins Elektrofirmen versuchen nach der Krise mit Preiskonventionen und Submissionskartellen ihre Profite zu optimieren, aber die beiden Großen unter ihnen, Siemens und AEG, die die Krise relativ unbeschadet überstanden haben, gehen bald zu rigoroseren Methoden der Machtkonzentration über: Man »vereinbart« sich nicht mehr mit dem Konkurrenten, man schluckt ihn. Bei Artur Fürst, dem Biographen des AEG-Begründers Emil Rathenau, liest sich das so:

Er war immer stark, besonders stark aber dann, wenn die andren ein heftiges Gefühl der Schwäche anwandelte, so daß sie mehr als einmal noch dankbar waren, wenn sie das müde Haupt an die breite Brust der Rathenauschen Unternehmungen anlehnen konnten. So wohl gebettet, kamen sie dann rasch wieder zu Kräften und blühten in verständiger Pflege stolz und neu empor ...

Die Gesellschaft ward der feste Pfahl im aufgeregten Wasser, an dem schließlich eins der wild umhergeworfenen Schifflein nach dem anderen sich verholen ließ. Es begann die große Konzentrationsperiode in der Elektroindustrie, die allmählich wieder zur Beruhigung und endlich zur Genesung führte.

Zunächst zeigte die Union Elektrizitätsgesellschaft Neigung zur Herstellung einer Interessengemeinschaft mit der AEG. Das Unternehmen war im Jahre 1892 von dem Konzern Ludwig Loewe und der Thomson-Houston International Electric Company in Boston begründet worden und unterhielt enge Beziehungen auch zu der bedeutendsten Elektrizitätsfirma in Amerika, der General Electric Company. Dadurch war die Gesellschaft im Besitz zahlreicher wichtiger Erfahrungen der amerikanischen Firma, die sie der AEG ins Haus bringen konnte.

Die Union besaß außerdem eine bedeutende Fabrik von Elektrizitätszählern und hatte mit gutem Erfolg auf dem Gebiet der elektrischen Straßenbahnen gearbeitet. Besonders wichtig war ihre Verbindung mit der bei weitem größten Straßenbahngesellschaft Deutschlands, der Großen Berliner Straßenbahn, die von der Union ausgerüstet wurde. Aber das Verhältnis zur General Electric Company erschwerte auch wieder das Bündnis mit der AEG. Denn es war der Union eine Beschränkung ihres Arbeitsgebiets auf einen Teil der europäischen Staaten auferlegt.

Rathenau, der noch in gutem Andenken hatte, wie fatal oft eine solche Einschränkung werden kann, ... reiste nach Amerika, um die grundlegenden Verhandlungen selbst zu führen.

Und nun sehen wir ein großartiges Schauspiel sich vollziehen. Die beiden größten elektrotechnischen Unternehmungen auf der Erde gehen daran, die ganze Welt unter sich zu verteilen. Man kam überein, daß der General Electric Company Nordamerika und Kanada als alleiniges Wirkungsfeld überlassen würden; die AEG sollte nach Aufnahme der Union in Deutschland, in Österreich-Ungarn, Rußland, Holland, Belgien, Schweden, Norwegen, Dänemark, in der Schweiz, der Türkei und den Balkanstaaten frei sich betätigen können. Der Rest der bewohnten Erde, insbesondere Südamerika, sollte ein gemeinsam zu bearbeitender Bereich sein.

Doch damit waren durchaus noch nicht alle Schwierigkeiten aus dem Weg geräumt. Insgesamt mußten vierzig verschiedene Einzelver-

träge in einer ganzen Reihe von Ländern geschlossen, eine sehr große Summe von Scharfsinn, Ausdauer und Tatkraft aufgewendet werden, bis die Aktion vollendet war.
Artur Fürst, Emil Rathenau

Siemens antwortet auf den Vormarsch der AEG mit der Einverleibung der Nürnberger Schuckert-Werke. 1910 gliedert sich die AEG ihrerseits die mächtige Felten & Guillaume-Lameyer-Gruppe an, und nachdem Siemens ein Jahr später auch die Berliner Bergmann-Elektrizitätswerke, einen ernsthaften Konkurrenten bei der Produktion von Glühlampen, elektrischen Bahnen und Großturbinen, unter seine Kontrolle gebracht hat, ist die Zahl der Großunternehmen in der Elektrobranche auf zwei zusammengeschmolzen: AEG und Siemens.

Sie beherrschen nicht nur den deutschen Markt, sondern sind auch international so stark geworden, daß sie bei der Aufteilung der »elektrischen Welt« ein entscheidendes Wort mitsprechen können. »Dreihundert Männer, von denen jeder jeden kennt«, schreibt Walther Rathenau 1909 in der Weihnachtsnummer der »Neuen Freien Presse«, »leiten die wirtschaftlichen Geschicke des Kontinents.« (W. Rathenau, Unser Nachwuchs) Zu diesen dreihundert gehört auch Walther Rathenau selbst, Sohn des Firmengründers der AEG und seit 1912 Vorsitzender ihres Aufsichtsrates: Physiker, Industrieller, Schriftsteller, Hobbymaler, Kulturphilosoph – »ein Phänomen von schwerpunktloser Vielheit« (Gustav Hillard, Begegnung mit Walther Rathenau). Daß er nicht auch Offizier der Reserve geworden, war ihm zeit seines Lebens ein Ärgernis. Er hatte es, als Jude, nur zum Vizewachtmeister gebracht.

Vierundachtzig großen Unternehmungen stand er zu gleicher Zeit als Mitglied des Aufsichtsrates oder Direktor nah. Im Mittelpunkt seiner Tätigkeit die AEG, die, wie er 1907 schrieb, damals in Europa »unbestreitbar die größte Kombination wirtschaftlicher Einheiten unter einer zentralisierten Führung und Durchgestaltung« war. Mit ihren zahlreichen Unternehmungen und Tochtergesellschaften, nicht nur in Deutschland, sondern auch in England, Spanien, Italien, Rußland, der Schweiz, Südamerika, wuchs sie unter Emil Rathenaus expansiver und sicherer Leitung von Jahr zu Jahr; und Walther Rathenau war dabei seines Vaters rechte Hand. Aber auch außerhalb und neben der AEG hatte er noch zahlreiche andere Unternehmungen, an deren Gründung und Leitung er hervorragend beteiligt war; Elektrochemische Werke, die zum Teil seine eigenen Erfindungen und Patente verwerteten, Verkehrsunternehmungen in Städten, Automobilwerke, Baumwollspinnereien, die Gruben und Stahlwerke des Fürsten Donnersmarck, auf dessen Wunsch er in ihren Aufsichtsrat eingetreten war. Aus einer Aufstellung,

die ich seinem Sekratär Hugo Geitner verdanke, ist ersichtlich, daß er insgesamt im Laufe der Jahre bei 86 deutschen und 21 ausländischen Unternehmungen leitend tätig war.
Harry Graf Kessler, Walther Rathenau

Parallel zur Machtkonzentration in der Industrie und in enger Verflechtung mit ihr entwickelt sich der Konzentrationsprozeß im Bankgewerbe.

Dieser Konzentrationsprozeß im Bankwesen hatte sich zuerst vor fünf Jahren in der amerikanischen Union geltend gemacht: in kurzer Zeit verdoppelten die New Yorker Banken ihr Kapital; die Fusionsbewegung wurde noch dadurch gefördert, daß die Trusts ihre Geschäftsleitung und ihre Verkaufsbüros in die großen Zentralplätze verlegten. Den gleichen Prozeß sehen wir nun auch in Deutschland, nur in ungemein mächtigerem Umfange sich entwickeln. Wir haben heute schon vier Bankengruppen – die der Deutschen Bank, der Disconto-Gesellschaft, der Dresdner Bank und der Bank für Handel und Industrie –, von denen jede (165–376 Millionen Mark) ein größeres Aktienkapital als die Reichsbank besitzt ... Es bedeutet dies einen Wendepunkt, den man künftig im Auge behalten muß, zunächst eine Erhöhung der internationalen Bedeutung des Berliner Kapitalmarktes und seiner allmählichen Emanzipation von den alten Geldmächten in London und Paris. Ferner ... werden die Geschäfte mehr und mehr außerhalb des öffentlichen Börsenmarktes im Schoße der großen Bankinstitute abgewickelt. Sodann gewinnen die Großbanken in der Reichshauptstadt ein immer größeres Übergewicht über die sogenannten »Provinzbanken«. Endlich übt das Entstehen solcher Großmächte auf den Geldmarkt und auf die Unternehmenslust sichtlich einen Einfluß aus, wie er bisher allein der Reichsbank und ihrer Diskontpolitik zugeschrieben wurde. Dieser unkontrollierbare tägliche Einfluß einiger weniger Bankdirektoren auf den Gang des gesamten Wirtschaftslebens des Reiches ist wohl von noch eindringlicherer Wirkung als der des Eisen- und Kohlensyndikats, mit dem sich die öffentliche Meinung allein beschäftigt.
Franz C. Huber, Fünfzig Jahre Deutschen Wirtschaftslebens

1909 konzentrieren sich bei acht Berliner Großbanken bereits dreiundachtzig Prozent des gesamten deutschen Bankkapitals.

Dem Wanderer, der durch die Straßen der Friedrichsstadt in Berlin aufmerksamen Blicks seine Schritte lenkt, wird eine Reihe mächtiger, ganze Viertel einnehmender Gebäude in die Augen fallen, die dort zumal in den letzten Jahrzehnten großen Festungen gleich emporgewachsen sind. Auf riesigen Quadern ruht der gewaltige Bau, zu dem breite Sandsteintreppen hinaufführen. Die Hallen glänzen in buntem Marmor und goldenen Verzierungen. Ganze Fluchten von Kontors füllen die Stockwerke, in deren Mitten elegante Sitzungssäle und vornehm ausgestatte Empfangsräume die Auserwählten aufnehmen. Auf den Korridoren begegnen sich die höchsten Würdenträger des Staates; aber sie haben in diesen Räumen nichts zu befehlen, in denen Könige antichambrieren, um sich den Entscheid über Leben oder Sterben zu holen. Das sind die neuen Mittelpunkte der Welt, Neu-Sanssouci, Neu-Versailles: die modernen Großbanken, die Zwingburgen des Kapitalismus, der in ihnen nicht als altersschwacher Greis, sondern als machtstrotzender Jüngling für Generationen und aber Generationen die Herrschaft über uns alle angetreten hat ...

Werner Sombart, Die deutsche Volkswirtschaft

Über ein System vielfältiger Finanzoperationen und personeller Verflechtungen dringen die Banken immer tiefer in die Herrschaftssphäre der Industrieunternehmen ein, um hier ihren beherrschenden Einfluß auszuüben. »Galt es in der früheren Periode industrieller Banktätigkeit, die Industrie anzuregen, so handelt es sich heute darum, sich derselben zu bemächtigen.« (Otto Jeidels, Großbanken) 1910 besetzen die acht führenden Berliner Großbanken Aufsichtsratsposten in 800 großen Industrie- und Handelsgesellschaften: Arthur Gwinner, Direktor der Deutschen Bank, ist Aufsichtsratsmitglied in 21 Unternehmen, Richard Witting, Direktor der Nationalbank, sitzt in 25, Eugen Gutmann, Direktor der Dresdner Bank, in 35 Aufsichtsräten; den Rekord hält Carl Fürstenberg von der Berliner Handels-Gesellschaft, der sich bei 44 Aktiengesellschaften im Aufsichtsrat niedergelassen hat.

Wie unverhüllt die Großbanken ihren Einfluß ausüben, zeigt ein Brief der Dresdner Bank in Berlin an das Nordwestdeutsche Zementsyndikat vom Jahre 1901:

Nach der im »Reichsanzeiger« vom 18. cr. veröffentlichten Bekanntmachung Ihrer Gesellschaft müssen wir mit der Möglichkeit rechnen, daß in der am 30. dieses Monats stattfindenden Generalversammlung Beschlüsse gefaßt werden, die geeignet sein können, Veränderungen uns nicht genehmer Art in Ihrem Geschäftsbetrieb herbeizuführen. Aus diesem Grunde müssen wir zu unserem lebhaften Bedauern den Ihnen eingeräumten Kredit hiermit zurückziehen, bitten demgemäß, Dispositionen auf uns zu unterlassen und ersuchen Sie gleichzeitig höflichst, unser Guthaben spätestens bis Ende dieses Monats zurückzuzahlen. Wenn indes in der angegebenen Generalversammlung nichts beschlossen wird, was uns nicht genehm ist, und wir in dieser Beziehung durch uns

konvenierende Garantien auch für die Zukunft geschützt sind, so erklären wir uns gern bereit, wegen Gewährung eines neuen Kredits mit Ihnen in Verhandlung zu treten.
Oscar Stillich, Geld- und Bankwesen

Die Konzentration des Kapitals in der Hand einer kleinen Gruppe von Finanzgewaltigen erreicht in den letzten Jahren vor Ausbruch des Weltkrieges ihren vorläufigen Höhepunkt. »35,7 Millionen Gewinn netto haben etwas Überzeugendes«, kommentiert der Wirtschaftsfachmann der Zeitschrift »März« den Geschäftsbericht der Deutschen Bank für 1913:

Manches ist mir peinlich, das In-die-Ecke-Quetschen mag ich schon ganz und gar nicht ..., dennoch bleiben die Ziffern, der ungeheure Geschäftskreis, die politische Einmischungsmöglichkeit, das Turmhohe, das Breite, es ist eine dicke Säule, die aus dem Wald von Mittelpfeilern ragt. Sie hat immer noch nicht genug. 50 Millionen neues Aktienkapital wird die Deutsche Bank demnächst stolz auf die Passivseite schreiben und wird damit das größte Bankinstitut der Welt sein. Es gibt nichts Breiteres, nichts Ragenderes. Dieser kalte Moloch hat einen unendlichen Appetit und hatte bisher eine gute Verdauung. 12 1/2 Prozent Dividende gibt er von sich. Er wird sie wieder von sich geben, er hat in allen Gliedern latente Kräfte gespeichert, die auf Geheiß in Funktion treten können. Das Institut gliedert sich die Elberfelder Bergbank an, festigt damit seinen Einfluß in Deutschlands wichtigstem Industriebezirk und bekommt reichlich Mittel, um große Aufgaben im Innern und in der Welt zu erfüllen. Da sind Chancen und Geschäftsanfänge im Orient, in Südamerika, da sind Petroleumquellen auszuschöpfen, Bahnen zu bauen, Exporte und Importe zu beleihen, ostasiatische Jammerfisci zu unterstützen, da sind – Gott schütze uns – amerikanische Bahnpapiere nach Deutschland zu bringen, da harren die tausend Kredithungrigen, die alle von der überaus Reichen befriedigt sein wollen.
März, 21. März 1914

Kaum ist die Aufregung über die ungewöhnlich hohe Kapitalerhöhung der Deutschen Bank verklungen, da gibt es in der Berliner Behrenstraße eine neue Sensation: Die Disconto-Gesellschaft bemächtigt sich des Schaaffhausenschen Bankvereins, der ältesten deutschen Aktienbank – es ist das erste Mal, daß eine Großbank eine Großbank schluckt.

Daß der Kampf um die Hegemonie im deutschen Bankwesen, der seit anderthalb Jahrzehnten zugunsten der Deutschen Bank entschieden schien, eines Tages wieder entbrennen würde, darauf mußte man gefaßt

Größe und Macht demonstrieren die »Kathedralen des Kapitals« auch in ihrem architektonischen Erscheinungsbild: Neubauten der Deutschen Bank von 1912/13 mit dem charakteristischen, die Mauerstraße überspannenden Schwibbogen

sein. Daß dieser Kampf aber mit so hohen Mitteln geführt wird, wie es die Kapitalakkumulation und die Aufsaugung selbständiger Unternehmen sind, das kann gar nicht genug beklagt werden. Denn selbstverständlich bilden die jüngsten Vorgänge bei der Deutschen Bank und der Disconto-Gesellschaft keinen Abschluß, sondern einen Anfang. Weitere Banken werden auf dem beschrittenen Wege nachfolgen – vielleicht haben sich bei Erscheinen dieses Heftes schon einige der an der Börse in Umlauf gesetzten Fusionsgerüchte in Tatsachen verwandelt –, und aus den 300 Personen, die heute Deutschland wirtschaftlich regieren, werden mit der Zeit 50, 25 oder noch weniger werden. Es ist auch nicht zu erwarten, daß die neueste Konzentrationsbewegung sich auf das Bankwesen beschränken wird.

Alfred Lansburgh, Die Bank mit den 300 Millionen

Berlin ist um die Jahrhundertwende nicht nur die Stadt der Banken, der Elektrokonzerne, der Großbetriebe des Maschinenbaus – im Wirtschaftsleben der Spreemetropole spielt auch das Handwerk noch seine traditionell bedeutsame Rolle. Die Zahl der selbständigen Handwerksmeister wächst noch immer, wenn auch langsamer als in den zurücklie-

genden Jahrzehnten. Mehr als 55 000 selbständige Handwerksmeister erfaßt die im April 1900 eingerichetete Handwerkskammer im Bezirk Berlin. Der Berliner Handwerkerverein errichtet in der Sophienstraße ein neues prachtvolles Vereinshaus, das den Zusammenkünften der Innungen, aber auch Versammlungen der Arbeiterorganisationen dient. Es gibt einige Tausend wohlhabende Handwerker: im Baugewerbe, im Nahrungsmittelgewerbe, in der Herstellung von Luxusartikeln. Berliner Kunsthandwerker, Modeschneider und Spezialschuhmacher finden ihre Kundschaft im ganzen Reich. Aber die Gruppe der relativ gut verdienenden Handwerksmeister bildet nur eine kleine Oberschicht. Vor allem das Gebrauchsgüter produzierende Handwerk gerät, seit die Fabrikware nicht nur billiger, sondern auch besser geworden ist und die Warenhäuser mit einem breitgefächerten, attraktiven Angebot aufwarten, in Schwierigkeiten.

Es gibt heute kein Berliner Gewerbe mehr, in dem sich das alte Vollhandwerk erhalten hätte, ohne in seinem Produktionsgebiet, in seinen Absatzverhältnissen oder sonst irgendwie geschmälert zu sein … Die alten Handwerke sind eingegangen, wie die Nadlerei, Nagelschmiederei, Gelbgießerei, oder von anderen Betrieben aufgesogen, wie die Gürtlerei und zum Teil die Schlosserei, oder zu Anbringungsgewerben geworden, wie die Bauklempnerei, die Bauschlosserei …

Große wie kleine Zweige der Holzindustrie, die früher selbständige Gewerbe waren, sind in andere Großbetriebe eingegliedert worden: die Böttcherei in die Brauerei, die Lackiererei in den Wagenbau oder die Lampenindustrie, die Drechslerei in die Möbelfabriken usw., Kistenmacher werden in vielen Exportgeschäften verwendet. Vielfach hat auch das Holz dem Metall weichen müssen. Hölzerne Balken sind durch eiserne Träger ersetzt, hölzerne Treppen durch eiserne und so weiter.

Robert Kuczynski, Bevölkerung und Gewerbe Berlins

Viele noch selbständige Handwerker versuchen, im zunehmend hoffnungsloser werdenden Konkurrenzkampf durch überlange Arbeitszeiten oder rigorose Spezialisierung zu bestehen:

In Berlin beispielsweise gibt es Tischlereibetriebe, die nur Schränke, Tische, Stühle, Kommoden, Nähtische, Nachttische, Waschtische, Spiegeluntersätze, Vertikos, Büfetts, Bettstellen, Spiegelrahmen, Gardinenhalter, Sofas, Fauteuils, Herrenschreibtische, Damenschreibtische, Küchenschränke, Küchentische usw. anfertigen. Und auch bei dieser Teilung hat man noch nicht haltgemacht. Bei den Stühlen besteht eine scharfe Trennung zwischen gewöhnlichen und feinen, bei den

Schränken unterscheidet man Garderobeschränke, Bücherschränke, Glasschränke usw. ..., von denen fast jeder Gegenstand den Spezialartikel eines Handwerkers bildet. Nun ist es klar, daß diese Entwicklung wiederum zum Nachteil des Tischlermeisters ausschlagen mußte. Je spezialisierter seine Tätigkeit, desto abhängiger wird er von den Magazinen, für die er liefert; und je weniger Magazine er bedient, also je kleiner er ist, desto argwöhnischer muß er auf die Erhaltung seiner Kundschaft bedacht sein. Ein kleiner, armer Meister, der für drei oder vier Händler arbeitet, wird eher geneigt sein, nachteilige Bedingungen zu erfüllen, als ein großes Geschäft, das selbst kapitalkräftig ist und mit dreißig oder vierzig Magazinen in Verbindung steht ... Da fertigt denn der »Handwerksmeister« die Woche über Möbel einer bestimmten Gattung, für die er noch keinen Abnehmer weiß, und fährt mit ihnen am Sonnabend oder an einem andern bekannten Wochentage von Magazin zu Magazin, seine Ware feilbietend. Absetzen muß er, sonst hat er kein Geld zu leben und weiterzuarbeiten. Er stellt deshalb von Anfang an die niedrigsten Preise und unterbietet sich selbst von Stunde zu Stunde, je mehr sich der Abend nähert. Schließlich verkauft er zu Spottpreisen, die vielleicht nicht einmal seine Auslagen decken.

Und so etwas füllt die Spalten der Gewerbestatistik als selbständiger Gewerbetreibender, und wenn ihrer tausend beieinander sind, gewinnt es den Anschein, als sei hier noch das alte Tischlerhandwerk in ungebrochener Kraft und Ausdehnung erhalten geblieben.

Werner Sombart, Die deutsche Volkswirtschaft

Auch im Handel macht sich für die Klein- und Kleinstbetriebe die existenzbedrohende Konkurrenz der Warenhäuser und Ladenketten bemerkbar. »Es ist eine traurige Tatsache, daß in Berlin achtzig Prozent der Ladeninhaber mit finanziellen Schwierigkeiten zu kämpfen haben. Wer es nicht glauben will, frage den Gerichtsvollzieher.« (Berliner Lokal-Anzeiger, 30. Juli 1911)

Noch gibt es den Schuster, den Bäcker, den Fleischer, der seine Kunden im Kiez versorgt, den Tante-Emma-Laden an der Ecke, den typischen Berliner Kellerladen – aber einen »goldenen Boden« haben diese Gewerbe in den meisten Fällen nicht:

In den »Viktualienkellern« wurden Lebensmittel aller Art feilgeboten: Mehl und Kaffee, Gemüse und Brot, Salz und Zucker, Rosinen und Flaschenbier, dazu gewöhnlich auch Seife und andere Waschmittel. Vielfach gab es hier auch Petroleum, das aus einem Faß oder Kanister in Flaschen abgezapft wurde, die der Käufer mitbringen mußte. Die Petroleumlampe war damals noch das verbreitetste Beleuchtungsmittel. Jahrelang betrieben meine Eltern – oder besser gesagt: meine Mutter, denn

Ein typisches Berliner Kellergeschäft, um 1910

mein Vater kümmerte sich nicht darum – ein solches kleines Kellergeschäft mit Viktualien. Mein Vater ging tagsüber seiner Arbeit in der Schwartzkopffschen Maschinenfabrik in der Chaussee-, Ecke Invalidenstraße nach, und wenn er abends nach Hause kam, war ihm das Geschäft egal, so daß es ganz allein meiner Mutter oblag. So mußten wir Kinder meiner Mutter dabei helfen. In aller Frühe schon, bevor wir uns auf den Schulweg machten, nahm ich einen Sack unter den Arm und ging in die nahegelegene Markthalle in der Reinickendorfer Straße, öfter begleitet von meiner um ein Jahr älteren Schwester. Dort kauften wir verschiedene Sorten Kohl und Mohrrüben ein und schleppten den Erwerb mühsam in dem gefüllten Sack nach Hause, damit er in unserem Kleinhandel mit ganz minimalem Gewinn weiterverkauft werden konnte, Kartoffeln bezogen wir vom Großhändler wispelweise, den Wispel zu 24 Zentner gerechnet. Sie wurden in einem noch tieferen Keller gelagert, von wo aus ich täglich den größeren Hebekorb, der seinen Platz im Laden hatte, gefüllt heraufbringen mußte. Darauf wurden sie fünf- oder zehnpfundweise an die Kunden abgegeben. In dem Geschäftsraum stand in einem Seitenverschlag auch eine Drehrolle. Oft mußte ich, wenn ich nach der Schule wieder zu Hause war, für Hausfrauen oder Dienstmädchen die Rolle drehen, wenn sie ihre Wäsche bei uns mangelten. Dafür bekam ich je nach Zeitdauer fünf oder zehn Pfennige als Vergütung – mehr habe ich niemals erhalten! Es war eine anstrengende Arbeit für einen zehnjährigen Jungen, zumal, wenn sie von drei oder vier Frauen nacheinander verlangt wurde.

An den Geschäftsraum schloß sich unsere Wohnung an, bestehend aus einem ziemlich großen Zimmer und der ebenfalls geräumigen Küche. Jeder Raum hatte nur ein Fenster, das zur Hälfte über den Erdboden herausragte und aus dem man gerade noch auf die gepflasterte Fläche des Hinterhofes blicken konnte …

Das Geschäft, für dessen Übernahme meine Eltern ihre wenigen Ersparnisse, wozu sie sich noch eine erhebliche Summe hatten borgen müssen, hineinsteckten, hielt nicht im entferntesten das, was die alte Frau versprochen und vorrechnete, von der wir es erworben hatten: Es war eine einzige Pleite, da der Umsatz nur gering, die Verdienstspanne niedrig war und Betrügereien der Lieferanten, auf die fremde Leute und Hausbewohner meine unerfahrene Mutter aufmerksam machten, nicht gerade selten hinzukamen. Wir waren froh, als wir es schließlich nach einigen Jahren mit Verlust wieder loswurden.

Bruno Theek, Keller-Erinnerungen

Noch tiefer auf der sozialen Stufenleiter des Handelsstandes rangieren die zahlreich in Berlin vertretenen Straßenhändler. Mit der Hoffnung auf ein paar Pfennige Verdienst durchziehen sie mit Sand, Holz und Kohle, mit Obst und Gemüse, mit Pantoffeln und Korbwaren, mit Töpfen und Bürsten, ihre Waren ausrufend oder ausschellend, die Straßen der großen Stadt – von den Feuilletonisten besungen, von den Ladenbesitzern befeindet, von der Polizei schikaniert. 20 000 sind 1909 in Berlin registriert!

Der erfolgreiche Teil dieses Erwerbs ist noch der eigentliche Straßenhandel, der in einzelnen seiner Zweige, so im Obst- und Gemüsehandel, den augenblicklich in Berlin ungefähr 10 000 Männer und Frauen betreiben, wenigstens einem gewissen Bedürfnisse entspricht, da die ärmeren Volksschichten die teueren Waren in den Läden nicht bezahlen können und deshalb gern das billigere Angebot der fliegenden Händler annehmen … So weit wäre also alles ganz gut, und diese Händler könnten noch so einigermaßen ihr Brot finden, wenn nicht die vielen von der Polizei ausgeschriebenen Strafen wären, die förmlich auf die Leute herabhageln, weil sie zu lange mit ihrem Wagen an einer Stelle gehalten haben, oder weil sie Menschenansammlungen veranlaßt und die Straße beschmutzt haben. Oft müssen sie sieben, acht, ja sogar zehn Mark auf einmal bezahlen, so daß ihr ganzer Tagesverdienst und mehr daraufgeht. Ja, oft werden sie sogar mit Gefängnis bestraft, weil sie durch ihr Hin- und Herfahren die öffentliche Ordnung gestört haben …

Wer nun mit dem Straßenhandel nichts werden kann, der geht zum »Lokalhandel« über, einem noch erheblich kümmerlicheren Zweig des »fliegenden Handels«, in dem augenblicklich reichlich 6000 Händler beschäftigt sind. Dieser Lokalhandel sucht sein Absatzgebiet in Gastwirtschaften, Fabriken und Werkstätten. Wer über einige Mittel verfügt, »pachtet« ein oder zwei Gastwirtschaften für zwanzig bis dreißig Mark monatlich. Für diese Summe erhält er die Erlaubnis, jeden Abend drei bis vier Rundgänge zu Verkaufszwecken durch das Lokal machen zu dürfen und den übrigen Händlern den Eintritt zu untersagen. Er handelt dann mit Apfelsinen, Zuckermandeln, Schwefelhölzern und ähnlichen Dingen, die keiner braucht und die meistens nur aus Mitleid für den armen Händler gekauft werden.
Marie Heller, Wie es den Arbeitern in der Großstadt ergeht

Welten liegen zwischen dem ärmlichen Straßenhandel und den lockenden Angeboten der Warenhäuser, die in diesen Jahren für viele zum Inbegriff von Weltstadtflair und gestiegenem Wohlstand gehören.

Manchmal ist's schwer, nicht Reklame zu machen: so könnte man den Satz Juvenals für den Gebrauch des Finanzschriftstellers zeitgemäß ändern. Gewisse Unternehmungen und Personen kann der Gerechte nur mild tadeln; und wo er sie loben muß, da nimmt das Lob leicht den Ton der Begeisterung an. In dieser Lage – die auch ihre Unbequemlichkeiten hat – ist der Kritiker des Warenhauses A. Wertheim, auf das die Berliner, die nicht zu den geschädigten Inhabern kleiner Läden noch zu den deutschnationalen Handlungsgehilfen gehören, mit lokalpatriotischem Stolz blicken. Die Entwickelung dieses Hauses gewährt dem Betrachter ein Vergnügen, das bis ins Gebiet ästhetischer Freuden reicht; nirgends ein hastiges, unstetes Probieren: ruhig und sicher wird von einem logisch rechnenden Verstand Stein auf Stein gefügt. Man wundert sich längst nicht mehr, wenn von wertheimischen Zukunftplänen Kunde kommt, und man hat auch die Nachricht, die Firma nehme eine neue Anleihe von 9 1/2 Millionen auf, ohne Staunen gehört. Und doch ist die Entwickelung, die damit zu vorläufigem Abschluß kommt, ohne Beispiel in der kaufmännischen Geschichte deutscher Großstädte. Wer denkt, wenn er an Wertheims Palästen vorbeigeht, heute noch an den kleinen Kramladen der Rosenthaler Straße, den Ramschbazar, den nur die Hausfrauen der Umgegend, deren Küchenmeister Schmalhans war, aufsuchten, weil sie dort am Groschen vier Pfennige sparen und als »Schmugeld« heimtragen konnten? Dem Geschäft ging schon damals die Sonne auf: immer neue Stockwerke wurden hinzugenommen; aber der üble Ruf eines Pfennigbazars war nicht so leicht loszuwerden. In anderen Stadtteilen wurden Filialen gegründet, und das »bessere« Pu-

blikum gewöhnte sich allmählich, bei Wertheim zu kaufen. Noch aber gestand man nicht gern, daß man zu Wertheims Kunden gehörte, und manches Prachtstück aus dem Warenhaus wurde mit falscher Ursprungsangabe auf den Geburtstagstisch gestellt. Die Firma war klug genug, diesem Volksempfinden Rechnung zu tragen. Sie begnügte sich mit der Inseratenreklame und verzichtete darauf, mit ihrem Zeichen auf dem Einpackpapier zu protzen. Diese weise Resignation ermöglichte denen sogar, die öffentlich über »Bazarware« schimpften, heimlich ihr gutes Geld ins Warenhaus zu bringen. Später erst kamen die besternten Tüten auf, die der rasch wachsenden Kundenschar den Ursprung der Ware verrieten, und noch später stellte auch das Firmenzeichen sich ein. Ein Weltstadtgeschäft ersten Ranges war das Warenhaus erst, als Messels großartiger Bau in der Leipziger Straße vollendet war.
Die Zukunft, 14. Februar 1903

Die Besitzer der großen Warenhäuser werden zu den eigentlichen Beherrschern des Handelsplatzes Berlin: Wertheim, der in der Leipziger Straße ständig an- und umbaut; Jandorf, der 1907 am Wittenbergplatz das KaDeWe eröffnet, speziell für die Bedürfnisse eines zahlungskräftigen Publikums aus Berlin W; Hertzog, der zwischen Brüder- und Breite Straße über vierzig Häuser abreißt, um einen neuen Kaufhauspalast zu errichten; Tietz vergrößert 1910 seine Verkaufsflächen am Alexanderplatz um ein Vielfaches und wirbt mit immer neuen Attraktionen um die Gunst des Publikums – zum Beispiel mit einer »Weißen Woche«:

Das ganze Haus wurde zu einer Melodie in Weiß verwandelt; alle Fenster wurden mit weißen Waren dekoriert; in den Lichthöfen wurden herrliche Aufbauten aus Wäschestoffen, Taschentüchern und anderen Webereierzeugnissen gemacht. Einmal stellten sie indische Tempel, das andere Mal römische Triumphbögen oder Schiffe am Pier liegend oder Wasserfälle und Kaskaden dar. Die Fassaden der Häuser erhielten für diese Woche besondere Lichtreklamen, die ebenfalls in den verschiedensten figürlichen Emblemen aufleuchteten. Die Waren wurden bei den Fabrikanten ein Jahr im voraus bestellt; das gab ihnen die Möglichkeit, sie in der sogenannten »toten Saison« zu sehr niedrigen Preisen herzustellen und sich mit sehr geringen Preisen zu begnügen; bot es ja für die Hersteller schon einen großen Vorteil, daß sie so kontinuierlich

Folgende Doppelseite:
Warenhaus Tietz am Alexanderplatz, 1904/05 errichtet und bis 1911 mehrfach erweitert. Auf dem Dach der berühmte »Tietz-Globus«. Photo von Max Missmann, 1906

Lehrer Flatauer's Handelsschule
Martin B

TIETZ

ihre Maschinen und ihr Personal beschäftigen und damit Amortisations- und Verzinsungsspesen auf ein Minimum herabdrücken konnten.

Die Hauptartikel dieses Verkaufs waren Wäschestoffe ..., aber auch weiße Kleider und Mäntel, Blusen, Taschentücher und Handschuhe, Tischtücher, Handtücher, kurzum: Leinenwaren; aber auch alle anderen Abteilungen brachten weiße Waren, ob es Porzellan, Emaille, Küchenartikel, Herren- und Damenschuhe, Putz, Galanterie- und Bijouteriewaren, Teppiche oder sogar Lebensmittel waren. Nach ein paar Jahren wurde die »Weiße Woche« von unseren Mitbewerbern kopiert. Sie wurde so Allgemeingut des deutschen Einzelhandels, daß, als das Gesetz gegen den Mißbrauch von forcierten Extraverkäufen erging, die »Weiße Woche« ausdrücklich ausgenommen wurde. Trotz aller Nachahmungen aber blieb die »Weiße Woche« eine spezielle Tietz-Angelegenheit, und die Kunden blieben nicht nur dieser Veranstaltung, sondern auch uns treu.

Georg Tietz, Hermann Tietz

Warenhäuser und renommierte Einzelhandelsketten wie Tack, Salamander, Kaiser's Kaffee, Schwarzlose oder Mädler gehören auch zu den ersten, die sich bei ihren Verkaufsstrategien mit der noch jungen Reklamekunst verbinden.

Wer heute durch die Straßen Berlins wandert, wer mit der Stadtbahn zwischen den Häusern dahinjagt, wer unsere Anschlagsäulen betrachtet und durch die Gegenden im Stadtzentrum kommt, wo gewaltige Umbauten vorgenommen werden und durch den Abbruch ganzer Reihen von Gebäuden riesenhafte Mauerflächen freigelegt sind, der sieht, wie viel und wie energisch die Berliner und die in Berlin vertretenen Firmen aller erdenklichen Art Reklame machen. Aber er sieht auch zu seinem Staunen, welch eine Öde, welch ein Mangel an Kunst hierbei herrscht. Hauptsächlich bemerkt er überhaupt nur Buchstaben; größere und kleinere, dickere und dünnere, Antiqua und Fraktur, gerade und schiefe – das ist die große Abwechslung für das Auge! Diese Buchstabenschilder sind im Grunde eine große künstlerische Bankerotterklärung. Der einzige Trost bei ihrem Anblick ist der Gedanke, daß sie wenigstens ehrlich sind. Und man sollte sie, wie die Dinge tatsächlich liegen, auch nicht so verwünschen. Denn was sich wirklich so von Malerei, von künstlerischer Dekoration dazwischenschleicht, ist meist erbarmungswürdig. Man muß schon froh sein, wenn man einer mit unmotivierter Plötzlichkeit auftauchenden, in der herkömmlichen Manier hingestrichenen Schweizerlandschaft begegnet oder einer der beiden langweiligen, aber soliden Gestalten, die uns den Genuß von »Quäker-Oates« und »Kathreiners Malzkaffee« so eindringlich empfehlen. Überall

stümperhafte Mittelmäßigkeit oder ledernste Konvention. Höchst selten nur, daß einmal ein Blatt von etwas höherer Qualität auftaucht, um alsbald wieder zu verschwinden.
Das Magazin für Litteratur, 5. Dezember 1896

Der Streit über Wert oder Unwert, Nutzen oder Schaden der Reklame wird in den Feuilletons der Berliner Zeitungen und Zeitschriften mit Vehemenz geführt. Werner Sombart, renommierter Volkswirtschaftler, bezeichnet sie schlichtweg als »ein Ärgernis, und zwar ein großes«:

Die Reklame ist jene Erscheinung der modernen »Kultur«, an der aber auch beim besten Willen nichts als Widerwärtiges gefunden werden kann. Sie ist als Ganzes wie in ihren Teilen und in allen ihren Formen für jeden Menschen von Geschmack rundweg ekelhaft ... Schlimm genug, wenn wir Hühneraugen heilen oder uns den Mund spülen oder die dünner werdenden Haare mit stärkenden Essenzen waschen müssen. Aber es ist doch eine unerhörte Dreistigkeit und Aufdringlichkeit von den Leuten, die mit den Artikeln handeln, die solche Notdurft befriedigen sollen, daß sie uns in jeder illustrierten Zeitung, an jeder Straßenecke, in jedem Straßenbahnwagen ihre unappetitlichen Artikel mit grellen Affichen anpreisen. Wie es überhaupt eine Aufdringlichkeit ist, mir etwas anzubieten, wonach ich gar keinen Bedarf geäußert habe; den Reisenden, der so etwas tut, wirft man zur Tür hinaus; dem Reklamemacher bin ich schonungslos ausgeliefert ...

Nun hat man wohl gemeint, die ästhetischen Schädigungen, die wir durch Reklame erfahren, würden beseitigt, wenn sich die Kunst ihrer annähme, wie sie ja schon angefangen hat, es zu tun. Ich war früher selbst dieser Meinung, bin aber gründlich von ihr zurückgekommen ... Über die widerwärtige Tatsache, daß künstlerisches Schaffen sich hat hergeben müssen, um die beste Stiefelwichse oder die stärksten Hosenträger anzupreisen, hilft auch ein noch so vollendetes Plakat nicht hinweg. Es ist ein trauriges Zeichen der Zeit, daß arme, hungernde Künstler ihr Können gegen kargen Lohn einem beliebigen Insektenpulverhändler zur Verfügung stellen müssen, damit er seine Ware in Schönheit anpreisen könne. Die Kunst im Dienste der Reklame ist eine der vielen gründlichen Verirrungen unserer Kultur.

Abhilfe? Gibt es keine. Wer wollte dem Kapitalismus etwas anhaben?
Werner Sombart, Die Reklame

1910 veröffentlicht der ehemalige Mitarbeiter des Kaiserlichen Statistischen Amtes, Rudolf Martin, eine Aufstellung der reichsten Bürger Berlins: 1339 Personen besitzen nach seinen Angaben ein Vermögen von mehr als einer Million Mark, 55 von ihnen mehr als 10 Millionen – nicht gezählt die schwerreichen Industriellen, Bankiers und Kaufleute, die längst in die westlichen Villenvororte abgewandert sind. »Im Jahre 1896/97 waren die sehr reichen Leute in Berlin noch sehr dünn gesät. Der Reichste hatte 27 Millionen Mark im Vermögen, der Zweitreichste 26 Millionen, der dritte 25 Millionen, der vierte 23 Millionen. Schon in dem folgenden Jahr verschob sich das Bild gehörig. Der Reichste hatte jetzt 33 Millionen, der zweite 29 Millionen, der dritte 27 Millionen der vierte 26 Millionen.« (Rudolf Martin, Unter dem Scheinwerfer)

Keine Schicht wächst in diesen Jahren so gewaltig, so viel rascher als andere Einkommenskategorien wie die Gruppe der wirklich Reichen.

Man wird auch wohl sagen dürfen, die Einkommensverteilung sei heute differenzierter als vor hundert oder vor fünfzig Jahren. Denn sicher ist zwischen den Ärmsten und den Reichsten heute ein größerer Abstand als damals, nicht etwa weil die Ärmsten ärmer geworden wären, sie sind vielmehr weniger arm, sondern weil die Reichsten um so viel rascher an Reichtum gewachsen sind.

Aber im großen ganzen ist das Bild, das die deutsche Bevölkerung in ihrer Einkommensschichtung darstellt, nach wie vor so ziemlich das nämliche. Es ist dieselbe breite Bettelsuppe armer und kümmerlicher Existenzen, auf der die paar Reichen wie Fettaugen schwimmen. Vielleicht ist die Mehlsuppe etwas konsistenter, und sicher sind die Fettaugen zahlreicher geworden.

Werner Sombart, Die deutsche Volkswirtschaft

1910 haben nach der amtlichen Schätzung der Steuerbehörden 41,7 Prozent der Berliner ein Monatseinkommen von 35 bis 75 Mark, 51,7 Prozent von 75 bis 249 Mark. Nur 5,6 Prozent verdienen mehr als 250 Mark im Monat. Doppelt so viele, 11,7 Prozent, bringen 35 Mark und weniger nach Hause, eine Summe, bei der auch die Einkommensteuer nicht mehr zulangt.

1903 gibt eine Berliner Arbeiterfrau einer Zeitschrift Einblick in ihr Haushaltsbuch:

A. Einnahmen

In der Kasse der Arbeiterfamilie befand sich am 1. Januar 1902 ein Bestand von	34,60 Mark
Jahresverdienst des Mannes, eines Maurers mit 65 Pfennig Stundenlohn	1532,36 Mark
Verdienst der Frau	99,60 Mark
Summa	1666,56 Mark

B. Ausgaben

Ernährung (pro Woche im Durchschnitt 15,81 Mark)	823,20 Mark
Wohnungsmiete (für eine sehr kleine Stube und Küche)	183,00 Mark
Kleidung (darunter ein Anzug für den Mann à 36 Mark), Wäsche, Schuhwerk	147,45 Mark
Heizung (16 $^{1}/_{2}$ Zentner Ilse-Kohlen 16,50 Mark, $^{1}/_{2}$ Meter Klobenholz 4,50 Mark)	21,00 Mark
Wirtschaftsgegenstände	46,90 Mark
Steuern	22,50 Mark
Zeitungen, darunter »Modenwelt«	13,20 Mark
Schulbücher	4,70 Mark
Sonstige Bücher	7,00 Mark
Versicherungsbeiträge für »Viktoria« 15,70 Mark, Feuerversicherung 2,50 Mark, Invaliden- und Krankenkasse	58,70 Mark
Mitgliedsbeiträge für die gewerkschaftliche (19 Mark) und politische Organisation	21,40 Mark
Fahrgeld nach dem Arbeitsplatz	37,80 Mark
Unterstützung für die kranke Mutter	14,00 Mark
Konzert, Theater, Ausflüge etc.	26,95 Mark
Bier, Tabak, Versammlungsbesuch	123,84 Mark
Ärztliche Ausgaben, Bäder, Rasieren	23,90 Mark
Summa	1575,56 Mark

A. Einnahmen	1666,56 Mark
B. Ausgaben	1575,56 Mark
Bleibt Bestand für 1903	91,00 Mark

… Unsere Familie besteht nur aus drei Personen: Vater, Mutter und einem zwölfjährigen Knaben. Wir blieben glücklicherweise 1902 sowohl von Arbeitslosigkeit wie von schwerer Krankheit verschont. Abgesehen davon, daß ich dem Haushalte baren Verdienst zuführe, spare ich nicht wenige Ausgaben. Wäsche, Kleidung, die Arbeitskleidung des Mannes inbegriffen, ebenso meine Hüte, fertige ich selbst an. Nur das Schuhwerk und der Sonntagsanzug des Mannes wird fertig gekauft. Beiläufig sei bemerkt, daß es uns seit vier Jahren erst 1902 möglich war, einen neuen Sonntagsanzug für den Mann zu beschaffen. Unsere Wohnung, die für drei Personen zu klein ist, liegt in einem Vorort und ist deshalb verhältnismäßig noch »billig«. Die mitgeteilten Ziffern weisen aus, daß ohne meinen Verdienst von 99,60 Mark statt eines Überschusses von 91,– Mark am Jahresschluß ein Defizit von 5,60 Mark vorhanden sein würde … Ich frage: wie bitter müssen die Sorgen, wie hart die Entbehrungen der Tausende und Zehntausende von Arbeiterfamilien sein, für welche bei gleichem Einkommen wie dem unserigen jene Umstände in Wegfall kommen, die unsere Lage günstig beeinflußten? Im allgemeinen trifft man in einem proletarischen Heim mehr als ein einziges Kind an; die Ausgaben für die Wohnung sind vielfach höher als in unserem Falle, weil nicht im Vorort gewohnt werden kann oder zahlreiche Kinder da sind; nicht jede Hausmutter kann dem Verdienst nachgehen, Wäsche und Kleidung selbst anfertigen; Krankheit und Arbeitslosigkeit sind häufige Gäste im Proletariat. Wenn auch nur einer von diesen Umständen vorhanden ist, so wird die Lage der Familie verschlechtert, und Soll und Haben deckt sich nicht mehr.

M. Jeetze, Einnahmen und Ausgaben einer Berliner Arbeiterfamilie

Jeetzes gehören als dreiköpfige Familie mit einem Jahreseinkommen von rund 1700 Mark ins gute Mittelfeld der Verdiener. So oder ähnlich wie ihnen geht es 1903 62 Prozent der Berliner, die ein jährliches Einkommen zwischen 900 und 3000 Mark haben: Arbeitern, kleinen Angestellten, niederen Beamten, Intellektuellen. Unter den Arbeitern gehört der Maurer Jeetze mit 65 Pfennigen Stundenlohn zu den Spitzenverdienern: Ungelernte und Transportarbeiter erhalten 30, Hilfsarbeiter 35, ein Straßenbahnarbeiter nach fünf Jahren 40, Schraubendreher und Schlosser 45 Pfennige. Saisonbedingte Ausfallzeiten, Kurzarbeit und Zeiten der Arbeitslosigkeit schmälern den ohnehin knappen Verdienst noch erheblich.

1892/93 werden in Berlin 70 000 Arbeitslose registriert. Einer von ihnen ist der spätere Astronom Bruno H. Bürgel:

Es war eine kritische Zeit, eine Zeit allgemeiner Arbeitslosigkeit und wirtschaftlichen Tiefstandes. Überall fanden Arbeiterentlassungen statt, wobei natürlich verständigerweise zunächst die jungen und unverheirateten Leute das Feld räumen mußten. Im Herbst jenes Jahres bekam auch ich meine Papiere, und nun folgte eine sehr trübe Zeit.

Arbeitslos! Der wohlhabende Bürger, der gesicherte Beamte, der Landmann – sie machen sich wohl kaum eine rechte Vorstellung davon, was es heißt, in schlechten wirtschaftlichen Zeiten in einer Großstadt ohne Arbeit zu sein. »Es müßte doch mit dem Teufel zugehen, wenn ein Mensch, der arbeiten will, nicht in einigen Wochen wieder Beschäftigung fände, wenn sie auch nicht immer nach seinem Geschmack sein wird!« – Ja, so dachte ich auch einmal! Wer wollte wohl bereitwilliger arbeiten als ich! Brachte mich doch jede Stunde, die ich feiern mußte, von meinem Ziele ab, denn nur geregelte Tätigkeit gab mir die paar Mark, die ich bitter nötig hatte zur Beschaffung der Mittel für meine Weiterbildung. Woche um Woche, Monat um Monat lief ich hungernd und frierend, abgerissen und verzweifelt in dem ungeheuren Berlin umher. Es war Herbst, es wurde Winter, der Frühling kam ... nichts, nichts,

nichts! Hatte ich schon anfangs nicht viel, so riß ich immer mehr ab, kam immer weiter herunter, und wenn ich nicht bei meinen alten Leuten gewohnt hätte, was wäre aus mir geworden! ...

Im ganzen war ich dreißig Wochen ohne Arbeit! Natürlich gelang es mir wohl, da und dort einmal auf ein paar Stunden oder auch auf Tage eine kleine Aushilfearbeit zu erlangen, aber das war ja ein Tropfen auf einen heißen Stein. So trug ich hin und wieder einmal Koffer am Bahnhof Alexanderplatz, oder ich fuhr mit einem Handwagen einen Tag lang Pakete von einem Geschäftshause zum Postamt und was dergleichen mehr ist. Ein paarmal machte ich auch ganz schnurrige Sachen, über die ich heute noch herzlich lachen muß. So wurde ich einst gefragt, ob ich einen kleinen Gasmotor bedienen könnte. Natürlich sagte ich ja, obgleich ich keine Ahnung davon hatte. Ich informierte mich ein wenig und setzte das Ding dann in Bewegung. Der Erfolg war fürchterlich! Mir standen die Haare zu Berge, wie das Untier losraste, und so drehte ich schleunigst den Gashahn wieder zu, worauf wieder alles stillstand. Kaum drehte ich wieder ein wenig auf, da ging das Biest wieder durch, und so trieben wir beide es so lange, bis der Besitzer, der jeden Augenblick fürchtete, wir würden gemeinsam in die Luft fliegen, entsetzt angestürzt kam und sich durch einen entsprechenden Obolus von meinen »Dienstleistungen« befreite ...

Weihnachten 1895 stand ich mit selbst zusammengeklebten und modellierten bunten Lampenschirmen (das war damals, als die Petroleumlampe noch überall bei den kleinen Leuten brannte, an der Mode!) unter dem Stadtbahnbogen Alexanderplatz. Meine Schirme stellten nächtliche Gassen vor, mit erleuchteten Fenstern, dem Monde und blinkenden Sternen. Die Fenster und so weiter waren mit buntem Seidenpapier hinterklebt, so daß das Licht durchschien. Ich stand da und hielt dann und wann eine Kerze hinter die Kulissen meiner Herrlichkeiten, die Stück für Stück 1 Mark kosteten, was einem Verdienst von etwa 40 Pfennig entsprach. Zum Überfluß wurde ich auch noch von der Polizei verjagt, weil ich keinen Händlerschein hatte ...

Das Weihnachtsfest mit seinem Lichterglanz, von dem wir allerdings wenig zu sehen bekamen, verging, und ich lief wieder treppauf und -ab nach irgendeiner Verdienstmöglichkeit. Nichts und immer nichts!

Bruno H. Bürgel, Vom Arbeiter zum Astronomen

Arbeitslosigkeit und Kurzarbeit hängen wie ein Damoklesschwert über den Arbeiterhaushalten. Im Winter 1908/09 – wieder erschüttert eine Wirtschaftskrise das Land – erreicht die Arbeitslosigkeit eine neue Rekordhöhe. Die Behörden versuchen, den Umfang der Erwerbslosigkeit herunterzuspielen. Daraufhin veranstalten Sozialdemokratie und Ge-

Beim Studium des »Berliner Arbeitsmarkts«, 1910

werkschaften eine eigene Zählung. Das Ergebnis: 101 300 Männer und Frauen sind in Groß-Berlin ohne Lohn und Brot.

Aus den Bemerkungen auf den ausgeteilten Fragebögen:

»Wenn ich nach einer Stelle komme, dann heißt es: ›Wie alt sind Sie?‹ – ›44 Jahre!‹ – ›Sie sind zu alt‹, ist die Antwort. Nicht mal als Nachtwächter kommt man an. Wie soll das noch enden?«

Ein anderer: »Da ich bei meinem Alter keine Arbeit mehr fand, friste ich mein trauriges Dasein durch gelegentliche Zufallsarbeit, und das jetzt zwei Jahre.« Ein 54 Jahre alter Arbeitsloser schreibt: »Überall wegen Alters abgewiesen; einen Mann in meinem Alter will keiner mehr beschäftigen. Leider!«

Ein selbständig gewesener Kaufmann sagt, daß er bei einer Arbeitszeit von 8 bis 5 Uhr durch Adressenschreiben neun Mark pro Woche verdient. Da er immerhin Arbeit hat, so konnte er selbstverständlich in die Statistik der Arbeitslosen nicht mit aufgenommen werden, ebensowenig wie dies geschehen konnte mit jener großen Zahl von kleinen Selbständigen, deren Einkommen sich infolge der herrschenden Krise außerordentlich vermindert hat. Es sind dies ganz besonders Schuhmacher, Gastwirte und kleine Grünkram- und Kolonialwarenhändler. Letztere sind ganz besonders übel dran. Ihre Kundschaft wird in der

»Fräulein vom Amt«: Blick in den Hauptsaal des neuen Fernsprechamts in der Körnerstraße, 1906

Krise arbeitslos, nimmt bei ihnen die Ware auf Borg, bis sie schließlich selbst ihren Verpflichtungen nicht mehr nachkommen können und den Laden schließen müssen. So schreibt eine jetzt Arbeitslose: »Habe mein Geschäft der schlechten Zeiten wegen schließen müssen und gehörig Schulden hinterlassen. Alles borgte, keiner Arbeit, keiner Geld.«
Vorwärts, 19. März 1909

Die Unwägbarkeiten des Wirtschaftslebens zwingen immer mehr Frauen in den Arbeitsprozeß. Mit dem Verdienst des Mannes allein kann kaum eine Arbeiterfamilie auskommen, schon gar nicht eine kinderreiche. Die Frauen arbeiten als Dienstmädchen, als Verkäuferin, als Telefonistin, im Büro:

Das Schreibmaschinenmädel ist zwar eine »Erfindung der neuesten Zeit«, aber sie hat rasch ihren Siegeslauf durch die Kontors gemacht ... Anfangs haben sich ausschließlich Männer mit dem Schreiben auf der Maschine beschäftigt. Aber bald haben die Agenturen, die sich um die Einführung der Schreibmaschine bemühten, eingesehen, daß die Verbreitung ihrer Maschinen von der Billigkeit des Bedienungspersonals

abhängt, und so haben sie sich entschlossen, stets einige junge Damen in der Handhabung der Maschine gratis auszubilden, um den Käufern genügend geschultes Bedienungspersonal zu obendrein billigen Preisen zur Verfügung halten zu können.
Alfred H. Fried, Kleine Anzeigen

Vor allem aber arbeiten die Frauen in der Fabrik. 103 617 weist die Statistik 1907 für den Landespolizeibezirk Berlin aus (ein Drittel aller Fabrikarbeiter!) – und ihre Zahl steigt ständig.

Überall, wo es sich nicht um zu schwere Arbeitsstücke handelt, sieht man in den Maschinenfabriken Frauen an den Bohr- und Fräsermaschinen, an Hobel- und Revolverdrehbänken, an Schraubendrehmaschinen, an riesigen Stanzen und Pressen, an den gefährlichen Schneidemaschinen für Gewinde usw. Teils sind sie in nächster Gemeinschaft mit den Männern »zur Probe« beschäftigt, teils füllen sie bereits ganze Säle der Maschinenfabriken …

In einer Apparatefabrik sah ich in einem tiefen Keller bei andauernd künstlicher Beleuchtung Mädchen und Männer an ganz veralteten schweren Stanzen, die noch mit der Hand bewegt wurden, arbeiten. Hier lieferten weibliche Arbeitskräfte bei gleicher Hilfeleistung durch gelernte Arbeiter in der Zeiteinheit dieselbe Stückzahl wie ihre männlichen Kollegen. Doch war der Stücklohn so eingerichtet, daß Frauen auf einen Stundenverdienst von ungefähr 30 Pfennig, Männer auf einen solchen von ungefähr 55 Pfennig gelangen konnten. Und ähnliche abnorme Lohnverhältnisse sind überall in der Maschinenindustrie zu finden, wo Männer und Frauen gleiche oder annähernd gleiche Arbeit verrichten.
Dora Landé, Frauenarbeit in der Maschinenindustrie

Seit der Übergang von der Einzelfertigung zur genormten Massenproduktion rasche Fortschritte macht und die technologischen Prozesse in den Fabriken immer mehr auf die Beschäftigung von Ungelernten oder Angelernten ausgerichtet werden, sind Frauen als billige und geschickte Arbeitskräfte überall willkommen.

Ein Facharbeiter berichtet von der Telefonherstellung bei Mix & Genest:

Die Mikrotelephone auf den Tischstationen wurden früher von einem Mechaniker fix und fertig gemacht. Jetzt werden die Polschuhe vom Mechaniker gefeilt, vom Mädchen ins Telephon eingesetzt, die Griffe bohrt ebenfalls ein Mädchen, und die Dosen für das Mikrophon paßt ein Mechaniker ein und richtet sie vor, die Leitung und Schnur zieht auch wieder ein Mädchen ein. Diese Arbeiten wurden noch vor etwa einem dreiviertel Jahr von einem Mechaniker allein gemacht ... Dieser Vorgang war bei den besseren Telephonen zu beobachten, während die gewöhnlichen Telephone schon seit Jahren Mädchen machen. Es geschieht immer zu dem Zweck, um die Sache billiger zu machen, um Arbeitslohn zu sparen.

Das meiste der Frauenarbeit ist Maschinenarbeit und vorgerichtete Arbeit, äußerst wenig selbständige Arbeit. Für solche Arbeiten sind die ungelernten Frauen brauchbar ... In einem Saale von dreißig Mann, wo früher alles Mechaniker waren, sind es jetzt nur noch acht bis zehn Mechaniker, das übrige Mädchen.

Clemens Heiß, Auslese und Anpassung in der Berliner Feinmechanik

Am höchsten ist der Anteil der Frauen in der Heimindustrie. 140 000 Heimarbeiter gibt es laut Bericht der Handelskammer 1906 in Berlin – die Dunkelziffer ist wesentlich höher. Sie arbeiten für die Schuhfabrikation, in der Zigarren- und Zigarettenherstellung, in der Papier-, Leder- und Schmuckwarenbranche, sie fabrizieren Hüte und Mützen, Kunstblumen und -federn. Vor allem aber arbeiten sie für die Berliner Konfektion, deren »Rentabilität« auf der schamlosen Ausbeutung der Heimarbeiterinnen beruht.

1894 befragte Johannes Timm Berliner Heimarbeiterinnen nach ihren Arbeits- und Lebensbedingungen. Eine Näherin, die mit ihrer Schwester in der eigenen Wohnung für einen Zwischenmeister Kindermäntel mit Pellerinen anfertigt – fünfundvierzig Pfennige das Stück – antwortete ihm:

»Von morgens bis oft nachts 2 Uhr arbeite ich mit der Schwester zusammen, um pro Woche 5 bis 6 Stücke liefern zu können. Ich habe mit der Schwester vom 6. Oktober 1893 bis zum 7. November 5 Mark, 40 Pfennig und vom 1. bis 23. November 6 Mark, 30 Pfennig verdient. Die Auszahlung findet sonst nur jeden 1. im Monat statt; ich bekomme jedoch alle 14 Tage auf meinen dringenden Wunsch ausbezahlt. Das Futter wird aufs knappste bemessen. Neulich habe ich, als das Futter nicht reichte, noch für 25 Pfennig zugekauft in der Erwartung, daß ich dasselbe bezahlt erhalten würde, bin aber nur ausgelacht und schnoddrig abgewiesen worden. Neulich hatte ich den Aufhänger vergessen anzunähen, sofort wurden 5 Pfennig abgezogen. Die ganze Behandlung ist gerade so, als ob man uns noch viel zu viel bezahlte und wir es noch als Gnade ansehen müßten, für das Geschäft zu arbeiten. Wir sollen nun für die Nähmaschine wöchentlich 2 Mark abbezahlen und haben kaum so viel zum Leben übrig, daß wir uns die ganze Woche nicht ein halbes Pfund Fleisch kaufen können. Wir müssen uns die ganze Woche mit

Mehlsuppen und Kaffee begnügen, weiter kennen wir bald nichts mehr. Wenn uns manches Mal nicht noch Bekannte etwas Kohlen und Holz besorgten, so müßten wir noch größtenteils im Dunkeln und in der Kälte sitzen. Sonntag hatten wir nicht einmal so viel Geld mehr, daß wir Petroleum kaufen konnten. Das Großkonfektionsgeschäft, für das der Zwischenmeister arbeiten läßt, kennen weder ich noch meine Schwester. Wir beide glauben aber, daß der Zwischenmeister uns gut noch einmal soviel zahlen könnte, denn der führt ein Leben, als ob er Tausende zu Verzehren hat, und kommt uns manches Mal so dumm, daß wir beide am liebsten überhaupt weggeblieben wären, wenn uns nur die Not nicht zwingen täte. Es gibt ja jetzt nichts anderes. Dies Ihnen zur Kenntnis, und haben wir es Ihnen gerne mitgeteilt, wenn es nur helfen würde.«

Johannes Timm, Soziale Bilder aus der Berliner Konfektion

Daß ein Mißverhältnis zwischen Lohn und Leistung besteht, ist auch den meisten Frauen klar. Die große Masse derjenigen, die nur einen Nebenverdienst sucht, steht der Tatsache ziemlich gleichgiltig gegenüber; unter denen aber, die gezwungenermaßen Tag und Nacht sich plagen, um nur den dürftigsten Unterhalt zu erwerben, findet man manche energischere und nachdenklichere Natur in einer Stimmung, in der sie die Welt in Brand setzen möchte. »Die Löhne sind eine Grausamkeit, die Löhne sind eine Grausamkeit«, wiederholte mir ein junges Mädchen fortwährend, so wie sich ein unwissender Geist an den Ausdruck klammert, den er einmal für eine tiefgehende Erfahrung gefunden hat. Das sind die weiblichen Revolutionäre, die jeden Straßenputsch mitmachen würden, in dem Gefühl, daß irgend etwas geschehen muß, gleichviel was, denn keine Veränderung ihrer Lage kann schließlich eine Verschlechterung bedeuten – und »das Elend hat nicht Zeit zu warten«. Anderen Frauen tritt man wiederum gegenüber, die tatsächlich den Eindruck von hilflosen, abgehetzten Tieren machen, die viel zu stumpf sind, um überhaupt nur zu einer Kritik ihrer Verhältnisse zu kommen: Es läßt sich eben nichts machen, wenn mit jeder Saison die alten Muster mit 25 Pfennige weniger bezahlt und die neuen immer komplizierter werden; man schläft infolgedessen noch eine Stunde weniger, um das Gleiche dabei zu erarbeiten, oder ernährt sich um etwas schlechter.

Wie jene französischen Gefangenen, die die Decke des Gemaches langsam auf sich herabkommen sahen, fühlen sie sich von Sorge und Elend allmählich erdrückt, ohne irgend eine Aussicht zu haben, sich helfen zu können. Der Gedanke an Widerstand flößt ihnen seit dem Streik vom Frühjahr 1896 nur die größte Besorgnis ein. Denn wenn derselbe auch nur in die Blusenkonfektion stellenweise etwas herübergriff und die anderen Branchen unberührt ließ, so hatte sein Ausgang in weiten Kreisen doch sehr niederdrückend gewirkt. Man hegt die Überzeu-

Frühlingsahnung im Keller.

– Mutter, nu wird et wieder Friehling!
– Woran merkst de denn det, Hanne?
– Ja, de Mieze Fröhlich trägt schon wieder ihre durchbrochenen Strümpe.

Zeichnung von Hans Baluschek für den »Ulk«, 13. April 1906

gung, daß das einzige, was eine Arbeitseinstellung bringen könnte, der Verlust der Arbeitsgelegenheit wäre, und die Angst vor dieser Möglichkeit hat sich bei manchen Frauen bis zur Gespensterfurcht gesteigert.
Gertrud Dyhrenfurth, Die hausindustriellen Arbeiterinnen in der Berliner Blusen-, Unterrock-, Schürzen- und Tricotkonfektion

1906 versuchen Gewerkschaften und bürgerliche Sozialreformer mit einer großen Austellung Unter den Linden auf das Elend der Heimarbeiter aufmerksam zu machen.

»Wie kann man nur von sieben Pfennig für die Stunde in Berlin leben!« so fragte die deutsche Kaiserin, als sie die Ausstellung für Heimarbeit besuchte. Ja, wie kann man! Man kann es eben überhaupt nicht. Wer es versucht, der muß hungern und frieren und elend verkommen. Und doch versuchen es Tausende und Abertausende, weil sie nichts Besseres haben. Diese Ausstellung für Heimarbeit ist ein Monument von unserer Zeiten Schande, wie man es grauenhafter sich kaum denken kann. Was waren Moloch und Minotaurus und ähnliche depossedierte Götter, die in den Zeiten ihres Glanzes und ihrer Macht gelegentlich ein paar Kinder frühstückten, doch im Grunde für harmlose Erscheinungen gegenüber dem furchtbaren Götzen, der sich mit dem trauten Namen »Heimarbeit« schmückt. Er schwingt unaufhörlich und unerbittlich seine tausendfältige Geißel und treibt Hekatomben von Kindern, Mädchen, Frauen und Greisen in Schande, Not und Tod. Für solche Zustände, wie sie die Ausstellung für Heimarbeit aufgedeckt hat, gibt es in einem zivilisierten und kultivierten Staat keine Entschuldigung.
Das Blaubuch, 8. Februar 1906

Auch eine Ausstellung über Kinderarbeit, wäre sie veranstaltet worden, hätte Erschreckendes ans Licht gebracht. Zwar gibt es seit 1900 die Verordnung, daß Kinder unter neun Jahren »außer dem Hause eine gewerbliche Tätigkeit irgendwelcher Art nicht ausüben dürfen«. Die Beschäftigung von Kindern unter vierzehn Jahren ist außerhalb des Hauses abends nach sieben Uhr und morgens vor einhalb fünf Uhr verboten. Aber vor allem in den kinderreichen Proletarierfamilien ist die Mitarbeit auch der Jüngsten unverzichtbar. Sie arbeiten als Zeitungsausträger und Laufbursche, als Kegeljunge und Karussellschieber, im Blumen- und Streichholzhandel; tausende von schulpflichtigen Kindern, von keiner Statistik erfaßt, arbeiten in der Hausindustrie. Wo kein Kläger ist, da ist auch kein Richter. Im Mai 1911 kontrolliert die sozialdemokratische Kinderschutzkommission von Groß-Berlin, ob und wo Kinder als Lohnarbeiter tätig sind. »In kaum drei Stunden wurden 3595 Kinder, die gewerblich tätig waren, gezählt.«

Mit kleinen Beschäftigungen fing es an, mit der Zeit wurden daraus Beschäftigungen für den ganzen Nachmittag. Ich half dem Vater beim Ausladen von Gemüse und Obst aus den Eisenbahnwaggons in der Zentralmarkthalle. Abends stand ich am Ausgang der Zentralmarkthalle und bot mich den Leuten an, ihre schweren Einkaufstaschen zu tragen. Für solche Handreichungen und Dienste gab es meist nicht mehr als fünf oder zehn Pfennige, aber abends, beim Zusammenzählen, besonders an den Hauptmarkttagen, waren es doch oftmals fünfzig Pfennige insgesamt. Das war für mich ein guter Verdienst und für Mutter eine

gute Hilfe. Später nahm ich dann feste Beschäftigungen an. Für solche Beschäftigungen, die von mittags 1 Uhr oder 2 Uhr bis abends 19 Uhr dauerten, erhielt ich einen festen Wochenlohn von drei Mark und fünfzig Pfennigen. Ich trug Zeitungen aus, brachte den Leuten morgens Brötchen ins Haus, arbeitete in einem Wäschegeschäft, bei einem Mützenmacher, bei einem Photographen. Bis spät in die Nacht setzte ich Kegel auf und spülte dem Gastwirt die Flaschen, die zum Bierabziehen gebraucht wurden, verkaufte zu Weihnachten vor dem Warenhaus Tietz am Alexanderplatz Nußknacker und weiße Mäuse; ich tat alles das, was einen kleinen Gewinn einbrachte. Im letzten Jahr vor meiner Schulentlassung nahm ich Arbeit an bei einem Elektro-Installateur. Diese Arbeit war für mich die schwerste während meiner Kindheit. Meine Arbeit bestand darin, den Monteuren auf den Bauten rings um Berlin herum Material für die elektrischen Installationen zuzufahren. Kleine Quanten transportierte ich mit dem Fahrrad, größere Quanten mit dem zweirädrigen Handwagen. Kleine Quanten waren oftmals: vier bis sechs Ringe Starkstromdraht auf der Lenkstange, am Rahmen festgebunden drei Stangen Isolierrohr drei Meter lang, auf dem Gepäckständer eine große Kiste mit Kleinmaterial und, um die Symphonie ausdrucksvoller zu gestalten, über jeden Arm noch eine Bogenlampenglocke gestülpt. Es blieben nur die Hände frei, um die Lenkstange zu führen, und die Beine, um das Fahrrad fortzubewegen.
Georg Kautz, Erinnerungen

Die Ungleichheit in den Lebensverhältnissen wird in diesen Jahren allgemein wachsenden Wohlstands nicht abgebaut, sondern zementiert. Von dem Aufschwung – zwischen 1890 und 1914 verdreifacht sich das Volkseinkommen – profitieren die lohnabhängigen Arbeitermassen und kleinen Angestellten, deren Reallohn in diesem Zeitraum um gerade ein Prozent im Jahresdurchschnitt steigt, am wenigsten. So ist diese Zeit auch geprägt von heftigen Arbeitskämpfen, in denen die Gewerkschaften sich als Machtfaktor mit ständig steigenden Mitgliederzahlen und wachsendem Einfluß profilieren. Der Organisationsgrad vor allem der Industriearbeiter in Berlin wächst sprunghaft: 40 000 Mitglieder zählen die Freien Gewerkschaften im Jahr 1895, im letzten Jahr vor dem Weltkrieg sind es 302 000. Zentrum und Koordinator der gewerkschaftlichen Aktivitäten in der Hauptstadt ist die Berliner Gewerkschaftskommission. Hier werden unentgeltlich Auskünfte zu Arbeitsrechtsfragen erteilt, Bildungsveranstaltungen organisiert, Unterstützungsgelder ausgezahlt, statistische Erhebungen angestellt, Arbeitsnachweise unterhalten, Streiks organisiert. Im Frühjahr 1900 zieht die Gewerkschaftskommission aus einer bescheidenen Wohnung in der Rosenstraße in das neuerbaute Gewerkschaftshaus am Engelufer. »Von der Herberge für den wegmüden fremden Arbeiter bis zur Kegelbahn, vom großen Versammlungssaal bis zu den Baderäumen, vom Restaurant bis zur Waschküche ist in reichster und mannigfaltigster Art für alles vorgesorgt, was man von einem Gewerkschaftshaus im Sinne der modernen Arbeiterschaft verlangen kann.« (Berliner Illustrirte Zeitung, 6. Mai 1900)

Auch den sechzehnjährigen Bäckergesellen Jessaia Gronach (der sich später als Schauspieler Alexander Granach nennen wird) führt sein Weg zuerst in die »rote Burg« am Engelufer, als er 1906, von Galizien kommend, mit einem Freund zum erstenmal Berliner Boden betritt:

Hier kam ich nicht in eine Stadt. Hier kam eine Stadt über mich. Hier fühlte ich mich überfallen, attackiert, nach allen Seiten gerissen von einem neuen Rhythmus, neuen Menschen, einer neuen Sprache, neuen Sitten und Gebräuchen. Ich mußte an mich halten, Augen aufreißen, Muskeln anspannen, um nicht überrannt, nicht zermalmt, nicht zerquetscht zu werden. Die Theatersehnsucht mit den vielen Plänen, da hineinzukommen, war im Hintergrund verschwunden. Jeder Tag gebar seine eigenen Forderungen: arbeiten, essen, wohnen, Miete zahlen. Ich hatte gar keine Papiere, nur ein kleines Büchelchen, eine Legitimationskarte: Ich war Mitglied der österreichischen Bäckergewerkschaft. Also war mein erster Gang zum Gewerkschaftshaus Engelufer 12, dort zum Bäckernachweis. Und siehe da, man wird als Kollege, als Genosse angesprochen. Die Menschen sind sehr freundlich, und niemand ist überrascht, daß zwei Handwerksburschen aus dem Österreichischen auf der Wanderschaft sind und sich bis Berlin durchgeschlagen haben. Ich bekam Auskunft, eine Wartenummer des Nachweises, eine geldliche Unterstützung und Ratschläge wegen Schlafstelle und Essen. Als wir das Gewerkschaftshaus verließen, beneidete mein Freund mich um mein Handwerk, um mein Fach, das mir in dieser fremden Welt, in dieser wilden Stadt eine Aussicht auf Arbeit, auf unabhängiges Leben bot. Das war auch eine ganz große Sache für mich. Berlin! Es war, als ob ein Riese mich freundlich anlächelte, ja, ich hatte Angst! Dieser Riese flößte mir Respekt ein – aber Engelufer 12 war freundlich, nannte mich Kollege, Genosse und reichte mir die Hand. Mein Herz füllte sich mit Selbstvertrauen, und an diesem Tage habe ich mich wirklich in Berlin verliebt.

Alexander Granach, Da geht ein Mensch

Schwerpunkt der gewerkschaftlichen Arbeit ist der Kampf für höhere Löhne und kürzere Arbeitszeiten. Kleine und mittlere Betriebe des Berliner Maschinenbaus verlangen damals Arbeitszeiten zwischen zehn und elf Stunden, in Großbetrieben setzt sich mit zunehmender Intensivierung der Arbeit und unter ständigem Druck der Gewerkschaften eine neun-

bis zehnstündige Arbeitszeit durch. 1891 streiken die Berliner Buchdrucker zehn Wochen lang für die Einführung des Neunstundentages – erfolglos. Außerhalb der Industrie herrschen noch überlange Arbeitszeiten: Die Rollkutscher haben Schichten bis zu achtzehn Arbeitsstunden; fünfzehn bis siebzehn Stunden täglich werken die Arbeiter auf den Berliner Rieselfeldern; bis zu fünfzehn Stunden täglich arbeiten Herrenschneider und Schneiderinnen. »Während der sogenannten Saisonzeit kann sich jedermann davon überzeugen, daß in den verschiedensten Konfektionsgeschäften am Hausvogteiplatz zu Berlin bis zwölf, auch ein und zwei Uhr nachts gearbeitet wird.« (Dreher/Schumann, Geschichte der Verkehrsarbeiter-Bewegung)

Ein verbrieftes Recht auf Urlaub gibt es für Arbeiter – im Gegensatz zu technischen und Büroangestellten – nicht. Nur einige wenige Konzernbetriebe, wie Siemens oder AEG, gewähren nach mehrjähriger Betriebszugehörigkeit und als besondere »Vergünstigung« drei bis sechs Tage Urlaub.

Mein Vater war Arbeiter in der Schwartzkopffschen Maschinenfabrik, die damals noch in der Chausseestraße, unweit des damaligen Stettiner Bahnhofs lag, bis dann die Fabrikation der Torpedos, an denen mein Vater hauptsächlich arbeitete, nach »Sibirien«, einem Fabrikgelände in der Scheringstraße, zwischen Humboldthain und der Vorortbahn, verlegt wurde … Zweiundfünfzig Jahre seines Lebens ist er in diese Fabrik gegangen, nie hat er auch nur einen Tag Urlaub gehabt. Ich weiß noch, daß er, als sein älterer Bruder plötzlich starb und eine lungenkranke Frau mit vier unmündigen Kindern zurückließ, wenigstens einen Tag über nach Wittenberge fahren wollte, um der Witwe irgendwie beizustehen: auch dieser eine Tag wurde vom Arbeitgeber abgelehnt!
Bruno Theek, Keller, Kanzel und Kaschott

Das Lohnniveau weist große Unterschiede auf. In der Bauindustrie erkämpfen die Gewerkschaften Wochenlöhne bis zu 36 Mark. In der Metallindustrie liegen sie zwischen 22 und 25 Mark, Fliesenleger und Dachdecker erhalten 1905 30 Mark. Besonders niedrige Löhne bei extrem langen Arbeitszeiten werden in der Berliner Konfektion gezahlt, die als eine der exportintensivsten Branchen Riesengewinne macht: Wäschenäherinnen erhalten für eine ganze Woche Arbeit, bei 12 bis 17 Stunden täglich, 10 bis 15 Mark, Werkstattarbeiterinnen der Knabenkonfektion 9,60 Mark die Woche.

Die Welle der Streiks und Lohnkämpfe, mit denen die Arbeiter ihre Lage zu verbessern suchen, erfaßt um die Jahrhundertwende fast alle Bereiche des Berliner Wirtschaftslebens. 47 Streiks registriert die Gewerkschaftskommission für das Jahr 1899: 23 der Ausstände enden mit einem Sieg der Arbeiter, 16 mit Teilerfolgen, acht Arbeitskämpfe enden ohne Ergebnis. 1904 finden in Berlin 230 Streiks statt, ein Jahr später 336, an denen fast 44 000 Arbeiter beteiligt sind. Es streiken die Kranführer und Lagerarbeiter der AEG, die Eisenformer und Gießereiarbeiter bei Borsig, die Arbeiter der Holzindustrie, die Kutscher und Fuhrgehilfen. Am 19. Mai 1900 legen, sehr zur Verblüffung der Berliner, auch die Straßenbahner die Arbeit nieder. Sie verlangen den Zehnstundentag, höheren Lohn und die Beseitigung der Schikanen der Kontrolleure.

Die Straßenbahnangestellten streiken also in der Tat! In der Nacht zum Sonnabend ist in zwei Versammlungen, im Feenpalast und in Kellers Festsälen, von 4800 Beamten einstimmig der Beschluß gefaßt worden, die Arbeit sofort niederzulegen, und demgemäß ruhte am Sonnabend der Straßenbahnbetrieb fast vollständig. Nur wenige Beamte fanden sich am Morgen auf den Bahnhöfen zu Dienstleistungen ein, und mit ihrer Hilfe wurde dann eine Art von Betrieb organisiert, der die elektrischen und Pferdebahnwagen wenigstens nicht ganz vom Straßenbilde verschwinden ließ ...

Um 5 Uhr boten die Straßen, durch welche Straßenbahngeleise führen, einen eigenartigen Anblick. Gruppen von Arbeitern sammelten sich allenthalben an, Droschkenkutscher standen an den Ecken und blickten die Straße hinunter; lange Zeit vergeblich, fast die gesamten Frühwagen blieben aus. Endlich erschien bald hier, bald dort ein Motorwagen, zum Teil von Kontrolleuren, zum Teil von Elektrotechnikern und Ingenieuren geleitet ... Im Laufe des Tages kam es auf mehreren Plätzen zu großen Menschenansammlungen und zu Störungen, da gewisse Teile des Publikums ihre Sympathien für die Ausständigen durch die Tat dartun zu müssen glaubten ... In der Landsberger Straße versuchte man einen Kontrolleur, der einen von Lichtenberg kommenden Pferdebahnwagen lenkte, mit Gewalt vom Wagen herunterzuholen. Der Reviervorstand gab ihm einen Schutzmann mit ... Auf dem Spittelmarkt machte man mehrfach den Versuch, die Anhängewagen aus dem Gleise zu heben, und bei einem großen Verdeckwagen der Linie Spittelmarkt–Frankfurter Allee, der zur Mittagszeit die Fahrt aufnehmen wollte, geschah dies tatsächlich unter dem Jubel einer nach Hunderten zählenden Menge.

Freisinnige Zeitung, 20. Mai 1900, 1. Beiblatt

Drei Tage dauert der Streik. Dann kommt es durch Vermittlung von Oberbürgermeister Kirschner zu einem Vergleich zwischen Verkehrsdirektion und Straßenbahnern: Das Gehalt der Schaffner und Fahrer beträgt nun beim Eintritt 85 Mark, nach zehn Jahren 100, nach zwanzig Jahren 120 Mark im Monat – wahrhaft kein fürstliches Salär für eine tägliche Arbeitszeit von neun Stunden für Wagenführer und elf Stunden für Schaffner. Die Forderung der Ausständigen nach einem zehnstündigen Arbeitstag für die Schaffner wird abgelehnt. Unter den Berlinern, die auf Straßen und Plätzen demonstrativ ihre Sympathie mit den Streikenden geäußert hatten, werden 487 Verhaftungen vorgenommen. Sechzehn der am Streik beteiligten »roten Hetzer« werden, allen Versprechungen zum Trotz, »aus dem Dienst entfernt«.

Immer öfter verschärfen die Berliner Unternehmer nach der Jahrhundertwende die Arbeitskämpfe durch Aussperrungen und schwarze Listen der »Rädelsführer«. So hoffen sie, die gewerkschaftlichen Unterstützungskassen zu ruinieren und die Solidarität mit den Streikenden brechen zu können. Im September 1905, nachdem 300 Lagerarbeiter der AEG und 170 Schraubendreher bei Siemens wegen drei Pfennigen mehr Lohn in den Streik getreten sind, sperren die Elektroindustriellen nach und nach 34 000 Beschäftigte aus. Als im Frühjahr 1907 die Bauarbeiter Berlins Lohnerhöhungen und den Achtstundentag fordern, beschließen die Unternehmer, »alle im Baugewerbe Berlins und den Vororten beschäftigten Arbeiter, Maurer, Zimmerer und Bauhilfsarbeiter zu entlassen, die Arbeiten einzustellen und vorläufig keine neuen Arbeiter mehr einzustellen. Der nunmehr in Aussicht stehende Riesenkampf wird nahezu 100 000 Arbeiter außer Lohn bringen. Der Kampf beschränkt sich nicht nur auf das Weichbild Berlins, sondern auf einen weiten Ring von Vororten bis Friedrichshagen, Spandau, Erkner, Französisch-Buchholz, Teltow und weiter.« (Berliner Volks-Zeitung, 11. Mai 1907)

In dem Kräftemessen zwischen organisierten Arbeitern und Unternehmerschaft bleiben Preußens Staatsbehörden nicht neutral. Polizeigesetze verbieten das Streikpostenstehen, da »das Stehen auf Granitplatten« gegen die Straßenordnung verstößt. Wer mit Streikbrechern diskutiert, muß laut Gewerbeordnung mit einer Gefängnisstrafe wegen »Nötigung und Beleidigung von Arbeitswilligen« rechnen. Lohnforderungen können nach dem gleichen Gesetz als »Erpressung« eingestuft und geahndet werden. Wenn alles nichts hilft, stellt die Polizei mit dem blanken Säbel das rechte Gleichgewicht wieder her:

Am 19. September 1910 begann der Streik von 141 Kohlenarbeitern bei Kupfer & Co. im Berliner Stadtteil Moabit. Die Arbeiter forderten in Anbetracht der Teuerung eine Lohnerhöhung von sieben Pfennig für die Stunde …

Am 26. September mittags, als bei dem schönsten Wetter einige hundert Arbeiter und Arbeiterinnen vor der Fabrik der Allgemeinen Elektrizitätsgesellschaft auf der Straße ihr Mittagsbrot verzehrten, kam ein von Streikbrechern geführter und von Polizei geleiteter Wagen zurück. Die Streikbrecher wurden verhöhnt, sollen auch beworfen worden sein, worauf ein Streikbrecher mit einem Revolver unter das Publikum schoß. Dieses verlangte stürmisch die Sistierung des Schützen, was die Polizei mit einem Angriff auf die Menge beantwortete ... Am Mittwoch, dem 28. September, dehnte die Polizei ihre Attacken immer weiter aus, und es kam zu dem berühmt gewordenen Vorfall, wo die englischen Journalisten, die mit polizeilicher Erlaubnis gekommen waren und an einer Stelle, wo kein Exzeß der Menge wahrnehmbar war, harmlos in ihrem Automobil saßen, ohne jeden Anlaß von einigen Schutzleuten mit scharfen Säbelhieben mißhandelt wurden. Am folgenden Tage hielten sich dann die Schutzleute mehr zurück, während hauptsächlich Kriminalbeamte mit Knüppeln bewaffnet das Publikum verfolgten ...

Viele Personen sind sehr schwer verletzt worden. Am schrecklichsten ist die Ermordung des Arbeiters Herrmann. Dieser bemerkte am Abend des 27. September, daß sein Knabe auf die Straße gegangen war, und ging, um den Jungen zu holen, hinunter. Die Straße war völlig menschenleer, irgendwelche Ansammlungen waren nicht in der Nähe zu sehen. Als Herrmann einige Schritte auf der Straße getan hatte, kamen zwei Schutzleute von der anderen Seite auf ihn zu und schlugen den einzelnen Mann mit Säbeln nieder. Herrmann bekam so heftige Säbelhiebe über den Schädel, daß er daran im Krankenhause gestorben ist.

Handbuch für sozialdemokratische Wähler

In zwei großen Prozessen wird wenig später nicht etwa gegen die wahllos dreinschlagenden Polizisten, sondern gegen willkürlich herausgegriffene Arbeiter und Bewohner des Viertels verhandelt. Wegen »öffentlicher Zusammenrottung« erhalten vierzehn Angeklagte 67 Jahre Gefängnis. Der Mörder des Arbeiters Herrmann wird – trotz angeblich intensiver Suche – nie ermittelt.

Im Zentrum der politischen Macht

»Die wichtigste Regung, die Berlin in mir erweckte, war wohl das Bedürfnis nach einer gewissen Auseinandersetzung mit den großen politischen und sozialen Bewegungen der Zeit«, schreibt Fritz Schumacher in seiner Autobiographie »Stufen des Lebens«. Es ist Anfang der neunziger Jahre, als der spätere Architekt zum Studium in die deutsche Hauptstadt kommt. Die »Ära Bismarck« ist gerade zu Ende gegangen; die Sozialdemokratie, nach zwölf Jahren strafrechtlicher Unterdrückung durch das »Sozialistengesetz« mit 1,4 Millionen Stimmen als wählerstärkste Partei auf die politische Bühne zurückgekehrt; Wilhelm II., seit 1888 auf dem deutschen Kaiserthron, hat mit den sogenannten Februarerlassen des Jahres 1890 umfangreiche sozialpolitische Reformpläne verkündet und damit den sozial Unterprivilegierten neue Hoffnungen auf eine Weiterführung der unter Bismarck begonnenen Sozialgesetzgebung gemacht; die preußischen Minister und Ministerialbeamten, unter Bismarck in erster Linie ausführende Organe des »Eisernen Kanzlers«, ringen um Einfluß und größere Selbständigkeit. »Jeder einzelne fühlt sich«, notiert Hohenlohe im Juni 1890. »Während früher unter dem vorwiegenden Einfluß des Fürsten Bismarck die Individuen eingeschrumpft und gedrückt waren, sind sie jetzt alle aufgegangen wie Schwämme, die man ins Wasser gelegt hat. Das hat seine Vorzüge, aber auch seine Gefahren. Der einheitliche Wille fehlt.« (Hohenlohe-Schillingsfürst, Denkwürdigkeiten/2)

Bismarcks Nachfolger, der neue Reichskanzler Leo von Caprivi, versucht, die divergierenden Interessen auf einen einheitlichen Willen einzuschwören und vor allem das »Zusammenhalten aller staatserhaltenden Elemente« zu fördern. Er initiiert eine Steuerreform, bringt Bewegung in die einseitig das Junkertum bevorzugende Zollpolitik, ein neues Arbeiterschutzgesetz schreibt das Verbot der Sonntagsarbeit in Industrie und Bauwesen fest, die Ausweitung der Fabrikinspektionen, die obligatorische Einführung von Arbeitsordnungen, Arbeitsschutzbestimmungen und Arbeitszeitbegrenzungen für Frauen, Kinder und Jugendliche.

Aber die Hoffnung, daß der »Neue Kurs« unter Caprivi eine wirkliche Trendwende hin zu einer modernen, den wirtschaftlichen und politischen Gegebenheiten Rechnung tragenden Gesellschaftsstruktur begründen könnte, erweist sich als trügerisch. An dem »Industrievolk im politischen Kleide des Agrarstaats«, wie Friedrich Naumann dieses »wunderliche Staatsgebilde« Preußen-Deutschland nannte, ändert sich nichts.

Unser politischer Zustand ist etwa so, wie wenn in alte Landwirtschaftsgebäude eine täglich sich ausdehnende Fabrik hineingebaut wird. Da steht die modernste Maschine unter einem alten Dachbalken, und eiserne Träger werden durch Lehmwände hindurchgezogen. Wir haben einen Staat, der vom Gelde der Industrie ernährt, aber von den Söhnen der Rittergüter und von den Kaplänen regiert wird.
Friedrich Naumann, Der Industriestaat

1894 muß Caprivi, der es ablehnt, »einzelnen Interessengruppen größere Konzessionen zu machen als mit dem Gesamtwohl der Nation vereinbar«, demissionieren. Sein Bestreben, einen tiefergreifenden Kompromiß zwischen Industriefortschritt und Agrarkonservatismus zu begründen, um einen staatserschütternden Konflikt mit der erstarkten Sozialdemokratie zu vermeiden, scheitert am Widerstand der Junker.

Dem jungen Kaiser aber kommt dieses Fiasko seines Kanzlers nur entgegen, ist er doch zutiefst davon überzeugt, daß nicht bei irgendwelchen Ministern oder gewählten Körperschaften, sondern allein im gottbestimmten Königtum das Zentrum der Politik ruhen müsse. An Sendungsbewußtsein fehlt es dem Monarchen, der kaum die dreißig überschritten hat, dabei nicht. »Herrliche Zeiten« verspricht er seinen Untertanen, und Kritik, in welcher Form auch immer, an dem von ihm gesteuerten Kurs duldet er dabei nicht.

Es ist ja leider jetzt Sitte geworden, an allem, was seitens der Regierung geschieht, herumzunörgeln und herumzumäkeln. Unter den nichtigsten Gründen wird den Leuten ihre Ruhe gestört und ihre Freude am Dasein und am Leben und Gedeihen unseres gesamten großen deutschen Vaterlandes vergällt. Aus diesem Nörgeln und dieser Verhetzung entsteht schließlich der Gedanke bei manchen Leuten, als sei unser Land das unglücklichste und schlechtest regierte in der Welt, und es sei eine Qual, in demselben zu leben. Daß dem nicht so ist, wissen wir alle selbstverständlich besser. Doch wäre es dann nicht besser, daß die mißvergnügten Nörgler lieber den deutschen Staub von ihren Pantoffeln schütteln und sich unseren elenden und jammervollen Zuständen auf das schleunigste entzögen? Ihnen wäre ja dann geholfen, und uns täten sie einen großen Gefallen damit ... Nein im Gegenteil, Brandenburger, zu Großem sind wir noch bestimmt, und herrlichen Tagen führe ich euch noch entgegen.
Schulthess' Europäischer Geschichtskalender 1892

Das politische Leben ist fortan vom »persönlichen Regiment« eines Kaisers geprägt, der den weiten Spielraum, den ihm die dreiviertelabsolutistisch fundierte Gesellschaftsstruktur gibt, voll ausschreitet:

Tatsächlich erstreckt sich die Wirksamkeit Wilhelms II. auf fast sämtliche Gebiete unseres öffentlichen Lebens. Der Kaiser beruft und entläßt nicht bloß den Reichskanzler und die verantwortlichen Minister, sondern er hat auch lange Jahre hindurch die eigentliche Leitung der auswärtigen und der inneren Politik teils selbst ausgeübt, teils doch entscheidend beeinflußt ... Bei der Frage der sozialen Gesetzgebung, in der Wahlrechtsangelegenheit, in der Schulfrage, bei den Kanalbauten, in der Zoll- und Steuerfrage und auf fast zahllosen anderen Gebieten hat er seinen persönlichen Willen zur Geltung zu bringen gesucht. Ebenso hat er, fast könnte man sagen, selbstverständlich, auf die Entwicklung der deutschen Armee und vollends auf den Ausbau der deutschen Kriegsflotte einen maßgeblichen Einfluß ausgeübt. Darüber hinaus aber hat der Kaiser auch in Sachen der Kunst und der Literatur, auf dem Gebiet der Technik und des Sports dem deutschen Leben seinen eigenen Stempel aufzuprägen sich bemüht. Wohin man im öffentlichen Leben dieser letzten zwanzig Jahre immer blicken mag, stets wird man den Kaiser finden, wie er in die zeitbewegenden Probleme selbstherrlich einzugreifen sucht.
Paul Michaelis, Von Bismarck bis Bethmann

Kein Ministerposten wird besetzt, keine politische Entscheidung getroffen, ohne daß die höchstkaiserliche Zustimmung vorher eingeholt wurde. Selbständigkeit des Denkens und Handelns ist in der Umgebung des Monarchen nicht nur nicht gefragt, sondern führt in aller Regel über kurz oder lang zum Entzug des »Allerhöchsten Vertrauens« und damit zum Ende jeder politischen Karriere. Reichskanzler Bernhard von Bülow, der sich länger als seine Vorgänger Caprivi und Hohenlohe im Amt zu halten weiß, verzichtet von vornherein darauf, die Basis seiner Macht durch unziemliche Eigeninitiativen zu erschüttern. »Seiner Majestät dem Kaiser Vorschläge zu machen, die ohne jede Aussicht auf sachlichen Erfolg Allerhöchstdieselben nur an mir irre machen würden, kann ich nicht für nützlich halten«, schreibt er am 24. November 1899 in entlarvender Offenheit an Friedrich von Holstein. (Röhl, Kaiser, Hof und Staat)

Die Selbstherrlichkeit Wilhelms II., seine Überschätzung der eigenen Fähigkeiten, die verletzende Rücksichtslosigkeit im Umgang machen das »persönliche Regiment« zu einem für fähige und charaktervolle Beamte kaum erträglichen System.

Der Kaiser als Generalleutnant aus der Zeit Friedrichs des Großen, im Ornat des Johanniterordens …

Über alles erlaubt er sich ein Urteil. Mochte es sich um Mosaikkunst, um das Metazentrum des Schiffes, um ägyptische Mumien, um Kadiner Kacheln, um Architektur oder sonst etwas handeln, er weiß es besser. Von Gelehrten, Künstlern, mit denen er zusammenkam, war es ihm angeflogen, und sein gutes Gedächtnis hielt es fest. Doch immer blieb er an der Oberfläche, nie grub er tiefer. Denn zu eigentlicher Arbeit kam er bei den unaufhörlichen Reisen, Truppenschauen, Regatten nicht. Ministervorträge – ein Greuel.

Hermann Pachnicke, Führende Männer im alten und im neuen Reich

Zeitgenössische Kritiker beschreiben Wilhelm II., der »dauernd keinem, momentan jedem Einfluß zugänglich ist« (Bismarck), als einen »politischen Dilettanten«, als »Psychopathen, der Karl den Großen spielen will«. »Was hätte der Mann der Welt schenken können, wenn er nicht Kaiser, sondern Kinomann gewesen wäre!« schreibt Hellmut von Gerlach in seinen »Erinnerungen eines Junkers«; und Ludwig Quidde vergleicht Wilhelm II. mit dem römischen Kaiser Caligula:

Wilhelm II. teilte mit Caligula das Spielerische, die Neigung zu posieren, zu glänzen, die nervöse Hast, die sprunghaft und widerspruchsvoll von einem Gegenstand zum andern eilt, den Glauben, alles selbst zu

... in Husarenuniform und in der kaiserlichen Paradeuniform

wissen und zu können, die Sucht, alles selbst auszuführen, die Mißachtung fast jeder selbständigen Kraft, die dilettantische Besserwisserei und die Geringschätzung ernster Sachlichkeit und Sachkunde, die Prunk- und Verschwendungssucht, die sich besonders auf Bauten wirft, das Gefallen an kriegerischem Schaugepränge ..., die komödiantische, in Äußerlichkeiten sich gefallende Art, die sich auch in fortwährendem Wechsel der Kleidung bestätigt, die Berufung endlich auf göttliche Sendung in Wendungen, denen nicht viel am Anspruch auf Gottähnlichkeit fehlt ...

Um recht zu würdigen, wie bedenklich die doch nicht nur auf Äußerlichkeiten beschränkte Ähnlichkeit Caligula-Wilhelm II. war, muß man sich an die Dinge erinnern, mit denen damals und später Wilhelm II. die Welt in Erstaunen setzte. Es waren oft nur kindische, oft aber auch sehr gefährliche Extravaganzen. Die heute Lebenden wissen zum Teil nichts mehr davon, wie er in der Nacht die Garnisonen alarmierte, wie er in militärische Dinge mit immer neuen Verordnungen, oft der kleinlichsten Art, eingriff, wie er bei Manövern sich nicht als Oberster Kriegsherr zurückhielt, sondern als Führer einer Partei auftrat und glänzende Manöversiege erfocht ..., wie er sich nicht genug tun konnte in Prunk und Repräsentation, wie er es für nötig hielt, zu jedem Anlaß in der dazu passenden Uniform zu erscheinen (man behauptete, daß er zu einer Dampferfahrt auf dem Wannsee Marineuniform angezogen habe und daß es nichts Seltenes sei, wenn er am Tag mehrmals die Kleidung wechsle), wie er es schicklich fand, den Minister Scholz, der es nur zum Einjährigen oder Unteroffizier gebracht hatte, zum Leutnant zu ernennen ..., wie er es liebte, als Mann in den Dreißigern den überlegenen, fürsorglichen Landesvater zu spielen, und wie er sich dann wieder wie ein grimmer Tyrann gebärdete, wie er den Soldaten sagte, sie müßten auf seinen Befehl auf Vater und Mutter schießen ...

Es ist ja gar nicht zu ermessen, welchen Schaden der Kaiser mit seinen Reden im Innern und nach außen angerichet hat. Und dabei kam nur ein Teil dessen, was er für die Öffentlichkeit bestimmt hatte, in die Öffentlichkeit. Seine Umgebung, insbesondere die verantwortlichen Männer, waren oft genug in Angst, was er wohl sagen würde, und darauf vorbereitet, das Bedenklichste zu unterdrücken. Vom Fürsten Bülow erzählten Journalisten, daß er bei einem bestimmten Anlaß gesagt habe, zum Glück habe die Welt ja nicht alles erfahren; aber es dringe noch immer viel zuviel durch; mehr als zweimal am Tag könne er ihn unmöglich trockenlegen.

Ludwig Quidde, Im Kampf gegen Cäsarismus und Byzantinismus

Im Herbst 1908, nachdem die englische Zeitung »Daily Telegraph« in einem fingierten Interview äußerst subjektive Meinungen des Kaisers zum Verhältnis zwischen Deutschland und England und zur deutschen Außenpolitik an die Öffentlichkeit gebracht hat (Bülow konnte seinen Herrn diesmal nicht rechtzeitig »trockenlegen«), kommt es zum politischen Eklat. Zum ersten (und letzten) Male entlädt sich der Unmut über das »persönliche Regiment« in einer öffentlichen politischen Diskussion.

Schlimm war es schon, daß der Kaiser so kompromittierende Äußerungen zu Engländern getan, so kompromittierende Schritte unternommen hat. Schlimmer ist, daß er die Veröffentlichung dieser Schritte und Äußerungen für nützlich hielt. Das läßt auf ein Fehlen des politischen Augenmaßes schließen, das die schwersten Besorgnisse vor der Zukunft erweckt. Wenn man bedenkt, daß nach den in Deutschland vorhandenen Machtverhältnissen von dem Handeln dieses einen Mannes in letzter Linie doch Krieg oder Frieden abhängt, so kann einen ein förmliches Grauen überkommen.

Bülow hat demissioniert. Der Kaiser hat die Demission nicht angenommen. Aus dem achtbaren Gefühl heraus, daß er der Urheber all der Verwicklungen sei, will er Bülow halten. Aber er darf ihn nicht halten. Das Volk heißt ihn gehen. »Gewogen und zu leicht befunden!« Einen so diskreditierten Reichskanzler erträgt das Deutsche Reich nicht.

Presse, Volksversammlung und Reichstag müssen sich einen in dem Rufe zu Bülow: Fort mußt du, deine Uhr ist abgelaufen! Den Kaiser können wir nicht ändern, leider! Aber den verantwortlichen Träger der kaiserlichen Politik können wir beseitigen. Unsere einzige Rettung dem Ausland gegenüber ist, daß ein deutlicher Strich zwischen der Politik des Kaisers und der des deutschen Volkes gezogen werde. Und das kann nur geschehen durch die Entfernung Bülows. Was wir brauchen, ist kein Kanzler des Kaisers, sondern ein Kanzler des Reichs.
Hellmut von Gerlach, Adieu Bülow!

Am 10. und 11. November 1908 diskutiert auch der Reichstag über die »Daily Telegraph«-Affäre. »Es ist ausgesprochen worden, daß das deutsche Volk in der Mehrzahl gegen England unfreundlich oder gar feindselig gesinnt sei«, kommentiert der nationalliberale Abgeordnete Bassermann empört das kompromittierende Geplauder des Kaisers. »Wir müssen gegen diese Behauptung Verwahrung einlegen ... Wir müssen Verwahrung dagegen auch einlegen, daß unsere Flotte im Stillen Ozean Weltpolitik treiben soll. Daran hat niemand gedacht, als wir den Flottenrüstungen zustimmten.« (Berliner Volks-Zeitung, 10. November 1908) Quer durch die Parteien geht der Zorn über die Eigenmächtigkeiten des Kaisers und die Sorge über ihre außenpolitischen Konsequenzen. Von Verfassungsänderung ist da die Rede, von einem Ministerverantwortlichkeitsgesetz, von der Möglichkeit gar, durch die Verweigerung von Geldern Druck auf den Kaiser und die Regierung auszuüben. Aber es ist nur ein Sturm im Wasserglas, den die Abgeordneten im Plenarsaal des Hauses am Königsplatz entfachen.

Es ist eben bei Worten geblieben, Worten, die bisweilen sehr treffend waren und die bestehenden Zustände blitzartig erhellten, nur daß der erlöschende Blitz die Unsicherheit und Dunkelheit der Lage um so deutlicher zum Bewußtsein bringt. Es fehlte nach der Verschwendung von so viel Pathos und Witz die Pointe, die auch das kleinste Gedicht haben muß, wie viel mehr ein großes Epos in zwei Tage-Werken. Nachdem mit größerem oder geringerem Geschick ausgesprochen worden war, was ist, mußte auch die Konsequenz ausgesprochen werden in der Richtung, was nun werden soll. Mit einem Worte, es fehlte die Abstimmung.
Berliner Tageblatt, 12. November 1908, Abendausgabe

Der gemeinsame Nenner der Parteien ist zu klein, um eine wirkliche Veränderung des politischen Systems zu erzwingen. Wilhelm II., der während der Debatten über seine Person seelenruhig in Donaueschingen zur Jagd geht und sich von drei Berliner Kabarettisten die neuesten

Chansons vortragen läßt (»ganz besonderen Beifall fand das von Rudolf Nelson komponierte Lied vom ›Ladenmädel aus der Leipziger Straße‹«), erklärt wenig später in gewundenen Worten, »unbeirrt durch die von ihm als ungerecht empfundenen Übertreibungen der öffentlichen Kritik die Stetigkeit der Politik des Reichs unter Wahrung der verfassungsmäßigen Verantwortlichkeiten zu sichern«. Damit gibt man sich zufrieden. Bülow, des kaiserlichen Vertrauens beraubt, muß ein Jahr später seinen Hut nehmen. Das »persönliche Regiment« aber, von kritischen Zeitgenossen immer wieder als anachronistisch und gefährlich angeprangert, wird bis zum Ausbruch des Weltkrieges nie mehr ernsthaft in Frage gestellt.

Und das deutsche Volk? ... Hatte es Ursache, so vertrauensvoll zu sein? Ungefähr soviel wie ein kleiner Rentner, der sein ganzes Vermögen einem ihm unbekannten Bankier übergibt und mit seinem letzten Pfennig in Spekulationen verstrickt wird, von denen er nichts weiß. Seine Geschäfte wurden von dem Kaiser und einigen Personen, die dem Monarchen aus irgendeinem Grunde genehm waren, ohne jede Kontrolle geführt, und die Kundschaft, deren Besitz und deren Leben dort auf dem Spiele standen – das ganze Volk, fünfundsechzig Millionen Menschen –, hatte keine Möglichkeit, in die Bücher hineinzusehen. Es gab einen Reichstag, aber er war nichts als ein Automat der Steuerbewilligung, ein Chor, der von fernher die Handlung mit Reden, mit langen und tapferen Reden sogar, begleiten durfte und an der Handlung nicht teilnahm, niemals wußte, was vorging, und einen Schlag auf die Nase erhielt, wenn er versehentlich einmal die ihm gezogene Grenze überschritt. Wilhelm II. behandelte dieses ohnmächtige Scheinparlament mit der ganzen Verachtung, die ein von seiner Allwissenheit überzeugter, mit einigen Erziehungsmängeln behafteter Autokrat gegenüber solchen unsympathischen Einrichtungen empfinden muß. Er titulierte die Volksvertreter in seinen Marginalien »Ochsen von Reichstagsabgeordneten«, erklärte in markiger Schrift, daß Angelegenheiten der auswärtigen Politik, wie zum Beispiel ostasiatische Erwerbungen, »die Affenbande« gar nichts angingen ...

Es war ganz selbstverständlich, und übrigens in der rein dekorativen, das Volk gänzlich schutzlos lassenden Verfassung klar ausgedrückt, daß der Kaiser allein, ohne das Parlament irgendwie zu unterrichten oder zu fragen, Krieg erklären konnte und durfte und daß den Vertretern der fünfundsechzig Millionen dann nur, wenn die Kriegsmaschine schon rollte, das Recht, die Kriegskredite zu votieren, vorbehalten blieb.

Theodor Wolff, Der Krieg des Pontius Pilatus

»Herrlichen Zeiten führe ich euch noch entgegen ...«

Um von der Vielzahl ungelöster sozialer und politischer Probleme abzulenken, beginnt der Kaiser die Einlösung seines Versprechens verstärkt an einen weltpolitischen Expansionskurs zu binden. Emotional wird der neue Kurs mit einer Reihe »vaterländischer Feste« eingeläutet, zu denen die 25. Wiederkehr der siegreichen Schlacht von Sedan, der Kaiserproklamation in Versailles und der Gründung des Deutschen Reiches willkommenen Anlaß bieten. »Wenn das Glück eines Landes abzuschätzen ist nach der Zahl der Feste, die es feiert«, schreibt ein Journalist spottend in seinem Rückblick auf das Jahr 1895, »verdient das Deutsche Reich vor allem den Preis.« (Die Nation, 28. Dezember 1895)

In Berlin wird mit Feierlichkeiten aller Art – Gottesdiensten, Kriegervereinstreffen, Festumzügen und Paraden – zu den patriotischen Spektakeln besonders vielstimmig aufgespielt:

Zahllose Wagenladungen von Eichenlaub sind in den letzten Tagen nach Berlin geschafft worden, um zur Ausschmückung von Häusern und Straßen zu dienen. Die Oberförsterei Grunewald wird mit Besuchen um Ablassung von Laub förmlich überschwemmt. Braucht doch Berlin zur Ausschmückung der städtischen Gebäude allein 80000 Meter Eichengirlanden ... Aus Anlaß der Festlichkeiten des Sedantages sind Absperrungen von Straßenzügen angeordnet worden in einem Umfange, wie noch nie zuvor in Berlin. Neben den an den Vormittagen von Paradetagen üblichen Absperrungsmaßregeln sind Anordnungen getroffen worden für die Spalierbildung der 30000 Schulkinder Unter den Linden und sodann polizeiliche Vorkehrungen für die Illumination am Abend, die wegen des gleichzeitig stattfindenden Zapfenstreichs im Lustgarten das zum erstenmal an einer Illumination mitbeteiligte Schloß und seine Umgebung fast unerreichbar machen.

Freisinnige Zeitung, 31. August 1895, Beiblatt

Aber es bleibt nicht bei stimmungsvoller Illumination und besinnlichen Rückblicken. »Deutschland in der Welt voran« ist die Devise, und das bedeutet vor allem die Ausweitung politischer Einflußsphären, die Gewinnung neuer Rohstoffquellen und Absatzmärkte. Hatte Bismarck noch das politische Gleichgewicht und damit die Sicherheit in Europa nicht durch eine abenteuerliche Kolonialpolitik in Afrika oder Ostasien gefährden wollen, so sind derartige Rücksichten dem politischen Stil Ende der neunziger Jahre fremd. Selbstbewußt und programmatisch erklärt der gerade zum Staatssekretär des Äußern ernannte, von den Großindustriellen gestützte Bernhard von Bülow am 6. Dezember 1897 im Reichstag am Berliner Königsplatz:

Die Zeiten, wo der Deutsche dem einen seiner Nachbarn die Erde überließ, dem anderen das Meer und sich selbst den Himmel reservierte, wo die reine Doktrin thront – diese Zeiten sind vorüber. Wir betrachten es als eine unserer vornehmsten Aufgaben, gerade in Ostasien die Interessen unserer Schiffahrt, unseres Handels und unserer Industrie zu fördern und zu pflegen ..., wir wollen niemand in den Schatten stellen, aber wir verlangen auch unseren Platz an der Sonne.
Graf Bülows Reden/1

Wenige Tage zuvor hatte die Ermordung zweier deutscher Missionare in der chinesischen Provinz Schantung die willkommene Gelegenheit geboten, mit deutschen Kriegsschiffen in der Bucht von Kiautschou zu landen und Hafen und Stadt zu besetzen. (Ein Jahr später muß China das Gebiet auf 99 Jahre an Deutschland verpachten und Konzessionen für den Bau von Eisenbahnlinien und Industrieunternehmen erteilen.)

Die Kiautschou-Affäre leitet eine neue Periode kolonialer Erwerbungen ein, die die politischen Beziehungen zur Weltmacht Großbritannien nicht unerheblich belasten: Die Karolinen, die Palau-Inseln und die Marianen im Stillen Ozean werden dem Deutschen Reich einverleibt. Im November 1899 wird auch der größte Teil der Samoa-Inseln, bis dahin von Deutschland, England und den USA gemeinsam verwaltet, deutsches Kolonialgebiet. Und wieder meldet sich Staatssekretär von Bülow, am 11. Dezember 1899, im Reichstag zu Wort:

Stehen wir wieder vor einer neuen Teilung der Erde ...? Ich glaube das nicht, ich möchte es namentlich noch nicht glauben. Aber jedenfalls können wir nicht dulden, daß irgendeine fremde Macht, daß irgendein fremder Jupiter zu uns sagt: Was tun? Die Welt ist weggegeben. Wir wollen keiner fremden Macht zu nahe treten, wir wollen uns aber auch von keiner fremden Macht auf die Füße treten lassen, und wir wollen uns von keiner fremden Macht beiseite schieben lassen, weder in politischer noch in wirtschaftlicher Beziehung ...

Untätig beiseite stehen, wie wir das früher oft getan haben, entweder aus angeborener Bscheidenheit, oder weil wir ganz absorbiert waren durch unsere inneren Zwistigkeiten, oder aus Doktrinarismus – träumend beiseite stehen, während andere Leute sich in den Kuchen teilen, das können wir nicht und wollen wir nicht. Wir können das nicht aus dem einfachen Grunde, weil wir jetzt Interessen haben in allen Weltteilen.
Graf Bülows Reden/1

Werbung für des Kaisers Flotte, Ausstellungsplakat 1910

Zum Schutz der »Interessen in allen Weltteilen« braucht Deutschland eine starke Militärmacht, vor allem eine starke Flotte. Die Flotte ist das Lieblingskind des deutschen Kaisers. Für sie ist ihm nichts zu teuer. Vor allem nicht die Steuergroschen seiner Untertanen. Mal plant er eine starke Küstenschutzflotte, mit der er die Forderung nach zehn neuen Küstenpanzerschiffen motiviert, mal eine Hochseeflotte, die auch als Paradeflotte Eindruck machen soll. 1895 sollen die neuen Kreuzer »deutsche Wirtschaftsinteressen im Ausland schützen«. In jedem Falle verschlingt der Flottenausbau Geld, viel Geld, und um die Untertanen auf ihre patriotische Pflicht einzustimmen, wird eine immense Flottenpropaganda ins Werk gesetzt, deren Finanzierung Panzerplatten- und Geschützhersteller, Werften und Elektrounternehmen nur allzu gern übernehmen. In Zeitungen und Zeitschriften, zu Kaisers Geburtstag und am Sedanstag, mit Werbepostkarten und schmucken Vereinsabzeichen wird für Deutschlands Weltgeltung zur See die Reklametrommel geschlagen. Die Hersteller von Matrosenanzügen und Matrosenkleidchen für die Jüngsten haben Hochkonjunktur.

Im großen Stil organisiert seit 1898 der Deutsche Flotten-Verein, dessen Berliner Abteilung am Schöneberger Ufer 30 unter Leitung des Berliner Maschinen- und Stahlindustriellen Ernst von Borsig residiert, die Propaganda für Deutschlands Stärke auf den Weltmeeren. Dem Verein gehören die höchsten Beamten des Reichsmarineamtes ebenso an wie führende Vertreter der Schwerindustrie und der Hochfinanz.

Der Flottenrummel zeitigt immer unglaublichere Blüten. Den Musterpatrioten im Flotten-Verein ist jetzt die Möglichkeit gegeben, auch in der Öffentlichkeit sich als solche zu kennzeichnen. Der Flotten-Verein verkauft Abzeichen in Neusilber, als Schlipsnadeln, als Knopf- oder Bandabzeichen und als Broschen zu tragen, und echt silberne Abzeichen als Bandabzeichen. Sogar Kinder werden jetzt bei den Flottenvorträgen zur Füllung der Säle in Berlin aufgeboten. Bei dem Vortrag des chinesischen Torpedodirektors a. D. Kretzschmar bestand ein Drittel der Versammlung aus Damen und Kindern, ein anderes Drittel aus Unteroffizieren und den uniformierten Jungen, die sich »Jugendwehr« nennen.

Volks-Zeitung, 30. Dezember 1899

Die Agitation bleibt nicht ohne Wirkung. 600 000 Mitglieder treten dem Deutschen Flotten-Verein, für den der Kaiser höchstpersönlich das Mitgliedsabzeichen entworfen hat, bis zur Jahrhundertwende bei, über 1,1 Millionen werden es 1913 sein.

Auch die Professoren der Berliner Universität wollen nicht abseits stehen. Da ihnen das vordergründige Engagement der Großindustriellen von Rhein, Ruhr und Spree im Flotten-Verein etwas peinlich ist, gründet eine Gruppe von Wissenschaftlern – Historiker, Nationalökonomen, Theologen, Philosophen, Altphilologen, Mediziner – im November 1899 eine eigene »Freie Vereinigung für deutsche Flottenvorträge«. Den Aufruf »Für eine starke deutsche Flotte!« unterschreiben nicht nur zahlreiche angesehene Wissenschaftler, sondern auch Schriftsteller und Künstler, unter ihnen Wilhelm Raabe, Detlev von Liliencron, Max Liebermann und Richard Strauss.

Wie 1887 mit der »letzten Kuh«, die der Franzmann oder Russe aus dem Stalle holen sollte, so wird in diesem Aufruf der Deutsche mit »Raub und Brand« in den Seestädten erschreckt. Es heißt da mit blutigrotem Feuerschein: »Ein Seekrieg Deutschlands, mit einer unzulänglichen Flotte geführt, bedeutet ein Stocken unseres von jeder überseeischen Zufuhr abgeschnittenen Erwerbslebens, bedroht unsere Küsten, Häfen, Seestädte mit Raub und Brand, kann das Deutsche Reich mit einem Schlage aus der Reihe gebietender und reicher Weltmächte drängen. Eine starke Flotte wird für Deutschland ebenso das Werkzeug des Weltfriedens werden, wie sein starkes Landheer jetzt seit mehr als einem Vierteljahrhundert den Frieden Europas geschützt hat. Begehrt als Freund, als Gegner gefürchtet kann Deutschland in der Weltpolitik nur durch seine Seegeltung sein.«

Volks-Zeitung, 16. November 1899, Abendblatt

Die immer wiederkehrende Argumentation der Flottenpropagandisten von der »äußeren Bedrohung«, vom notwendigen »Schutz der Kolonien«, vom »englischen Handelsneid« verfehlt ihre Wirkung nicht. Sie liefert die emotionale Massenbasis für eine Weltmachtpolitik, die mit ihrer forcierten Flottenrüstung die Spannungen mit England gefährlich verschärft.

1896 besucht der englische Journalist Henry Wickham Steed, der Anfang der neunziger Jahre in Berlin studierte, erneut die deutsche Hauptstadt:

Das Deutschland von 1896 war wirklich anders als das Deutschland von 1892/93, das ich gekannt hatte oder geglaubt hatte zu kennen. Die alldeutsche Wolke, oder, wie der deutsche Kaiser zu formulieren liebte, die Idee eines »Groß-Deutschland«, drei Jahre zuvor noch kaum sichtbar, hatte sich rasch ausgebreitet und war im Begriff, jene Form und Dichte anzunehmen, die sie gegenwärtig zu einer Weltgefahr macht. Die plötzliche Veränderung, die mit dem Einfluß neuer Ideen oder einer jüngeren Generation eine Nation überkommt, war in vielen Richtungen spürbar. Ich fand bei meinen deutschen Freunden eine weniger herzliche, eine aggressivere Stimmung. Selbst Paulsen, mein alter Professor, war davon infiziert. Sein betonter Liberalismus und sein philosophischer Weitblick war vom Mehltau eines einengenden Nationalismus befallen. In einem Ton, der nicht ganz frei war von Drohung, warnte er mich vor den schrecklichen Folgen, die es für England haben würde, wenn es diesem Deutschland in die Quere käme ... In deutschen Familien der offiziellen Kreise bemerkte ich, daß liberale Zeitschriften zugunsten chauvinistischer Organe in Wegfall gekommen waren. Feindseligkeit gegenüber England und den demokratischen Ideen, die es angeblich repräsentierte, waren sehr verbreitet. Deutsche Marineoffiziere, bei denen ich freundschaftlich verkehrte, machten kein Hehl aus ihrer starken Abneigung gegenüber England und englischen Dingen. Verblüffender noch war die Meinung der Philosophiestudenten, in deren Gesellschaft ich einen Großteil meiner Zeit an der Berliner Universität verbracht hatte. Sie hatten die politischen Ansichten Treitschkes übernommen und bekannten offen ihre Bewunderung für einen Mann, der wie kein anderer Preußen und den deutschen Nationalismus verkörperte.

Wickham Steed, Trough thirty years/1

Am 12. Juni 1900 verabschiedet der Reichstag mit 201 gegen 103 Stimmen das 2. Flottengesetz, das eine Erhöhung des Flottenbestandes auf fast das Doppelte gegenüber 1898 festschreibt. Das Gesetz gibt nicht nur Bülow grünes Licht für seinen geplanten Weltmachtkurs – es ist auch Ausdruck eines innenpolitischen Kompromisses, bei dem Großbourgeoi-

sie und Junkertum in der »Sammlungspolitik« ihre spezifischen Interessen miteinander ausgehandelt haben: »Der Industrie die Flotte, die Weltpolitik und die Expansion, den Agrariern die Zölle und die Aufrechterhaltung der sozialen Vormachtstellung der Konservativen« (Eckart Kehr, Schlachtflottenbau und Parteipolitik). Als verbindende Klammer zwischen den immer wieder aufbrechenden Interessengegensätzen dient, wie schon zu Bismarcks Zeiten, der gemeinsame Kampf gegen die »Mächte des Umsturzes«.

Am 30. September 1890 war das »Gesetz gegen die gemeingefährlichen Bestrebungen der Sozialdemokratie« außer Kraft getreten, das zwölf Jahre lang jede politische Betätigung unter sozialistischem Vorzeichen verboten, tausende von Sozialdemokraten verfolgt, ins Gefängnis geworfen, aus ihren Heimatorten verbannt oder in die Emigration getrieben hatte. Aber der von den Urhebern erhoffte Erfolg des Gesetzes hatte sich nicht eingestellt.

Bei den Reichstagswahlen vom 20. Februar 1890 gewinnen die Sozialdemokraten 35 Reichstagsmandate, 26 mehr als im Juli 1878, der letzten Wahl vor Erlaß des Sozialistengesetzes. In Berlin erhalten die sozialdemokratischen Kandidaten 126 317 von 237 377 Stimmen und damit die absolute Mehrheit der Wähler. In den sieben größten Lokalen der Hauptstadt feiert die kleine Schar von 5000 Berliner Parteimitgliedern und das riesige Heer der Sympathisanten am Abend des 30. September 1890 die Rückkehr der Sozialdemokratie in die Legalität und den Aufbruch in neue Kämpfe.

Wenn das Jahrzehnt, währenddessen das Sozialistengesetz Geltung hatte, die Sozialdemokratie nicht tötete, so hat es natürlich noch weniger vermocht, dem Sozialismus etwas anzuhaben. Er war nun glücklich überall, er lehrte im Bilde, überzeugte im Roman, predigte von der Bühne, er lag in der Luft, die man atmete und begleitete den Reisenden rund um die Welt. Er beschäftigte alle Gedanken, und es wäre wohl nicht leicht möglich gewesen, zwischen 1880 und 1914 eine Zeitung in die Hand zu nehmen, die nicht auf die Probleme, die mit ihm zusammenhängen, hingeführt hätte. »Überall spürt man Drohung«, schreibt Hermann Bahr einmal, »daß etwas Großes, etwas Starkes, welches nicht mehr abzuweisen ist, Einlaß verlangt.« Einer unserer jüngeren Künstler hat ein Blatt radiert, auf dem man eine Plattform sieht, die von vielen kräftigen Armen in die Höhe gehalten wird. Oben tanzen, lieben und genießen elegante Herren und Damen, darunter steht: Wie lange noch? Dieses Bild bringt das Gefühl, das in den letzten zwanzig Jahren vor dem Weltkriege herrschte, meisterhaft zum Ausdruck. Es war ein Gefühl, mit dem sich jeder in Furcht, Erwartung oder Neugier abfand, wie er konnte, und nur die Staatsmänner und die Berufspolitiker haben nichts davon gewußt.

Als der Sozialismus auf der politischen Bühne erschien, traf er ein unvorbereitetes Geschlecht. Die alten Parteien, die er in Deutschland vorfand, trugen schlechte Masken. Als er nun seine Auseinandersetzungen begann, sagte die eine: Thron und Altar; die andere: Freiheit und Recht; die dritte: Religion, aber es klang immer wie Portemonnaie. Sie sprachen alle unendlich viel vom »Vaterland«, und sie meinten doch immer nur ihre persönlichen Interessen und die kleinlichsten und unwürdigsten dazu. Als das Bürgerliche Gesetzbuch für das Deutsche Reich endlich so weit fertig war, daß es dem Reichstag zur Beratung vorgelegt werden sollte, entdeckten die Herren auf der Rechten, daß sich in demselben eine Bestimmung fand, die auch für den Wildschaden, den Hasen und Fasanen anrichteten, eine Entschädigung vorsah. Darüber entrüsteten sie sich derartig, daß der Sprecher ihrer Partei am 23. Juni 1896 erklärte, sie würde, wenn diese Bestimmung bliebe, vorziehen, das ganze Bürgerliche Gesetzbuch in den Papierkorb fallen zu lassen. Regierung und Reichstag mußten sich vor ihrer Macht beugen. Die preußische Steuerreform des Ministers Miquel brachten sie zu Fall, weil die progressive Erhöhung der Steuer auch die Einkommen von über 100 000 Mark jährlich erfassen wollte. Das schien ihnen ein unbilliges Verlangen, und sie stießen Weherufe über Vermögenskonfiskation aus. So sahen die Parteien aus, mit denen die Sozialdemokratie nach 1890 zusammenarbeiten sollte. Ist es dann ein Wunder, daß es zu den heftigsten Reibungen kam, wenn die Besitzenden sich in ihrer Selbstsucht auch vor den verständigsten Ansprüchen verschlossen und nichts, aber auch gar nichts von den Rechten aufgeben wollten, die sie selbst zu Unrecht besaßen? Großindustrielle und Großgrundbesitzer wußten die Hintertüren zu finden, durch die man seinen Einfluß zur Geltung bringt. Sie verstanden es, das Tempo sozialer Reformen so zu verlangsamen, daß sie schließlich ganz ins Stocken gerieten. Da sie sich ihren Gegnern geistig nicht gewachsen zeigten, so versuchten sie wenigstens, sie zu verunglimpfen. Ein preußischer Minister erklärte, von einem Zusammenarbeiten mit Sozialdemokraten dürfe nie die Rede sein, sie wären höchstens »Objekte der Gesetzgebung«, und im Abgeordnetenhause wurde einmal lange darüber debattiert, ob es eine persönliche Beleidigung sei oder nicht, wenn man von einem Manne behaupte, er sei sozialdemokratisch angekränkelt.
Max von Boehn, Die Mode

Mit Verleumdungen und Behinderungen, Verboten und massiver Beeinflussung soll auch in Berlin der weiteren Ausbreitung der umstürzlerischen Ideen ein Riegel vorgeschoben werden. Sozialdemokraten sind noch immer Staatsbürger zweiter Klasse oder, wie Wilhelm II. es in seiner drastisch-ungenierten Art am Sedanstag 1895 bei einem Festmahl im

Schloß formuliert: »Eine Rotte von Menschen, nicht wert, den Namen Deutscher zu tragen.« (Schulthess' Europäischer Geschichtskalender 1895)

Das Sozialistengesetz ist aufgehoben. Aber de facto wird nach wie vor nach seinen Grundsätzen verfahren ... Kein Sozialdemokrat wird im bescheidensten Staats- oder Gemeindeamt, als Nachtwächter oder Laternenanzünder, geduldet. Kein Sozialdemokrat wird als Mitglied einer Schulverwaltung bestätigt. Kein Sozialdemokrat kann es auch nur zum Turnlehrer bringen. Sozialdemokratische Staatsarbeiter werden fortgejagt. Die »Freiheit der Wissenschaft« an den Hochschulen macht halt vor der Sozialdemokratie. Ein Wirt, der seinen Saal den Sozialdemokraten öffnet, ein Barbier, der in einem sozialdemokratischen Blatt inseriert, wird von den Militärbehörden boykottiert. Ein Bürgermeister, der ein städtisches Gebäude allen Parteien für Versammlungen zur Verfügung stellt, wird diszipliniert. Ein Amtsvorsteher, der eine Wohnung einem Sozialdemokraten vermietet, wird aus dem Amte entfernt. Ein Lehrer, der sich bei der Stichwahl zwischen Sozialdemokraten und Antisemiten der Stimme enthält, wird in Geldstrafe genommen.
Hellmut von Gerlach, Siegreiche Besiegte

Die Anzahl der Majestätsbeleidigungsprozesse schwillt lawinenartig an. Es gibt kaum einen Redakteur einer sozialdemokratischen Zeitung, der nicht aus nichtigsten Gründen mit dem Gefängnis Bekanntschaft schließen muß. In den ersten fünf Jahren nach Erlöschen des Sozialistengesetzes sammeln sich auf dem Konto der Berliner »Vorwärts«-Redaktion achtzig Monate Gefängnis und mehr als 6000 Mark Geldstrafe. Allein im Sommer 1895 sitzt die Hälfte der »Vorwärts«-Redakteure im Gefängnis. Im selben Jahr wird gegen Wilhelm Liebknecht wegen seiner Eröffnungsrede auf dem Breslauer Parteitag, wo er die diffamierenden Angriffe Wilhelms II. auf die Sozialdemokratie – ohne den Namen des Kaisers zu nennen – zurückgewiesen hatte, ein Prozeß wegen Majestätsbeleidigung angestrengt. Der Siebzigjährige wird zu vier Monaten Gefängnis verurteilt, die er vom November 1897 bis März 1898 in Plötzsee verbüßen muß. 1904 wird Rosa Luxemburg zu drei Monaten Gefängnis wegen Majestäsbeleidigung verurteilt, zwei Jahre später wegen »Aufreizung zu Gewalttätigkeiten« zu zwei Monaten Gefängnis.

Ein Heer von Spitzeln registriert mit pedantischer Gründlichkeit jede Aktivität der Berliner Sozialdemokraten: Versammlungen, Demonstrationen, Diskussionsreden, Sommerfeste und Sportveranstaltungen. Die »Acta personalia« und die »Acta specialia« der Berliner Politischen Polizei erfassen, wer sozialdemokratische Zeitungen abonniert hat, wer Mitglied eines sozialdemokratischen Wahlvereins ist, wer den 1. Mai fei-

ert oder an Streikaktionen teilgenommen hat – ein oft folgenschweres Sündenregister, denn Behörden und Unternehmen pflegen bei der Polizei Erkundigungen über die politische Zuverlässigkeit eines Bewerbers einzuholen. Ohne Gewißheit über die staatstreue Gesinnung wird kein Briefträger und kein Schaffner, kein Müllkutscher bei der städtischen Reinigung und kein Dreher bei den Spandauer Munitionswerken eingestellt. Für die »gehobene Laufbahn« ist Abstinenz von allen »umstürzlerischen« Ideen sowieso Voraussetzung.

Es war trotz Aufhebung des Sozialistengesetzes damals nicht ungefährlich, ein sozialistischer Student zu sein. Das geringste Hervortreten etwa mit einer Diskussionsbemerkung in einer öffentlichen Versammlung oder als Flugblattverteiler würde unfehlbar die Relegation von der Universität und damit den Abbruch jeder weiteren Berufsausbildung nach sich gezogen haben, da man auf keiner anderen Universität wieder angenommen worden wäre.
Alfred Grotjahn, Erlebtes und Erstrebtes

1898 wird der sozialdemokratische Privatdozent Leo Arons auf Grund einer Verfügung des preußischen Staatsministeriums (der »Lex Arons«) trotz gegenteiliger Entscheidung des Fakultätsgerichts von der Berliner Universität verwiesen: Er hatte angeblich »sozialdemokratische Agitation« betrieben und den Hamburger Hafenarbeiterstreik von 1896 finanziell unterstützt. Als der Berliner sozialdemokratische Stadtverordnete Paul Singer 1898 einstimmig in die Schuldeputation gewählt wird, verbietet der preußische Kultusminister Bosse gleich grundsätzlich die Tätigkeit von Sozialdemokraten und mit Sozialdemokraten Sympathisierenden in Schuldeputationen und Schulvorständen: ihnen gehe die Fähigkeit ab, »die heranwachsende Jugend zu gottesfürchtigen, sittlichen und vaterlandsliebenden Menschen« zu erziehen. Auch Beamte und alle »Diener des Staates« haben sich selbstverständlich von sozialdemokratischen Bestrebungen strikt fernzuhalten. Sie dürfen weder Sozialdemokraten wählen (die Landtags- und Gemeindewahlen sind in Preußen öffentlich!) noch selbst Mitglied einer sozialdemokratischen Vereinigung sein. Im Juni 1898 veröffentlicht der Staatssekretär des Reichspostamts Viktor von Podbielski folgendes Skriptum:

Wiederholt ist neuerdings der Versuch gemacht worden, Angehörige der Reichs-Post- und Telegraphenverwaltung für die Bestrebungen der Sozialdemokratie zu gewinnen; auch sind mehrere Fälle zu meiner Kenntnis gelangt, in denen außerhalb der Verwaltung stehende Agitatoren in Versammlungen von Beamten das Wort geführt haben, um Unzufriedenheit zu erregen, die Maßnahmen der Behörden in gehässiger

Weise zu kritisieren und Zwietracht unter den verschiedenen Beamtenkategorien zu säen.

Wenngleich ich überzeugt bin, daß der Geist der Pflichttreue in der Beamtenschaft auch für die Zukunft ein Bollwerk gegen das Eindringen sozialdemokratischer Bestrebungen bilden wird, so halte ich es doch für meine Pflicht, ausdrücklich darauf hinzuweisen, daß – wie ich bereits im Reichstag erklärt habe – jede Beteiligung an sozialdemokratischen Bestrebungen mit den durch den Diensteid gelobten Amtspflichten unvereinbar ist und daß deshalb Beamte, die derartigen Anschauungen Ausdruck geben, nicht im Dienst geduldet werden können.

Dieser Erlaß ist durch die Vorsteher der Verkehrsanstalten persönlich sämtlichen Beamten und Unterbeamten, neu Eintretenden nach der Vereidigung, gegen Anerkenntnis bekannt zu geben.

Amts-Blatt des Reichs-Postamts, 37/1898

Als immer deutlicher wird, daß die Ausbreitung sozialistischer Ideen mit Schikanen und Diffamierungen, Verboten und Verurteilungen nicht gebremst werden kann, mehren sich seit der Mitte der neunziger Jahre die Stimmen, die laut und deutlich ein neues Sozialistengesetz fordern. Am 6. September 1894 ruft der Kaiser in einer programmatischen Rede zum »Kampf für Religion, für Sitte und Ordnung, gegen die Parteien des Umsturzes« auf. Drei Monate später unterbreitet der preußische Innenminister Köller dem Reichstag einen Gesetzentwurf, nach dem in die bestehenden Straf-, Presse- und Militärgesetze verschärfende Paragraphen gegen »Aufreizung zur Gewalt und zum Ungehorsam« sowie gegen Angriffe auf Religion, Ehe, Familie und Eigentum aufgenommen werden sollen, die sogenannte Umsturzvorlage. Es ist der erste Gesetzentwurf, der den Abgeordneten im neuen Reichstagsgebäude am Königsplatz zur Diskussion vorgelegt wird:

Herr v. Stumm, einer der lautesten Rufer im Kampf gegen die Sozialdemokratie, hat bei der Beratung des Umsturzgesetzes im Reichstag einen hübschen Vorschlag gemacht. Er sagte am 9. Januar 1895: »Sie brauchen ein schärferes Gesetz, und hätte ich das Gesetz zu machen, so würde ich vorschlagen: 1. Jedem Sozialisten wird das aktive und passive Wahlrecht entzogen. Die Agitatoren werden ausgewiesen oder interniert.«

Paul Michaelis, Von Bismarck bis Bethmann

Die Gummiparagraphen der Umsturzvorlage, die der polizeilichen Willkür im politischen, wissenschaftlichen und künstlerischen Leben Tür und Tor geöffnet hätten, stoßen nicht nur bei Sozialdemokraten auf Empörung. In Berlin bildet sich ein Ausschuß zur Bekämpfung der Um-

Verbrecher, die erdichtete Thatsachen, von denen sie wußten, daß sie erdichtet sind, öffentlich behauptet haben, um dadurch Staatseinrichtungen verächtlich zu machen. (§ 131.)

Karikatur des »Kladderadatsch«, 16. Dezember 1894

sturzvorlage, der in kurzer Zeit 95 000 Unterschriften sammelt. Nach einer landesweiten Protestbewegung kommt die Umsturzvorlage am 11. Mai 1895 im Reichstag zu Fall. Der Kaiser reagiert auf das Fiasko noch am selben Tage mit einem offenen Telegramm an seinen Reichskanzler: »Besten Dank für Meldung. Es bleiben uns somit noch die Feuerspritzen für gewöhnlich und Kartätschen für die letzte Instanz übrig! (Hohenlohe-Schillingsfürst, Denkwürdigkeiten der Reichskanzlerzeit)

Aber Herr von Köller gibt nicht auf. Geht es nicht im Reich, so geht es vielleicht in Preußen. Im September 1895 empfiehlt er für die Hohenzollernschen Kernlande ein »kurzes, klares Sozialistengesetz«: »Das Geschrei, es sei ein Ausnahmegesetz, will nicht viel sagen, denn am Ende ist jedes Strafgesetz ein Ausnahmegesetz. Man muß sich aber entschließen, die Sozialdemokratie im Lande nicht als politische Partei zu behandeln, sondern ihnen als Revolutionären gegen Staat und Ordnung mit Zwangsmitteln entgegenzutreten.« (Hohenlohe-Schillingsfürst, Denkwürdigkeiten der Reichskanzlerzeit) Als das preußische Staatsministerium nicht mitzieht, schickt Köller kurzerhand seine Polizeitruppen los und läßt in Berlin in einer flächendeckenden Hausdurchsuchungsaktion so viel »belastendes Material« zusammentragen, daß der Polizeipräsident am 29. November 1895 das Verbot von elf Berliner politischen

Vereinen und der Parteizentrale anordnen kann. Aber auch der »Köller-Coup« ist ein Schlag ins Wasser: In einer Revisionsverhandlung im März 1897 müssen alle Verbote aufgehoben und die Angeklagten freigesprochen werden.

Kein besseres Schicksal ist der sogenannten Zuchthausvorlage beschieden, einem Gesetzentwurf, der Streikaktivitäten »zum Schutze der gewerblichen Arbeitsverhältnisse« mit hohen Geld- und Zuchthausstrafen zu belegen droht, und der »Lex Heinze«, die nach dem Prozeß gegen einen Zuhälter namens Heinze für alle »Verletzungen der öffentlichen Sittlichkeit und Moral« Gefängnisstrafen bereithält – kein Künstler wäre danach mehr vor schwedischen Gardinen sicher gewesen. Massenproteste, die quer durch alle Parteien und Schichten gehen, fegen die monströsen Gesetzentwürfe hinweg. Sarkastisch kommentiert Alfred Kerr:

Wir leben in Deutschland jetzt in einer Ära der gehäuften Glücksfälle ... Es kam ein Volksschulgesetz, das ist abgewehrt. Es kam ein Umsturzgesetz, das ist abgewehrt. Es kam dies Heinzegesetz, auch das ist abgewehrt. O Glück, o gehäufter Segen. Wir können uns gar nicht mehr retten vor Schicksalsgunst, und das Land muß aufblühen, wenn es noch öfter mit Anspannung letzter Kräfte die Schlingen abstreift, die man ihm um die Kindergurgel legt.

Dies Abstreifen ist ja die wesentlichste politische Arbeit unsres Volkes – seit zehn Jahren.

Wir jubeln nicht über errungenen Nutzen; wir jubeln über vermiedene Schäden.

Alfred Kerr, Junggesell um das dreißigste Jahr

Allen Behinderungen zum Trotz erweist sich die Sozialdemokratie im letzten Jahrzehnt des 19. Jahrhunderts als eine Partei mit ungebrochener Anziehungskraft. In Berlin kann sie ihre Mitgliederzahlen in den beiden ersten Jahren nach dem Fall des Sozialistengesetzes mehr als verdoppeln, und der Zustrom hält bis zum Ausbruch des Weltkrieges unvermindert an. Noch deutlicher spiegelt sich die wachsende Attraktivität sozialdemokratischen Gedankenguts, weit über die Reihen der Mitglieder hinaus, in den Ergebnissen der Reichstagswahlen: Stimmten 1890 noch 126317 oder 53,2 Prozent der Wähler für sozialdemokratische Kandidaten, so waren es 1907 bereits 251215 oder 66,2 Prozent. Seit 1903 halten die Sozialdemokraten mit wachsenden Mehrheiten fünf der sechs Berliner Reichstagswahlkreise, und auch die Berliner Vorortwahlkreise fallen nach und nach an die Sozialdemokraten: 1890 Niederbarnim, 1898 Teltow-Beeskow-Storkow-Charlottenburg und 1912 Osthavelland mit Spandau. Die Einschätzung des Kaisers bei einer Ansprache am

5. Dezember 1899 – »Die Sozialdemokratie betrachte ich als eine vorübergehende Erscheinung; sie wird sich austoben« – ist kein ernsthafter Politiker mehr bereit zu teilen.

Aber auch innerhalb der Partei bleibt nicht alles, wie es war. Über theoretische Fragen, über Fragen der wirksamsten Strategie und Taktik unter den neuen Bedingungen des »gemeinen Rechts« gibt es Auseinandersetzungen, die gerade in Berlin mit besonderer Heftigkeit geführt werden. »Alte« und »Junge« streiten über parlamentarische und außerparlamentarische Opposition, über Revolution oder Reform, um das Verhältnis zwischen Parteizentrale und Basisorganisationen, um die revisionistischen Theorien von Eduard Bernstein, für den der baldige Zusammenbruch des Kapitalismus »weder zu gewärtigen noch zu wünschen sei«. Er plädiert für eine »stückweise Verwirklichung des Sozialismus« innerhalb des bestehenden Gesellschaftssystems: »Ich habe für das, was man gemeinhin unter ›Endziel des Sozialismus‹ versteht, außerordentlich wenig Sinn und Interesse. Dieses Ziel, was immer es sei, ist mir gar nichts, die Bewegung alles.« (Eduard Bernstein, Der Kampf der Sozialdemokratie)

Auch Rosa Luxemburg, die nicht müde wird, vor der Verwandlung der deutschen Sozialdemokratie in eine bürgerlich-liberale Reformpartei zu warnen, wirft sich in den Kampf. Seit Mai 1898 lebt sie in Berlin (»Ich fühle mich, als wäre ich ganz allein und fremd hierhergekommen, um Berlin ›zu erobern‹, und wenn ich es ins Auge fasse, wird mir bange angesichts seiner kalten und mir gegenüber gleichgültigen Macht.«) und läßt keine Gelegenheit aus, gegen verkrustete Strukturen innerhalb der Partei Sturm zu laufen.

Am 23. Juni 1898 schreibt sie an den Pädagogen und Journalisten Robert Seidel in der Schweiz:

Sie wundern sich vielleicht, daß ich den alten Börne lese; ich bin überhaupt noch keinem Deutschen begegnet, der ihn noch lesen würde. Auf mich aber wirkt er immer gleich stark und weckt in mir immer frische Gedanken und lebhafte Empfindungen wach. Wissen Sie, was mir jetzt keine Ruhe läßt? Ich bin unzufrieden mit der Art und Weise , wie man in der Partei meistens die Artikel schreibt. Es ist ja alles so konventionell, so hölzern, so schablonenhaft. Das Wort eines Börne klingt jetzt wie aus einer anderen Welt. Ich weiß – die Welt ist ja eine andere, und andere Zeiten wollen andere Lieder haben. Aber eben »Lieder«, unser Geschreibsel ist ja meistens kein Lied, sondern ein farbloses und klangloses Gesurr, wie der Ton eines Maschinenrades. Ich glaube, die Ursache liegt darin, daß die Leute beim Schreiben meistenteils vergessen, in sich tiefer zu greifen und die ganze Wichtigkeit und Wahrheit des Geschriebenen zu empfinden. Ich glaube, daß man jedes Mal, jeden Tag, bei jedem Artikel wieder die Sache durchleben, durchfühlen muß, dann

würden sich auch frische, vom Herzen und zum Herzen gehende Worte für die alte, bekannte Sache finden. Aber man gewöhnt sich so an eine Wahrheit, daß man die tiefsten und größten Dinge so herplappert wie ein Vaterunser. Ich nehme mir vor, beim Schreiben nie zu vergessen, mich für das Geschriebene jedesmal zu begeistern und in mich zu gehen. Ebendeshalb lese ich von Zeit zu Zeit den alten Börne, er erinnert mich treu an meinen Schwur.
Rosa Luxemburg, Briefe/1

Eine enge Freundschaft verbindet Rosa Luxemburg mit Franz Mehring, dem streitbaren Publizisten, Marx-Herausgeber und Historiker der deutschen Sozialdemokratie, der sich im Berliner Kulturleben auch als Leiter des Vereins Freie Volksbühne einen Namen gemacht hat. Nur wenige Straßenecken von Rosa Luxemburgs Wohnung in Friedenau entfernt wohnt Karl Kautsky, Chefredakteur der »Neuen Zeit«, ein scharfsinniger Theoretiker, aber, nach seinen eigenen Worten, »kein Redner und noch weniger ein Debatter«.

Am 13. Oktober 1905 schreibt Rosa Luxemburg über ihn an Leo Jogiches:

Stell Dir vor, Karl hatte auf die Bitte der Friedenauer Genossen einen Vortrag über ... »Marx' ökonomische Lehre« – und rate, wo? – in dieser obskuren Kneipe an der Ecke Menzel- und Beckerstraße, wo diese beiden entzückenden Hündchen sind, die wie Tiger aussehen, und die, wie es sich herausstellt, »eine Hochburg« der hiesigen Sozialdemokratie ist. Natürlich ging ich mit ihnen, und wir betraten ein verräuchertes, winziges Zimmerchen, darin saßen dichtgedrängt und höchst konzentriert – fünfundzwanzig Mann. Karolus räusperte sich und begann vorzutragen, was das ist, Wert und Tauschwert – NB, so unpopulär, daß ich mich direkt wunderte. So etwa ein Stündchen. Die Ärmsten kämpften krampfhaft gegen das Gähnen und den Schlaf an. Dann begann die Diskussion, ich mischte mich ein, und sofort wurde es sehr lebhaft; die Leute sagten immer wieder, daß ich oft kommen soll, es war sehr gemütlich, und wir unterhielten uns alles in allem sehr gut. Karolus gingen vor Bewunderung die Augen über: Woher du alle diese Tatsachen weißt (verschiedene Praktiken mit Tarifverträgen etc.), und woher verstehst du, so mit den Leuten umzugehen usw.
Rosa Luxemburg, Briefe/2

In Schöneberg wohnt August Bebel, gemeinsam mit Paul Singer – einem der populärsten Kommunalpolitiker der Stadt – Vorsitzender der Sozialdemokratischen Partei Deutschlands und einer der glänzendsten Redner im Parlament am Königsplatz. »Jedermann in Deutschland weiß«, notiert Theodor Mommsen, gewiß kein Sozialdemokrat, 1902 bewundernd, »daß mit einem Kopf wie Bebel ein Dutzend ostelbischer Junker ausgestattet werden könnten, daß sie unter ihresgleichen glänzen würden.« (Die Nation, 13. Dezember 1902). Das Ansehen, das sich Bebel durch seine Kompromißlosigkeit und moralische Integrität erworben hat, reicht weit über die Reihen der Arbeiterschaft hinaus.

1909 schreibt der linksliberale Politiker Hellmut von Gerlach:

Bebel ist der große Volksführer geworden, nicht weil er überzeugter Marxist ist, sondern weil die Arbeiter von seiner Ehrlichkeit durchdrungen sind, weil er ihre Seelen mit einem neuen Glauben erfüllt hat, weil sein ständiger Appell an die Gerechtigkeit in ihrem Herzen einen Widerhall gefunden hat ... Jede Spur von Skepsis geht ihm ab. An ihm nagt nicht des Zweifels Blässe. Rastlos arbeitet seine Phantasie. Er sieht das künftige Reich lebendig vor sich, wie er es in der »Frau« geschildet hat: ohne Not, ohne Verbrechen, ohne Polizei, ohne Gerichte, ohne Gefängnisse, mit einem Wort als Paradies auf Erden. Und diesen seinen Glauben hat er den Arbeitern mitzuteilen gewußt. Das hat ihr eintöniges Fabrikleben mit Farbe und Glanz und Schimmer erfüllt.

Sie danken ihm für Zukunftshoffnung und für den Zorn über die Gegenwart. Bebel ist in allererster Linie eine moralische Potenz. Sein ganzes Leben ist ein einziges »J'accuse«. Kein Zufall ist es, daß er immer und immer wieder mit der gleichen Glut gegen die Militärmißhandlungen, gegen die Kolonialgreuel, gegen Klassenjustiz und Polizeiwillkür zu Felde gezogen ist. Hier hob er sich oft zu gewaltiger Größe. Hier war er so manches Mal die moralische Stimme der Nation ... Man mag Bebel kritisieren, soviel man will – und er bietet wahrlich Stoff zur Kritik! –, über die Tatsache kommt man nicht hinweg: niemand wird von so vielen so heiß geliebt wie er.

Hellmut von Gerlach, August Bebel

Und die Zeitung des linken Flügels der Berliner Freisinnigen schreibt anläßlich von Bebels 60. Geburtstag:

Von Jahr zu Jahr ist er populärer geworden. In dem Maße, wie der Einfluß der bürgerlichen Opposition abgenommen hat, ist die Bedeutung Bebels und seiner Partei im Parlamente gestiegen. An der wachsenden Schätzung dieser Führer-Persönlichkeit kann man die Größe der von der Sozialdemokratie vollzogenen moralischen Eroberungen recht eigentlich ermessen.

Volks-Zeitung, 20. Februar 1900

Das literarische Berlin

Berlin ist um die Jahrhundertwende eine »moderne« Stadt – so jedenfalls empfinden es die meisten Besucher, eine Stadt, die ihren Reiz nicht in erster Linie aus baulicher Schönheit und über Jahrhunderte entwickelten kulturellen Traditionen bezieht, sondern aus der Produktivität ihres gegenwärtigen Lebens. Nirgendwo sonst trägt die Physiognomie einer Stadt so deutlich die Spuren der Veränderungen, die in Deutschland an der Schwelle des 20. Jahrhunderts vor sich gehen, der Widersprüchlichkeit und des Tempos dieser Entwicklung. Es ist das Schicksal Berlins, »immerfort zu werden und niemals zu sein«, formuliert Karl Scheffler 1910 in seinem Buch über Berlin.

Auch – und vor allem – das kulturelle Leben der Hauptstadt symbolisiert Modernität, Rigorosität im Umgang mit traditionellen Werten, Aufgeschlossenheit für Experimente und neue Entwicklungen.

Ich ließ mich in dem Augenblick in Berlin nieder, als eine Welle der Begeisterung und Aktivität die geistig und künstlerisch Interessierten erfaßt hatte, für die jede neu auftretende Erscheinung ein Erlebnis bedeutete. In keinem anderen Land Europas war in die Vorherrschaft der offiziellen Kunst eine derartig große Bresche geschlagen worden wie in Deutschland … In Paris hatten die Meister der modernen Kunst noch schwer zu kämpfen, als in Deutschland die französischen Impressionisten und Bildhauer wie Auguste Rodin, Constantin Meunier und Georges Minne von öffentlichen Museen erworben und von Kunstfreunden aus den Kreisen der Industrie- und Finanzaristokratie gesammelt wurden.

Die geistige Erregung, von der Deutschland stärker als andre Länder erfaßt worden war, beschränkte sich nicht allein auf das Gebiet der bildenden Kunst. Die neue Literatur und Musik, die nicht weniger in Bewegung geraten waren, fanden in ähnlicher Weise Resonanz und Erfolg … Eine leidenschaftliche Neigung zu Neuem und zur Entdeckung bisher unbekannter künstlerischer Ausdrucksmöglichkeiten griff um sich und förderte das Entstehen kühner Unternehmungen.

Auf dem Gebiet der Literatur wagte eine Reihe von Verlegern die ersten Vorstöße in das Reich der Weltliteratur und legte dem Publikum in rascher Folge ausgezeichnete Übersetzungen der Meisterwerke aller Zeiten und Völker vor. So wurden in dieser brausenden Epoche die modernen englischen, russischen, polnischen und skandinavischen Dichter und Schriftsteller in Deutschland populär. Aber man begnügte sich nicht mit den Übersetzungen allein. Die Verleger bemühten sich auch um die künstlerische Erneuerung der Typographie und holten in kurzer Zeit den Vorsprung Englands und Frankreichs ein ...

Maria und ich schätzten an der Berliner Gesellschaft vor allem den Enthusiasmus, welcher der Kunst und Kultur der außerdeutschen Länder entgegengebracht wurde. Im Reich der Musik wurden Werke Berlioz' aufgeführt, und Bizet wurde hoch verehrt. Wir haben während unserer Berliner Zeit kaum einen Tag verbracht, an dem wir nicht ein bisher unbekanntes Werk von entscheidender Bedeutung kennenlernten. Unser Horizont erweiterte sich mehr und mehr, und der Kontakt mit der zeitgenössischen Kunst bereicherte uns täglich. Zu Beginn des 20. Jahrhunderts wehte in Berlin ein Wind, der den Nebel vertrieb, der in den westlichen Ländern über einer beschränkten, dünkelhaften und veralteten Kultur lag.

Henry van de Velde, Geschichte meines Lebens

Zu einem Zentrum von europäischer Bedeutung entwickelt sich vor allem das Berliner Theaterleben in dieser Zeit: mit einer Vielzahl hervorragender Regisseure und Darsteller, mit einem modernen, dem geistigen Austausch verpflichteten Spielplanangebot, mit Gastspielen berühmter Künstler und Ensembles aus aller Welt. »Die besten Impresarios sind jetzt, wie die Mäuse auf dem Speck, in Berlin versammelt«, schreibt Stanislawski im Februar 1906, als er mit dem Moskauer Künstlertheater zu einem Gastspiel an der Spree weilt.

In Berlin gehörte das Theater zu den Atmungsorganen der Stadt, es war ein Teil seiner selbst, notwendig wie Straßen, Untergrundbahnen, Wohnungen, Restaurants, notwendig wie die Spree, der Wannsee und der Grunewald, notwendig wie Arbeit, Fabriken und Potsdam, notwendig, also selbstverständlich wie sie. Es war kein Feiertag, kein Universitätskolleg, kein Fest und kein Gegenstand zum Auftrumpfen. Es war Alltag, aber gespannter, geladener, wacher, heller, befeuernder Alltag. Er stieß alles, was schlaff wurde, schnell ab und nahm auf, was eine neue Belebung versprach. Nahm auf? Nein, mehr: zog an, kräftigte, förderte, setzte durch. Frank Wedekind wurde neben Gerhart Hauptmann, Hofmannsthal neben Strindberg, Ibsen neben Schnitzler, Shaw neben Gogol, Eulenberg neben Aristophanes, Hebbel neben Molière, Kleist neben Nestroy, Schiller neben Raimund, Ludwig Thoma neben Gustav Wied, Goethe neben Shakespeare, Sophokles neben Wildenbruch und

Tolstoi neben Grillparzer gespielt. Der Österreicher Max Reinhardt hätte nie in Wien beginnen können. Er brauchte das junge Berlin, erst der Berühmte konnte wie früher Josef Kainz in die Heimat zurückkehren. Als Reinhardts farbige Üppigkeit triumphierte, konnte sich Otto Brahms ernster und strenger Naturalismus trotzdem behaupten. Moissi melodeite in der Schumannstraße, und am Kronprinzenufer riß Bassermanns psychologisch zerlegende Kunst die Hörer hin. Tilla Durieux blendete, Gertrud Eysoldt schnörkelte, Else Lehmann jauchzte in ihrem Humor und schrie auf im Schmerz, Wegener war die gesammelte Kraft, Lucie Höflichs Wirkung lag in der Stille und im Schweigen, Matkowsky durchfunkelte auch das Pathos mit Humor, die großen Komiker Arthur Vollmer, Hans Waßmann und Victor Arnold durften verschwenden, Kayssler sparsam bleiben und an der Seite des Norddeutschen der östliche Schildkraut melancholisch, exotisch, lustig und sentimental sein.

Neben den führenden, die Reichshauptstadt repräsentierenden Bühnen wirkten andere, die nicht minder zu Berlin, seiner lebendigen Gegenwart und bejahenden Kraft gehörten. Im Metropoltheater gab es die satirisch musikalischen Revuen, die für den Einheimischen ebenso wie für den Fremden und den Ausländer das eben vergangene Berliner Jahr mit seinen politischen, literarischen, modischen, gesellschaftlichen und volkstümlichen Sensationen weltstädtische »Revue« passieren ließen. Im Mittelpunkt stand neben Fritzi Massary, Magda Lessing und Guido Thielscher der hinreißende und fast dämonische Joseph Giampietro. Die Titel hießen »Das muß man sehen« oder »Donnerwetter, tadellos!«

Herbert Jhering, Begegnungen mit Zeit und Menschen

Berlins Ruhm als Theaterstadt ist eng mit der naturalistischen Bewegung verbunden, die sich um 1890 die Bühne erobert. Gerhart Hauptmanns Erstling »Vor Sonnenaufgang«, 1889 im Berliner Verein Freie Bühne uraufgeführt, hatte wie mit einem Paukenschlag die Aufmerksamkeit auf eine junge Literaturgeneration gelenkt, die nicht länger bereit war, die drängenden Probleme der Gegenwart aus der Literatur auszuklammern. »Ein Stück aus dem unermessenen Urwald des Lebens ..., getreu, wahrhaftig, ohne Aufputz und ohne Beschneidung« (Max Halbe, Berliner Brief), das sollen die neuen Dramen nach Meinung der Jungen sein. Die Freie Bühne unter ihrem Leiter Otto Brahm gibt ihnen Gelegenheit, sich zu erproben: Gerhart Hauptmann, Arno Holz, Johannes Schlaf haben hier ihre Chance. Auch die etablierten Theater versuchen, mit neuen Autoren und neuen Stücken die in Fluß gekommene Literaturdiskussion zu beleben: Siegmund Lautenburg, Direktor des Residenztheaters im Berliner Osten, bindet Max Halbe an sein Haus. Der Achtundzwanzigjährige hatte sein Manuskript »Jugend« bereits von einem

Dutzend Bühnen zurückerhalten, als das Residenztheater das Stück 1893 in einer Matinee zur Aufführung bringt: Es wird einer der ganz großen Erfolge in der deutschen Theatergeschichte und macht den Autor über Nacht berühmt. Oskar Blumenthal, Direktor des Lessingtheaters am Friedrich-Karl-Ufer, setzt auf Hermann Sudermann, der seit seinem Erfolgsstück »Ehre« in aller Munde ist. 1890 erregt sein Drama »Sodoms Ende«, in der Welt des neureichen Geldbürgertums von Berlin W angesiedelt, die Berliner Öffentlichkeit – und die Berliner Polizei. Sie verbietet das Stück kurzerhand, da es geeignet sei, »das sittliche Gefühl zu verletzen«. Erst nach mehrwöchigen Auseinandersetzungen mit der Zensurbehörde wird das Drama zur Aufführung freigegeben und ist nun erst recht ein Publikumsmagnet.

Das »soziale Drama« war mit einem Schlage Trumpf geworden in der Reichshauptstadt. Es ist geradezu verwunderlich anzusehen, wie der Kriegslärm der Freien Bühne und der wirkliche Erfolg von Sudermanns »Ehre« alle, aber auch ausnahmslos alle Dramatiker – die alten und die jungen – aus Dichtern in Kämpfer verwandelten. Wer sein Schwert nicht für die sozialen Neuerungen ziehen wollte, der zog es gegen solche – aber sein Schwert zog jeder. Es war wirklich, als wenn ein Zankapfel unter die Dichterschar geworfen worden sei – die Jüngsten griffen gierig danach, und die Ältesten wankten darauf zu. Dabei herrschte eine wahre Fieberstimmung in der Theaterwelt. Jetzt erst gewann das Wort Premiere für Berlin eine wirkliche Bedeutung. Was war bis dahin den Berlinern an einer Erstaufführung gelegen? Jetzt hatte eine solche die Bedeutung einer zu schlagenden Geistesschlacht. Man zog hinein, gerüstet zum Kampf – entschlossen, gegen oder für die neue Richtung einzutreten; und wenn es sich um einen Neuling handelte, so schwebte über der Versammlung des nunmehrigen »Premierenpublikums« die zitternde Vorahnung von der »Entdeckung« eines »neuen, großen Dichters«.
Adalbert von Hanstein, Das jüngste Deutschland

1894 übernimmt Otto Brahm, Mitbegründer der Freien Bühne und Förderer des naturalistischen Dramas, die Leitung des renommierten Deutschen Theaters in der Schumannstraße.

Er trat seine theatralische Sendung auf Erden nicht mit glühenden Augen und mit strömenden Worten für das Schöne und das Wahre und das Gute an. Er präsentierte keine sittlichen Forderungen, die der Tag und das Publikum nicht einlösten. Er diente als Prophet des Realismus und des Naturalismus in der Kunst und als Theaterpächter einzig der Gegenwart und ihren Ansprüchen. Sie bestimmte ihn wie seinen Spielplan

Otto Brahm und Gerhart Hauptmann bei einem Spaziergang im Wald von Erkner, 1906

und zog ihm seine engen Grenzen. Ich versuchte einmal, wie man beim Theater sagt, ihn auf Molière zu »hetzen«, weil ich mir gerade von der die Wirklichkeit und Natürlichkeit liebenden Art dieses Dichters viel für die heutige Darstellungsweise versprach. Er ließ mich nach seiner Weise lange Zeit alles mögliche für die Begründung dieses Wunsches hersagen, um mich schließlich nur mit der einen Tatsache kalt zu widerlegen: »Molière hat niemals Kasse in Deutschland gemacht.« …

Eine tiefe Liebe zur Kunst, die in ihm lag und die er fühlte, beseelte diesen Realisten, der Schiller, Kleist biographierte, aber nicht aufführte, und der das, was hinterher literarische Mode wurde, wie Gottfried Keller, Ibsen, Fontane und Hauptmann, als ein echter Feinschmecker, der er war, schon allen anderen vorwegkostete. Ein ungeheurer Ernst kam dann über diesen kleinen Mann, wenn er den Werken, die er liebte, sich näherte und plötzlich wie ein sonst froschkalter Salamander in der Nacht aufglühte. Es ging dann ein eigentümlich berührender Zauber von diesem Zwergmännlein aus, das, den Mantel über seinen leicht fröstelnden Rücken gehängt, vor seinem Glas Milch im Parkett saß oder wie ein Unterricht erteilender Befehlshaber mit seinem Notizbüchlein auf der Bühne zwischen den Schauspielern stand …

Als Regisseur, als der er unter dem Namen Emil Lessing wirkte, bevorzugte er bei der Darstellung die mittlere wohltemperierte Linie, wie er sie in den Gebärden des täglichen Lebens um sich wahrnahm … In den letzten Jahren seiner Regierung, als der Naturalismus zu zerbröckeln begann, übertrieb er aus Scheu vor dem alten Theaterstil wohl das Dämpfen der Stimmen seiner Schauspieler auf den Wohnstubenklang und das Niederdrücken jedes Temperaments auf das Durchschnittsmaß. So entsinne ich mich, wie er während einer Probe, in der ich erregt über die Tonlosigkeit und Gefühlsleere einer Schauspielerin aufsprang, mir beschwichtigend zuflüsterte: »Nicht wahr, viel zu laut!« Ihm, der als nervenschwaches Wesen in den achtziger Jahrgängen zum Mann herangewachsen war, genügte schon ein Mindestmaß an Kraftaufwand und Wallung auf der Bühne. Darum war ihm Shakespeare ein vorsintflutliches Ungetüm und Hebbel ein rasender Blasebalg, und länger als bis zum vierten Akt hielt er es selten bei ihnen beiden aus, wenn er sie, die er selber nicht spielte, in einem anderen Theater sah.

Er hatte eine körperliche Abneigung gegen jedes Theatralische und absichtlich Wirkungslaute. Unter allen Bühnenscherzen, die von ihm im Umlauf sind, kennzeichnet ihn die ständige Bemerkung am besten, die er gegen Darsteller, die sich etwas Besonderes ausgetüftelt hatten, zu äußern beliebte: »Versprechen Sie sich etwas von dieser Nuance? Dann lassen Sie sie weg!« Ich habe ihn sogar in dem sicheren Verdacht, daß ihm alle Verse auf der Bühne unnatürlich und unangenehm vorkamen.

Herbert Eulenberg, Mein Leben für die Bühne

Den Beginn von Brahms Tätigkeit am Deutschen Theater markiert ein Ereignis von lang anhaltender Wirkung: Am 25. September 1895 erlebt Hauptmanns Drama »Die Weber« im Deutschen Theater seine erste öffentliche Aufführung. Fast zwei Jahre lang hatte die Staatsgewalt das zu verhindern gesucht:

Seit der Beseitigung des Sozialistengesetzes dürfen in Versammlungen auch sozialistische Bestrebungen frei zu Tage treten. Auf dem Theater aber soll die bestehende Staats- und Gesellschaftsordnung in all ihren Ausläufen bis zum Gendarmen Kutsche in Peterswaldau herunter dem fürsorglichen Schutze der Polizeibehörden unterworfen bleiben.

Wie weit man in dieser Behütung geht, beweist das Urteil des Bezirksausschusses im Weberprozeß, welches die Klage des Dichters in

erster Instanz abgewiesen hat. Weil die in dem Stücke auftretenden Träger der öffentlichen Gewalt eine »klägliche Rolle spielen«, weil der Gendarm Kutsche »ein moralisch defekter Mann« sei, weil dem Polizeiverwalter der Helm vom Kopfe geschlagen wird, weil der Landrat »nicht Achtung einflöße, sondern ein Mitleid erregendes Zerrbild« sei – aus diesen und ähnlichen Gründen ist von der Aufführung des Hauptmannschen Dramas eine Gefährdung der gegenwärtigen Staats- und Gesellschaftsordnung zu befürchten. Wahnsinnige Könige, bestechliche Minister, lächerliche Richter und schurkische Präsidenten dürfen dem hochverehrten Publiko anstandslos vorgeführt werden, aber vor der Majestät des preußischen Landrats und Gendarmen, vielleicht auch des Reserveoffiziers, muß ehrfurchtsvoll Halt gemacht werden.
Richard Grelling, Glossen zum Weberprozeß

Nach langem Kampf muß das preußische Oberverwaltungsgericht schließlich das Zensurverbot des Berliner Polizeipräsidenten aufheben, da, wie es in der Begründung heißt, das Hauptmannsche Drama den Weberaufstand von 1844, nicht jedoch soziale Verhältnisse von 1893 schildere.

Publikum und Kritik sehen das allerdings anders:

Das Deutsche Theater machte bei der ersten Aufführung der Hauptmannschen »Weber« den Eindruck einer aufgeregten sozialdemokratischen Versammlung. Das polizeiliche Verbot des Stückes und seine spätere Freigabe hatten sich als wirksamstes Agitationsmittel erwiesen. In dem Hause war zum erstenmal, seitdem der neue Direktor eingezogen ist, kein Platz unbesetzt geblieben. Von der Bühne ertönten die Brandreden, der Aufschrei der Armen und Unterdrückten, die aufreizenden Strophen des Weberliedes, und aus dem Zuschauerraum hallte es in den Ausdrücken des Beifalls wieder. Es war namentlich der zweite Rang, der sich erwärmte, als im Hause des Fabrikanten Dreißiger die Arbeiter alles kurz und klein schlugen und über das Werk der Zerstörung jubelten. Aber auch die zarten Hände der Damen im ersten Rang wurden anmutig aneinander geschlagen, wenn die zerlumpten Gestalten der Weber ihre Not ausstöhnten und der wildeste Klassenhaß gepredigt wurde. Wer fragte gestern nach einem Stück oder nach seiner künstlerischen Darstellung! ...

Das von Tendenz geschwollene, grell ausgemalte Szenengemenge Hauptmanns, welches auf dem Gebiet der theatralischen Verrohung einen bedeutenden Fortschritt bedeutet, errang den unbestrittenen Beifall des Publikums.
National-Zeitung, 26. September 1894

Alles andere als beifällig reagiert hingegen der Kaiser auf das umstürzlerische Werk:

Die Aufführung der »Weber« hatte eine Maßnahme zur Folge, die bezeichnend war für die Zeitumstände und großes Aufsehen erregte: Wilhelm II. kündigte die »kaiserliche Loge«, die der Hof 1883, noch unter dem alten Kaiser, gemietet hatte, wohl aus dem dunkeln Gefühl der Verpflichtung gegen eine Bühne mit solchem Namen. Es saß zwar fast nie jemand in dieser Fremdenloge (sie trug ihren Namen mit Recht), nur gelegentlich einmal der Prinz Georg, ein Vetter des Kaisers, der Vertreter der Literatur in der Hohenzollernfamilie, der unter dem Pseudonym G. Conrad einiges veröffentlicht hatte. Immerhin, es blieb doch durch diese Institution eine Art Zusammenhang zwischen dem geistigen und dem offiziellen Deutschland gewahrt, der jetzt durchschnitten wurde. Wie tief war die Kluft, die sich auftat. Man muß immer wieder an die Stelle aus dem Tagebuch des Fürsten Chlodwig von Hohenlohe denken, des dritten Reichskanzlers, der überall als Grandseigneur und Abkömmling eines Aristokratengeschlechts von alter Kultur gerühmt wurde, der sich aber im Oktober 1893 nach einer Vorstellung von Hauptmanns »Hannele« im Königlichen Schauspielhaus notierte: »Diese abscheulichen Elendsszenen im Armenhaus! Wir mußten zu Borchardt gehen, um mit Austern und Sekt den üblen Geschmack wegzuspülen, der davon zurückgeblieben war.« Erschütternder konnte sich das Unverständnis für das, was in der geistigen Welt des eigenen Volkes vor sich ging, und für das Wesen des Künstlerischen überhaupt nicht ausdrücken. Der Kunst indessen machte dies blamable Verhalten der Würdenträger nichts aus. Sie ging ruhig ihren Gang weiter. Auch das war bezeichnend für das damalige Deutschland: daß man sich um die törichte Stellungnahme des Kaisers und der Hofschranzen hier so wenig kümmerte wie im Bereich der bildenden Kunst. Im Gegenteil, die junge dramatische Literatur gewann sogar durch die behördliche Politik der Nadelstiche und Verbote erhöhtes Interesse der Allgemeinheit.

Max Osborn, Der bunte Spiegel

Um 1895 hat sich die junge Dramatik endgültig ihren Weg auf die offiziellen Bühnen der Hauptstadt gebahnt. Im Deutschen Theater bringt Brahm 1896 Hauptmanns »Florian Geyer« und »Die versunkene Glocke«, zwei Jahre später »Fuhrmann Henschel«, 1903 »Rose Bernd« zur Uraufführung. Es sind die Jahre, in denen der Naturalismus seine größten Triumphe feiert:

Hauptmann gegenüber gab es keine Gleichgültigkeit, man bejubelte oder man bekämpfte ihn. Seine Erstaufführungen waren wahre Schlachten, Schlachten zwischen Jugend und Nicht-Jugend. Die Jugend siegte, mußte siegen. Erich Schmidt ging mit der Jugend, und als er uns, seinen Schülern, an einem seiner Bierabende oder gar im Seminar erzählte, daß er in diesen Tagen das Manuskript des »Florian Geyer«, um den gerade in diesen Tagen eine Schlacht im Deutschen Theater getobt hatte, in der Hand gehabt habe, starrten wir den Glücklichen bloß an. Konnten wir mehr? Ich glaube, daß ich die «Weber» (mit Max Reinhardt in einer kleinen Rolle) fünfmal in diesem Jahre gesehen habe. Einer von den drei oder vier maßgebenden Kritikern stellte Hauptmann ganz einfach über Richard Wagner und Nietzsche. Diesen beiden Großen fehle schließlich etwas, die Gesundheit, Natur; Gerhart Hauptmann aber fehle rein nichts. Zum Vollkommenen, vollkommen Gesunden. Harry Kessler, Mäzen, Elegant, Menschheitsfreund, wohlwollend und voller Mißverständnisse, verglich ihn mit Euripides. Warum einen Pflaumen- mit einem Ölbaum vergleichen. Doch ohne das ging es nicht. Man wollte groß sehen und sah dann entsprechend vorbei.

Rudolf Kassner, Umgang der Jahre

1904 – der Naturalismus als literarische Bewegung hat den Höhepunkt seiner Entwicklung überschritten – gibt Brahm das Haus in der Schumannstraße ab und übernimmt das Lessingtheater am Friedrich-Karl-Ufer, wo er die Pflege des naturalistischen Dramas, vor allem der Stücke Hauptmanns, fortsetzt.

Im Deutschen Theater beginnt – nach einem kurzen Intermezzo unter Paul Lindau – die Direktion Max Reinhardts, der dem Theaterleben Berlins neuen Glanz verleiht.

Max Reinhardt, seit 1894 Mitglied im Ensemble des Deutschen Theaters, gründet 1901 im Künstlerhaus in der Bellevuestraße, nahe dem Potsdamer Platz, das Kabarett »Schall und Rauch«. Die Premiere am 23. Januar macht den Namen des Achtundzwanzigjährigen über Nacht stadtbekannt:

Von dem aufsteigenden Stern, der mit einem Schlage aus den Wolken getreten war, wußte man vorher nur innerhalb eines winzig kleinen Kreises – am 23. Januar 1901 erfuhr es ganz Berlin, bald die ganze Welt. Max Reinhardts steiler Aufstieg begann.

Wenn er zunächst ohne Hast erfolgte, mit anständiger Langsamkeit sozusagen, so lag darin nur ein Zeichen für die innere Stärke und Gesundheit des Vorgangs. Noch im ersten Bühnenhaus, das der werdende Prinzipal bezog, wurden anfänglich die spaßhaften Nebendinge fortge-

Max Reinhardt in seinem Arbeitszimmer, um 1905

setzt und der Name »Schall und Rauch« beibehalten, der sich so glückverheißend bewährt hatte. Dann wurde er umgewandelt und lautete »Kleines Theater«. Es wurde bald ein Großes Theater. Dann ging es hinüber ins »Neue Theater« am Schiffbauerdamm – 1905 ins Deutsche Theater. Es kam zu dem wundervollen Nebeneinander von Brahm und Reinhardt, das im Wechsel, in gegenseitiger Befruchtung und Reibung die beiden Wirkungsmöglichkeiten der Bühnenkunst und damit die gesamte Kultur des Theaterwesens zu einem nie und nirgends erreichten Gipfel steigerte. Es kam zum Auftreten hochbegabter jüngerer Kräfte, die beide Felder bebauten. Victor Barnowsky, die Schauspielerfreunde Meinhard und Bernauer traten an die Spitze. Aus den mächtigen Antrieben erwuchsen neue Bestrebungen. Leopold Jessner ging von dem zur Macht gelangten Expressionismus, Erwin Piscator von den bedeutenden Reformen der modernen Russen aus. Das alles strömte aus jenem nachdenklich-heiteren Abend vom Januar 1901. Es war, wie wenn ein Zauberer aus einem Zylinderhut eine Knospe aufsteigen läßt, die größer wird, sich öffnet, erweitert, Nebenschößlinge hervorbringt, bis ein Rausch von Blüten und Blättern sich entfaltet und den ganzen Raum füllt.

Max Osborn, Der bunte Spiegel

Die Inszenierung von Einaktern von Schnitzler und Strindberg, die Einrichtung von Wildes »Salome« und Wedekinds »Erdgeist« markieren den Weg des Regisseurs Max Reinhardt von »Schall und Rauch« zur »seriösen« Literaturbühne. Den Durchbruch erzielt das junge Ensemble mit der deutschen Erstaufführung von Maxim Gorkis »Nachtasyl«, das 1903 im Kleinen Theater Unter den Linden Premiere hat und ein Jahr lang ununterbrochen vor stets ausverkauftem Hause gespielt wird: »Die Darstellung im Kleinen Theater war schlechtweg begeisternd«, notiert der Theaterkritiker Alfred Kerr. »Nur große Liebe, Kraft des Zugreifens und Ernst des Vollendens bringt das zuwege. Dieses Haus, geleitet von Max Reinhardt, ist heute für die Förderung dramatischer Dinge der edelste Ort – inmitten so vieler Geschäftsbetriebe.« (Die Nation, 31. Januar 1903)

1904 inszeniert Reinhardt – nun schon im Neuen Theater, der heutigen Spielstätte des Berliner Ensembles – Lessings »Minna von Barnhelm« mit Agnes Sorma in der Titelrolle, Lucie Höflich als Franziska, Friedrich Kayssler als Wachtmeister Werner und Reinhardt selbst als Just. »Die Aufführung wirkte wie eine Uraufführung. Es war, als ob das Publikum dieses Stück erst kennenlernte«, schreibt der Schauspieler Eduard von Winterstein rückblickend, der in der Inszenierung die Rolle des Tellheim spielte. Lange hält sich die Legende, an der Einrichtung der »Minna von Barnhelm« habe sogar Adolph Menzel eigenhändig mitgewirkt:

So war es nun durchaus nicht. Felix Hollaender war auf den Einfall gekommen, Menzels Namen als Reklamevorspann zu benutzen. Es wäre wirklich nicht nötig gewesen, die Inszenierung Reinhardts hätte für sich selbst gesprochen. Aber Hollaender konnte sich nicht genugtun. Er hatte es verstanden – auf welche Weise, das hat kein Mensch ergründet –, sich zu dem sonst unnahbaren und sich ängstlich vor aller Welt verschließenden Menzel Zutritt zu verschaffen. Zuvor hatte er sich der Beihilfe von Agnes Sorma versichert. Die beiden hatten ihren Besuch bei Menzel gemacht, dem Zauber und dem Charme Agnes Sormas hatte der griesgrämige, menschenfeindliche alte Herr nachgegeben, und wenn er es auch weit von sich wies, sich persönlich bei der Ausstattung des Stückes zu beteiligen, so erreichte die liebenswürdige Agnes es doch, ihn zu dem Versprechen zu bringen, einer Kostümprobe beizuwohnen.

Der Besuch Menzels auf der ersten Kostümprobe von »Minna von Barnhelm« im Neuen Theater war wohl ein Ereignis, wert, in seinen Einzelheiten geschildert zu werden. Hollaender hatte Menzel in einer Droschke abgeholt und fuhr ihn zum Theater. Als der alte Herr abgestiegen war, betrachtete er mißtrauisch die Front des Gebäudes und fragte: »Ist dieses Theater auch nach den neuesten feuerpolizeilichen

Vorschriften gebaut?« Als ihm dies versichert wurde, ging er vorsichtig und bedächtig in das Haus hinein und ließ sich durch die dunklen Gänge in das Parkett geleiten, wo er in der fünften Reihe Platz nahm. Hollaender nahm ihm seinen mächtigen Zylinder ab und setzte diesen auf die Brüstung der Parkettloge. Es war deutlich zu bemerken, wie Menzel während der ganzen Probe immer wieder nach der Parkettloge schielte, um sich zu überzeugen, ob sein Zylinder noch dort stünde. Er sah sich die ganze Probe an, und am Schluß führte ihn Hollaender auf die Bühne, wo er sein Gutachten abgeben sollte. Er sagte nicht allzuviel. Auf die Frage, ob der Kapuzenmantel, den die Sorma im letzten Akt trug, richtig sei, meinte er: »Ä! Die Hauptsache ist, daß Sie hübsch aussehen!« Etwas eingehender beschäftigte er sich natürlich mit den Uniformen. An meiner Uniform wollte er irgendwelche Knöpfe etwas versetzt haben, und die Sporenleder sollten nicht an der Seite, sondern oben auf dem Spann geschlossen werden. Sehr zufrieden war er – und betonte es ausdrücklich – mit der Länge meines Zopfes, den ich entgegen allem Herkommen ziemlich lang, bis in das Kreuz hinunter, trug. Man spürte deutlich, wie glücklich er war, als er die Bühne verlassen konnte, als er seinen geliebten Zylinder wieder in der Hand hatte und nach Hause fahren durfte.

Das war die ganze Mitarbeit Adolph Menzels an dieser »Minna«-Aufführung, man konnte auch von einem Neunzigjährigen nicht mehr verlangen. Aber Hollaenders Reklame hatte ihre Wirkung nicht verfehlt, sie ging als Legende in die Theatergeschichte ein.

Eduard von Winterstein, Mein Leben und meine Zeit

Von Anbeginn an sieht Reinhardt seine wichtigste Aufgabe als Theaterleiter in einer Neubelebung der Aufführung klassischer Bühnenwerke:

Ich kenne den Geruch von Langeweile, der den üblichen Klassikeraufführungen anhaftet, und ich verstehe das Publikum, wenn es draußen bleibt; ich weiß, welche Patina von Pathos und leerer Deklamation eine erstarrte Hoftheatertradition über die Werke gelegt hat. Dieser Staub muß weg. Man muß die Klassiker neu spielen; man muß sie so spielen, wie wenn es Dichter von heute, ihre Werke Leben von heute wären. Man muß sie mit neuen Augen anschauen, mit derselben Frische und Unbekümmertheit anpacken, wie wenn es neue Werke wären, man muß sie aus dem Geiste unsrer Zeit begreifen, mit den Mitteln des Theaters von heute, mit den besten Errungenschaften unserer heutigen Schauspielkunst spielen. Der edle alte Wein muß in neue Schläuche gegossen werden. Und, glauben Sie mir, er wird schmecken. Von den Klassikern her wird ein neues Leben über die Bühne kommen: Farbe und Musik und Größe und Pracht und Heiterkeit …

Das alles sagte mir der junge Max Reinhardt bei unserer ersten Unterredung im Spätsommer des Jahres 1902. Genau so, ich habe keinen seiner Gedanken vergessen und keinen hinzugesetzt. Er sprach ruhig, klar, seines Willens bewußt. Nicht um einen Ton anders, als er heute sprechen würde, wenn er sein Werk überschaut: denn der Mensch ändert sich nicht, wie Reinhardt zu sagen pflegt.

Und dann hat er alles, was er damals sagte, Punkt für Punkt und Schritt um Schritt, in Wirklichkeit umgesetzt.

Arthur Kahane, Tagebuch des Dramaturgen

Im Deutschen Theater in der Schumannstraße, das er im Oktober 1905 übernimmt, erzielt Reinhardt seine größten und nachhaltigsten Erfolge mit der Inszenierung klassischer Werke. Das Theater als »festliches Spiel«, Reichtum und Fülle, Musik und Farbe, die perfekte Illusion – hier kann er sie verwirklichen. Er verwendet plastische, auf eine Drehbühne montierte Dekorationen statt der bisher üblichen gemalten Kulissen, er verwandelt die kahlen Bretter der Bühne in einen grünen Wiesen- oder Waldboden, er zaubert auf diesen Boden einen Wald mit naturgetreu nachgebildeten Bäumen und Sträuchern und hügelartigen Erhebungen. »Ja, um die Täuschung vollkommen zu machen, wurde auf der Bühne mit großen Spritzen Tannenduft erzeugt, der sich bald im ganzen Zuschauerraum verbreitete.« (Eduard von Winterstein, Mein Leben und meine Zeit)

Vor allem aber gründet sich die Wirkungsintensität der Aufführungen auf Reinhardts Arbeit mit den Schauspielern. Reinhardt »sammelte« Schauspieler »der verschiedensten Art und verschiedenster Stile, je reicher und farbiger in der Abwechslung um so lieber« (Arthur Kahane): Rudolf Schildkraut, Paul Wegener, Albert Bassermann, Friedrich Kayssler oder Alexander Moissi stoßen zum Ensemble des Deutschen Theaters, Tilla Durieux, Lucie Höflich, Gertrud Eysoldt und Adele Sandrock – die besten Schauspieler ihrer Zeit, die unter Reinhardts Regie zu allseits bewunderter Ensembleleistung gelangen.

Dasselbe Prinzip, das ihn für jede Rolle den einmalig dafür passenden Schauspieler suchen ließ, befolgte Reinhardt auch im Dekorativen: für jedes dramatische Werk den einmalig dafür geeigneten bildenden Künstler zu wählen. Bei dem leidenschaftlichen Interesse, das fast alle bildenden Künstler an den Dingen des Theaters nahmen, war es nicht schwer, und schon in den Anfängen standen Männer wie Max Kruse (»Elektra«), Lovis Corinth, Max Slevogt (»Die lustigen Weiber von Windsor«) zur Verfügung ... Der allzeit getreue Freund Orlik versagte nie und half wesentlich mit zu den großen Erfolgen des »Kaufmanns von Venedig«, des »Wintermärchens« und der »Räuber«, die unbe-

Edvard Munch, Bühnenbildentwurf zu Ibsens »Gespenstern« in den Kammerspielen des Deutschen Theaters, 1906

schreibliche Anmut Karl Walsers wurde für das Theater entdeckt und zauberte im »Sommernachtstraum«, in »Frühlings Erwachen«, in Nestroys ausgelassenem »Einen Jux will er sich machen« die Bühne in Zaubergebilde einer schwerelosen Lyrik oder Heiterkeit um. Und dann die große Erfüllung: Edvard Munch in der eröffnenden »Gespenster«-Aufführung der Kammerspiele: die restlose Verschmelzung tiefster Seelenhaftigkeit mit dramatischer Dynamik in einen ganz hohen Stil.

Reinhardt griff alles auf, was die Wirkungen der Bühne erhöht und vermehrt, was die Illusion steigert, was die Wirklichkeit verdichtet, was die Spielmöglichkeiten der Schauspieler unterstützt, was den Fluß, die ununterbrochene Bewegung auf der Bühne deutlich machte und vor allem, was Kontakt mit dem Publikum herstellte, die Einbeziehung der Zuschauer in die Handlung förderte.

Reinhardt war sich wohl bewußt, damit den Guckkastencharakter des Theaters aufzuheben, und er klammerte sich auch nicht an das Dogma vom unüberschreitbaren Bühnenrahmen. Er riß Fenster auf, wo er nur konnte, und erweiterte die Bühne nach vorn und nach rückwärts, in die Welt und zu einer Welt.

Arthur Kahane, Die Jahre 1905–1924

Im Herbst 1906 gliedert Max Reinhardt dem Deutschen Theater die »Kammerspiele« an – ein Begriff, der sich bald in der deutschen Sprache einbürgern sollte. »Man müßte eigentlich zwei Bühnen nebeneinander haben«, hatte Reinhardt schon 1902 seine Lieblingsidee entwickelt, »eine große für die Klassiker und eine kleinere, intime, für die Kammerkunst der modernen Dichter. Schon damit die Schauspieler in keinem Stil erstarren und sich an beiden Darstellungsarten abwechselnd erproben können. Und weil es in manchen Fällen notwendig sein wird, moderne Dichter wie Klassiker und gewisse klassische Werke mit der ganzen Intimität moderner Seelenkunst zu spielen.« (Arthur Kahane, Tagebuch des Dramaturgen)

Reinhardt eröffnete die Kammerspiele mit einer Aufführung von Ibsens »Gespenstern«, die er selbst inszenierte und in der er selbst den Tischler Engstrand spielte. Es war eine unvergeßliche Aufführung. Die »Gespenster« waren in Berlin oft und gut, hervorragend gut gespielt worden, und doch war diese Eröffnungsvorstellung der Kammerspiele beinahe eine Neugeburt des Stückes. Den größten Anteil an dieser Tatsache hatte die Vertreterin der Hauptrolle, der Frau Alving: Agnes Sorma.

Agnes Sorma, unsere wundervolle Minna von Barnhelm und Porzia, ging mit dieser Rolle in das ältere Fach über, und was sie da unter Reinhardts Führung brachte, war, ich möchte sagen, vollendet. Ich kann mir kaum vorstellen, daß diese Rolle jemals wieder so gespielt werden wird. Wir hatten bei Brahm Louise Dumont in der Rolle gesehen, Rosa Bertens hatte sie oft gespielt, und schließlich war sie noch eine damals berühmte Leistung unserer unvergeßlichen Else Lehmann. Keine von allen reichte an die Leistung der Sorma. Sie war Niobe. Ich finde keinen passenderen Vergleich, kein passenderes Bild für diese Leistung. Das ganze furchtbare Leid dieser Frau Alving, das sie in ihrer langjährigen Ehe erlitten hatte, stand, nachdem sie es im ersten Akt dem Pastor Manders erzählt hatte, so plastisch vor den Augen des Zuschauers, als ob der Dichter selbst es gezeigt hätte.

Eduard von Winterstein, Mein Leben und meine Zeit

Errungene Erfolge sind für Reinhardt kein Grund auszuruhen. Kurz vor dem Ersten Weltkrieg versucht er, die Wirkungen des antiken Arenatheaters für die Gegenwart nutzbar zu machen. Nach ersten Experimenten in München inszeniert er im Zirkus Schumann in der Berliner Karlstraße Sophokles' Tragödie »König Ödipus«:

Reinhardt, diese kleine, schmächtige Gestalt, kam auf die Proben wie ein großer General auf ein Schlachtfeld. Er hatte ein Katheder, das er bestieg, und um ihn herum saß der Stab: der Maler Stern, der Beleuchter Hoffmann, der Inspizient Nester, der Requisiteur Lauch – dann die Regisseure: Joseph Klein, Berthold Held, Wilhelm Prager, Richard Ordynski, Blumenreich und viele mehr. Er sprach leise seine Anordnungen, und die Regisseure schossen herum und führten bis aufs Jota seine Befehle aus. Wir waren in Gruppen eingeteilt, die Gruppen waren numeriert, und nach einem Zeichen sauste die bestimmte Gruppe aus einer bestimmten Richtung zum großen Tor und schrie erst leise, dann lauter, bis zum verzweifelten Geschrei: »Hilf uns, König! König, hilf uns! Hilf uns, Ödipus!« Dann nur noch: »Hilf, Ödipus! König, hilf uns!« Im Chor: »Ödipus, Ödipus, Ödipus!« Und Moissi kam heraus und sagte mit seiner melodisch italienischen Stimme, die männlich und süß war: »Ihr Kinder, was soll mir euer Knien vor meines Hauses Tür?« … Wir haben uns unsere Knie wundgeschlagen beim Hinwerfen und gebrüllt und echte Tränen geweint. Wir waren verzweifeltes griechisches Volk – denn wir spürten den Ernst und waren bezaubert von der künstlerischen Luft, die um dieses Genie Reinhardt wehte. Abgesehen davon bekamen wir eine Mark oder Freikarten fürs Deutsche Theater oder die Kammerspiele.
Alexander Granach, Da geht ein Mensch

Klangvolle Namen hat auch das Königliche Schauspielhaus in dieser Zeit aufzuweisen – aber wer von der Lebendigkeit und Experimentierfreude des Berliner Theaterbetriebs sprach, der meinte schon lange nicht mehr die Aufführungen im ehrwürdigen Schinkelbau am Gendarmenmarkt.

Die Gebildeten genierten sich eigentlich, noch in dieses Haus zu gehen. Gewiß, man konnte sich zuweilen mit dem Anblick einer entsetzlichen Lustspielnovität noch den Genuß Arthur Vollmers erkaufen, dessen edler Humor durch das Alter nur reiner und stärker wurde. Und man konnte einmal das Glück haben (etwa in Anzengrubers »G'wissenswurm«), mit Max Pohl, der an Kraft, Herz und Geist noch nichts eingebüßt hatte, ein wundervolles kleines Mädchen auf der Bühne zu sehen, die Helene Thimig hieß und die Tochter des Burgschauspielers aus Wien war. Aber das waren Oasen in einer Wüste, die immer grauer und trostloser wurde. Max Grube war als Intendant nach Meiningen abgewandert, und es gab (unter der Intendanz jetzt des jüngeren Grafen Georg von Hülsen-Haeseler) eine Zeitlang überhaupt keine künstlerische Leitung des Schauspiels. Paul Lindau funktionierte als »erster Dramaturg«, war aber nachgerade uralt geworden und meist abwesend.

Wilhelm II., der sich durchaus als persönlicher Besitzer dieses Hauses fühlte, hatte zwar in einer berühmt gewordenen Rede erklärt: »Auch das Theater ist eine meiner Waffen!« Aber was ihn mit dem Theater verband, war lediglich ein Sinn für äußere Repräsentation, für dekorative Betonungen. Gegen die eigentlichen Lebenskräfte der Kunst, die stets kritisch und in einem sehr tiefen Sinne »revolutionär« sind – weil sie die noch ungestalteten, noch unlegitimierten Lebenskräfte jeder Epoche aufspüren und aussprechend gestalten wollen –, gegen diese eigentlichen Kräfte der Kunst mußte dieser Monarch eine tiefe Abneigung empfinden ... Niemand dachte daran, das mächtige Instrument des Hoftheaters Max Reinhardt als dem einzig geeigneten Mann der Epoche anzuvertrauen. So blieb es vollkommen ungenutzt und verrostete. Dynastische Huldigungsstücke im Stile von Lauffs »Burggraf« und Wildenbruchs »Willehalm« oder so kostspielige und sinnlose Prunkvorstellungen wie »Sardanapal« waren es eigentlich allein, die dem Staatstheater ein bestimmtes, wennschon gewiß nicht künstlerisches Gesicht gaben. Sie entsprachen in ihrer lärmenden Leere durchaus dem, was der Herr des Hauses wünschte.
Julius Bab, Das Theater der Gegenwart

Ein stets waches Interesse für moderne Literatur haben dagegen die beiden Volksbühnenorganisationen, die vor dem Ersten Weltkrieg im Berliner Theaterleben eine wichtige Rolle spielen. Die Freie Volksbühne, 1890 gegründet, hat sich, wie es in der Satzung hieß, die Aufgabe gestellt, »die Poesie in der modernen Richtung dem Volke vorzuführen«. Die Eintrittspreise, in Form eines monatlichen Mitgliedsbeitrags von 50 Pfennigen, sollten so niedrig sein, daß sie auch für den Arbeiter erschwinglich wären. Am 30. Juni 1890 laden die Initiatoren zur Gründungsversammlung ins Böhmische Brauhaus am Friedrichshain:

Aus der Geschichte der Freien Volksbühne hat meine Erinnerung nur einige Momentbilder bewahrt. Ich sehe vor mir den weiten Saal einer Brauerei. Hunderte von Tischen, mit Biergläsern bedeckt, jeder rings umsessen von Männern und Frauen, die zumeist im Sonntagsrock und Sonntagskleid erschienen sind. Eine lange Tafel bildet den Vorstandstisch, obwohl vorläufig noch kein Vorstand vorhanden ist. Da sitzen sie alle, die jungen Stürmer und Dränger, die Naturalisten und Halbnaturalisten, die Apostel und Propheten, und zwischen ihnen hier und da ein blasiertes Weltkind, ein adrettes Herrchen, das von den Roten und den Grünen irgendeine nervenprickelnde Sensation erhofft. Da sitzt Bruno Wille, der behäbigste aller Philosophen, der immer Gläubige, immer Überzeugte, neben Otto Brahm, in dessen scharf geschnittenes Gelehrten- und Schauspielergesicht Ironie und Skepsis unverwischbare Linien

eingegraben haben. John Henry Mackay, der Individualist, Anarchist und Aristokrat, neben Julius Türk, dem Demokraten und Sozialisten, der kaum noch anders als genossenschaftlich zu denken vermag. Wilhelm Bölsche neben Otto Erich Hartleben, zwei wackre Zecher, die auch diesen Abend epikureisch zu genießen verstehen … Bruno Wille erhebt sich langsam, und in seiner gelassenen, aber doch eindrucksvollen Weise verkündet er das neue Programm der neuen Bühne. Eine neue Bühne für die neue Kunst, die Kunst der Wahrheit und Wirklichkeit, die Kunst der Befreiung und der sozialen Erneuerung.
Heinrich Hart, Literarische Erinnerungen

Um die strengen Vorschriften der Zensur zu unterlaufen, wählt man die Organisationsform eines geschlossenen Vereins, der die Räumlichkeiten und Inszenierungen verschiedener Berliner Theater für seine Mitglieder mietet. Die Freie Volksbühne eröffnet das erste Jahr ihrer Wirksamkeit mit Ibsens »Stützen der Gesellschaft«, es folgen Hauptmanns »Vor Sonnenaufgang«, Ibsens »Volksfeind« und Büchners »Dantons Tod«. Die Mitgliederzahl wächst rasch. »Das Publikum ist von einer Aufmerksamkeit, einer Hingabe, ich möchte sagen, von einer Begeisterung sans égal«, schreibt Friedrich Engels, der bei seinem Berlin-Aufenthalt auch eine Aufführung der Freien Volksbühne besucht, am 18. September 1893 an Laura Lafargue. »Kein Applaus, bevor der Vorhang fällt – dann aber ein wahrer Orkan. Und in pathetischen Szenen Ströme von Tränen. Kein Wunder, daß die Schauspieler dieses Publikum jedem anderen vorziehen.«

Auch als Bruno Wille, Initiator und erster Vorsitzender des Vereins, nach stürmischen internen Auseinandersetzungen ausscheidet und mit einer Schar seiner Anhänger die Neue Freie Volksbühne gründet – die alte bleibt unter Vorsitz Franz Mehrings bestehen –, tut das der Entwicklung des Volksbühnengedankens keinen Abbruch. Ebensowenig wie die immer wieder unternommenen Versuche der Berliner Polizei, mit Verboten und Zensurschikanen der Arbeitertheaterbewegung den Garaus zu machen. 1912/13 sind in beiden Vereinen zusammen 68 000 Mitglieder organisiert. Neben Theatervorstellungen bieten die Volksbühnen Vorträge und literarische Veranstaltungen an. Die Neue Freie Volksbühne lädt Richard Strauss zu einem Konzert vor Arbeitern in den Berliner Osten ein. Der Pianist Leo Kestenberg gewinnt die Schauspielerin Tilla Durieux für eine Reihe literarischer Matineen:

Ich fuhr mit ihm nun Sonntagvormittag in die Hasenheide, eine Arbeitergegend, und nach anderen Vororten Berlins, wo sich die großen Versammlungssäle befanden. Das Programm stellten wir sehr sorgfältig zusammen, in dem Bestreben, nur das Beste zu bieten. Zuerst war ich

sehr befangen, mehr als im Theater, als ich aber sah, mit welcher Dankbarkeit und mit welchem Interesse die Arbeiter unsere Leistungen aufnahmen, machte es mir bald ein großes Vergnügen. Kaum einen Sonntag ließ ich ohne einen Ausflug in die Arbeiterviertel vergehen. Das dauerte an, bis der Krieg diese Veranstaltungen unterbrach ... Wir wählten Melodramen, und Kestenberg begleitete mich, ich rezitierte Goethe, Schiller, Dehmel, Herwegh, Chamisso. Dazwischen spielte Kestenberg klassische Musik. Nach einem solchen Vortrag kam eine unscheinbare Frau auf mich zu und fragte mich: »Warum tun Sie das?« – Ich war erschrocken, denn meine Kollegen ließen es nicht an bissigen Bemerkungen fehlen, so daß ich wieder Vorwürfe befürchtete. Als ich sagte, daß es mir eben Spaß mache, lächelte sie mich an und sagte: »Ich bin Rosa Luxemburg.« Das war der Anfang einer Reihe von Zusammenkünften mit dieser großen Frau, die ich allerdings geheimhielt, um nicht noch mehr auf mein schuldiges Haupt zu laden. Einmal lernte ich durch sie auf einer Versammlung flüchtig Karl Liebknecht kennen. Während des Krieges konnte ich sie im Gefängnis über Kestenberg unterstützen, und ihr schreckliches Ende war ein großer Schmerz für mich.
Tilla Durieux, Eine Tür steht offen

Neben dem Königlichen Schauspiel, neben Deutschem und Lessingtheater, neben Berliner und Schillertheater, neben dem Theater des Westens und dem Residenztheater, die alle, wie der Theateralmanach von 1897 formuliert, »die vornehmste Richtung im klassischen wie im modernen Spielplan pflegen«, gibt es zahlreiche Bühnen, die sich – auf mehr oder weniger niveauvolle Weise – die leichte Unterhaltung ihres Publikums zum Ziel gesteckt haben: Possen und Schwänke, Parodien und französische Salonstücke machen den Hauptteil des Repertoires aus. Oft muß ein gutes Bier ersetzen, was an geistigem Gehalt fehlt.

Einer »fröhlichen Kunst« haben sich auch die literarischen Kabaretts verschrieben, die in Berlin um die Jahrhundertwende in Mode kommen. Im Januar eröffnet Ernst von Wolzogen in der Berliner Alexanderstraße sein »Buntes Theater« (Überbrettl), das erste deutsche Kabarett. Das Premierenprogramm – neben unterhaltsamen Nichtigkeiten auch parodistische Texte von Christian Morgenstern, Otto Julius Bierbaum, Detlev von Liliencron und Ludwig Thoma – wird ein überraschender Erfolg. Das winzige Theater ist Abend für Abend ausverkauft. Im November 1901 zieht Wolzogens Überbrettl in die Köpenicker Straße, in der Nähe der Jannowitzbrücke, wo der Architekt August Endell in einen Mietshausblock ein neues »Buntes Theater« im Jugendstil hineingebaut hat. Aber der literarische Anspruch des Unternehmens, inzwischen zur Aktiengesellschaft avanciert, beginnt bereits zu bröckeln:

Plakat von Edmund Edel für Wolzogens »Buntes Theater«, 1902

11. Dezember 1901. Mittwoch ging ich »lumpen« …, und zwar in Wolzogens »Überbrettl« in der Köpenicker Straße, ein wahrlich eigentümliches modernes »Kunstprodukt«. Der Eingang zum Musentempel führt durch einen schmutzigen Torweg und einen noch schmutzigeren Hof voll Holzbeugen und allerlei Gerümpel; das Theater selbst ist ein himmelhoher, viereckiger Saal mit überdeckten Emporen, im wildesten Jugendstil dekoriert und bemalt; das Hauptmotiv sind zypressenartige Bäume, das heißt dünne Stämme, die sich nach oben in eine pyramidale Krone auslegen; rundum geht ein breiter Fries grünlicher Gipsbasreliefs, die monströse stilisierte Insekten vorstellen, Flöhe, Heuhupfer,

Kellerasseln, Spinnen, Grillen und ähnliches Geziefer. Die Decke ist mit irrlichtartigen Flämmchen bemalt. Wir saßen dicht vor der Bühne. Der Vorhang, ein lila Paonnestoff, auch mit hellen Flammen als »Motiv« durchwoben, fällt herab anstatt aufzugehen, und zwischen seinen Flügeln schieben sich die Darsteller heraus, geleitet von einem der Direktoren, in grauem Beinkleide, braunem Frack oder Rock mit Metallknöpfen, bunter Weste und riesiger bunter Krawatte, den Claque in der Hand; er stellt den Schauspieler vor, sagt, was er oder sie vortragen wird, wer die Verfasser, auch was damit bezweckt werden soll. In bunter Abwechslung wurde gesungen, deklamiert, vorgelesen, ein Einakter abgespielt, gemimt und getanzt, teils recht unpassende Dinge, meist namenlos banale und kindische Leistungen, widerwärtig hauptsächlich durch die Anmaßung, mit der sie als »Kunst« auftraten. Hübsch und interessant waren die Japaner, die zwei alte, nationale Stücke aufführten ... Zwischendurch erging man sich in den recht hübschen, in gleichem Geschmacke eingericheten Nebenräumen ... Mir scheint, daß diese Art von Schaustellungen viel mehr den Tingeltangel salonfähig machen werden, anstatt ihn, wie sie behaupten, zu »veredeln«.
Hildegard von Spitzemberg, Tagebuch

Der Erfolg von Wolzogens Überbrettl – der ihm in der Köpenicker Straße nicht lange treu bleibt – läßt zahlreiche Nachahmungen aus dem Berliner Boden schießen. Im Hinterzimmer einer italienischen Weinstube in der Zimmerstraße etabliert der Maler Max Tilke das Kabarett »Zum hungrigen Pegasus«, in dem jeder, der sich zu Künstlerischem berufen fühlt, auf das Podium steigen darf; seit 1903 gibt es in Dalbellis Weinstube an der Potsdamer Brücke das »Cabaret zum Peter Hille«, in dem neben Peter Hille Else Lasker-Schüler, Richard Dehmel und Hanns von Gumppenberg ein Publikum für ihre Verse suchen. Das »Poetenbänkel im siebenten Himmel« hat im Weinrestaurant im Theater des Westens seinen Platz. Erich Mühsam tritt hier zuweilen auf und Roda Roda. Max Reinhardts »Schall und Rauch« und die »Bösen Buben«, ein Unternehmen der beiden Schauspieler Rudolf Bernauer und Carl Meinhard, spezialisieren sich auf Parodien des zeitgenössischen Kulturbetriebs.

Aber die große Zeit des literarischen Kabaretts währt nicht lange. »Was sich heute Kabarett nennt«, klagt Edmund Edel schon 1908, »ist ein besseres Tingeltangel mit Weinzwang, aber sein Besuch ist immerhin empfehlenswert für Leute, die gar nicht wissen, wie sie vor dem Zubettegehen und nach dem guten Abendessen verdauen sollen.«

Die Kabaretts würden vielleicht etwas anderes geworden sein, wenn sie nicht unter der Ungunst der Verhältnisse zu leiden hätten. Obgleich man ihnen eine Konzession gegeben hat, hat man ihnen doch nicht die Frei-

heit ausgeliefert, die ihnen gestatten würde, wirkliche Satire auf das Leben und auf öffentliche Zustände zu bringen. Die Zensur liegt ihnen wie ein Alp im Nacken und zwickt und zwackt sie an allen Stellen und hindert sie in jeder Bewegung. So muß sich natürlich die Produktion auf die allgemeinen herkömmlichen Banalitäten beschränken, und die Kost, die das Kabarett unter dem Druck der Zensur bieten kann, ist natürlich weit davon entfernt, mit den Gewürzen gepfeffert zu sein, die eine wirkliche Satire erfordert.
Edmund Edel, Berlins leichte Kunst und lustige Nächte

So entwickelt sich das Kabarett, zwischen Tingeltangel und Varieté angesiedelt, immer mehr zu einem Anhängsel des großstädtischen Vergnügungsbetriebs, ganz auf die Bedürfnisse eines zahlungskräftigen Publikums zugeschnitten. Hier geht um 1908 auch der Stern der Diseuse Claire Waldoff auf, die mit ihrer kessen Berliner Schnoddrigkeit dem kabarettistischen Amüsierbetrieb der Vorkriegszeit eine eigene Note gibt. Das Debüt der jungen, noch völlig unbekannten Künstlerin im Kabarett »Zum Roland von Berlin« wird auf Anhieb ein Riesenerfolg:

Ich sang damals acht Monate im Berliner »Roland«. Nach Schluß der Saison hatte ich bereits einen neuen Vertrag für die kommende Saison mit der doppelten Gage bei der Konkurrenz abgeschlossen, am »Linden-Kabarett«, Unter den Linden 22 … Ich war die sogenannte Rosine im Programm der internationalen Weltstadt. Man erschien erst zu meinem Auftreten nach dem Theaterbesuch und dem Souper bei Hiller oder bei Dressel Unter den Linden, und hinterher wurde die ganze Nacht in der leichtlebigen, springlebendigen, noch jungen Weltstadtmetropole gebummelt. Ich kenne viele internationale Menschen, die das Nachtleben von Berlin amüsanter und toller fanden als das des damaligen Paris.

Meine Lieder wurden von ganz Berlin gesungen. Es waren die Schlager:

Wenn der Bräutjam mit der Braut
So mang de Wälder jeht,
Wenn der Weizen übern Meter
Uff de Felder steht,
Dann is alt und jung
Mächtig uff'n Sprung.
Wenn der Bräutjam mit der Braut
So mang de Wälder jeht,
Wenn der Weizen übern Meter
Uff de Felder steht,
Dann schreit jroß und kleen:
ach, wie is det schön!

und

Was liegt bei Lehmann unterm Apfelbaum?
Ein Kind, ein Kind, ein Kind!
Was lacht so quietschvergnügt und lutscht am Daum?
Det Kind, det Kind, det Kind.
Nu sag mal bloß, wer hat'n Storch verkohlt
Mit's Kind, mit's Kind, mit's Kind?
Es ist bestellt und ist nicht abgeholt,
Det Kind, det Kind, det Kind!

und

Nach meine Beene ist ja janz Berlin verrückt,
Mit meine Beene hab ick manches Herz jeknickt.

Es war die Zeit meines Lebens, wo ich am frechsten war, am übermütigsten auf der Bühne. Das Publikum, die internationale Welt, die sich in Berlin ein Rendezvous gab, konnte sich auf den Kopf stellen: Ich sang nur drei Lieder, ob sie noch so lange klatschten, ob sie noch so lange trampelten, ob sie »Bis, Bis!« riefen – ich kam nicht mehr. Es wurde dunkel gemacht, ganz gleich, ob die Leute noch warteten ... Ich war eben eine »dolle Bolle« geworden, wie der Berliner sagte. Ich fing an, *die* Berlinerin zu werden, ein Prototyp der Berliner, ein Repräsentant des modernen Berlin. Das war auch die Zeit, wo mein »Hermann«, mein Standardlied, zu blühen anfing:

Hermann heeßt er,
Mit de Knie stößt er,
Hermann heeßt er!

Wieviel hunderttausendmal mag ich dieses Lied wohl gesungen haben? Immer stürmisch verlangt! Jahrzehntelang, Jahrzehntelang ...

Claire Waldoff, Weeste noch ...!

Nicht nur die Theater, auch die schöngeistigen Verlage in Berlin bilden ein geistiges Zentrum von spezifischer Anziehungskraft: Schuster & Loeffler, der alle Werke Dehmels, soweit bis dahin erschienen, bei sich versammelt; F. Fontane & Co., eine Gründung von Fontanes Sohn Friedrich; Georg Bondi, der Verleger Georges und seiner Jünger; vor allem aber der 1886 gegründete Verlag Samuel Fischers, der mit seinem Buch- und Zeitschriftenprogramm die Moderne entscheidend fördert und begleitet:

Fischer hatte jung in der Friedrichstraße einen kleinen Buchladen aufgetan, mit Büchern im Schaufenster, die man sonst noch nirgends zu sehen bekam, Büchern von solchen unbekannten Größen wie Ibsen, Björnson, Dostojewski, wodurch auf ihn rasch, wer immer der Butzenscheiben überdrüssig geworden war, aufmerksam wurde. Das gefällige,

wissensdurstige, kluge Männchen war mit einer guten Nase begabt, mit einem wohltemperierten, im rechten Augenblick wagenden, aber auch wieder rechtzeitig zögernden Mut und mit einem schönen Ehrgeiz, der durch einen Schuß gelinder Eitelkeit gelegentlich noch aufgepulvert, zuweilen aber auch wieder in Anfällen einer wehklagenden Ängstlichkeit eingeschüchtert wurde; noch heute sitzt zuweilen das Gespenst der Not neben ihm in seinem Automobil, wie sich eben stets die größten Sorgen Leute machen, die keine haben. Ich gewann ihn damals auf den ersten Blick lieb, und in dreißig Jahren unablässigen Ärgers über ihn ist mir an keinem Tag dieses Gefühl herzlicher Zuneigung, unbedingten Vertrauens und dankbarer Kameradschaft entwichen.
Hermann Bahr, Selbstbildnis

Im Verlag von Fischer erscheinen nicht nur die neuen großen Namen der ausländischen Literatur – von Ibsen, Hamsun, Herman Bang über Zola, Dostojewski und den Brüdern Goncourt bis zu Maurice Maeterlinck –, sondern auch die wichtigsten Vertreter der naturalistischen Bewegung in Deutschland oder der österreichischen Moderne. Mit Band 6 der »Collection Fischer« – »Der kleine Herr Friedemann« – taucht 1898 auch zum erstenmal der Name Thomas Mann in Fischers Verlagsprogramm auf. Ein Jahr zuvor, am 29. Mai 1897, hatte Samuel Fischer an seinen neugewonnen Autor geschrieben:

Für das Verlagsrecht Ihrer Novellen biete ich Ihnen 150 Mark an, wobei ich mir vorbehalte, die, wie ich annehme, noch nicht veröffentlichte Novelle »Der Bajazzo« in der »Rundschau« zu veröffentlichen. Ich kann Ihnen für die »Collection«, die ich zu einem sehr billigen Preise vertreibe, ein gutes Honorar nicht anbieten; ich würde mich aber freuen, wenn Sie mir Gelegenheit geben würden, ein größeres Prosawerk von Ihnen zu veröffentlichen, vielleicht einen Roman, wenn er auch nicht so lang ist. Für Publikationen dieser Art kann ich ungleich bessere Honorare bezahlen und vielleicht auch durch vorherigen Abdruck die Arbeit besonders gut verwerten. Ich will für Ihre Produktion gern wirken, natürlich unter der Voraussetzung, daß Sie mir alle Ihre Produkte zum Verlag übergeben.
S. Fischer, Verlag

Vier Jahre später erscheint Thomas Manns erster Roman »Buddenbrooks« bei S. Fischer. Der ungewöhnlich starke Umfang des Werkes läßt den vorsichtig kalkulierenden Verleger anfangs zögern. »Nun, Sie werden ja nicht immer vierbändige Romane schreiben«, antwortet Fischer am 23. März 1901 dem Autor, »und so kann es wohl auch ein Ver-

leger, der sich das Ding auch immer ein wenig geschäftlich ansehen muß, mit Ihnen schon wagen. Vielleicht beschämt mich das deutsche Volk und kauft Ihr Buch in solchen Massen, wie Ihr Werk es verdient.« Anfangs scheint solche Hoffnung allerdings trügerisch:

Die Befürchtungen des Verlegers schienen sich zu erfüllen. Niemand hatte Lust, für das ungefüge Produkt eines obskuren jungen Verfassers soviel Geld anzulegen. Die Kritik fragte mißgelaunt, ob etwa die mehrbändigen Wälzer wieder Mode werden sollten. Sie verglich den Roman mit einem im Sande mahlenden Lastwagen ... Immerhin wurde im Laufe eines Jahres die erste Auflage von eintausend Exemplaren verkauft, und jetzt erhielt der Roman die Gestalt, in der er seine erstaunliche, am wenigsten von seinem Autor vorausgesehene Laufbahn beginnen sollte. Dringlichen Ratschlägen zugänglich, deren Spender sich auf den voraufgegangenen Bucherfolg von Frenssens »Jörn Uhl« beriefen, veranstaltete der Verlag die einbändige 5-Mark-Ausgabe mit Wilhelm Schulzens biedermeierlicher Umschlagzeichnung, und alsbald, während die preisenden Pressestimmen, selbst in ausländischen Blättern, sich mehrten, begannen die Auflagen einander zu jagen. Es war der Ruhm.

Thomas Mann, Lebensabriß

Autor des Verlages ist seit den neunziger Jahren auch Gerhart Hauptmann. Fischer-Autoren werden Arthur Schnitzler und Hugo von Hofmannsthal, Max Halbe und Johannes Schlaf, Hermann Hesse und Bernhard Kellermann. Im April 1894 kommt Christian Morgenstern nach Berlin und wird für Fischer als Ibsen-Übersetzer tätig. Renommierte Schriftsteller ebenso wie noch völlig unbekannte finden ein Forum auch in Fischers Literaturzeitschrift »Freie Bühne« oder, wie sie seit 1892 heißt, »Freie Bühne für den Entwickelungskampf der Zeit«. Wilhelm Bölsche – mit Bruno Wille Stammvater des Friedrichshagener Dichterkreises – redigiert sie Anfang der neunziger Jahre in dem kiefernumsäumten Berliner Vorort am Fuße der Müggelberge:

... die grünen Hefte wurden wirklich im Grünen ausgeheckt. Die Debatten vorher und nachher sind durchweg viel hübscher gewesen als alles, was dann in den Heften gedruckt stand (die Dichtungen nehme ich natürlich aus!) ...

Um Wille, der seine Volksbühne auch vom Müggelsee her dirigierte, bildete sich ein ähnlicher Kreis, zum Teil mit den gleichen Köpfen, jedenfalls mit verwandtem Geist.

Und dann zogen wir beide einzelne liebe Vertraute ganz hinter uns nach und hinaus. Heinrich und Julius Hart waren die ersten, die kamen,

um eine Weile auch ihr Zelt ganz im Kiefernsand aufzuschlangen … Andere stellten sich vorübergehend ein, aber so oft, daß mir selbst manchmal die Bilder verschmelzen, als hätten auch sie dort lange gewohnt. Die Legende, wie sie heute in Literaturgeschichten steht …, läßt in der Tat alle nahmhafteren jungen Poeten draußen eine vielköpfige Kolonie bilden; so war es aber nun doch niemals, die meisten waren nur Gäste bei Wille oder mir. Der Abend wurde verplaudert, der letzte Zug allerdings oft verpaßt, bei den Freunden kampiert.
Wilhelm Bölsche, Friedrichshagen in der Literatur

Im Norden Berlins, in Pankow, hat sich um den Dichter Richard Dehmel ebenfalls ein Kreis von Gleichgesinnten gebildet:

Unter denen, die immer wieder kamen, waren außer meinem Bruder und mir: Liliencron, Otto Julius Bierbaum, Hanns von Gumppenberg, Hedwig Lachmann, Doktor Schleich, der bekannte Mediziner, Przybyszewski und Franz Oppenheimer, Dehmels Schwager. In diesem Kreise regten sich zuerst oder doch wenigstens am stärksten und nachhaltigsten jene Stimmungen, welche über die Epoche des Naturalismus, Pessimismus und Sozialismus hinausstrebten ... Man träumte von einer neuen Renaissance, einem neuen, sinnen- und kunstfreudigen Heidentum. Die Worte Lebensfreude, Ausleben, Sinnlichkeit, Freiheit gewannen neuen Inhalt.
Heinrich Hart, Literarische Erinnerungen

Gast im Dehmel-Kreis ist eine Zeitlang auch August Strindberg, der 1892/93 in Berlin lebt, anfangs in Friedrichshagen, dann im Zentrum der Stadt, nur wenige Minuten entfernt von der Weinstube »Zum schwarzen Ferkel«, wo der »skandinavische Stammtisch« tagt:

Das »Schwarze Ferkel« war damals eine winzige Weinkneipe in der verlängerten Wilhelmstraße, dicht bei den »Linden« zu ebener Erde gelegen, nur aus zwei Räumen bestehend, links vom Eingang das Komptor mit Weinfässern, rechts ein kleines Zimmer mit einem einzigen Tisch. Strindberg und Munch hatten über der Tür die baumelnde ausgestopfte Haut eines schwarzen Ferkels gesehen, sie waren eingetreten, waren Dauergäste geworden, hatten dem Lokal den Namen gegeben und fühlten sich dort um so mehr als privilegierte Herrscher, weil der Wirt ein warmes Herz für die Kunst und die Literatur hatte, die ihm erwiesene Ehre nicht verkannte, auf Zahlung der Schulden nicht drängte und gelegentlich ein von Strindberg dickfarbig gemaltes Bild, das ein Meer veranschaulichen sollte und auch eine Wiese darstellen konnte, zum Ausgleich der unerledigten langen Rechnung für Wein und Kognak entgegen nahm.
Theodor Wolff, La Terrasse

Als das »Urferkel« mit allen anderen Häusern auf dieser Seite der Neuen Wilhelmstraße dem Moloch Verkehr zum Opfer fällt, zieht der Wirt mit seinen Gästen in die Dorotheenstraße um, hängt sein schwarzes Wappentier über die Tür und führt seine Weinstube in altgewohnter Weise fort. An diese Zeit erinnert sich der spätere Kunst- und Literaturwissenschaftler Hermann Uhde-Bernays:

Die Gesellschaft war dort recht gemischt, viele Russen und Skandinavier neben Berliner Stürmern und Drängern, einem Reste des ehemaligen Debattierklubs »Durch«, aus dem die »Neue Gesellschaft« entstanden war, nicht eigentlich Boheme, aber eine nach revolutionären Abänderungen der bisherigen Ordnung und Sitte überschwänglich begehrende Kumpanei. Alle hatten ein ganzes oder halbes Jahrzehnt Großstadt, deren Annehmlichkeiten sie nur zum Schein bekämpften, hinter sich und lebten wie in einem Rauschzustande, der merkwürdige poetische Ergebnisse zeitigte. Viele waren auch wirkliche Begabungen, die ihren eigenen Weg verfolgten. Erstaunlich, wie reich um die Jahrhundertwende in Deutschland die Talente gesät waren, und wenn auch von ihrem Schaffen, eben weil es allzu sehr mit den Strömungen der Zeit zusammenhing, sich kaum ein kleiner Teil in die von ihnen erträumte, wahrlich anders gebildete Zukunft hinübergerettet hat, so war doch damals und nicht nur in diesem Kreise ein zuversichtlicher Glaube vorhanden …

Die drei seßhaftesten Mannen waren Edvard Munch, Knut Hamsun und der Pole Stanislaus Przybyszewski, alle drei große Alkoholiker, bettelarm, oft ohne eine Ahnung, wovon sie am nächsten Morgen ihre Existenz bestreiten sollten, dennoch zu keiner »bürgerlichen« Konzession bereit. Munch und Hamsun ähnliche Typen, mager und klapprig, übersichtig, wortkarg, nachdenklich, mit inneren Visionen beschäftigt, reizbar und schwer zu behandeln. Wenn Äußerungen fielen, immer kritischer Natur, waren sie gut geformt, klar und selbständig. Die gesamte Korona war überzeugt, daß beiden eine schöne Verheißung winke, hatte Achtung vor ihnen, und im Notfalle wurde geholfen, namentlich als es Hamsun schlecht erging, für den der »Simplicissimus« einen Aufruf erließ. Der sprudelnde lasterhafte Pole, ein fanatischer Adept Strindbergs, ließ kaum eine Woche ohne Zank vergehen und blieb dann einige Zeit fern. Die ersten Abendstunden verliefen bei Anwesenheit von wenigen Gästen. Nach dem Theater füllte sich der behagliche Raum, und lebhafte Gespräche setzten ein. Die Namen Nietzsche, Bölsche, Haeckel flatterten um die Hängelampe, mit der Person Bleibtreus wurde ein eigener Kult getrieben. Dichter wie Geibel, Heyse, Ebers, Dahn durften nicht genannt werden, wenn nicht ein Orkan der Entrüstung aufbrausen sollte. Das war eine neue Welt, in der ich mich verlassen fühlte. Das »Schwarze Ferkel« besaß für mich gleichwohl seine Anziehungskraft, und ich fand mich gerne dort ein, um in einer stillen Ecke den wilden Rodomontaden zuzuhören.

Hermann Uhde-Bernays, Im Lichte der Freiheit

Lovis Corinth, Peter Hille, 1902

Die Berliner Boheme um die Jahrhundertwende hat viele Gesichter. Eine ihrer legendären Gestalten ist der Dichter Peter Hille, der gegen die Normen der bürgerlichen Gesellschaft protestiert, indem er sie nicht zur Kenntnis nimmt.

Nur selten vernahmen die Berliner etwas von Peter Hille. Wenn verehrende Freunde seinen Namen ganz laut in den Weltstadtlärm riefen, dann sah man vergnügt auf den sonderlichen Mann herab, der zerzaust und ein wenig abgerissen daherging, ein schmutziges Notizbuch in der Hand, in das er fast unaufhörlich schrieb: Gedanken und Einfälle, Stimmungen und Randglossen über das, was er erblickte, erhorchte, ertastete; der jede Seite mit dem Bleistift sechsmal überquerte und sich um die spöttisch Blickenden nicht kümmerte, die von den Schönheiten nichts ahnten, die der Dichter für seinen persönlichen Bedarf aus ihrer Häßlichkeit hob. Und dann sprach man von ihm, als die Nachricht von seinem Tode durch die Blätter ging. Was erfand man nicht für Mordgeschichten, um sein Sterben interessant zu machen! Ermordet sollte er sein, und ganz mysteriöse Dinge sollten es veranlaßt haben, daß man ihn eines Tages mit blutendem Kopf ohnmächtig auf der Bank eines Berliner Vorortbahnhofes auffand. Die guten Leute, die sein Leben nie als ein tiefes, herrliches Geheimnis empfunden hatten, witterten hinter seinem Tode geheimnisvolle, poetisch-gruselige Umstände. Und doch war für jeden, der nicht mit des Dichters Sinnen fühlt, sein Tod so nüchtern, so unsagbar nüchtern! Ein fünfzigjähriger Organismus, geschändet von allen Entbehrungen, allen Strapazen materieller Not, war verbraucht. Auf der Heimfahrt von Berlin nach Schlachtensee, wo ihn Fremde zuletzt versorgten, brach er zusammen, die Lungen versagten, er schleppte sich auf einer Zwischenstation aus dem Zug, fiel und zerschlug sich den Kopf. Man setzte ihn auf eine Bank. Da wurde er gefunden. Man brachte ihn nach Großlichterfelde ins Krankenhaus, und dort starb er. Das ist alles.

Peter Hille ist verhungert, ganz regelrecht verhungert; nicht, wie mancher andere Bettler, durch ein plötzliches Aufhören der Lebenszufuhr, nicht von heute auf morgen, sondern im jahrzehntelangen bitteren Kampf seines schwachen Leibes gegen die Bedürfnisse des Lebens, deren Befriedigung ihm vorenthalten war. Vorenthalten von der Gesellschaft, die ihn umgab, die ihn nicht bemerkt hatte im Getöse der Weltstadt, aber an seinem Grabe nun plärrte: Seht doch, ein Dichter ist tot, ein Dichter!
Erich Mühsam, Peter Hille

Erich Mühsam, der diese Zeilen 1908, vier Jahre nach dem Tod Peter Hilles, in der »Zukunft« veröffentlicht, gehörte selbst um die Jahrhundertwende zu den bekanntesten Bohemiens in der literarischen Szene der deutschen Hauptstadt. Allerdings ist sein Protest gegen die bürgerliche Gesellschaft weltanschaulich viel prononcierter und literarisch entschieden publikumswirksamer als der des bewunderten Vorbilds Peter Hille. Mühsam arbeitet für satirische Zeitschriften wie »Simplicissimus« und »Wahrer Jacob«, ist gefragter Mitarbeiter in den Berliner literarischen Kabaretts, 1902 redigiert er in Friedrichshagen, argwöhnisch beobachtet von der politischen Polizei, die anarchistische Zeitschrift »Der arme Teufel«, 1904 erscheint seine Gedichtsammlung »Die Wüste«; dann läßt er sich, nach ausgedehnten Reisen, endgültig in München nieder.

Mühsam war bis vor kurzem in Berlin, und alle Besucher der einschlägigen Lokalitäten kennen ihn, denn er trug sich wohl am auffallendsten schäbig und verwildert unter allen Berliner Zigeunern und – sehr viele der häufigeren Besucher werden wohl auch nicht sein, die er nicht angepumpt hat. Dieser bedrohlich aussehende Anarchist und krasse Egoist der Theorie war übrigens ein ungewöhnlich guter Kerl, ein aufopfernder Freund, der oft seinen Freunden von dem sauer erpumpten Geld mehr zuwandte als sich selbst und der noch mehr als Geld für sie aufwandte. Wenn man ihn dann etwa mit leichter Ironie fragte, wie sich das mit seiner leidenschaftlich verfochtenen Theorie des krassen Egoismus vertrage, erhielt man wohl die zornige Antwort: »Ich habe bloß gesagt, jeder soll das tun, was ihm Vergnügen macht – und mir macht eben das Vergnügen!« …

Mühsam haßt die Bürger draußen, aber über die Wertlosigkeit seiner Zechgenossen, zu denen ihn die äußere Situation zwingt, ist er sich nicht minder unklar – er zeichnet sie bissig genug:

> Paar urnische Männlein, paar lesbische Weiber,
> paar Reimer, paar Zoter, paar Schnüffler, paar Schreiber
> Kaffee, Zigaretten, Gefasel, Gegrein –
> in summa ein Literaturverein.

Das ist kein übles Bild der Afterboheme, wie sie sich jetzt in Berlins Nachtcafés breitmacht. Für die echte Boheme aber ist Mühsams »Wüste« mit ihrer wilden, gallschwarzen Bitterkeit, ihren verzweifelten Aufschreien und grellen Gelächtern, ihren taumelnden Verzückungen und weichen Sehnsuchtsrufen ein starker Typ.

Julius Bab, Die Berliner Bohème

Nicht in gängige Literaturklischees fügt sich auch das Bild der Dichterin Else Lasker-Schüler, die mit ihrer Vorliebe für Phantastisch-Groteskes, für orientalischen Märchenzauber im Leben und im Dichten so manche Zeitgenossen irritiert. Gottfried Benn, Arzt, Schriftsteller und Freund über die Künstlerin:

Else Lasker-Schüler, Einbandgestaltung mit Selbstporträt, 1907

Sie war klein, damals knabenhaft schlank, hatte pechschwarze Haare, kurzgeschnitten, was zu der Zeit noch selten war, große rabenschwarze bewegliche Augen mit einem ausweichenden, unerklärlichen Blick. Man konnte weder damals noch später mit ihr über die Straße gehen, ohne daß alle Welt stillstand und ihr nachsah: extravagante weite Röcke oder Hosen, unmögliche Obergewänder, Hals und Arme behängt mit auffallendem unechtem Schmuck, Ketten, Ohrringen, Talmiringe an den Fingern, und da sie sich unaufhörlich die Haarsträhnen aus der Stirn strich, waren diese, man muß schon sagen: Dienstmädchenringe, immer in aller Blickpunkt. Sie aß nie regelmäßig, sie aß sehr wenig, oft lebte sie wochenlang von Nüssen und Obst. Sie schlief oft auf Bänken, und sie war immer arm in allen Lebenslagen und zu allen Zeiten. Das war der Prinz von Theben, Jussuf, Tino von Bagdad, der schwarze Schwan.

Lasker-Schüler. Ein Buch zum 100. Geburtstag der Dichterin

Um 1910 war ich noch winzig kleiner freiwilliger Hilfsarbeiter am Berliner Kupferstichkabinett. Wenn ich dort bei einigen Museumsaufsehern dennoch in Ansehen stand, so verdanke ich dies Else Lasker-Schüler. Denn immer mal wieder wurde ich von einer Persönlichkeit aus fürstlichem Hause angerufen.

»Ein Prinz wünschen Herrn Doktor zu sprechen« (vor lauter Respekt redete mich der subalterne Beamte sogar in der dritten Person an). »Seine Durchlaucht warten am Telephon.«

Ach Gottchen, es war der »Prinz von Theben«, Else Lasker-Schüler, die fragte, ob ich ihr mit drei Mark aushelfen könne. Oder sie verabredete eine Zusammenkunft, für die sie die ausgefallensten Orte vorschlug. Kastans Panoptikum in der Passage. Oder irgendein gräßliches vegetarisches Restaurant.

Aus einem vegetarischen Speisehaus stammt einer der drei zufällig geretteten Briefe. Einige Sätze seien daraus zitiert, weil sie in ihrer kindhaft verspielten Form für das Wesen der Dichterin kennzeichnend sind ...: »Ich habe keine Ruhe, immer unstet, kein Zuhaus. Ich wollte, ich wäre jemand sein Kind. Und es ging jemand mit mir in alle Spielläden und kaufte mir Schaukelpferde, kleine Bären, Schachteln voll Häuschen und Bäumchen und Schafe und Hühner. Es ist zwei Uhr. Ich sitze bei den Vegetariern, neben mir auch der Zwiebel-Asket als Grieche.« (An dieser Briefstelle ist die Zeichnung eines Griechen eingefügt, der mit seinem wallenden Bart allerdings wie ein Assyrer aussieht.) »Mein Löffel, mit dem ich Apfelsinenspeise esse (hier folgt die Zeichnung eines großen Blechlöffels) riecht nach Zwiebel. Daß der Wirt nicht schimpft, habe ich gesagt, er sei auf die Erde gefallen. Nun hat er mir einen anderen Löffel gegeben.«

Eduard Plietzsch, »... heiter ist die Kunst«

In den neunziger Jahren prägen so unterschiedliche Schriftsteller wie Georg Hermann und Frank Wedekind, Max Kretzer und Otto Julius Bierbaum, Christian Morgenstern oder Clara Viebig das Berliner literarische Leben. Fontane schreibt an seinen großen Altersromanen und beobachtet mit wachem Interesse die Literaturfehden der Jungen. Auch Heinrich Mann, der 1891 zum erstenmal für längere Zeit nach Berlin kommt – er arbeitet ein halbes Jahr als Volontär im S. Fischer Verlag – zieht es immer wieder in die geistig lebendige Stadt an der Spree. Er schreibt Theaterkritiken, hört Vorlesungen, stürzt sich ins Berliner Nachtleben und benutzt die Abwesenheit des Verlagschefs für die Arbeit an eigenen Skizzen und Erzählungen. 1900 erscheint sein satirischer Roman »Im Schlaraffenland«, der die »feinen Leute« von Berlin W kritisch ins Visier nimmt: »Ein toller Strom Lebens wogt durch das Buch. Typen aus allen Gesellschaftsklassen reißt er mit, vertauscht Ufer und Grenzen, legt Abgründe frei und flutet weiter.« (Erich Mühsam, Heinrich Mann)

Auch als Heinrich Mann, Jahre später, an seinem Roman »Der Untertan« arbeitet, fließt ihm so manches aus seinen Berliner Erlebnissen und Erfahrungen in die Feder. Am 31. Oktober 1906 schreibt er an den Freund Ludwig Ewers:

Seit ich in Berlin bin, lebe ich unter dem Druck dieser sklavischen Masse ohne Ideale. Zu dem alten menschenverachtenden preußischen Unteroffiziersgeist ist hier die maschinenmäßige Massenhaftigkeit der Weltstadt gekommen, und das Ergebnis ist ein Sinken der Menschenwürde unter jedes bekannte Maß. Ich mache Studien. Wie das belanglose Massenteilchen, das sich irgendwo ein Butterbrot kauft, dabei behandelt wird. Wie bei jedem beliebigen Akt sich jeder als Vorgesetzter und als Feind des andern aufführt; so unverhüllt und brutal wie sonst nirgends in der Welt. Auf den Bahnhöfen, in den schwitzenden Cafés habe ich manchmal das Gefühl: Wenn plötzlich eine Abteilung Polizei eindränge und zehn, zwanzig Stück aus dem Haufen niedersäbelte – die andern würden deswegen weder den Zug versäumen noch ihre Mélange stehen lassen. Das alles möchte ich machen; ich muß es erst von der Seele haben, bevor ich an die Umkehrung alles dessen, die Helden, gehen kann. Einen ganzen Roman hindurch würde ich Berlin vielleicht nicht ertragen; ich will es in ein einziges Kapitel meines nächsten Buches schließen. Sein Held soll der durchschnittliche Neudeutsche sein, einer, der den Berliner Geist in die Provinz trägt; vor allem ein Byzantiner bis ins allerletzte Stadium. Ich habe vor, daß er eine Papierfabrik haben soll, allmählich zum Fabrizieren patriotischer Ansichtskarten gelangt und den Kaiser auf Schlachtenbildern und in Apotheosen darstellt.
Heinrich Mann, Briefe an Ludwig Ewers

»Der Naturalismus ist tot. Alle seine bedeutenden Vorkämpfer haben sich von ihm abgewandt.« Ich muß bekennen, ich erschrak, als ich das las irgendwo einmal – vor Jahr und Tag. Ich zuckte zusammen, grade als wenn ich die Zeitung aufgemacht hätte und mein erster Blick auf die Todesanzeige eines sehr lieben, alten, brüderlichen Freundes gefallen wäre. Man will es nicht glauben und liest es noch einmal ganz langsam: Vorname, Vatersname, Alter, Beruf … Und aufatmend legt man das Blatt zur Seite. Also wirklich. Da stand es schwarz auf weiß: Der Na-tu-ra-lis-mus ist tot. Es war nicht mehr daran zu zweifeln.

Georg Hermann, Vom gesicherten und ungesicherten Leben

Während sich die Naturalisten und ihre Mitstreiter im »Geisteskampfe der Gegenwart« noch leidenschaftlich engagieren, setzt in der zweiten Hälfte der neunziger Jahre schon eine Gegenbewegung ein, die die Überwindung des Naturalismus, der »Knechtung der Kunst unter die Wirklichkeit« (Hermann Bahr) auf ihre Fahnen schreibt:

Wie zu allen Zeiten erzeugte auch jetzt die Entwickelung aus sich selbst ihren Gegensatz; gegen die herrschende Strömung bildete sich eine starke Gegenströmung … Der sozialistische Geist machte einem ausgeprägt individualistischen Platz, das demokratische Empfinden wurde mehr und mehr durch aristokratische Neigungen zersetzt … Aus dem Realen flüchtete man ins Phantastische, aus dem lichten Tag ins Nächtliche und Halbdunkle; das Geheimnisvolle, Okkulte, Symbolistische, Märchenhafte gewann neue Anziehungskraft. Psychologische Abnormitäten suchte man mit neuen sprachlichen und technischen Experimenten zu meistern; man berauschte sich an neuen Wort- und Versgebilden, man überpurzelte sich in Sprachkunststücken und technischen Wunderlichkeiten. Die Kunst wurde sich Selbstzweck, das l'art pour l'art auch in Deutschland zur Losung des Tages … Es gehört zu den Kennzeichen der Epoche, daß in dieser Zeit neuen Suchens und müden Zweifelns, in dieser Zeit des Tastens und Irrlichterierens, des halben Zukunftsglaubens und des halben Rückfalls ein großer Teil des jüngern Geschlechts sein eigenes Wollen, Empfinden und Schaffen als dekadent, als überreif und angefault, die ganze Zeit als eine Verfallszeit empfand. Der eine fühlte sich dekadent aus Verzweiflung, der andre aus Blasiertheit, der dritte machte mit aus Eitelkeit … Das Wort fin de siècle im Sinne der holden Wahnidee, das Jahrhundert habe sich verbraucht, erschöpft, wurde Modewort.

Heinrich Hart, Literarische Erinnerungen

1897 kommt der zweiundzwanzigjährige Rainer Maria Rilke nach Berlin, der mit vielen seiner Künstlergeneration die Abneigung gegen das »Massenhafte«, Laute, Organisierte der naturalistischen Bewegung teilt und den Fortschritt der Kunst an die Rückbesinnung auf die Individualität, an die Erneuerung im Ästhetischen geknüpft sieht. Rilke lebt anfangs in Wilmersdorf, später in Schmargendorf. Hier schreibt er Kriti-

ken über Berliner Kunstausstellungen, hier beendet er seine Dichtung »Weise von Liebe und Tod des Cornets Christoph Rilke«, hier fließen die Erfahrungen der Großstadt und die »stille, weiche, dunkelnde Luft« des Grunewalds in seine Gedichte ein. Hier wirtschaftet Rilke, vorläufig noch Junggeselle, mit seinem amerikanischen Patentkochtopf, träumt von einer stimmungsvollen Mahlzeit mit Clara Westhoff, seiner Braut:

Im kleinen Häuschen würde Licht sein, eine sanfte, verhüllte Lampe, und ich würde an meinem Kocher stehen und Ihnen ein Abendbrot bereiten: ein schönes Gemüse oder Grütze – und auf einem Glasteller würde schwerer Honig glänzen, und kalte, elfenbeinreine Butter würde auf der Buntheit eines russischen Tischtuchs ruhig auffallen. Brot hätte da sein müssen, starkes, korniges Schrotbrot und Zwieback, und auf langer schmaler Schüssel etwas blasser westfälischer Schinken, von Streifen weißen Fetts durchzogen wie ein Abendhimmel mit langgezogenen Wolken. Zum Trinken stünde der Tee bereit, goldgelber Tee in Gläsern mit silbernen Untersätzen, leisen Duft ausatmend ... Rote Mandarinen müßten da sein, in welche ein Sommer ganz klein zusammengefaltet ist wie ein italienisches Seidentuch in eine Nußschale ... So träumte ich. Voreilige Träume, das Häuschen ist leer und kalt, und auch meine hiesige Wohnung ist leer und kalt: Gott weiß, wie sie wohnlich werden soll. – Aber dennoch kann ich nicht glauben, daß die Wirklichkeit gar nicht soll Beziehung gewinnen zu dem, was ich träumte. Ich sandte Ihnen gestern zur Probe ein kleines Paket einer sehr trefflichen Hafergrütze. Gebrauchsanweisung auf dem Paket. Nur ist es gut, sie etwas länger als die angegebenen 15 Minuten kochen zu lassen. Vor dem Essen legen Sie ein Stück Butter hinein, oder Sie nehmen Apfelmus dazu. Ich esse sie am liebsten mit Butter, Tag für Tag. In 15 Minuten ist die ganze Speise fertig, das heißt, vorher muß schon siedendes Wasser gemacht sein; sie wird heiß aufgesetzt also und kocht 15–20 Minuten. Wenn Sie sich einen doppelwandigen Patent-Kochtopf »Kann alles« aus einem großen Haushaltungsgeschäft kommen ließen, müssen Sie kaum einmal durchrühren; die Gefahr des Anbrennens ist dann ganz gering. Versuchen Sie, und sagen Sie mir Bescheid. Die große kalifornische Firma hat auch sonst prächtige Präparate. Ich sende demnächst den Katalog. – Übrigens, Sie wissen, daß ich mir vor jenem reich geträumten Abendbrot einen fleißigen Tag gedacht habe. Nicht wahr?
Rainer Maria Rilke, Briefe/I

Von Berlin aus bricht Rilke 1899 und 1900 gemeinsam mit der Schriftstellerin Lou Andreas-Salomé zu zwei großen Rußlandreisen auf, die sein Weltbild tief beeinflussen werden. Anfang 1901 übersiedelt der Dichter zu Clara Westhoff in sein neues Heim bei Worpswede.

Einem extremen Individualismus huldigt Stefan George, der die Kunst wie einen religiösen Kultus pflegt. Der Schriftsteller, zu dessen Nimbus es gehört, keinen festen Wohnsitz zu haben, kommt seit den neunziger Jahren alljährlich auch für mehrere Wochen nach Berlin und zelebriert hier seine Texte in einem exklusiven Kreis wahlverwandter Verehrer.

In diesen neunziger Jahren gerieten Reinhold und Sabine Lepsius unter den Stefan Georgeschen Bann, und ich wurde dort zu einer erlesenen Veranstaltung geladen. Das Zimmer war verdunkelt, nur am Lesetischchen leuchtete eine rotverschleierte Lampe; der anliegende Raum wurde freigehalten, »denn«, wie der Hausherr flüsterte, »hier wird der Dichter sitzen«. Dann war er plötzlich da, wirkte wie eine Erscheinung, wirkte unglaubhaft unwahrscheinlich. Obwohl damals erst Mitte der Dreißiger, hätte er doppelt so alt sein können, er war zeitlos und alterlos wie ein Seher und Prophet. Teils Liszt, teils Dante, vor allem Dante; auch ihm hat man eine Höllenwanderung angesehen. Unfaßbar, daß man so einem Menschen auf der Straße hätte begegnen können. Er lebte ja auch nirgends und überall, zugänglich nur zu dem inneren Kreis, der enggeschlossenen Gemeinde. Der Vortrag seiner Gedichte war nicht dialektfrei, jedoch schlicht und überaus eindringlich, und die Gedichte taten es mir an. Ich schrieb mit aufrichtiger Bewunderung eine kleine Erwähnung dieser Stunde für die »Vossische Zeitung«, doch wurde eine ganz geringe Ironie zwischen diesen Zeilen entdeckt. Ich hatte zum Beispiel »ohne Gedankenstörung« zitiert, ich hatte die Konventikelluft angedeutet. So war ich ein Versager und wurde nie wieder zu Stefan George eingeladen.
Marie von Bunsen, Die Welt, in der ich lebte

George begnügt sich nicht damit, sich als einzelner der als kunstfeindlich und seelenlos empfunden Gesellschaft zu entziehen, er will mit seiner Gemeinde einer neuen Welt der Eliten den Weg bahnen, in der die große Einzelpersönlichkeit das »ewige Feuer« hütet, bis die Zeit reif ist, die »herrschaft der massen« zu beseitigen: »Und winkt er: sind wir stark und stolz bereit / Für seinen ruhm in nacht und tod zu gehn«. (Stefan George, Der Teppich des Lebens)

Mit seinem Kult eines auserwählten, verantwortungsfreien »Übermenschen« befindet sich George ganz auf der Linie Friedrich Nietzsches, dessen sprachgewaltiges philosophisches Werk in den neunziger Jahren in Mode kommt.

Nietzsches Namen erwähnten die Professoren, die über Geschichte der neueren Philosophie lasen, damals entweder noch gar nicht oder sie taten ihn mit ein paar spöttischen Bemerkungen ab. Heute mag man mit

Recht fragen, ob sich Nietzsches Einfluß auf jene Jugend der neunziger Jahre, die diesen leuchtenden Geist zuerst für sich entdeckte, auf eine Weise äußerte, die des Denkers eigenen Intentionen entsprach oder sie verkannte. Doch was von Nietzsches Schriften gedruckt vorlag, als Krankheit seiner Produktion ein Ziel setzte, bildete nichts weniger als ein in sich geschlossenes Ganzes. Es wimmelte darin von Widersprüchen, von wirklichen und von scheinbaren, und dies brachte uns in die Versuchung, daß wir uns aus dem fragmentarischen Werk, das ja erst nach vielen Jahren die Nachlaßbände abrundeten, besonders solche Gedanken aneigneten, die uns am stärksten verlockten. Wir waren uns nicht bewußt, daß wir Nietzsche entstellen, wenn wir Aphorismen aus »Menschliches, Allzumenschliches« oder der »Götzendämmerung« oder Gleichnisreden »Zarathustras« uns so auslegten, wie sie am wirkungsvollsten unsere eigenen Gedanken bestätigten, unseren Träumen die willkommenste Gestalt gaben. Unsere Generation berauschte sich gern an großen Worten und huldigte mit Vorliebe überlebensgroßen Erscheinungen. Unsere Phantasie blendete, auch nachdem der Schöpfer des »Übermenschen« selbst tragisch zusammengebrochen war, noch das Bild dieses Genius, den das Gefühl beherrscht haben mußte: Ich und die Wahrheit gegen eine Welt, ich allein mit meiner Idee von der Umwertung aller Werte.

Gustav Mayer, Erinnerungen

Begegnung mit der Moderne – Berliner Kunstleben um die Jahrhundertwende

Wilhelm II., der selbstherrlich in das politische Geschehen eingreift, Minister beruft und entläßt, in Schulfragen hineinredet, auf die Architektur Einfluß nimmt, der Entwicklung von Wissenschaft und Technik sein maßstabsetzendes Interesse zuwendet, ist zutiefst überzeugt, auch in Kunstdingen die alleinseligmachende Wahrheit zu besitzen: »Eine Kunst, die sich über die von Mir bezeichneten Gesetze und Schranken hinwegsetzt, ist keine Kunst mehr«, erklärt er am 18. Dezember 1901 anläßlich der letzten Denkmalsenthüllungen in der Berliner Siegesallee. Und damit keine Mißverständnisse aufkommen, erläutert er seinen Untertanen in derselben Rede, welche Gesetze und welche Grenzen in der Kunst gültig sind:

Die Kunst soll mithelfen, erzieherisch auf das Volk einzuwirken. Sie soll auch den unteren Ständen nach harter Mühe und Arbeit die Möglichkeit geben, sich an den Idealen wieder aufzurichten. Uns, dem deutschen Volke, sind die großen Ideale zu dauernden Gütern geworden, während sie den anderen Völkern mehr oder weniger verloren gegangen sind. Es bleibt nur das deutsche Volk übrig, das an erster Stelle berufen ist, diese großen Ideen zu hüten, zu pflegen und fortzusetzen, und zu diesen Idealen gehört, daß wir den arbeitenden, sich abmühenden Klassen die Möglichkeit geben, sich an dem Schönen zu erheben und sich aus ihren sonstigen Gedankenkreisen heraus- und emporzuarbeiten. Wenn nun die Kunst, wie es jetzt vielfach geschieht, weiter nichts tut, als das Elend noch scheußlicher hinzustellen wie es schon ist, dann versündigt sie sich damit am deutschen Volke. Die Pflege der Ideale ist zugleich die größte Kulturarbeit, und wenn wir hierin den anderen Völkern ein Muster sein und bleiben wollen, so muß das ganze Volk daran mitarbeiten, und soll die Kultur ihre Aufgabe voll erfüllen, dann muß sie bis in die untersten Schichten des Volkes hindurchgedrungen sein. Das kann sie nur, wenn die Kunst die Hand dazu bietet, wenn sie erhebt, statt daß sie in den Rinnstein niedersteigt.
Schulthess' Europäischer Geschichtskalender 1901

Hauptinstrument zur Durchsetzung solcherart volksbeglückender Kunstpflege ist die Königliche Akademische Hochschule für die Bildenden Künste – Vorsitzender von 1875 bis zu seinem Tode 1915: Anton von Werner – und der Verein Berliner Künstler: Vorsitzender von 1887 bis 1907, mit wenigen Jahren Unterbrechung: Anton von Werner. Dieser malende Staatsbeamte sieht die Hauptaufgabe der von ihm geleiteten Kunstinstitutionen nach eigenem Ausspruch in der »Pflege und Festhaltung des Schönheitsgedankens, etwa ähnlich so, wie eine internationale Kommission über die Sicherheit und Zweifellosigkeit des modernen Metermaßes wacht« (Anton von Werner, Ansprachen und Reden).

Man kennt Herrn von Werners Bilder. Ihre Sujets haben ihnen eine große Verbreitung gesichert, die etwa der des Staatshandbuchs für die preußische Monarchie entspricht, Ministerien und Unterbeamtenwohnungen erhalten von ihnen ihre Stimmung. Sie gelten dort für Geschichtsbilder. Unendlich trocken und steif stehen meistens zwölf bis sechzig uniformierte, auffallend ausdruckslose Herren herum. Man denkt, ein Modebild für Militärschneider, eine Illustration zur Kleiderordnung; aber die Unterschrift stellt fest: ein Geschichtsbild, ein großer Moment aus einer großen Zeit; König Wilhelms Kriegsrat, die Kapitulation von Sedan, die Kaiserproklamation in Versailles. Vorher wollte man lachen; jetzt möchte man lieber weinen, wenn die Langeweile nicht jeden Affekt ausschlösse ...

Den sichersten Bundesgenossen für seine Kunstauffassung sieht Herr von Werner noch immer im Staat. Der Staat soll den »Schönheitsgedanken«, das heißt Herrn von Werners Auffassung von Natur und Kunst, aufrechterhalten, »etwa ähnlich so, wie eine internationale Kommission über die Sicherheit und Zweifellosigkeit des modernen Metermaßes wacht«. Ich habe das schon einmal zitiert; aber man kann es nicht oft genug wörtlich lesen. Denn es bezeichnet in einem unnachahmlich suggestiven Stil die Kunstpolitik, die Herr von Werner will.
Harry Graf Kessler, Herr von Werner

Maler und Bildhauer, die das Metermaß Herrn von Werners und seines kaiserlichen Herrn an ihre Kunst anzulegen bereit sind, erhalten reichlich Aufträge der öffentlichen Hand: Kaiserporträts und Schlachtengemälde, biblische Allegorien zur Ausschmückung der neuen Kirchen und stimmungsvolle Naturbilder, Kriegerdenkmäler und marmorne Hohenzollernfürsten zur Verschönerung der Städte. In der alljährlich stattfindenden Großen Berliner Kunstausstellung im Glaspalast am Lehrter Bahnhof wird zusammengetragen, was an maßstabsetzender neuer Kunst geschaffen wurde. Das Beste davon erhält die große oder kleine Goldmedaille des Kaisers.

Aber zum Glück für die Entwicklung der Kunst fehlt es in der Wilhelminischen Zeit nicht an Möglichkeiten, durch private Initiativen Freiräume zu erkämpfen und Gegenpositionen deutlich zu machen. Im Frühjahr 1892 schließen sich elf Maler, die zu jener Zeit die moderne Kunst in Berlin repräsentieren, zusammen, veranstalten im Schulteschen Kunstsalon am Pariser Platz eine kleine, aber feine Ausstellung ihrer Werke – im bewußten Gegensatz zum patriotischen Massenspektakel am Lehrter Bahnhof – und geben damit dem hauptstädtischen Kunstleben einen neuen, überraschenden Impuls. »Abgesehen von der künstlerischen Richtung der Aussteller«, schreibt der »Berliner Börsen-Courier« am 5. April 1892, »hat schon ihr Auftreten als Korporation, die auf eigene Faust, ohne den berühmten Segen von oben etwas unternimmt, durchaus den Charakter des Revolutionären. Darüber kann kein Zweifel sein, und dies ist es auch, was die Erregung gegen die Elf zu der Höhe angefacht hat, die wir staunend betrachten. Vom Standpunkt des Kunstfreundes angesehen, kann das Verfahren der Elf nur die tiefste Sympathie wecken und ist auch für die Berliner Verhältnisse von einer Bedeutung, die der Höhe der Entrüstung entspricht, die ihm entgegenschlägt.«

Im zweiten Jahrgang der Zeitschrift »Pan«, 1896, schreibt ein Kritiker rückblickend über das Wirken der Gruppe:

Als sie beschlossen, eine Ausstellung ihrer Arbeiten bei Schulte zu veranstalten, hatten sie kein Programm und keine tendenziösen Absichten. Was sie dazu veranlaßte, war die Erkenntnis, daß nur in kleinem Verein, in intimer Behaglichkeit Kunst wirklich genossen, wirklich verstanden werden könne. Sie alle hatten unter dem Jammer der jährlichen Bildermärkte gelitten, die mit aufdringlicher Massenhaftigkeit alle Stimmung vernichten und alle künstlerischen Werte aufheben. Sie wollten unter sich, allein sein. Jeder von ihnen stellte sich mit einer kleinen Auswahl Werke ein, die sie mit künstlerischem Geschmack gruppierten, diskret wie in einem privaten Hause. Als sie dann zum ersten Male auftraten, stießen sie auf heftigen Widerstand. Max Liebermann hatte jenes Ziegenbild ausgestellt, das erst unlängst wieder in der »Deutschen Rundschau« mit allen Zeichen der Entrüstung gebrandmarkt wurde, das aber in der Münchner Pinakothek, die es erworben hat, seinen Platz wohl behaupten wird. Man fand die Frau mit den Ziegen und was Liebermann sonst dargeboten hatte, abscheulich. Dann war ein Neuling, Ludwig von Hofmann, mit stimmungsvollen, phantastisch angehauchten Landschaften da, und sein eigenwilliges Wesen, die seltsame Zartheit seines Farbensinnes, die Naivetät seines Formgefühls und die unbekümmerte Freiheit seiner Formengebung, das alles genügte, um die Menge zu ärgern. Was die übrigen der XI, Hugo Vogel und Franz Skarbina, Walter Leistikow und Müller-Kurzwelly, Alberts und Mosson, Schnars-Alquist und Friedrich Stahl beitrugen zur ersten Ausstellung der XI, konnte das allgemeine Urteil ebensowenig anders stimmen. Man fand sie prätentiös, man schalt den rücksichtslosen Naturalismus der einen und verwarf die phantastische Überhebung der andern, kurz, man einigte sich dahin: in der Kunstausstellung der XI etwas wie eine modische Narretei zu erblicken, über die man witzeln konnte nach Herzenslust.

Diese spezifisch Berliner Neigung, sich auf Kosten anderer zu belustigen, brachte zunächst den Vorteil, daß man sich zu ihnen drängte. Bis dahin war der Schultesche Salon Unter den Linden ein von der Volksgunst nicht eben begünstigter Kunstschauplatz gewesen. Er war eine langweilige Verkaufshalle. Mit einem Male wurde er chic. Die kurzen Ausstellungen der XI machten volleres Haus als alle übrigen Ausstellungen des ganzen Jahres.

Aber sie taten mehr: Die XI sind, wie verschieden sie sich auch an Talent erweisen, die erfolgreichsten Vertreter der modernen Richtung in Berlin. Ihre Ausstellungen haben mehr für die Moderne gewirkt als alles, was sonst an der Spree zu ihrer Einbürgerung geschehen ist. Das ist kein schmales Verdienst, wo so viel Unverstand und träge Gewohnheit sich gegen alles wehren, was unvermittelt mit frischer, junger Kraft in Erscheinung tritt.

Richard Graul, Die XI

Gerade ein halbes Jahr ist seit der ersten, heftig umstrittenen Ausstellung der XI vergangen, da hat Berlin schon einen neuen Kunstskandal:

Ausgehend von dem Gedanken, daß frisches Blut, frisches Leben fördernd und nützlich, hatte die Ausstellungskommission des Vereins Berliner Künstler im September den Beschluß gefaßt, den Norweger Munch zur Beschickung der Ausstellung im Architektenhause einzuladen. Es machte sich gerade so. Es war da ein Landsmann des Munch in der Kommission, der wußte von ihm und seinen Erfolgen in Christiania. Künstler mit Urteil und Geschmack hatten sich voller Anerkennung über ihn geäußert. Der freundlichen Einladung folgt der Nordländer, Anfang November kommt er samt den Bildern nach Berlin. Die Rotunde, dieser sogenannte Ehrensaal, den für gewöhnlich die unschuldigsten, sanftesten Bilder zieren, Bilder, die sich ganz wohl im Halbdunkel fühlen – sie haben dann einen so ruhigen, behaglichen Ton –, die Rotunde also wird dem Gaste eingeräumt, und selber schaltet und waltet er dort, hängt und plaziert seine Bilder nach seinem Gefallen.

Manch einer der Kommission mag wohl verblüfft dagestanden und erstaunt sich die Augen gerieben haben ob des Werkes, das da entstand, so fremdartig, so neu dem Berliner. Als aber alles vollendet war und der Meister sich freute des Geschafften, da drängten sich die von der Zunft um die Bilder, erregt und hitzigen Sinnes. Das sollte Kunst sein!

O Elend, Elend! Das war ja anders, als wir es malen, das war neu, fremd, abstoßend, häßlich, gemein! Hinaus mit den Bildern, raus, raus.
Walter Selber, Die Affaire Munch

Ein Schrei der Empörung geht nach der Eröffnung der Ausstellung am 5. November 1892 durch die Feuilletons der Berliner Tageszeitungen und die Spalten der Fachpresse: Von »beschmierter Leinwand« ist da die Rede, die Munch »die edle Dreistigkeit« hatte, »für Kunstwerke« auszugeben (Kunst-Salon, 11. November 1892); »Exzesse des Naturalismus, wie sie in Berlin noch niemals zur Ausstellung gelangt sind«, nennt Adolf Rosenberg in der »Kunstchronik« die unbequemen Ausstellungsstücke.

Was der Norweger in Bezug auf Formlosigkeit, Brutalität der Malerei, Roheit und Gemeinheit der Empfindung geleistet hat, stellt alle Sünden der französischen und schottischen Impressionisten wie der Münchener Naturalisten tief in den Schatten. Es sind Bildnisse, Interieurs mit Figuren, Straßenansichten, Strandlandschaften und groteske Phantasiestücke, die in der liederlichsten Art hingeschmiert sind ... Selbst die beredtesten Verteidiger des naturalistischen Kunstprinzips sind vor solchen rohen Anstreicherarbeiten in die bitterste Verlegenheit geraten.
Kunstchronik, 17. November 1892

In einer stürmischen Sitzung beschließt der Vorstand des Künstlervereins eine Woche nach ihrer Eröffnung mit 120 gegen 105 Stimmen, die unbotmäßige Ausstellung wieder zu schließen. Die angesehenen Maler Hugo Vogel, Franz Skarbina und August von Heyden verlassen die Berliner akademische Hochschule aus Protest gegen die dem »üblichen Anstand zuwiderlaufende Maßnahme«. Die Kunst des Norwegers aber ist so einfach aus Berlin nicht zu vertreiben. Edvard Munch mietet Ecke der Leipziger und Friedrichstraße einige leerstehende Räume im ersten Stockwerk des »Equitable-Palastes«, läßt seine Bilderkisten dorthin bringen und stellt die ganze Sendung auf eigene Faust aus:

Den drei Parteien erwuchsen aus dieser Fehde nur Vorteile: die Nummern oder Alten hatten einen Pyrrhussieg zu verzeichnen, indem sie das Ärgernis herauswarfen und einstweilen weiterwurschteln konnten; die Jungen konnten ihren Haß gegen die Reaktion verstärken und sich in ein noch helleres Licht als Märtyrer der Kunst setzen, und das Karnickel, um den die ganze Balgerei ging, Edvard Munch, hatte den allergrößten Vorteil: er war urplötzlich der berühmteste Mann im ganzen Deutschen Reich.
Lovis Corinth, Das Leben Walter Leistikows

Unbestrittenes Haupt der Berliner Malerfronde ist Max Liebermann, dessen Ruf am Ende des 19. und zu Beginn des 20. Jahrhunderts längst über die Grenzen seiner Heimatstadt hinausgedrungen ist.

In seinem Hause neben dem Brandenburger Tor, dessen eine Fensterreihe auf den Pariser Platz blickte, während die andere auf den Tiergarten hinausging, wirkte Liebermann wie ein Torwart der modernen Malerei. Die Räume dieses Alt-Berliner Hauses, das schon die Eltern bewohnt hatten, enthielten die schönsten Meisterwerke moderner Malerei, persönlich mit der Initiative des Künstlers gewählt. Von eigenen Werken fanden sich nur Familienbildnisse, vor allem im Arbeitszimmer das Doppelbildnis der Eltern. Daneben war jedes Möbel – Liebermann sprach von seiner »Stuhlakademie« – und jeder Teppich ein Museumsstück, doch wirkten die Interieurs in keiner Weise museumshaft. Kultur war zu einem Lebenselement geworden, die Vornehmheit erschien selbstverständlich, der Wohlstand war bis zum letzten in eine Lebensform verwandelt, die dem Besitzer wie angegossen saß. In keinem anderen Berliner Hause war eine Gesamtstimmung dieses Niveaus anzutreffen. Über eine enge, eingebaute Treppe führte der Maler den Besucher aus diesen Räumen ins Atelier, das dem flachen Dach aufgebaut worden war. Und dort, wo an den Wänden Studien hingen, die an seine berühmten Bilder erinnerten, wo die letzte Arbeit auf der Staffelei stand und ein schöner Stuhl auf dem Podium des Modells harrte, kam es zu den Gesprächen, die die Erinnerung durch die Zeit zurückverfolgt wie einen Goldfaden im Gewebe. Am eisernen Ofen in der Ecke, über dem eine Ölkopie Liebermanns nach dem Pastellbildnis hing, das Eduard Manet von George Moore gemacht hat, entzündete der Bewegliche immer wieder einen Fidibus für seine Zigarette – er sparte im kleinen –, und formulierte dann mit bedächtiger Konzentration seine Aussprüche. Nicht einmal in allen Jahren habe ich Liebermann gähnen sehen, nie ließ er sich gehen. Beim Sprechen zog sich die Stirnhaut, die in einen kahlen Schädel überging, in viele Falten zusammen, der scharfe Grat der Nase schien jeden Satz zu akzentuieren, das feste Kinn machte die Worte zu Willenskundgebungen, der Schnurrbart über dem ausdrucksvollen, ja schönen Mund sträubte sich, die dunkeln Augen durchbohrten die Probleme, der heftig modellierte Kopf, der nur aus Knochen, Haut und Nerv bestand, war in Bewegung, jede Form zitterte von Geist und Temperament.

Karl Scheffler, Die fetten und die mageren Jahre

Als kritischer Geist und unkonventioneller Maler, den die akademische Kritik fast zwei Jahrzehnte als »Apostel der Häßlichkeit« diffamiert hatte, war Liebermann die öffentliche Anerkennung in seiner Heimat-

stadt Berlin lange versagt geblieben. Erst 1897, als Fünfzigjähriger, erhält er zum erstenmal die Gelegenheit, sich in der Großen Berliner Kunstausstellung mit einer Auswahl seiner Werke zu präsentieren. Liebermann wird zum Professor ernannt und ein Jahr später in die Akademie gewählt. Die Hoffnungen aber, die man wohl insgeheim mit solchen späten Ehrungen verknüpft, erfüllen sich nicht: Liebermanns Platz bleibt an der Seite der Jungen, der Unangepaßten, die wie in der Literatur und auf dem Theater auch in der bildenden Kunst nach neuen Ausdrucksmitteln für die Probleme einer neuen Zeit suchen. Als im Mai 1898, nach Münchner und Wiener Vorbild, fünfundsechzig Künstler eine »Berliner Secession« gründen, wird Liebermann ihr erster Präsident und bleibt es bis 1911. Die Secession, die Künstler ganz unterschiedlicher Handschriften zusammenführt, einig nur in ihrem Streben nach künstlerischer Wahrheit, ist ein deutlicher Protest gegen den offiziellen, staatlich dirigierten Kunstbetrieb.

Am 20. Mai 1899 eröffnen die Secessionsmitglieder in der Kantstraße, nahe dem Theater des Westens, ihre erste eigene Ausstellung. »Das possierliche kleine Haus, das allen Vorübergehenden ein komisches Lächeln abgewann, war in letzter Stunde kaum vor der Eröffnung mit Mühe fertiggestellt worden. Die Wände waren natürlich noch so feucht, daß die Bilder – um sie vor Schaden zu bewahren – jeden Abend abgehängt und jeden Morgen neu aufgehängt werden mußten.« (Lovis Corinth, Das Leben Walter Leistikows) In seiner Eröffnungsrede skizzierte Max Liebermann das Programm der Secessionskünstler:

Bei der Auswahl der Werke, welche unsere Ausstellung schmücken, war nur das Talent, in welcher Richtung es sich auch offenbarte, ausschlaggebend … Für uns gibt es keine allein seligmachende Kunst, sondern als Kunstwerk erscheint uns jedes Werk – welcher Richtung es angehören möge –, in dem sich eine aufrichtige Empfindung verkörpert. Nur die gewerbsmäßige Routine und die oberflächliche Mache derer, die in der Kunst nur die milchende Kuh sehen, bleiben grundsätzlich ausgeschlossen. Auch sind wir uns wohl bewußt, daß wir von seiten des Publikums, welches in der Kunst ungern von liebgewonnenen Gewohnheiten läßt, vielfachen Anfeindungen ausgesetzt sind. Doch im Vertrauen auf die siegreiche Kraft der Jugend und das wachsende Verständnis der Beschauer haben wir ein Unternehmen ins Leben gerufen, das einzig und allein der Kunst dienen will.
Katalog der Deutschen Kunstausstellung der »Berliner Secession«

Die Berliner Ausstellung, in der 187 Künstler, darunter 46 aus Berlin, vertreten sind, gibt erstmals einen umfassenden Überblick über die moderne Malerei und Plastik in Deutschland. Kein Wunder, daß die Diskus-

Die Muse küßt den Berliner Bär. Ausstellungsplakat nach einem Entwurf von Thomas Theodor Heine

sion über das, was in der Kunst gut und schön, erlaubt oder nicht erlaubt ist, mit neuer Heftigkeit entflammt.

Dabei sind die ausgestellten Werke in ihrer Mehrheit weder inhaltlich besonders revolutionär, noch bieten sie in der Formgebung absolut Neues. Aber schon die Existenz einer Gruppe von Künstlern, die frei sein will von kaiserlicher und bürokratischer Bevormundung, provoziert die Kritiker:

Ein kluger Mann wie der Museumsdirektor Aldenhoven in Köln war der Ansicht, so wie die Neuen malen, habe er als Quartaner seinen Tuschkasten verwendet. Er hielt deren Schaffen einfach für Schmiererei. Der Herausgeber der geachteten Zeitschrift »Die Grenzboten«, J. Grunow, glaubte einen hinreichenden Bericht über die Secession und deren Wirken zu geben, wenn er erzählte, beim Hinausgehen aus der Ausstellung habe ein anderer ihm als Ergebnis seiner Kritik zugeraunt: Lausbuben! Die Zeugnisse lassen sich dutzendweis anführen, daß ruhige Männer der festen Überzeugung waren, es handle sich um eine Anzahl Bösewichter und Verführter, die aus ganz unbegreiflicher geistiger Verworfenheit der Schönheit den Krieg erklärt und ihre Grundlage, den

Inhalt, in einer Erbitterung erregenden Weise bekämpft hätten ... Die ältren Maler hielten die Neuen für Burschen, die nichts Rechtes gelernt haben und nun durch Unverschämtheit Aufsehen erregen wollten. Sie sahen in ihrem Vorgehen nur die Frechheit der Unfähigen, die sich über das Schaffen ehrlicher Arbeit hinwegsetzen und die Gelegenheit benutzen, daß Schmiererei jetzt von kunstunverständigen Schreibern in den Zeitungen gepriesen würde. Man glaubte ganz ehrlich an eine Verschwörung gegen die Schönheit, angezettelt von unfähigen Künstlern und feilen Kunstschreibern.

Cornelius Gurlitt, Die deutsche Kunst des neunzehnten Jahrhunderts

Die jährlichen Ausstellungen der Berliner Secession entwickeln sich, allen Anfeindungen zum Trotz, zur wichtigsten Tribüne zeitgenössischer Kunst in Deutschland:

Jede Ausstellung war eine rauschende Premiere, zu der sich alles einfand, was zur lebendigen Kunst gehörte oder gehören wollte, und alle Beteiligten sagten: wir haben eine moderne deutsche Kunst. Da mag man ermessen, was es uns Jungen bedeutete, als uns von den Künstlern im wahren Sinne des Wortes die Augen geöffnet wurden: wir waren enthusiasmiert.

Jetzt wurde die Rolle verständlich, die Max Liebermann zu spielen berufen war. Corinth wußte zu interessieren, zu amüsieren und Debatten zu entfesseln. Slevogt blendete mit seinem schwungvollen Talent, Thoma nahm als Ehrenmitglied eine bevorzugte Stellung ein, mit dem Lebenswerk Leibls und seines weiten Kreises wurde Norddeutschland jetzt erst näher bekannt, Menzel wurde kritisch neu entdeckt, und Bildhauer wie Hildebrand, Tuaillon, Gaul, Barlach wiesen mit ihren Werken auf das Dasein einer guten deutschen Skulptur. Belehrend wirkten retrospektive Ausstellungen von deutschen Malern, Zeichnern und Bildhauern wie Franz Krüger, Gottfried Schadow, Wasmann, Caspar David Friedrich, Blechen, Waldmüller, Feuerbach und Marées: es wurde jene Jahrhundertausstellung deutscher Kunst vorbereitet, die im Jahre 1906 in der Nationalgalerie von Hugo von Tschudi zusammengebracht wurde und die Epoche gemacht hat. Die Secession machte auch mit neuen Talenten bekannt, mit Waldemar Rösler, Max Beckmann, Karl Walser, Theo von Brockhusen, Rudolf Grossmann, Hans Purrmann und andern. Die großen Talente des Auslandes wurden bekannt: die Franzosen Manet, Monet, Degas, Renoir, Cézanne, Lautrec, die Neo-Impressionisten, Rodin und Maillol und ihre Vorgänger von Ingres bis Courbet, von Rude bis Carpeaux, die Engländer Constable, Turner, Whistler und Beardsley, die Belgier Meunier, Minne und andere, der Norweger Munch, der Schweizer Hodler, die Holländer Maris, Mauve, Israëls und

van Gogh. Von weit her wurden die Selbständigsten eingeladen und folgten gern dem Ruf, weil die Berliner Secession schnell zum Mittelpunkt des deutschen Kunstlebens wurde, und damit dann auch zu einer Schule für die Kunstfreunde, die Sammler, die Museumsleiter, nicht zuletzt für die Künstler, und überhaupt für alle, die hellen Geistes und guten Willens waren. An dem Verständnis für das lebendig Zeitgemäße aber entzündete sich die Einsicht für das ewig Aktuelle der alten Meisterkunst. Und so wurde die beglückende Wahrheit wieder einmal offenbar, daß die wahre Kunst immer und überall sie selbst ist, stets am Beginn und immer auch am Ziel.
Karl Scheffler, Die fetten und die mageren Jahre

Zu den aktivsten Förderern und ideenreichsten Organisatoren der Berliner Secession gehört seit ihrer Gründung Walter Leistikow, der sich mit der Entdeckung der herben Schönheit märkischer Wald- und Seenlandschaften einen Namen gemacht hat. Die Ablehnung einer vom Künstler für die Große Berliner Kunstausstellung eingereichten »Abendlandschaft am Grunewaldsee« durch den Kaiser hatte 1898 den letzten Anstoß für die Gründung der Berliner Secession gegeben.

Wenn ich die Erinnerungen überfliege, die ich an Leistikow habe, und wenn ich Leistikows Kunst überdenke, muß ich noch immer jener Stunde mich erinnern, da in den alten Räumen von Schulte – dort, wo heute Smoking und Seidenkleid beim Five-o'clock-Tee sich begegnen – bei einer Ausstellung der »Elfer« das erste große Grundewaldbild Leistikows auftauchte. Hinten, am Ende des Saales hing es, eine Wand fast ganz füllend, mit seinen mächtigen Konturen der alten Kiefernstämme, mit seinem schwarzen, trügerischen Wasser und mit einem grün und rot bebänderten Abendhimmel, der seine Farben in langen Streifen auf der Wasserfläche spiegelte, nur um an anderen Stellen das tote, dumpfige Sumpfwasser doppelt schwer und doppelt rätselvoll erscheinen zu lassen. Und oben an der Treppe, die zu dem Saal hinabführte, an den beiden Gittern rechts und links, da standen die Menschen Kopf bei Kopf: erstaunte Akademieprofessoren und Friedrichshagener Literatur, Kunst und Gesellschaft – und alle, alle in lauter, rückhaltloser Debatte, alle interessiert und erregt, alle von dem Gefühl durchdrungen, daß hier irgend etwas Neues emporkomme, mit dem man sich abzufinden habe; irgend etwas Neues, das uns abstößt oder uns zu sich zieht, das aber für alle Fälle nicht umgangen werden kann und das unsere Stellungnahme eben sich erzwingt … vor diesem Werk gab es ganz etwas Ähnliches, wie es bei einer Hauptmann-Premiere gab: Kampf und Begeisterung, neue Hoffnungen und neue Ziele. Man fühlte die Freudigkeit oder den Schauder des Revolutionären, und man war beglückt, mit dabei sein zu dürfen und wenigstens mit Worten und Gedanken mithelfen zu können, neue Werte an die Stelle von alten Werten zu setzen ... Aus der Struktur der Landschaft hat sich seine Malerei entwickelt, sie ist immer das Maßgebende für Leistikow gewesen, ist die lebendige Seele seiner Kunst ... Er hat sich wohl variiert, aber nie wiederholt; und über jedes, das er zum erstenmal angriff – mag es nun ein Rauhreif, ein Stangenholz, ein Abendhimmel überm See gewesen sein –, über jedes wußte er bis zum heutigen Tag Dinge auszusagen, die man nicht kannte, die niemand vor ihm kannte und die wahr, ganz und gar künstlerisch wahr waren.

Georg Hermann, Am Grabe Leistikows

1900 kommt Lovis Corinth von München nach Berlin und wird Mitglied der Berliner Secession, 1901 Max Slevogt. Beide geben, neben Liebermann und Leistikow, dem Berliner Kunstleben um die Jahrhundertwende wichtige neue Impulse. Die Stadt an der Spree entwickelt sich wie im literarischen so auch im künstlerischen Leben immer mehr zum Mittelpunkt des Deutschen Reiches. »Berlin ist, so sehr man das auch in Süddeutschland leugnen, nicht wahrhaben mag, der geistige Mittelpunkt Deutschlands, genau so, wie Rom zu Beginn des 16. Jahrhunderts der geistige Mittelpunkt Italiens war. München mit seinem hochgesteigerten, alles beherrschenden Kunstleben hat bis in die letzten Jahre hinein die Rolle von Florenz in Deutschland gespielt, aber es wird auch das Schicksal der schönen Arnostadt teilen«, notiert Hans Rosenhagen Ende Dezember 1897 in der Zeitschrift »Das Atelier«. Und wenige Tage darauf, am 10. Januar 1898, schreibt ein anderer aufmerksamer Beobachter der Berliner Kunstszene: »Berlin ist jetzt doch ungeheuer anregend. Was strömt hier alles zusammen. Man fühlt sich wie in einem Wirbel.« (Alfred Lichtwark, Briefe/6)

Mitglied der Berliner Secession – die im Gegensatz zum Verein Berliner Künstler auch Frauen als ordentliche Mitglieder aufnimmt – wird auch Käthe Kollwitz. Mit ihrem Mann, dem Kassenarzt Karl Kollwitz, lebt sie seit 1891 mitten im Mietskasernenmeer des Prenzlauer Bergs, in der Weißenburger Straße, die heute ihren Namen trägt. Hier lernt sie die Arbeiter und Arbeiterfrauen kennen, die Arme-Leute-Kinder, die Hungernden, Entrechteten und Verzweifelten, denen sie mit ihrer Kunst ein Denkmal gesetzt hat. In der Großen Berliner Kunstausstellung von 1898 hängt ihr »Weber«-Zyklus, zu dem sie der Besuch der Uraufführung des Hauptmannschen Dramas angeregt hatte. Die Jury schlägt das Werk der jungen Künstlerin zur Auszeichnung mit einer Goldmedaille vor. Aber die Jury hat diesen Vorschlag allzu voreilig nur unter künstlerischen Gesichtspunkten gemacht. Am 12. Juni 1898 schreibt der preußische Kultusminister Robert Bosse an den Kaiser:

Walter Leistikow, Grunewaldsee, um 1895

Zu Bedenken gibt mir der Vorschlag der Radiererin Käthe Kollwitz in Berlin Veranlassung. Diese hat einen Zyklus von ziemlich kleinen Radierungen und Lithographien ausgestellt, welche sie »Weberaufstand« nennt. Es wird in demselben das Elend der Weberfamilien, … der Auszug zum Aufstande, der Angriff auf ein eisernes Gartentor und Aufreißen des Straßenpflasters, schließlich ein Zimmer mit einzelnen Leichen von Arbeitern zur Anschauung gebracht in einer Reihe von Darstellungen, zu denen die Anregung aus Gerhart Hauptmanns Drama »Die Weber« entnommen zu sein scheint. Die technische Kunstfertigkeit in dem Werk sowie die Kraft und Energie des Ausdrucks mögen das Urteil der Jury vom rein künstlerischen Standpunkt aus gerechtfertigt erscheinen lassen. Bei dem Gegenstand der Darstellung und der naturalistischen Durchführung des Werkes, welchem ein milderndes oder versöhnendes Element gänzlich fehlt, glaube ich aber nicht, dasselbe zu einer ausdrücklichen staatlichen Anerkennung vorschlagen zu dürfen.
Peter Paret, Die Berliner Secession

Wie nicht anders zu erwarten, teilt der Kaiser die Bedenken seines Ministers, und so wird der »Weberaufstand« aus der Auszeichnungsliste der Jury gestrichen. »Von da ab zählte ich mit einem Schlag in die vordere Reihe der Künstler. Max Lehrs aus Dresden, der Direktor des dortigen Kupferstich- und Zeichnungskabinetts, kaufte sie an, setzte dort die Kleine Goldene Medaille durch, und bis jetzt sind die ›Weber‹ wohl das bekannteste meiner Gesamtarbeit geblieben. Überraschend überkam mich dieser große Erfolg, aber nicht mehr gefährdend. In jenen Jahren bildete sich die Secession. Ich wurde aufgefordert, Mitglied zu werden, und blieb es, bis sie auseinanderfiel.« (Käthe Kollwitz, Rückblick auf frühere Zeit)

Zu dem nicht übermäßig großen Kreis von Künstlern, die die sozialen Probleme und Widersprüche der Zeit thematisieren, gehört neben Käthe Kollwitz auch der Maler und Graphiker Hans Baluschek, Mitbegründer und seit 1908 Vorstandsmitglied der Berliner Secession.

Ich erinnere mich noch deutlich der Wohnung, die Baluschek damals hatte. Heut vor zwölf, vierzehn Jahren. Oben in Schöneberg war es, in irgendeiner Straße, die nach irgendeinem vorsintflutlichen Germanenstamm benannt war [Cheruskerstraße] und eine lange, kalte Fassadenreihe in dem Schwindelstil der ersten Hälfte der neunziger Jahre zeigte. Fassaden, bei denen man nicht einmal mehr an Gips, sondern nur noch an Papiermaché dachte – irgendwo da ganz hoch oben wohnte Baluschek, und von seinem Fenster aus hatte man einen weiten Blick über ein endloses Gelände sich kreuzender Eisenbahnschienen, von denen etwelche weit hinaus in das Land führten, während andere wieder in kurzem Bogen hinter der Häuserreihe verschwanden. Und eingekeilt zwischen diesen Schienensträngen lagen die wirren Gebäude, lagen die Riesenkuppeln der Gaswerke, lagen all die seltsamen, maschinenartigen Anlagen, die zwischen den Kohlenbergen das Gesamtbild einer großen Gasanstalt ausmachen. Unaufhörlich schoben sich die Züge heran, und unaufhörlich rollten sie fort. Die D-Züge liefen mit frohem Wiehern hinaus in die Welt; die Stadtbahnzüge schlichen wie müde Straßenwandrer … Und über dem ganzen Bild lag weit und breit der trübe Himmel der Großstadt. Überall wehte und flammte Rauch empor. In der Gasanstalt brannten irgendwelche Essen; und ob ein Sommerhimmel sich breitete, ob ein früher Herbsttag seine Nebel spann, ob weiße Flecken von Schnee zwischen den Schienen lagen, ob der Abend Feuergluten aushauchte und alles als schwarze Silhouetten gegen seine helle Wand sich abhob – immer war in diesem Bilde etwas von der grandiosen Melancholie, die nur das tausendfache, namenlose Leben der Großstadt kennt. Und die gleiche innerliche Trostlosigkeit, die sich von Tag zu Tag hinschleppt, war auch über diese Häuserreihe gebreitet, in der Baluschek irgendwo hauste. Nicht, daß etwa dort arme Leute

wohnten; nein, hier hauste der Kleinbürger, hier lebte das geheime Elend, diese Töchter, die noch gerade ein wenig Klavierspielen lernen, bevor sie ins Geschäft gehen müssen, kleine Kaufleute, Beamte, alle die, die nicht direkt zur Armut gehören, die aber ihr ganzes Leben hindurch fühlen und fühlen müssen, daß sie ein Fußtritt zu den andern da unten hinein in den brodelnden Kessel des Proletariats schleudern kann ... Es war Baluschekstimmung hier in allem, in Menschen, Häusern, Ausblick, Vergnügen und Laster, in Leben und Sterben.
Georg Hermann, Hans Baluschek

Baluschek, der 1894 sein Studium an der Berliner Kunsthochschule abschließt, gelingt es anfangs nur schwer, sich als freischaffender Künstler in Berlin zu behaupten. Er verdient sich sein Brot mit Plakaten und Buchumschlägen, liefert Zeichnungen für die satirische Zeitschrift »Das Narrenschiff«. Ausstellungen seiner Werke im Salon Gurlitt und, seit 1899, in der Secession lenken die Aufmerksamkeit, aber auch den Zorn der Kunstkritik auf das Talent eines Mannes, der Dirnen und Zuhälter, Lumpensammlerinnen und bettelnde Kinder, das Leben auf Rummelplätzen und Tanzböden, vor Fabriktoren und an Bahngleisen zum Gegenstand seiner Kunst macht.

Die Kenntnis Baluscheks von Berlin ist eminent. So muß Maupassant Paris gekannt haben, so hat vor mehr als einem Menschenalter Gavarni Paris in Zeichnungen vor uns ausgebreitet, so sind heutzutage ein Forain, ein Steinlen, ein Toulouse-Lautrec bei der Arbeit, um die gleiche Stadt in ihrer Fin-de-siècle-Gestalt der Nachwelt zu übermitteln. Für Berlin aber hat Baluschek kaum einen Vorläufer, es sei denn Menzel ...

Als durchaus moderner Mensch empfindet er lebhaft, daß das Zentrum der Großstädte nicht deren Charakteristischstes ausmacht, daß sich in diesem Punkt vielmehr alle Weltstädte gleichen, als internationale Handels- und Börsenplätze, als Regierungssitze und moderne Vergnügungsanstalten. Auf der Peripherie hingegen, wo das »Volk« sitzt, wo die »Stadt« in die »Landschaft« übergeht, da verrät sich erst der besondere Charakter der Rasse und der Zone. Dort zeigt sich Berlin in seinem Charakter als märkische Hauptstadt, als das zur Weltstadt ausgewachsene märkische Dorf. Obwohl dort die Luft am hellsten ist, so ist es doch der Bekanntschaft nach das dunkelste Berlin. Baluschek aber kennt hier Örtlichkeiten und Menschen aufs intimste und genaueste und versteht auch, mit dem instinktiven Scharfblick des echten Künstlers, wie Menschen und Örtlichkeit einander bedingen und ergänzen. Bis in die letzten Schlupfwinkel hat er alles durchstreift. Nur unter Detektivs und Spitzbuben und verliebten Proletarierpärchen vermöchte

Hans Baluschek, Sechserrentiers. Aussicht vom Kreuzberg, 1896

er hier seinesgleichen zu finden. Derselbe Mensch, der mit den fortgeschrittenen Geistern seiner Zeit in lebendigem Gedankenaustausch steht und ernste Probleme schlagfertig diskutiert, der im geselligen Verkehr durch Liebenswürdigkeit, Laune und fesselndes Erzählertalent einer der glänzendsten Charmeure ist, hat hier unter kleinen Leuten und kleinen Mädchen eine ganze Reihe intimer und schnurriger Bekanntschaften, ist bei Kutschern, Bahnarbeitern, Fabrikarbeitern, bei Pennbrüdern und Zuhältern, Grisetten und Chansonetten wohlgelitten und populär. Dort ist es, wo er gleichsam der Weltstadt Berlin den Puls gefühlt hat … Wer vor Baluscheks Bilder und Zeichnungen zum ersten Male hintritt, dem kommt etwas entgegen wie ein schreckhafter schriller Ton, wie das Kreischen eines entzweigerissenen Vorhangs, mit dem unsere Illusionen zerflattern.

Da zeigt er uns einen engen dunklen Hof, von steilen Häuserwänden umgeben, luftarm und sonnenleer. Um ein verkümmerndes Bäumchen tanzen im Mai Proletarierkinder einen Reigen, ausgesogene frühvergreiste Geschöpfe mit glaubenslosen spitzbübischen Gesichtern. Oder er zeigt uns ein Stück Wald in der Nähe von Berlin, Stamm an Stamm unfrohe Kiefern, eine verfallene Holzhütte an der Seite. Dort hocken und kauern die Ärmsten der Armen, »Tippelbrieder und Tippelschicksen«, alle Laster und Schicksale tief in die Gesichter geschrieben, frierend, als Ausgestoßene, im Vorgefühl des nahenden Winters. Oder ein Stück einsamer Landstraße, Staub und Steine ins Endlose verlaufend, der grelle Schein eines Sonnenuntergangs drüberhin. Und da sitzt denn ein Strolch, einer, dem man's ansieht, daß ihm die Polizei auf den Fersen ist, sitzt mit vornübergebeugtem Kopf und hangenden Händen und – schläft, schläft tief und schuldlos – man glaubt ihn schnarchen zu hören ...

Er zeigt uns die Entwurzelten der modernen Gesellschaft, die Verfemten und Ausgestoßenen: ihr Kämpfen, ihr leichtfertiges Sichhinauswagen, ihr Unterliegen. Und als Hintergrund jene Stadt, in der er lebt, und die man wohl als »die Stadt der heimatlosen Leute« bezeichnen darf.

Franz Servaes, Praeludien

Einen künstlerischen Sozialreport vom Berliner Leben zwischen Jahrhundertwende und Erstem Weltkrieg liefert auch Heinrich Zille, dessen Bilder 1901 zum erstenmal auf einer Secessionsausstellung in Berlin gezeigt werden. Rückblickend schreibt Zille 1929 über dieses Ereignis:

Als ich zum erstenmal, auf Drängen meiner Freunde, in der ersten Schwarz-Weiß-Ausstellung der Secession, so um 1901 herum, in der Kantstraße neben dem Theater des Westens meine Zeichnungen hingegeben hatte – Zeichnungen, die viel besser waren als die, die ich später zum Broterwerb geleckter, frisierter bringen mußte, die das herbe Leben der Armen zeigten –, da standen vor den Bildern viele Menschen; und ich hörte, als ich mal lauschte, wie ein älterer Herr, wie es schien Militär in Zivil oder Hauptmann an der Majorsecke, zu einer Dame sagte: »Der Kerl nimmt einem ja die ganze Lebensfreude« – da schämte ich mich, so verstanden zu sein!

Hans Ostwald, Das Zille-Buch

Neben Entrüstung erfährt Zille bald auch Zuspruch durch Künstlerkollegen und Kritiker, die die klare und präzise Formensprache, die atmosphärische Genauigkeit und den schlagfertigen, oft bitteren Witz seiner Zeichnungen und Texte zu schätzen wissen. 1903 wird Zille Mitglied der Secession; seine Arbeiten erscheinen nun auch im »Simplicissimus«, in den »Lustigen Blättern«, im »Ulk«. 1904 schreibt die »Berliner Illustrirte Zeitung« unter der Überschrift: »Heinrich Zille, ein Maler der kleinen Leute«:

In der letzten Ausstellung der Berliner Secession fielen selbst dem eiligen Betrachter gleich beim ersten Rundgang einige kleine Bilder auf, die Gestalten und Vorgänge, wie sie an der Peripherie Berlins heimisch sind, in einer frisch anmutenden, derb-künstlerischen Weise zeigten. Da sah man zum Beispiel ein Varieté vom Schützenplatz. Eine verqualmte Bude, deren Balkendecke mit Fähnlein und Wimpelchen behängt ist, an den ungedeckten Tischen verlotterte, lässig oder lüderlich sitzende Gestalten mit Ballonmützen und Trikotleibchen, putzig aufgedonnerte, grell geschminkte und pompös frisierte Weiber, zärtlich sich an den Galan schmiegend oder blöde dreingaffend, dazwischen wieder ehrsame Spießer, rundliche Hausfrauen mit prüden Kapotthütchen, dem Allerjüngsten auf dem Arm die rüde Chantantsängerin zeigend, die eben auf der Bühne einen Hampelmann zieht und dazu ein zynisches Couplet singt. Ein Milieu, das der bemittelte Bewohner des Berliner Westens nur wenig oder gar nicht kennt und das deswegen auf den ersten Blick hin wie Übertreibung erscheint. Man glaubt, die Bekanntschaft eines neuen und eigenartigen Karikaturisten gemacht zu haben, der das Leben und die Vergnügungen des vierten Standes ins Groteske übertreibt. Ein näheres Hinblicken, ein Vertiefen ins Detail oder die Betrachtung eines anderen Bildes, etwa einer Reihe famos gezeichneter Kinder, die, einander an den Händen haltend, dahertrippeln, belehrt jedoch eines anderen. Man erkennt, daß man es mit keinem Satiriker, keinem Karikaturisten zu tun hat, sondern ganz im Gegenteil – so eng benachbart ist mitunter das Gegensätzlichste! – einem ungemein scharf beobachtenden und überraschend sicher zeichnenden Realisten gegenübersteht, der eine ganz bestimmte Sphäre der menschlichen Komödie zu seinem Spezialgebiet erwählt hat und auf diesem mit Ehrlichkeit und starkem Können arbeitet.

Heinrich Zille ... ist als ausschließlicher Zeichner des Volkes, des Vorstadtproletariats und des Familienlebens der kleinen Leute eine neue und durchaus originelle Erscheinung im Berliner Leben.

Norbert Falk, Heinrich Zille, ein Maler der kleinen Leute

Eine wichtige Rolle bei der Durchsetzung neuer Kunstströmungen spielen die Kunsthändler und privaten Kunstgalerien in Berlin. »Ausstellungen gibt es die Hülle und Fülle. Berlin ist seit zwei Jahren der größte Markt für Kunst und Kunstgewerbe geworden«, schreibt Alfred Lichtwark Ende Dezember 1898 in einem Brief aus Berlin. Die Kunsthandlung von Fritz Gurlitt hat schon in den achtziger Jahren begonnen, deutsche und französische Impressionisten in Berlin bekanntzumachen. Anfang der neunziger Jahre öffnet sich auch der eher konservativ orientierte Kunstsalon von Eduard Schulte im vornehmen Palais Redern am Pariser Platz den Bestrebungen der jungen Künstlergeneration. »Zumal an Sonntagvormittagen traf sich dort die Berliner Gesellschaft. Man plauderte, man betrachtete das elegante Gesellschaftsbild, nebenbei auch die Bilder an den Wänden, und wenn die Vereinigung der XI ihre Jahresausstellung hatte, so nahm man an den Arbeiten von Liebermann,

Heinrich Zille, Mutter mit zwei Kindern

Klinger, Ludwig von Hofmann das vorschriftsmäßige Ärgernis.« (Walter von Zur Westen, Berlins graphische Gelegenheitskunst)

Um die Jahrhundertwende treten neue Firmen mit eigenem Profil neben die bereits bestehenden Kunsthandlungen: 1897 Keller & Reiner in der Potsdamer Straße, der seine Ausstellungsräume wie die Wohnung eines reichen Privatmannes von modernstem Geschmack gestaltet: »Man kann hier alles kaufen, was das Haus schmückt, vom Ölgemälde und Kupferstich, von der Bronze bis zum Stuhl, zur Blumenvase, zum Teppich und zum Goldschmuck und zum künstlerisch ausgestatteten Buch.« (Alfred Lichtwark, Briefe/6) Der vor allem die modischen Er-

zeugnisse des Jugendstils propagierende Salon von Keller & Reiner arbeitet so erfolgreich, daß er schon drei Jahre nach Eröffnung neue, »nur dem ernsthaften Kunden« zugängliche Ausstellungsräume einrichten kann:

Dort wird man alle neuen Erfindungen und Modelle sehen. Es hat sich als unausführbar erwiesen, das Neue gleich unten, in den Ladenräumen vorzuführen, weil so fürchterlich gestohlen wird. Wiederholt haben die Besitzer Leute gefaßt, die mit einer heimlichen Handkamera operiert hatten. Was das Geschäft an neuen Modellen ausgestellt hatte, wurde sofort der Raub der Nachahmer. Geld, Zeit und Mühe gingen als Beute der Strauchdiebe über die Schwelle. Von jetzt ab will die Firma weder etwas publizieren noch etwas ausstellen, das noch nicht völlig ausgenutzt wäre.

Noch schlimmere Erfahrungen haben sie mit den französischen Goldschmiedearbeiten, die sie zuerst in Deutschland eingeführt hatten. Was einen Tag lang in ihrer Vitrine gelegen hatte, wurde in kürzester Frist fabrikmäßig hergestellt, zu Spottpreisen in Deutschland und im Auslande vertrieben.

Alfred Lichtwark, Briefe/8

Eine zentrale Rolle im modernen Kunstleben der Hauptstadt spielt die Galerie Cassirer, die eng mit dem Wirken der Berliner Secession verbunden ist. Ihr Mitbegründer Paul Cassirer ist Geschäftsführer der Secession, und sein kaufmännisches Geschick und organisatorisches Talent haben entscheidenden Anteil daran, daß die moderne Kunst endgültig in Berlin Heimatrecht genießt.

Mit einer Ausstellung, in der nur drei Meister, Liebermann, Degas und Meunier mit Kollektionen vertreten waren, eröffneten im Oktober 1898 Bruno und Paul Cassirer ihren Kunstsalon. Er lag in der Viktoriastraße, einer vom Verkehr wenig berührten Straße, und schon die unauffällige Lage wie die Auswahl und beschränkte Anzahl der Kunstwerke zeigte, daß er sich an die Kenner und nicht an ein großes, gleichgültiges Publikum wendete. Jene aber verdanken ihm auserlesene Genüsse. Eine Parterrewohnung war für den neuen Zweck hergerichtet worden. Sie enthielt zunächst nur fünf durch Seitenlicht beleuchtete Zimmer. Erst später wurde ein Oberlichtsaal angebaut. Die sehr einfache Einrichtung, deren kleinste Details, von den mit grauem Rupfen statt mit den althergebrachten dunkelroten Tapeten bedeckten Wänden bis zu der Befestigung der Bilder an Goldschnüren statt an Nägeln, für Berlin Neuerungen waren, stimmte zu dem exklusiven Charakter des Unternehmens. Eine Neuerung war auch das von Van de Velde geschaffene Lesezim-

mer, wo auf einem runden Mahagonitisch Kunstschriften auslagen. Dort pflegten, über ihre Lektüre gebückt, künstlerhaft aussehende Jünglinge und Damen in der Erwartung des großen Augenblicks, da einst auch ihre Werke an den Wänden zugelassen würden, sich an der geheiligten Atmosphäre des Ortes zu weiden.
Erich Hancke, Max Liebermann

1901 trennen sich die beiden Inhaber: Bruno Cassirer übernimmt den Verlag, der durch die Herausgabe der ein Jahr später gegründeten Zeitschrift »Kunst und Künstler«, die Publikation kunstwissenschaftlicher Werke und durch die Pflege des illustrierten Buches und der modernen Buchgestaltung für die Kunstentwicklung wichtig bleibt, sein Vetter Paul behält durch die Galerie und seine Verbindung mit der Secession eine Schlüsselstellung im Berliner Kunstleben der Vorkriegszeit:

In den monatlich wechselnden Ausstellungen, die meist künstlerische Ereignisse waren, wurden die herrlichsten Werke französischer Impressionisten und van Goghs gezeigt, deutsche Zeitgenossen zur Geltung gebracht, junge Talente eingeführt. Wer diesen durch hohe Qualität ausgezeichneten Veranstaltungen folgte, vermochte sich eine weitgreifende Anschauung von dem, was damals an verschiedenen Stellen und in verschiedenen Ländern geschaffen wurde, zu erwerben.
Werner Weisbach, »Und alles ist zerstoben«

Von dem Kampf für oder gegen die moderne Kunst bleiben auch die Museen der Hauptstadt nicht unberührt, die sich seit Mitte der siebziger Jahre zu einer von Kaiser und Staat vielfältig geförderten Einrichtung von internationalem Rang entwickelt haben.

Nur an sehr wenigen Plätzen Europas findet man Sammlungen von ähnlicher historischer Vielseitigkeit und annähernder Vollständigkeit, von so bedeutendem Lehrwerte und vor allem auch von so vorzüglicher, in wahrhaft modernem Geiste gestalteter Anordnung. Wenn Museen nicht nur Kunstwerke enthalten, sondern auch selbst Kunstwerke sein sollen, so kann man diese Aufgabe und ihre gegenwärtige Technik kaum irgendwo besser studieren als im Kaiser-Friedrich-Museum und in der Nationalgalerie ... die Museen Berlins besitzen nicht allein eine große Reihe erlesener, auf die höchste Stufe zu stellender Kunstwerke, sondern sie dürfen sich auch einer gewissen Originalität in der Zusammensetzung ihres Bestandes rühmen, die ihnen einen besonderen Reiz gibt.
Albert Dresdner, Kunstsammlungen

Wilhelm von Bode (sitzend), Leiter der Gemäldegalerie, mit seinem Assistenten Max J. Friedländer und dem Restaurator Alois Hauser (links), 1902

Unter der klugen und sachkundigen Leitung ihres Generaldirektors Richard Schöne gelingt es, die Bestände des Alten und Neuen Museums, des 1904 eröffneten Kaiser-Friedrich-Museums (heute Bodemuseum), des Kunstgewerbemuseums um Einzelstücke von Weltbedeutung und ganze Sammlungen zu einzelnen Spezialgebieten zu bereichern. Die Grabungen in Babylon und an anderen Orten führen 1899 zur Gründung des Vorderasiatischen Museums; mit der Eröffnung des Islamischen Museums im Jahre 1904 und der Ostasiatischen Sammlung 1907 erfährt die Berliner Museumslandschaft eine weitere wichtige Ausweitung.

Zu heftigen Auseinandersetzungen, die ihr Echo sogar in Debatten des preußischen Abgeordnetenhauses finden, kommt es um die Jahrhundertwende über den Charakter der Nationalgalerie als »vaterländische Bildersammlung«.

Walter Leistikow formuliert 1896 mit seiner Polemik im »Magazin für Litteratur«, was viele Künstler und Kunstwissenschaftler denken:

Man kann die Nationalgalerie betrachten, von welchem Standpunkt aus man wolle – man wird bisher nur tadeln können. Mag man über moderne Kunst, über Richtungen denken, wie man will, man muß sagen, sie befindet sich in wahrhaft traurigem Zustande. Das, worauf es vor allem ankommt, einen verständigen, verständlichen Überblick der Entwicklung der neueren deutschen Kunst zu geben, fehlt vollständig.

Es ist ein fürchterliches Chaos, ein Wirrwarr sondergleichen. Drei Hauptübel sind am meisten in die Augen springend:

Unsere Galerie krankt an ihrem Grundstock, der Wagenerschen Sammlung mit den unbedeutenden kleinen Genrebildchen, die durchaus nicht hineingehören. Sie krankt an einem deplazierten Patriotismus – es gibt nichts Verstimmenderes in der Kunst! Sie krankt drittens an einer Einseitigkeit, an einem Halt- und Kehrtmachen vor allen Erzeugnissen unserer jungen, stark persönlichen Kunst.

Das Magazin für Litteratur, 29. Februar 1896

Mit Hugo von Tschudi, der 1896 die Leitung der Nationalgalerie übernimmt, gerät Bewegung in die Ankaufspolitik und die konzeptionelle Gestaltung der Sammlung:

Im Erdgeschoß der Nationalgalerie ist die Neuordnung der Kunstwerke, die Hugo von Tschudi unternommen hat, seit kurzem vollendet. Was hier geschehen, ist unendlich mehr als eine einfache Umstellung von Gemälden und plastischen Dingen: es ist uns überhaupt ein neues Museum dadurch geschenkt worden. Man erkennt die gute Nationalgalerie gar nicht wieder. War sie ehedem vorzugsweise dazu geeignet, strebsamen Sekundanern hinsichtlich preußischer Geschichte und antiker Mythologie eine sowohl nützliche als auch angenehme Stütze zu gewähren, so ist sie nun mit einem Schlage ein wirklicher »Tempel der Kunst« geworden. Glich sie unter der früheren Leitung etwa unserer offiziellen und offiziösen Hofbühne: dem Schauspielhause und dem Berliner Theater, so stellt sie sich unter der neuen Direktion in Parallele mit dem einzigen nach literarischen Motiven geleiteten Theater, das wir besitzen, dem »Deutschen«. Denn wie bei der jetzt aufgelösten Anordnung hauptsächlich stoffliche Gesichtspunkte mitsprachen, so sind bei der neuen lediglich künstlerische maßgebend gewesen. Die Überfülle ist geschwunden. Entbehrliche Mittelwaren sind hinausgeworfen ... So ward im Parterre Platz gewonnen, das Beste, was wir von neuer deutscher Kunst in Berlin besitzen, nach einem wohldurchdachten Plane zu hängen und zu stellen. Mit seinem Kunstgeschmack, der ganz von selbst das Rechte trifft, und mit einer außerordentlichen Sorgfalt, die auch die Abstimmung des Lichts und der Farbentöne an Vorhängen, Stoffbekleidungen, Tapeten nicht vergaß, ist Herr von Tschudi ans Werk gegangen. Jede der in Fächerform zu einander stehenden Nischen des Erdgeschosses bietet jetzt ein harmonisch abgeschlossenes Bild. Soweit die kleinen Räume es zuließen, wurden die Werke eines Künstlers oder einer Gruppe zusammengehängt ... Ich habe vorhin die Natio-

nalgalerie mit dem Deutschen Theater verglichen. Es ist aber dabei ein Unterscheidungsmerkmal wohl zu notieren. Denn während dort die kaiserliche Loge zur Weberzeit gekündigt wurde, genießt Herr von Tschudi erfreulicherweise das Vertrauen der Regierung, auch wenn man dort seine Anschauungen nicht immer zu teilen vermag. Als der Kaiser um seine Erlaubnis zum Ankauf der modernen französischen Werke gebeten wurde, mit deren Eigenart er nicht recht einverstanden war, soll er seine schließliche Zustimmung mit dem Scherzwort begleitet haben: »Aber schreiben Sie darunter: Angekauft aus dem Allerhöchsten Dispositionsfonds des Kaisers gegen den Willen Seiner Majestät!«
Max Osborn, Chronik der bildenden Künste

Die Großherzigkeit des Kaisers, der keine Gelegenheit ausläßt, Secessionisten und andere Vertreter einer modernen Kunst als Volksverderber zu diffamieren, ist nicht von Dauer. 1899 wird in einem Erlaß festgeschrieben, daß alle Neuerwerbungen der Nationalgalerie – Schenkungen inbegriffen – der vorherigen Genehmigung des Monarchen bedürfen. Durch diese Maßnahme ist fortan die Tätigkeit des Galerieleiters rigoros eingeschränkt. Als Tschudi 1908 unter Überschreitung seines Budgets vier Gemälde französischer Künstler ankauft, für die der Kaiser seine Genehmigung angeblich nie gegeben hat, kommt es zum Eklat. Tschudi verläßt Berlin und widmet seine kenntnisreichen Fähigkeiten fortan dem Münchener Museumswesen.

Tschudis Nachfolger auf dem Direktorposten der Berliner Nationalgalerie, Ludwig Justi, einer jüngeren Generation angehörend, darf als ein für die Wilhelminische Ära repräsentativer Typus betrachtet werden. Er war erst dreiunddreißig Jahre alt, als er die Stellung antrat, und in Regierungskreisen erwartete man von ihm, daß er mit seinem gefügigen Wesen besser mit dem Kaiser auskommen werde. Er verstand sich auf ein Balancieren und Ausgleichen ganz anders als der selbstbewußte, willensstarke und charakterfeste Schweizer Tschudi ... Obwohl Justi nichts Besseres tun konnte, als in Tschudis Fußtapfen zu treten und das, was von diesem vorgearbeitet war, weiterzuführen, wußte er die Maßnahmen, die er traf, dem Kaiser, von dessen Willen und guter Laune so viel abhing, mundgerecht zu machen. Als eine vielumstrittene und stark bekämpfte Persönlichkeit hat er sich jahrelang behauptet.
Werner Weisbach, Geist und Gewalt

Zu den prägenden Gestalten des Berliner Museumswesens dieser Zeit gehört Wilhelm von Bode, der, seit 1890 Leiter der Gemäldegalerie, 1906 die Generaldirektion der Königlichen Museen übernimmt.

»Lustige Blätter«, 16. Juni 1909

Unter den bedeutenden Museumsleitern des letzten halben Jahrhunderts war seine Gestalt die markanteste. Auch äußerlich. Eine unverkennbar niedersächsische Erscheinung, deren Schlankheit durch gutsitzende Anzüge von bestem englischem Stoff gehoben wurde, halb preußischer Geheimrat, halb ein Konquistador der Renaissance, ein schmaler, großer, flächiger Kopf mit allen Kennzeichen verfeinerter Willenskraft, mit einem Falkenprofil, stark ausgebildetem Unterkinn und kühlen, hellen Augen. In der Art sich zu geben, wirkte Bode wie ein großer Herr, der zu nachlässig ist, Hoheit zu mimen. Von seinen Titeln machte er nie Gebrauch, er wollte lieber Bode sein als Exzellenz. Seine Sprechweise war rasch, sein Denken präzis, seine Unterhaltung sachgemäß und niemals schöngeistig, der ganze Mensch war immer in Bewegung, obwohl ein Venenleiden ihn jahrzehntelang zwang, beim Sitzen die Beine waagerecht auf einen Hocker zu legen … Groß ist Zahl und Wert der Bilder, Teppiche, Bronzen usw., die er den Museen schenkte, er war den staatlichen Sammlungen ein wahrer Mäzen. Da das Museumsbudget seinem Unternehmungsdrang nicht genügen konnte, nahm er die Hilfe des Privatkapitals in Anspruch: er gründete einen Museumsverein und wurde Berater fast aller großen Sammler alter Kunst. Dafür waren die Sammler den Museen tributpflichtig. Was die Berliner Museen dadurch gewonnen haben liegt offen da. Dann tat er, was vor ihm noch kein geheimrätlicher Museumsleiter gewagt hatte: er interessierte den Kunsthandel am Wohlergehen der Museen. Bode war einer der besten Kenner des internationalen Kunstmarktes, niemand hatte eine bessere »Warenkenntnis« und übte virtuoser die Technik des Entdeckens, Erwerbens und Bestimmens von Kunstwerken. Dem Kunsthandel führte er die Sammler als Käufer zu, half ihm kräftig bei großen Versteigerungen und begutachtete ihm die neu auftauchenden Werke; dafür mußten die Händler statt eines Honorars den Museen Kunstwerke überlassen oder gewinnlos Vorkaufsrechte einräumen. Das Ziel war stets die Mehrung und Besserung der öffentlichen Sammlungen. Jahrelang lag er auf der Lauer nach wichtigen Bildern, war der Augenblick gekommen, so griff er zu.

Ein geniales Gedächtnis unterstützte die Kennerschaft und die planmäßige Aufbauarbeit. Mit Bode das Kaiser-Friedrich-Museum zu durchstreifen und zu hören, was ihm vor einzelnen Werken alles einfiel, war ein unvergeßlicher Genuß. Sein Wissen umfaßte schlechterdings alles: die Qualität, den Meister und seine Epoche, die Vorbesitzer und ihre Familienschicksale, die Fragen der Restaurierung, die Urteile anderer Kenner, die Preissteigerungen im Laufe der Jahrzehnte, die Herkunft der Bilderrahmen und so fort. »Bode hat gesagt«, hieß es nicht nur in Deutschland, sondern auch in London, New York und Paris.

Karl Scheffler, Die fetten und die mageren Jahre

»Musikstadt par excellence«

Unbestritten ist der Rang, den Berlin im musikalischen Leben Deutschlands einnimmt. »Berlin ist die Musikstadt par excellence«, heißt es in einem Berlin-Führer von 1909, »in keiner anderen Großstadt steht das Musikleben in solcher Blüte wie in der Hauptstadt des Deutschen Reiches, und wenn auch in dem letzten Jahrzehnt überall eine außerordentliche Ausbreitung der musikalischen Interessen stattgefunden hat und dabei Berlin nicht immer in Einzelheiten an der Spitze marschiert ist, so ist doch der Reichtum dessen, was es bietet, von überragender Größe.« (Walter Paetow, Berlin für den Musikfreund)

Sehe ich zurück auf das damalige Musikleben in Berlin, so erstaunt mich schon die Zahl der Konzertsäle. Da gab es die alte Singakademie im Kastanienwäldchen, deren Konzerte Georg Schumann leitete. Am Nollendorfplatz lockte, meist mit modernen Kompositionen, der Mozartsaal. Es gab einen Beethovensaal, den Bechsteinsaal, den Klindworth-Scharwenka-Saal. Im Opernhause veranstaltete die Königliche Kapelle in jedem Winter zehn Symphonieabende, und an zwei Tagen jeder Woche – wirklich, an zwei Tagen jeder Woche! – konzertierte in der Bernburger Straße das Philharmonische Orchester, das außerdem dann noch unter Arthur Nikisch im Winter seine zehn weltberühmten Philharmonischen Konzerte veranstaltete.
Frieda Hempel, Mein Leben dem Gesang

Es gibt nicht wenige Zeitgenossen, die ihre Stimme sogar schon warnend vor einer »Konzert-Influenza« erheben. »Vor dreißig Jahren«, schreibt ein Kritiker 1895, »wurden in Berlin während eines ganzen Jahres gerade so viele Konzerte ... gegeben als jetzt in sechs Wochen: 75–80.« (Heinrich Ehrlich, Modernes Musikleben)

Ein Zug der Universalität durchwebt das Berliner Konzertleben, der zugleich fortreißend und zugleich beängstigend wirkt. Wer sich dem Besuch der Berliner Konzertsäle auch nur während eines Winters regel-

KONZERT-SAISON 1898/99.

Der Impresario: Schade, daß sie alle ist. Es hat doch einen guten Klang gegeben.

mäßig widmet, wird sich über die erhaltenen Eindrücke nur mit Mühe die erforderlichen Klarheiten verschaffen können ... An der Hand allein der Konzertprogramme kann, wer da will, im Laufe des Winters die Musikgeschichte der letzten Jahrhunderte sich nachdenklich zu Gemüte führen; und wer sie praktisch durchlebt, wird so viel Dankbarkeit wie Ergebung verspüren, da es ihm zur Unmöglichkeit wird, diesen Reichtum ganz in sich aufzunehmen und nutzbar zu machen. Was anderwärts ein Ereignis ist: die Wiedergabe etwa der neunten Symphonie von Beethoven oder die Belebung von Beethovens letzten Quartetten, die Aufführung Bachscher Kantaten und Passionsmusiken – alles das und anderes ist in Berlin während des Konzertwinters an der Tagesordnung. Die Kraft aller Zeiten scheint hier alljährlich neu gewonnen werden zu sollen.

Walter Paetow, Berlin für den Musikfreund

Mittelpunkt des Berliner musikalischen Lebens sind die Konzerte des Philharmonischen Orchesters, das unter der Leitung Hans von Bülows zu einem Klangkörper von internationalem Ruhm aufgestiegen ist. Nach dem Weggang Bülows im Jahre 1892 stehen mit Felix Mottl, Ernst von Schuch, Hermann Levi und anderen wechselnde Dirigenten am Pult der Philharmonie in der Bernburger Straße. Erst 1895 erhält das Orchester mit Arthur Nikisch wieder einen ständigen Chefdirigenten, der dem Berliner Musikleben fast drei Jahrzehnte lang seinen glanzvollen Stempel aufdrückt.

Am 14. Oktober 1895 fand das erste Philharmonische Konzert in Berlin unter Arthur Nikischs Leitung statt. Programm: Beethoven, Leonore; Tschaikowski Nr. V; Wagner, Tannhäuser-Ouvertüre, dazu Chopin-Konzert, vorgetragen von Josef Hofmann. Dieses Konzert wird allen, die es miterleben durften, unvergeßlich bleiben. Als der kleine blasse Mann mit dem schwarzen Haar und Bart und den tiefen Augen zum ersten Male vor das Publikum trat, ruhig, ohne jede Pose, aber mit der ihm eigenen Grazie und Würde, und seine Hand hob – da war atemlose Stille in dem großen Saal, in dem Bülows Geist bisher jeden Nachfolger unmöglich gemacht hatte. – Schon nach der Leonoren-Ouvertüre großer Beifall, der sich nach Tschaikowskis Pathétique zu frenetischem Jubel steigerte ...

Aber diese Siegesstimmung sollte nicht immer bleiben. Zu viele der Neider gab es, zu viele Strömungen – zu viele, die eben den Lebenden

Karikatur auf den Geschäftssinn der Berliner Konzertunternehmer. »Ulk«, 21. April 1899

nicht gelten lassen wollten und doch den großen Toten nicht erwecken konnten. Die Presse, damals mit wenigen Ausnahmen von der reaktionären Musikerpartei beeinflußt, hatte mit dem neuen Kapellmeister, dessen Eigenart ein bisher nicht gekanntes Expressivo, eine neue, unerhörte Subjektivität zu sein schien, noch keine Fühlung, er wurde nur als Spezialist für Tschaikowski, Wagner, Weber und alle Romantiker angegeben – an seinem Beethoven hatte man vieles auszusetzten, für Brahms gab es nur eine Tradition: Joachim oder Bülow, bis Brahms selbst dieser Legende ein Ende machte, indem er einmal nach Anhören seiner III. Symphonie durch Nikisch in Berlin erklärte, so schön und vollendet sei sie noch nie erklungen – und lächelnd setzte der Meister, zu mir gewandt, hinzu: »Ich wußte gar nicht, daß ich so etwas Schönes geschrieben hatte.«

Arthur Nikischs faszinierende Art zu dirigieren, seine Grazie, die Schönheit seiner Linienführung, der Ernst seines Auftretens waren etwas so Neues für Publikum und Presse, daß er als »affektiert«, als »Poseur« von einem Teil derselben angesehen wurde – seine berühmten Hände sollten geschminkt, sein Auftreten, Grüßen, Danken einstudiert sein. Aber nicht allzu lange hielt dieser Mangel an Verständnis, diese kleinliche Art zu kritisieren an. Bald empfand man das Siegreiche, Einzigartige seiner Persönlichkeit – und Arthur Nikisch wurde im besten Sinne des Wortes populär. Nicht nur die Tagespresse besprach ihn, auch Meister der Feder, des Pinsels und der Karikatur verewigten ihn. Nicht nur der große Musiker – auch der Mensch kam allen nahe, denn in der Musik gab sich sein reinstes Menschentum kund; bei all seiner bestrickenden Liebenswürdigkeit war er doch eine verschlossene Natur, nur wenn er am Pult stand, fiel die Hülle seiner Seele, zeigte er sich ganz. Die »Nikisch-Konzerte« wurden der Mittelpunkt des Berliner Musiklebens, er war der Pol, zu dem alles strebte – Musiker und Publikum –, ein internationaler Freundes- und Verehrerkreis, der ihm selbst während des Weltkrieges treu blieb.

Louise Wolff, Arthur Nikisch und Berlin

Mit der Bedeutung Berlins als Musikstadt wächst auch die Zahl der in- und ausländischen Künstler, die jedes Jahr zu Gastspielen in der Hauptstadt weilen. Am Pult der Philharmonie stehen bekannte zeitgenössische Komponisten wie Brahms, Tschaikowski, Edvard Grieg, Richard Strauss oder Gustav Mahler als Dirigenten eigener Werke. Weltberühmte Solisten wie Eugen d'Albert, Camille Saint-Saëns, Pablo Casals oder der belgische Geiger Eugène Ysaye geben Gastspiele in Berlin. In der Lindenoper singt im April 1907 der russische Baß Fjodor Schaljapin. Siebenundzwanzigmal tritt zwischen 1906 und 1913 der italienische Tenor Enrico Caruso in der deutschen Hauptstadt auf.

Wer nicht das Glück hat, eine der begehrten – und oft unerschwinglich teuren – Eintrittskarten zu erstehen, kann die Stimme der Stars auch schon in Wachs gepreßt nach Hause tragen: Das pulsierende Musikleben läßt Berlin zu einem Zentrum der neuen Schallplattenindustrie werden. 1898 wird hier die Deutsche Grammophon AG gegründet. Ein Jahr zuvor hat der in Schweden geborene Mechaniker Carl Lindström eine Werkstatt in Berlin eröffnet, aus der schon wenige Jahre später die international agierende Carl-Lindström-Aktiengesellschaft für Schallplatten und Grammophone hervorgeht. Die Sängerin Frieda Hempel, seit 1907 an der Berliner Hofoper, besingt bei der zu Lindström gehörenden Firma Odeon ihre ersten Schallplatten:

Ich erinnere mich nicht mehr, wo sich die Firma damals befand, ich glaube aber, ihre Büros lagen in der Friedrichstraße, in ihrem südlichen Teil, wo sich ja auch die ersten Filmfirmen ansiedelten. Ich wurde in ein verhältnismäßig kleines Zimmer geführt. Vor mir stand ein trichterförmiges Horn, in das ich singen sollte. Neben ihm waren Apparaturen, an denen mehrere Männer aufgeregt hantierten. Irgendeiner der Männer knuffte mich in den Rücken, es war das Zeichen, daß ich singen sollte, und ich sang. Wenn meine Partitur kräftige Töne verlangte, zog mich einer der Techniker am Rock, damit ich zurücktrat. Wenn ich piano zu singen hatte, schob er mich mit entsprechender Energie an den Trichter heran. Bei diesem handgreiflichen Verfahren die musikalische Kontinuität zu wahren, fiel nicht leicht. Die Aufnahmen mußten sehr oft wiederholt werden, weil die Stimme nicht gleichmäßig war. Und wenn eine Aufnahme wirklich glückte, dann zerbrach womöglich die Platte.

Besonderen Kummer machte die Begleitung. Noch war es nicht möglich, gleichzeitig mehrere Instrumente oder gar ein Orchester aufzunehmen. Auch die Arie aus »La Traviata« mußte ich mit Klavierbegleitung singen. Für das Klavier galt ähnliches wie für meine Stimme: Obwohl die Aufnahme an sich geglückt war, stellte sich oft heraus, daß das Klavier dem Apparat zu nahe gestanden hatte. Man mußte dann ein anderes Arrangement treffen und die Aufnahme wiederholen … Das erforderte manches Mal viel Zeit und war dann eine harte Geduldsprobe. Aus Liebe zur Sache ertrug man alles.
Frieda Hempel, Mein Leben dem Gesang

Leiter der Symphoniekonzerte der Königlichen Kapelle ist seit 1891 Felix von Weingartner, bis 1898 auch Opernkapellmeister: »Der schöne, schlanke Mann, ein gebürtiger Dalmatiner, der seine jugendliche Elastizität bis ins Alter bewahrte, wurde von den Berlinern geradezu vergöttert … Er war ein hervorragender Interpret klassischer, insbesondere Beethovenscher Werke. Sowohl die ›Matineen‹ wie die Abendkonzerte in dem großen Theaterraum der Königlichen Oper waren unter seiner Stabführung stets ausverkauft. Die Abonnements für diese Veranstaltungen waren jahrein, jahraus in festen Händen, und selten hatte ein neuer Bewerber das Glück, eine Karte für ein Weingartner-Konzert zu erlangen.« (Edith Stargard-Wolff, Wegbereiter großer Musiker)

Nicht die gleiche Aufgeschlossenheit wie gegenüber einem neuen Stern am Dirigentenhimmel zeigt das Berliner Publikum und die Kritik bei Neuerungen in der Musik selbst. Gustav Mahler, der 1895 in Berlin die Uraufführung seiner II. Symphonie dirigiert, erfährt wenig Ermutigung.

Das Philharmonische Konzert am 4. d. Mts. bot ein trauriges Bild. Es zeigte, wie diejenige künstlerische Stätte, an der der herrliche, unvergessene Bülow mit reiner Hand und hohen edlen Geistes voll seines Amtes als Priester der Kunst waltete, nunmehr die Stätte greulicher Verwüstung und der Tummelplatz von Pygmäen geworden ist. Das Hauptwerk des Abends waren drei Sätze aus einer Symphonie von Gustav Mahler ... Niemals hat mir Musik einen abstoßenderen Eindruck gemacht; das hohle Nichts dieser lärmenden, in einem Chaos von – nicht Dissonanzen, sondern Mißtönen sich bewegenden Orchestermasse, die Unfähigkeit, selbst aus einem guten Gedanken, einem brauchbaren Motive, wie deren zum Beispiel der erste Satz enthält, etwas zu machen, was auch nur für einige Momente den Hörer fesselt, die Trivialität der Methodik im zweiten Satze ..., die brutalen Geschmacklosigkeiten des dritten Satzes, wo der reine Hexensabbath (leider aber nichts weniger wie ein Berliozscher) losbricht und der Hexenbesen selbst in Figura auf der großen Trommel herumdrischt, das ist über alles Maß hinaus und ist nicht Musik, sondern »Lärm«, »Skandal«, »Unfug«, »Umsturz« – oder wie man es sonst bezeichnen will. Herr Strauss, der Leiter dieser Konzerte, ist unseres Erachtens verantwortlich dafür, daß einem gebildeten Publikum ... nicht geradezu Unwürdiges vorgesetzt werde und Pygmäen den Tisch besudeln, auf dem man einst zu Bülows Zeiten aus goldenen Schüsseln die olympische Götterspeise reinster Kunst genoß.

Allgemeine Musik-Zeitung, 8. März 1895

Noch wesentlich größer ist das Unverständnis, das Arnold Schönberg in Berlin – allerdings nicht nur hier – entgegenschlägt. Ende 1901 kommt er das erste Mal für längere Zeit in die deutsche Hauptstadt. Als Dirigent in Wolzogens »Überbrettl« und mit Lehrtätigkeit am Sternschen Konservatorium – eine Arbeit, die ihm Richard Strauss verschafft hat – kann er sich und seine Familie nur mühsam über Wasser halten. Als Komponist findet er nur in einem kleinen Kreis von Fachleuten Anerkennung. Noch acht Jahre später, am 2. September 1909, schreibt Richard

Strauss: »Ihre Stücke sind inhaltlich und klanglich so gewagte Experimente, daß ich vorläufig es nicht wagen kann, sie einem mehr als konservativen Berliner Publikum vorzustellen.« Ein Stipendium für den Schöpfer der Zwölf-Ton-Musik befürwortet Strauss trotzdem mit dem weisen Satz: »Da man ja nie weiß, wie die Nachwelt darüber denken wird.« (Hans Heinz Stuckenschmidt, Schönberg)

1911 kommt Schönberg noch einmal für zwei Jahre nach Berlin, wo er an der Musik zu seinem »Pierrot«-Zyklus arbeitet. An die merkwürdigen Umstände seiner Entstehung und die denkwürdige Uraufführung am 16. Oktober 1912 im Choralion-Saal in der Bellevuestraße erinnert sich die Schauspielerin Salka Viertel, Schwester des Pianisten und Schönberg-Anhängers Eduard Steuermann:

Sonntags, wenn ich nicht spielte, fuhr ich oft mit Edward nach Zehlendorf, wo wir auch andere Schönberg-Schüler antrafen: Alban Berg, Anton Webern, Hanns Eisler und einen jungen Engländer, Edward Clark ... Es gab immer herrlichen Kaffee und hausgebackenen Kuchen, was wir sehr schätzten. Schönberg beherrschte die Unterhaltung. Er war sehr vital, voll unerschöpflicher Einfälle ...

Bald brachte die Post jeden Morgen ein Kuvert mit einem Blatt Notenpapier, auf dem die am heftigsten umstrittene Musik des Jahrhunderts niedergeschrieben war. Als wäre es ihm etwas ganz Vertrautes, setzte sich Edward ans Klavier und spielte Schönbergs Vertonung von französischen Gedichten mit dem Titel »Pierrot lunaire«, die der Dichter Hartleben ins Deutsche übersetzt hatte. Nachdem er sie gespielt hatte, fuhr Edward zu einer reichen älteren Dame, Frau Albertine Zehme, die, um der Langeweile ihrer bürgerlichen Existenz zu entkommen, beschlossen hatte, sich in eine künstlerische Karriere zu stürzen. Im Pierrot-Kostüm reiste sie durch Deutschland und rezitierte die verträumten, zarten Gedichte. Jemand hatte ihr gesagt, daß eine musikalische Untermalung die Wirkung erhöhen würde, und so hatte sie sich mit Schönberg in Verbindung gesetzt und ihn beauftragt, die Musik zu dem »Pierrot«-Zyklus zu schreiben. Weil er dringend Geld brauchte, hatte er eingewilligt, jedoch die völlige künstlerische Unterwerfung der Auftraggeberin verlangt ...

Die Interpretation des »Pierrot lunaire« verlangte bald nach einem Kammerorchester. Zu Edwards Klavier gesellten sich der junge Holländer Hans Kindler (später Dirigent des Washington Philharmonic Orchestra) mit dem Cello, ein Flötist und ein Klarinettist. Schönberg dirigierte. Da die Flöte kahlköpfig war, flehte Frau Zehme Schönberg an, niemand außer ihr solle vom Publikum gesehen werden. Schönberg entwarf daraufhin ein ausgeklügelten System von Wandschirmen, welches die Musiker verbarg, Frau Zehme jedoch erlaubte, seinen Taktstock zu sehen.

Das Publikum begrüßte den Pierrot – in riesiger Halskrause unter dem angemalten ängstlichen Gesicht und kokett dargebotenen Beinen – mit unheilvollem Murmeln. Ich bewunderte es, wie Frau Zehme ihre Nervosität beherrschte und, ohne auf das Zischen und Buhrufe zu achten, mutig ein Gedicht nach dem anderen vortrug. Es gab natürlich auch fanatischen Beifall der jüngeren Zuhörer, aber die Mehrheit des Publikums war empört. Ein berühmter Cellist, der neben mir stand, rief, vor Wut puterrot im Gesicht: »Erschießen sollte man ihn! Erschießen!«, womit er Schönberg und nicht den armen Pierrot meinte. Fünfzig Jahre später schrieb Edward über diesen Abend: »Es ist nicht ungewöhnlich bei künstlerischen Ereignissen wie diesen, daß die Menschen, konfrontiert mit dem Neuen, gar nicht erkennen, wie tief sie berührt wurden. Die Kritiker waren empört, aber es ist doch unglaublich, daß nicht ein einziger das Genie Schönbergs erkannte.«

Salka Viertel, Das unbelehrbare Herz

Bei weitem nicht auf der Höhe, wie sie das Berliner Konzertleben erklommen hat, steht das Opernleben. Die Königliche Oper, deren Haus im klassischen Mittelpunkt Berlins durch Anbauten sehr verunziert ist, geht neuerdings mehr auf die Pflege äußerlicher Wirkungen als auf den Ausbau gesunden Empfindens aus; die moderne Produktion erfährt nur eine geringe Förderung, gegen das Ausland wird viel Liebenswürdigkeit erwiesen. Da die Königliche Oper über ein meisterhaftes Orchester und hervorragende Solisten verfügt, gehören ihre Vorstellungen dennoch zu den meist begehrten musikalischen Darbietungen, zu denen nur schwer Zutritt zu erhalten ist.

Walter Paetow, Berlin für den Musikfreund

Als ständige Dirigenten an der Lindenoper wirken seit Anfang der neunziger Jahre Karl Muck und Felix von Weingartner. Als Weingartner 1898 das Opernensemble verläßt, übernimmt sein Amt Richard Strauss. Am 5. November gibt der durch seine Philharmonischen Konzerte in Berlin bereits bestens eingeführte Künstler mit Wagners »Tristan und Isolde« seine Antrittsvorstellung als Opernkapellmeister. »Das Publikum feierte das erste Auftreten von Richard Strauss durch lebhaften Beifall, die Direktion des Opernhauses durch erhöhte Eintrittspreise.« (Freisinnige Zeitung, 8. November 1898)

Die Anerkennung, die Strauss als Dirigent von Anfang an in Berlin zuteil wird, überträgt sich nicht automatisch auf sein Wirken als Opernkomponist. »Feuersnot« wird an der Lindenoper wegen »Verletzung des sittlichen Empfindens« auf Drängen der Kaiserin vorübergehend abgesetzt. »Salome« und »Elektra« erleben ihre Uraufführung, wie die mei-

sten Strauss-Opern, in Dresden und werden in Berlin erst nach Überwindung mannigfacher Bedenken der Intendanz übernommen. Auch beim »Rosenkavalier« findet man in den Chefetagen der Lindenoper ein Haar in der Suppe. Einer Aufführung will Herr von Hülsen, Intendant der Oper, nur zustimmen, wenn Strauss sich bereit erklärt, seine, des Intendanten, »mildernde und verfeinernde Hand über dem Ganzen walten zu lassen«. (Strauss an Hofmannsthal, 17. März 1911) Als Strauss erfährt, daß man inzwischen auch in Dresden längst eine gereinigte Fassung des »Rosenkavaliers« spielt und diese der Berliner Oper zur Übernahme angeboten hat, schreibt Strauss am 1. Mai 1911 empört an Ernst von Schuch:

Sie schreiben, die Striche im »Rosenkavalier« machen nur fünfzehn Minuten aus. Lohnt es darum, die Architektur eines Kunstwerkes zu zerstören, um ganze fünfzehn Minuten einzusparen? Stimmt alles nicht. Der Grund liegt woanders. Ein Adeliger, der sich auf der Bühne so benimmt, wie sich sehr viele Adelige bei Hof und in der Landwirtschaft benehmen, ist den Augen der hochadligen Herren Generalintendanten nicht wohlgefällig … Ein kaiserlicher Kämmerer darf kein gemeiner Kerl sein. Darum wird gestrichen. Nicht weil's zu lang ist. Herr von Hülsen hat mir's ja glatt eingestanden!

Friedrich von Schuch, Richard Strauss – Ernst von Schuch und Dresdens Oper

Am 14. November 1911 erlebt der »Rosenkavalier« in der von Hülsen korrigierten Textfassung seine Premiere: »Schon lange vor Beginn der Vorstellung hatte sich das Haus mit einem eleganten Publikum gefüllt, in dem die haute finance, Literatur, Kunst und Theater reicher als sonst vertreten waren … Es war ein starker Erfolg. Einer jener Siege, die mehr noch als durch den lauten Beifall des Klatschens und Rufens durch die von dem Gebotenen erfüllte Stimmung eines ganzen Hauses bezeugt werden.« (Berliner Tageblatt, 15. November 1911)

Der »Rosenkavalier« ist übrigens die einzige Strauss-Oper, die sich Wilhelm II. auf Zureden des Kronprinzen einmal anhörte. Wie der Komponist in seinen »Betrachtungen und Erinnerungen« überliefert hat, verließ er die Aufführung mit den Worten: »Det is keene Musik für mich!«

Das traditionsreiche Haus Unter den Linden ist um die Jahrhundertwende längst nicht mehr die einzige Berliner Opernbühne. Im Sommer spielt das Schwesterninstitut im Tiergarten, die Kroll-Oper; seit 1896 gibt es das Theater des Westens in der Kantstraße, in dem vor allem das leichtere Operngenre, bis hin zur Operette, gepflegt wird; 1912 öffnet das Deutsche Opernhaus in Charlottenburg seine Pforten. An der Weidendammer Brücke gründet Hans Gregor 1905 eine »Komische Oper«: »Gregor war der erste, der eine Oper aus privaten Mitteln auf einem künstlerisch so hohen Niveau halten konnte ... Er hat viele neue Autoren entdeckt, hat mit Geschick alte Werke ausgegraben, hat vergessenen zu neuer Blüte verholfen und hat bekannte Werke von ganz neuen Gesichtspunkten erstehen lassen ... Selbst da, wo Gregor irrte, war es interessant.« (Fritz Jacobsohn, Hans Gregors Komische Oper) Als erstes inszeniert Gregor »Hoffmanns Erzählungen«, eine Aufführung, die es auf fünfhundert Vorstellungen bringt. Der Höhepunkt seiner Wirksamkeit aber ist die »Carmen«-Einstudierung, mit der er die zweite Spielzeit an der Weidendammer Brücke beginnt.

Die »Carmen«-Inszenierung Gregors war eine Kriegserklärung gegen alle Traditionen. Diese Tradition hatte aus dem rassigen Kind Spaniens eine Salondame gemacht, mit seidenen Gewändern, Tüchern und Brillanten, hatte aus einer Dirne eine Grande Cocotte werden lassen. Und was gab es nicht an der landläufigen Szenerie auszusetzen! Es hatte sich eine schematische Inszenierung herausgebildet, an der niemand zu rütteln wagte. Gedankenlosigkeit bewahrte jeden Regisseur davor, zu fragen, ob es nicht auch einmal anders ginge. Gregors Frage war die Frage nach diesem »anders«, und seine Lösung war verblüffend.

Das erste Bild war eine Überraschung, so groß, wie sie niemand erwarten konnte. Der Vorhang hebt sich, und statt des konventionellen, weiten, leeren Platzes mit der Tabakmanufaktur rechts und der Wache links sieht man unter der prallen spanischen Sonne einen Ausschnitt aus dem volkreichen Cordova. Ein viereckiger Platz, in den enge, krumme Gassen münden, mit kleinen, grell beleuchteten Häusern, mit Veranden, Galerien, lauschigen, winkligen Durchgängen und flachen Dächern. Gelb und blau herrscht vor, es wimmelt nur so von Volk, das erregt und hitzig herumkribbelt und -krabbelt. Eine schmale Gasse nach hinten führt mit ein paar Stufen zur Tabakmanufaktur. Um das Bild ganz echt zu gestalten, fehlte es auch nicht an dem bei den Spaniern mit ihren bartlosen Gesichtern besonders notwendigen Barbierladen, der sich bis auf die Straße verbreitert ...

Die beiden mittleren Akte waren fast noch gründlicher reformiert worden. Aus der Salonschenke Lillas Pastias war eine wirkliche Schmugglerkneipe geworden. Altes, verfallenes Gemäuer, durch dessen Dach der Nachthimmel schien, von drei kleinen Ölfunzeln spärlich beleuchtet, gibt den wirkungsvollen Rahmen für die leidenschaftlichen Gesänge der Schmugglerinnen ... Und die Schlußszene war eine gewagte, aber geniale Lösung. Sie stellt den Eingang zur Arena dar. Zwischen den Säulen dieses Eingangs findet eine letzte, herzbeklemmende Jagd statt, der Carmen zum Opfer fällt, wie ein gehetztes Tier dem grausamen Räuber.

In Gregors »Carmen«-Inszenierung war der Realismus besonders in den lärmenden Volksszenen auf die Spitze getrieben. Die Saite war vielleicht zu scharf gespannt. Es fehlte nicht etwa der Respekt vor der

Blick vom Schiffbauerdamm über die Weidendammer Brücke in Richtung Süden. Links, an der Ecke Friedrichstraße/Am Weidendamm das 1904 errichtete Gebäude der Komischen Oper. Photo von Max Missmann, 1907

Musik; aber es fehlten die Mittel, zwischen dem ungeheuren Fortschritt, den hier Regiekunst geschaffen hatte, und zwischen der immerhin beschränkten musikalischen Kraft einen genügenden, befriedigenden Ausgleich zu schaffen.

Aber noch nie hatte leidenschaftliche Absicht ein Kunstwerk schöpferisch aus der Regiearbeit heraus so neu gestaltet. Und wenn es ein Zuviel war, war es eines aus genialischem Überfluß.

Fritz Jacobsohn, Hans Gregors Komische Oper

Obwohl Gregors Inszenierungen zu den herausragenden künstlerischen Ereignissen im Berlin der Vorkriegszeit gehören, kann sich sein Unternehmen nicht halten. Gregors Ansprüche verlangen Aufwendungen, die mit den Einkünften eines Privattheaters nicht zu decken sind. 1911 verläßt er Berlin, um als Direktor an der Hofoper in Wien zu wirken.

Nicht weit von Gregors Komischer Oper entfernt, in der Chausseestraße, befand sich lange Zeit das Zentrum des Berliner Operettenlebens. Hier, im Friedrich-Wilhelmstädtischen Theater, das in den sieb-

ziger und achtziger Jahren als Deutschlands bestes Operettentheater galt, feierten Jacques Offenbach, Johann Strauß, Franz von Suppé und Karl Millöcker ihre großen Triumphe. Um die Jahrhundertwende muß das renommierte Theater unter dem zunehmenden Konkurrenzdruck der überall in der Hauptstadt aus dem Boden schießenden Operettenbühnen seine Pforten schließen.

Die Geburtsstunde der spezifisch berlinischen Operette schlägt nicht weit entfernt, in der südlichen Friedrichstraße. Hier hatte sich 1892 mit dem Apollo-Theater eines der vielen dem Varieté, der Revue und der Operette verpflichteten Unternehmen etabliert. 1899 sucht Direktor Waldmann für die Eröffnung der Sommersaison ein zugkräftiges Stück, mit dem sich bei dem überreichen Vergnügungsangebot entlang der Friedrichstraße noch Kasse machen ließe. Er erinnert sich seines ehemaligen Kapellmeisters und Hauskomponisten Paul Lincke, dessen zündende Melodien schon das Herz so manchen konzertgartenbesuchenden Berliners erfreut hatten. Lincke wird aus Paris, wo er für zwei Jahre an den berühmten Folies-Bergère engagiert ist, noch vor Ende der Spielzeit zurückgeholt, und in drei Monaten entsteht die Operette »Frau Luna«.

Der »Vorwärts« schreibt über die Uraufführung vom 1. Mai 1899:

Im Apollo-Theater ist gestern die für den Sommer übliche Ausstattungsoperette zum ersten Male aufgeführt worden. Sie heißt »Frau Luna«, ihr Verfasser ist Herr Bolten-Baeckers, und die Musik hat Herr Paul Lincke geschrieben, der nunmehr nach weitläufigen Wanderungen reuevoll an die Stätte seiner alten Dirigentenwirksamkeit zurückgekehrt ist. Daß Musik in dem Stück liegt, ist ja bei dem Vater so vieler Tanzweisen selbstverständlich. Berlin kann ziemlich sicher darauf rechnen, daß »Frau Luna« bald von jedem Leierkasten tönt und damit den Gipfel volkstümlicher Berühmtheit erreicht. Daß das dramatische Gewand der Dame so gut steht wie das musikalische, wollen wir gerade nicht behaupten, aber immerhin kann der Mensch, der sich an die merkwürdige Spezialität der berlinischen Märchenphantasie einmal gewöhnt hat, auch das gegenwärtige Sujet ohne sonderliche Verdauungsbeschwerden ertragen.

Ganz selbstverständlich ist es ja im Apollo-Theater, daß Dekorationsmaler, Ballettmeister, Beleuchtungsinspektor und Maschinenmeister dem Verfasser kräftig und mit Geschick unter die Arme greifen und für eine Wirkung auf die Sinne sorgen, die in der Tat blendend genannt werden muß. Da überflügelt die Phantasie des technischen Helfers die des Dichters oft meilenweit. Ein tüchtiges Ensemble hilft überdies den Erfolg des Ausstattungsstückes sichern. Meistens sind es alte Bekannte, die uns auf der Bühne des Apollo-Theaters begrüßen. Herr Steidl gibt den Mechaniker und Erfinder des Luftballons, der eine kreuzfidele Gesellschaft zum Monde in Frau Lunas Reich trägt. Die Herren Rieck,

Kettner, Bender und Lieban sind als humorvolle Künstler gewürdigt, die Damen Willi Walden, Milani, Kröchert und Wolf spielen und singen mit Temperament und Geschick. Eine höchst originelle Spezialität ist das Luftballett Grigolatis, das mit ebensoviel Grazie, als es selber entfaltet, in die Handlung eingefügt ist.
Vorwärts, 3. Mai 1899, 1. Beilage

Mit »Frau Luna« ist der erste »Kassenschlager« der neueren Operettengeschichte geboren. Bereits am 16. November 1899 steht die 200. Aufführung auf dem Programm des Apollo-Theaters. Ganz Berlin singt, pfeift und summt die Melodie von den »Schlössern, die im Monde liegen« oder die herzbewegende Klage »O Theophil! O Theophil!/Du warst mein Alles auf der Welt!/O Theophil! O Theophil!/Warum hast Du mich kaltgestellt?« Schon ein halbes Jahr später hat die nächste Lincke-Operette Premiere, »Im Reiche des Indra« – es ist der 18. Dezember 1899 –, und ganz Berlin summt zeitgemäß wehmütig: »Wenn auch die Jahre enteilen, / bleibt die Erinnerung doch!«

Mit Paul Lincke, dem später Walter Kollo, Victor Hollaender und Max Winterfeld, der sich als Künstler Jean Gilbert nennt, an die Seite treten, macht die Berliner Operette ihren Schwestern aus Paris und Wien erfolgreich Konkurrenz. Eingängige Melodien und kecke, ein wenig derbe oder »schnoddrige« Texte, die den Zeitbezug nicht aussparen, aber auch Herz und Gemüt reichlich bedienen, verbinden sich zu einer besonderen Mischung, die nicht nur an der Spree zum »Schlager« wird. Das »Glühwürmchen-Idyll« aus Linckes Operette »Lysistrata« (1902) singt und spielt man auch in England und den USA, in Spanien und in Ungarn. 1904 hat die »Berliner Luft« mit ihrem bis heute volkstümlichen Titelmarsch Premiere und ein Jahr später die Operette »Bis früh um fünfe«, in der die Nachtschwärmer in der Friedrichstraße mit ihrer »süßen Maus« »nicht nach Haus« gehen wollen. Für das Berliner Theater in der Charlottenstraße schreibt Walter Kollo 1912 die Operette »Filmzauber«, aus der der Schlager »Untern Linden, untern Linden« überdauert hat, und 1913 »Wie einst im Mai« mit der schier unverwüstlichen Melodie »Das war in Schöneberg …« und dem Evergreen »Die Männer sind alle Verbrecher«.

Zu einem der erfolgreichsten Vertreter der »Berliner Operette« mit ihrer typischen Mischung aus Posse, Revue, Lied und Marsch entwickelt sich Jean Gilbert, der 1910 als Dirigent und Hauskomponist an das Berliner Thalia-Theater kommt. Die »Polnische Wirtschaft«, mit der er hier debütiert, bringt es auf Anhieb auf 1500 Aufführungen; 1912 komponiert Gilbert das »Autoliebchen« (»Ja das haben die Mädchen so gerne«) und das »Puppchen«, das nicht etwa ein Mädchen, sondern der männliche Star des Ensembles ist.

Das Publikum, das sich – nach den stürmischen Beifallsäußerungen zu urteilen – köstlich amüsierte, war in der glücklichen Lage, den Text eines der Lieder geschlagene vier Mal mitzusingen, nachdem es ihn von der Bühne herab gehört und die vierfache Wiederholung der Melodie durch Händeklatschen und Fußgetrampel mit anerkennenswerter Ausdauer dem dirigierenden Komponisten abgenötigt hatte. Lorbeeren in Fülle, die nach dem zweiten Aktschluß auf die Bühne geschleppt wurden, vervollständigten das Bild des Theatererfolges. Was in dem Stück vorgeht, braucht man nicht zu erfahren … Wer es nachzuerzählen vermag, verdient mindestens einen der vielen Lorbeerkränze. Der leitende Gedanke besteht darin, daß Herr Arnold Rieck zum Träger dieser Posse gemacht wurde. Das gibt ihr das Rückgrat. Arnold Rieck ist eben das »Puppchen«, unter welcher Kosebezeichnung er den verliebten Damen des Stückes vorteilhaft bekannt ist; ein Jüngling noch vor dem Bartflaum, ein schlimmer Kleiner von der gesegneten Körperlänge, mit der die Natur diesen ausgezeichneten Komiker bedacht hat … Seine Hauptpartnerin ist Fräulein Della Donna, die sich im Ensemble des Thalia-Theaters bereits einen Namen als temperamentvolle Possen- oder Operettensoubrette gemacht hatte. Es steckt Vollblut in ihrem Spiel, Gesang und Tanz. Die neue Rolle gibt ihr Gelegenheit, ihre anmutige Gestalt in einer ganzen Reihe schöner Kleider zu zeigen. Ein Tanzduett von ihr mit Rieck: »Heut gehn wir gar nicht erst ins Bett«, mußte wiederholt werden. Den größten Anklang unter den Liedern fand aber das Duett Riecks mit Fräulein Elsa Grünberg »Puppchen, du bist mein Augenstern!«, das dreimal zur Wiederholung verlangt und dann, wie erwähnt, vom Publikum viermal nachgesungen wurde. Das wird nun wohl die Errungenschaft für den ganzen Winter werden. Kann man's ändern?
Vossische Zeitung, 20. Dezember 1912

1913 wechselt Jean Gilbert vom Thalia-Theater zum Metropol in der Behrenstraße, das sich seit der Jahrhundertwende zu einem Zentrum, vielleicht dem Zentrum der musikalischen Unterhaltungskunst in Berlin entwickelt hat. Spezialität des Hauses sind neben Operetten die sogenannten Jahresrevuen, die Theaterdirektor Richard Schultz, sein Dramaturg und Textdichter Julius Freund und Kapellmeister und Komponist Victor Hollaender kreiert haben: eine Ausstattungsposse mit viel Gesang und Tanz, in der aktuelle Begebenheiten des vergangenen Jahres zu einer losen Handlung zusammengefügt sind. »Neuestes, Allerneuestes« heißt die Revue, die am 6. Januar 1903 Premiere hat:

Im Metropoltheater kann der Hausdichter für einige Zeit auf Urlaub gehen. Die Revue, die gestern abend unter großem Beifall aufgeführt wurde, Extranummer-Feldgeschrei »Neuestes! Allerneuestes!«, ist wirk-

lich eine Extranummer. Die Erlebnisse des Jahres, heitere und ernste, werden in munteren Versen von Julius Freund noch einmal an uns vorübergejagt, und wenn manches auch etwas kürzer, anderes etwas geschmackvoller sein könnte: in dieser Zeit schlechter Lustspiele und alberner Possen wirkte die bunte Tollheit, die nach allen Seiten Peitschenschläge austeilt, um so siegreicher, je weniger sie sich mit literarischem Mäntelchen drapiert. Es muß sogar anerkannt werden, daß Julius Freund ... diesmal weit mehr gibt, als man erwartet. Er hat drollige Einfälle und satirische Spitzen gefunden, die auch anderen Leuten gefallen werden als den Verehrern der sonst im Metropoltheater verhätschelten Trikotmuse. Hübsche Lieder erklingen, gut geschliffene Couplets reizen zum Lachen, und ein frischer Witz wagt sich in bisher in Berlin unerhörter Keckheit sogar an Exzellenzen heran und andere hervorragende Persönlichkeiten, über die früher der Zensor schützend den Rotstift hielt ... Es ist unmöglich, auch nur andeutend zu schildern, was diesmal von dem Direktor und Regisseur Schultz geboten ist. Ein Berliner Extra-Himmel, in dem eine Wachtparade von Engeln aufmarschiert,

eine Luftballonfahrt zur Erde durch Donner und Blitz, bis sich das Luftschiff auf das weitgedehnte Häusermeer Berlins herniedersenkt, eine Kürassierkapelle zu Pferde, der Einzug der Buren, der Reichstagstrubel, das Treppenhaus des Metropoltheaters in voller Beleuchtung, blaues, grünes, gelbes, schwarzes, weißes und aus all diesen Farben gemischtes Ballett – wahrlich, wenn es schon schwer sein mag, ein Dichter zu sein, ein Direktor hat's auch nicht leicht!
Berliner Tageblatt, 7. Januar 1903

Zwischen 1903 und 1914 bringt das Metropoltheater zehn Revuen heraus. Sie heißen »Ein tolles Jahr« (1904) oder »Auf ins Metropol« (1905), »Der Teufel lacht dazu« (1906) oder »Das muß man sehen« (1906); zweimal schreibt Paul Lincke die Musik zu den Revuen: 1908 »Donnerwetter – tadellos!« und 1909 »Hallo, die große Revue« – allesamt ein gesellschaftliches Ereignis, von dem Wochen vor und nach der Premiere »tout Berlin« seinen Gesprächsstoff bezieht. Eine Reihe glanzvoller Stars macht neben der kostspieligen Ausstattung und den zündenden Melodien die Metropolrevuen zum Inbegriff hauptstädtischen Vergnügungslebens vor dem Ersten Weltkrieg: Charakterkomiker wie Josef Giampietro und Guido Thielscher, der Bonvivant Josef Josephi und natürlich der Star der Stars, die Soubrette Fritzi Massary.

Ich hatte mir Karten zur Premiere von »Auf ins Metropol« besorgt. Ganz Berlin war gespannt auf diesen Abend, denn die Metropol-Premieren bedeuteten immer eine Sensation. Die schönsten Frauen und die besten Komiker sowie ein glänzendes Ballett waren aufgeboten, und das Ganze glich einer Revue. Die Aufführung bestand aus lose aneinandergefügten Szenen, die verbindenden Texte wurden von Madame Commère und Monsieur Compère, den Vorläufern der heutigen Conférenciers, gesprochen. Es war ein sehr elegantes Paar, nach der neuesten Mode gekleidet, das mit viel Witz und Charme das Publikum unterhielt. Die Massary als Star war selbstverständlich Mittelpunkt der Aufführung. Aber was leistete diese Künstlerin auch! Ihre Erscheinung wirkte wie ein funkelndes facettiertes Juwel, dazu kam ihr pointierter, aufs feinste abgestimmter Vortrag. Sie schuf einen neuen Typ der Operettendiva, den später viele vergeblich nachzuahmen suchten. Bei diesen Theaterbesuchen bekam ich erstmals einen Begriff von der unmittelbaren Wirkung des Künstlers auf das Publikum. Die Massary, der elegante, blasierte Giampietro – ein Vorläufer von Maurice Chevalier – und natürlich Guido Thielscher, der große Komiker und Berlins auserkorener Liebling, spielten gleichsam aus dem Handgelenk. Ihre Kunst war so sublim, daß die Wirkung auf das Publikum nie ausblieb.
Frida Leider, Das war mein Teil

Eine glanzvolle Epoche der Berliner Wissenschaft

Bedeutende Impulse gehen in den beiden Jahrzehnten vor dem Weltkrieg von dem Wissenschaftsstandort Berlin aus: fünfundfünfzig wissenschaftliche Institutionen führt der Leiter der Amtlichen Akademischen Auskunftsstelle Wilhelm Paszkowski in seinem 1910 erschienenen Büchlein »Berlin in Wissenschaft und Kunst« auf: von der Friedrich-Wilhelms-Universität, der Akademie der Wissenschaften, der Technischen Hochschule Charlottenburg, der Tierärztlichen und der Landwirtschaftlichen Hochschule bis zur Lehranstalt für die Wissenschaft des Judentums oder der nach amerikanischem Vorbild organisierten Handelshochschule in der Spandauer Straße, die 1906 von der Korporation der Berliner Kaufmannschaft gegründet und ausschließlich aus ihren Mitteln unterhalten wird. Vor allem auf den Gebieten Medizin, Naturwissenschaften und Technik zieht es Wissenschaftler aus aller Herren Länder an die Spree. Kaum ein Jahr, in dem Berlin nicht Tagungsort eines oder mehrerer internationaler wissenschaftlicher Kongresse ist. Acht Nobelpreise gehen zwischen 1901, dem ersten Jahr der Preisverleihung, und 1918 nach Berlin.

Eine zentrale Rolle in der »Hauptstadt der Wissenschaft« spielt die Alma mater Unter den Linden, die 1910 auf eine hundertjährige Geschichte zurückblicken kann.

Zwei Semester an der Berliner Universität erschienen in den neunziger Jahren des verflossenen Jahrhunderts wie vielen Studierenden der Alma Mater zu Wien so auch mir als der erwünschte Abschluß, als die Krönung des Studiums, um welches Fach immer es sich an der philosophischen Fakultät, für die allein ich hier zeichnen darf, gehandelt haben mochte: Nationalökonomie, die vor allem, Geschichte, Philosophie und das andere. Man verband mit einzelnen Fächern große Namen, nannte Adolf Wagner, Harnack, Treitschke, Paulsen, Herman Grimm und wen nicht noch alles. Mommsen, damals wohl die größte Gelehrtenfigur Europas, ein leibhaftiges Monument seiner selbst, las nicht mehr, doch wer im Winter 1895/96 von der Königlichen Bibliothek Unter den Linden zum Brandenburger Tor hin ging, konnte durch Wochen täglich dem schmächtigen Mann begegnen, wie er, den Überrock meist offen, die Taschen rechts und links vollgestopft mit Büchern – für dünnere breite war eine innen ins Futter vom Schneider angebracht –, den Wind, zweilen wohl auch Schneeflocken im weißen, bis auf die Schultern herabreichenden Haar, zur Charlottenburger Pferdebahn hin eilig schritt, die vor dem Brandenburger Tor ihre Endstation hatte. Kaum daß er im Wagen den Eckplatz am äußersten Ende eingenommen hatte, hielt er schon ein Buch in der Hand, einen Roman, einen Tauchnitzband, und begann zu lesen. Ohne Buch ging es nicht, und für solche Situationen waren eben die Romane da. Ich saß ihm einmal eine ganze Woche lang im Lesesaal der genannten Bibliothek gegenüber. Vor seinem Sitz wurden riesige Folianten von einem dienstfertigen Bibliotheksdiener aufgestapelt, in deren Seiten er nun seinen prachtvollen Schädel mit den beiden starken Brillengläsern vorn gleich zweien Lampen barg … Mit zittriger Hand warf er die Seiten hin und her und machte Notizen. Dann und wann entfiel ihm die Feder, zu mir hin gegenüber rollend. Ich reichte sie ihm zurück, nicht ohne die gebotene Deferenz, doch war diese jedesmal im Nichts oder All vertan, denn nie geschah es, daß er aufgesehen hätte. Offenbar nahm der große Philologe in so kleinen Dingen das Mirakel eines ganz von selbst zwischen seine Finger zurückfindenden Federstils als gegeben hin.

Rudolf Kassner, Umgang der Jahre

7100 immatrikulierte Studenten sowie 6300 Gasthörer vereinigt die Friedrich-Wilhelms-Universität, die größte akademische Bildungsstätte Deutschlands, im Wintersemester 1906/07:

Das Haus der Universität selbst ist längst nicht mehr imstande, die Auditorien auch nur für die Geisteswissenschaften sämtlich herzugeben; kaum, daß für die zentrale Verwaltung daneben Platz bleibt; unsern Festsaal selbst mußten wir über die Straße hinweg verlegen; wir mußten unsern herrlichen Garten, für dessen ungeschmälerten Besitz die Universität so harte Kämpfe geführt hat, durch langgedehnte Flügelbauten, die man seit dem Jubiläum dem alten Hause angehängt hat, in einen Innenhof verwandeln; und auch so kann dem Lehrbedürfnis kaum genügt werden …

Indem sich die Wissenschaften spalteten und Jahr um Jahr neue Lehrstühle für die abgetrennten Teile errichtet wurden, wuchs gleichmäßig die Zahl der Forschungsinstitute, für die immer neue Gelder bewilligt und neue Räume bezogen wurden. Kaum einer der Neuberufenen kam noch nach Berlin, ohne ein Institut für sich zu fordern und es sogleich oder ein wenig später zu erhalten. Ganze Straßenviertel sind heute mit den Neubauten dieser größten aller Lehranstalten bedeckt,

oder es wurden ihr Bauwerke angegliedert, die, wie die Bauakademie und die alte Königliche Bibliothek, für ganz andere Zwecke errichtet waren. In den Straßen rundumher sind Häuser oder Etagen gekauft oder gemietet worden, die, kaum bezogen, wieder zu eng wurden.
Max Lenz, Geschichte der Friedrich-Wilhelms-Universität/2,2

In den akademischen Buchhandlungen Unter den Linden hängen die Porträtphotographien der berühmtesten Berliner Universitäslehrer: des Theologen und Generaldirektors der Königlichen Bibliothek Adolf von Harnack; der Nationalökonomen Gustav Schmoller und Adolf Wagner; der Juristen Josef Kohler und Franz von Liszt; des Schweizer Kunsthistorikers Heinrich Wölfflin, unter dessen Leitung sich das kunstwissenschaftliche Seminar der Lindenuniversität zu einem der angesehensten der Welt entwickelt; des Botanikers Adolf Engler, der auch als Direktor dem Botanischen Garten vorsteht; des in breiten Kreisen populären Astronomen Wilhelm Foerster, Direktor der Berliner Sternwarte, oder des bedeutenden Geographen Ferdinand von Richthofen. Unter den Philosophen ragen Max Dessoir und Wilhelm Diltey hervor. Seit 1885 liest hier auch Georg Simmel, der philosophische Themen mit der noch jungen Soziologie zu verbinden sucht und sich nicht scheut, auch über Fragen des zeitgenössischen Geschmacks (»Die Mode«) oder der Alltagskultur (»Soziologie der Mahlzeit«) zu schreiben.

Da er Jude war (übrigens getauft) und außerdem in dem Geruche stand, ein ausgesprochen moderner Geist zu sein, so stellten sich seiner Laufbahn Schwierigkeiten entgegen, er fand viele Türen verschlossen und wurde erst während des Weltkrieges, als er in der zweiten Hälfte der Fünfzig stand, auf den philosophischen Lehrstuhl der Universität Straßburg berufen, wo er bald nachher starb. Aber Simmel hatte großen Anhang, war in seiner Art eine Berühmtheit und genoß internationales Ansehen. Zahlreiche Zuhörer, darunter viele Ausländer, besuchten seine Vorlesungen, zum Neid der Kollegen, und seine Bücher fanden auch in Laienkreisen eine große Leserzahl.
Werner Weisbach, »Und alles ist zerstoben«

Auch Erich Schmidt, seit 1887 Professor für deutsche Sprache und Literatur an der Berliner Universität, ist wegen seiner unkonventionellen Ansichten manchen Anfeindungen ausgesetzt:

Erich Schmidt war das Enfant terrible für die alten Dozenten und der Lieblingslehrer der Jugend. In den besten Jahren stehend, Ende der Vierzig, verwaltete er Wilhelm Scherers Erbe als ein schwärmerischer, hinreißender Humanist, ein Redner, dessen Fehler bei seinem unermeßlichen Glück sich immer in anerkannte Vorzüge verwandelten. Sohn eines bedeutenden Zoologen, hatte er eine beispiellos rasche Laufbahn zurückgelegt, war mit zweiundzwanzig Jahren Ordinarius in Straßburg, dann in Wien geworden und hatte mit vierunddreißig Jahren den verwaisten Platz Scherers erhalten. Eine prachtvolle Erscheinug auf dem Katheder, fast wie eine Romanfigur idealistischer Art, immer sprühend von Lebenslust, Begeisterung und Humor, der sich in unbekümmerter, burschikoser Laune äußerte, in Aussehen und Kleidung ein wenig auf künstlerische Übertreibung hergerichtet, doch ohne allzu auffällige schauspielerische Pose ... Der nahe Freund Gottfried Kellers, Theodor Storms, Fontanes und Heyses war zudem ein Gesellschafter hohen Ranges, ein Plauderer und Berichterstatter von Anekdoten, der mit wenigen charakteristischen Worten die Phantasie seiner Zuhörer zu entzünden wußte, ein Kleinmeister reizvoller Darstellung ... Nach Beendigung seines Tagewerkes gern gesehener Gast bei allen Festlichkeiten der Saison, an der Tafel literarisch interessierter Bankdirektoren ebenso herzlich begrüßt wie beim Bierabend des Reichskanzlers, wo er ohne Rücksicht auf jedes Zeremoniell auftrat und seine oftmals allzu deutliche politische Meinung frei aussagte, war er auch bei allen Erstaufführungen anwesend. Duzfreund von Josef Kainz, der Sorma nahestehend, für Max Reinhardt schon bei seiner ersten selbständigen Inszenierung ein treuer Ratgeber, hat er durch sein energisches Votum Frank Wedekinds »Frühlings Erwachen« gegen den Widerstand der Zensur zur öffentlichen Aufführung verholfen. Damals zog der Dichter ehrfurchtsvoll den verschabten Zylinder und verbeugte sich tief mit den Worten: »Welch ein Mann!«

Hermann Uhde-Bernays, Im Lichte der Freiheit

Über 460 Lehrkräfte wirken 1907 an der Berliner Universität: ein gewaltiges wissenschaftliches Potential, bahnbrechend und vorwärtsweisend in einer Fülle von Fachgebieten und Spezialbereichen – politisch konservativ und zurückhaltend in ihrer übergroßen Mehrheit, wenn es darum geht, dem verkrusteten Gesellschaftsmechanismus der Wilhelminischen Epoche neue Impulse zu geben.

Der preußische Staat, der sich sicher sein kann, an seinen Lehr- und Forschungseinrichtungen keine Rebellen wider den Geist der Hohenzollernmonarchie großzuziehen – nicht zuletzt dank des traditionellen Bildungsmonopols der begüterten und staatstragenden Klassen –, fördert den Ausbau und die Effizienz seiner wissenschaftlichen Einrichtungen nach Kräften. Unter der zielstrebigen Leitung des für das Hochschulwesen zuständigen Ministerialdirektors Friedrich Althoff, dem später Friedrich Schmidt-Ott folgt, wird eine systematische und durchgreifende

Modernisierung in Angriff genommen, die den Vorsprung der deutschen Wissenschaft im internationalen Wettbewerb sichern und ausbauen soll. Die finanzielle und technische Ausstattung vieler Institute wird erheblich verbessert; die Physiker, die Chemiker, die Meeresforscher erhalten neue, für die Zeit hochmoderne und zweckmäßig eingerichtete Gebäudekomplexe; die Charité, deren Einrichtungen sich zum Teil in einem erschreckend desolaten Zustand befinden, erfährt zwischen 1897 und 1910 eine umfassende Rekonstruktion.

Mich hatte Berlin angesteckt – vom ersten Tag an, als ich an dem Herbstmorgen im Jahr 1904 am Bahnhof Friedrichstraße ausgestiegen war. Die ersten Eindrücke waren umwerfend. Ich fühlte mich im siebenten Himmel – und fiel aus allen Wolken, als ich die gynäkologische Poliklinik der Charité betrat.

Der größte Schweinestall, dem ich jemals unter dem Titel eines ärztlichen Instituts begegnet bin, hier war er – in einer Privatwohnung im ersten Stockwerk des verwitterten Hauses Luisenstraße Nr. 51. Fünf Zimmer in einem unglaublichen Zustand, mit einer Ausstattung, die jeder Beschreibung spottete. Die Tapeten hingen in breiten, schmutzigen Fetzen von den Wänden herab. Als Klosett diente ein gewöhnlicher, offener Eimer, der im Wartezimmer hinter einem niemals gereinigten, durch Dreck steif gewordenen Vorhang stand. Eine Wasserleitung gab es nicht, das Wasser zum Waschen und Spülen wurde auf einem kleinen Gaskocher gekocht. Nirgendwo Linoleum auf den halb vermoderten Dielen. Kein Zimmer für Ärzte …

Zum Glück zog die gynäkologische Poliklinik, deren Leitung ich übernahm, zum Alexanderufer um, in ein gerade fertiggestelltes Gebäude, dessen Inneneinrichtung ich nach eigenem Ermessen vornehmen konnte. Auch die Renovierung der Frauenklinik hatte auf Bumms Betreiben begonnen. Die gynäkologische Station und der Hörsaal entstanden in frischem Glanz. Man durfte aufatmen. Frau Zimpel allerdings, die ich aus dem Schweinestall in der Luisenstraße mit ans Alexanderufer als Hilfskraft übernahm, bedauerte lebhaft den Abschied von der alten Stinkbude. Moderner Komfort lag ihr nicht, »dort drüben« war doch alles »viel gemütlicher«. Sie hat sich bei mir dann schleunigst umstellen müssen.

Walter Stoeckel, Erinnerungen eines Frauenarztes

Die Berliner medizinische Fakultät, seit den aufsehenerregenden Entdeckungen Virchows und Kochs zum Mekka für Forscher und Ärzte aus aller Welt geworden, vereint um die Jahrhundertwende glanzvolle Namen: Unter den Anatomen treten Oskar Hertwig und Wilhelm von Waldeyer hervor; zu den bekanntesten Chirurgen gehören August Bier und Ernst von Bergmann, Direktor der Chirurgischen Universitätsklinik und, nach Virchows Tod 1902 Vorsitzender der Medizinischen Gesellschaft. Zu den angesehensten Internisten zählen Ernst von Leyden, Initiator und Präsident des Komitees für Krebsforschungen, das 1900 in Berlin gebildet wird, und Friedrich Kraus, der von 1902 bis 1927 der II. Medizinischen Klinik der Charité vorsteht. Kraus, ein vielseitig gebildeter und interessierter Gelehrter, macht sein Institut zu einem Zentrum moderner diagnostischer Verfahren, in denen auch die Röntgenologie und die Kardiographie schon ihren Platz finden.

Ein Zentrum im Kampf gegen die weitverbreiteten Volksseuchen wie Tuberkulose, Diphterie oder Syphilis ist auch das Institut für Infektionskrankheiten, das 1891 für Robert Koch geschaffen wird, und das Kaiserliche Gesundheitsamt. 1905 stellt Fritz Schaudinn, Mitarbeiter des Gesundheitsamtes, in der Medizinischen Gesellschaft seine Entdeckung des Syphiliserregers vor:

Die Mittwochabend-Sitzungen in der Medizinischen Gesellschaft waren meistens gut besucht. Erstens weil man dort wirklich den Fortschritt der medizinischen Wissenschaft erfahren konnte, zweitens weil jeder Arzt diese Sitzungen als Alibi benutzt hat, um von seiner häuslichen Umgebung wenigstens einmal wöchentlich unkontrolliert loszukommen. Der Mittwochabend war der Mediziner-Abend für alle Tanz- und Trinklokale, Varietés und obskuren Etablissements. War das Programm der Gesellschaft nicht sehr anziehend, so hatte sich der Saal sehr bald geleert. Die angekündigte Demonstration über einen neuen Syphiliserreger hatte kein besonderes Interesse erweckt, die Sitzung ist nicht zu einem »Großtag« geworden. Schaudinn demonstrierte in seiner gelassenen, einfachen Weise sein kleines Tierchen, die Quelle so vieler menschlicher Tragödien. In dem großen Amphitheater der Gesellschaft waren auf dem Demonstrationstisch unter vielen Mikroskopen die kleinen, schraubenzieherähnlichen Erreger eingestellt, und jeder der Anwesenden hatte somit die Gelegenheit, sich von der Schaudinnschen Entdeckung zu überzeugen. Doch die Skepsis nach so vielen Enttäuschungen war allzu groß, und das letzte Interesse schwand, als der einzige Diskussionsredner, ein Biologe namens Curt Thesing, behauptete, daß die demonstrierten Gebilde keine speziellen Lebewesen seien, sondern Kunstprodukte, die beim Färben der Präparate als Niederschläge entstünden. Nun war die Sensationslust der ewigen Zweifler und Mißgünstigen erst recht befriedigt. Das Auditorium brach in ein Hohngelächter aus und jubelte dem Vorsitzenden Ernst von Bergmann zu, als er die Diskussion mit den Worten: »Ich schließe die Sitzung bis zur Entdeckung des hundertsten Syphiliserregers« schloß. Thesing wurde gefeiert, während Schaudinn gelassen und mit kühler Gleichgültigkeit seine Präparate einsammelte. Als ich ihn über das Mißlingen seines

Vortrages trösten wollte, saß ein mitleidiges Schmunzeln um seinen Mund: er fühlte Mitleid für die anderen in dem sicheren Bewußtsein der Richtigkeit seiner Behauptung. Dann sagte er mir: »Sie werden sehen, bald werden es auch die Dummköpfe glauben müssen.«

Er behielt recht, denn schon in wenigen Wochen wurde das Kaiserliche Gesundheitsamt zum Wallfahrtsort der Bakteriologen und Syphiliologen, und die Spirochaeta pallida hat in der Welttaufe den wohlverdienten Beinamen Schaudinn erhalten.

Jánosch Plesch, Jánosch erzählt

Schon ein Jahr darauf, im Mai 1906, stellt August von Wassermann, Mitarbeiter am Institut für Infektionskrankheiten, ein von ihm entwickeltes Verfahren zur schnelleren Diagnose der Syphilis vor, die »Wassermann-Reaktion«: »Es war nur natürlich, daß sich nun jeder, der mit der Syphilisfrage in Beziehung stand, auf die neue Reaktion stürzte. Nachdem mein Freund Julius Citron sie in großem Stil angewendet und kontrolliert und dabei die Brauchbarkeit bis zur Evidenz erwiesen hatte, setzte die Pilgerfahrt zum Robert-Koch-Institut von allen Ecken der Erde ein. Die W.R. (Wassermann-Reaktion) ist heute ein Haushaltsartikel jeder Klinik in der Welt, ohne den ein klinischer Betrieb undenkbar ist.« (Jánosch Plesch, Jánosch erzählt)

Weniger spektakulär, aber von ähnlich langanhaltender Wirkung sind viele der Forschungsergebnisse, die in jener Zeit von Berliner Naturwissenschaftlern vorgelegt werden. Der erste Nobelpreis für Chemie geht 1901 an Jacobus Henricus van't Hoff – seit 1896 einer der wenigen hauptamtlichen Mitglieder der Akademie und zugleich Professor für Chemie an der Berliner Universität –, dessen bahnbrechende Arbeiten auf dem Gebiet der physikalischen Chemie mit dieser Auszeichnung geehrt werden. Im Jahr darauf erhält Emil Fischer den Nobelpreis für Chemie, der, seit 1892 an der Berliner Universität wirkend, zu den führenden Vertretern der organischen Chemie gehört. Mit dem Nobelpreis für Chemie ausgezeichnet wird wenige Jahre später, 1907, auch Eduard Buchner, der an der Landwirtschaftlichen Hochschule lehrt und forscht.

Ein ungewöhnlich produktiver und vielseitiger Wissenschaftler ist Walther Nernst. Ihm gelingen nicht nur wegweisende Arbeiten auf dem Gebiet der Thermodynamik, er entwickelt auch zahlreiche technische Geräte für das von ihm seit 1905 geleitete Physikalisch-Chemische Institut; er konstruiert für die AEG die sogenannte Nernst-Lampe und zusammen mit der Berliner Firma Bechstein einen Vorläufer des elektronischen Klaviers. Berühmte Namen hat auch die Berliner Physik aufzuweisen, von der in diesen Jahren die entscheidenden Impulse im Weltmaßstab ausgehen. Das Universitätsinstitut für Theoretische Physik leitet Max Planck, der seit 1889 in Berlin wirkt:

Max Planck, 1858 geboren, war damals Anfang der Vierzig, er war ein mittelgroßer, blonder Mann mit einem schmalen, im Vortrag kaum bewegten Gesicht: eine randlose goldene Brille vor hellen, zugleich sachlichen und zurückhaltend stillen Augen, ein blonder Schnurrbart, eine ruhige, gedämpfte Stimme ... Man hatte im Zuhören das Gefühl, vor einem Manne zu sitzen, der Herr einer geheimnisvollen Welt von Integralen und Differentialgleichungen war, die ihm vertrauter war als uns die unsrige, weil er sie in der Notwendigkeit aller Zusammenhänge als zeitlos Ganzes überblicken konnte, während wir nur jeweils isolierte Bruchstücke vom jeweils eigenen Sein erfassen konnten.
Paul Fechter, Menschen und Zeiten

Im Sommer 1900 versucht Max Planck die Widersprüche aufzulösen, die sich zwischen der Theorie der elektromagnetischen Felder und der Lehre von der Thermodynamik bei den Experimenten Berliner Physiker ergeben haben. Im Oktober 1900 trägt Planck vor der Physikalischen Gesellschaft seine Erkenntnisse vor, die die Widersprüche nicht beseitigen, aber doch wenigstens auf eine rechnerische Formel bringen. Am 14. Dezember hält er einen zweiten Vortrag vor dem gleichen Kreis, in dem er seiner Formel einen physikalischen Sinn unterlegt: Die Natur macht Sprünge. Die Wirkung physikalischer Kräfte ist im atomaren Bereich nicht stetig, sondern diskret: Energie wird »von gewissen Körpern in meßbaren und zählbaren, allerdings unvorstellbar kleinen Beträgen aufgeschluckt«. Das ist der Kernsatz der »Quantentheorie«.

Plancks Einsichten bedeuten einen Bruch mit dem Weltbild der klassischen Physik, der von seinem Urheber keineswegs beabsichtigt war. In seiner »Wissenschaftlichen Selbstbiographie« beschreibt der Physiker, wie er über eine Reihe von Jahren versucht habe, das Wirkungsquantum »irgendwie der klassischen Theorie einzugliedern« – vergeblich. Welche Folgerungen sich aus der Planckschen Entdeckung ergeben, das wird erst später, aus einer Vielzahl von weiteren experimentellen Schritten und theoretischen Überlegungen erkennbar, die ebenfalls in Berlin ihr organisatorisches Zentrum haben. Heinrich Rubens, dessen Lebenswerk die Erforschung der Strahlungserscheinungen ist, Gustav Hertz und James Franck, denen 1913 – in den sogenannten Elektronenstoßversuchen – ein experimenteller Nachweis für die Richtigkeit der Quantentheorie gelingt, Emil Warburg, Max von Laue und Albert Einstein sind nur einige der Namen aus dem glanzvollen Kreis der Berliner Physik zwischen Jahrhundertbeginn und Ausbruch des Ersten Weltkrieges.

Albert Einstein wird 1913, auf Vorschlag von Max Planck und Walther Nernst, als »lesendes« Akademiemitglied nach Berlin berufen:

Bei dem Festessen, das im Anschluß an unsere Zusammenkunft mit Harnack stattfand, hatte ich eine interessante Unterhaltung mit Schmidt-Ott, dem allgewaltigen Herrscher über alle preußischen Universitäten. Er erzählte mir, daß die Preußische Akademie der Wissenschaften beabsichtige, auf die seit dem Tode des großen Chemikers van't Hoff vakante Stelle einen jungen Physiker namens Albert Einstein zu berufen, um dessen aufsteigenden Genius die verschiedensten Anekdoten kursierten. Das Ministerium, das diese Berufung auszuführen hatte, hatte ohne jeden Erfolg den Versuch unternommen, irgend etwas über diesen Mann, über sein Wesen, über seine Herkunft zu erfahren. Schmidt-Ott sprach von ihm als von einem geradezu mysteriösen Mann und meinte, daß er wohl trotzdem auf Wunsch der Fachleute das Risiko auf sich nehmen würde, ihn zu berufen, daß ihm aber doch nicht ganz wohl bei diesem Gedanken sei, da er über Einstein buchstäblich gar nichts wisse. Einstein wurde also berufen. Der weitere Verlauf ist jedermann bekannt.
Richard Goldschmidt, Im Wandel das Bleibende

Im Frühjahr 1914 tritt der fünfunddreißigjährige Albert Einstein sein neues Amt in Berlin an:

Das Einleben hier gelingt wider Erwarten gut; nur ein gewisser Drill in bezug auf Kleider etc., dem ich mich auf Befehl einiger Onkels unterziehen muß, um nicht dem Auswurf der hiesigen Menschheit zugezählt zu werden, stört etwas die Gemütsruhe. Die Akademie erinnert in ihrem Habitus ganz an irgendeine Fakultät. Es scheint, daß die meisten Mitglieder sich darauf beschränken, eine gewisse pfauenhafte Grandezza schriftlich zur Schau zu tragen ... Zum Musizieren bin ich noch nicht gekommen, weil immer soviel anderes los ist. Ich verstehe jetzt die Selbstzufriedenheit des Berliners. Man erlebt so viel von außen, daß man die eigene Hohlheit nicht so schroff zu fühlen bekommt wie auf einem stilleren Plätzchen.
Carl Seelig, Albert Einstein

Einstein ist im Besitz einer der ganz wenigen hauptamtlichen, also dotierten Stellen der Akademie, die es zu dieser Zeit gibt. Die meisten Wissenschaftler müssen ihre Forschungsarbeit mit der beruflichen Arbeit, meist als Universitätslehrer, in Einklang zu bringen suchen. Um Tempo und Effizienz der Forschung zu erhöhen, gibt es im preußischen Kultusministerium schon des längeren Überlegungen, neben Akademie, Universität, Technischer Hochschule und anderen Lehreinrichtungen in Berlin ein Wissenschaftszentrum zu errichten, das unter günstigeren

Otto Hahn und Lise Meitner im Chemischen Institut der Berliner Universität, um 1909

Voraussetzungen einen Innovationsschub für die Forschung und die mit ihr verbundene industrielle und militärische Entwicklung bringen könnte. »Für Deutschland ist das Behaupten seiner wissenschaftlichen Vormachtstellung eine ebensolche Staatsnotwendigkeit wie die Überlegenheit seiner Armee«, heißt es in einer zusammenfassenden Argumentation, die Rudolf von Valentini, Chef des Zivilkabinetts, am 19. Dezember 1909 an den Kaiser schickt. »Ein Verlust an wissenschaftlichem Prestige Deutschlands wirkt auch zurück auf die nationale Geltung und den nationalen Einfluß Deutschlands auf allen anderen Gebieten, ganz abgesehen davon, welche eminente Bedeutung die Überlegenheit auf gewissen Gebieten der Wissenschaft, wie namentlich der Chemie, für unsere Volkswirtschaft besitzt.« (Günter Wendel, Die Kaiser-Wilhelm-Gesellschaft)

Ein Jahr später, anläßlich der Hundertjahrfeier der Berliner Universität, verkündet der Kaiser die Schaffung von selbständigen Anstalten, die ausschließlich der Forschung dienen sollen, als »heilige Aufgabe«. 1911 wird die »Kaiser-Wilhelm-Gesellschaft zur Förderung der Wissenschaften« als Dachorganisation für eine Reihe zu errichtender Institute offiziell aus der Taufe gehoben. Nach amerikanischem Vorbild sollen Wirtschaft und privates Kapital einen erheblichen Teil der anfallenden Kosten tragen. Wer einen namhaften Betrag spendet oder durch jährliche Beiträge einzahlt, kann Mitglied der Kaiser-Wilhelm-Gesellschaft

Max Planck in seinem Arbeitszimmer, 1913

werden und damit auf Richtung und Verlauf der wissenschaftlichen Forschung Einfluß nehmen. Bis 1914 fließen mehr als 13 Millionen in die Kassen der neuen Institution, viele der Spender kommen aus Berlin: die Bankiers Ludwig Delbrück und Paul von Schwabach, Robert Mendelssohn und Arthur von Gwinner, die Warenhausbesitzer Hertzog und Wertheim, der Verleger Scherl, die Loeweschen Maschinen-, Waffen- und Munitionsfabriken und die Siemenswerke. Auch wer sich keinen unmittelbaren Vorteil verspricht, spendet gern – es hebt das Sozialprestige, und als Sponsor für eine Sache zu wirken, für die sich auch der Kaiser engagiert, wird für die Wohlhabenden zur Ehrensache.

Die Einbeziehung von privatem Kapital in die Förderung der Wissenschaften – in Deutschland in diesem Umfang durchaus neu – ist für manchen Gelehrten noch ein befremdlicher Gedanke:

Als 1910 bei dem Universitätsjubiläum die Institute der Kaiser-Wilhelm-Gesellschaft gegründet wurden, konnte ich mich wenig freuen, erstens weil der Kaiser nur den Namen hergab, das Geld in der Hauptsache von der Industrie kam, zweitens weil sie die Industrie nichts angingen, endlich, weil die Industrie, wenn sie so etwas ins Leben ruft, an praktische Ergebnisse für sich selbst denkt. Das ist ihr nicht zu verdenken, aber es ist sehr amerikanisch.

Ulrich von Wilamowitz-Moellendorff, Erinnerungen

Die Realisierung eines »deutschen Oxford« in Berlin geht nach der Gründung der Kaiser-Wilhelm-Gesellschaft zügig voran: Der Kaiser stellt einen Bauplatz auf der Königlichen Domäne Dahlem zur Verfügung, der Staat finanziert aus öffentlichen Mitteln die Gehälter der Direktoren; dem Theologen Adolf von Harnack und dem Chemiker Emil Fischer – beide führend an der Organisation der neuen Einrichtung beteiligt – gelingt es, renommierte Wissenschaftler an die nach modernstem wissenschaftlichen Standard ausgerüsteten Institute zu ziehen. »Das Gewinnendste, was mir Fischer in meinem Züricher Haus darlegte, war: ›Sie werden ganz unabhängig sein. Niemand wird sich um Sie kümmern und Ihnen dreinreden. Sie können ein paar Jahre im Grunewald spazierengehen und sich ausruhen oder, wenn Sie wollen, etwas Schönes, Neues ausdenken.‹ Konnte man da widerstehen? Nach Tisch las man es anders, ohne Fischers Schuld.« (Richard Willstätter, Aus meinem Leben)

Bis zum Ende des Weltkrieges nehmen in Dahlem zehn Institute ihre Arbeit auf, darunter das Kaiser-Wilhelm-Institut für physikalische Chemie und Elektrochemie, das Institut für experimentelle Therapie, das Institut für Biochemie, das Institut für Physik. Von der Eröffnung des Kaiser-Wilhelm-Instituts für Chemie im Oktober 1912 erzählt Otto Hahn später einem Journalisten:

Prof. Hahn: Ich sollte dem Kaiser ein paar schöne radioaktive Präparate zeigen. Es war natürlich ganz unmöglich, Majestät einen völlig verdunkelten Raum betreten zu lassen. Die unterschiedlich stark leuchtenden Mesothoriumpräparate und die Thoriumemanation waren aber nur im Dunkeln zu erkennen. Wir umgingen die Bedenken des Flügeladjutanten, indem wir ein kleines rotes Lämpchen installierten. Nun war die Dunkelheit nicht mehr absolut, und alles vollzog sich programmäßig. Auch die bescheiden im Hintergrund stehende Lise Meitner wurde von dem Kaiser mit ein paar freundlichen Worten kurz begrüßt …

Frage: Wie stark war das radioaktive Mesothorium, das Sie dem Kaiser vorlegten?

Prof. Hahn: Es waren 300 mg reines Mesothorium. Ich habe es dem Kaiser auf einem Tablett gezeigt.

Frage: Ohne jede Vorsichtsmaßnahme, ohne Schutz gegen die starke Strahlung?

Prof. Hahn: Ja. Wenn ich das heute täte, käme ich ins Gefängnis oder ins Zuchthaus. Aber damals gab es noch keine Strahlenschutzbestimmungen. Nun, der Kaiser hat die Szene überlebt, und ich lebe auch noch … Wir haben unsere Präparate immer mit den Händen angefaßt; wir haben darin gerührt; und unter dem Tisch, an dem ich mit Lise Meitner arbeitete, stand eine Kiste, die immer 150 bis 250 kg Uransalz enthielt, Chemiker und Physiker würden sich heute bekreuzigen, wenn

Neuer Wissenschaftsstandort Dahlem: Die Institute der Kaiser-Wilhelm-Gesellschaft 1918

sie sich jeden Tag von 150 kg Uransalz bestrahlen lassen müßten. Uns hat das nichts geschadet.
Otto Hahn, Mein Leben

Neben Akademie, Universität und Kaiser-Wilhelm-Instituten besitzt Berlin in der Technischen Hochschule Charlottenburg ein weiteres Wissenschaftszentrum, das nicht nur in der Ausbildung – im Wintersemester 1901/02 studieren hier über 4800 Studenten –, sondern auch als Forschungsstätte internationales Ansehen genießt. Vor allem der Maschinenbau und die Elektrotechnik, die von ihrer Nähe zur expandierenden Berliner Industrie profitieren, vereint eine Reihe renommierter Wissenschaftler: den Maschinenkonstrukteur Alois Riedler, Georg Schlesinger, der 1904 mit dreißig Jahren den neu gegründeten Lehrstuhl für Werkzeugmaschinen und Fabrikbetriebe erhält, Hermann Rietschel, Experte für Heizungs- und Lüftungstechnik, oder Adolf Miethe, der die Entwicklung der Farbphotographie vorantreibt. Hohes internationales Ansehen genießt auch der Pionier der Funktechnik Adolf Slaby. 1897 erprobt Slaby, der mit seinen Experimenten auch die Aufmerksamkeit des Kaisers und der Militärbehörden auf sich lenkt, die zukunftsträchtige Technik auf den Gewässern der Havel zwischen Glienicker Brücke und der Sacrower Heilandskirche:

Seitlich von der Basilika steht der Glockenturm, der unmittelbar unter seinem Dach eine Plattform trägt. Dort wurde ein Mast befestigt und an seiner äußersten Spitze, 23 m über dem Erdboden, mit Hülfe eines Porzellanisolators der isolierte Kupferdraht aufgehängt. Zur Aufstellung des Strahlapparates wählten wir den Säulengang der Kirche, um bei Regenwetter geschützt zu sein …

Die in Sacrow aufgegebenen Telegramme kamen auf der Matrosenstation mit tadelloser Klarheit und Bestimmtheit an … Nur manchmal, wenn Spreekähne mit ihren großen aufgespannten Segeln in unmittelbarer Nähe der Kirche vorüberfuhren, gab es einige zerrissene Morsestriche, die aber immerhin noch zu lesen waren … Das Telegraphieren gelang vorzüglich, S. M. der Kaiser gab selber ein Telegramm auf und konnte sich bei der Rückkehr nach der Matrosenstation von der sicheren Ankunft desselben überzeugen.

Adolf Slaby, Glückliche Stunden

Abseits der renommierten wissenschaftlichen Zentren vollzieht sich in Berlin eine technische Entwicklung, die lange Zeit vor allem von Hobbyforschern vorangetrieben wird: das Flugwesen.

1889 veröffentlicht Otto Lilienthal, vielseitiger Ingenieur, Maschinenbaufabrikant und Erfinder des von Generationen von Kindern geliebten Steinbaukastens, in Berlin sein aufsehenerregendes Buch »Der Vogelflug als Grundlage der Fliegekunst«. Seit 1891 unternimmt er, anfangs zusammen mit seinem Bruder Gustav, auch praktische Flugversuche:

In Südende, von der Höhe eines Schuppens, auf dem Gelände hinter der Lichterfelder Kadettenanstalt, später in Groß-Kreuz an der Magdeburger Bahn wurden die Übungen gemacht, die später als die Gleitflüge des ersten Fliegers in der Geschichte der Flugtechnik verzeichnet wurden. Schließlich errichtete Otto an der Heinersdorfer Ziegelei, nicht allzuweit von seiner Wohnung, einen 15 Meter hohen Erdhügel mit einem Kostenaufwand von 9000 Mark. Der Abraum von der Ziegelfabrikation war zu einer etwa 6 Meter hohen Halde angewachsen. Diese und der umliegende Schutt gaben einen Teil des Materials zu dem Berge, der zu einer Höhe von 15 Meter geführt wurde. In seiner Spitze war ein Schuppen zum Unterbringen der Flugapparate eingebaut.

Dieser Fliegeberg war nun für einige Zeit ein Ruhepunkt, richtiger gesagt, das erreichte Ziel. In jeder freien Stunde sah man das neue Leben auf dem neuen Berge sich entfalten, und die Berliner mit ihrem Spürsinn hatten es bald heraus, daß hier etwas ganz Neues sich auftat. Der Fliegeberg wurde ein beliebter Ausflugsort. Des Sonntags kamen sie mit Kind und Kegel heraus und schlugen ihr Lager am Fuße des Berges auf. Der »fliegende Mann« wurde bei seinem Erscheinen mit lautem Hallo begrüßt, nach seinem Abflug mit Beifall oder abfälligen Bemerkungen bedacht, je nach der Länge oder Kürze der Flüge.

Ich entsinne mich aber, daß es immer einen Augenblick gab, in dem auch diese ewig Munteren verstummten; der war, wenn der Einsame dort oben über ihnen stand, zum Fluge gerüstet, im Begriff, sich mutig den noch ungelösten Rätseln des Luftmeeres anzuvertrauen. Dann ging ein Schweigen durch die Menge, war auch das lebhafteste Mundwerk in dem Bannkreise einer ihm unverständlichen, aber gebietenden Größe, einer Größe der Tat, wie sie im Faustwort begriffen ist: »Im Anfang war die Tat.«

Anna und Gustav Lilienthal, Die Lilienthals

Als Otto Lilienthal der kleine selbstgebaute Hügel nicht mehr genügt, verlegt er seine Versuche in die Rhinower Berge im Westhavelland. Der Schriftsteller Wilhelm Meyer-Förster hat ihn dort besucht und beobachtet:

Es war Mittag geworden, als Lilienthal die Flügel zum ersten Male ergriff und vor meinen staunenden Blicken geradeaus davonschwebte.

Der Wind kam mit angenehmer Brise von Ost, und ohne Eile, groß und majestätisch, schwebte der Flieger ins Land hinaus. Erst weit unten am Fuße des Hügels landete er sanft, und ich stolperte in großer Eile den Abhang hinunter, bis ich die Landungsstelle erreichte. Als Lilienthal mich so außer sich vor Freude sah, war er wohl glücklich. Er lachte über das ganze Gesicht und konnte, während wir den Hügel langsam wieder hinaufkletterten, das herrliche Gefühl dieses Hinabschwebens nicht genug preisen.

Hinter uns ging, immer mit der Zigarre im Munde, der Famulus, der den Apparat trug, und wenige Minuten später – dann noch oft an diesem Nachmittag – flog Lilienthal bald näher, bald weiter, je nach der Stärke des ihn tragenden Windes, in das Land hinaus.

Ganz kurz sei der Flugapparat hier geschildert.

Er hatte nur zwei große einfache Flügel aus Weidengestell und Leinwand, die durch einen festen Holzquerbalken verbunden waren. Die Flügel waren so groß, wie sie – um es ganz einfach zu sagen – für einen Menschen sein müssen im gleichen Größenverhältnis, wie sich die Flügel dem Mittelstück jedes Vogels anpassen. Hinten befand sich noch ein vertikal gestelltes Steuer. Der ganze Apparat war so leicht, daß man ihn aufheben und mit ihm gegen den Wind laufen konnte. Dieses Gegen-den-Wind-Laufen ist aber für jeden Flieger notwendig, denn er muß Gegenwind unter die Flügel bekommen, und die großen Flieger unter

Gleitflug Otto Lilienthals mit dem großen Doppeldecker, 1895

den Vögeln machen, wenn sie sich vom Erdboden und nicht von einem erhöhten Standpunkte aus in die Luft erheben wollen, immer erst einen Anlauf, der oft recht komisch und ungeschickt aussieht.

Und nun kam der große Angenblick, da Lilienthal ganz unerwartet zu mir sagte: »Wie wäre es, Sie wollen es doch auch einmal versuchen? Eine so gute, ganz gefahrlose Gelegenheit und einen so schönen Mittelwind bekommen Sie nicht leicht wieder.«

»Ja«, sagte ich und kaute an meiner Zigarre, »offen gesagt und eigentlich wahrhaftig, ich glaube, das riskiere ich nicht.«

»Ach«, erwiderte er, »da ist heute wirklich nicht viel zu fürchten. Der Wind geht ganz ruhig und gleichmäßig, und sehen Sie: Sie nehmen so den Apparat, und sehen Sie: Sie laufen so gegen den Wind, und der ganze Witz ist der, daß Sie die Flügel richtig halten.«

»Aha!«

»Immer müssen die Flügel mit ihrer Vorderseite ein ganz klein wenig nach oben gerichtet sein, dann kann der Wind darunterfassen und trägt Sie sicher bergab. Das ist doch ganz klar?«

»Ja, es ist ganz klar«, sagte ich und gab meine Zigarre dem Famulus zum Aufbewahren, zog meinen Rock aus, packte mit beiden Armen den Verbindungsbalken der Flügel und trat vor.

Die Heide unter den Rhinower Bergen lag noch genauso friedlich und still und nahe wie vorhin, mir aber schien sie unendlich weit gerückt, tief unten wie in einem Abgrunde zu liegen.

Also Gott befohlen, dachte ich, blamieren kannst du dich hier nicht, und vielleicht ist es auch sehr schön.

Ich hörte noch, wie jemand hinter mir sagte: »Immer die Flügel hoch halten.« Und dann lief ich drei Schritt, und dann – ja dann flog ich. Ich hatte keinen Boden mehr unter den Füßen, stützte mich auf meinen Balken und ließ die Beine im freien Weltenraume hängen und stierte geradeaus in die Unendlichkeit des Äthers. Denn ich konnte ja nicht hinuntersehen, weil mir das verboten war. Sieht man hinunter, so hatte auch der schweigsame Famulus zu mir gesagt, dann bückt man sich auch vorwärts und hält die Flügel nicht mehr richtig. »Sie dürfen das nicht tun.«

Wie lange dieser Flug gedauert hat, wurde erst später durch Messungen festgestellt, mir schien er sehr lange, ich hatte aber in Wahrheit nur eine recht kurze Wegstrecke hinter mich gebracht. Denn zu meiner Schande muß ich es sagen, daß ich, »im blauen Raum verloren«, es mit der Angst bekam. Ich hatte das lächerliche Gefühl – und ich erinnere mich dessen noch heute nach siebzehn Jahren ganz deutlich –, daß ich ins Grenzenlose, ins Unbekannte, in ungewisse Fernen, in ungeheure Höhen mich verliere. Ich hatte nur noch den einen Wunsch: hinunter! Nur noch das eine Ziel: die alte treue Mutter Erde! Und ich beugte mich vor und blickte hinunter, meine Flügel kamen aus der Steilstellung, und im nächsten Moment sausten Flügel und ich mit lautem Krachen kopfüber in das Heidekraut der Rhinower Berge.

Wilhelm Meyer-Förster, Auf den Rhinower Bergen

Am 9. April 1896 ereilt auch Otto Lilienthal das Schicksal so vieler Pioniere aus der Frühzeit der Luftfahrt: In den Rhinower Bergen stürzt er bei einem Flug aus 15 Meter Höhe ab und stirbt am Tag darauf.

Folgende Doppelseite:
Start zum Gordon-Bennett-Wettbewerb für Ballonfernfahrten auf dem Gelände der Gasanstalt in Schmargendorf, 1908

KÖL

Parallel zu Lilienthals Gleitflugversuchen machen sich die Luftschiffer an die Eroberung der Lüfte. In Berlin arbeitet der Ingenieur Hermann Wölfert seit fast zwei Jahrzehnten an dem bis dahin ungelösten Problem der Steuerbarkeit von gasgefüllten Ballons. Am 12. Juni 1897 steigt er mit seinem 28 Meter langen und mit einem Benzinmotor ausgestatteten Luftschiff vom Tempelhofer Feld aus auf:

Schon hatte das Luftschiff die Tempelhofer Chaussee gekreuzt, als plötzlich, nach fünf Minuten Fahrt, eine gewaltige Flamme aus der Gondel emporschlug; im nächsten Augenblick ertönte ein donnerähnlicher Knall, und in einem Moment bildete der Ballon ein Flammenmeer. Vom Winde getrieben, flogen die brennenden Überreste über die Ringbahn hinfort und fielen dicht an dem Bahndamm auf den Zimmerplatz von Hölzel und Treuner (Tempelhofer Ringbahnstraße) nieder, während das Ruder unversehrt auf dem Tempelhofer Felde gefunden wurde. Eine gewaltige Rauchwolke zeigte die Stelle an, an welcher die Opfer der Katastrophe zu suchen waren.
Volks-Zeitung, 13. Juni 1897

Weniger tragisch endet am 3. November desselben Jahres die erste und letzte Fahrt des Luftschiffs von David Schwarz, dessen Außenwand ganz aus dünnen Aluminiumblechen gefertigt ist (später wird Graf Zeppelin an die Konstruktion dieses ersten nach dem »starren System« gebauten Luftschiffes anknüpfen). Kurz nach dem Aufstieg lösen sich die Riemen von den Treibscheiben. Das Luftgefährt, steuerlos geworden, geht auf einem Gelände zwischen Wilmersdorf und Schöneberg unsanft zu Boden. »Die Nächststehenden kamen auf den echt großstädtischen Gedanken, Aluminiumstücke als ›Andenken‹ mitzunehmen, und das Wrack war von den teilnahmsvollen Leuten bald so gründlich geplündert, daß nur wenige große Stangen übrig blieben.« (Artur Fürst, Das Weltreich der Technik/3)

Die Pioniere der Luftschiffahrt lassen sich von solchen Mißerfolgen nicht entmutigen. Der 1881 in Berlin von siebzehn Flugenthusiasten gegründete »Deutsche Verein zur Förderung der Luftschiffahrt« zählt im Jahre 1900 bereits 347 Mitglieder. Der Verein organisiert neben Sportfahrten für wagemutige Berliner (unter ihnen 1912 auch schon 25 Frauen!) wissenschaftliche Forschungsfahrten, bei denen meteorologische Beobachtungen angestellt und die Reaktion des Menschen in großer Höhe getestet wird. 1908 ist Berlin Austragungsort des internationalen Wettbewerbs für Ballonfernfahrten, für den James Gordon Bennett einen begehrten Wanderpokal gestiftet hat. Das Unternehmen, das am 11. Oktober in Schmargendorf gestartet wird, nimmt einen dramatischen Verlauf:

Von dem Feld vor der Gasanstalt ... stiegen dreiundzwanzig Ballone auf ... Als neunter wurde der amerikanische Ballon »Conqueror« aufgelassen. Er war zu schwer abgehoben, so daß er zunächst sehr langsam stieg und mit seiner Gondel gegen einen Zaun prallte. Die Insassen gaben nun sehr rasch eine große Menge Ballast aus, um die dahinter stehenden Menschen nicht zu verletzen. Der »Conqueror« stieg darauf geschwind in große Höhe.

Plötzlich sah man, wie seine Hülle, die aus Goldschlägerhaut bestand, schlaff wurde. Sie riß an beiden Seiten weit klaffend auf, so daß fast der gesamte Gasinhalt sofort entweichen mußte. Tausende schrien entsetzt auf, als sie diese Katastrophe in den Lüften beobachteten, die, wie jeder meinte, den Gondelinsassen den sicheren Tod bringen mußte. Deutlich konnte man sehen, daß die Luftschiffer fieberhaft arbeiteten, um alle Ballastsäcke abzuschneiden und die Gondel auch von ihrem sonstigen Inhalt zu leeren. Aus 1000 Metern Höhe fiel der Ballon aber trotzdem so schnell, daß es im Vergleich zu seiner sehr rasch absteigenden Bewegung aussah, als wenn der Ballastsand emporgeworfen würde. Jetzt verschwand die Hülle, an der die Fetzen flatterten, hinter einer Tribüne den Blicken der Menge.

Schweigen herrschte auf dem Platz, und alles verharrte in schrecklichster Spannung, als die Sanitätskraftwagen sich mit möglichster Geschwindigkeit in der Richtung nach der Absturzstelle in Bewegung setzten. Nach kaum einer Viertelstunde kam jedoch die Nachricht, daß der Ballon sich zuletzt infolge Fallschirmwirkung der Hülle ganz sanft gesenkt hatte. Die beiden Insassen wurden von den herbeikommenden Hilfsmannschaften auf dem Dach eines Hauses in Friedenau ruhig sitzend vorgefunden. Die Gondelstricke waren von einem Schornstein festgehalten worden, die Hülle hing an der Hauswand hinunter und wurde von der Feuerwehr geborgen. Die Menge befreite sich von dem schweren Druck, der während all dieser Vorgänge auf ihr gelastet hatte, rasch durch die echt berlinische Bemerkung, die Luftfahrer wären aus Amerika nur zu dem Zweck nach Berlin gekommen, um von Schmargendorf nach Friedenau zu fliegen.

Artur Fürst, Das Weltreich der Technik/3

Auch die preußische Armee interessiert sich für die Arbeitsergebnisse der Ballonfahrer und gründet in Berlin ein eigenes »Luftschiffer-Bataillon«. Über mangelndes Interesse der Hobbyforscher kann man sich auch hier nicht beklagen:

Landgeistliche, Schauspielerinnen und Arbeiter aller Art erfanden das Luftschiff. Sie gaben ihm Würfelform – der Würfel hat, wenn man ihn auf eine Spitze stellt, eine solche nach jeder Seite, schrieb ein Ungar, er kann also stets mit der Spitze voraus fahren –; die Propeller müssen nicht in der leichten Luft, sondern in am Luftschiff anzubringenden Wasserkästen laufen, meinte ein anderer; ein Dritter pumpte die Luft vor dem Luftschiff weg und blies sie hinten gegen dasselbe; ein Vierter schuf einen Hohlraum im Luftschiff zur Aufnahme der Propeller usw. Im Manöver besuchte mich ein Erfinder in ganz früher Morgenstunde im Quartier, um mir im Flüstertone unter der Bedingung meiner größten Verschwiegenheit anzuvertrauen, daß er das Luftschiff lenkbar gemacht habe, indem er Schaufelräder mit kleinen Luftklappen versehen habe, die sich entsprechend der Bewegung der Schaufelräder öffneten und schlossen. Er habe schon viel Geld hineingesteckt. Ich warnte ihn, es weiterhin zu tun. Nach Jahren kam er zu mir und sagte, ich hätte recht gehabt, er hätte durch seine dummen Versuche sein ganzes Besitztum verloren, er sei kuriert; abermals nach Jahren kam er wieder, um zu beichten, daß er es doch noch einmal versucht habe und wieder alles verloren habe.

Georg von Tschudi, Aus 34 Jahren Luftfahrt

Die Entwicklung des ersten wirtschaftlich und militärisch nutzbaren lenkbaren Luftschiffes geht jedoch nicht von Berlin aus. Graf Ferdinand von Zeppelin, einem pensionierten württembergischen General, gelingt es nach Überwindung vieler Widerstände ein starres Luftschiff zu konstruieren, das, gasgefüllt und von einem Benzinmotor angetrieben, größere Entfernungen überwinden und sicher an seinen Aufstiegsort zurückkehren kann. Ende August 1909 können auch die Berliner erstmals einen »Zeppelin« in Aktion erleben: auf den Dächern stehend, winken sie staunend dem langsam und majestätisch über das Häusermeer gleitenden Luftschiff zu. Viele Tausende eilen zum Militärschießplatz nach Tegel, wo die Landung des Wunderfahrzeugs erwartet wird.

Am 29. August notiert die Baronin von Spitzemberg in ihr Tagebuch:

Die Begeisterung für Zeppelin und seine Fahrt nach Berlin ist ein so eigenartiges, psychologisches Sympton, daß ich immer darüber nachdenken muß und doch keine völlig genügende Erklärung dafür finde. Wenn man liest, daß Zeppelinseichen gepflanzt werden, daß nach seiner Lieblingsblume gefragt und diese dann, natürlich und künstlich, überall angebracht wird, die Nelke, wie seiner Zeit die Kornblume des alten Kaisers; wenn hier eine Menge Fremder und Einheimischer gestern morgen 5 Uhr auf die Bahn eilten und den alten Herrn, der zufällig einen Augenblick ausgestiegen, vor Begeisterung kaum wieder in den Zug ließen; wenn unsere Helene mit den Kindern gestern blindlings auf den Höhen umherfuhr in der Hoffnung, das Luftschiff zu »sichten«, so greift man sich an den Kopf, denkend, unser deutsches Volk ist übergeschnappt! Denn wenn man ruhig nachdenkt, entspricht das Maß des Enthusiasmus weder der Leistung des Mannes noch dem errungenen Ziele, und wenn man wahr und wirklich, weil die Fahrt an Goethes Geburtstag stattfand und kurz vor dem Sedanstage, Zeppelin mit Goethe und Bismarck und ihren Leistungen vergleicht, so will mir das fast wie eine Blasphemie erscheinen ... »Kein Augenmaß« – sagte Bismarck vom jungen Herrn, und kein Augenmaß ist auch das Wahrzeichen dieses Zeppelinrausches.

Hildegard von Spitzemberg, Tagebuch

1912 kann man schon – für 200 Mark – mit dem Luftschiff zweistündige Rundflüge über Berlin unternehmen, und auch als fliegende Litfaßsäule besteht das neue Vehikel seine Bewährungsprobe:

Es gibt doch Dinge, die noch nicht dagewesen sind! Zum Beispiel das sogenannte Reklameluftschiff, das gestern abend über Berlin seine »Premiere« erlebte. Plötzlich stand es leuchtend gegen acht Uhr am nächtlichen Berliner Himmel, zum Staunen der Passanten. Alle Hälse reckten sich empor, und an den Straßenecken und auf den Plätzen bildeten sich Gruppen von Neugierigen. Es war der »Parseval Nr. 6«, der seine erste Reklamefahrt über Berlin unternahm ... Über Rixdorf hinweg ging die Fahrt nach der Friedrich- und Leipziger Straße. Dann fuhr der »Parseval« über den Linden entlang, führte über dem Schloßplatz einige Schleifen aus und flog dann mit einer Geschwindigkeit von 45 Kilometern in der Stunde etwa 120 bis 150 Meter hoch nach dem Potsdamer Platz, wo er sich längere Zeit aufhielt, bis zum Dönhoffsplatz. Nach fast zweieinhalbstündiger Fahrt kehrte das Luftschiff nach Johannisthal zurück. Die Zahl der auf die Leinewandhülle projizierten Lichtbilder betrug 30. Da wurden, wenn wir recht gesehen haben, Automobile und Parfums, Stiefel, Kaffee, die neueste Posse eines hiesigen Theaters und mancherlei andere schöne Dinge »flammend« angepriesen. Es fehlte nur noch, daß ein Regen von Reklamezetteln aus der Gondel auf die Gaffenden niederging.

Berliner Tageblatt, 24. Januar 1911, 1. Beiblatt

Auch die Entwicklung des Flugzeugs macht nun rasche Fortschritte. Ende des Jahres 1903 gelingt es den Brüdern Wright in den USA zum erstenmal in der Geschichte der Menschheit, sich mit einem motorgetriebenen Flugapparat in die Lüfte zu erheben. In Europa erregen die Flugversuche der beiden Aviatiker, die immer neue Höhen- und Weiten-

rekorde aufstellen, anfangs ungläubiges Staunen. Im September 1909 organisiert der Scherl-Verlag in Berlin ein Schaufliegen für Orville Wright:

Vor einigen Tagen hat ein Freund mich hinaus auf das Tempelhofer Feld geschleppt, um Orville Wright fliegen zu sehen. Das erstemal, daß ich ihn sah. Mir fielen dabei die phantastischen Romane H. G. Wells' ein und die seiner Vorgänger … Gleicht nicht auch die Flugmaschine Orville Wrights einem phantastischen Vogel? Es ist lange Jahre her, daß mir ein Zufall einmal vergönnte, einem Flugversuche Lilienthals beizuwohnen. Welche Riesenfortschritte hat die Flugtechnik seit damals gemacht! Gegen Lilienthals schwerfällige Apparate, die doch so unendlich viel neue Anregungen gegeben haben, nimmt sich der Flieger Wrights fast elegant aus. Er schnurrt in Kurven und kreisförmigen Bogen durch die Luft, er steigt plötzlich kerzengerade empor und senkt sich wieder mit langsamer Ruhe, er wendet und stoppt. Ein eigenartiges Schauspiel. Der Zeppelin und der Parseval sind riesenhafte Bienen, fabelhafte Ungeheuer – der Wright ist wie ein spinniges Insekt, dessen Flügel im Sonnenlicht weiß schimmern und dessen feiner Knochenbau durchsichtig erscheint. Es ist etwas Märchenhaftes, eine Erfüllung wirrer Träume, ein Lebendigwerden scheinbarer Unmöglichkeiten. Am schönsten gelang dem kühnen Aviatiker sein stolzer Höhenflug, der ihn wohl weit über hundert Meter hoch in die Luft getragen hat; dabei imponierte vor allem wieder die unvergleichliche Ruhe der Arbeit, gewissermaßen das Selbstverständliche der Bewegungen.

Fedor von Zobeltitz, Chronik der Gesellschaft/2

In den nächsten Jahren können die Berliner die Fortschritte der Flugtechnik sozusagen vor der Haustür verfolgen: 1909 wird in Johannisthal der erste ständige Flugplatz Deutschlands eröffnet. Flugzeugschuppen, Werkstätten, Tribünen und Restaurants schießen aus dem Boden. In Johannisthal gewinnt der deutsche Ingenieur Hans Grade als erster den mit 4000 Mark dotierten »Lanz-Preis der Lüfte«; von hier startet im Mai 1910 Karl Frey zu einem ersten Flug über das Zentrum von Berlin: »Überall blieb das Publikum stehen, um den Flug zu beobachten, die Ladenbesitzer und ihre Angestellten eilten aus den Läden heraus, von den elektrischen Bahnen sprangen die Fahrgäste ab, und einer machte den anderen auf den Luftsegler aufmerksam.« (Berliner Tageblatt, 24. Mai 1910)

In Johannisthal beherrschen von Anfang an die Profis das Feld, die eng mit der entstehenden Flugzeugindustrie zusammenarbeiten. 1912 wird in Adlershof eine »Deutsche Versuchsanstalt für Luftfahrt« gegründet, in der auch die Kaiser-Wilhelm-Gesellschaft sich ein Mitsprache-

recht sichert. In der Nähe des Flugplatzes siedeln sich die »Albatros«-Flugzeugwerke an. Auch das Kriegsministerium engagiert sich, nach anfänglichem Zögern, in der Entwicklung des Flugzeugbaus. Als im August 1914 der Erste Weltkrieg ausbricht, besitzt Deutschland bereits eine Luftflotte von 260 Flugzeugen.

Das populärste deutsche Flugzeug dieser Jahre ist die »Rumplertaube«, ein Eindecker, der von 1910 an in Serie hergestellt wird:

Ich kannte Edmund Rumpler, ihren Begründer, natürlich längst, hatte ihn schon gekannt, als er noch im hohen Norden Berlins, am Wedding, in einer kleinen Werkstatt auf finsterem Hofe an einem noch finstereren Eindecker arbeiten ließ, der sein mystisches Leben denn auch bald in der finstersten aller Ecken sang- und klanglos aushauchte. Immerhin hatte er wenigstens noch den Flugplatz zu sehen bekommen; denn Rumpler siedelte sich am alten Startplatz an, wo er seine Geisteskinder in bester, anregender Gesellschaft wußte und sie ihrer Endbestimmung jedenfalls schneller zuzuführen hoffte. Aber es half alles nichts, soweit sie als Flugzeuge zur Welt kamen, blieben sie nach wie vor erdgebunden. Dagegen entpuppte sich Edmund Rumpler als ein hervorragender Motorfachmann und -konstrukteur!

Zu seinen klugen kaufmännischen Grundsätzen gehörte es auch, daß Rumpler mit offenen Augen verfolgte, was die Flugtechniker anderer Länder Neues herausbrachten. Und er hatte einen guten Blick für das Wertvolle darunter sowie für die ihm, als Fabrikant, fast ebenso wichtige Wirkung auf das Publikum. In beiden Beziehungen fand er das Gewünschte in dem neuen Apparate des österreichischen Konstrukteurs Etrich, der, aus einer Nachbildung des ausgezeichnet segelnden Zanonia-Samens entstanden, immer mehr einem stilisierten Vogel ähnlich geworden war und nun unter dem Namen »die Taube« von Rumpler in Deutschland eingeführt wurde. Eines Tages, zu Beginn des Februar, war das erste dieser Flugzeuge in Johannisthal am Start erschienen, von Etrichs Werkmeister und eifrigem Mitarbeiter Illner im Fluge vorgeführt worden, und von Stund an war die Taube der erklärte Liebling des großen Publikums, der Militärbehörden, Schüler und vieler, vieler Flieger.

Melli Beese, Unser Flugplatz

Unter dem Wilhelminischen Regiment – gesellschaftliches Leben zwischen Stagnation und Aufbruch

Das Leben der Berliner in den Jahren zwischen Jahrhundertwende und dem schicksalhaften Jahr 1914 ist von tiefgreifenden Widersprüchen geprägt: Sie erleben und erfahren die Entwicklung einer hochmodernen Industrie, während die alten, aus dem Absolutismus überkommenen politischen Herrschaftsstrukturen fast unverändert fortbestehen; sie haben teil an dem auf akribischer Erforschung der Naturgesetze beruhenden raschen Fortschritt von Wissenschaft und Technik, während Wertvorstellungen und Zeremoniell einer neoabsolutistischen Hofkultur eine neue Blüte erleben; der Konkurrenzdruck auf dem Markt erfordert und erzwingt rationellste Organisation und ständige Innovation in den Großbetrieben der Wirtschaft und des Handels, während der preußischen Bürokratie und den Reichsbehörden nichts suspekter ist als eigenständiges Denken und Handeln der Bürger. Fortschrittseuphorie und Endzeitgefühl, unerhörte Dynamik der gesellschaftlichen Veränderungen und restauratives Beharrungsvermögen liegen dicht beieinander.

Vor allem die anachronistischen politischen Machtstrukturen werden von einem wirtschaftlich erstarkten Bürgertum zunehmend als unerträglich empfunden:

Deutschland ist zu einem modernen Industriestaat geworden, und der führende Staat Preußen ist politisch im Feudalismus und Absolutismus stecken geblieben. Man mochte die Regierungsgewalt auf das Junkertum stützen, solange dasselbe noch wirtschaftlich gesund war und Preußen noch vornehmlich die Züge eines Agrikulturstaats trug. Man mochte bürokratisch-absolutistische Regierungsformen zur Anwendung bringen, solange Deutschland noch keine wirtschaftliche Großmachtstellung einnahm. Aber heute, wo sich das preußische Junkertum alle Tage aufs Neue selbst bescheinigt, daß es wirtschaftlich bankrott ist und ohne Unterstützung aus allgemeinen Mitteln sich nicht mehr über Wasser halten kann, da ist es doch wohl allmählich angezeigt, auch politisch die Konsequenzen dieser wirtschaftlichen Machtverschiebung zu ziehen und die Junker als die privilegierten Stützen des Staates zu verabschieden.
Theodor Barth, Politische Unzufriedenheit

Selbstbewußt und mit deutlicher Ungeduld fordern weltweit agierende Wirtschaftsunternehmer wie Walther Rathenau ihren Anteil auch an der politischen Lenkung und Leitung des Staates:

Man wird die Frage vernehmen müssen, welche Kulturgründe es rechtfertigen, daß Deutschland absolutistischer als fast alle zivilisierten Länder und klerikaler als die meisten katholischen Staaten regiert wird. Deutschland ist nicht mehr das Land der Träumer und Professoren. Der wirtschaftliche Weltkampf zeigt die Deutschen im Erfolge an dritter, intellektuell an erster Stelle. Es wird schwer zu motivieren sein – auch vor dem Auslande, das uns respektieren soll –, daß dem Deutschen so viel weniger konstitutioneller Einfluß bei seinen Staatsgeschäften gegönnt ist als dem Schweizer, dem Italiener, dem Rumänen. Das Thermometer des Kontinents zeigt heute auf »Selbstverwaltung«, und es kann bei uns nicht auf alle Zeit ein Separatklima erhalten bleiben ... Nicht Ackerbau, nicht Feudalismus noch auch der katholische Klerus schaffen uns die enorme Zunahme wirtschaftlicher Werte, deren unsere wachsende Bevölkerung bedarf; die bürgerliche Intelligenz schafft sie. Diese aber ist heute politisch zersplittert, gesetzgeberisch wenig bedeutend und als Regierungsfaktor Null.
Walther Rathenau, Die neue Ära

Die politische Erstarrung, die auch das Großbürgertum angesichts der Emanzipationsbestrebungen des vierten Standes nicht mehr ernsthaft aufzubrechen wagt, ist in Preußen in einem dichten Geflecht von verfassungsmäßigen Regelungen, ungeschriebenen Gesetzen und staatlich geförderten Verhaltensmechanismen verankert.

Die Regierenden bilden eine abgeschlossene Kaste, in die der Eintritt nicht erzwungen werden kann. Für ihre Zusammensetzung maßgebend ist die historische Tradition und der Geschmack des jeweils regierenden Herrschers. In Preußen – weiß man – besteht die obere Schicht der Regierenden (von wenigen Konzessionsschulzen abgesehen) heute noch wie vor hundert und zweihundert Jahren aus dem Junkertum, die Unterschicht aus den ebenso alten Geheimen Räten. Man darf nun sagen, ohne jemandem etwas Übles anzutun, daß von dem, was wir heute unter Bildung und Kultur (im guten und im schlimmen Sinne) verstehen, in diesen Schichten außerordentlich wenig zu finden ist. Ich glaube, daß im wesentlichen alle neueren Strömungen auf dem Gebiete der Wissenschaften, namentlich aber der Kunst und Literatur an jenen Kreisen vorübergerauscht sind, ohne sie eigentlich zu berühren. Man muß sich nur einmal in der Wohnung eines preußischen Ministers umsehen, muß nur einmal zuschauen, welchen Geschmack die Geheimräte und ihre

Voller Ersatz.

Zu den Wahlen für den preußischen Landtag brauchen die Wähler keinen Kopf mehr, sondern es genügt, um die Stimme abzugeben,

für die erste Klasse ein ganz dicker, für die zweite ein halb dicker und für die dritte Klasse ein dünner Geldsack.

Karikatur auf das Dreiklassenwahlrecht, »Ulk«, 27. Oktober 1893

Frauen im Theater, bei der Auswahl ihrer Lektüre, in der Beurteilung von Bildern usw. betätigen, um sofort zu empfinden, daß sich zwischen ihnen und dem, was die moderne Bildung in Deutschland repräsentiert, eine tiefe Kluft auftut.
Werner Sombart, Die Elemente des politischen Lebens

Eines der wirksamsten Mittel, mit denen sich der preußische Staat gegen jeden tiefergreifenden gesellschaftlichen Wandel schützt, ist das Wahlrecht, nach dem in Preußen Abgeordnetenhaus und Gemeindeparlamente gewählt werden. Während bei den Wahlen zum Reichstag das gleiche, allgemeine und direkte Wahlrecht gilt, hält man in der preußischen Monarchie an dem aus den Zeiten der finstersten politischen Reaktion – nach der gescheiterten Revolution von 1848 – stammenden Dreiklassenwahlrecht fest. In diesem System, das die Wahl der Abgeordneten durch Wahlmänner vorschreibt, die wiederum aus Urwahlen in drei Klassen mit öffentlicher Stimmabgabe hervorgehen, wird das Gewicht der Stimmen nach den Steuerleistungen, das heißt nach dem Geldbeutel abgewogen. Wer viel Steuern zahlt, darf proportional mehr Abgeordnete entsenden als ein Bürger, der wenig oder gar keine Einkommensteuern zahlt. So entfallen bei den Wahlen zum preußischen Abgeordnetenhaus 1908 in Berlin 2,5 Prozent der Wahlberechtigten auf die erste Wählerklasse; dieser Wählerklasse steht die gleiche Anzahl Abgeordneter zu wie den 15 Prozent der Wahlberechtigten in der zweiten Klasse und den 82 Prozent der Wahlberechtigten in der dritten Klasse. Das Ergebnis ist eine groteske Verzerrung des Wählerwillens: bei den Wahlen 1908 erbringen 418 400 konservative Wählerstimmen 212 Parlamentsmandate, 598 500 sozialdemokratische Wählerstimmen dagegen nur sieben Mandate. Auch eine Reihe weiterer Regelungen sorgt dafür, daß man in der zweiten Kammer des preußischen Landtags im wesentlichen unter seinesgleichen bleibt (die Mitglieder der ersten Kammer, des Herrenhauses, werden ohnehin nicht gewählt, sondern sind berufen oder erblich berechtigt): in Preußen darf nur wählen, wer mindestens 24 Jahre alt, männlichen Geschlechts und sechs Monate im Wahlbezirk mit eigenem Hausstand ansässig ist. Auch wer seine Steuern nicht bezahlt hat oder Unterstützung aus öffentlichen Mitteln bezieht, wird durch Entzug des Wahlrechts bestraft. Abgeordneter darf nur werden, wer mindestens dreißig Jahre alt und seit einem Jahr preußischer Staatsbürger ist. Bei den Wahlen zur Berliner Stadtverordnetenversammlung gilt zusätzlich die famose Regelung, daß die Hälfte der Kandidaten in jeder Wählerabteilung Hausbesitzer sein müssen.

Es nimmt nicht wunder, daß die Sozialdemokratie in Preußen, aber auch bürgerliche Demokraten, ihren politischen Kampf auf die Abschaffung des Dreiklassenwahlrechts konzentrieren. Anfang des Jahres 1908 finden im ganzen Land Massendemonstrationen statt, bei denen es zu blutigen Auseinandersetzungen mit der Polizei kommt. Am 12. Januar gehen in Berlin nach offiziellen Schätzungen 30 000, nach Schätzungen des »Vorwärts« 100 000 Berliner auf die Straße, um ihren Forderungen nach Änderung des Wahlrechts Nachdruck zu verleihen. Das Schloßviertel verwandelt sich in ein Kriegslager. Mit gezogenem Säbel geht die Polizei an vielen Stellen gegen die unbewaffneten Demonstranten vor. Vor allem in der schmalen Friedrichsgracht und an der Gertraudenbrücke kommt es zu zahlreichen Verletzten.

Am 17. Januar 1908 notiert Graf Zedlitz-Trützschler in sein Tagebuch:

Die in den letzten Tagen veranstalteten Wahlrechtsdemonstrationen haben einen gewissen Eindruck gemacht. Er besteht aber nicht darin, daß man überlegt, ob nicht doch manches bei uns veraltet ist und geändert werden müßte, sondern nur darin, daß man bei Hofe über die Gewaltmaßregeln zu sprechen und nachzudenken pflegt, die gelegentlich der Unruhen anzuwenden wären. Beim Gespräch über die etwa dreißig Verletzten sagte der Kaiser: »Ich bin durchaus zufrieden mit der Haltung der Polizei, aber das nächstemal soll sie nicht mit der flachen, sondern mit der scharfen Klinge zuhauen.«

Graf Robert Zedlitz-Trützschler, Zwölf Jahre am deutschen Kaiserhof

Angesichts der anhaltenden Proteste kommt der Kaiser jedoch nicht umhin, bei Eröffnung des neugewählten Landtags im Oktober 1908 eine »organische Fortentwicklung« des anachronistischen preußischen Wahlrechts in Aussicht zu stellen.

Anfang Februar 1910 präsentiert die Regierung schließlich ihren Entwurf eines neuen Wahlgesetzes: Er beseitigt weder die undemokratische Einteilung der Wähler in drei Klassen noch die öffentliche Stimmabgabe, noch die veraltete Gliederung der Wahlbezirke. Neu im Entwurf ist lediglich die direkte statt der indirekten Wahl und das Aufrücken ausgewählter »Kulturträger« wie Akademiker, Beamte oder Militärangehörige in eine höhere Wählerabteilung: »Es war ein jämmerlicher Wechselbalg, aus Verlegenheit geboren und ohne ernsten Reformwillen dargeboten. Der Entwurf sollte das Dreiklassenwahlrecht nicht stürzen, sondern stützen, und er behalf sich deshalb überall mit schwächlichen Halbheiten, wo nur eine entschlossene Tat helfen konnte.« (Paul Michaelis, Von Bismarck bis Bethmann)

Mit einem neuen »Wahlrechtssturm« antwortet das demokratische Berlin auf die Spottgeburt von Gesetzreform. Im Zirkus Busch versammeln sich 8000 Personen, darunter so bekannte Persönlichkeiten wie die Mediziner Waldeyer und Orth, die Maler Slevogt und Corinth, die Kaufleute James Simon und Georg Tietz, und fordern das allgemeine, gleiche, direkte und geheime Wahlrecht auch für Preußens Volksvertretung. Im Roten Rathaus verabschieden die Berliner Stadtverordneten einstimmig eine gleiche Forderung. Für den 6. März lädt der Vorstand der Berliner Sozialdemokratie zu einer großen Kundgebung in den Treptower Park. Aber Berlins Polizeipräsident Traugott von Jagow reagiert mit der berühmt-berüchtigt gewordenen Bekanntmachung: »Es wird das ›Recht auf die Straße‹ verkündet. Die Straße dient lediglich dem Verkehr. Bei Widerstand gegen die Staatsgewalt erfolgt Waffengebrauch. Ich warne Neugierige.« Jagows Schutzmannschaft riegelt das Gelände in Treptow ab. Aber vergebens: 2500 sozialdemokratische Bezirksführer haben, von Haus zu Haus eilend, in letzter Minute einen anderen Treffpunkt für den »Wahlrechtsspaziergang« durchgesagt: den Tiergarten.

Wir gingen durch die Skalitzer Straße, an der wunderschönen Kanalpromenade entlang, über die Potsdamer Brücke durch die Viktoriastraße. Der Tiergarten lag da und bot das feudale Bild, das ihn an Sonntagnachmittagen für flüchtige Augenblicke dem Pariser Bois de Boulogne ähnlich macht. Ein Korso eleganter Equipagen fuhr auf und nieder, eine Unzahl vergnügter und heiterer Staatsbürger promenierte die Siegesallee entlang, in der die Schutzleute, die sonst das Marmarameer bewachten, bis auf zwei oder drei verschwunden waren. Der Zug der mehreren Zehntausend pilgerte im bedächtigen Bummeltempo,

Zum erstenmal muß die Polizei, unter dem Druck der Massen, Versammlungen unter freiem Himmel gestatten: Demonstration für ein demokratisches Wahlrecht am 10. April 1910 im Treptower Park

doch unter strenger Freihaltung einer Seite, die Allee entlang, die extra für solche Gelegenheiten geschaffen zu sein scheint. Dann bog man westwärts in den Tiergarten selbst ein; trotzdem man enge Wege ging, wurde auch nicht einmal der Rasen betreten.

Und nun gab es ein Bild, das ewig dem im Gedächtnis stehen wird, der es mitsah. Der ganze Wald wandelte; über alle Wege strömte es; ein unerhört frohes Gefühl der großen Zusammengehörigkeit packte die Massen. Und wie auf Kommando erhoben sich die Hochrufe auf das freie Wahlrecht. Eine Gruppe schrie es der anderen zu, der ganze Park war erfüllt vom Jubel der Menge. Man kam zur Charlottenburger Chaussee, man begrüßte die Züge, die vom Osten und Westen und Norden gekommen waren, und langsam drängte die große Flut dem freien Platze zu, dessen Luftigkeit und Helle verlockend wirkten. Es war der Königsplatz … Ich hatte mir schnell ein Billett gelöst und war zur Säulenhalle emporgestiegen, die den Unterbau der Siegessäule krönt, um das unvergleichlich ernste und schöne Bild, das kein Theater der Welt jemals wird nachmachen können, aus vollen Zügen zu genießen ... Von der Siegessäule flutete es in großen Wellen zum Bismarck-Denkmal, zur großen Freitreppe des Reichstages, die zwei Jahrzehnte lang auf dieses Schauspiel wie auf ihre ureigenste Bestimmung gewartet zu haben schien. Unter Wallots wuchtigem Portikus nahm der Arbeitersängerbund Aufstellung, vierstimmig erscholl die Arbeitermarseillaise über den größten Platz der Welt, dessen Wege und Wandelgänge schwarz waren von Menschen ...

Aber in diesem Augenblick trat auch die Katastrophe ein; vom Großartigen zum Empörenden ist nur ein Schritt, auf die erschütternde Kundgebung folgte die Schreckensherrschaft der preußischen Polizei. Eine halbe Schwadron Berittener kam von der Siegesallee her im Galopp; im Galopp ritt sie die Reichstagsrampe aufwärts; ein wilder Aufschrei der Entrüstung wurde laut; die Menschen stürzten über die Brüstungen die Treppe hinab; die Hinzuströmenden stockten, man setzte sich langsam gegen das Roon-Denkmal zu in Bewegung. Man wollte langsam heimgehen. In diesem Augenblick kam im Galopp eine zweite Abteilung Berittener vom Brandenburger Tore angesprengt und fuhr ohne Sinn und Verstand rücklings in den abströmenden Haufen. Eine wilde Flucht begann; mitten über den Rasen hetzten die Attackierenden die Fußgänger, stürmten auf Frauen und Kinder ein, die harmlos auf den Bänken saßen, setzten über die Blumenparketts des Königsplatzes, ritten in Kinderscharen hinein, die, von Lehrerinnen geführt, den Platz überquerten, und die Schamröte mußte einem ins Gesicht steigen darüber, wie diese Menschen hier hausten ... Ich sah, wie Greise umgerissen wurden, wie man auf Frauen einritt, wie man Kinder zur Verzweiflung brachte; ich sah, wie ein Schutzmann vom Pferde sprang und mit dem Säbel auf einen Mann einschlug, der sich in die kleine Pforte zur Siegessäule hineinflüchten wollte.

In dieser Stunde schämte man sich, ein Preuße zu sein.

Berliner Volks-Zeitung, 7. März 1910

Nach den Demonstrationen im Frühjahr 1910 ebbt die Wahlrechtsbewegung wieder ab. Wenig später wird die Regierungsvorlage im Parteienstreit von Abgeordneten- und Herrenhaus begraben:

Die Komödie war zu Ende. Und man fragte sich nur das eine, ob der blau-schwarze Block mit Herrn von Bethmann Hollweg sein Spiel getrieben habe, oder ob er selbst bei diesem Fiasko aktiv mitgewirkt habe. Jedenfalls war die Niederlage, die die preußische Regierung erlitt, wohlverdient, da sie von vornherein ohne rechten Ernst an die ganze Aufgabe herangegangen war und in keinem Augenblick der langwieri-

Die Polizei reitet den Berliner Bären. Vignette von Lyonel Feininger, »Das Narrenschiff«, 1899

gen Verhandlungen den Willen gezeigt hatte, den Wahlrechtsforderungen des preußischen Volkes auch nur einen Schritt breit entgegenzukommen. Das Volk hatte wieder einmal einsehen müssen, daß es von den preußischen Junkern und den preußischen Klerikalen so wenig wie von der preußischen Regierung zu erwarten habe. Untauglich auch zu der kleinsten und bescheidensten Reform, das war die Zensur, mit der das Volk die preußischen Abgeordneten am Schluß der Session entließ.
Paul Michaelis, Von Bismarck bis Bethmann

Sorgt das Dreiklassenwahlrecht dafür, daß in Preußens gesetzgebenden Körperschaften alles beim alten bleibt, so hat die preußische Polizei die Aufgabe, die Einhaltung der Gesetze und Verordnungen zu überwachen und dem preußischen Untertanen das Nachdenken darüber, was er zu tun und zu lassen hat, weitgehend abzunehmen.

In Berlin regiert das »Königliche Polizeipräsidium« – nicht dem Magistrat oder der Abgeordnetenversammlung, sondern dem preußischen Innenministerium unterstellt und in seiner Machtfülle fast unbegrenzt –, in buchstäblich alle Angelegenheiten der Metropole und ihrer Nachbarstädte hinein.

1911 regelt der Polizeipräsident, wie die Taxis angestrichen werden müssen: »Kraftdroschken mit Benzinantrieb marstallbraun mit schmalen hellroten Streifen abgesetzt, Kraftdroschken mit elektrischem Antrieb elfenbein mit schmalen schwarzen Streifen abgesetzt, Räder dieselbe Farbe wie der Wagen« (Vorwärts, 29. Oktober 1911). Nicht weniger als acht Paragraphen der Straßenverkehrsordnung beschäftigen sich mit dem Anbringen von Ladenschildern; hier heißt es auch: »Die Erlaubnis zum Befahren der Bürgersteige mit Kinderwagen wird auf mündlichen oder schriftlichen Antrag von den Vorständen der hiesigen zuständigen Polizeireviere erteilt.«

Wegen »Verletzung des Sittlichkeitsgefühls« entfernt die Polizei, zuständig nicht nur für den Verkehr, sondern auch für die Moral, Reproduktionen von Rubens' »Susanna im Bade« und Botticellis »Venus« aus den Auslagen der Kunsthandlung von Keller & Reiner. Die Polizei wacht über Ankommende und Abreisende, über die Einhaltung der Gewerbeordnung, über Meinungsäußerungen in politischen Versammlungen. Uniformierte Ordnungshüter wachen darüber, daß in der Weltstadt Berlin an Sonn- und Feiertagen die Schaufenster verhängt werden, damit die Bürger nicht von ihren religiösen Pflichten abgelenkt werden. Auch in Berlins Laubenkolonien darf während der Zeit des Gottesdienstes nicht »gearbeitet« werden:

Schon vor einigen Wochen hat die Entscheidung des Reichsgerichts, daß die Sonntagsarbeit in den Laubenkolonien der vorherigen polizeilichen Genehmigung bedürfe und ohne eine solche als eine straffällige Übertretung des Gesetzes über die Sonntagsruhe anzusehen sei, allgemeines Aufsehen erregt … Es stand zu hoffen, daß die Polizei, nachdem die öffentliche Meinung so entschieden das Vorgehen den Laubenkolonisten gegenüber verurteilt hatte, ein Auge zudrücken und die Kolonisten ruhig gewähren lassen würde. Aber weit gefehlt! Sie hat sich jetzt darauf verlegt, außer der Sonntagsarbeit auch das Übernachten der Kolonisten in den Lauben zu verhindern. Warum? Die Polizei geht bei ihrem Verbot davon aus, daß das Übernachten in den Lauben einerseits feuergefährlich sei, und daß die Lauben andererseits dem großstädtischen Verbrechertum Unterschlupf gewähren sollen. Beides trifft nicht zu … Und selbst wenn es so wäre, wie die Polizei sagt, läge doch darin kein Grund, den anständigen Leuten das Übernachten in der Laube zu verbieten … Ein Verbot des Übernachtens in den Lauben aus diesen Gründen ist ein Nonsens, ist nicht viel geistreicher, als wenn man das Übernachten in Häusern, in denen sich Verbrecher doch auch verbergen können, überhaupt verbieten wollte. Am bequemsten wäre es sicherlich, wenn wir samt und sonders etikettiert und numeriert auf der Polizeiwache im Steckkissen übernachteten!

Berliner Tageblatt, 29. September 1913, Abendausgabe

Die Zahl der Polizeiverordnungen – und damit die Zahl der möglichen Übertretungen – ist Legion:

Als jetzt in Berlin die Kriminalisten tagten, ward darüber gesprochen, daß die Zahl der jährlichen Polizeistrafen in Deutschland kaum noch abzuschätzen sei ... Zehn Millionen Polizeistrafen in einem Jahr! Und wofür? Der Oberlandesgerichtsrat Rosenberg stellte die »Übertretungen« ein bißchen zusammen. Wegen Bettelns, auch wegen Bettelns aus Not, wenn der besondre Notfall nicht unmittelbar nachzuweisen sei. Wegen der kleinsten »Verstöße« gegen die Straßenpolizeiordnung. Wegen verzögerter An- oder Abmeldung eines Dienstmädchens. Strafmandate werden erlassen gegen Fremde, die von den hochwohlweislichen Vorschriften, die jeden Ortes andre sein können, keine Ahnung haben. Kommt ein Radfahrer an einem Tag durch zehn Orte, riskiert er unter Umständen zehnmal Strafe. Beispielsweis: wenn er einen Weg befährt, den man nur zu dieser Zeit nicht befahren darf, denn Unkenntnis polizeilicher Vorschriften schützt bekanntlich nicht. Der Droschkenkutscher kann belangt werden, wenn er zwar seine Legitimation bei sich hat, aber nicht die seines Rosses. Oder wenn er mal einschläft, oder wenn er mal weggeht – auch wenn er's muß. Dann das Rasenbetreten. Dann die Bauverordnungen. Dann die Hausierverordnungen. Dann die Ladenverordnungen. Und die Wirtshausverordnungen. Und die Beleuchtungsvorschriften. Usw. usw. Zehn Millionen Polizeistrafen, das bedeutet: durchschnittlich bekommt der Deutsche jedes dritte Jahr eine. Wenn man nämlich Verreiste, Kranke, Gefangene, Kinder einschließlich der Säuglinge beim Wettbewerb um diese Auszeichnungen mittun läßt. Sieht man von ihnen ab, sieht man sogar auch von den Wohlhabenden ab, die wenigstens ihr Beruf nicht »gefährdet«, beschränkt man sich auf die »kleinen Leute«, deren Arbeit sie auf die Straße anweist – wie stellt sich's dann?
Ferdinand Avenarius, Vom Subalternen

Vom altpreußischen Geist polizeilich-landesväterlicher Bevormundung beseelt sind auch die Beamten, die im Polizeipräsidium für Kunst und Literatur zuständig sind:

Ein Herr, dessen Bekanntschaft in der deutschen Literatur zumeist mit der Lektüre in der Prima aufgehört hat, sitzt auf dem kurulischen Sessel und streicht »unentwegt, voll und ganz«, was nach seinem unmaßgeblichen Geschmacke nur irgendwie bedenklich erscheint. Und nun sehe man sich einmal die zensierten Bücher an: da findet man in dem einen Szenen und Dialogstellen gestrichen – in dem andern Drama sind gleich gefährliche gelassen. Das hängst eben von der jeweiligen Laune und Verdauung des Herrn Zensors ab ... Eine Appellation ist unmöglich: unnahbar sitzt in pythischer Abgeschlossenheit der Polizeibeamte und würde die Zumutung als einen Hohn betrachten, sich in eine Konferenz mit dem Autor einzulassen, der ihn über den Sinn der gestrichenen Stellen belehren will, um ihre Freigabe zu ermöglichen. Eine Beschwerde an die vorgesetzte Behörde dauert erheblich lange und ist auch zwecklos: denn wie wird diese den Unterbeamten so desavouieren? Wem Gott einen Rotstift in die Hand gibt, dem gibt er auch Verstand – der Autor dieses Wortes hat nie die Striche und Streiche eines Zensors gekannt!

Vielleicht auch verbietet der Zensor gleich das ganze Stück. Und da erlebt man denn oft das Schauspiel (in diesem Falle eine Komödie!), daß das in Berlin verbotene Werk in Treuenbrietzen gestattet ist, und umgekehrt. Das ist sehr spaßig, denn man hat noch nicht gehört, daß in beiden Klein- resp. Großstädten etwa die Raubmörder verschieden behandelt werden. Aber die Dichter!

Paul Linsemann, Die Theaterstadt Berlin

In der Theaterabteilung des Berliner Polizeipräsidiums sitzen 1913 fünfzig Beamte, die nichts anderes zu tun haben, als die eingereichten Szenarien akribisch nach Verstößen gegen die Sittlichkeit und die gottgewollte politische Ordnung zu durchforsten. 1904 bringt Wedekinds »Büchse der Pandora« dem Berliner Verleger Paul Cassirer eine Anklage wegen Verbreitung unzüchtiger Schriften ein. Wegen »allzu offener Darstellung des Lasters« wird 1900 in Berlin Leo Tolstois »Macht der Finsternis« verboten. 1910 untersagt die Polizei der Freien Volksbühne eine Aufführung von Emil Rosenows Bergarbeiterdrama »Die im Schatten leben«, da es »notwendig« bei den Zuschauern »einen ingrimmigen Haß gegen bestimmte Stände und Gesellschaftsgruppen« hervorrufen werde, »dessen Entladung bei geeigneter Gelegenheit erwartet werden kann«. 1911 wird in den Berliner Kammerspielen, nach sehr besorgtem Stirnrunzeln des Zensors, Sternheims »bürgerliches Lustspiel« »Die Hose« zur Aufführung freigegeben. Bedingung: der anstößige Titel muß geändert werden.

Ein nicht vorbestrafter, noch unbekannter deutscher Dichter namens Carl Sternheim schreibt ein Stück: »Die Hose«. Ist das unanständig? Man stelle sich vor: jemand ginge auf die Straße ohne eine Hose – die Polizei würde ihn wegen Verstoßes gegen Anstand und Sitte einsperren und das von Rechtswegen, denn es gibt kein sittlicheres, kein polizeifrommeres Kleidungsstück als die Hose. Ein Hemd braucht keiner von polizeiwegen zu tragen; die Hose aber ist polizeilich vorgeschrieben, und die Ohnehosigkeit würde für strafbar gelten. Jüngst wurde ein

Stück aufgeführt – mit hoher Genehmigung der Polizei –: »Die Hosen des Herrn von Bredow«. Und Herrn Carl Sternheim verbietet die Berliner Polizei, um die uns bekanntlich die ganze Kulturwelt beneidet, den Titel »Die Hose« und zwingt ihn, sein Stück »Der Riese« zu nennen, obwohl es keinen Riesen darin gibt! Die Sache ist sehr komisch, aber sie hat ihre sehr ernste Seite: haben wir einen solchen Überfluß an Achtung vor der Staatsgewalt, die sichtbar doch am deutlichsten in der Polizei verkörpert ist, daß diese ohnehin so fabelhaft beliebte Polizei sich durch solche Zensurscherze dem Gelächter preisgeben darf?

Will der Leser wissen, warum aus der Hose ein Riese werden mußte? Unsere Polizeizensur findet Männerhosen anständig, Frauenhosen unsittlich, und da es sich in diesem Lustspiel um eine Frauenhose handelt, so verbietet sie – nicht das Stück, nicht das ausführliche Gerede von den Frauenhosen, aber daß dieses Hosenstück auf bedrucktem Papier »Die Hose« genannt werde!

Hamburger Fremden-Blatt, 17. Februar 1911

Weniger komisch als tragisch wirkt sich für die Betroffenen die Willkür preußischer Polizeibeamter aus, wenn es um die Verfolgung politischer »Delikte« geht. »Die Gesetzlichkeit«, formuliert Karl Liebknecht 1910, »ist in Preußen nur eine dünne Moosdecke, die über dem tiefen Polizeisumpf ausgebreitet ist.« (Karl Liebknecht, Zur Verwaltungsreform in Preußen) Überwachung und Bespitzelungen durch die politische Polizei, willkürliche Abschiebung lästiger Ausländer, von der nach der Revolution von 1905 vor allem russische politische Emigranten in Berlin betroffen sind, das brutale Vorgehen von Schutzmannschaft und Justizorganen gegen Demonstranten oder Streikende gehören zum Alltag der Vorkriegsepoche in Deutschlands Hauptstadt.

Überhaupt ist es ja für die ganze Richtung unserer Strafjustiz bezeichnend, daß sie überall Gefahr für den Staat, überall das Bestreben, die bestehenden Zustände umzuwerfen, wittert, auch wenn es sich nur um irgend einen Dummejungenstreich eines Lehrbuben handelt ... Wer wirklich an seine Sache glaubt, wer darauf vertraut, daß wir in sicheren und geordneten Verhältnissen leben, wer auch der Meinung ist, daß für die Masse des Volkes alles getan wird, was überhaupt getan werden kann, der braucht doch nicht immer zu besorgen, daß diese Zustände umgestürzt werden könnten. So dumm ist das Volk auch nicht, daß es einen sicheren Vorteil preisgibt, wenn es dafür nichts anderes als eine sehr unsichere Aussicht eintauschen kann. Erst wenn die Überzeugung sich Bahn bricht, daß es wirklich um die bestehenden Zustände nicht aufs beste bestellt sei, erst wenn auch in den privilegierten Klassen sich die Überzegung befestigt, daß eigentlich mit unseren öffentlichen Zuständen nicht viel Staat zu machen sei, erst dann wird sich auch in den privilegierten Klassen immer stärker das Bedürfnis geltend machen, das Bestehende mit Zwang und Gewalt zu stützen und zu schützen. Aber wenn ein solcher Zustand wirklich erst erreicht ist, dann helfen auch Zwang und Gewalt nicht mehr viel. Dann läßt sich das Ende doch nicht mehr verhindern.

Paul Michaelis, Von Bismarck bis Bethmann

Auch in Preußen heißt es: vor dem Gesetz sind alle gleich. Aber Verfassung und Realität gehen oft weit auseinander. Nicht nur vor den Schranken des Gerichts und in den Amtsstuben der Polizei.

Es ist kein seltener Fall in Preußen-Deutschland, daß die Verfassung weitgehende Rechte der Bevölkerung stabiliert, die aber die Regierung nicht gewillt ist, anzuerkennen und die sie infolgedessen durch ihre Regierungspraxis zu annullieren sucht...

Beispiele: nach der Verfassung gibt es keine Standesvorrechte, Rassenunterschiede usw. Jeder unbescholtene Deutsche hat ein gleiches Recht, Offizier, Diplomat, Richter usw. zu werden. Jedermann weiß aber, daß die Praxis sich an diesen Grundsatz nicht kehrt. Kein Jude wird Offizier, und nur eine beschränkte Anzahl Juden werden zu Richtern ernannt; kein Bürgerlicher wird jemals Botschafter und so fort.

Zum Ehrenamt eines Geschworenen oder Schöffen sind alle Deutschen gleich qualifiziert. Aber man wird einen sozialdemokratischen Arbeiter nicht zu diesen Ämtern zulassen.

In zahlreichen Fällen muß man Sozialdemokraten als öffentliche Funktionäre gelten lassen (im Gewerbegericht, im Versicherungsschiedsgericht usw.). Aber die Bestätigung als Stadtrat würde in Preußen und vielen anderen Bundesstaaten kein Sozialdemokrat bekommen.

Mit Emphase verkündet man: die Wissenschaft und ihre Lehre ist frei; die deutschen Universitäten sind der Hort der Lehrfreiheit. Weiß aber, daß das ganz und gar falsch ist. Nicht mal Physik darf ein Mitglied der sozialdemokratischen Partei an einer preußischen Universität lesen, und daß er gar soziale Wissenschaften lehrte, ist ein ganz undenkbarer Fall...

Das alles weiß man an den maßgebenden Stellen, aber man darf es nicht sagen, man muß die Tatsachen durch Worte aus der Welt zu schaffen oder wenigstens zu vertuschen suchen. Und das eben erzeugt jene Unaufrichtigkeit, die ein besonders charakteristisches Merkmal unseres öffentlichen Lebens ist.

Werner Sombart, Vom Stil des politischen Lebens

Besonders bezeichnend für diesen Zustand sind die – durch keine Verfassungsparagraphen begründeten – Vorrechte des Adels. Das preußische Offizierskorps besteht 1900 zu 65 Prozent aus Adligen, die vor allem die höheren Positionen besetzen. Es gibt Regimenter mit exklusiv adligem Offizierskorps. Auch in den oberen Rängen der preußischen Verwaltungs- und Regierungshierarchie hält der Adel das Heft fest in der Hand:

Im Jahre 1904 sind von den elf Mitgliedern des Staatsministeriums neun adlig und dazu noch der Unterstaatssekretär. Von 65 Wirklichen Geheimräten sind 38 adlig. In dem wichtigsten preußischen Ministerium, dem Minsterium des Innern, sind der Minister, der Unterstaatssekretär, der Ministerialdirektor und von den Vortragenden Räten fünf adlig … Je höher hinauf die Stufenleiter der Verwaltung führt, um so mehr Plätze sind dem Adel vorbehalten. Allerdings befinden sich an den höchsten Amtsstellen, so unter den Oberpräsidenten, gewöhnlich einige Männer, die erst als Beamte das Adelsprädikat bekommen haben. Auch sonst ist es nicht ausschließlich der alte Feudaladel, der die einflußreichsten Stellen im Staate besetzt hält. Innerhalb des Adels rücken die Geldmächte vor, wenn auch der Landadel die Grundlage der herrschenden Schicht bleibt.

Den aufsteigenden Geldadel läßt man nicht ungern an die Stellen im Staat, die einen großen Aufwand erfordern, insbesondere in den auswärtigen Dienst des Reiches, der fast ganz dem Adel reserviert ist. Zehn Jahre vor dem Weltkrieg sind noch alle Botschafter, alle Gesandten, alle Geschäftsträger des Deutschen Reiches adlig, mit Ausnahme der Vertreter in Peru, Siam und Venezuela. Für den verarmten Adel ist freilich in der Diplomatie kein Platz, denn schon beim Eintritt in das Auswärtige Amt fragt man, ob der Anwärter auf einen Gesandten- und Botschafterposten 24 000 Mark Jahresrevenuen aus eigenem Vermögen mitbringt. Dafür wandern Angehörige jung nobilitierter Industriefamilien, die diese Bedingung spielend leicht erfüllen, gern in die diplomatische Karriere ab. Da finden sich denn die Namen: von Hoesch, von Haniel, von Stumm wieder. Daneben rücken durch Diplomatenheirat Adel und Großindustrie näher zusammen.

Richard Lewinsohn, Das Geld in der Politik

Bankdirektoren und Großindustrielle wissen, daß politische Macht und gesellschaftliches Ansehen ohne das kleine Wörtchen »von« kaum zu haben sind, und so wird das Geschäft mit den Nobilitierungen – zu beiderseitigem Nutzen – immer schamloser betrieben. Am 22. März 1906 notiert die Baronin Spitzemberg in ihr Tagebuch:

Sehr bestürzt und betrübt war ich durch das, was mir die alte Frau von Wedel über die Nobilitierungen anläßlich der Silberhochzeit [des Kaisers] erzählte, und zwar als ihr vom Minister Wedel selbst mitgeteilt. Danach haben Friedländer und Caro jeder dem Kaiser eine Million »zur freien Verfügung« gestellt als »Kaufpreis« für das »von«, und zwar wollte ersterer anfangs nur 1/2 Million geben, ließ sich aber dann steigern! Paul Schwabach verweigerte diesen »Kuhhandel« und blieb deshalb ungeadelt! Heute, an des alten Kaisers Geburtstag, empfindet man solche Schmach doppelt schmerzlich. Damals war natürlich auch nicht alles makellos, aber das Geld wurde doch wenigstens zu bestimmten wohltätigen Zwecken »erpreßt« und mit Titeln und Ehren bezahlt. Aber so als direktes Handgeld, ohne daß das Publikum erfährt, wo es hinkommt, den abscheulichsten Unterstellungen also Tür und Tor geöffnet ist, das ist allerdings erschreckend modern und treibt einem die Schamröte ins Gesicht.
Hildegard von Spitzemberg, Tagebuch

Mit dem Adelsprädikat erkauft man sich nicht nur politische Macht, sondern auch den Zutritt zur Hofgesellschaft. Es öffnet die Türen zu den alljährlich im Winter stattfindenden Bällen und Empfängen und zur großen »Defiliercour« vor dem Kaiser, wo die Machtfülle der Hohenzollern mit mittelalterlichem Prunk und strengem Zeremoniell demonstriert wird.

Rudolph Stratz hat in seinen Erinnerungen diese feudale Traditionspflege – befremdlich wirkend inmitten einer von Industrialiserung und technischem Fortschritt geprägten Gesellschaft – beschrieben:

... die alte »Hofgesellschaft«. Die ist noch da – in ihrer ganzen Pracht, mit ihrem Großschock von Rangklassen, ihren Großkordons und Courschleppen, dem dreifachen Aufschlag des Hofmarschallstabs, dem herzklopfenden Defilierknicks vor dem Purpurbaldachin, den Lichterfelder Kadetten in wappenbestickten Pagenröcken, den Kammerherrenschlüsseln auf den Frackschößen, den Erbküchenmeistern und Oberburggrafen, den Zeremonienmeistern und Johanniterbaillis. Alles wie sonst. Im Januar, wenn auf dem alten Schloß an der Spree die Purpurstandarte flattert – als Zeichen, daß der Kaiser sein Hoflager von Potsdam nach Berlin verlegt hat –, an solch einem Winterabend strahlen all die Hunderte von Fenstern des Hohenzollernschlosses in Lichterglanz. Dunkle Menschenmassen säumen die Linden. Dunkel ragen vor ihnen die Umrisse der Schutzmannschaft hoch zu Roß. Glaskarossen mit gepuderten Lakaien auf dem Trittbrett rollen vorbei – mit farbigen Großbändern über Gold- und Silberflimmer drinnen die Botschafter der Großmächte. Schwarze Federbüsche von Leibjägern wehen vom Bock: Uniform und Hermelinpelz innen – die landsässigen Fürsten fahren zur

Cour. Elegante Stadtcoupés: die uckermärkischen und sonstigen Granden, die noch in Berlin einen Wohnsitz haben. In Massen die Droschken erster Güte, die Kutscher an den schwarzlackierten, später weißen, Hüten die große, gedruckte, zur Vorfahrt berechtigende Hofansage. Innen die alten Generale, den Helm mit den weißen Straußenfedern auf den Knien; die jungen Gardeleutnants in den nur zu diesem Zweck erfundenen weißen Courhosen; Minister und Admirale, die Dreispitze unterm Arm, Geheimräte – Uniformen, Uniformen, Uniformen. Zivil? Nein! Es gibt keinen Frack. Es gibt nur einige Gäste in schwarzen Escarpins und Galanteriedegen. Das sind »die bei Hofe vorgestellten Herren«. Meist Männer von ungewöhnlicher Bedeutung und öffentlichem Ansehen. Ihre Frauen müssen sie zu Hause lassen. Sie stehen in der Rangordnung an der vorletzten Stelle – zwischen den Hauptleuten und den Leutnants.

Rudolph Stratz, Reisen und Reifen

Wer bei welchen Anlässen und in welcher Reihenfolge bei Hofe erscheinen darf, bestimmt ein umfangreiches »Hof-Rang-Reglement«, das bezeichnend ist für die gesellschaftliche Werteskala im deutschen Kaiserreich: Von den insgesamt 62 Rangstufen nimmt der Oberbürgermeister von Berlin den 39., der Rektor der Universität den 47. Rang ein, weit hinter jedem Oberst, Feldprobst oder Rat 2. Klasse. Die Militärs gehen stets den Zivilisten der gleichen Rangklasse voran: die Generalfeldmarschälle dem Reichskanzler, die kommandierenden Generale den Ministern usw. Wenn Fräulein von Müller den Hauptmann Schulze heiratet, verliert sie als ehemalige Adlige die Hoffähigkeit, während ihr Gatte sie als Offizier besitzt.

Nicht nur bei Hofe, auch im äußeren Erscheinungsbild der Stadt und im gesellschaftlichen Leben bis weit ins Bürgertum hinein fällt die exzeptionelle Stellung des Militärs ins Auge:

Mindestens jeder fünfte Mann zwischen Schloß und Brandenburger Tor schien Uniform zu tragen ... Die Offiziere grüßten einander mit zackigen Bewegungen. Geriet ein Unteroffizier oder gar ein einfacher Soldat, vielleicht mit dienstlichem Auftrag, in dieses geheiligte Zentrum der obersten Gesellschaft, dann hatte er ein gar beschwerliches Fortkommen. Die Linden wurden für ihn zum Exerzierplatz, seine linke Hand zuckte an die Hosennaht, die rechte salutierend an die Mütze, sobald ein Vorgesetzter sichtbar wurde. Nahte aber ein »hohes Tier«, mußte der ranglose Uniformist zur Seite springen, Frontstellung einnehmen und im »Stillgestanden« mit beiden Händen an den Hosennähten seinen Kopf dem »Lametta«-Träger solange nachdrehen, bis dieser weit genug entfernt war. Augengeradeaus! Zack-Zack mit den Füßen,

und der Bedauernswerte durfte endlich seinen Weg fortsetzen. Kein Wunder, daß sich schlichte Dienstgrade nur widerwillig in die Friedrichstadt begaben.
Walter Stoeckel, Erinnerungen eines Frauenarztes

»Diese Offiziere sind die Geißel von Berlin«, resümiert Anatole France, der vor dem Ersten Weltkrieg mehrfach die deutsche Hauptstadt besuchte. »Ohne sie wäre das Leben dort erträglich ... Man sieht nur sie, man hört nur sie. Sie sind überall obenan, sie erlauben sich alles.« (Jean-Jacques Brousson, Anatole France in Pantoffeln) Und Rosa Luxemburg schreibt am 17. Mai 1898, einen Tag nach ihrer Übersiedlung nach Berlin, an ihren Freund Leo Jogiches: »Tatsächlich sind die Offiziere der herrschende Stand hier ... stell Dir vor, die Zeichnungen von Thöny sind gar keine Karikaturen, sondern einfach Fotografien nach der Natur – davon läuft hier eine Million auf den Straßen herum.« (Briefe/1)

Der militärische Geist bleibt nicht auf die aktiven Offiziere beschränkt, sondern durchdringt breite gesellschaftliche Schichten. »Der preußische Leutnant ging als junger Gott, der bürgerliche Reserveleutnant wenigstens als Halbgott durch die Welt«, erinnert sich der Historiker Friedrich Meinecke. »Zum Reserveoffizier mußte man es bringen, um in der großbürgerlichen Welt und vor allem in der Staatsverwaltung voll zu gelten ... Man muß diesen Typus im Laufe eines langen Lebens in unzähligen Exemplaren vor Augen gehabt haben, man muß ihn selbst in sich erlebt, mit ihm gerungen, sich langsam von ihm befreit haben, um seine Macht über die Gemüter zu verstehen.« (Friedrich Meinecke, Die deutsche Katastrophe)

In den sogenannten führenden Kreisen drängte sich militaristischer und engstirniger Beamtengeist auch der Geselligkeit auf, und da dieser Geist die große Masse der Reserveoffiziere beherrschte, so war er über zahlreiche Familien verbreitet. Berufsleben und Standesvorurteile spielten in den geselligen Verkehr hinein, und wer nicht obenan stand, fühlte sich gewissermaßen unter ständiger Aufsicht, ob er sich nicht etwas Respektwidriges, gegen die geheiligten Überzeugungen von Krone, Militär und Beamtentum Verstoßendes zu Schulden kommen ließ.
Werner Weisbach, Geist und Gewalt

Das Institut des Reserveleutnants, an sich gewiß nützlich, ist allmählich darauf zugeschnitten worden, brauchbare oder doch zuverlässige Stützen der Ordnung heranzuzüchten. Die militärischen Fähigkeiten sind dabei Nebensache. Vom Offizierskorps wird auch der »Sommerleutnant« mit kaum verhohlenem Spott betrachtet. Aber der typische Reserveleutnant – es gibt natürlich hier wie überall vorteilhafte Ausnahmen – nimmt alle Unbequemlichkeiten des Dienstes, selbst das höhnische Grinsen der Unteroffiziere und Gemeinen, gern auf sich in dem erhebenden Bewußtsein, durch sein Patent zum Mitglied einer patentierten Kaste geworden zu sein ... er wird von dienstwilligen Untergebenen mit »Herr Leutnant« angeredet, und er kann den Titel des Reserveleutnants auf seine Visitenkarte drucken lassen. Das alles mag zunächst wie ein Spiel lächerlicher Eitelkeit erscheinen. Nur hat es den schweren Nachteil, daß auch die Offiziersspielerei dazu beiträgt, das Bürgertum zu versimpeln. Es gilt eben als selbstverständliche Pflicht des Reserveleutnants, daß er sich im regierungsfrommen und königstreuen Sinne betätigt, oder daß er wenigstens den Mund hält, wenn er einmal anderer Meinung als der Herr Landrat oder der Herr Minister ist ... Die Menge der militärischen Sünden, die sich ein Reserveoffizier zu schulden kommen läßt, werden mit verzeihender Milde zugedeckt. Aber wehe ihm, wenn er sich in seinem politischen Verhalten von der korrekten Richtschnur der Regierungspolitik zu entfernen wagt, wenn er gar mit der Feder öffentliche Mängel zu rügen unternehmen sollte ... Dann stellt sich plötzlich heraus, daß die Ehrengerichte des Offizierskorps mit einer schier unbegrenzten Machtfülle ausgestattet sind und ihre Macht auch zu benutzen wissen, um widerstrebende Elemente in rücksichtslosester Form auszuschalten. Hat man doch selbst bis in den Reichstag hinein versucht, einzelne Abgeordnete, die zugleich Reserveoffiziere sind, in ihrer Redefreiheit zu beschränken, wobei es von vornherein ausgeschlossen erscheint, daß jemals ein Reserveoffizier sich von einer Oppositionspartei wählen lassen dürfte ...

Was in den besseren Kreisen der Reserveleutnant, das ist in den breiten Schichten des Volkes das Mitglied des Kriegervereins. Der Reserveoffizier soll befehlen lernen, dem Kriegervereinsmitglied wird eingeprägt, daß es zu gehorchen habe ... Die Kriegervereine müssen Spalier bilden, wenn ein fürstlicher Besuch zu erwarten ist, sie müssen sich in den Äußerlichkeiten des Patriotismus üben, und sie müssen vor allen Dingen dazu mithelfen, regierungsfromme Wahlen zustande zu bringen. Es gilt als ganz selbstverständlich, daß sie für die reaktionären Parteien arbeiten und den »Umsturz« bekämpfen müssen. Von den jeweiligen Umständen hängt es dann weiter ab, ob sie auch die schärfere oder zahmere Tonart des Liberalismus bekämpfen oder unterstützen dürfen, je nachdem nämlich die leitenden Kreise auf die Unterstützung der ein-

Folgende Doppelseite:
Parade der Gardetruppen im Berliner Lustgarten.
Photo von Louis Held, 1909

zelnen Partei reflektieren oder sie bekämpfen. Unter den heutigen Verhältnissen hat natürlich der Kriegervereinler »für Thron und Altar« zu streiten, das heißt, er muß die Konservativen und das Zentrum unterstützen. Es ist aber sehr wohl möglich, daß im nächsten Jahr der Wind oben umschlägt. Dann wird vielleicht das Zentrum wieder in die Reihe der staatsfeindlichen Parteien gedrängt, wie bei den Wahlen im Winter 1907, während dafür der Liberalismus wieder als regierungsfähig angesehen wird. In diesem Falle hat sich natürlich auch der Kriegervereinler im Sinne des neuesten Kurses zu betätigen …

Daß solche Zustände im höchsten Maße ungesund, ja verhängnisvoll sind, unterliegt nicht dem geringsten Zweifel … Es ist noch nicht einmal die Richtung selbst, die so unheilvoll wirkt als die Unselbständigkeit, die dem Einzelnen aufgezwängt wird. Aus solchen Kreisen gehen die Leute hervor, die gar nicht daran denken, eine Frage selbständig zu prüfen, die vielmehr, mit der Hand an der Hosennaht, die Ansichten, die oben gewünscht werden, in Demut entgegennehmen.

Paul Michaelis, Von Bismarck bis Bethmann

Wie fest gegründet die Gewöhnung an obrigkeitsstaatliche Strukturen ist, wie wenig es üblich ist, das Tun und Lassen der Träger des bunten Rockes zu hinterfragen, wird schlagartig deutlich, als 1906 der Schuster Wilhelm Voigt, als Hauptmann verkleidet, mit einer Handvoll aufgegriffener Soldaten das Köpenicker Rathaus besetzt, den Bürgermeister verhaften läßt und mit dem Inhalt der Stadtkasse verschwindet:

So unsagbar komisch, so unbeschreiblich lächerlich diese Geschichte ist, eine so beschämend ernste Seite hat sie. Das Köpenicker Gaunerstückchen stellt sich dar als der glänzendste Sieg, den jemals der militärische Gedanke in seiner äußersten Zuspitzung davongetragen hat. Das gestrige Intermezzo lehrt klipp und klar: Umkleide dich in Preußen-Deutschland mit einer Uniform, und du bist allmächtig … Einbrechen wie ein gewöhnlicher Geldschrankknacker? Wie veraltet! Aber die überragende Macht, das überragende Ansehen des Militarismus verwerten, das ist klug! Das ist fein! Das ist modern! In der Tat: Der Held von Köpenick, er hat den Zeitgeist richtig erfaßt. Er steht auf der Höhe intelligentester Würdigung moderner Machtfaktoren. Der Mann ist ein Realpolitiker allerersten Ranges … Der Sieg des militärischen Kadavergehorsams über die gesunde Vernunft, über die Staatsordnung, über die Persönlichkeit des einzelnen, das ist es, was sich gestern in der Köpenicker Komödie in grotesk-entsetzlicher Art offenbart hat.

Berliner Volks-Zeitung, 17. Oktober 1906

Und Heinrich Mann, der in Berlin Material für seinen Roman »Der Untertan« sammelt, schreibt am 31. Oktober 1906 an seinen Freund Ludwig Ewers: »Schade, daß in meinem Roman der Hauptmann sich nicht gut hineindichten läßt: Er ist schon zu ›fertig‹. Was für ein Zeichen der Zeit!«

Trotz der eklatanten Widersprüche, trotz der überall zutagetretenden Anachronismen – das politisch-gesellschaftliche Gefüge der Wilhelminischen Epoche erscheint unerschütterlich. Ersatz für die scheinbar in weiter Ferne liegende grundsätzliche Umgestaltung der Gesellschaft suchen kritische Intellektuelle in der Reform von Teilbereichen. Mit einer Vielzahl von Experimenten und Bestrebungen auf nahezu allen Gebieten der Kultur, des Geschmacks, der Mode, der Erziehung, der Lebensweise versuchen sie ein Gegengewicht gegen den herrschenden Konservatismus zu schaffen und die Freiräume des Individuums zu erweitern. Da gibt es freireligiöse und theosophische Bestrebungen, da gibt es die Propagandisten der befreiten Sinnlichkeit und Sexualität, die der moralischen Heuchelei den Kampf ansagen, da gibt es die Anhänger der Naturheilkunde und der vegetarischen Ernährung; um die Jahrhundertwende gründet der »Deutsche Verein für vernünftige Leibeszucht« am Kurfürstendamm ein »Licht-Luft-Sportbad«, das sich zum Eldorado der Anhänger der Freikörperkultur entwickelt.

Natürlichkeit und Hygiene soll auch in die Frauenkleidung einziehen:

... die heutigen Gesellschaftskleider ... sind mit Zierwerk aller Art überladen: mit Schleifen, die nichts binden, und Knöpfen, die nichts knöpfen, mit Zacken, Spitzen, Rosetten, »Pailletten«, Rüschen und »Pompons«. Was spielt das feinste Gesicht für eine Rolle in der Fülle solchen sinnlosen Tands? Man muß zur Einfachheit zurückkehren. Der Stoff muß mehr zu Worte kommen. Ein Frauenkleid muß sinngemäß, einheitlich wie ein Möbel, ein Teppich sein. Es muß eine dekorative Idee verwirklichen und in seiner Art ein Kunstwerk sein.
Friedrich Deneken, Alfred Mohrbutter

Hauptangriffspunkt der Modereformer ist das Schnürkorsett, das nicht nur unnatürlich, sondern auch höchst ungesund sei. 1896 wird in Berlin ein »Verein zur Verbesserung der Frauenkleidung« gegründet, der die Erhaltung der natürlichen Formen des weiblichen Körpers mit Eifer propagiert:

Da man alles Einschnürende und Einengende abtun, zur Hose aber doch nicht greifen wollte, so erschien als Kompromiß das sogenannte Reformkleid, das auf den Schultern auflag und die Last des Rockes von der Taille entfernte. Mit dem Korsett fiel der künstliche Einschnitt in der Körpermitte, und so erhielt das Reformkleid, ein Prinzeßschnitt, ob es wollte oder nicht, etwas sackartiges, das die Zahl seiner Anhängerinnen nicht gerade vermehrte. Etwa gleichzeitig beschäftigten sich auch die modernen Kunstgewerbler mit der Reform der Frauenkleidung, die ihnen der notwendigen künstlerischen Qualitäten zu ermangeln schien ... Um die Jahrhundertwende traten das Reformkleid und das Eigenkleid mit solchem Lärm auf, daß einem hätte für die Mode himmelangst werden können. Die Wortführer beider behielten auch recht, denn niemand widersprach ihnen, aber da ihnen auf die Länge niemand folgte, so behielt die Mode schließlich doch das letzte Wort.

Max von Boehn, Die Mode

Mehr aufs Ganze zielen die Mitglieder der »Neuen Gemeinschaft«, die, anfangs in Wilmersdorf, später in Schlachtensee nach Art einer Kommune zusammenlebend, ein »Gesundungszentrum für die Welt« etablieren wollen. Zu den Gründern gehören die Schriftsteller Heinrich und Julius Hart, die Journalisten Gustav Landauer und Albert Weidner, der Maler Fidus, der Dramaturg Felix Hollaender, der Begründer der Deutschen Gartenstadtgesellschaft Bernhard Kampffmeyer und andere. Auch Erich Mühsam ist schon früh ein kritischer Sympathisant der »Neuen Gemeinschaft«:

Regelmäßig zweimal wöchentlich gab es Vortragsabende, bei denen manchmal ausgezeichnete Köpfe ausgezeichnete Gedanken entwickelten: Martin Buber zum Beispiel, noch sehr jung, aber schon priesterlich versonnen, sprach im modernen Geiste von altjüdischer Mystik, Dr. Magnus Hirschfeld erzählte von sexuellen Absonderlichkeiten, die beim Namen zu nennen damals noch grauenvoll verwegen schien, es gab sehr interessante und wertvolle Diskussionen – aber der Freiheitsdrang derer, die im »Orden vom wahren Leben« grundstürzende Erschütterung von Himmel und Erde fördern und feiern wollten, blieb ungestillt. Kritik schuf Verstimmung, und der Zorn der Eiferer wandte sich nicht gegen das Kritisierte, nicht dagegen, daß schöngeistige Damen sich gewöhnten, mit Häkelarbeiten dabeizusitzen, wenn Julius Hart unsere Seelen mit All-Einheit impfte, nicht dagegen, daß spleenige Weltreformer zu Dutzenden in der Neuen Gemeinschaft ihre Traktätchen zu verhökern suchten, sondern gegen uns junge Stänkerer mit dem Eigensinn des unbestechlichen Idealismus, die wir Verwirklichung forderten und die Gemeinschaft der Vereinsversimplung anklagten.

Die Idee, auf eigener Scholle Verbindung von Arbeit und Verbrauch zu schaffen, lockte sogar Makler herbei, die mit sauber ausgerechneten Voranschlägen in der Tasche an Sonnenwendfeiern draußen in der

Mark teilnahmen und zwischen Chorgesang und Weiherede ein smartes Grundstücksgeschäft anregten. Schließlich versackte die ganze Siedlungsidee in einem Kompromiß, der den Bohemecharakter des Plans, Menschen, fern von aller Konvention, ein freies Leben in selbstgewählten Formen führen zu lassen, zur komischsten Karikatur verzerrte. Statt Land zu erwerben, wurde in Schlachtensee ein Säuglingsheim gemietet, dessen Räume nach Bedarf und Zahlfähigkeit unter die Familien verteilt wurden, welche sich bereit zeigten, die Überwindung der Gegensätze durch Benutzung einer gemeinsamen Küche vorzuleben. Auch ein paar junge Adepten der neuen Weltanschauung durften mit hinausziehen; ich gehörte schon nicht mehr dazu, war aber in der ersten Zeit noch häufig als Gast draußen und sah ingrimmig und höhnend die erträumte Herrlichkeit in einem Lustspiel-Pensionat grotesken Kalibers dahinschwinden. Ein paar schöne Feste und künstlerische Veranstaltungen konnten die ursprüngliche Idee nicht retten.
Erich Mühsam, Unpolitische Erinnerungen

Das Bedürfnis nach Neubesinnung, nach Abkehr vom normierten Leben eint auch die Künstler des Jugendstils, der, von der Münchener Zeitschrift »Jugend« ausgehend, um die Jahrhundertwende seine Anhänger auch in Berlin findet. Gegen die hohle Repräsentationssucht der Gründer- und Nachgründerzeit, gegen die Zierate vergangener Prunkstile suchen sie ihre eigenen ästhetischen Werte zu setzen, ihre persönliche Umgebung – von der Architektur des Hauses über die Wohnungseinrichtung bis zum Gebrauchsgegenstand – zum Ausdruck ihrer unverwechselbaren Individualität zu machen: »Die Umgebung ist ein Kunstwerk wie jede Lebensäußerung. Ist sie bis ins letzte organisch durchgeführt, ist sie gut. Sonst ist sie Schwindel oder Schwäche.« (Oscar Bie, Das Kunstgewerbe)

Die Deutschen, die heute ihre frühen Mannesjahre erleben, begreifen nicht leicht die Teilnahme, die dem Jugendstil einst entgegengebracht wurde ... Als die Generation jener Zeit vom »Neuen Stil« sprach, dachte sie sich eine verwandelte Welt mit neuer Gesittung, sie dachte an Ziele, für die inzwischen Blut geflossen ist und Revolutionen entfesselt worden sind ...

Diese kunstgewerbliche Bewegung erschien, obenhin betrachtet, wie eine Mode unter anderen Moden; sie konnte in ihrer kapitalistischen Gebundenheit auch kaum anders erscheinen. Der Baubetrieb jener Zeit lag noch fest in den Händen historisierender Polytechniker, er widersetzte sich wütend und erfolgreich zunächst den Reformbestrebungen. Darum wurden diese, so umfassend sie gemeint waren, ins Kunstgewerbe abgedrängt: eine Welt neuer Möglichkeiten wurde ins

Interieur gesperrt. Doch konnte sie sich selbst dort nicht recht entfalten … verglichen mit dem Gewollten war der Ertrag winzig. Und obendrein unrein, da sich geschäftstüchtige Opportunisten des Neuen bemächtigten und ein zweites Biedermeier daraus machten. Der Widerspruch von Idee und Tat war grotesk. Zunächst wurde die Bewegung nur in einigen Kaufläden des westlichen Berlin anschaulich. Dort sah man die vielbewunderten zerbrechlichen Ziergläser des Radierers Köpping, man sah »sezessionistische« Krawattenstoffe, Metallarbeiten mit Schlängelornamenten, englisch geblümtes Porzellan und dergleichen …

In van de Veldes eigenem Haus saß man in der Folge auf Stühlen und vor Tischen seiner Erfindung, aß mit Messern und Gabeln und von Tellern aus seinen Werkstätten, weilte in Räumen, die bis zum letzten von ihm durchgebildet waren, sah nur Bilder und Plastiken, die er als seinem Stil angemessen duldete, und führte Damen zu Tisch, die schwere Stilkleider aus Samt mit gestickten Ornamenten und Schmuckstücken von der Hand des Künstlers trugen.

Karl Scheffler, Die fetten und die mageren Jahre

Der Berliner Maler Otto Eckmann, der sich als Prophet des Jugendstils ganz auf Dekoration und angewandte Kunst konzentriert hat, entwirft für die Villen der Reichen Tapeten und Knüpfteppiche mit stilisierten Formelementen der Natur: »Wenn ich erst all den Berlin-W-Protzen zu anständigem Wohnen verholfen haben werde, kann ich den ganzen Kram an den Nagel hängen und Pinsel und Palette wieder vorholen.« (Lily Braun, Memoiren einer Sozialistin) Das vornehme Weinrestaurant Trarbach in der Behrenstraße läßt sich von dem führenden Münchener Jugendstilkünstler Richard Riemerschmid die Innenräume gestalten. Kunstsalons lassen sich von dem belgischen Jugendstilkünstler Henry van de Velde ihre Ausstellungsräume, Verleger ihre Büroräume einrichten. 1898 beauftragt der Kunstmäzen Harry Graf Kessler van de Velde mit der Ausgestaltung seiner Junggesellenwohnung in der Köthener Straße:

Harrys Wohnung wurde einmütig gelobt. Die Gäste – Würdenträger des Hofes, Diplomaten, Museums- und Theaterdirektoren, Dramatiker und Schauspieler, deutsche und ausländische Schriftsteller – tauschten ihre Beobachtungen aus und diskutierten ihre besondere Neigung zu dem oder jenem Detail … Für die Berliner Gesellschaft war Harrys Wohnung ein sensationelles Ereignis, und die Déjeuners und »Five-o'clock-teas«, die der junge Graf veranstaltete, hatten den Ruf raffinierter gesellschaftlicher Ereignisse.

Henry van de Velde, Geschichte meines Lebens

Wenig später hat der Hoffriseur François Haby – Erfinder der Kaiserbartbinde und des von Seiner Majestät höchstpersönlich gebrauchten Bartwassers »Es ist erreicht« – den werbewirksamen Einfall, seinen Frisierladen in der Mittelstraße ebenfalls von Henry van de Velde gestalten zu lassen. Sein Geschäft wird zu einem vielbewunderten und vielbesuchten Schaustück des Jugendstils in Berlin:

Für jemanden, der jahrelang schaudernd die furchtbaren Barbierstuben mit ihrer Wartesaalatmosphäre erlebt hat, ist es ein ganz eigenes, behagliches Luxusgefühl, zu sehen, wie hier aus den an sich unästhetischen Bedürfnissen eine ästhetische Stimmung hervorgebracht ist. Man möchte wünschen, daß aus jeder Not – und das Rasieren ist eine Not – so sehr eine künstlerische Tugend gemacht würde.

Vom Rasierstuhl aus überblickt man ein dekoratives Panorama. Und doch gibt es hier kaum Ornamente. Die Messingrohre für Gas und Wasser, die sonst ängstlich versteckt werden, sind ein vorzügliches Schmuckmittel geworden ... Die farbige Wirkung ist zugleich kräftig und subtil. Als Holz ist ein dunkles Mahagoni verwandt; dazu stehen die Farben des grünen Marmors, des Messings und der Wand außerordentlich fein.

Das Prinzip, das Notwendige zum Künstlerischen zu steigern, herrscht überall. Es gibt da zum Beispiel eine Ecke, in der Zylinderhüte gebügelt werden, und hier – es klingt lächerlich – wirken sogar die auf ihren Ständern hängenden Hüte ornamental. Das wäre geschmacklos, wenn es nicht als Zufall erschiene; der aber ist sehr wohl berechnet ... Welch beschämende Unkultur liegt nicht in dem Zwiespalt, den man gezwungen ist zu empfinden, wenn man sich in solch vernünftig-eleganter Umgebung die Haare hat schneiden lassen und dann in seine furchtbaren Muschelgarnituren zurückkehren muß. Der Gegensatz ist nicht einmal zigeunerhaft oder sonstwie pikant, sondern einfach bourgeoismäßig scheußlich ... Es sei den »maßgebenden Persönlichkeiten« empfohlen, sich zuweilen bei Haby den Kopf waschen zu lassen; vielleicht kommt ihnen dabei, in dieser von Anregungen schwangeren Atmosphäre, eine Erleuchtung.

Karl Scheffler, Ein moderner Laden von Van de Velde

Von weitergreifendem Einfluß als der auf exklusive Gesellschaftskreise begrenzte Jugendstil ist die Tätigkeit des 1907 gegründeten Deutschen Werkbundes, der von vornherein darauf zielt, »Massenproduktion« in »Wertproduktion« zu verwandeln. Der Zweck des Bundes, heißt es in der Satzung, ist »die Veredlung der gewerblichen Arbeit im Zusammenwirken von Kunst, Industrie und Handwerk durch Erziehung, Propaganda und geschlossene Stellungnahme zu einschlägigen Fragen«

Mit dem »Reformkleid« sollte das Korsett aus der Damenmode verbannt werden. »Meggendorfer Blätter«, 1904

(Jahrbuch des Deutschen Werkbundes 1912). Sinnlose Verzierungen und historisierender »Mummenschanz« (Walter Gropius) sollen nicht nur aus der Architektur, sondern auch aus den Erzeugnissen des Alltags verschwinden. Bedeutende Architekten wie Hermann Muthesius oder Walter Gropius engagieren sich im Kampf um eine neue, von Material und Funktion geprägte Formgestaltung. Auch Peter Behrens, Vorstandsmitglied des Deutschen Werkbundes und seit 1907 zuständig für das Design der AEG-Produkte, hat sich dieser neuen Aufgabe verschrieben:

Von diesem Zeitpunkt an kann man elektrische Zentralen bewundern, die integrale architektonische Schöpfungen unserer Zeit sind – Räume von bewundernswerter Nüchternheit und Sauberkeit, in deren Mittelpunkt prachtvolle Maschinen feierliche und eindrucksvolle Akzente setzen. Von diesem Zeitpunkt an erhielten auch die Bogenlampen, die Glühbirnen, die Kontaktstecker, die elektrischen Öfen, die vielfältigen Heizungs- und Beleuchtungskörper, die der moderne Komfort verlangt, einen bescheidenen, nüchternen, beinah unpersönlichen Charakter. Sie

»Ein ganz eigenes, behagliches Luxusgefühl« – Jugendstileinrichtung nach Entwürfen Henry van de Veldes im Friseursalon Haby, 1901

sind diskrete Zeugen, während sie früher ihre Umgebung verunstalteten. Denn Peter Behrens hat alle ihre Formen entworfen, kein sichtbarer Bestandteil eines Bauwerks oder einer Installation verläßt die AEG ohne seine Kontrolle.
Le Corbusier, Etude sur le Mouvement d'Art Décoratif

Im April 1912 siedelt die Geschäftsstelle des Deutschen Werkbundes von Hellerau bei Dresden in die Hauptstadt um, »aus der etwas abgelegenen Idylle in den einflußfähigeren Mittelpunkt deutscher Organisationsarbeit« (Jahrbuch des Deutschen Werkbundes 1913). Zu dieser Zeit hat die Gesellschaft fast tausend Mitglieder: Künstler und Fabrikanten, Handwerker und Kaufleute, Nationalökonomen und Publizisten, dazu Wirtschaftsorganisationen wie etwa den Verband Deutscher Reklamefachleute oder die Handelskammer Berlin. Daß es beim Kampf um moderne Formgestaltung nicht nur um ästhetische Fragen, sondern auch um handfeste wirtschaftliche Erfordernisse geht – daraus machen die Werkbundmitglieder selbst keinerlei Hehl:

Augenscheinlich genügt nicht mehr die materielle Steigerung der Produkte allein, um im internationalen Wettstreite Siege erringen zu können. Das technisch überall gleich vorzügliche Ding muß mit geistigen Ideen, mit Form durchtränkt werden, damit ihm die Bevorzugung unter der Menge gleichgearteter Erzeugnisse gesichert bleibt. Deshalb ist die gesamte Industrie heute vor die Aufgabe gestellt, sich mit künstlerischen Fragen ernsthaft zu befassen ... Es hat sich in der Praxis bereits herausgestellt, daß es kurzsichtig ist, wenn der Fabrikant die Spesen für den Künstler sparen zu können glaubt. Führende Großbetriebe haben bewiesen – und das gibt den Ausschlag –, daß es sich auf die Dauer bezahlt macht, wenn sie neben technischer Vollendung und Preiswürdigkeit auch für den künstlerischen Wert ihrer Produkte besorgt sind und mit ihnen Geschmack und Anstand unter die Menge tragen. Sie ernten damit nicht nur den Ruhm, Kultur zu fördern, sondern, was im kaufmännischen Leben fast immer gleichbedeutend ist, auch pekuniären Gewinn.

Walter Gropius, Die Entwicklung moderner Industriebaukunst

Widersprüchlich wie die meisten reformerischen Ansätze zwischen Jahrhundertende und Erstem Weltkrieg entwickelt sich auch eine Bewegung, mit der junge Menschen nach einer Alternative zu den erstarrten Konventionen patriarchalischer Familienerziehung und zu der pädagogischen Stickluft höherer Schulen suchen. Im November 1901 gründet Karl Fischer in Steglitz bei Berlin den »Wandervogel. Ausschuß für Schülerfahrten«:

Heute weiß man es kaum noch, was in jenen ersten Tagen nach der Jahrhundertwende der Wandervogel bedeutete. Er war eine Gründung der Jugend, und er war eine Gründung, die eine Auflehnung gegen das Alter und Bürgertum, gegen Kastengeist und Muckerei bedeutete. Das stand nicht in seinen Vereinssatzungen, die nur besagten, daß der Wandervogel Schülerwanderungen betreibe, aber das war die Idee, die hinter diesen Wanderungen steckte.

Man gab sich herrlich frei und unbekümmert. Je wilder die Tracht, je rauher die Sitten, um so besser! Man spottete über Spaziergänger, man ging auf Fahrt, man verachtete Fremdwörter, Tabak, Alkohol, Poussieren, man erneuerte den Fahrenden Schüler. Wie dieser zog man mit Mandoline und Gitarre, der Klampfe, durch die Lande. Man entdeckte neu den unendlichen Reichtum der Volkslieder und sang und spielte sie den Bauern des Abends vor, ehe man zu ihnen ins Heu kroch. Denn es wurde nie in eine Wirtschaft gegangen, es wurde in Ställen und auf Scheunen übernachtet, zur Sonnenwende sprang man durchs Feuer, denn auch Mädchen gab es im Wandervogel. Zwar wurden sie von den echtesten Wandervögeln nur mit Zweifeln angeschaut und nie auf große

Fahrt mitgenommen, aber zum Singen, Essenkochen und Strümpfestopfen waren sie doch manchmal ganz brauchbar.

In einer verpimpelten Zeit war es ein Stolz, bedürfnislos zu sein. Man verachtete die warme Unterwäsche, man ging auch winters mit nackten Knien und kochte das Essen, meist der Schlangenfraß genannt, in großen Kesseln auf dem offenen Lagerfeuer.

Es ist selbstverständlich, daß viele Eltern und die meisten Lehrer Zeter und Mordio schrien über einen solchen Verein, der ihren Kindern nur Roheit, Sittenlosigkeit und Verlotterung beibringe. An vielen Lehranstalten wurde es den Schülern verboten, ein Wandervogel zu sein. Aber das half gar nichts. Der Wandervogel breitete sich trotzdem aus ...

Hans Fallada, Damals bei uns daheim

Die Flucht aus der Bürgerlichkeit, die Hinwendung zu natürlichen Lebensformen, die Pflege von Volkslied und Brauchtum vergangener Zeiten, in der viele Wandervögel die Keimzelle zu einem neuen Leben sehen, ist romantisch verschwommen und von Anbeginn an rückwärtsgewandt, mit einer Verklärung vorindustrieller, antiurbaner Zustände verbunden:

Die Lebenshaltung der Wandervögel stach zwar wohltuend von der schnarrenden Flottitüde der zeitgenössischen jungen Herren ab, doch was sie zur Schau trugen, war eine naive Deutschland- und sentimentale Bruderschaftsgesinnung, die zwischen Hainbund und Klampfenromantik, Naturvergottung und Landstreicherwesen keinen einheitlichen und überzeugenden Stil zu prägen vermochte. Was einst unter Fischer noch individuelles Erleben aus dem unklaren Bewußtsein errungener Freiheit gewesen war, nahm mit dem Verfließen und Sichausbreiten der Bewegung im Bündnerwesen und dem Schulreformismus der ersten Phase einen nicht eben zwingenden Charakter an. Man war nicht religiös und nicht irreligiös, man schob vor ernsthafte Denkprozesse gemeinsamen Gesang und knabenhafte Schwärmerei, man wollte nicht klären, sondern glauben. Doch woran eigentlich? Romantisches Pathos und verschwommener Sozialismus ersetzten für viele die Notwendigkeit einer Ideenschöpfung. Es gnügte ihnen, daß sie sich gegen die theatralische Pose ihrer Eltern- und Lehrerschaft stellten und dachten, was sie für sich errungen hatten, würde bleiben.

Frank Thieß, Verbrannte Erde

Zu den vielen – teils gesetzlich verankerten, teils durch Traditionen festgeschriebenen – Ungleichheiten, von denen das Leben in der wilhelminischen Gesellschaft geprägt ist, gehört auch die Benachteiligung der Frauen. Frauen erhalten weniger Lohn als ihre männlichen Kollegen, sie

Pfingstausflug der Wandervögel, um 1910

haben geringere Bildungschancen, sie dürfen weder wählen noch gewählt werden, und in Preußen ist bis 1908 »Frauenspersonen, Geisteskranken, Schülern und Lehrlingen« auch die Zugehörigkeit zu politischen Vereinen verboten. Als man 1910 allerorten den hundertsten Todestag der preußischen Königin Luise feiert, erklärt der Kaiser: »Und was sollen unsere Frauen von der Königin lernen? Sie sollen lernen, daß die Hauptaufgabe der deutschen Frau nicht auf dem Gebiet des Versammlungs- und Vereinswesen liegt, nicht in dem Erreichen von vermeintlichen Rechten, in denen sie es den Männern gleichtun können, sondern in der stillen Arbeit im Hause und in der Familie.« (Schulthess' Europäischer Geschichtskalender 1910) Küche, Kirche, Kinderstube – das ist die Sphäre, auf die sich nach vorherrschender Meinung das weibliche Wesen zu beschränken habe.

Aber immer weniger Frauen sind bereit, sich mit einer Rolle als Mensch und Staatsbürger zweiter Klasse zufrieden zu geben. »Solange es heißt, der Mann will, und die Frau soll, leben wir nicht in einem Rechts-, sondern in einem Gewaltstaat«, schreibt Hedwig Dohm, Schriftstellerin und Mutter von fünf Kindern. Und gegen Gewalt ist Widerstand legitim: »Jede Frau, die man Gesetzen unterwirft, die andere ohne ihre Mitwirkung gemacht haben, ist in ihrem Recht, wenn sie die Steuern verweigert.« (Hedwig Dohm, Der Frauen Natur und Recht)

Wie schwer es in der Praxis ist, das Geflecht aus Gesetzen, patriarchalischen Traditionen und Konventionen zu zerreißen, müssen engagierte Frauenrechtlerinnen immer wieder erfahren.

Am 10. Mai 1896 notiert Minna Cauer, Gründerin des Vereins »Frauenwohl« in Berlin, der sich für die staatsbürgerliche Gleichberechtigung der Frau einsetzt:

In dieser letzten Woche hat der Reichstag entschieden, daß all unsere Anträge zur Aufbesserung der Rechtsstellung der Frau umsonst waren. Engherziges Vaterland, das ich mein nennen muß! Wie trostlos sind überall die Verhältnisse! Nichts geht vorwärts, alles ist bemüht, krampfhaft das Alte mit morschen Stützen zu halten. Daß es morsche Stützen sind, ist beruhigend. Wird das Neue, was sich hier und da anbahnt, besser sein? Jedenfalls ist es Leben und hat den Schwung der Begeisterung.
Minna Cauer. Leben und Werk

Die Vertreterinnen der – breitgefächerten und unterschiedliche Schwerpunkte setzenden – bürgerlichen oder proletarischen Frauenverbände kämpfen gegen die Privilegien der Männer in Familie, Staat und Gesellschaft, gegen doppelte Moral und soziales Unrecht, sie treten für das Recht und erweiterte Möglichkeiten der Berufsausübung ein, die sie als Grundlage sozialer Freiheit und Unabhängigkeit begreifen.

Jahrzehntelang müssen die Frauen um gleichberechtigten Zugang zu Universitäten und höheren Bildungseinrichtungen kämpfen. Als Arthur Kirchhoff 1897 eine Sammlung von »Gutachten hervorragender Universitätsprofessoren, Frauenlehrer und Schriftsteller über die Befähigung der Frau zum wissenschaftlichen Studium und Berufe« vorlegt, zeigt sich, daß kaum einer der befragten Kapazitäten bereit ist, der Frau eine gleiche Befähigung wie dem Manne zuzugestehen.

Adolf Lasson, Philosoph, Gymnasialprofessor und Dozent an der Berliner Universität:

Schon die durchschnittliche körperliche Anlage des weiblichen Geschlechtes gestattet kaum einer größeren Anzahl, ohne erhebliche Beeinträchtigung der körperlichen Blüte und Gesundheit viele Jahre lang die anstrengenden Arbeiten auf sich zu nehmen, ohne die eine wirkliche wissenschaftliche Bildung auch bei großer Begabung nicht zu erreichen ist. Man würde … einen ansehnlichen Teil derjenigen, auf deren frischer Kraft und gesunden Sinnen die Hoffnung für das Gedeihen künftiger Generationen beruht, dem Siechtume und der Verkümmerung entgegenführen. Andererseits würde man für solchen Verlust kaum einen entsprechenden Gewinn eintauschen … die Schöpfung im großen Maßstab und die Arbeit aus dem Vollen ist dem Weibe noch nie gelungen und wird ihm auch künftig nicht gelingen – aller Voraussicht nach. Und an die Verwertung vom Weibe erworbener wissenschaftlicher Kenntnis in der Praxis des Amtes in irgend welcher Gleichheit mit dem Manne zu denken, erlaubt sich doch wohl nur ein phantastischer Hang zu wachen Träumen. Weibliche Ärzte mögen für Mohammedaner in ihren Frauenhäusern ihre Empfehlung haben: in unseren Verhältnissen bedeuten sie keine Verbesserung, weder des sittlichen Lebens noch der hygienischen Zustände.

Was in russischen oder amerikanischen Lebensbedingungen wurzelt und dort zulässig oder erwünscht erscheint, hat deshalb noch keine Geltung für deutsches Leben und Bewußtsein. Unsere Männer sind anders und unsere Frauen sind anders als dort ... Deutsche Wissenschaft ist Männerwerk.

Die Akademische Frau

Otto Gierke, Jurist an der Berliner Universität:

Es handelt sich nicht bloß darum, daß die Frauen, die einen männlichen Beruf ergreifen, ihrer natürlichen Aufgabe ganz oder teilweise entfremdet werden. Vielmehr verdrängt jede solche Frau zugleich einen Mann. Die Ursachen, die unsere Frauennot und insbesondere die zunehmende Ehelosigkeit verschulden, wachsen also lawinenartig an. Und noch mehr! Indem die billigere Frauenarbeit auf Gebieten, von denen sie bisher ausgeschlossen war, der Männerarbeit Konkurrenz macht, verdoppeln sich alle Schäden, die ohnehin das freie Spiel der Kräfte im heutigen Wirtschaftsleben hervorruft. Die Entartung des freien Wettbewerbes in einen wilden Kampf ums Dasein macht reißende Fortschritte. Dem Manne, der durch seine Berufsarbeit zugleich eine Familie ernähren soll, wird der Erwerb verkümmert.

Die Akademische Frau

Max Planck, Physiker an der Berliner Universität:

Amazonen sind auch auf geistigem Gebiet naturwidrig. Bei einzelnen praktischen Aufgaben, zum Beispiel in der Frauenheilkunde, mögen vielleicht die Verhältnisse anders liegen, im allgemeinen aber kann man nicht stark genug betonen, daß die Natur selbst der Frau ihren Beruf als Mutter und als Hausfrau vorgeschrieben hat, und daß Naturgesetze unter keinen Umständen ohne schwere Schädigungen, welche sich im vorliegenden Falle besonders an dem nachwachsenden Geschlecht zeigen würden, ignoriert werden können.

Die Akademische Frau

Aber die Frauen geben nicht auf. Nach langem Widerstand beschließt Preußen 1908 – als eines der letzten deutschen Länder – die Zulassung von Frauen zum Studium mit Examensberechtigung. Auch an der Berliner Universität werden im Winterhalbjahr 1908/09 die ersten Studentinnen immatrikuliert: zwei in der theologischen, drei in der juristischen, 87 in der medizinischen und 308 in der philosophischen Fakultät.

Die Situation der wenigen studierenden Frauen war anfangs keineswegs erfreulich. In den juristischen Kollegs und Seminaren der Berliner Universität war ich zunächst die einzige Frau. Das bei meinem Eintritt in das Auditorium praktizierte Scharren der Studenten überhörte ich hartnäckig; dadurch wurde es denen bald langweilig. Nach und nach kam man mit den Nachbarn ins Gespräch; sie schienen zu merken, daß man vom sogenannten »Blaustrumpf« ihrer Vorstellung nichts besaß. Meine persönliche Bekanntschaft mit einigen Professoren trug das ihrige zur Beruhigung der Geister bei.

Noch unerfreulicher als die Haltung gewisser anderer Professoren war die Einstellung mancher Gymnasiallehrer, die uns bis zur Prüfung völlig unbekannt waren, beim Abitur. Bei dem obligaten Antrittsbesuch, den ich dem Gymnasialdirektor abstattete, zeichnete dieser sich durch unpassende Belehrungen und Fragen besonders aus. Er erklärte zum Beispiel, ich solle lieber Strümpfe stopfen, anstatt zu studieren! Von solchen Herren war im Abitur nichts Gutes zu erwarten. Der Vorsitzende, Geheimrat Lambeck – ein gefürchteter Altsprachlehrer –, verhielt sich aber absolut gerecht, und insofern hatte ich Glück ... Als der Deutschlehrer mich rite zwiebelte, dabei aber selber trotz meines Widerspruches an einer historisch falschen Behauptung festhielt, griff Lambeck energisch ein. Das wirkte auch auf andere Lehrer beruhigend, und nach ca. zehnstündigem Examen, mit einer zweistündigen Mittagspause, war die Quälerei beendet.
Marie-Elisabeth Lüders, Fürchte dich nicht

Auch im Beruf haben sich Frauen ständig gegen Vorurteile und Konkurrenzneid ihrer männlichen Kollegen zu wehren. Besonders unerträglich ist den meisten Herren der Schöpfung die Vorstellung, eines Tages könne ihnen eine Frau als Vorgesetzte gegenüberstehen:

Frauen höhere oder auch nur mittlere Beamtenstellungen zu geben, sie zu Richtern zu machen, den Männern gleichen Bildungsgrades als Vorgesetzte zu geben, kurz, sie in Lagen zu bringen, wo sie eine Herrschaft ausüben könnten, der sich der einzelne Bürger nicht zu entziehen vermag, das wäre das Ende unseres Kultur-, Staats- und Gesellschaftslebens. Die beruflich tätige Frau – das sei ganz offen gesagt – soll in bescheidener Stellung bleiben, schon damit nach außen gekennzeichnet ist, daß die Frau im Beruf niemals ersten Ranges sein kann und sein soll.

Oscar A. H. Schmitz, Frauenrecht

1906 bildet sich in Berlin ein »Bund zur Bekämpfung der Frauenemanzipation«, der vor allem den Kampf gegen die weibliche Leitung öffentlicher Mädchenschulen auf seine Fahnen geschrieben hat:

Durch die Standesorganisationen wurden die Oberlehrer verpflichtet, sich unter keinen Umständen an einer Schule mit weiblichem Direktorat anstellen zu lassen, und da die Bestimmungen verlangten, daß mindestens ein Drittel der Lehrkräfte an höheren Mädchenschulen männlich sein müsse, so konnte ein solcher Boykott eine höhere Schule unter weiblicher Leitung natürlich unmöglich machen. Das Publikum wurde mit allen Mitteln zur Unterzeichnung von Petitionen bearbeitet, die dartun sollten, daß das Volksempfinden sich dagegen auflehne, daß ein Mann eine Frau, »noch dazu eine ledige«, zur Vorgesetzten habe. Andere männliche Berufsorganisationen, Handelsangestellte, Militäranwärter usw. wurden als Bundesgenossen eingesetzt ... »Für den Ehemann« – so der bei uns zur komischen Figur gewordene Führer dieses Kampfes, Herr Langemann – »sei die Erhaltung der echten weiblichen Eigenart geradezu eine Lebensfrage. Er sei einfach nicht imstande, den doppelten Kampf zu kämpfen, einmal mit den Widerwärtigkeiten, Mühen und Sorgen des Berufslebens und danach noch mit widerstrebenden, eigenwilligen, selbstsüchtigen häuslichen Gewalten.« Es bedürfe einer Frau der alten Eigenart, um, wenn er »nach dem schweren Kampf da draußen seinem trauten Heim entgegeneilt, dort die Liebe und Hingebung zu finden, die er in der kalten Welt nicht fand«. Und dieser Schätze wollten wir ihn berauben, indem wir die Mädchen schon mit dem Ideal der »geistig und sittlich freien Persönlichkeit« erfüllten ... Wie zäh war das Leben dieser philisterlichen Herrengefühle!

Helene Lange, Lebenserinnerungen

Den erbittersten Widerstand erfahren jene Frauen, die sich für die politische Gleichstellung von Mann und Frau einsetzen. Auf diesem Weg verweigern selbst jene Zeitgenossen die Gefolgschaft, die den Forderungen der Frauen nach gleichberechtigten Bildungschancen nicht ohne Verständnis gegenüberstehen:

Hans Baluschek, Titelblattentwurf für die von Helene Lange herausgegebene Zeitschrift »Die Frau«

Ich sehe den entscheidenden Punkt in dem Streben nach dem weiblichen Wahlrecht. Ich kann mir vorstellen, daß der Kreis der Tätigkeit der Frauen noch recht erheblich und mit Gewinn für das allgemeine Beste erweitert werde. Eine Anzahl Ärztinnen, Oberlehrerinnen, juristisch gebildete Verwalterinnen in sozialen Institutionen und in den Gemeinden werden vortrefflich funktionieren können. Aber hinter diesen öffentlichen Funktionen steht die Beteiligung an der Politik im allgemeinen,

und das ist nicht etwa eine willkürliche, für sich bestehende Forderung, sondern sie hängt mit der ganzen Frauenbewegung innerlich und organisch zusammen. Wenn man irgendwo einen Pfahl einschlagen könnte und darauf schreiben: bis hierher und nicht weiter, so wäre es für einen vorurteilsfreien Mann nicht schwer, sich mit der Frauenbewegung auseinanderzusetzen, aber das Verhängnisvolle ist, daß eine von der Natur gegebene Stelle, wo wir diesen Pfahl einschlagen könnten, nicht existiert.
Hans Delbrück, Ein Nachwort zum Frauenkongreß

Polizei und Justiz tun das ihre, um mit Diskriminierungen, Schikanen und Verboten aller Art die Frauen von der politischen Bühne fernzuhalten:

Der große Frauen- und Mädchenbildungsverein für Berlin sowie seine Filialen wurden durch Gerichtsurteil vom 20. März 1895 geschlossen.

21 Genossinnen erschienen als Angeklagte vor dem Schöffengericht zu Berlin. Vom 2. April 1892 bis zum Frühjahr 1895 sollen sie in Berlin, Charlottenburg, Weißensee als Vorsteher, Ordner und Leiter eines politischen Vereins Frauenspersonen als Mitglieder aufgenommen haben. 30 Polizeibeamte waren als Belastungszeugen geladen. Die sogenannten »Kriminalstudenten«, unbeschäftigtes, sensationslüsternes Publikum, hatten bei diesem großen Zeugenaufgebot in Schutzmannsuniform gedacht, es handle sich um einen Zuhälter- und Dirnenprozeß, und waren in Scharen gekommen. Sie kamen nicht auf ihre Kosten und zogen enttäuscht ab. Die Dinge, die hier verhandelt wurden, waren keine Sensation in ihrem Sinne. Der Gerichtsvorsitzende erklärte im Laufe des Prozesses: »Politik ist alles, was nicht eine einzelne Person, sondern die gesamte Öffentlichkeit angeht.« Es hatte nämlich ein Arzt in dem Verein über Säuglingsernährung gesprochen und dabei gefordert, daß, wenn die einzelne Familie nicht imstande ist, die teure Kindermilch zu beschaffen, dies die Pflicht der Kommune sei. Genossin Mesch als Vorsitzende wurde zu 25 Mark Geldstrafe, die übrigen 20 Frauen zu je 15 Mark verurteilt.
Ottilie Baader, Ein steiniger Weg

Seit 1902 gestattet die sogenannte Segmentverordnung des Berliner Polizeipräsidenten Frauen an öffentlichen politischen Versammlungen teilzunehmen, allerdings nur als »Zuschauerinnen«: auf der Galerie oder in einem vom eigentlichen Versammlungsraum mit einem Seil abgetrennten »Segment« des Saales. Sie dürfen sich weder durch ein Zeichen des Beifalls noch des Mißfallens als Teilnehmer der Versammlung zu er-

kennen geben. »Ich will nicht«, erklärt der preußische Innenminister von Hammerstein am 5. Mai 1902 in einer Debatte des preußischen Abgeordnetenhauses, daß die Frauen »in politischen Versammlungen mitreden. Ich glaube, es sähe traurig aus um unseren preußischen Staat, wenn die leichte Erregsamkeit der Frauen gerade in öffentlichen Versammlungen das Volk bewegen sollte! Davor müssen wir uns hüten. Es soll deshalb der Polizei immer die Befugnis bleiben, und sie soll scharf eintreten, sobald die Frauen versuchen, auch politisch tätig zu sein.«

Als ein vom Reichstag beschlossenes neues Vereinsgesetz 1908 den Frauen das Recht gibt, politischen Parteien beizutreten und am politischen Leben teilzunehmen, wird auch in Berlin der skurile »Segmentbeschluß« zu den Akten gelegt:

Sechs Jahre sind verflossen. Die preußische Polizei hat im wirren Durcheinander die Wünsche und Forderungen des Ministers zu erfüllen versucht und hat dabei Fiasko gemacht. Die Verhältnisse sind stärker als Ministererlasse und Polizeibefugnisse ... Lebte Herr von Hammerstein noch, so würde er über die Vergänglichkeit von Ministererlassen nachdenken müssen. Der preußische Staat scheint nach sechs Jahren sich so befestigt zu haben, daß er sogar die »leichte Erregsamkeit der Frauen« nicht mehr zu fürchten braucht.

Minna Cauer, Freie Bahn

Das Recht zu wählen und gewählt zu werden aber bleibt den Frauen bis zum Ende der Hohenzollernmonarchie versagt. Es wird ihnen erst im Gefolge der revolutionären Veränderungen vom November 1918 zugesprochen werden.

Das steinerne Berlin – Entwicklungsprobleme einer Metropole

Im Sommer 1913 kommt der Sozialdemokrat Ernst Reuter in die deutsche Hauptstadt: »Ich habe für Stadt- und Ringbahn ein Abonnement 3. Klasse, 4,60 Mark, damit komme ich überall hin. Berlin selbst ist mir höchst unsympathisch. Staub und entsetzlich viel Menschen, die alle rennen, als ob sie die Minute 10 Mark kostete.« Und ein halbes Jahr später schreibt der spätere Oberbürgermeister von West-Berlin an seinen Bruder: »Deine Abneigung gegen Berlin teile ich nachgerade vollständig, es ist eine scheußliche Stadt. Ich werde aber noch lange in ihr leben müssen.« (Ernst Reuter, Schriften/1)

Berlin hat sich zu dieser Zeit endgültig von der »Kaiserstadt« zur Weltstadt gemausert: anregend und irritierend zugleich, unüberschaubar – eine Stadt aus vielen Städten.

Als ich kürzlich Berlin wiedersah, suchte ich vergeblich nach einem treffenden Vergleich. Nichts auf Erden vermag als vollkommenes Gleichnis zu dienen für dieses sich nach außen stets ausbreitende Stadtungeheuer – dessen ewige innere Veränderung sich in jeder Richtung und Hinsicht im gleichen Tempo vollzieht. Das Tempo des Wachstums ist rasend – beängstigend und begeisternd zugleich. Es ist amerikanisch – denn jede europäische Großstadt brauchte zu ähnlicher Leistung längere Zeit. Berlin explodiert gleichsam! …

An der Peripherie entstehen in dreihundertfünfundsechzig Tagen neue Stadtteile, wo man vor einem Jahr über Wiesen spazierte. Fabriken – die in der Dunkelheit Lichtfluten ausstrahlen wie riesige Feenschlösser – wachsen aus dem Boden wie auf ein Zauberwort. Häusergruppen der Innenstadt – die unsere Väter neu bauten – machen, als altes Gerümpel, großartigeren Neubauten Platz. Verkehrsmittel, die vor zehn Jahren noch höchst amerikanisch erschienen, reichen längst nicht mehr aus …

Berlin, die Stadt, kennt keine Ruhe, gönnt sich keine Rast, sie kennt keinen Schlaf und – keine süddeutsche Gemütlichkeit! Berlin wächst! Presto! Prestissimo!!

Hermann Konsbrück, Neu-Berlin

In Groß-Berlin wohnen um 1910 rund 3,7 Millionen Menschen, etwa die Hälfte von ihnen in den verwaltungsmäßig immer noch selbständigen Gemeinden des Umlandes, deren bauliche Grenzen zu Berlin kaum noch auszumachen sind. Charlottenburg, 1871 ein Ort von rund 20 000 Einwohnern, entwickelt sich bis 1914 zur elftgrößten Stadt des Deutschen Reiches. Die Einwohnerzahl Schönebergs wächst von 63 000 im Jahr 1895 auf 175 000 am Ende des Ersten Weltkrieges; Wilmersdorf, 1895 noch eine kleine Gemeinde von 14 000 Einwohnern, verzehnfacht seine Einwohnerzahl, und Rixdorf, das sich 1912 den vornehmer klingenden Namen Neukölln zulegt, wächst im gleichen Zeitraum von 60 000 auf 262 000 Einwohner. »Wenn man einige Monate nicht in Berlin gewesen ist, glaubt man es jedesmal ganz verändert zu finden«, schreibt Alfred Lichtwark. »Vor zehn Jahren war die Bevölkerung auf große Entfernungen noch gar nicht eingeübt. Steglitz schien aus der Welt. Wer es wagte, sich dort anzusiedeln, wurde von seinen Freunden aufgegeben. Heute ist man dort dem Zentrum näher als am Nollendorfplatz. (Alfred Lichtwark, Briefe/1)

Eine wichtige Rolle beim Zusammenwachsen Berlins mit seinen Vororten spielt ein neues Verkehrsmittel – die elektrische Hoch- und Untergrundbahn, deren erste Linie, von Siemens gebaut, von der Deutschen Bank finanziert, vom Potsdamer Platz über das Gleisdreieck zum Stralauer Tor beziehungsweise über Bülowstraße und Wittenbergplatz zum Bahnhof Zoo führt.

Am 18. Februar 1902 ist Jungfernfahrt:

Es war heute am frühen Morgen, und noch stockfinster schaute der Himmel drein, als der Untergrundbahntunnel am Potsdamer Bahnhof sich öffnete. Die feierliche Ehrenpforte mit der goldgrünen Bekleidung verdeckte, was noch primitiv und nicht rechtzeitig fertig geworden war. Ein elektrischer Strahlenkranz leuchtete die Treppen hinunter zum unterirdischen Verlies. Das nächtliche Berlin sandte der Hochbahn die ersten Passanten. Meist müde Herrschaften, die nach Hause strebten und das Nützliche mit der Annehmlichkeit einer Tour auf der neuen Bahn verbinden wollten. Und dann gab es Superkluge, die auf billige Weise historisch werden wollten als erste Passagiere der Hochbahn. Aber sie waren nicht früh genug aufgestanden. Die Billets mit der Nummer 1 waren nur in je einem Exemplar zweiter und dritter Klasse vorhanden, und schon frühzeitig waren diese Raritäten in festen Händen … Auf der ersten Fahrt sah es im übrigen recht dünn aus. Sechs Fahrgäste saßen in dem Wagen zweiter und siebenundzwanzig in den beiden Wagen dritter Güte.

Die Premiere war ja kein so billiger Spaß, heute und morgen und übermorgen kostet die Fahrt vom Potsdamer Tor zum Stralauer Tor – man nennt das noch immer eine Besichtigungsfahrt – in der zweiten Klasse fünfzig und in dritter dreißig Pfennige. Nur hin und nicht retour.

Das hatten fünf Passagiere des ersten Hochbahnzuges, der um 5 Uhr 26 Minuten das Stralauer Tor verließ und wohlgezählte neun Gäste dritter und fünf zweiter Klasse beherbergte, nicht beachtet, und als sie mit ihren alten Billets die Retourfahrt antraten, mußten sie wohl oder übel noch einmal in die Tasche greifen.

Pfeilschnell flogen die Züge dahin. Alle fünf Minuten ein Zug. An den sieben Stationen gab es nur einige Sekunden Aufenthalt. Es klappte alles wie am Schnürchen. Nur voll wurde es nicht, auch nicht um die Mittagszeit. Der Berliner wartet lieber, bis es billiger wird.

Berliner Tageblatt, 18. Februar 1902

Das neue Verkehrsmittel wird von den Berlinern schnell angenommen. Bereits am ersten Sonntag nach der Eröffnung benutzen 68 126 Personen die Strecke vom Stralauer Tor zum Potsdamer Platz. Allerdings bleibt die Hoch- und Untergrundbahn auch in den nächsten Jahren noch ein bevorzugtes Beförderungsmittel der »besseren« Gesellschaftskreise. Nicht nur der hohen Fahrpreise wegen. »In der 2. Klasse ist das Rauchen durchweg verboten. Hunde, große oder unsaubere Gepäckstücke dürfen nicht mitgenommen werden. Geladene Gewehre, Schießpulver und dergleichen sind ausgeschlossen.« (Berliner Tageblatt, 22. Februar 1902). Viel Bewunderung findet die von dem Architekten Alfred Grenander geschaffene Innenausstattung der neuen Bahn: blitzende Messingbeschläge, Mahagoni, rotes Leder – alles im Design des modischen Jugendstils.

Ihre Wagen sind schlank und niedrig und nicht in Coupés, sondern salonartig eingeteilt, aber in ihrer Innenarchitektur, und zwar in beiden Klassen, sehr modern und sehr schmuck. Man sieht in ihr immer viele Offiziere, weil sie in ihrer geschickten Kurvenlinie, in der sie dahinflitzt, auch die billigeren Viertel des Westens berührt, und vor allem viele Frauen. Die scheinen herausgefunden zu haben, daß die moderne Innenausstattung gut kleidet, und wie man in anderen Großstädten für den Korso Toilette macht, so macht man's hier, in der Stadt der Bescheidenheit und der Elektrizität, für die Untergrundbahn.

Berlin und die Berliner

Um Lärmbelästigung und eine Verunstaltung der Wohn- und Einkaufsstraßen zu vermeiden, erreichen Hausbesitzer und einflußreiche Geschäftskreise, daß die neue Schnellbahn auf Charlottenburger Gebiet unter die Erde kommt. Vom August 1900 an arbeiten in der Tauentzienstraße die Rammen für den U-Bahn-Bau:

Da, wo die elektrische Untergrundbahn in Arbeit ist, hat das Terrain einen gewissen alpinen Charakter angenommen; es wechselt angenehm zwischen Höhen und Tiefen, Sandbergen und schwebenden Brücken, schmalen Pfaden und gefährlich engen Passagen. Wenn man sich einen Rucksack über die Schultern hängt, einen Eispickel in die Hand nimmt, die Augen zumacht und so vorwärts tappend zu jodeln beginnt, kann man sich ohne Kosten in die Alpenwelt versetzt fühlen. In der Gegend der Kaiser-Wilhelm-Gedächtniskirche war es bis vor kurzem geradezu beängstigend. Da türmten sich die Berge hoch auf, und zwischen ihnen gähnten tiefe Schluchten, in denen das Grundwasser gurgelte. Jetzt beginnt sich das Chaos ganz allmählich zu lichten.
Fedor von Zobeltitz, Chronik der Gesellschaft/1

Bis zum Ausbruch des Weltkrieges erweitert sich das Berliner U-Bahn-Netz auf sechs Linien mit achtunddreißig Kilometern Länge. Vor besonders schwierige Probleme stellt Ingenieure und Techniker die unterirdische Verlängerung der Stammbahn ins Stadtinnere: durch dichtbebautes Gebiet, durch Schlick und Schwemmsand, unter der Spree hindurch bis zum Alexanderplatz.

Da wuchsen sich die Aufgaben beinahe bis ins Gigantische aus. Ein ganzer Hotelpalast mußte unterfahren werden, und es wurde verlangt, daß auch nicht die Spur von Geräuschen oder Erschütterungen vom Tunnel in das Gebäude dringen dürfe. Die Leipziger Straße mußte durchquert werden, und der Verkehr durfte auch nicht eine Minute gestört werden. Eine hundertjährige Linde stand auf dem Leipziger Platz dem Tunnel im Wege. Die Ingenieure versetzten sie schöner und besser, als irgendein Gärtner es gekonnt hätte, indem sie ihr aus schweren Bohlen ein Blumentöpfchen von sechshundert Kubikmetern Inhalt zimmerten.
Hans Dominik, Moderne Tiefbauten

Etwas unheimlich wurde die Untergrundbahnstrecke dann hinter dem Spittelmarkt im Zuge der jetzigen Wallstraße. Dort durchschnitt sie das Gebiet der mittelalterlichen Friedhöfe und Pestfriedhöfe. Jeder Spatenstich förderte aus dem weißen Sand Totenschädel und Schenkelknochen zutage. Die Bauverwaltung hatte große Kisten aufgestellt, in die diese aus vier Jahrhunderten stammenden Gebeine gesammelt wurden, um jeden Abend nach dem städtischen Friedhof in Friedrichsfelde abgefahren und dort wieder bestattet zu werden. Es war ein eigenartiges Gefühl, durch diese Schädelstätte zu wandeln.
Hans Dominik, Vom Schraubstock zum Schreibtisch

U-Bahnbau in der Innsbrucker Straße. Im Hintergrund der Bayrische Platz, 1908

Im Juli 1913 wird die U-Bahn-Strecke Spittelmarkt–Alexanderplatz–Nordring (heute Schönhauser Allee) in Betrieb genommen. »Der Alexanderplatz, der künftige zweietagige Umsteigebahnhof, ist schon gleich für einen Massenverkehr ausgestaltet. Wer die oft recht kümmerlichen, komplizierten und unschönen Untergrundbahnhöfe anderer Weltstädte kennt, wird das hier Geleistete zu würdigen wissen.« (Berliner Tageblatt, 28. Juni 1913, Abendausgabe)

Nach Westen wird die Siemensbahn bereits 1906 bis zum Wilhelmplatz (heute Richard-Wagner-Platz), im Herzen Charlottenburgs, weitergeführt. Die Deutsche Bank, die in Neu-Westend umfangreiche Terrains erworben hat, betreibt, auf künftige Bodenwertsteigerung spekulierend, 1908 den Bau einer Strecke vom Zoo über Bismarckstraße bis zum Reichskanzlerplatz (heute Theodor-Heuss-Platz), obwohl die Gegend dort noch menschenleer ist:

Am Reichskanzlerplatz ist Schluß. Draußen ist nichts mehr als ein Sandflecken; ein einsames Haus ragt schloßartig auf. Die Untergrundbahn verläuft im Sande, wörtlich genommen.

Der selige Quistorp, der sich an den Terrains hier oben die Zähne ausgebissen hat, würde staunen, wenn er mitten in seiner Wüste den Bahnhofseingang sähe (Grenanders hübsche Architektur), unten die blendende Eintrittshalle, mit Majolika ausgelegt (mehr modisch freilich als schön).

Die Hochbahn soll die Westender Terrains erst ganz dem »Weltverkehr« erschließen. Vorläufig wird alle Stunde nur ein »Wüstenwagen« in die Kieferheide hinaus den Ausflug machen.

Berliner Volks-Zeitung, 17. März 1908, Abendausgabe

Nicht nur die Banken, auch die Gemeinden mischen beim Poker um die lukrativsten Streckenführungen kräftig mit: Schöneberg baut 1910 eine eigene Bahn, die, vom Bahnhof Nollendorfplatz abzweigend, durch das vornehme Bayrische Viertel des Bauunternehmers Haberland bis zum heutigen Innsbrucker Platz führt. Auch Wilmersdorf spekuliert darauf, daß günstige Verkehrsverbindungen, wie die U-Bahn sie bietet, steuerkräftige Bevölkerungsschichten zur Ansiedlung bewegen werden. Aber die Wilmersdorfer Bahn, die vom Wittenbergplatz nach Dahlem führen soll, muß auf Charlottenburger Hoheitsgebiet beginnen, und Charlottenburg stellt sich quer: neue Schnellbahnen sollen die Charlottenburger Grundrenten steigern, nicht die von Wilmersdorf. So erhält Charlottenburg zum Ausgleich die Kurfürstendamm-Linie. Länge: zwei U-Bahn-Stationen.

Wem ist bei dem berühmten Schnellbahnstreit zwischen den westlichen Berliner Vororten nicht schon der Gedanke gekommen, daß die Verhältnisse in Groß-Berlin geradezu nach einem von Sonderrücksichten freien Beamten schreien, der in all diese kleinlichen Privatinteressen mit einem Machtwort hineinfährt? Außer einem paar Dutzend Verkehrssachverständigen und den direkt beteiligten Grundstücksinteressenten gibt es wohl niemanden in Berlin, der sich aus dem Labyrinth der verschiedenen Schnellbahn-Vorschläge noch herausfindet. Aber je mehr die Gemüter sich erhitzen, um so gleichgültiger wird derjenige, für den doch zuletzt alles geschieht, der Nichts-als-Bürger. Noch ist dem Einwohner von Schöneberg, von Wilmersdorf, von Charlottenburg nicht klar geworden, warum seine vitalen Interessen verletzt werden, wenn nicht diese Trasse, sondern jene gewählt wird. Nur das eine fühlt er instinktiv, daß hinter dem Vorhang, auf dem in bengalischer Beleuchtung das Wort »Gemeinwohl« steht, ein wilder Kampf um die Beute im Gange ist. Man sollte einmal das Grundbuch offen auslegen, und man würde staunend erkennen, was das für »vitale Interessen« sind, um welche sich hier in letzter Linie alles dreht.
Ludwig Eschwege, Der Ruf nach dem Kaufmann

Mit dem raschen Wachstum der Vorstädte verliert der Kern des alten Berlin seine bis dahin dominierende Rolle:

Vor allem fallen die Bewohner des Westens aus; die finden den Weg nicht mehr zurück, und man wird ihnen nicht übelnehmen dürfen, daß sie sich lieber in dem breiten Zug der Tauentzienstraße und ihrer Fortsetzungen ergehen, als daß sie sich auf den schmalen Steigen der Leipziger von Leuten, die es überaus eilig haben, stoßen lassen. Die Zugezogenen, die nie im inneren Berlin gelebt haben, halten den Potsdamer Platz für das Zentrum, und in rein geographischer Hinsicht dürften sie auch richtig schätzen. Berlin hat sich durch die Abwanderung nach Westen so verschoben, seine ursprüngliche Figur hat sich so verunstaltet, daß man kaum noch weiß, wo man Herz und Kopf suchen soll.
Arthur Eloesser, Die Straße meiner Jugend

1913 wird am Kurfürstendamm der U-Bahnhof Uhlandstraße eröffnet. Der Reitweg zwischen den Straßenbahngleisen verschwindet erst 1931. Photo von Max Missmann, 1913

Die Erneuerungen und Veränderungen im Verkehr und Wohnungswesen hatten eine völlige Umgestaltung zum Beispiel des Geschäfts- und Restaurationslebens von Berlin zur Folge. Die renommierten, alteingesessenen Berliner Geschäfte, deren Zentrale bis dahin in der Friedrichstadt, der Leipziger Straße und Friedrichstraße lag, kamen ihren Kunden, die meistens in den Außenbezirken wohnten, buchstäblich entgegen und verlegten ihre Niederlagen nach dem Westen. Auf diese Weise entwickelte sich die Tauentzienstraße, eine bisher unbekannte Nebenstraße, zu der Geschäftsstraße, die sie heute geworden ist. Eine nicht unbedeutende Rolle spielte dabei der vom Kommerzienrat Jandorf erbaute Riesenpalast des »Kaufhaus des Westens«, der sehr bald ein Mittelpunkt des Berliner Geschäftslebens wurde ... Auch das berühmte Weinhaus Kempinski in der Leipziger Straße mußte dem Zuge der Zeit folgen und errichtete am Kurfürstendamm eine Filiale ...

Bis zum Ende des vorigen Jahrhunderts mußte der Berliner, der abends »ausgehen« wollte, nach der Friedrichstadt fahren, denn in Charlottenburg, man kann sagen: in Berlin W. gab es, von kleinen Kneipen und Destillen abgesehen, kaum ein Restaurant. Die erste Bresche schlug ein sogenanntes Prachtrestaurant, das die Pschorrbrauerei an der Kaiser-Wilhelm-Gedächtniskirche einrichtete. Man nannte es das »Pschorrbräu«. Es konnte viele hundert Menschen fassen, und viele in Charlottenburg wohnende Berliner, die früher, wenn sie nach der Theatervorstellung ins Restaurant gehen wollten, dies in der Friedrichstadt taten, gingen jetzt zum Pschorrbräu, von wo sie bequem zu Fuß nach

Hause gehen konnten. Nun entstand natürlich mit rasender Schnelle in dieser Gegend ein Wein- oder Bierrestaurant neben dem andern, lockte ein Caféhaus, eine Likörstube nach der andern das Publikum an. Das, man kann schon sagen, Parvenütum dieser blitzartig sich entwickelnden Weltstadt gefiel sich in pompösen Bezeichnungen. Das Bierrestaurant wurde zum Bierpalast, das Caféhaus zur Diele. Auf diese Weise entstand die pomphafte Vergnügungsavenue, die der Kurfürstendamm heute darstellt.

Eduard von Winterstein, Mein Leben und meine Zeit

Die Bebauung des Kurfürstendamms und seiner Nebenstraßen, um 1900 erst etwa bis zur Knesebeckstraße gediehen, macht rasche Fortschritte. Immer mehr wohlhabende Berliner Familien verlassen den alten Innenstadtbereich, um hier, in vornehmer Umgebung, ohne Industriehöfe und Handelslärm, komfortable Wohnungen zu beziehen.

Meine frühesten Erinnerungen reichen bis in die ersten Jahre dieses Jahrhunderts zurück. Ihr äußerer Rahmen ist unsere damalige Wohnung in der Fasanenstraße, in einem Haus, das den Zweiten Weltkrieg überlebt hat.

Es ist ein großes Haus, gebaut um 1900 von Baumeister Sehring, der auch das Theater des Westens in der Kantstraße gebaut hat. Zwei Säulen flankieren die monumentale Eingangstür, durch die man in eine weite hohe Halle tritt, die zu einer breiten, vom Erdgeschoß aufschwingenden Treppe führt. Das Haus besaß bereits damals einen geräumigen Fahrstuhl, in den der Portier jeden begleiten mußte, um den schwierigen Seilmechanismus zu manipulieren. Eine der großen Wohnungen, eine Etage von vierzehn Räumen im vierten, obersten Stock, bewohnten wir …

Zu den Hauptmahlzeiten saßen wir um den großen Eßzimmertisch, an den Kopfenden Mama und Papa, auf der einen Seite die beiden »großen« Jungen, auf der anderen Mademoiselle und ich. Die Küche war eher französisch als deutsch. Wir wurden ziemlich streng erzogen und durften ungefragt bei Tisch nicht sprechen, aber Papa und Mama sprachen viel und ungehemmt mit uns. Nach Tisch durften wir unserer kleinen, energischen und eleganten Mama, die nach Atkinsons »White Rose« roch, die Hand küssen und Papa nach ins Herrenzimmer stürzen, um ihn für seinen kurzen Nachmittagsschlaf zuzudecken, dann ging es ins Kinderzimmer zurück …

Meine Eltern galten für die Jahrhundertwende als sehr »modern«. Meine Mutter zog sich in Paris an, mein Vater war ein »Selfmademan«, und beide, ohne »Bohème« zu sein, hatten in wesentlichen Dingen Geschmack und Ansichten, die ihrer Zeit beträchtlich voraus waren. Beide gingen gern aus, und so beugten sich sehr oft abends über unsere Kin-

derbetten eine parfümierte, mit blitzenden Juwelen geschmückte Mama und ein eleganter Papa im Frack.
Hans Jacob, Kind meiner Zeit

Von großbürgerlichem Zuschnitt geprägt sind auch die komfortablen Mietshäuser, die nach der Jahrhundertwende in Teilen von Friedenau und Steglitz, im Bayrischen Viertel in Schöneberg, in Wilmersdorf rund um den Rüdesheimer Platz entstehen.

Wo noch im vorigen Frühjahr die Laubenkolonisten ihre Kartoffeln und ein verspäteter Berliner Vorstadtbauer seinen Roggen geerntet hat, ist Baukultur in höchster Berliner Potenz eingezogen. Die Terraingesellschaft Berlin-Südwest, eine der Gesellschaften des geschickten und geschäftigen Großspekulanten Kommerzienrat Georg Haberland, hat den Ehrgeiz gehabt, an dieser Stelle eine Art Mietskasernenparadies zu errichten. Die Straßennamen ringsum duften nach Rheinwein. Da ist eine Landauer-, eine Laubenheimer-, sogar eine Deidesheimer Straße, kurz, die ganze Weinkarte der Rheinweingegend im weiteren Sinne ist beisammen. Das meiste ist noch ungebaut, und vorerst ist der Rüdesheimer Platz mit einer einzigen anschließenden Straße die Oase im weiten Feld. Aber der Anfang läßt Gutes hoffen. Hier wird nämlich eine Gartenstadt nach englischem Muster entstehen. Die dreistöckigen Wohnhäuser sind auf den überbreiten Straßen durch eine Blumenterrasse vom Fahrdamm getrennt. Jeder Hauseigentümer übernimmt beim Terrainkauf die in das Grundbuch eingetragene Verpflichtung, einen 13 Meter breiten Streifen vor seinem Hause als Blumenterrasse zu erhalten. Damit die einheitliche Ausschmückung der Gegend gewährleistet ist, wird jeder Besitzer Mitglied der Gartengenossenschaft, die ihrerseits die gleichmäßige Unterhaltung der breiten Gartenbordüre zur Aufgabe hat. Mit Vier- bis Siebenzimmerwohnungen ist den Ansprüchen des wohlhabenderen Mittelstandes genügt.
Deutsche Tageszeitung, 1. Juli 1911

In raschem Wachstum begriffen ist auch der Kranz der Villenvororte. Wannsee, Nikolassee, Schlachtensee, Zehlendorf, Dahlem, Westend oder Frohnau heißen die alten und neuen Siedlungen, in denen sich die Angehörigen einer zahlungskräftigen und auf »Lebensstil« bedachten Oberschicht ihre von renommierten Architekten entworfenen »Landhäuser« bauen lassen. Und wer den Trend der Zeit verstanden hat, der kauft hier, in der idyllischen märkischen Seen- und Kiefernlandschaft, nicht nur das Grundstück für den eigenen Bedarf, sondern gleich ein bißchen mehr – in der sicheren Erwartung späteren Gewinns.

»Gartenstadt«-Flair am Rüdesheimer Platz in Wilmersdorf. Die nach einheitlichen Plänen von Paul Jatzow errichtete Wohnanlage entstand zwischen 1910 und 1914. Links im Bild der Brunnen mit Siegfried als Rosselenker und den allegorischen Figuren von Rhein und Mosel

In der Kolonie Grunewald spekuliert jetzt beinahe alles: es gibt hier kaum eine populärere Erwerbstätigkeit ... Wenn auch gelegentlich in den Salons der Grunewaldvillen die theoretische Frage nach der ethischen Berechtigung der Terrainspekulation aufgeworfen wird, so steht doch ihre praktische Bejahung längst außer Zweifel. Der Terrainbesitz gilt als die solideste und einträglichste Sparkasse, der man seine Kapitalien zuführen kann. Angehörige aller Berufe haben eine größere oder kleinere Anzahl Baustellen zum Zwecke gewinnreicher Wiederveräußerung erworben. Neben den Erwerbs- und gewohnheitsmäßigen Spekulanten haben wir hier Amateurspekulanten in selten großer Zahl, die der Terrainspekulation im Grunewald ihr eigentümliches Gepräge verleihen. Neben verschiedenen Fabrikanten, Kaufleuten und Bankiers, einzelnen Handwerkern, zahlreichen Architekten und Ingenieuren, Maurern und Zimmermeistern finden wir hier Beamte der verschiedensten Rangklassen, vom Wirklichen Geheimen Oberregierungsrat bis zum Postsekretär und Hauptkassenbuchhalter. Ärzte und Apotheker sind ebenso wie Schriftsteller und Gelehrte, Universitätsprofessoren und Gymnasiallehrer vertreten. Auch Künstler, Maler und Bildhauer, Sänger und Sängerinnen und Schauspieler fehlen nicht. Sogar einige

Weiträumige Plätze und gepflegte Grünanlagen prägen auch das nach der Jahrhundertwende entstehende Bayrische Viertel in Schöneberg. Blick über den Bayrischen Platz nach Norden. Photo von Max Missmann, 1912

Pfarrer haben es nicht verschmäht, sich durch den Besitz mehrerer Baustellen die Sorge für den andern Tag in wirkungsvoller Weise zu erleichtern.
Paul Voigt, Grundrente und Wohnungsfrage in Berlin

Für die Masse der Berliner Bürger aber bringt die rasche Entwicklung der Vororte und ihre günstige verkehrsmäßige Erschließung keine Verbesserung der Wohnqualität: das Meer der Mietskasernen, seit den Gründerjahren trauriges Charakteristikum des Berliner Weichbildes, überflutet nun auch die angrenzenden Gemeinden:

Da jeder Vorort sich egoistisch als eine kleine Stadt für sich ausgebildet hat, und da die Bodenspekulation auch dort dieselben Ziele verfolgt wie in der Großstadt, so findet man überall, wo man doch auf dem Lande zu sein wähnte, dieselben öden Straßen, großstädtischen Mietshäuser und rußigen Fabriken, dieselbe Kasernenmäßigkeit und Verlogenheit wie in der Stadt. Ob man am Alexanderplatz wohnt oder in Steglitz, Tempelhof oder Pankow, das ist ziemlich dasselbe ... Richtige Landhauskolo-

Mietskasernenstadt Berlin – 48 Prozent aller Berliner Mietwohnungen sind Hinter- und Seitenhauswohnungen. Blick in den Hof Keibelstraße 41, 1918

nien gibt es nur hier und da im Westen auf einigen teuren Waldterrains; aber auch sie sind das Werk von Spekulanten.

Und diese Art der Stadtanlage wird unverändert weiter betrieben, Jahr für Jahr. Theoretische Pläne und Ideenwettbewerbe, die die Stadtverwaltung neuerdings ersonnen hat, können an der Brutalität der Tatsachen nichts ändern. Wo heute noch ein Kornfeld wogt, da ist nach wenigen Jahren schon ein neuer Stadtteil. Es breiten sich weite, schöne Terrains, wie geschaffen zur einheitlichen, großzügigen Bebauung, vor einem aus; aber blickt man genauer hin, so sieht man schon die langweilig schematischen Straßen abgesteckt. Und im nächsten Jahr werden die Spekulanten um die Wette ihre Mietshäuser errichten. Das ganze neue Berlin gehört den Bauunternehmern. Die »stolze Kaiserstadt« ist buchstäblich vom subalternen Materialismus barbarischer Spekulanten gebaut worden. Keiner hat diesem Rudel willensstarker Profitjäger dreingeredet als die sich um Hygiene und technische Sicherheit kümmernde Baupolizei. So kommt es, daß das ganze neue Berlin mit all seinen Vororten nicht das Resultat eines Stadtbewußtseins ist, sondern ein Produkt des Baumarktes.

Karl Scheffler, Berlin. Ein Stadtschicksal

Die Terraingesellschaften, in denen immer ungenierter die Großbanken den Ton angeben, bestimmen wann, wo und wie in und um Berlin gebaut wird. »Bis Ende 1906 (resp. 1906/7) war in stundenweitem Umkreis von Berlin eine solch große Fläche unbebauten Bodens in die Hand von Terraingesellschaften übergegangen, daß selbst bei weiterer günstiger Entwicklung der Stadt in mehreren Jahrzehnten die Bebauung des Geländes noch nicht abgeschlossen sein dürfte.« (Vilma Carthaus, Grundstückskrisen) Im Norden wird die Gegend an der Schönhauser Allee bis nach Pankow hinein im Mietskasernenstil bebaut. Die Bodengesellschaft Berlin-Nord errichtet im Wedding Massenquartiere in der Müllerstraße und ihren Nebenstraßen. Im Osten entstehen ganze Straßenzüge mit neuen Mietskasernen an der Frankfurter Allee bis zum Gelände der Ostbahn. Auch in Rixdorf, Charlottenburg, Schöneberg und Steglitz wird der Bezirk der »verdichteten Bebauung« immer weiter ausgedehnt:

... Die Mehrzahl der großen Vororte ist von Leuten aufgemauert worden, denen der Begriff der Städtebaukunst so fern lag und liegt wie einem Papua die Astronomie. Für die Terrainspekulanten, die unsere Kartoffelfelder und Roggenäcker »der Bebauung erschlossen«, handelte es sich darum, möglichst viele Baublocks aus ihnen herauszuschneiden. Keiner von ihnen hat sich je darum gekümmert, daß die ungezählten Hunderttausende, denen sie sozusagen Heime schufen, auch frische Luft und freundliche Spazierwege zum gedeihlichen Leben nötig hatten. Weshalb sollten die Magistrate der von der Terrainspekulation aus dem märkischen Sande gestampften Stadtviertel und Ortschaften klüger und weitsichtiger als die Geldmacher sein? Und was ging der anschwellende »Wasserkopf« Berlin die Regierung an? Man ließ alles gehen, wie es wollte. Galt ja auch jeder obrigkeitliche Wink, jeder Eingriff der Behörde als reaktionäre Versündigung gegen die heilige Bürgerfreiheit, unter welchem Decknamen damals die Ausbeutungsfreiheit kursierte. So kam es, daß der große Vorort Schöneberg (Gott verzeihe ihm seinen Namen, der die dreistete Falschmeldung bedeutet) zum Teil sogar vergaß, seine Hauptstraßen mit Querstraßen zu durchlüften. Es hätte ja Bauland gekostet! Plätze zu verlangen wagten selbst die Maßlosesten und Zudringlichsten unter den Gegnern der Ter-

rainspekulation nicht. Und während so die nächste Umgebung der Hauptstadt vermauert wurde, mitleidlos vermauert, mit lauter vier- und fünfstöckigen Schwindsuchtshöhlen, erprobten kühne Unternehmer die gleiche Art der Städtebaukunst an den entfernter liegenden Gebieten. Ein Rittergut nach dem andern ward aufgeteilt, ein Stück Wald nach dem andern abgeholzt, eine Wiese nach der andern mit Mietkasernen bepflanzt.
Richard Nordhausen, Groß-Berlin

Wie wenig sich in dieser Zeit städtebauliche Überlegungen gegen die Terraininteressen der Großbanken und Baulöwen durchzusetzen vermögen, zeigt die spekulative Ausschlachtung des Tempelhofer Feldes. Als der Militärfiskus 1908 den westlichen Teil des als Manövergelände nicht mehr benötigten Geländes zu veräußern beabsichtigt, tritt die Stadt Berlin als Kaufinteressant auf, mit der erklärten Absicht, auf dem Gelände eine gartenstadtähnliche Anlage – mit lockerer Bebauung, Spiel- und Freiflächen – zu errichten. Der Fiskus aber, der von der Wertsteigerung des Berliner Grund und Bodens wie jeder Privatspekulant zu profitieren sucht, gibt der Dorfgemeinde Tempelhof den Zuschlag, die für den Erwerb eine Schuldenlast von 100 Millionen auf die Schultern ihrer Bürger lädt:

Man spekulierte darauf, daß durch Umsatzsteuern und Steuern nach dem gemeinen Wert aus dem Tempelhofer Feld so viel herausgezogen werden würde, daß der Kreis seine in Unordnung geratenen Finanzen wieder rangieren könnte. Deshalb die leichtherzige Übernahme eines Risikos, das jeden Privatmann in die Gefahr brächte, entmündigt zu werden. Daß dieses Risiko nicht bloß nomineller Natur ist, geht aus dem Vertrag hervor, den die Gemeinde Tempelhof mit der Deutschen Bank abgeschlossen hat. Danach stellt die Bank (gemeinsam mit der unterbeteiligten Dresdner Bank) Tempelhof die Mittel für den Ankauf des Feldes zur Verfügung und übernimmmt dessen Aufschließung. Außerdem leistet sie dem Kreise Teltow für die von ihm eingegangene Bürgschaftsverpflichtung Rückdeckung, aber nur bis zur Höhe von 25 Prozent. Eine vielsagende Beschränkung!
Die Bank, 1910/II

An eine »Gartenstadt« ist bei derartigen finanziellen Belastungen natürlich nicht zu denken. Die von der Deutschen Bank ins Leben gerufene »Tempelhofer Feld-Aktiengesellschaft für Grundstücksverwertung« geht denn auch daran, trotz zahlreicher öffentlicher Proteste, diese letzte große Landreserve im inneren Stadtbereich mit ähnlich trostlosen Miets-

kasernen zu bebauen, wie sie schon die Areale der Innenstadt – von Wedding bis Kreuzberg, von Moabit bis Friedrichshain – bedecken.

Der Maler Otto Nagel hat in solch einem lichtlosen Gemäuer seine Kindheit verbracht:

Die Berliner Stube, in der ich zur Welt kam, hatte nur in der Nähe des Fensters ein wenig Helligkeit. Das Bett, in dem meine Mutter mich geboren hat, soll in der äußersten dunklen Ecke der Stube gestanden haben. Ich wurde der siebente Bewohner der Wohnung, die aus einer Küche ohne Korridor und der besagten Stube bestand. Allerdings gehörte noch ein weiterer kleiner Raum dazu, der aber nicht zum Wohnen benutzt wurde, sondern dem Vater als Tischlerwerkstatt diente. Das Mobiliar der Berliner Stube war das übliche. Ringsherum standen die Betten, es gab ein Sofa mit einem ovalen Tisch davor, in einer Ecke befand sich ein Vertiko mit Aufsatz, auf dem verschiedene Nippesgegenstände standen. Der Hof, auf den das Fenster ging, war dunkel. An drei Seiten wurde er von grauen, trostlosen Fassaden begrenzt. Da und dort war auf einem Fensterbrett ein grünlicher Kasten angebracht, über dem eine unterernährte Geranie auf magerem Stengel schwebte, die etwas Farbe in die triste Dunkelheit brachte. Direkt meinem Fenster gegenüber zog sich ein schwarzer Giebel hoch, der die eine Hälfte der vierten Hofseite zudeckte. Die andere Hälfte wurde durch eine Steinmauer abgegrenzt, hinter der ein verfallenes, niedriges Gebäude stand, in dem eine Lumpenstampe untergebracht war. Ich erinnere mich, daß ich in meiner frühesten Kindheit immer wieder am Fenster saß und das Stückchen Himmel beobachtete, das über der Lumpenstampe zu sehen war.

Otto Nagel, Autobiographische Zeugnisse

Achtundvierzig Prozent aller Groß-Berliner Etagenwohnungen, so heißt es nüchtern in der Statistik für das Jahr 1910, sind Hinterhauswohnungen. 400 000 Wohnungen, in denen rund anderthalb Millionen Menschen leben, haben nur ein heizbares Zimmer; zu fünft oder mehr in einem Raum zu leben ist der Alltag für 600 000 Berliner. Als 1906 eine Erhebung »über die Schlafverhältnisse Berliner Gemeindeschüler« zwischen Scheunenviertel und Molkenmarkt gemacht wird, stellt sich heraus, daß nur ein Drittel aller Kinder ein eigenes Bett hat. 63,5 Prozent der Kinder schlafen zu zweit, über drei Prozent zu dritt und mehr in einem Bett.

Diese engen, luftlosen und gedrängten Massenquartiere, die in gewissen Stadtteilen wie eine Menge aneinandergeklebter und übereinandergebauter Heckzellen erscheinen, sind alle zwar sorgsam mit Wasserleitung, Kanalisation und Gas versehen. Aber das ist nur der Fall, weil die Wohnungen ohne diese Einrichtungen, die so laut als kulturelle Errungenschaften immer gepriesen werden, einfach unbewohnbar wären. Die Statistik von 1905 notiert für Berlin mehr als 77 Bewohner durchschnittlich für ein Mietshaus. Es gibt aber Mietshäuser, die von weit mehr als 150 Personen bewohnt werden. Und diese Überfüllung findet nicht nur in dem großen Teil noch altmodisch gebauten Zentren statt, sondern mehr noch in den spezifischen Mietshausvierteln an der Peripherie; ja sogar in den noch einzeln stehenden Etagenwohngebäuden, die draußen in Vororten mitten im freien Feld errichtet sind. Diese Gebäude illustrieren besonders grotesk die Tendenzen unserer Bauwirtschaft. Rings um solches Etagenhaus ist freies Feld, die Kartoffeläcker reichen bis hart an das Hinterhaus, und es ist im weiten Umkreis eine Unmenge von Platz vorhanden; in dem einsam daliegenden fünfstöckigen Etagenhaus aber drängen sich an die hundert Menschen auf engstem Raum zusammen ... Das ist moderner Städtebau. Dem Großstädter bleibt keine Wahl; er muß als Mieter in diese Massenquartiere hinein und muß dafür eine für seine Verhältnisse unnatürlich hohe Miete zahlen ... Meistens zahlt er ein Fünftel, ein Viertel oder noch mehr seines Einkommens; und um so mehr im Verhältnis, je geringer dieses Einkommen ist. In diesem Bezug gibt es außerordentlich lehrreiche statistische Tabellen, aus denen man ersehen kann, daß Familien mit hunderttausend Mark Jahreseinkommen im Mietshaus etwa 5 bis 8 Prozent Miete zahlen, Familien mit neunhundert Mark Einkommen aber 30 bis 35 Prozent. Da der Arbeiter diese Mietsummen natürlich von seinem Lohn nicht aufbringen kann, so ist die Folge das Schlafburschenwesen, die Hergabe der Wohnung als Absteigequartier für Prostituierte usw., das heißt: der zu einer unnatürlichen Enge zwingende Mietpreis ruiniert mindestens einem Drittel der Großstadtbevölkerung mehr oder weniger Gesundheit, Moral und Lebensglück ...

Sucht man mit dieser Erkenntnis nun aber die »schuldigen« Individuen, so findet man sie kaum. Der Architekt des Etagenwohnhauses ist ein vom Bauunternehmer Abhängiger, dieser ist Hypothekengläubiger und Marionette des Baustellenhändlers, dieser wieder ist ein Strohmann des Bodenbesitzers, und der endlich ist in den meisten Fällen das unpersönliche Großkapital selbst oder dessen Hypothekenverwalter. Man sieht ein System, in dem die Frage nicht lautet: welche Rente bringt ein gut gebautes Haus und wieviel ist darum der Boden wert, worauf es steht? sondern: wie kann ein Stück bebauten Bodens die höchste Rente bringen, und wie muß er demgemäß bebaut werden?

Karl Scheffler, Die Architektur der Großstadt

Aufmerksame und kritische Zeitgenossen beobachten mit zunehmender Besorgnis das anarchische Wachstum der Stadt, den Egoismus der Gemeinden, die jede für sich, ohne Rücksicht auf die Nachbargemeinde und ohne Beziehung zum Mittelpunkt der Agglomeration, ihr freies Gelände aufteilen und einer menschen- und umweltfeindlichen Bebauungsweise überantworten. »Wälder werden zerstört, Seeufer der Allgemeinheit entzogen, Wiesenflächen dicht bebaut, Verkehrswege nur als Teilstücke ausgeführt, kurz, es ist ein Leben von der Hand in den Mund, ohne Rücksicht auf die Bedürfnisse kommender Geschlechter, ohne Rücksicht auf die zu erwartenden Menschenansammlungen.« (Albert Hofmann, Groß-Berlin)

Zahlreiche Stadt-, Boden-, Wohnungs- und Siedlungsreformer versuchen, die entstandenen Probleme in die öffentliche Diskussion zu bringen und Alternativen zu dem verhängnisvollen Treiben der Bau- und Terrainspekulanten anzubieten.

Die besitzenden Klassen müssen aus ihrem Schlummer aufgerüttelt werden; sie müssen endlich einsehen, daß selbst wenn sie große Opfer bringen, dies nur eine mäßige bescheidene Versicherungssumme ist, mit der sie sich schützen gegen die Revolutionen, die kommen müssen, wenn wir nicht aufhören, die unteren Klassen in unseren Großstädten durch ihre Wohnungsverhältnisse zu Barbaren, zu tierischem Dasein herabzudrücken.
Gustav Schmoller, Ein Mahnruf in der Wohnungsfrage

Der Bund Deutscher Bodenreformer kämpft unter seinem rührigen Vorsitzenden Adolf Damaschke gegen den Mißbrauch des Bodens für spekulative Zwecke: »Der Grund und Boden, diese Grundlage aller nationalen Existenz, muß unter ein Recht gestellt werden, das seinen Gebrauch als Werk- und Wohnstätte befördert, das jeden Mißbrauch mit ihm ausschließt und das die Wertsteigerungen, die er ohne die Arbeit des einzelnen erhält, möglichst dem Volksganzen nutzbar macht.« (Adolf Damaschke, Die Bodenreform) 1910 greift Schöneberg als erste Gemeinde diese Forderung mit einer Besteuerung des sogenannten unverdienten Wertzuwachses bei Grundstücken auf. Ein Jahr später wird die Wertzuwachssteuer reichseinheitlich eingeführt.

Eine breite Agitation entwickeln Stadtplaner und Siedlungsreformer für mehr Park- und Spielflächen in der Stadt, für den Schutz der Wälder in und um Berlin. Um das Baumparadies des Brieselang nordwestlich von Spandau zu erhalten, schlägt Artur Fürst vor, ihn im Bebauungsplan als Bannwald auszuschreiben, »mit der schauerlichen Wirkungsfähigkeit, daß jeder in ihm gefällte Stamm sofort einem Minister in Berlin das Amt kostet« (Berliner Volks-Zeitung«, 2. Mai 1908). Auf die Gefahren der zunehmenden Parzellierung sucht ein wiederholt abgehaltener

»Berliner Waldschutztag« aufmerksam zu machen, der auch das Problem der durch allzu intensive Grundwassernutzung bedrohten Grunewaldseen in die Öffentlichkeit bringt. Heftige Debatten gibt es über die Praxis des Fiskus, sich an der Vermarktung des Berliner Umlandes durch den Verkauf großflächiger Waldgebiete zu beteiligen:

Je mehr sich die öffentliche Meinung Berlins gegen die Waldschlächtereien des Fiskus wendet, um so schneller läßt die Behörde Axt und Säge in den Forsten Groß-Berlins arbeiten. Der Grunewald ist bereits um fast die Hälfte verringert worden, und auch die letzten 11 000 Morgen droht der Fiskus niederzuschlagen, um die Stadt Berlin und die westlichen Gemeinden zu zwingen, ihm den Grunewald so bald wie möglich abzukaufen. Auf diese schöne Idee ist die Behörde bekanntlich erst gekommen, seitdem der Kaiser aufgehört hat, im Grunewald auf Sauen und Damwild zu jagen. Aber auch an anderen Stellen wird kräftig abgeholzt. Verschwunden ist der Hochwald, der sich von Lichtenrade bis nach Klein-Beeren erstreckte und unter dem Namen »Birkholzer Damforst« bekannt war. Mit Zustimmung der Regierung wurde der prächtige Hochwald verkauft und zuguterletzt niedergeschlagen. Von demselben Schicksal ist die Hasenheide betroffen worden. Und nun kommt die Königsheide an die Reihe, in der schon mehr als hundert Morgen kahlgeschlagen sind. Die Wuhlheide wird auch bald verschwinden. Große Teile sind schon an Gas- und Wasserwerke, Anstalten und die anliegenden Gemeinden zu Bauzwecken aufgeteilt worden. Der Rest soll nun auch noch verschwinden. Die Verhandlungen über den Verkauf sind dem Abschluß nahe. Köpenick plant den Verkauf der Forsten an der Müggel. Bereits ist der Anfang gemacht worden. Das Beispiel des Fiskus wirkt ansteckend. Von dem Hochwalde bei Schönwalde hat der Fiskus den wertvollsten Teil um den idyllischen Gorinsee in einer Ausdehnung von 4000 Morgen verkauft. Den ausgedehnten Hermsdorfer Forst hat eine Terraingesellschaft erworben, und er wird jetzt aufgeteilt zu Bebauungszwecken. Wenn das so weiter geht, dann ist in 15 Jahren die Umgegend von Berlin kahl und öde: das Tempelhofer Feld der Terrainspekulation überantwortet, der Tiergarten ein Garten ohne Tiere mit hunderten von Denkmälern, der Grunewald die reine Vogelwiese, die Schönholzer Heide eine Kaserne, die Jungfernheide eine Fabrikstadt mit ungezählten Schloten, die Müggelberge ein zweites Westend, und nur die Namen erinnern noch an die Vergangenheit.
Berliner Tageblatt, 19. August 1908, 1. Beiblatt

Architekten wie Alfred Messel, Hermann Muthesius oder Paul Mebes versuchen, mit einer Reform des Mietshausbaus das Wohnen auch in der Stadt selbst wieder erträglicher zu machen. Für gemeinnützige Bau- und

»Ulk«, 8. Mai 1914

Wohnungsgenossenschaften, die in Berlin seit den neunziger Jahren zunehmend aktiv werden, entwerfen sie ihre vielbeachteten Wohnanlagen, in denen Hinterhöfe weitgehend vermieden werden. Die von der privaten Bauspekulation unabhängigen Genossenschaften versuchen das Problem der Bebauung tiefer Baublöcke durch die Anlage von Privatstraßen oder großzügigen begrünten Hofanlagen zu lösen und ihren Mitgliedern bezahlbare Klein- und Mittelwohnungen zu bieten, in denen der Mißbrauch der Vermieterstellung durch Kündigungs- und Mietsteigerungsschutz ausgeschlossen ist.

In Tempelhof, in Moabit, im Prenzlauer Berg und im Berliner Norden baut der 1892 gegründete »Berliner Spar- und Bauverein«, der sich als Selbsthilfeverein der Berliner Arbeiterschaft versteht; die »Charlottenburger Baugenossenschaft« errichtet in Siemensstadt Wohnanlagen in Zusammenarbeit mit dem Siemenswerk. Eine rege Bautätigkeit entfaltet der 1900 gegründete und mit staatlichen Mitteln geförderte »Beamten-Wohnungsverein Berlin«, für den der angesehene Architekt Paul Mebes seine schönen Reformwohnhäuser entwirft. Den Bau gesunder Kleinwohnungen hat sich auch die Neuköllner Baugenossenschaft »Ideal« zum Ziel gestellt, deren Bemühungen von der Ortskrankenkasse tätige

Unterstützung erfahren – ausgehend von der Überlegung, daß es nötig sei, »nicht nur die Krankheiten der Mitglieder zu heilen, sondern auch praktische Maßnahmen zu treffen, um dieselben zu verhüten«.

Andere Genossenschaften suchen schon mit ihrem Namen anzudeuten, daß sie über den Wohnungsbau hinaus auf alternative Lebensentwürfe aus sind: »Eden«, die 1893 gegründete Obstbaukolonie bei Oranienburg, »Paradies«, eine 1902 von Sozialdemokraten in Bohnsdorf ins Leben gerufene Genossenschaft, oder »Freie Scholle«, eine in Tegel angesiedelte gemeinnützige Baugesellschaft, die mit Gemeinschaftseinrichtungen und Mitbestimmungsrechten für eine neue Form des Zusammenlebens wirbt.

Auch die Anhänger der Gartenstadtbewegung, in vielem an die Ideale der Genossenschaften anknüpfend, sehen in einer neuen Architektur die Keimzelle einer neuen Lebensweise. Die Bewegung, um die Jahrhundertwende von England kommend, faßt in Berlin rasch Fuß.

»Gartenstadt« – das Wort scheint einen ganz eigenen Zauber auszulösen wie kein anderes der vielen Schlagworte auf dem Gebiete der Wohnungsfrage und des Städtebaues. Es wird von Tausenden heute mit Inbrunst ausgesprochen, es ist der Notschrei der in die Mietkaserne der Großstadt gebannten Millionen …, es ist der Traum von einem eigenen kleinen Häuschen auf eigener Scholle irgendwo draußen »hinter der Großstadt«. Er wird heute von Hunderttausenden geträumt – das erklärt die gewaltige Zugkraft dieses Wortes.
Carl Johannes Fuchs, Die Wohnungsfrage

Im Gegensatz zum englischen Modell zielen die Anhänger der deutschen Gartenstadtbewegung weniger auf die Realisierung eines neuen Stadttyps als auf die Schaffung von Siedlungen am Rande der bestehenden Großstädte: preiswerte Einzel- oder Reihenhäuser mit eigenem Gärtchen, auf billigem Staatsland errichtet, das möglichst von einer Genossenschaft gepachtet wird. Gemeinsames Wirtschaften soll die Isolation des einzelnen überwinden und den Reichtum aller vermehren helfen:

Die Gruppenbauweise kann die erschwerende Haushaltsführung sehr erleichtern. Jede Gruppe müßte eine Zentralküche, gemeinsame Heizung und Waschküche und durch einen Ökonomen geleitete Hauswirtschaft einführen … In einer Häusergruppe kann auch noch vieles andere zu gmeinsamer Benutzung eingerichtet werden. So ein größerer und ein kleinerer Saal, die an einer Stelle des Häuserkomplexes situiert sein müßten, wo sie von allen Wohnungen gut zugänglich wären. Hierdurch hätte man Gelegenheit, ohne sein eigenes Haus auf allzu großen Verhältnissen aufzubauen, hin und wieder auch eine größere Anzahl

Gäste bei sich zu empfangen, während man für gewöhnlich die Mahlzeiten natürlich in dem mit der Zentralküche durch Aufzüge verbundenen Speisezimmer seines eigenen Hauses einnehmen würde. Die Gruppenhäuserbewohner könnten ferner gemeinsame Automobils, Telephonanschlüsse, Heißwasseranlage, Hausmeisterei mit Botenpersonal und dergleichen technische und allgemeine Vorteile benützen, die unserem zeitgenössischen Komfortbedürfnis entgegenkommen, jedem einzelnen aber hohe Summen kosten.
Die Gartenstadtbewegung, 4/1908

Es nimmt nicht wunder, daß die profitgewohnten Haus- und Grundbesitzer in und um Berlin allergisch auf derartige lebensreformerische Entwürfe reagieren: »Die Baugenossenschaften begünstigen die Verbreitung sozialistischer Theorien«, heißt es in einer 1901 vom Preußischen Landesverband städtischer Haus- und Grundbesitzer in Auftrag gegebenen Studie, »fördern die Verschärfung der Klassengegensätze und erzeugen durch die von ihnen bewirkte Abschichtung revolutionärer Elemente eine Gefahr für Thron und Altar.« (Albert Grävell, Die Baugenossenschafts-Frage) Als 1911 eine Genossenschaft in Falkenberg bei Grünau ein fünfundsiebzig Hektar großes Gelände erwirbt, um dort mit finanzieller Hilfe der Freien Gewerkschaften und der AOK eine Gartenstadt zu errichten, lassen örtliche Hausbesitzervereine und Terraingesellschaften kein Mittel unversucht, die »Proleten, Atheisten, Obst- und Hühnerdiebe« mit allen Mitteln wieder zu vertreiben. (Adolf Otto, Wie es war und wurde)

Andere Terraingesellschaften wiederum versuchen, mit dem populär gewordenen Begriff der »Gartenstadt« Reklame für ihre weit entlegenen Gelände zu machen. Und besorgte Ideologen sehen gar in der neuen Bewegung eine Chance, die sozialdemokratisch orientierte Großstadtbevölkerung »in einer neuen Weise konservativ zu machen«:

Das wäre zu erreichen, wenn die riesigen Scharen der jetzt in den Heckkäfigen der Mietskasernen, im trüben Kneipenleben (in gewissen Stadtteilen befindet sich in jedem dritten Haus eine Kneipe, in jedem zwanzigsten fast ein Kinematographentheater!) und im erregenden Straßengetriebe verproletarisierenden Industriearbeiter, wenn die im aufreibenden Stadtleben friedlos werdenden Beamten und Kleinbürger zum Wohnen aufs Land hinausgeführt würden, wenn sie in grünen Gartenvorstädten zu kleinen Grundbesitzern und Hauseigentümern gemacht würden. Der an sich prachtvolle Menschenschlag des deutschen Industriearbeiters würde bald, wenn nicht äußerlich, der Rede nach, so doch innerlich, der Lebensgesinnung nach, konservativ empfinden lernen, wenn er etwas zu konservieren hätte, wenn er unmittelbar Anteil

erhielte und mehr an sein selbst gezogenes Gemüse, an seine Hühner und sein Schwein dächte als an die Protestversammlung.
Karl Scheffler, Die Architektur der Großstadt

Zu größeren praktischen Ergebnissen ist die Gartenstadtbewegung im Berlin der Vorkriegszeit nicht mehr gekommen. In Altglienicke baut Hermann Muthesius 1913/14 eine Reihenhaussiedlung für weniger bemittelte Bevölkerungskreise, die sogenannte Preußensiedlung. Im Stil einer deutschen Kleinstadt entsteht zwischen 1914 und 1917 für die Arbeiter der Spandauer Munitionswerke die Gartenstadt Staaken. Am bekanntesten wird die Siedlung Falkenberg, für die der Architekt Bruno Taut die Entwürfe liefert:

Am Falkenberg in Grünau bei Berlin wurden damals gegen dreihundert Wohnungen gebaut: Vorher wurden in großen Versammlungen die Pläne, Zeichnungen und Modelle diskutiert; die Majorität der Genossenschaftsmitglieder hatte ihr endgültiges Ja zu geben. Es war nicht so schwer, für die sehr einfachen Grundrisse und die ebenso einfache Architektur dieses Ja zu erhalten, vor allem weil der Humor des Generalsekretärs Adolf Otto die großen Versammlungen äußerst vergnügt machte. Nur damit gelang es schließlich, die sehr große Skepsis zu überwinden, die man gegenüber der Farbe hatte, mit der ich die typisierten und normierten Häuser beleben wollte. Da war in den Versammlungen ein Familienvater, der seine Opposition gegen die Farbe nicht aufgab und verlangte, daß sein Haus grau bliebe. Als ich nun später die Farbenkomposition der Siedlung so einrichtete, daß sein Haus wirklich grau blieb, bat er mich, doch auch sein Haus anstreichen zu lassen. Das »Berliner Tageblatt« gab der Siedlung damals den Namen »Siedlung Tuschkasten« und macht sie damit sehr populär. Während des Krieges führte ein beamteter Architekt des Ministeriums eine Gruppe von Kriegsinvaliden durch die Siedlung und geriet dabei in so große patriotische Empörung, daß er erklärte, der Architekt dieser Bauten sei wegen mangelnden Ernstes in jener ernsten Kriegszeit »reif zur Verhaftung«. Der selbe Herr hat aber nach dem Kriege die Grundsätze dieser Siedlung äußerst energisch zu den seinigen gemacht.
Bruno Taut, Siedlungsmemoiren

Sind die Anhänger der Genossenschaftsbewegung notgedrungen darauf beschränkt, bewohnbare Inseln im steinernen Meer der Mietskasernenstadt Berlin zu schaffen, so fordern Architekten, Städteplaner und Sozialpolitiker immer dringlicher eine modernen Bedürfnissen entsprechende Gesamtkonzeption für die Entwicklung der Stadt.

Bereits 1892 hatte Johann Anton Wilhelm von Carstenn-Lichterfelde, ehemaliger Rittergutsbesitzer und Gründer der Villenkolonien Groß-Lichterfelde, Friedenau und Wilmersdorf, in einer Denkschrift auf die Notwendigkeit großräumiger städtebaulicher Planung hingewiesen. »Ein Blick auf die Karte zeigt, daß Berlin zum großen Teil von fiskalischem Terrain umgeben ist ..., so liegt es in allererster Linie in der Hand des Fiskus, auch für die Erweiterung Berlins die Direktive zu geben.« Carstenn schlägt eine Ausdehnung Berlins vor allem nach Norden, bis Tegel, nach Südosten, bis Grünau, und nach Südwesten vor: »Berlin und Potsdam müssen eine Stadt werden, verbunden durch den Grunewald.«

Für den neuen Teil des Weichbildes von Berlin wird vor allem und in erhöhtem Maße die Gesundheitspflege, die berechtigte Forderung nach Licht und Luft bestimmend sein müssen, und bei dem reichlich bemessenen Raum kann und muß diese Forderung die weitgehendste Berücksichtigung finden. Zahlreiche Straßen von angemessener Breite, öfters wiederkehrende Schmuckplätze, wenigstöckige Häuser sowie Gartenanlagen vor und zwischen diesen wird das hierbei anzustrebende Ziel sein.
Johann Anton Wilhelm von Carstenn-Lichterfelde, Die Zukünftige Entwicklung Berlins

Über derartige Visionen eines damals bereits finanziell ruinierten Siedlungsgründers mochte man in den neunziger Jahren nur lächeln. Weder Magistrat noch Regierung fühlen sich für die Entwicklung einer Stadt zuständig, deren anarchisches Wachstum allein von der privaten Spekulation gesteuert wird. Schließlich ergreifen 1907 Berliner Architekten die Initiative: »Eine Großstadt zu schaffen heißt nicht, ein Haus ans andere zu fügen, nur dem jeweiligen Tagesbedarf der einzelnen Gemeinden, des einzelnen Ansiedlers folgend. Wer einer Millionenstadt einen wirklich gesunden, dauernd lebens- und entwicklungsfähigen Organimus zu geben die schwierige, verantwortungsvolle Aufgabe hat, muß dies von einer höheren Warte tun.« (Hermann Jansen, Vorschlag zu einem Grundplan für Groß-Berlin) Der ein Jahr später ausgeschriebene Städtebauwettbewerb für die Entwicklung Groß-Berlins und die im Frühjahr 1910 anschließende Ausstellung, auf der die besten Entwürfe vorgestellt werden, finden große internationale Aufmerksamkeit. Kritische Beobachter bezweifeln jedoch, daß tiefergreifende Veränderungen überhaupt noch möglich sind:

Ich weiß nicht, ob der selige Herkules für eine der nach ihm benannten Großtaten 30000 Mark ausgezahlt erhalten hat; ich weiß nur, daß der Held, der das Groß-Berlin der Zukunft in Ordnung bringt, dann den zehnfachen Betrag empfangen müßte. Auch wenn er seine Herkulesarbeit nur auf dem Papier fertigbrächte.

Denn die Sache ist die, daß wir im wesentlichen zu spät kommen. Alles Gebiet um Berlin herum, mit Ausnahme der fiskalischen Besitzungen und der städtischen Rieselfelder, gehört Spekulanten, die es zum Teil schon teuer erworben haben und natürlich doppelt oder dreimal so teuer weiterverkaufen wollen. Als Baugrund selbstverständlich – denn für andere Zwecke zahlt man so übertriebene Preise nicht. Die jetzigen Besitzer haben sich auf die herrschenden Bauordnungen eingerichtet und das Land bereits wacker mit Häusergruppen, Villenkolonien, kleinen Städten bepflastert. Jeder kam am besten dadurch vorwärts, daß er allein für sich arbeitete und auf den strebsamen Nachbar nicht die mindeste Rücksicht nahm. Und nun liegt die Musterkarte ausgebreitet, ein rechter Haufen Unglück. Nirgends auch nur die arme Spur eines gemeinsamen Planes, nirgends auch nur so viel Großzügigkeit, wie es das eigene, schäbige Interesse verlangt …

Was will das werden? Was kann da ein Preisausschreiben nützen, sei es auch noch so klug ersonnen, noch so reich bedacht?

Richard Nordhausen, Groß-Berlin

Die Entwicklung gibt den Pessimisten recht. Ein Generalbebauungsplan für den Groß-Berliner Raum kommt bis zum Weltkrieg nicht zustande, ebensowenig eine leistungsfähige Gesamtverwaltung für Berlin und seine Vororte – zu tief eingewurzelt ist das Sonderinteresse der einzelnen Kommunen, zu groß die Furcht der etablierten Parteien vor einem starken, sozialdemokratisch dominierten Groß-Berlin.

Um wenigstens den dringendsten städteplanerischen Notwendigkeiten Rechnung zu tragen, wird am 1. April 1912 ein »Zweckverband Groß-Berlin« ins Leben gerufen, dem die Stadtkreise Berlin, Charlottenburg, Schöneberg, Neukölln, Wilmersdorf, Lichtenberg und Spandau sowie die Gemeinden der Landkreise Teltow und Niederbarnim angehören: »Ein merkwürdiges, in der Geschichte der kommunalen Entwicklung der ganzen Kulturwelt beinahe einzig dastehendes Gebilde«, wie Albert Südekum, Mitglied des 1912 gegründeten Propagandaausschusses »Für Groß-Berlin« kritisiert. »Wenn wir seine Bedeutung richtig erkennen und würdigen wollen, müssen wir uns klar darüber sein, daß er geschaffen wurde, um Größeres und Besseres zu verhindern, nicht um den Fortschritt – wenigstens so, wie ich und mit mir Hunderttausende dieser Stadt ihn verstehen – zu fördern.« (Für Groß-Berlin/1)

Der neue Gemeindeverbund, der 4,1 Millionen Einwohner zusammenfaßt, soll sich mit Verkehrsproblemen beschäftigen, zur Vereinheitlichung der Baupolizeiordnungen beitragen und sich um die »Erwerbung und Erhaltung größerer, von der Bebauung frei zu haltender

Flächen (Wälder, Parks, Wiesen, Seen, Schmuck-, Spiel-, Sportplätze)« kümmern. »Eine vierte Aufgabe, Förderung und Unterstützung des Kleinwohnungsbaues, insbesondere durch Erwerbung von Flächen für den Bau von Kleinwohnungen, war vom Abgeordnentenhaus hinzugefügt, ist aber vom Herrenhaus ... wieder gestrichen worden.« (Josef Stuebben, Das Zweckverbandsgesetz für Groß-Berlin)

»Ein verfehltes Experiment«, überschreibt das »Berliner Tageblatt« eineinhalb Jahre später sein Resümee:

Die Frage, ob dieses kommunale Gebilde die Erwartungen erfüllt hat, kann man nur verneinen. Die Schuld an dem Versagen des Zweckverbandes tragen ausschließlich seine Väter. Bei der Schaffung dieses willkürlich konstruierten Gebildes ist von links her sofort darauf hingewiesen worden, daß eine gedeihliche Entwickelung Groß-Berlins auf diese Weise nicht gewährleistet würde. Berlin, verpflichtet, die finanzielle Hauptträgerin zu sein, wurde in den Organen des Verbandes bewußt in die Minderheit gedrängt. Im Verbandsausschuß, der wichtige ausführende Kompetenzen hat, ist der Berliner Einfluß noch geringer als in der Verbandsversammlung. Aber auch die übrigen Groß-Berliner Gemeinden haben dem Zweckverbande kaum freundliche Seiten abzugewinnen vermocht. Vor allem sind diejenigen Kreise, für die das Wort Selbstverwaltung etwas mehr bedeutet als eine billige Wendung in Jubiläumsreden, einheitlich der Meinung, daß der Zweckverband ein bequemes Instrument der Bürokratie geworden ist. Die willkürliche Verkoppelung von Kreisen und Städten mußte die Selbständigkeit der Städte, wie sie durch die Städteordnung gewährleistet wird, antasten ... Das Interesse an den Verbandsarbeiten ist in den weiten Schichten der Groß-Berliner Bürgerschaft bisher äußerst gering gewesen. Solange nicht durch direkte Wahlen eine Mitwirkung der Bevölkerung an den Arbeiten für Groß-Berlin gewährleistet ist, solange dürfte auch kein Groß-Berliner Bürgerbewußtsein aufkommen.

Berliner Tageblatt, 29. September 1913, Abendausgabe

So bleibt im wesentlichen alles beim alten. Der unwürdige Wettlauf um den Erhalt kommunaler Sonderinteressen wird nicht gestoppt, dringende soziale Fragen bleiben ungelöst. Erst 1920, unter gänzlich anderen politischen Verhältnissen, wird die längst überfällige Eingemeindung der Vororte und die Schaffung einer effizienten Gesamtverwaltung für den Ballungsraum Groß-Berlin zustandekommen.

»Dem Bürger fliegt vom spitzen Kopf der Hut« – Kunst und Literatur der Vorkriegszeit

Im März 1914 erscheint in der Zeitschrift »Kunst und Künstler« ein Aufsatz Ludwig Meidners mit dem Titel »Anleitung zum Malen von Großstadtbildern«:

Wir müssen endlich anfangen, unsere Heimat zu malen, die Großstadt, die wir unendlich lieben. Auf unzähligen freskengroßen Leinwänden sollten unsre fiebernden Hände all das Herrliche und Seltsame, das Monströse und Dramatische der Avenuen, Bahnhöfe, Fabriken und Türme hinkritzeln ... Es ist nicht möglich, mit der Technik der Impressionisten unser Problem zu bewältigen. Wir müssen alle früheren Verfahren und Tricks vergessen und ganz neue Ausdrucksmittel uns zu eigen machen. Das erste ist: daß wir sehen lernen, daß wir intensiver und richtiger sehen als unsere Vorgänger. Die impressionistische Verschwommenheit und Verundeutlichung nützt uns nichts. Die überkommene Perspektive hat keinen Sinn mehr für uns und hemmt unsre Impulsivität ... Wir können unsre Staffelei nicht ins Gewühl der Straße tragen, um dort (blinzelnd) »Tonwerte« abzulesen. Eine Straße besteht nicht aus Tonwerten, sondern ist ein Bombardement von zischenden Fensterreihen, sausenden Lichtkegeln zwischen Fuhrwerken aller Art und tausend hüpfenden Kugeln, Menschenfetzen, Reklameschildern und dröhnenden, gestaltlosen Farbmassen ...

Malen wir das Naheliegende, unsere Stadt-Welt! Die tumultuarischen Straßen, die Eleganz eiserner Hängebrücken, die Gasometer, welche in weißen Wolkengebirgen hängen, die brüllende Koloristik der Autobusse und Schnellzuglokomotiven, die wogenden Telefondrähte (sind sie nicht wie Gesang?), die Harlekinaden der Litfaßsäulen, und dann die Nacht ... die Großstadtnacht ...

Ludwig Meidner, Anleitung zum Malen von Großstadtbildern

Mit neuen Themen, neuen Sichtweisen und neuen Techniken reagiert eine junge Künstlergeneration in den Jahren vor dem Weltkrieg auf eine veränderte Wirklichkeit. Malerei, so meinen die jungen »Expressioni-

Ludwig Meidner, Wannsee-Bahnhof, 1913

sten«, kann in einer Welt voller Dynamik, Gewalt und Widersprüche nicht länger mehr nur ein Fest fürs Auge sein. Sie wollen provozieren, mit »anstößigen« Themen, mit neuer Farbigkeit und neuer Formensprache einen Sturm spontaner Emotionen auslösen.

»Sturm« heißt denn auch die von Herwarth Walden 1910 gegründete Zeitschrift und die Kunstgalerie gleichen Namens, um die sich die künstlerische Avantgarde versammelt:

Da grinst und brüllt und schreit und feixt es einen von den Wänden an, da wird die Kunst aggressiv, es ist ein Gewirr von zerbrochenen Formen, unwirklich leuchtenden Farben. Da sind die »Futuristen« unter ihrem Führer Severini, der sich mit Monokel und »Butterblume« porträtiert, und die »Abstrakten«, die geometrischen Spiele des poetischen Paul Klee, des russischen Plastikers Archipenko. Franz Marc zeigt seine seltsam ergreifenden blauen Pferde, Kokoschka visionäre Porträts; Chagall erzählt in äußerster Naivität die Wirklichkeit seiner ostjüdischen Heimat als Märchen. Und um diese Großen herum toben

Dutzende von Talenten, fröhlich im Zerstören, fröhlich im Experimentieren, ein gespenstischer Maskenball, ein turbulenter Fasching, ein Bacchanal der Kunst!
August Heinrich Kober, Einst in Berlin

Zu den Stürmern und Drängern, die sich bewußt von der Väter-Generation der Secessionisten abgrenzen, gehört auch der Maler Max Pechstein, der, siebenundzwanzigjährig, 1908 nach Berlin übersiedelt:

In dem Haus am Kurfürstendamm hatte mein Freund mir ein Dachatelier zur Verfügung gestellt ...

Jetzt stürzte ich mich in meine Arbeiten. Alles drängte zur Gestaltung, was ich in mich aufgenommen hatte. Skizzen, Zeichnungen und Entwürfe quollen mir aus den Händen. Neben Bildnissen, Stilleben und Landschaften war darunter das Gemälde »Das gelbe Tuch«: drei nackte Frauen orientalischen Typs; die eine der beiden Stehenden hält das Tuch gegen den Schoß der anderen, und das Gelb hebt sich von dem dunklen Haar der dritten ab, die auf dem Boden kauert. Dieses Bild sandte ich für die Frühlingsausstellung 1909 der Berliner Sezession ein. Außerdem eine kleinere Landschaft, Feld auf welligem, von einem Zaun und einem Weg quer durchschnittenen Gelände, links im Hintergrund eine Ortschaft; und ein Stilleben »Gelbe Tulpen« ... Das »Gelbe Tuch, die »Gelben Tulpen« und die Landschaft wurden für die Sezession angenommen. Als erster unter meinen »Brücke«-Kameraden hatte ich dieses Ziel erreicht.

Am Eröffnungstag durchfuhr mich selbst ein Schreck, als ich feststellen mußte, wie stark und eindeutig meine Formensprache gegenüber dem Impressionismus sich Geltung erzwang. Zwar wurden meine Bilder von einem Teil des Publikums beschimpft und bespuckt. Aber wohlwollende Kollegen klopften mir sympathisierend auf die Schulter, und gleich am ersten Tag kaufte Walther Rathenau für dreihundert Mark die Landschaft. Nur das Festmahl am Abend der Eröffnung bekam mir schlecht. Ein üppiges Essen war ich nicht mehr gewöhnt, noch weniger den Alkohol. Der Weingenuß nach der unerwarteten Freude übermannte mich. Hilflos erledigt, wurde ich von einem Kenner auf diesem Gebiet, dem Maler Konrad von Kardorff, nach Hause geleitet. Am nächsten Tag erschien er, um sich nach meinem Befinden zu erkundigen, und lachte nicht wenig, als er durch die offene Tür ins Atelier trat und mich erblickte. Mein eisernes Bettgestell hatte nur noch drei Beine. Das andere hatte ich durch eine leere Flasche ersetzt. Während meines wüsten Schlafs war das Bett zusammengekracht, und ich schnarchte auf dem Boden meinen Rausch aus.
Max Pechstein, Erinnerungen

Pechstein ist Mitglied der in Dresden entstandenen Künstlergemeinschaft »Die Brücke«. Die »Brücke«-Maler bannen die Farbigkeit und Turbulenz des großstädtischen Lebens auf ihre Bilder. Sie schildern die Menschen in den Stätten des industrialisierten Vergnügens, in Nachtcafés und Restaurants, im Kabarett und im Zirkus, im Bordell und auf der Straße. Sie erfassen das Zwiespältige und Fragwürdige einer von Kokotten, Spießbürgern, Vereinsamten und Ratlosen bevölkerten Bürgerwelt.

Bei der Jahresausstellung der Secession 1910 werden neunundachtzig expressionistische Werke von der Jury abgelehnt, darunter Arbeiten Emil Noldes und der »Brücke«-Künstler Heckel, Kirchner, Pechstein und Schmidt-Rottluff. Max Pechstein erinnert sich:

Im Café des Westens, im »Größenwahn«, summte es, als seien Bienen aufgescheucht, denn alle Neuerer hatte diese kategorische Zurückweisung getroffen. Wir Abgelehnten waren uns einig, es nicht dabei bewenden zu lassen, und beschlossen, eine Gegenausstellung zu veranstalten. Wir gründeten die Neue Sezession und sammelten für sie die Namen aller derjenigen, die uns als Mitkämpfer erschienen. Ich selbst kam so in Verbindung mit der Gruppe des »Blauen Reiters« in München, mit Franz Marc, August Macke und Kandinsky. Einen Monat nach der Eröffnung der Sezession war unsere Ausstellung im Obergeschoß eines kleinen Rahmen- und Bilderladens in der Rankestraße fertig. Ich hatte ein Plakat lithographiert, eine kniende Frauengestalt, die einen Pfeil vom Bogen abschoß. Jetzt wurde natürlich die Spaltung noch krasser. In der Presse und im »Größenwahn« tobte erbittertes Gezänk. Die Geister prallten aufeinander, und wir von der jungen Generation hatten unseren Spaß daran, wenn auch die Widersacher vor nichts zurückschreckten. Man bespie unsere Bilder, auf die Rahmen wurden Schimpfworte gekritzelt, und ein Gemälde von mir, ein liegender Akt in goldigem Gelb, wurde von einem Missetäter mit einem Nagel oder einem Bleistift durchbohrt.
Max Pechstein, Erinnerungen

Auch die Berliner Kunstkritik reagiert voller Empörung und Unverständnis auf die Kunst der »Zurückgewiesenen«: »Es wird einem hier selbst bei dem besten Willen zum Verständnis dieser barbarischen Malerei zuletzt blutig vor den Augen«, stöhnt der Rezensent der »Berliner Volks-Zeitung«:

Der Arbeitsausschuß hat recht getan, den Herrn Heckel (Friedenau) mit dem Herrn Pechstein in einen Raum zu tun, es sind Attentäter auf unsere Augen und unseren inneren Frieden. Ein zweiter Friedenauer, Herr Kirchner, der das Trio dieses Raumes vervollständigt, ist aber diesen bei-

Ernst Ludwig Kirchner, Friedrichstraße, Berlin, 1914

den Farbepolterern gegenüber noch ziemlich bescheiden, nur daß er oft so gräßlich ist, daß man nicht mehr erkennt, was er mit seiner großen Geste will. Dieses Triumvirat auszuscheiden, damit hat man am Kurfürstendamm eine gute Tat getan, die man hier nochmals hätte tun sollen!
Berliner Volks-Zeitung, 15. Mai 1910, 1. Beiblatt

Berlin entwickelt sich, ungeachtet der harschen öffentlichen Kritik, in den letzten Vorkriegsjahren zu einem bedeutenden Zentrum der modernen Kunst. Hier leben die »Brücke«-Künstler Ernst Ludwig Kirchner, Erich Heckel, Karl Schmidt-Rottluff und Otto Mueller, die alle von Dresden in die deutsche Hauptstadt umgesiedelt sind. In Berlin wirken Emil Nolde und Ernst Barlach, der von dem Galeristen und Verleger Paul Cassirer engagierte Förderung erfährt. Cassirer ist es auch, der im Juni 1910 zum erstenmal den Maler Oskar Kokoschka mit einer größeren Ausstellung seiner Werke vorstellt. Der Vierundzwangigjährige schlägt sich als Graphiker, Hilfsredakteur, Reporter und Austräger für Waldens Zeitschrift »Der Sturm« kärglich genug durchs Leben:

Ich wohnte bei ihm in einer Mansarde und habe dort auch gearbeitet. Ich ging kaum aus, denn ich hätte mich in der großen Stadt verlaufen …

Als es kälter wurde – es war ein besonders strenger Winter –, wußten wir oft nicht, wie wir uns wärmen sollten. Wir hüllten uns in sämtliche Decken, die wir ausgeborgt hatten, und kochten unablässig Tee. Essen war rar. Damals hat es auch noch nicht die große Auswahl verhältnismäßig billiger Konserven gegeben. Wenn ich vom vierten Stock des Hinterhauses in dem Berliner Vorort Halensee, der Redaktion des »Sturm«, hinunterstieg, war ich immer darauf bedacht, den Mitbewohnern, die mich sonst nur mißmutig anstarrten, weil ich fror, möglichst nicht zu begegnen. Ich denke heute an diese Zeit, wie sie im »Nachtasyl« von Gorki beschrieben ist. Es schneite unablässig. Von dem kleinen Fenster aus sah ich im Hof die Schneemassen höher und höher anwachsen und fragte mich, wann man die Haustüre nicht mehr öffnen könnte. Noch eine Schwierigkeit: Ich brauchte auch abends Licht zum Arbeiten, die Beleuchtung war dürftig, manchmal fehlte mir auch der nötige Groschen, den Gasautomaten in Bewegung zu setzen. Der lief nur eine Stunde pro Geldstück, und oft mußten wir, eingemummt bis zum Kinn, im Dunkeln mit unseren Gedanken allein frieren.
Oskar Kokoschka, Mein Leben

Zu den Jungen, die ihre künstlerischen Anregungen im harten, widerspruchsvollen Berliner Leben der Vorkriegszeit suchen, gehört auch George Grosz, der 1912 aus Dresden in seine Geburtsstadt zurückkehrt:

Mein Freund Fiedler war schon vor mir hingezogen. Er lebte in einem Vorort, in Südende; ich suchte ihn sofort auf. Wir beschlossen, gemeinsam eine kleine Wohnung zu nehmen …

Wir gingen fleißig in die Natur und skizzierten. Die Peripherie der wie ein Oktopus um sich greifenden Stadt zog uns gewaltig an. Wir zeichneten die noch feuchten Neubauten, die bizarren Stadtlandschaften, wo Eisenbahnen über Unterführungen dampften, Müllabladeplätze an Laubenkolonien grenzten, neben neuausgelegten Straßen schon die Asphaltkessel standen.

Wir liebten die Rummelplätze, wo seltsame Winkelartistenfamilien in buntverzierten Wohnwagen hausten. Auf einem Rummelplatz entdeckten wir eine grün-rot-goldene Bude, über deren Eingang stand: »Der Tangotanz in verschiedenen Karikaturen«. Der Tango war große Mode. Sechs Mädchen, auf Carmen zurechtgemacht, und ein Kavalier in orangefarbenem Frack – das war die Tangofarbe – führten ihn vor.

Mich interessierte das sehr, ich machte viele Skizzen und malte zu Hause ein Bild mit viel Orange, Grün und Gold. Die Spanierinnen waren natürlich unverfälschte Berliner Mädchen mit einem unheimlichen Appetit auf warme Würstchen, Rollmops und Bratkartoffeln. In einer benachbarten Kneipe wurden unzählige Weiße mit Himbeer getrunken. Denn der Tango machte heiß.

Als mir eines der Mädchen einmal Modell stand, lauerte der Kavalier uns vor dem Hause auf. Er ging zwar nicht mit einem spanischen Dolch auf mich los, wohl aber mit einem Schlagring – und so bewies der Neuköllner Junge letzten Endes doch spanisch-heißes Blut. Wir versöhnten uns, trotz meiner schmerzenden Kinnlade. Später gingen wir in mein Zimmer hinauf und tranken diesmal, anstatt Weißbier mit Himbeer, einen wirklichen spanischen Sherry, der noch von meinem Geburtstag übrig war.

Wir liebten die kleinen Eckkneipen, die man Stehbierhallen nannte. Da stand man neben dem Kohlenträger, dem Rollkutscher und dem Portier von nebenan und trank sein kleines Helles, aß seinen Rollmops und nahm hinterher noch einen »Koks mit'n Pfiff«. Das war Kartoffelschnaps mit einem Stückchen Zucker, das in Rum getaucht war. Wer phantasievoller gestimmt war, bestellte ein »Persico mit Rosen« (Kornschnaps mit einem Schuß Himbeersirup) oder eine »grüne Minna« (Kartoffelschnaps mit einem Schuß grünen Pfefferminzlikör).

George Grosz, Ein kleines Ja und ein großes Nein

Im September 1913 unternimmt es Herwarth Walden, der ein Jahr zuvor bereits die Münchener Künstlergruppe »Blauer Reiter« und das Werk der italienischen Futuristen in Berlin präsentiert hatte, erstmals mit einer Ausstellung einen umfassenden Überblick über das Schaffen der europäischen Avantgarde zu geben. Sein »Erster Deutscher Herbstsalon« stellt über siebzig Künstler mit rund vierhundert Werken aus allen bedeutenden Kunstzentren Europas vor:

Drei Monate dauerte die Ausstellung. Hier hat das Publikum zum ersten Male Kunstwerke sehen können, die man jetzt klassisch nennen muß. Kandinsky, Marc, Klee, Chagall, Kokoschka, die Futuristen und die Kubisten zeigten hier Werke, die heute in den großen Museen der ganzen Welt hängen. Zweiundzwanzig Werke von Henri Rousseau eröffneten die Austellung, eine kleine Gedächtnisausstellung von »le Douanier«, mit den herrlichsten Werken dieses großen Künstlers.
Nell Walden, Aus meinen Erinnerungen

Die zeitgenössische Kritik reagiert auf den »Ersten Deutschen Herbstsalon« fast durchweg mit Hohn und Spott: »Bunthäutige Tölpel«, »Griffelversuche des kleinen Fritzchens«, »dickaufgetragene Flecken schlechter Farbe«, »tollwütige Pinseleien«, »Kirmesschützenscheiben«, »Neger im Frack«, »Hottentotten im Oberhemd«, »Horde farbenspritzender Brüllaffen« – Herwarth Walden hat in der Oktobernummer des »Sturm« die Schimpfkanonade ausführlich dokumentiert, und nicht ohne Witz läßt er während der Ausstellung ein Flugblatt, das sämtliche Verhöhnungen enthält, auf der Straße gratis verteilen. Selbst angesehene Kunstkritiker scheuen nicht davor zurück, ihre Ablehnung in die Form der Verächtlichmachung zu kleiden: »Es ist hier all das Monströse und Groteske, was sonst vereinzelt auftritt, zu einem scheußlichen und lächerlichen Klumpen zusammengeballt worden«, schreibt Fritz Stahl. »Gegen die Zumutung, diese Fatzkereien als Kunst auch nur negativ zu behandeln, gibt es keinen ernsten Protest mehr. Wir lachen.« (Berliner Tageblatt, 20. September 1913)

Und der renommierte Kunstkritiker Karl Scheffler meint:

Eine sachliche Beurteilung dieser Ausstellung ist unmöglich, weil es etwas sachlich zu Wertendes darin kaum gibt … Was niederdrückt, das ist der absolute Mangel an jugendlicher Natürlichkeit, das sind die Symptome einer ansteckenden Begriffskrankheit, es ist die Lazarettluft in den Sälen der Ausstellung und die Unreinlichkeit der Phantasie in den meisten Werken. Übersieht man die Gruppen dieser Maler und Bildhauer und zählt man auch die literarischen »Sturm«gesellen mit ihren schlingelhaften Manieren hinzu, so ist es, als sähe man eine unglückliche Jugend gegen sich selber wüten.
Kunst und Künstler, 1. November 1913

Die »literarischen ›Sturm‹gesellen mit den schlingelhaften Manieren« – das sind die expressionistischen Dichter, denen Herwarth Walden mit seiner Zeitschrift »Der Sturm« ebenfalls eine Wirkungsstätte eröffnet hat. Maler, Zeichner, Lyriker, Dramatiker, Essayisten – die Grenzen der expressionistischen Kunst sind fließend, Doppelbegabungen – wie Meidner, Kokoschka oder Barlach – nicht selten. Auch der »Sturm«-Kreis lebt von der gegenseitigen Anregung und Ergänzung der Künste. Kokoschkas Freund Albert Ehrenstein veröffentlicht hier seine expressionistischen Verse; hier debütiert der Arzt Alfred Döblin mit seiner Erzählung »Die Ermordung einer Butterblume«; zum »Sturm«-Kreis gehören der Dichter Paul Zech, der, nach erfahrungsreichen Jahren als Bergmann, seit 1910 in Berlin lebt, und August Stramm, der Postbeamte, der die Gesetze sprachlich-künstlerischer Kommunikation bis zur Grenze des Möglichen ausweitet.

Es ist – hier im »Sturm« –, als sei die ganze Kunst fröhlich verrückt geworden. Rudolf Blümner liest expressionistische Gedichte von August Stramm. Eine virtuose Leistung, ein grandioses Feuerwerk von Worten, Lauten, Satzfetzen, wild emporgeschleudert, unverständlich, aber rührend, aufregend durch Rhythmus, Klang, Zusammenklang. Frech, unverschämt, aggressiv sind diese Dichtungen, sie klingen immer wie Thesen und Antithesen eines Streitgespräches, und dies Dichten ist wirklich ein Kämpfen gegen die Zeit, gegen die Welt, gegen das Erbe, gegen die Form, gegen Gott, gegen sich selber. Aufruhr, Bewegung, Vorwärtsdrängen – das ist die Signatur aller Künste dieser Epoche.
August Heinrich Kober, Einst in Berlin

Neben Waldens »Sturm« ist es vor allem Franz Pfemferts Zeitschrift »Die Aktion«, um die sich die junge expressionistische Literaturgeneration sammelt. Stärker als Walden, dem es vor allem um die Freisetzung und Förderung künstlerischer Potenzen geht, will Pfemfert mit seinen Aktivitäten auch politische Zeichen und Signale setzen.

Um Franz Pfemfert, den Herausgeber der »Aktion«, hatte sich ein Kreis von jungen Dichtern gesammelt, der mit Recht als die junge literarische Generation gewertet werden konnte. Wer überhaupt etwas auszusagen hatte, in welcher Form immer, in glatten oder holprigen Versen, es kam auf den Willen zur Aussage an, den inneren Zwang, den dynamischen Druck zur Aussage, hatte Zugang zu der Zeitschrift; er war willkommen …

Franz Pfemfert brachte diese jungen Dichter … in einen Rahmen politischer und sozialkritischer Essays, den Leitartikeln zur sozialen Tagesgeschichte und der Interpretation von Bakunin, Krapotkin und

Proudhon. Der Dichter wurde, ob er wollte oder nicht, zur sozialkritischen Analyse erzogen – ganz gleich, daß diese Dichter später im Kriege und nachher wieder ihre verschiedenen Wege gegangen sind.

Erleichtert wurde dieser Erziehungsprozeß, wenn man die Entwicklung so nennen darf, durch die Mitarbeit der bereits Arrivierten in der Literatur. Ich glaube, daß es in diesen Jahren kaum einen Schriftsteller von Format und Bedeutung gegeben hat, der nicht stolz darauf gewesen war, in der »Aktion« zu erscheinen; er war dies schon seinem Prestige schuldig. Dieser Grad von Verschmelzung in einem betont sozialkritischen Rahmen hat »Die Aktion« besonders ausgezeichnet...

Pfemfert hat nie irgendwelche Helfer gehabt, abgesehen von Alexandra Ramm, seiner Frau. Er wohnte in der Nassauischen Straße im Wilmersdorfviertel in Berlin in einem Hinterhaus im vierten Stock. Dort war eine Art Arbeitszimmer, und Pfemfert saß hinter einem Tisch vor einem Berg von Briefen und Manuskripten, die Zigarrenkiste mit dem Tabak vor sich, aus der er sich ständig die Zigaretten stopfte. Er war immer zu sprechen für jeden, von früh morgens bis spät in die Nacht. Die Tür war für jeden Besucher offen.

Franz Jung, Der Weg nach unten

Das geistige Klima der »Aktion« wird jedem unvergeßlich sein, der damals ihr Mitarbeiter war ... Anarchismus, Pazifismus, Staatsfeindschaft und Militärfeindschaft. Wie zog das die jungen Dichter an! Da war Ernst Blaß. Er kam »die Straßen entlanggeweht, den schwarzen Hut auf seinem Dichterhaupt – von weichem Glücke war er ganz belaubt«. Da waren die vielen Unbekannten, die, von keiner Anthologie aufgenommen, später auch nie berühmt wurden. Und die Frühvollendet-Unseligen, die im ersten Kriegsjahr fielen, wie Ernst Stadler und Robert Jentzsch ... Und Wedekind, der von der »Aktion« natürlich nicht entdeckt werden mußte, funkte aus München Sprüche herüber: gegen die Theaterzensur oder gegen die Verpreußung Bayerns ... Solch ein Blatt war nur in Berlin möglich. Seine Kühnheit (von Feinden auch »Frechheit« genannt) zog alle an, die das »Leben im Wort« künftig anders haben wollten. In der Politik hieß das: keine Wilhelminischen Tiraden, keine »Panthersprünge nach Agadir« oder Aufrufe zum Sozialistengemetzel. Wie Franz Pfemfert es fertigbekam, einer »Majestätsbeleidigung« zu entgehn, das ist eigentlich ein Rätsel.

Heinrich Eduard Jacob, Berlin

Zum Kreis um die »Aktion« gehören sehr unterschiedliche künstlerische Temperamente: Else Lasker-Schüler und der junge Walter Benjamin; der Essayist Ludwig Rubiner (»Der Dichter greift in die Politik«, 1912) und der Begründer des »Aktivismus« Kurt Hiller; Alfred Wolfenstein, der feinsinnige Lyriker, Kunsttheoretiker und Übersetzer, und Gottfried Benn, der Arzt, dessen Gedichte von Krankheit, Verfall und Verwesung die Leser schockieren:

Benns Verse besingen Leichname, von Ratten »angeknabbert«, sie fassen die Stimmung einer Krebsbaracke in unnachsichtige Worte, sie spenden die umschnürende Musik eines proletarischen Gebärhauses, sie reizen das Auge mit Bildern des Operationstisches, sie treiben mit Diagnosen geistvollen Frevel.

Poesie darf man diese grausigen Dinge nicht nennen. Man darf höchstens glauben, daß die neuen Gedichte einen ergreifenderen Inhalt und ernsteres Weltgefühl haben als dicke Romanbände ... Menschen mit ängstlichem Nervensystem seien jedenfalls gewarnt. Ein Rattenparadies unter dem Zwerchfell eines toten Mädchens hat keine Verwandtschaft mit der lieblichen Maiennacht. Auch daß ein Leichendiener eine Goldplombe stiehlt, wäre ein schwieriger Text für den Konzertsaal ... Benn hat die Furchtlosigkeit eines bitteren Beobachters, die Schamlosigkeit eines Fachmanns. Poeten, welche den Äther kosmisch durchfliegen, dichten anders. Aber sie erregen mit neuen Gedichten selten das Gefühl so stark, daß man ihnen gleich öffentlich danken möchte.
Emil Faktor, Fortgeschrittene Lyrik

Zum Kreis um die »Aktion« gehört schließlich auch Jakob van Hoddis, Verfasser des berühmten Gedichts »Weltende«, in dem viele der Zeitgenossen ihr Empfinden von der Brüchigkeit und Zerrissenheit der Gesellschaft exemplarisch gestaltet finden:

Dem Bürger fliegt vom spitzen Kopf der Hut,
In allen Lüften hallt es wie Geschrei.
Dachdecker stürzen ab und gehn entzwei,
Und an den Küsten – liest man – steigt die Flut.

Der Sturm ist da, die wilden Meere hupfen
An Land, um dicke Dämme zu zerdrücken.
Die meisten Menschen haben einen Schnupfen.
Die Eisenbahnen fallen von den Brücken.

Auch die kühnste Phantasie meiner Leser würde ich überanstrengen bei dem Versuch, ihnen die Zauberhaftigkeit zu schildern, wie sie dieses Gedicht »Weltende« von Jakob van Hoddis für uns in sich barg. Diese zwei Strophen, o diese acht Zeilen schienen uns in andere Menschen verwandelt zu haben, uns emporgehoben zu haben aus einer Welt stumpfer Bürgerlichkeit, die wir verachteten, und von der wir nicht wußten, wie wir sie verlassen sollten. Diese acht Zeilen entführten uns. Immer neue Schönheiten entdeckten wir in diesen acht Zeilen, wir sangen sie, wir summten sie, wir murmelten sie, wir pfiffen sie vor uns hin, wir gingen mit diesen acht Zeilen auf den Lippen in die Kirchen, und wir saßen, sie vor uns hin flüsternd, mit ihnen beim Radrennen. Wir riefen sie uns gegenseitig über die Straße hinweg zu wie Losungen, wir saßen mit diesen acht Zeilen beieinander, frierend und hungernd, und sprachen sie gegenseitig vor uns hin, und Hunger und Kälte waren nicht mehr. Was war geschehen? … Wir fühlten uns wie neue Menschen, wie Menschen am ersten geschichtlichen Schöpfungstag, eine neue Welt sollte mit uns beginnen, und eine Unruhe schworen wir uns zu stiften, daß den Bürgern Hören und Sehen vergehen sollte und sie es geradezu als eine Gnade betrachten würden, von uns in den Orkus geschickt zu werden …

Dutzende von Dichtern haben dieses Gedicht inzwischen nachgedichtet, es zuschanden gedichtet, und in mancher Anthologie, die sich dem expressionistischen Jahrzehnt widmet, habe ich dieses Wundergebilde nicht einmal mehr wiedergefunden. Würde ich die Wirkung wiederherstellen, wenn ich seinen Verfasser Jakob van Hoddis beschriebe? Ludwig Meidner hat ihn gezeichnet, anmutig und schwungvoll, wie er sich aber in seiner natürlichen Existenz kaum vorstellte. Er war zwerghaft, von verwahrlostem Äußern, grau, unrasiert, pickelig – von den Händen schon nicht zu sprechen –, mit einem mehr als reinigungsbedürftigen Wollschal zu jeder Tageszeit behaftet, scheu, verspielt und schon ein wenig irre, und bald darauf endete er auch in einer Thüringer Irrenanstalt. Aber dieses Gedicht, von welch einer mächtigen Wirkung auf mich auch heute noch, wohl darum auch, weil zwischen seinen Zeilen, hinter ihnen, sich außerordentliche Erlebnisse und Ereignisse hervordrängen – eine seltsame Jahrhundertstimmung ist es, die in dieser brüchigen, bruchstückhaften, ein wenig närrisch lallenden Stimme sich kundtut.

Johannes R. Becher, Das poetische Prinzip

Die expressionistischen Künstler, die zwischen 1910 und 1914 in Berlin leben und arbeiten, sind keine einheitliche Gruppe; zu verschieden sind ihre Stilmittel, ihre Vorstellungen und Wunschträume. Allen gemeinsam aber ist das Gefühl der Bedrohung, der Krisenhaftigkeit der Gesellschaft, in der sie leben. Mit allen Sinnen spüren sie die nahende Katastrophe, von der niemand weiß, wann und woher sie kommen wird: »Unsichtbar hinter ungeheuren Bäumen/Unglaublich friedlich naht das große Grauenhafte«, dichtet der Fabrikantensohn und Jurastudent Alfred Lichtenstein (Die Aktion, 7. August 1912).

Zu den Schriftstellern, die diesem Gefühl der Bedrohung mit besonderer Intensität Ausdruck verliehen haben, gehört auch Georg Heym.

Georg Heym, im schlesischen Hirschberg geboren, ein Provinzler, der nach Berlin kam, um hier Referendar zu sein, wurde zu einem Visionär, einem surrealistischen Über-Berliner, wie es ihn vorher nie gab. Was verbargen eigentlich diese Häuser? Waren sie Bergwerke, Irrenhäuser, Rebelleninseln oder Spitäler, die ihr Dach nach oben in den Raum schleudern würden? Heym liebte die Farbenexplosionen in den Bildern des van Gogh und hoffte, er werde sie eines Tages in Worten erreichen. Das Gedicht der Gedichte jedoch war für ihn das »Trunkene Schiff«, »Le bateau ivre« des Rimbaud. Er selbst sprach ein elendes Französisch, war aber überzeugt, daß er nur durch einen Zufall nicht Zeitgenosse Napoleons und Stendhals geworden sei. (Seine Traumtagebücher handeln davon.) Da er aber Paris nicht kannte, stand ihm Berlin für alle Städte. Monatelang bemühte er sich, jeden Satz mit »ick« und »det« zu beginnen, obwohl ihm, dem innerlich Schüchternen, der kesse Dialekt gar nicht lag. Und selbstverständlich gab es denn auch keine Mundart in seinen Versen: »Beteerte Fässer rollten von den Schwellen der dunklen Speicher auf die hohen Kähne. Die Schlepper zogen an. Des Rauches Mähne hing rußig nieder auf die öligen Wellen. Zwei Dampfer kamen mit Musikkapellen. Den Schornstein kappten sie am Brückenbogen. Rauch, Ruß, Gestank lag auf den schmutzigen Wogen der Gerbereien mit den braunen Fellen.« Dies Gedicht, naturalistisch wahr bis in den Geruch hinein, war gleichwohl kein Naturalismus. Es war Vision: »In dem Idylle sahn wir der Riesenschlote Nachtfanale.«

Alles, was der Vision widerstrebte, war Heym aufrichtig verhaßt. Also der Vordergrunds-Optimismus, die öde Polka-Seligkeit des flachen Berliner Vergnügungsbetriebs, die Musik, die aus dem Metropoltheater auf die Straße sickerte – vor allem der Komponist Paul Lincke. Unvergeßlich bleibt mir der Ekel, mit dem Georg Heym Melodie und Text des Lincke-Liedes vor sich hin grölte: »Das ist die Berliner Luft, Luft, Luft – das ist sie mit ihrem Duft, Duft, Duft – wo nur selten was verpufft, pufft, pufft, in dem Duft, Duft, Duft dieser Luft.«

Heym, der ein schlechter Vorleser war (er las hart-eckig und dabei schüchtern), wäre im damaligen Berlin wahrscheinlich nie zu Wort gekommen, wenn er nicht Freunde gefunden hätte, die ihn gleichsam mit Gewalt auf die Vorderbühne geschoben hätten. Das waren Kurt Hiller und sein Neuer Club. Sie zwangen Berlin, auf Heym zu hören. Kein größerer Gegensatz war denkbar zwischen dieser Club-Geistigkeit und Heyms körperlichem Wesen. Untersetzt und unbeholfen, war er doch »rassenmäßig schön«: Sein braunes Gesicht, seine blauen Augen hätten ihn in der Hitlerzeit zum »germanischen Idol« gestempelt. Das Schicksal hat es ihm erspart, während seiner Lebenszeit von seinen aus dem

Land gejagten Freunden Abschied nehmen zu müssen ... Denn Heym ertrank, vierundzwanzigjährig, beim Schlittschuhlaufen im Wannsee.

Für viele von uns begann damals, mit dem Tode Heyms, der Weltkrieg. Die Erinnerung wenigstens läßt es so scheinen. Wäre er nicht im Wannsee ertrunken, hätte ihn zweieinhalb Jahre später vielleicht die Marneschlacht hingerafft. Keiner von uns hatte ja den Krieg so vorausgefühlt wie er. Nicht politisch – davon verstand er nichts! –, aber als dichterische Vision sah er ihn auf uns zuschreiten. Wie der Zyklop die Keule hob, um die Menschenwelt zu zerschmettern: »Aufgestanden ist er, welcher lange schlief, aufgestanden unten aus Gewölben tief. In der Dämmerung steht er, groß und unbekannt, und den Mond zerdrückt er in der schwarzen Hand.«

Heinrich Eduard Jacob, Berlin

Berlin, die Großstadt, Synonym für Einsamkeit und Schutzlosigkeit, für Aufbruch und Bewegung, für Zynismus und Poesie (Alfred Lichtenstein: »O du Berlin, du bunter Stein, du Biest«) ist ein nieversiegender Quell für die Erfahrungen der Dichter. Hauptmanns Drama »Die Ratten« (1911), angesiedelt im trostlosen Milieu einer alten Kaserne in der Kleinen Alexanderstraße, ist ohne die Großstadterfahrung ebensowenig denkbar wie Sternheims Zyklus »Aus dem bürgerlichen Heldenleben«, den Reinhardt in den Kammerspielen des Deutschen Theaters zur Uraufführung bringt. »Berlin ist wie ein Nährgrund um mich«, notiert Oskar Loerke am 24. September 1912 in sein Tagebuch. »Als nützten mir die Millionen Menschen. Als wäre ich ein Vampyr, das Gefühl abenteuerlicher Schicksale ein mir notwendiger abenteuerlicher Untergrund. Ein Resonanzboden.«

Auch der Schweizer Schriftsteller Robert Walser, der zwischen 1906 und 1913 in Berlin lebt und arbeitet, empfindet die Hauptstadt, in der »immer Störungen vorrätig, gleich einem lebendigen Warenlager von Aufmunterungen«, als eine ständige produktive Herausforderung:

Eine Stadt wie Berlin ist ein ungezogener, frecher, intelligenter Bengel, bejahend, was ihm so paßt, und wegwerfend, wessen er überdrüssig geworden ist. Hier in der Großstadt spürt man es ordentlich, daß es Geisteswellen gibt, hinwegströmend, gleich einem Bad, über das gesellige Leben. Ein Künstler ist hier gezwungen aufzuhorchen. Anderswo darf er, die Ohren verstopft, in die Ignoranz versinken. Hier darf er das nicht. Er muß sich vielmehr beständig menschlich ein bißchen zusammennehmen, und dieser Zwang, der ihn umkreist, gereicht ihm zum Vorteil. Doch es gibt da auch andere Dinge. Berlin ruht nie, und köstlich ist das. Jeder erwachende Morgen bedeutet einen neuen angenehm-unangenehmen Überfall aufs Behagen, und das tut ihm gut, dem Bequemlichkeits-

sinn. Der Künstler besitzt, ungefähr wie das Kind, einen angebornen Hang zur schönen, edlen Faulpelzerei. Nun, in dieses Faulenzertum, in dieses Königtum, weht immer wieder frischer Ansporn-Sturmwind. Ins stille, feine Wesen fährt das grobe, laute und unfeine. Es verwischt sich da stets etwas, und das ist gut, es ist Berlin, und Berlin ist ausgezeichnet.
Robert Walser, Berlin und der Künstler

Wer sich an das literarische Berlin der Vorkriegszeit erinnert, der wirft meist auch einen nostalgischen Blick zurück auf die vielen Literatur- und Theatercafés, in denen sich das bunte Völkchen der Schriftsteller und Maler, der Schauspieler und Regisseure des abends zu treffen pflegte – am berühmtesten von allen das Café des Westens, das »Café Größenwahn«.

Die Cafés hatten damals noch eine Funktion, die verloren gegangen ist. Sie waren die Wechselstuben der Gedanken und Pläne, des geistigen Austauschs, die Produktenbörse der Dichtung, des künstlerischen Ruhms und auch des Untergangs …

Das alte Café des Westens ist eine immer verräucherte Bruchbude mit knirschenden Holzdielen und böhmischen Kellnern gewesen. Es lag an der feinsten Straße des Berliner Westens, Ecke Kurfürstendamm/Joachimsthaler Straße. Diese Ecke bedeutete einen Einschnitt: Bis hierhin gab es noch Läden, dem Café aber folgten pompöse Palazzi im Stil der Gründerzeit mit scheußlichen Aufbauten und vollbusigen Karyatiden.

Das letzte Geschäft war ein Korsettladen für die Damen des Westens. Hier verweilte aber auch der weißbärtige Geheimrat Schmoller, der berühmte Kathedersozialist der Universität, gern einige Augenblicke, schmunzelnd strich er sich den Bart, vielleicht mit Gedanken über die innigen Zusammenhänge von Luxus, Eros und Volkswirtschaft beschäftigt …

Das Café war schon am späten Vormittag voll besetzt, mit einer Einschränkung: an jedem der runden Marmortischchen saß nur ein Gast, denn hier wurde gearbeitet. Es konnte geschehen, daß ein unfreundliches Knurren laut wurde, wenn selbst ein guter Freund Miene machte, sich zu einem Schwatz niederzulassen. »In Wochenstuben stört man nicht«, pflegte Wolfgang Goetz zu sagen.

Da saß stirnzerfurcht Leonhard Frank und schrieb an seinem Roman »Die Räuberbande«. Da saß der Schachweltmeister Emanuel Lasker, klein und immer mit seinem Schnurrbart beschäftigt, umtürmt von den neuesten Journalen, aus denen er bienenfleißig die Winkelzüge der Konkurrenz in Moskau oder San Sebastian exzerpierte.

Auf allen diesen Journalen, die ihm der bucklige, rothaarige Zeitungskellner Richard ehrerbietig als erstem hinlegte, prangte der Stempel »Gestohlen im Café des Westens«; nicht weil wirklich gestohlen wurde, sondern weil die Schüler Balzacs oder Ibsens eine Zehnzeilennotiz ausschnitten, aus der sich vielleicht eine dramatische Fabel entwickeln ließe, zum Nachteil der Späterkommenden. Einzelne brachten zu diesem Zweck Taschenscheren mit. Lasker nicht, er schrieb sich ehrlich die Partien heraus und überreichte, ehe er aufbrach, die Blätter dem Zeitungskellner mit einem Trinkgeld: »Nichts gestohlen!«

Gesprächig war um diese Stunde nur Grete Meisel-Heß, während sie an ihrem nachmals berühmten Buch »Die sexuelle Krise« schrieb. Sie interviewte jeden, der es wollte oder auch nicht wollte, über seine sexuellen Probleme, wie es später der Amerikaner Kinsey für seinen Rapport getan hat. Ihre beste Stunde war zwischen zwölf und eins. Dann flockte und schneite die weibliche Jugend herein, keineswegs kleine Ladenmädchen, die damals noch nicht intellektuell angereichert waren, dafür Elevinnen der Reinhardt-Schule, junge Kunstgewerblerinnen und Komparsinnen des eben aufstrebenden Films ...

Zu voller Orchesterbesetzung schwoll das Café des Westens am späten Abend an, vor und nach dem Theater. Da gab es keine Trennung der Generationen, der Stile, der Anschauungen, der Kunstsparten, und selbst die Träger von Frack und Abendkleid aus den Grunewaldvillen suchten an Premiereabenden Tuchfühlung mit den Habitués des Cafés. Vielleicht versprachen sie sich Groteskbilder aus dem Zoologischen Garten der literarischen und künstlerischen Fauna und wurden darin sicherlich enttäuscht, denn wir waren im Grunde genommen zivilisierte Leute.

Max Krell, Das alles gab es einmal

Im November 1895 bietet das Varieté Wintergarten seinen Besuchern eine besondere künstlerische Attraktion: Max und Emil Skladanowsky mit ihrem »Bioskop« geben zum erstenmal einen Einblick in die Wunderwelt des Films:

Das heißt, der Name Film existierte noch nicht für diese »lebenden Bilder«, die dort – erstmalig am 1. November 1895 von den Gebrüdern Skladanowsky – als Schlußnummer jeder Vorstellung gezeigt wurden. Immer war es eine kurze Szene, meist humoristischer Art, zum Beispiel ein Kinderschlafzimmer, in dem sich die Kinder mit Kissen bombardierten, die zum Schluß platzten und einen Schneefall von durcheinanderwirbelnden Daunenfedern erzeugten, sowie ähnliche Scherze – meist drei bis vier Minuten dauernd.

Mich interessierte diese neue Erfindung ungemein, hatte ich mir doch schon als Junge ein »Lebensrad« gebaut, das man wohl als die ursprünglichste Form der Kinematographie ansehen kann ... Die beweglichen Bilder des Wintergartens stammten in der Hauptsache von Anschütz, Skladanowsky und Meßter, die man somit als die Väter des deutschen Films ansehen kann. Sie erschienen mir als die Vollendung meiner Knabenträume. Noch ahnte ich nicht, welche Bedeutung sie für die ganze Welt und auch für mein Leben haben würden. Da ich äußerst selten in den Wintergarten oder das Apollotheater, das die Mode sofort mitmachte, kam, sah ich diese »lebenden Bilder« natürlich auch höchst selten, und so konnte ich die Fortschritte, die diese neue Erfindung in den darauffolgenden Jahren machte, im einzelnen nicht verfolgen. Mich rückerinnernd, weiß ich nur, daß man plötzlich in Berlin, zuerst im Zentrum und im Norden der Stadt, in den Abendstunden an irgendeiner Ecke erleuchtete Eingänge zu einigen Lokalen sah, in die Leute hineinströmten. Für diese Lokale hatte der Berliner mit schlagartiger Geschwindigkeit einen neuen Namen erfunden: Kintopp. Als Entree zahlte man wohl 10 oder 20 Pfennig.

Zunächst genossen diese Kintöppe, die immer zahlreicher wurden, kein großes Ansehen. Als in meiner nächsten Nachbarschaft ebenfalls ein Kintopp eröffnet wurde, überwand ich meine Scheu und besuchte ihn. Ich fand dies so anregend, daß ich bald regelmäßig hinging. Das Gebotene war ja nun allerdings mit dem, was der Film heute zeigt und bietet, nicht zu vergleichen. Und doch waren die Anfänge der unbegrenzten Möglichkeiten, die diese neue Technik bot, schon spürbar. Es waren meist kurze Szenen teils unterhaltender, teils belehrender Art, jede nur drei bis fünf Minuten lang. Da die zehn oder zwölf Nummern, die gezeigt wurden, nach ihrem Ablauf stets wieder von vorn begannen, bis das Kino geschlossen wurde, war auf das Billett die Nummer der Szene aufgestempelt, die beim Lösen gerade lief. Nach jeder Szene erschien auf der Leinwand ein Vermerk, welche Nummer ausgelaufen war. Natürlich gab es auch Nassauer, die es verstanden, sich um die Kontrolle zu drücken, und die das ganze Programm mehrere Male genossen. Ein Klavierspieler begleitete die Vorgänge auf der Leinwand mit mehr oder weniger passender stimmungsgemäßer Musik.

Es gab aber schon ausgezeichnet gespielte kleine Lustspielfilme oder Possenszenen, meist waren sie französischen Ursprungs. Der Name Linder wird manchem, der diese Zeit des Films miterlebte, unvergessen sein. Er war populär wie später Chaplin.

Eduard von Winterstein, Mein Weg mit dem Film

Auch wenn von einer ernstzunehmenden Kunstgattung zu dieser Zeit noch kaum einer zu sprechen wagt – »der Kino«, wie man damals sagt, entwickelt sich in den Jahren vor dem Weltkrieg rasch zu einem beliebten Volksvergnügen. 1907 gibt es in der Hauptstadt, wie das »Berliner Tageblatt« am 10. Januar meldet, 280 »Kinematographentheater«, meist auf Hinterhöfen oder in leerstehenden Läden untergebracht.

Die Einrichtung eines Kintopps ist sehr einfach. Ein Ladenlokal, das durch Verkleben der Fenster dunkel gemacht ist. Stuhlreihen, die durch angenagelte Latten zusammengehalten werden. Eine Leinwandfläche, die die Bilder aufnimmt. Ein Klavier oder ein Musikautomat und ein Büfett, an dem es Bier und Erfrischungen gibt. Man sitzt eng zusammengedrängt, jedes Plätzchen ist ausgenutzt, jeder Stuhl ist besetzt. An den Wänden stehen diejenigen, die keinen Platz gefunden haben. Die Erwachsenen rauchen, die Kinder jubeln, und der Klavierspieler paukt auf das verstimmte Klavier. In den Pausen werden Erfrischungen rumgereicht. »Süßigkeiten, meine Herren! Süßigkeiten, meine Damen!« Und der junge »Herr« von fünfzehn Jahren greift geschmeichelt in sein Portemonnaie und bietet seiner »Dame« Eiswaffeln oder überzuckerte Baumnüsse an. Ganz vorne sitzen fast nur Kinder, vier- und sechsjährige, zehnjährige, zwölfjährige, weiter zurück mehr Halbwüchsige und Erwachsene. Man sieht junge Pärchen, aber auch alte Leute. Mütter mit ihren Kindern und weißhaarige, verhutzelte Männer. Gymnasiasten mit bunten Mützen und typische Kneipenbummler. Neben dem Büfett sitzt ein junges, schwarzlockiges Ding, dem man ansieht, daß es bald von der Straße verschlungen werden wird, und unterhält sich mit dem Büfettfräulein. Sie schimpft auf ihren Schatz, der nicht gekommen ist. Man sieht, es ist ein ganzer Ausschnitt des Berliner Lebens, der sich hier in diesem kleinen, verräucherten Saal zusammendrängt.

Und sie sind alle glücklich, besonders die Jüngeren und Jüngsten. Theater ist ja so ein Rausch für kleine Herzen, die noch Phantasie haben und an Wunder glauben. Und hier auf dieser Zauberbühne läuft in einer Stunde ein ganzer Wunderkreis ab. Da gibt es Hexen und Teufelsgeschichten mit Prinzessinnen und Feengrotten. Da führt ein tollgewordenes Automobil die Häuser hinauf und über die Dächer und durch die Stuben. Da wird ein Motiv aus Dickens sentimental und überzuckert dargestellt. Da ist das Maurerparadies, in dem die Steine von selbst den Bau hinaufspazieren. Und eine Wildschweinjagd zu Pferde. Caruso singt mit seiner schönsten Stimme eine italienische Arie. Immer weiter geht es, immer weiter …

Das Volk liebt dieses neue Theater – es ist *sein* Theater. Anfangs gingen nur die Kinder hinein, die Großen genierten sich. Aber allmählich haben die Kinder die Großen erobert, und besonders an der Peripherie von Berlin und in den Vorstädten wird der Kintopp zu einem richtigen Volkstheater. Hier fühlt das Volk noch natürlich, und im Norden in einem Kintopp sah ich, wie man einen Schurken auf der »Bühne« mit Apfelresten bewarf!

Darum bestehen auch diese Theater sehr gut, trotz aller polizeilichen Bevormundung, und wir haben in Berlin einige, die 40 000 bis 50 000 Mark jährliche Pacht bezahlen. Im einzelnen sind ja viele Unter-

schiede vorhanden. Es gibt vornehme mit Klappstühlen, in denen die guten Meßterschen Aufnahmen gut dargestellt werden, es gibt kleine Nester mit schlechter Beleuchtung und schlechten Bildern und Riesensäle für das Massenpublikum. Der Geschmack ist im Westen ein anderer als im Osten. Daß aber irgendwo Unsittlichkeiten geboten werden, ist einfach nicht wahr. Wenn die andern Bühnen eine so strenge Zensur hätten wie die Kinematographentheater, dann könnten viele zumachen.
Bardolph, Im Kientopp

So verständnisvolle Plädoyers für das neue Medium Film, abgedruckt in der Berliner Kulturzeitschrift »Morgen« im Januar 1909, gibt es zu dieser Zeit wenige. Noch rechnet die Mehrheit der Künstler und Kritiker den Film nicht zu den Errungenschaften, sondern zu den Auswüchsen der Kultur: »Ein Vergleich zwischen Theater und Kino ist eine Gotteslästerung«, schreibt Siegfried Jacobsohn am 19. März 1914 in der »Schaubühne«. »Am Kinodrama gibt's nichts zu reformieren, weil es kein Kinodrama geben kann«, erklärt kategorisch Fritz Elsner in der »Neuen Zeit« (27. Juni 1913). Erich Oesterheld, Herausgeber der Zeitschrift »Deutsche Bühne«, fordert energische Maßregeln »gegen die kaninchenartige Vermehrung des Kinos«, gegen dieses »moderne Sodom und Gomorrha«, gegen die »Kinopest«: »Es ist schade um ein Volk von Dichtern und Denkern, das seine dramatischen Ideale in der Bilderreportage sieht.« (Die Aktion, 26. Februar 1913) Die Berliner Theaterintendanten stellen die Mitarbeit ihrer Schauspieler an Kinoaufnahmen unter Konventionalstrafe. Der Verband Deutscher Bühnenschriftsteller verbietet seinen Mitgliedern, sich in der Filmbranche zu betätigen. Und natürlich fühlt sich auch die preußische Zensur berufen, der sittlichen Gefährdung der Jugend durch das Kino entgegenzutreten:

Es sah so aus, als seien die Zensoren bestrebt gewesen, den Film mit allen Mitteln zu unterdrücken. Das dunkelste Mittelalter setzte sich über ihn zu Gericht. So wurden beispielsweise anfangs alle Szenen, in denen ich weinte, mit der Begründung verboten, daß echte Tränen auf nervöse Menschen einen zu starken Eindruck ausüben könnten. Die »Union« erhob Einspruch, aber ohne Ergebnis. Erst als die Presse die Sache aufgriff, gelang es, den Filmstreifen mit meinen Tränen wieder dort einzufügen, wohin er gehörte. Ein Kreuz durfte auf der Leinwand auch nicht erscheinen. Eine ganze Szene, in der ich als krankes junges Mädchen in einem katholischen Krankenhaus lag, an dessen Wand in Übereinstimmung mit der Wirklichkeit ein Kreuz hing, wurde weggeschnitten, wodurch ein Teil der Handlung unverständlich blieb. Aus einem Film der »Nordisk« kopierte man ungefähr ein Drittel heraus, weil ein Sohn im Sinne hatte, seine Eltern zu bestehlen, aber sein Vorhaben bereute. Daß Verbrechen von der Leinwand verbannt wurden, versteht sich von selbst, aber nicht einmal der Gedanke daran durfte vorkommen.

Und dann die Sittlichkeit! Ehescheidungen wurden als unmoralisch bezeichnet und darum verboten. Ein uneheliches Kind galt als anstößig und war undenkbar.

In dem Lustspiel »Engelein« stellte ich ein vierzehnjähriges Mädchen dar, das in einer Szene auf eine Leiter steigt. Dabei wurde das Strumpfband über dem Knie für eine Sekunde sichtbar. Große Aufregung bei der Zensur! War das wirklich ein Strumpfband? Die Szene mußte noch einmal vorgeführt werden. Nach langem Hin und Her waren einige der Ansicht, es handle sich nur um eine Schleife. Zum drittenmal wurde die Szene vorgeführt. Nun kam es darauf an: Schleife oder Strumpfband! Da die Vermessenheit nur eine Sekunde in Erscheinung trat, war man sich immer noch nicht darüber klar geworden und ließ die paar Meter großmütig durchgehen. Nun zeigte sich aber, daß der Film auf der Idee aufgebaut war, daß ich in Wirklichkeit achtzehn Jahre alt bin, jedoch bei der Ankunft des gestrengen Erbonkels die Vierzehnjährige spielen muß; ich kam nämlich vier Jahre früher zur Welt, als meine Eltern heiraten konnten. Der Film wurde glatt verboten. Das war der »Union« zuviel. Sie zeigte ihn trotzdem. Skandal, Geldstrafen und Pressefeldzug gegen die Zensur endeten mit der Freigabe des Films, aber unter dem Vorbehalt: Für Kinder gesperrt. Und gerade diesen Film hatten wir einem jugendlichen Publikum zugedacht.
Asta Nielsen, Die schweigende Muse

Allerdings ist nicht zu übersehen, daß auch der Film selbst genügend Anlaß zu harscher Kritik gibt, geht es doch den meisten Produzenten in der jungen Filmbranche weniger um Kunst als um klingende Tageseinnahme:

Dazu mußte man die Massen auf seine Seite ziehen, und das konnte man am schnellsten und bequemsten, wenn man einen Pakt mit den billigsten Formen der Unterhaltung schloß. Was die Wirklichkeit ihnen versagte, gab ihnen für ein paar Cents die Leinwand. Der Schritt von der armen, jungen Stenotypistin zur gefeierten und beneideten Frau des hohen Chefs wurde so leicht und einfach dargestellt, daß nur komplette Idioten ihn nicht taten. Die Möglichkeiten, vom Bettler zum Millionär zu werden, lagen so dicht gesät auf jedermanns Weg, daß sie sich nur durch ein Wunder vermeiden ließen. Allen, die in dieser Lotterie des Schicksals spielten, in der jedesmal gewonnen wurde, winkte die Hoffnung, und die Lose, diese kleinen optimistisch bunten Eintrittskarten, waren billig und für jedermann erschwinglich. Von mittags bis Mitter-

nacht wälzte sich ein ununterbrochener Strom an den Schalterklappen der Kinos vorüber, hinter denen das Kleingeld der Millionen die Kassen sprengte.
Asta Nielsen, Die schweigende Muse

Berlin entwickelt sich zu einem Zentrum der neuen Wachstumsbranche Film. In der südlichen Friedrichstraße etablieren sich deutsche, französische, skandinavische Filmproduzenten. Kaum eine Verleihfirma, die hier nicht eine Filiale errichtet. Im Café Trocadero, der Berliner »Filmbörse«, versammeln sich Tag für Tag engagementlose Schauspieler in der Hoffnung auf ein paar Tage Verdienst beim Film. Auf dem flachen Dach eines Mietshauses der Berliner Friedrichstadt etabliert sich das erste Aufnahme-»Atelier«:

Hier oben in den Lüften ging es besonders »windig« zu. An windigen Tagen mußten die unbeschäftigten Darsteller vereint die Dekorationen halten, damit sie nicht in der Nachbarschaft umhergondelten; vor jeder Aufnahme wurden die Vorhänge und Tischdecken sorgfältig mit Stecknadeln straffgespannt, und bei plötzlich einsetzendem Regen faßte alles begeistert mit an, um die Möbel in einer schützenden Bodenluke zu verstauen. Innenarchitekt, Maschinenmeister und gesamter technischer Stab war in der Person eines gewandten Arbeiters vertreten, der stets nach vollendetem Aufbau das Werk seiner Hände in stiller Verzückung betrachtete und die eventuellen Einwände der Darsteller lakonisch mit den Worten abwies: »Spielen Sie man so gut, wie meine Dekoration aussieht!« Am liebsten reagierte der Brave auf den Titel »Herr Oberbeleuchter«, den man ihm verliehen hatte, weil er in ziemlich kurzen Abständen »einen auf die Lampe goß«. Sonst hatte er eigentlich nichts zu beleuchten, denn dafür sorgte die liebe Sonne, und Lichteffekte brauchte man damals noch nicht, um Stimmungen zu erzeugen.

Ja, die liebe Sonne! Immer wieder mußte sie eingefangen werden. Also setzte man eine offene Bühne mit gemalten Dekorationen im Hintergrund auf eine Drehscheibe und drehte die Bühne und die mit ihr verbundene Aufnahmekamera nach dem jeweiligen Stand der Sonne. Die Kamera befand sich hierbei in einer abgeschlossenen Wellblechbude, während die aufzunehmenden Objekte im Freien blieben. Diese Aufnahmebühnen waren zwar sehr sinnreich, bei den unregelmäßigen Klimaverhältnissen in Mitteleuropa aber nicht zu allen Jahreszeiten verwendbar. Was lag näher, als daß man von dem Dache des Hauses die Filmarbeit in geschlossene Photographenateliers verlegte, hatte man doch auch inzwischen umgelernt, denn man ging nicht nur vom Freien ins Glashaus, sondern damit auch gleichzeitig vom Sonnenlicht zum Kunstlicht über.

Aus der Frühzeit des Films: Kintopp in der südlichen Friedrichstraße

In einem solchen mit Glasdach bedeckten Dachstübchen sind die ersten deutschen Asta-Nielsen-Filme entstanden.
Oskar Kalbus, Vom Werden deutscher Filmkunst

Um das Geschäft mit dem Film im großen zu betreiben, erhalten auch die Kinos ein neues Outfit. Die »Union«, eines der kapitalkräftigsten Unternehmen der Filmbranche, baut in Berlin eine Kinokette auf, die das primitive Ladenkino durch das »Lichtspieltheater« ersetzt:

Eines Tages erschien in der Montagsausgabe eines Berliner Blattes ein Feuilleton »Der Kintopp im Frack«. Die Lichtspiele im Mozartsaal waren eröffnet. Und wenn es auch kein eigenes Gebäude war, wenn der Saal auch vorher anderen Darbietungen diente, so war doch die ganze Art der Ausgestaltung – das Vestibül, die breiten Treppenaufgänge, der Zwischenstock, der hohe Saal mit den Emporen – etwas so Außergewöhnliches für Kinodarstellungen, daß für Berlin diese Eröffnung zur Sensation ward, für die sich der gutgewählte, zum ersten Male angewandte Name »Lichtspiele« wie etwas Selbstverständliches fand.
Oskar Kaufmann, Das Kinotheater »Cines« am Nollendorfplatz

Weg vom Schmuddelimage: das Lichtspielhaus Wittelsbach in Wilmersdorf, einer der ersten Kinobauten in Berlin, 1912

Bald entstehen in Berlin W die ersten selbständigen Kinobauten: »Marmorhaus«, »Tauentzienpalast«, »Lichtspielhaus Wittelsbach« – so heißen die neuen, auf gehobene Konsumentenschichten zielenden Etablissements. Im »Union-Palast« des renommierten Architekten Oskar Kaufmann hat im Oktober 1913 der erste Max-Reinhardt-Film, »Die Insel der Seligen«, Premiere: »Nach der Vorstellung besah sich das Publikum das neue Lichtspielhaus ..., dessen feierliche Fassade im Häusergewirr des Kurfürstendamms auffällt. Im Vestibül prangen die Wände im Schmucke von Kadiner Kacheln, im Foyer, dessen Architektur von feinem Geschmack zeugt, findet man die Bilder des Großen Kurfürsten und Wilhelms II.« (Berliner Volks-Zeitung, 4. Oktober 1913)

Von ungleich größerer Anziehungskraft als Kadiner Kacheln und Hohenzollernporträts sind jedoch die Namen der Filmschauspieler, die in riesigen Lettern auf den grellfarbigen Plakaten prangen – der »Stars«. Zum ersten Kassenmagneten der Stummfilmzeit wird die dänische Schauspielerin Asta Nielsen, die seit 1911 in Berlin ihre Filme dreht:

Ich konnte eine ganze Zeit lang keine größere Straße entlanggehen, ohne daß mir an allen Plakatsäulen mein eigenes Abbild – oder wie die kühne Phantasie des ausführenden Künstlers es sehen mochte – entgegenprangte, dem das blutende Herz aus der Brust hing. Darunter stand zu lesen: Asta Nielsen, die Duse des Films! …

Meine von der »Union« herausgebrachten Filme hatten eine durchschnittliche Länge von 1500 bis 1600 Metern. Jeden Monat wurde ein neuer Film meiner auf acht Filme jährlich bemessenen Produktion während der Saison herausgebracht. Bis zum Kriegsausbruch sollte es bei der allmonatlichen Erstaufführung meiner Filme bleiben, die sämtlich in Berlin uraufgeführt wurden.

Unter diesen Filmen seien genannt: »Jugend und Tollheit«, entstanden 1912, ein naives, aber ulkiges Lustspiel, worin ich als junges Mädchen in Männerkleidung mit einem unternehmungslustigen Onkel auf Abenteuer ausgehe; von im Jahre 1913 entstandenen Filmen »Die Suffragette«, Ort der Handlung natürlich London, allwo ich emanzipationsfuchtige Berserkerin zunächst gegen einen Minister losgehe, um mich dann ebenso heftig in ihn zu verlieben, mit ihm gemeinsam in den Hafen der Ehe einzulaufen und also darzutun, daß die Frau nicht in die politische Versammlung, sondern ins traute Heim gehöre. Besonders erfolgreich war »Engelein« aufgenommen worden, ein Lustspiel, das mich fünf Jahre vor der Eheschließung meiner Eltern zur Welt kommen ließ, um dann einem strenggläubigen Amerikaneronkel während seines Europabesuches den kalendermäßig termingerechten Backfisch einreden zu müssen und vorstellen zu dürfen.

Der Onkel findet mich durch meinen Teddybären reizend, lädt uns in seine neuerstandene Villa in Wannsee ein, wo mein heiratsfähiges Alter an den Tag kommt, damit Onkels Liebe Gehör und Erfüllung finde und der Hochzeitshimmel sich über uns wölbe. Der Lockung zur Fortsetzung dieser Seligkeit konnte nicht widerstanden werden, weshalb im nächsten Jahre, 1914, »Engeleins Hochzeit« gedreht wurde: Einquartierung verführerischer Husarenoffiziere, Grund genug, daß der alte Onkel um sein junges Glück bangt und dieses nun seinerseits ins Kinderkleidchen steckt und fleißig Springseil üben läßt … Der Handlungskitsch war eine, wenn auch bedauerliche, so doch für den Anfang unerläßliche Konzession für die Popularisierung des Films. Wenn ich aber sehen muß, daß leider der Kitsch in den Filmen auch heute noch vielfach regiert, so schaudere ich vor dem Gedanken meiner offenbaren Mitschuld aus jener Frühzeit des Films.

Asta Nielsen, Mein Weg mit dem Film

Vor dem Weltengewitter

Am 1. Juli 1911 zerreißt eine aufsehenerregende Meldung die sommerlich-träge Stimmung im Berliner Blätterwald: das deutsche Kanonenboot »Panther« ist im marokkanischen Hafen Agadir eingelaufen, um, mit drohender Gebärde gegenüber Frankreich, die »Ehre und die Interessen der deutschen Nation« zu schützen.

Was ist geschehen? Im Auswärtigen Amt erläutert Unterstaatssekretär Zimmermann dem Vorsitzenden des Alldeutschen Verbandes, Heinrich Class, zur gleichen Stunde die Hintergründe der spektakulären Aktion: »Wir legen Hand auf dieses Gebiet, um es zu behalten, da wir unbedingt eine Siedlungskolonie brauchen. Wir dürfen keinen Verlust mehr an den auswandernden Deutschen erleiden. Nach außen erklären wir, daß es sich nur um die Sicherung unserer Reichsangehörigen handelt.« (Heinrich Class, Wider den Strom)

Seit längerem schon haben sich die Augen deutscher Kolonialenthusiasten begehrlich auf das formal selbständige, in Wirklichkeit von Frankreich dominierte Gebiet gerichtet:

Noch ist Afrika nicht ganz aufgeteilt. Im Nordwesten zwischen Algier, der Sahara und dem Atlantischen Ozean dehnt sich das bis jetzt noch unabhängige Sultanat Marokko aus. Der westliche Teil zwischen dem Atlasgebirge und dem Atlantischen Ozean (etwa 200 000 Quadratkilometer umfassend) ist zur Ansiedlung von Europäern wie geschaffen ... Der Boden ist fruchtbares Ackerland ... Der Mineralreichtum des Landes bleibt fast gänzlich unausgenutzt, da der Bergbau den Eingebornen verboten ist. Silber, Gold, Kupfererze, Eisen, Blei, Bergkristall und Amethyst, Schwefel und Salpeter finden sich in den Bergen ... Möchte unser Kaufmannstand in diesem von der Natur so reich gesegneten Lande immer mehr an Boden gewinnen, damit, wenn einmal die Zeit der Aufteilung auch dieses Fleckes Erde herangekommen sein wird, Deutschland einen starken Rechtstitel hat, zur Wahrung seiner Interessen ein ausschlaggebendes Wort mitzusprechen.

Die Grenzboten, 8/1899

1905 – Frankreichs Bündnispartner Rußland ist durch den Krieg mit Japan und die Revolution im eigenen Lande geschwächt – erscheint plötzlich Wilhelm II. persönlich zu einem demonstrativen Besuch in der marokkanischen Hafenstadt Tanger: angeblich als Beschützer der marokkanischen Souveränität, in Wirklichkeit um den Anspruch Deutschlands auf politischen und wirtschaftlichen Einfluß in der rohstoffreichen Region mit symbolträchtiger Geste in Szene zu setzen. Aber die zur Lösung des Marokkokonflikts einberufene internationale Konferenz bringt Deutschland nicht den erhofften außenpolitischen Erfolg.

So starten die Weltmachtstrategen 1911 einen zweiten Versuch. »Diesmal muß durchgebogen werden«, notiert der Kanzlerberater Kurt Riezler am 29. Juli 1911 in sein Tagebuch. Eine erregte, vom Großmachttaumel befallene Pressekampagne begleitet die außenpolitischen Aktivitäten: »Ganz Marokko deutsch, dicht am Seeweg nach Ägypten und Indien deutsche Geschütze, an der algerischen Grenze deutsche Truppen: Das wäre ein großen Aufwandes würdiges Ziel.« (Die Zukunft, 29. Juli 1911) Die Flugschrift »Westmarokko – deutsch!« des Vorsitzenden des Alldeutschen Verbandes, Heinrich Class, wird innerhalb weniger Wochen in 60000 Exemplaren verbreitet. Die »Kreuz-Zeitung«, das Organ der Konservativen und Großagrarier, konstatiert befriedigt:

In Deutschland ging ein gewaltiges Aufatmen durch das gesamte Volk. Als wäre ein böser Traum gewichen, als begänne ein Alpdruck resignierten Mißbehagens vor dem Strahl der Morgensonne zu schwinden, so wurde zwischen den schwarz-weiß-roten Grenzpfählen ein kräftiger Aufschwung nationaler Begeisterung erkennbar, die ihre Wellen von den Reihen der Alldeutschen bis weit hinein in das Lager der Linksliberalen, der Anhänger des obligatorischen Schiedsgerichts und der Utopie des ewigen Weltfriedens schickte.
Kreuz-Zeitung, 3. Juli 1911, Abendausgabe

Einflußreiche Kreise der deutschen Schwerindustrie, die, wie Krupp und Mannesmann, begonnen haben, die reichen Erzvorkommen des nordafrikanischen Sultanats zu erschließen, rufen lautstark nach dem Schutz »deutscher Interesssen«. Als jedoch deutlich wird, daß Frankreich nicht bereit ist, in Marokko kampflos das Feld zu räumen, verlegt sich die deutsche Regierung aufs Handeln. Als Kompensation für den »Verzicht« Deutschlands auf territoriale Ansprüche in Nordafrika wird nun eine Abtretung des von Frankreich besetzten Kongogebiets gefordert, ganz oder teilweise – da gehen die Meinungen noch auseinander. Am rabiatesten gebärdet sich der deutsche Außenminister. Am 17. Juli 1911 schreibt er an den Reichskanzler von Bethmann Hollweg:

Wir müssen den ganzen französischen Kongo haben – es ist die letzte Gelegenheit, ohne zu fechten etwas Brauchbares in Afrika zu erhalten. Noch so schöne Stücke des Kongo mit Kautschuk und Elfenbein nutzen uns nicht; wir müssen bis an den belgischen Kongo heran, damit wir mittun, falls dieser einmal aufgeteilt werden sollte, und damit wir, solange dieses Gebilde noch besteht, durch ihn die Verbindung nach unserem Ostafrika erhalten. Jede andere Lösung bedeutet für uns eine Niederlage, die wir nur durch feste Entschlossenheit vermeiden können ... Ich glaube nicht, daß die Franzosen den Fehdehandschuh aufnehmen, aber sie müssen fühlen, daß wir zum Äußersten entschlossen sind.
Kiderlen-Wächter. Briefwechsel und Nachlaß/2

Frankreich weist das deutsche Ansinnen zurück. Unversehens, über Nacht, sehen sich die Völker Europas von allen Schrecken eines Weltkrieges bedroht. Am 3. September demonstrieren 20 000 Berliner, einem Aufruf der Sozialdemokratischen Partei folgend, im Treptower Park gegen die durch den Marokkokonflikt heraufbeschworene Kriegsgefahr. Die Berliner Börse gerät in Panik und verzeichnet Kursstürze von ruinösem Ausmaß.

Da bringt die Drohung Englands, notfalls an der Seite Frankreichs in den Krieg zu ziehen, die Wilhelmstraße noch einmal zum Einlenken. Im November wird die zweite Marokkokrise mit einem Abkommen beendet, das die französische Herrschaft in Marokko festschreibt; Frankreich garantiert Deutschland die Wahrnehmung wirtschaftlicher Interessen in der Region und tritt einen Teil sumpfigen Kongolandes an Deutschland ab.

Nach dem unrühmlichen Ausgang des Marokkoabenteuers wird der Ruf »nationalgesinnter« Kreise nach außenpolitischen Erfolgen zunehmend aggressiver. »Wo soll denn eigentlich der Platz an der Sonne sein, den man dem deutschen Volke vor länger als einem Jahrzehnt so fest versprochen?« fragt die »Deutsche Volkswirtschaftliche Korrespondenz«, das Organ der Schwerindustriellen, am 20. Juni 1913 ungeduldig. »Die deutsche Nation verlangt auch in ihrem ruhigsten Teile allmählich immer dringender nach den vielen patriotischen und großklingenden Worten, nach den ungeheueren Opfern, die sie für ihre Rüstung zu Lande und zu Wasser bringt, auch endlich einmal etwas mehr Raum für ihre Betätigung am Welthandel und an der Beherrschung der Erde zu finden.«

Die letzten hundert Jahre bedeuten die Aufteilung der Welt. Wehe uns, daß wir so gut wie nichts genommen und bekommen haben! Nicht politischer Ehrgeiz und nicht theoretischer Imperialismus rufen diese Klage aus, sondern beginnende wirtschaftliche Erkenntnis. Die Zeit naht eilend heran, in der die natürlichen Stoffe nicht mehr wie heute willige Marktprodukte, sondern heiß umstrittene Vorzugsgüter bedeuten; Erzlager werden eines Tages mehr gelten als Panzerkreuzer, die aus ihren Gängen geschmiedet werden.

Schon heute wäre die Hoffnung irrig, als könnten fremde Kolonien uns so gut bedienen wie eigene; als könnten Deutsche in Marokko so gut Bergbau treiben wie Franzosen. Jeder Kenner auswärtiger Industrien weiß, was fremde Landesaufsicht, fremde Gesetzgebung, fremde Transportbahnen, Häfen, Finanzen und Konkurrenzen bewirken und verhindern können. Wir werden Käufer bleiben statt Produzenten eigenen Rechts zu sein, und es wird kaum einer Periode künftiger Exportzölle bedürfen, um uns diese Schwäche fühlbar zu machen, sobald die steigende Konsumkraft der Welt beginnt, die ersten Rohstoffe einzuengen.

Wir können nicht in einem Menschenalter hundert Millionen Deutsche mit den Produkten einer halben Million Quadratkilometer einheimischen Bodens und einer afrikanischen Parzelle ernähren und beschäftigen, und wir wollen nicht der Gnade des Weltmarktes anheimfallen. Wir brauchen Land dieser Erde. Wir wollen keinem Kulturstaat das seine nehmen, aber von künftigen Aufteilungen muß uns so lange das Nötige zufallen, bis wir annähernd so wie unsere Nachbarn gesättigt sind ...

Walther Rathenau, Deutsche Gefahren und Neue Ziele

Der hundertste Jahrestag des Sieges über Napoleon in der Schlacht bei Leipzig, der im Oktober 1913 mit großem Pomp und der Einweihung des Völkerschlachtdenkmals begangen wird, bietet willkommenen Anlaß, die Werbetrommel für ein starkes, größeres Deutschland zu schlagen:

Wir stehen im Zeitalter des Imperialismus. Der Schauplatz des Wirkens jedes großen Volkes ist heute die Welt geworden. Napoleon tat noch ein Vermessenes, wenn er so weit über die Grenzen seines Landes hinausstrebte. Heute macht ein Volk sich selber klein, wenn es im Ringen um die Welt zurückbleibt. Anders aber als Napoleon lassen wir das alte Europa aus dem Spiel. Seine Geschichte betrachten wir im wesentlichen als abgeschlossen. Draußen jedoch, auf anderen Kontinenten, ist noch unermeßlicher Raum für die Tat. Allzulange haben wir Worte gemacht; jetzt müssen wir Taten tun wie 1870, wie 1866, wie in den Tagen der Leipziger Schlacht.

Das neue Deutschland, 18. Oktober 1913

Auch der Publizist Paul Rohrbach, ehemaliger Kommissar in der Kolonie Deutsch-Südwestafrika und eifriger Agitator für eine Neuaufteilung der Welt, fordert unverblümt:

… laßt uns nun endlich Taten sehen! Was verlangt werden muß, ist, daß unsere auswärtige Politik sich jetzt imstande zeigt, den Ausgleich für das jahrzehntelange Zurückbleiben Deutschlands hinter allen übrigen großen Völkern in bezug auf die Vergrößerung seiner nationalen Machtsphäre herbeizuführen. Geht das auf friedlichem Wege, so ist es gut; geht es nicht auf friedlichem Wege, dann muß es eben wieder wie vor 50 Jahren durch Blut und Eisen gehen.
Die Hilfe, 19. Juni 1913

»… durch Blut und Eisen«. Die Hemmschwelle vor einem Krieg, der die Weltmachtansprüche Deutschlands erfolgversprechender durchzusetzen verspricht als ständiges »Zagen und Zaudern«, sinkt nach der Marokkokrise immer tiefer. »Es ist die Wahrheit von gestern, daß unsere Flotte geschaffen worden ist, um unseren Handel zu schützen«, schreibt der Berliner Historiker Hans Delbrück im August 1912 in den »Preußischen Jahrbüchern«; »heute sind wir soweit, uns ein höheres Ziel setzen zu dürfen: unsere Flotte soll nicht bloß unseren überseeischen Handel schützen, sondern uns auch den gebührenden Anteil an jener Weltherrschaft verschaffen, die das Wesen der Menschheit und ihre höhere Bestimmung den Kulturvölkern zuweist.« Und in den »Berliner Neuesten Nachrichten«, die dem Bund der Industriellen nahe stehen, heißt es unumwunden:

Wir sind der Überzeugung, daß die realere Politik auf jener Seite getrieben wird, die in dem Kriege eine *praktische*, nicht ausschließlich eine *theoretische* Notwendigkeit sieht. Realer deshalb, weil die Tatsachen beweisen, daß wir auf dem Wege friedlicher Verständigung noch nicht das geringste erreicht haben. Seit unser kurzer Anlauf zu kolonialer Betätigung zum Stillstand gekommen ist, haben die übrigen Großmächte riesige und vor allem wertvolle Gebiete der bewohnten Erde in ihren Besitz gebracht, während wir mit unserm ungeheuren Heer und unserer stetig wachsenden Flotte nicht mehr erraffen konnten als ein paar seuchendurchwütete Kongosümpfe. Wir haben erst kürzlich … darauf hingewiesen, daß unsere ständig wachsende Bevölkerungszahl uns eines Tages mit Naturnotwendigkeit dahin führen muß, uns *um jeden Preis*, auch um den eines Krieges, neue Siedlungs- und Absatzgebiete zu verschaffen, und wir würden uns einer gefährlichen Illusion hingeben, wenn wir annehmen wollten, dieses Ziel ließe sich eines Tages durch eine friedliche Verständigung, besonders mit England, erreichen.
Berliner Neueste Nachrichten, 8. Dezember 1913

Zu den eifrigsten Fürsprechern eines frisch-fröhlichen Krieges gehört auch der General der Kavallerie Friedrich von Bernhardy, dessen 1912 erschienenes Buch »Deutschland und der nächste Krieg« innerhalb eines Jahres sechs Auflagen erlebt:

Kräftige, gesunde und aufblühende Völker nehmen an Volkszahl zu; sie bedürfen daher von einem gegebenen Augenblick an einer steten Erweiterung ihrer Grenzen, sie brauchen Neuland, um den Überschuß der Bevölkerung unterzubringen. Da aber die Erde fast überall besiedelt ist, kann Neuland im allgemeinen nur auf Kosten Besitzender gewonnen werden, das heißt durch Eroberung, die damit zu einem Gesetz der Notwendigkeit wird …

Wo für ein zunehmendes Volk Kolonialland von unkultivierten Rassen nicht gewonnen werden kann und dennoch der Volksüberschuß, den das eigene Land nicht mehr zu ernähren vermag, dem Staate erhalten werden soll, bleibt nichts anderes übrig, als sich das nötige Gebiet durch Krieg zu verschaffen, da zwingt der Selbsterhaltungstrieb zum Kriege und zur Eroberung fremden Landes. Da hat nicht mehr recht, wer besitzt, sondern wer im Kampfe Sieger bleibt.

Friedrich von Bernhardy, Deutschland und der nächste Krieg

Der Krieg – über dessen positiven Ausgang für Deutschland diese Ideologen nie einen Zweifel aufkommen lassen – ist jedoch nicht nur Mittel zum profanen Zweck; er ist auch notwendig, um die Menschen wieder aus »Schlaffheit und Bequemlichkeit« herauszureißen, eine Art nationales Gesundungsbad für Seele und Körper des deutschen Volkes:

Mit dem Aufhören des unbeschränkten Wettbewerbs, der schließlich mit den Waffen seinen Austrag sucht, würde sehr bald jeder wirkliche Fortschritt unterbunden, und es würde sich eine sittliche und geistige Versumpfung ergeben, die eine Entartung zur Folge haben müßte …

Immer wieder muß die Notwendigkeit, der Idealismus und der Segen des Krieges als eines ebenso unentbehrlichen wie fördernden Entwicklungsgesetzes betont werden.

Friedrich von Bernhardy, Deutschland und der nächste Krieg

Der Krieg als Naturgesetz, als notwendiges Korrektiv gegen »ungesunden Materialismus«, gegen »physische und psychische Erschlaffung« der Nation in langen Friedenszeiten (Die Post, 28. Januar 1912) – das ist das immer wiederkehrende Argumentationsmuster, mit dem die Massen auf eine nicht nur unvermeidliche, sondern sogar segensreiche kriegerische Auseinandersetzung eingestimmt werden:

Erinnerungspostkarte zum fünfundzwanzigsten Regierungsjubiläum Wilhelms II.

Waffenklirrend schreitet die Zeit einher, zerschlägt mit stählerner Faust, was morsch und alt geworden, und düngt das Land zu neuer Saat mit Blut und Bein …

Entwicklung, Leben – das zeigt Mutter Natur überall – heißt kämpfen! Solange der einzelne wie das Volk lebensfähig bleiben wollen, kommen sie um den Kampf nicht herum. Die Geschichte sah Völker erstehen und vergehen, und immer war es der Sieg, der sie vorwärts brachte, und stets die feige Furcht vor dem Handeln, die den Sturz herbeiführte. Selbst der Mensch kann nur im steten Ringen mit andern, Besseren, Stärkeren zur Persönlichkeit reifen.

Und doch rufen die Toren auch in unserm Lande: Krieg dem Kriege! Es wäre gefährlich, wenn ihr Werben im Volke Erfolg finden sollte.

Verzichten wir jemals auf den ehernen Schiedsspruch der Waffen, dann gehen wir folgerichtig zugrunde. Oder lehren die jüngsten Geschehnisse nicht, was entmannten Völkern droht, daß noch immer das Recht des Stärkeren gilt …?
Deutsches Fußball-Jahrbuch 1913

Nicht nur in Büchern und Presseerzeugnissen, auch in den zahlreichen »vaterländischen Organisationen«, die fast alle ihren Sitz in Berlin haben und von hier aus ihre propagandistische Tätigkeit entfalten, findet der militante Nationalismus einen Multiplikator seiner unheilvollen Ideen. Da ist der bereits 1891 gegründete Alldeutsche Verband, der nicht müde wird, das Gespenst der Bedrohung deutschen Volkstums durch innere und äußere Feinde – Juden, Sozialdemokraten, Slawen, Angelsachsen, Franzosen – in immer neuen Schreckensbildern an die Wand zu malen. Da ist die Deutsche Kolonialgesellschaft, die, wie es im Statut heißt, sich die Aufgabe stellt, »die Erkenntnis von der Notwendigkeit deutscher Kolonien zum Gemeingut des deutschen Volkes zu machen«. Berlin ist Sitz des Deutschen Ostmarkenvereins, der, getragen vor allem von Großagrariern und Teilen der Schwerindustrie, lautstark für eine ethnische Flurbereinigung in den polnischen Gebieten eintritt. Da gib es den 1913 gegründeten »Preußenbund«, eine »Vereinigung königstreuer Männer und Frauen«, die den Kampf gegen »Materialismus, nationale Schwunglosigkeit und Krittelsucht« auf ihre Fahnen geschrieben haben und die die Meinung vertreten, daß noch »viel preußisches Eisen ins deutsche Blut gehört«. Zu den auf Masseneinfluß zielenden Agitationsverbänden gehört schließlich der 1912 gegründetete Deutsche Wehrverein, der es innerhalb eines Jahres auf 78 000 Einzelmitglieder und 200 000 Personen in korporativer Mitgliedschaft bringt: einflußreiche Vertreter aus Staat und Wirtschaft, pensionierte Offiziere, Beamte, Pfarrer, Schriftsteller und Journalisten. Mit enormem publizistischen und finanziellen Aufwand betreibt der Verband von seiner Schöneberger Zentrale aus die Propaganda für einen verstärkten Ausbau des Heeres und seinen Einsatz für die Realisierung deutscher Großmachtträume. Generalmajor a. D. August Keim, Vorsitzender des Wehrvereins: Man muß »den Willen zur Macht höher stellen als den Willen zum Frieden«:

Mit dem Willen zum Kriege muß auch der Entschluß zur rücksichtslosen Offensive verbunden sein, weil eben nur Offensive den Sieg verbürgt. Sie ist und und bleibt die wirksamste Form, um den politischen Willen in militärische Taten umzusetzen. Deshalb ist es auch eine so wenig erfreuliche Erscheinung, wenn in Deutschland, das, wie ich kürzlich durchaus zutreffend las, »den gesichertsten Platz in der ganzen Welt einnimmt«, es zum amtlichen und parlamentarischen Gebrauch

geworden ist, stets von der »Verteidigung« seitens Deutschlands zu reden, für die es gerüstet sein müsse. Nein, zum Angriff muß Deutschland gerüstet sein.
Der Tag, 16. Oktober 1912

Nährboden für einen extremen Nationalismus und die Bereitschaft, auch das Risiko einer europaweiten kriegerischen Auseinandersetzung einzugehen ist nicht zuletzt die Krisenhaftigkeit der inneren Zustände, in die das Wilhelminische System geraten ist. Der Wirtschaftsrezession von 1911, die erstmals seit der Jahrhundertwende wieder Massenarbeitslosigkeit und Teuerung gebracht hat, folgt bereits 1913 ein neuer Wirtschaftsabschwung. Die Unfähigkeit der herrschenden Eliten, den Obrigkeitsstaat feudal-preußischer Observanz in einen den Erfordernissen der modernen Industriegesellschaft genügenden parlamentarisch-demokratisch regierten Staat umzuwandeln, läßt in breiten Kreisen der Bevölkerung das Gefühl der sozialen Unsicherheit, der Verbitterung, der Bereitschaft zum Protest wachsen. So gewinnen – eingestandene oder uneingestandene – Überlegungen, die inneren Spannungen in ein glanzvolles außenpolitisches Abenteuer abzulenken, gefährliche Attraktivität.

Wie groß die Unzufriedenheit mit den herrschenden Zuständen bereits geworden ist, zeigt sich bei den Reichstagswahlen im Januar 1912:

Die Sozialdemokratie hat nicht nur Mandate, sondern auch Stimmen in einer Weise gewonnen, die es den führenden Männern im Reiche doch nahe legen sollte, sich die Frage vorzulegen, ob daran allein die Zugkraft des sozialistischen Programms und die rührige Agitation schuld sein kann, oder ob nicht doch andere Gründe dafür mitsprechen … Es sind im ganzen 7 1/2 Millionen Stimmen gegen und nur 4 1/2 für rechts abgegeben worden und dennoch 195 Mandate nach rechts, aber nur 202 nach links gefallen. Man darf daraus folgern, daß die Stimmung im Lande noch viel oppositioneller ist, als es aus dem Wahlergebnis ohne weiteres herauszulesen ist, und daß es lediglich von der künftigen Haltung der Liberalen abhängen wird, ob sie bei den nächsten Wahlen von der tatsächlichen Stimmung profitieren oder nicht.
Die Grenzboten, 5/1912

In Berlin entscheiden sich drei von vier Wählern für die Sozialdemokratie. Insgesamt können die Sozialdemokraten ihre Mandate von 53 auf 110 mehr als verdoppeln. Erstmals bilden sie die stärkste Fraktion im Reichstag, und ihre dominierende Stellung in der obersten Volksvertretung, an der keine Regierung künftig mehr vorbeisehen kann, schreckt die etablierten Parteien von ultrarechts bis mittelinks: von der Abschaf-

fung des allgemeinen, gleichen und geheimen Reichstagswahlrechts ist plötzlich die Rede, von neuen Ausnahmegesetzen gegen die »Umsturzpartei«, von einer dringend notwendigen »Sammlungspolitik« der staatserhaltenden Kräfte. »Wer mit der Sozialdemokratie ein Wahlbündnis eingeht«, warnt der Zentrumspolitiker Matthias Erzberger, »ist der erfolgreichste Bahnbrecher für die rote Flut, selbst wenn dieses Bündnis nur ein vorübergehendes ist ... Alle Streitfragen, welche die bürgerlichen Parteien in ihrer Mehrheit heute trennen, sind von ganz untergeordneter Bedeutung gegenüber dem, was bei weiterem Erstarken der Sozialdemokratie auf dem Spiele steht.« (Der Tag, 13. Mai 1914)

Nur an eine Beseitigung der Ursachen für den Wahlerfolg der Sozialdemokraten, die mit ihrem Kampf gegen das Dreiklassenwahlrecht in Preußen, gegen Arbeitslosigkeit und Teuerung, für die sozialen und kulturellen Belange der Unterprivilegierten ständig neue Mitglieder und Sympathisanten gewinnen, wagt niemand zu denken. In Groß-Berlin wächst die Zahl der eingeschriebenen Parteimitglieder von 41 700 im Jahr 1906 auf 118 800 im Jahr 1913 an. 45 der 126 Mitglieder der Berliner Stadtverordnetenversammlung sind 1913 Sozialdemokraten. »Es ist unbestreitbar«, schreibt Adolf Wermuth, seit 1912 Oberbürgermeister von Berlin, »daß die Sozialdemokratie auch in der Drittelminderheit häufig das Vorwärtsdrängen besorgte. Durch Antrag und Rede in der Versammlung, aber auch durch ihr bloßes Dasein. Die Entscheidung lag in der Hand der bürgerlichen Parteien; manche Magistratsvorlage jedoch kam deswegen zustande, weil die Sozialdemokraten sich lebhaft dafür interessierten.« (Adolf Wermuth, Ein Beamtenleben)

Ein besonderer Dorn im Auge der nationalistischen Ultras ist das Eintreten der Sozialdemokraten für Völkerverständigung, Frieden und Selbstbestimmungsrecht auch der kleinen Nationen. Im Herst 1912 – Bulgarien, Griechenland, Montenegro und Serbien haben der Türkei den Krieg erklärt, um die türkische Fremdherrschaft endgültig abzuschütteln – ruft der sozialdemokratische Parteivorstand zu einer großen Kundgebung in den Treptower Park, um für eine Nichteinmischung der Großmächte in den Balkankonflikt, gegen die Heraufbeschwörung eines Weltkrieges zu demonstrieren. Über 250 000 Berliner folgen dem Aufruf. Auch Käthe Kollwitz. Am 21. Oktober 1912 schreibt sie an ihren Sohn:

Fein war gestern die Massendemonstration in Treptow gegen Krieg, Teuerung und Drei-Klassen-Wahlrecht. Es soll eine Viertelmillion Menschen dort gewesen sein, 9 Rednertribünen. Schon von 10 Uhr an gingen die Trupps heraus, wir bildeten für uns ein kleines Trüppchen, ein wahres Fähnlein der 7 Aufrechten: Vater, ich, Neumeister, Blumenschein, Nachmansohn, Tilla und Peter. Auf dem Demonstrationsplatz verliefen wir uns natürlich und fanden uns erst nach der Resolution wieder zusammen. Wie häufig hab ich das jetzt schon mit erlebt, das ge-

meinsame Handaufheben zum Schluß bei dem Hoch auf die Sozialdemokratie, immer wieder liegt für mein Gefühl etwas Fortreißendes darin. Später erkletterten wir das Verdeck einer Elektrischen und fuhren durch die abströmende Menge, vor uns, hinter uns, seitlich ein Meer von Menschen.
Käthe Kollwitz, Briefe an den Sohn

Wenige Wochen später, am 17. November, sprechen führende Mitglieder der sozialistischen Internationale auf Protestkundgebungen gegen die friedensgefährdende Politik der Großmächte in mehreren europäischen Großstädten: Liebknecht in Budapest, Molkenbuhr in Amsterdam, Scheidemann in Paris, Ludwig Frank in London. In Berlin, wo Antikriegsmeetings in sechs überfüllten Großlokalen stattfinden, sprechen neben deutschen Sozialdemokraten der französische Sozialist Jean Jaurès und englische und österreichische Arbeiterführer. Noch im selben Monat berät ein außerordentlicher Internationaler Sozialistenkongreß in Basel über »Die internationale Lage und die einheitliche Aktion der Sozialdemokratie gegen die Kriegsgefahr«. Die Einmütigkeit der Delegierten, »den Ausbruch eines Krieges zu verhindern durch Demonstrationen, durch Kundgebungen, durch Ausnutzung aller Mittel, die uns dafür zu Gebote stehen« (Georg Ledebour am 2. Dezember 1912 im Reichstag), scheint unerschütterlich und eine sichere Garantie für den Erhalt des Weltfriedens.

Aber in Wirklichkeit herrschen in den sozialdemokratischen Leitungsgremien längst keine einheitlichen Auffassungen mehr darüber, welche konkreten Formen des Widerstandes gegen Krieg und Völkermord im Ernstfall anzuwenden seien. Das zeigt sich in der Debatte zwischen »Rechten« und »Linken« über die Rechtmäßigkeit und die Zweckmäßigkeit eines politischen Massenstreiks, die 1913 mit neuer Heftigkeit entflammt. Das zeigt sich, als im Frühjahr 1913 der Rüstungswettlauf in den europäischen Hauptländern neue, gigantische Ausmaße annimmt und die Sozialdemokraten zum Handeln herausfordert: In Frankreich wird die Dienstzeit auf drei Jahre verlängert; Rußland legt in Paris eine neue Anleihe von 665 Millionen Francs für den Bau strategischer Eisenbahnen auf; England forciert seine Flottenrüstung; in Deutschland fordert die Regierung vom Volk ein »Notopfer« von 1,3 Milliarden Mark für die außerplanmäßige Verstärkung von Heer und Flotte – die größte Rüstungsvermehrung seit über vierzig Jahren:

Das Deutsche Reich verlangt von seinen Bürgern eine Milliarde und die Rente von einigen weiteren, um seine Rüstungen gegen den Osten und seine Heermacht gegen den Westen zu stärken. Man sagt, es gilt ein Schicksal abzuwenden, und erinnert an den Opferwillen vor hundert

Jahren. Vierzehn Millionen für Spezialtruppen schienen vor sechs Monaten unerschwinglich; tausend Millionen erklären sich selbst. Es ist die Psychologie der Generalversammlungen: Die ärmliche Unterschlagung eines Kassenboten erregt Stürme; der Verlust des halben Gesellschaftskapitals begegnet mutvoll gefurchten Mienen, die sagen: Gottlob, es ist nur die Hälfte.

Die Geldschranktüren knarren; Münzen und Zettel strömen zum Kassenherzen der Hauptstadt, und es bleibt kaum die Zeit, zu fragen: warum und wieso?

Walther Rathenau, Das Eumenidenopfer

In Berlin protestieren am 6. April in sechzig Versammlungen Zehntausende von Berliner Arbeitern gegen den gefährlichen Rüstungswahnsinn. Aber ist der schon in rasender Fahrt befindliche Wagen des Krieges überhaupt noch aufzuhalten?

Es will uns nicht als das beste Mittel zur Aufrüttelung der Massen heute erscheinen, ihre ganze Aufmerksamkeit und ihre Erwartungen auf den Hokuspokus der technisch-parlamentarischen Schachzüge zu lenken. Psychologisch unvermeidlich ergibt sich dann in den weiten Volkskreisen die Vorstellung, daß die eigentlichen Handelnden, die Helden des Dramas – die Parlamentarier seien, während die Masse nur die Zuschauer bilde. In der Massenaktion liegt auf jeden Fall, im ersten und im letzten Grunde der Schwerpunkt. Sie zu entfachen, mit großen Massenversammlungen und Demonstrationen die zweite Lesung der Wehrvorlage im Reichstag zu begleiten, das ist jetzt Pflicht und Aufgabe der Genossen im Lande.

Rosa Luxemburg, Die zweite Lesung der Wehrvorlage

Die Debatten in den Zeitungen schlagen hohe Wogen. Drei Wochen später aber, am 30. Juni 1913, kommt die sensationelle Meldung: die sozialdemokratische Reichstagsfraktion hat zwar die Rüstungsvorlage abgelehnt, aber den Gesetzen zu ihrer Finanzierung zugestimmt! Offizielle Begründung: »Die damit eingeleitete schärfere Heranziehung der Besitzenden zu den Rüstungskosten« werde »dazu beitragen, die Sympathie dieser Kreise für eine Fortsetzung der Rüstungstreibereien abzukühlen und so den Kampf gegen den Militarismus erleichtern«. Als der spitzfindige Kuhhandel der Fraktion auch auf dem sozialdemokratischen Parteitag im September 1913 nachträgliche Billigung erfährt, findet Rosa Luxemburg prophetische Worte:

Rosa Luxemburg bei einem Spaziergang in Berlin, 1914

Wir haben an Gesinnungswechsel in unserer Partei schon manches erlebt. In wenigen Jahren ist schon so mancher rabiate Rote in eine ganz anders gefärbte, abgeklärte Meinung hineingeraten. Aber einen so radikalen Gesinnungswechsel in zwölf Wochen haben wir noch nicht erlebt.

Wenn Sie sich nun auf den Boden des Mehrheitsbeschlusses unserer Fraktion stellen, dann kommen Sie in die Lage, wenn der Krieg ausbricht und wir an dieser Tatsache nichts mehr ändern können und wenn dann die Frage kommt, ob die Kosten durch indirekte oder direkte Steu-

ern zu decken sind, daß Sie dann folgerichtig für die Bewilligung der Kriegskosten eintreten. Das ist eine schiefe Ebene ..., auf der es kein Halt mehr gibt.
Rosa Luxemburg, Rede zur Steuerfrage

Die Debatten um Rüstungsvorlagen und politischen Massenstreik machen deutlich, wie weit der Prozeß der »Mauserung« der deutschen Sozialdemokratie von einer »Umsturzpartei« zur parlamentarischen Reformpartei bereits vorangeschritten ist.

Auch in der Regierung verfolgt man den Gesinnungswandel der sozialdemokratischen Führungspitze mit Aufmerksamkeit. Einflußreiche Kreise kommen zu der Überzeugung, daß es im Falle eines Krieges nicht nur nötig, sondern auch möglich sei, das Millionenheer der Arbeiter mit Hilfe der sozialdemokratischen Partei auf das »vaterländische Gleis« hinüberzuziehen. »Es handelte sich jetzt darum«, schreibt der Staatssekretär des Innern, Clemens von Delbrück, rückblickend auf die Jahre 1909 bis 1913, »die Partei zu zersetzen, nicht aber ihre auseinanderstrebenden Elemente durch eine Gewaltpolitik wieder zusammenzuschweißen.«

Ich erinnere mich, daß ich ... Seiner Majestät sagte, ich hielte es für ein besonderes Glück, daß es zum ersten Mal gelungen sei, die Sozialdemokratie zu positiver Mitarbeit zu gewinnen. Es könnten Zeiten kommen, in denen wir froh sein würden, eine Brücke zu ihnen gefunden zu haben. Für den Fall eines großen Krieges seien es schließlich die Arbeitermassen, die unsere Schlachten schlügen, und die Kriegführung würde dem Ausland gegenüber erst dann den nötigen Nachdruck gewinnen, wenn auch die sozialdemokratische Arbeiterschaft willig zum Schutze des Vaterlandes zu den Fahnen eilte und die erforderlichen Kriegskredite durch die sozialdemokratischen Abgeordneten mitbewilligt würden. Unter diesem Gesichtspunkt hätte ich bisher meine Politik der Sozialdemokratie gegenüber geführt und würde sie, die Zustimmung Seiner Majestät vorausgesetzt, auch weiterhin führen. Der Kaiser antwortete zustimmend. Danach habe ich weiterhin verfahren, und ich gewann bald die Überzeugung, daß im Fall eines Angriffskrieges, in einem Kampfe um Sein oder Nichtsein des Vaterlandes, bei einer einigermaßen geschickten Politik die Sozialdemokratie sich hinter die Regierung stellen würde ...

Das Deutsche Reich konnte also dem Ausbruch des seit langer Zeit drohenden Krieges mit einer gewissen Ruhe entgegensehen.
Clemens von Delbrück, Die wirtschaftliche Mobilmachung

Das Jahr 1914 – Julikrise und Kriegsausbruch

In diesen Monaten geschieht es, daß – unbemerkt von der großen Mehrheit der Menschen in Berlin, Paris, London oder Sankt Petersburg – eine lange Friedensperiode ihrem Ende entgegengeht und die Vorkriegszeit beginnt.

Vierzig Jahre Frieden hatten den wirtschaftlichen Organismus der Länder gekräftigt, die Technik den Rhythmus des Lebens beschwingt, die wissenschaftlichen Entdeckungen den Geist jener Generation stolz gemacht; ein Aufschwung begann, der in allen Ländern unseres Europa fast gleichmäßig zu fühlen war. Die Städte wurden schöner und volkreicher von Jahr zu Jahr. Das Berlin von 1905 glich nicht mehr jenem, das ich 1901 gekannt, aus der Residenzstadt war eine Weltstadt geworden und war schon wieder großartig überholt von dem Berlin von 1910 … Breiter, prunkvoller wurden die Straßen, machtvoller die öffentlichen Bauten, luxuriöser und geschmackvoller die Geschäfte. Man spürte es an allen Dingen, wie der Reichtum wuchs und wie er sich verbreitete; selbst wir Schriftsteller merkten es an den Auflagen, die sich in dieser einen Spanne von zehn Jahren verdreifachten, verfünffachten, verzehnfachten. Überall entstanden neue Theater, Bibliotheken, Museen; Bequemlichkeiten, die wie Badezimmer und Telephon vordem das Privileg enger Kreise gewesen, drangen ein in die kleinbürgerlichen Kreise … Das Fahrrad, das Automobil, die elektrischen Bahnen hatten die Distanzen zerkleinert und der Welt ein neues Raumgefühl gegeben …

Herrlich war diese tonische Welle von Kraft, die von allen Küsten Europas gegen unsere Herzen schlug. Aber was uns beglückte, war, ohne daß wir es ahnten, zugleich Gefahr … Frankreich strotzte von Reichtum. Aber es wollte noch mehr, wollte noch eine Kolonie, obwohl es gar keine überflüssigen Menschen hatte für die alten … Österreich annektierte Bosnien. Serbien und Bulgarien wiederum stießen gegen die Türkei vor, und Deutschland, vorläufig noch ausgeschaltet, spannte schon die Pranke zum zornigen Hieb … Die französischen Industriellen, die dick verdienten, hetzten gegen die deutschen, die ebenso im

Fett saßen, weil beide mehr Lieferungen von Kanonen wollten, Krupp und Schneider-Creuzot. Die Hamburger Schiffahrt mit ihren riesigen Dividenden arbeitete gegen die von Southampton, die ungarischen Landwirte gegen die serbischen, die einen Konzerne gegen die andern – die Konjunktur hatte sie alle toll gemacht, hüben und drüben, nach einem wilden Mehr und Mehr ... In Deutschland wurde eine Kriegssteuer eingeführt mitten im Frieden, in Frankreich die Dienstzeit verlängert; schließlich mußte sich die Überkraft entladen, und die Wetterzeichen am Balkan zeigten die Richtung, von der die Wolken sich schon Europa näherten.

Es war noch keine Panik, aber doch eine ständige schwelende Unruhe; immer fühlten wir ein leises Unbehagen, wenn vom Balkan her die Schüsse knatterten. Sollte wirklich der Krieg uns überfallen, ohne daß wir wußten, warum und wozu?

Stefan Zweig, Die Welt von gestern

In dieser Zeit, während die Schwefeldünste nicht aus der Luft wichen, kam eine neue Tanzleidenschaft über die Welt. Plötzlich wurde überall getanzt ... Nach Onestep und Twostep war das Wunder des Tango gekommen. Die Jungen und auch die Alten gaben sich entzückt dem Studium der exotischen Grazie hin. Um den Damen, die sich damals noch nicht durch Sport und Nahrungseinschränkung die schlanke Linie erworben hatten und auch noch nicht, mit abgeschnittenem Haar, Penthesileen an stählerner Männlichkeit übertrumpften, die neuen Tanzschritte zu erleichtern, wurden merkwürdige, ungewöhnlich häßliche Moden erdacht. Die Kleider waren noch lang und umhüllten wie schwere Decken den Altar und die heiligen Geräte, aber eines Tages gab man ihnen unten in der Mitte einen Schlitz, spaltete sie wie Hosen, und allmählich öffnete man sie seitwärts, wo nun bei jeder Bewegung und jedem Luftzug der Blick ins Freie gestattet war. Es war noch nicht die schöne Selbstverständlichkeit einer spätern, leicht hinschreitenden Generation. Es war die Freude am Überraschungseffekt. Das alles erzeugte, durch den Reiz der Neuheit, einen gewissen Taumel, und man konnte an die Gesellschaft des Boccaccio denken, die sich ihren Belustigungen hingab, um dem Gedanken an die Pest zu entfliehen ...

Man suchte neue Formen und Steigerungen des Lebensgenusses mit einer Hast, als spürte man schon den Jäger mit dem Totenkopf hinter sich. Zu gleicher Zeit bellte die Meute des Jägers durch die Gassen, rannte von einem Ende zum andern, stürzte sich auf die Friedfertigen, spie den Gestank ihres Höllenatems nach allen Seiten hinaus. Eine allzu hemmungslose Presse erschütterte überall mit ihrem Lärm die Luft und rief jedesmal, wenn eine Ruhepause zu kommen schien, durch noch lauteres Toben das keifende Echo von drüben hervor. Zeitungsschreiber,

Lothar Homeyer, Krieg. Titelbild der »Aktion« vom 7. März 1914

künstlich sich erhitzend und die kalte Berechnung für Leidenschaft ausgebend oder auch an den selbst erzeugten Wahnbildern sich berauschend, schleppten frohlockend jeden armseligen Zank, der zu einer Affäre gemacht werden konnte, auf den Markt ... Die Kriegsindustrie stand überall im Hintergrunde, eine große, geldspendende und Gewinn erhoffende Macht. Die Aktien stiegen, wenn die Schale des Friedens sank.
Theodor Wolff, Der Krieg des Pontius Pilatus

Weiter ging das Jahr 1914. Der Frühling kam und brachte uns Gewitter von einer ungewöhnlichen Schwere und Häufigkeit. Die Natur schien in Unordnung geraten zu sein. Fast an jedem Tage blitzte und donnerte es, als ob die Welt untergehen wollte, und wieder hub jenes geheimnisvolle Raunen von kommenden großen Ereignissen an, das während des letzten Jahres so ziemlich verstummt war. Es war eine eigenartige, fast traumhafte Stimmung, in der man damals lebte, hin und her gerissen zwischen Kriegsahnungen und Friedenshoffnung. Rauschende Feste wurden gefeiert, obwohl man bisweilen schon das Gefühl hatte, auf einem Vulkan zu tanzen.

In Zehlendorf bildete das Johannesfest, das ein reicher Fabrikant auf seinem Villengrundstück am Schlachtensee veranstaltete, das Tagesgespräch. Sechshundert Gäste, zu denen wir, meine Frau und ich, auch gehörten, waren dazu geladen. Märchenhaft war der Garten mit Lampions erleuchtet, und Bowle floß in Strömen. Vor dem Grundstück war auf dem Schlachtensee auf hundert Petroleumfässern eine schwimmende, mit Baumgruppen dekorierte Insel errichtet, die von Scheinwerfern auf dem Dach der Villa angestrahlt wurde. Auf Kähnen, die als venezianische Gondeln hergerichtet waren, setzten das Philharmonische Orchester und die Ballettgruppe der Isadora Duncan nach der Insel über, und zu den Klängen klassischer Musik wurden feenhafte Tänze aufgeführt. Zu Tausenden drängten sich die Einwohner Zehlendorfs auf den öffentlichen Wegen zu beiden Seiten des Sees, um das wundervolle Schauspiel mitzugenießen. Für mich war es das letzte sorgenlose Friedensfest.
Hans Dominik, Vom Schraubstock zum Schreibtisch

Wenige Tage später, am 28. Juni, platzt eine sensationelle Meldung in das scheinbar so friedliche Leben der Berliner: In der bosnischen Hauptstadt Sarajevo sind der österreichische Thronfolger Erzherzog Franz Ferdinand und seine Gemahlin auf offener Straße erschossen worden. Die Drahtzieher des Attentats vermutet man im benachbarten Königreich Serbien, das im Bündnis mit Rußland der schwankenden Machtstellung des Vielvölkerstaats Österreich ein slawisches Großserbien entgegensetzen will. Wieder einmal, wie schon 1908/09 und 1912/13, brauen sich auf dem Balkan dunkle politische Gewitterwolken zusammen. »Hier höre ich vielfach den Wunsch, auch bei ernsthaften Leuten, es müsse einmal gründlich mit den Serben abgerechnet werden«, schreibt Tschirsky, deutscher Botschafter in Wien, zwei Tage nach dem Attentat an Bethmann Hollweg. »Man müsse den Serben zunächst eine Reihe von Forderungen stellen und, falls sie diese nicht akzeptierten, energisch vorgehen.« Der deutsche Kaiser, weit entfernt davon, in der brisanten Situation vermittelnd einzugreifen, schreibt mit gewohnter Forschheit an den Rand des diplomatischen Berichts: »Jetzt oder nie! … Mit den Serben muß aufgeräumt werden, und zwar bald.« (Die deutschen Dokumente zum Kriegsausbruch/1) Und so empfängt Wilhelm II. am 5. Juli einen Sondergesandten des österreichischen Kaisers, dem er, ungeachtet aller möglichen Folgen des Konflikts, bedingungslose Unterstützung beim »Aufräumen« in Serbien zusagt.

Während man in Wien, den deutschen Blankoscheck in der Tasche, darangeht, den Krieg auf dem Balkan zu provozieren, gibt der Reichskanzler in Berlin die Losung aus: Alles vermeiden, was die Auffassung erwecken könnte, daß wir uns auf einen Krieg vorbereiten. Um die Öffentlichkeit in Ruhe zu wiegen, treten die Spitzen des Kaiserreichs, soweit sie nicht ohnehin im Urlaub sind, ihre Sommerreisen an: Wilhelm II. begibt sich, wie üblich, mit seiner Yacht auf Nordlandfahrt, der Reichskanzler zieht sich auf sein Gut in Niederfinow zurück, Generalstabschef von Moltke weilt mit Frau und Tochter zur Kur in Karlsbad.

Die Täuschung gelingt vorzüglich. Nach der ersten Aufregung, die dem Attentat von Sarajevo folgte, nimmt das Leben wieder seinen gewohnten Lauf: Im Berliner Zoo herrscht sommerlicher Hochbetrieb; »Käses Rundfahrt« zeigt den ausländischen Touristen die Sehenswürdigkeiten der Kaiserstadt; auf dem Flugplatz Johannisthal stellt ein deutscher Pilot mit vierundzwanzig Stunden und elf Minuten einen neuen Weltrekord im Dauerflug auf; die Freibäder am Wannsee, in Tegel und am Müggelsee verzeichnen – bei Temperaturen von 35 Grad im Schatten – Rekordbesuche.

Auch die Zugtiere haben unter der Einwirkung der glühenden Sonnenstrahlen ungemein zu leiden. Groß ist die Zahl der Pferde, die auf der Straße vom Sonnenstich befallen wurden und die der Abdeckerei überwiesen werden mußten …

Auf dem Asphalt in den Straßen hat die Hitze bereits derart nachteilig eingewirkt, daß ganze Stellen weich wurden und einfielen. Der Eisverbrauch ist in den Markthallen, in den Geschäften und im Haushalt jetzt ein so enormer, daß die Eisfabriken nur schwer imstande sind, alle Nachfragen zu erfüllen. Ein anderer Umstand ist ebenfalls teilweise auf die Einwirkung der hohen Temperatur zurückzuführen, es ist dies das große Fischsterben in der Spree und Havel sowie in den Seen …

Die neueste Erscheinung in den Straßen Berlins sind seit kurzem Passanten, die alles »Konventionelle« über Bord werfen und in Hemdsärmeln gehen; daneben wandern einträchtiglich hutlose Damen. Aber alles seufzt: Ist das heiß!

Vorwärts, 16. Juli 1914

Und dann, am 23. Juli, zerreißt eine Meldung den trügerischen Schein der Idylle: Österreich hat – fast vier Wochen nach dem Attentat von Sarajevo – Serbien ein Ultimatum gestellt, dessen Bedingungen selbst nach dem Urteil seiner Verfasser kein souveräner Staat erfüllen kann. Rußland antwortet auf die österreichische Provokation einen Tag später mit einer Teilmobilmachung seiner Truppen. Auch in Serbien und Österreich wird, nach der Ablehnung des Ultimatums durch Serbien, mobilgemacht. Am selben Tag, dem 25. Juli, erscheint der »Vorwärts« mit der Schlagzeile: »Gefahr ist in Verzug! Der Weltkrieg droht!« In Berlin finden, wie überall in Deutschland, in den letzten Julitagen zahlreiche Protestversammlungen und Antikriegskundgebungen statt. Empört schreibt der Kaiser an den Rand einer Depesche:

Die Sozen machen Antimilit. Umtriebe in den Straßen, das darf nicht geduldet werden, jetzt auf keinen Fall; im Wiederholungsfall werde ich Belagerungszustand proklamieren und die Führer samt und sonders tutti quanti einsperren lassen. Loebell und Jagow dahin instruieren. Wir können jetzt keine soz. Propaganda mehr dulden!
Die deutschen Dokumente zum Kriegsausbruch/2

Aber es zeigt sich, daß das »Einsperren« nicht nötig ist. Nach dem 28. Juli, dem Höhepunkt der Antikriegsdemonstrationen, flauen die Aktionen wieder ab. Kein Aufruf des Parteivorstands, die Erhaltung des Friedens notfalls auch mit einem politischen Massenstreik zu erzwingen; keine Vorbereitung auf internationale Aktionen; keine Forderung nach Einberufung des Parlaments.

Und zu gleicher Zeit zieht allabendlich eine von chauvinistischer Hysterie erfüllte Menschenmenge durch die Straßen der Berliner Innenstadt und fordert, nun endlich loszuschlagen auf die Feinde Deutschlands:

Sonst heißt es immer, die Polizei ist dazu da, um dafür zu sorgen, daß der Verkehr nicht gestört werde. Wie sagte doch Herr von Jagow: »Die Straße gehört dem Verkehr!« Aber heute schien Herr von Jagow andere Order gegeben zu haben. Zu Dutzenden stauten sich an manchen Stellen die Elektrischen, die Droschken; zum Teil Gefährte, die es eilig hatten, deren Ziel ganz offenkundig der Bahnhof war. Die Schutzleute sahen zu, wie sie warten mußten, und winkten gar ab, wenn eines weiter wollte. Sie hatten auch nichts dagegen, daß Hunderte Unter den Linden über den Rasen liefen, daß Blumenbeete niedergetrampelt wurden. Sie waren still und sahen zu …

Es war, als wäre man im Taumel. Man umjauchzte die Polizei, man hochte die Häuserfronten an, man ließ Österreich hochleben, den Dreibund, die deutsche Treue. Franz Joseph und Wilhelm den Zweiten, den Krieg. Zwischendurch »Nieder mit Serbien!« – »Pfui Rußland!« – Und damit auch das nicht fehlte, auch »Nieder mit der Sozialdemokratie!«
Vorwärts, 26. Juli 1914

Während die aufgeheizte Kriegsstimmung sich ungestört auf den Straßen Berlins artikulieren kann, kommt es im Reichskanzleramt zu einer schicksalsschweren Begegnung: Theobald von Bethmann Hollweg lädt den Sozialdemokraten Albert Südekum zu einem Gespräch, um zu sondieren, inwieweit die Sozialdemokratie im Falle eines »aufgezwungenen« Krieges bereit sei, ihre »vaterländischen Pflichten« zu erfüllen. Südekum beeilt sich, im Büro des Parteivorstandes die dort anwesenden

Mitglieder Friedrich Ebert, Friedrich Bartels, Otto Braun, Hermann Müller und den Berliner Reichstagsabgeordneten Richard Fischer zu konsultieren. Am nächsten Tag, es ist der 29. Juli, hält der Reichskanzler einen Brief mit der beruhigenden Nachricht in Händen, daß seitens der Sozialdemokratie »gerade aus dem Wunsche heraus, dem Frieden zu dienen, keinerlei wie immer geartete Aktion (General- oder partieller Streik, Sabotage und dergleichen) geplant oder auch nur zu befürchten sei« (Dieter Fricke, Neue Dokumente über die Rolle Albert Südekums).

Ende Juli scheint es, als könnten diplomatische Aktivitäten noch einmal den Ausbruch eines weltumspannenden Krieges verhindern. England bemüht sich um eine friedliche Beilegung des Konflikts, und der deutsche Reichskanzler Bethmann Hollweg empfiehlt, die englischen Vorschläge nicht ungeprüft zu den Akten zu legen. Am 27. Juli schreibt er an den deutschen Botschafter in Wien:

Durch eine Ablehnung jeder Vermittelungsaktion würden wir von der ganzen Welt für die Konflagration verantwortlich gemacht und als die eigentlichen Treiber zum Kriege hingestellt werden. Das würde auch unsere eigene Stellung im Lande unmöglich machen, wo wir als die zum Kriege Gezwungenen dastehen müssen. Unsere Situation ist um so schwieriger, als Serbien scheinbar sehr weit nachgegeben hat. Wir können daher die Rolle des Vermittlers nicht abweisen und müssen den englischen Vorschlag dem Wiener Kabinett zur Erwägung unterbreiten, zumal London und Paris fortgesetzt auf Petersburg einwirken.
Die deutschen Dokumente zum Kriegsausbruch/1

Zu dieser Zeit aber sind die Militärs bereits fest entschlossen, endlich Nägel mit Köpfen zu machen. Am 29. Juli berichtet der württembergische Gesandte aus Berlin: »Die Zügel rutschen doch zu merklich schon aus den Händen der Diplomatie in die des Kriegsdepartements hinüber« (Erich Eyck, Das Persönliche Regiment Kaiser Wilhelms II.), und der bayrische Gesandte in Berlin, Graf Lerchenfeld, notiert am 31. Juli: »In hiesigen militärischen Kreisen ist man des besten Mutes. Schon vor Monaten hat der Generalstabschef Herr von Moltke sich dahin ausgesprochen, daß der Zeitpunkt militärisch so günstig sei, wie er in absehbarer Zeit nicht wiederkehren kann.« (Die deutschen Dokumente zum Kriegsausbruch/4)

Bereits am 28. Juli hat Österreich, von den deutschen Militärs ermutigt – Generalstabschef Moltke: »Deutschland geht unbedingt mit« – Serbien den Krieg erklärt. Zwei Tage später wird in Rußland die Generalmobilmachung beschlossen. Sie liefert der deutschen Regierung den willkommenen Anlaß, die Legende von der »slawischen Flut« in die Welt zu setzen, gegen die das friedliebende Deutschland einen Verteidigungs-

Verkündung des »Zustands drohender Kriegsgefahr«, 31. Juli 1914

kampf auf Leben und Tod zu führen gezwungen sei: »Rußland allein zwingt Europa den Krieg auf, den niemand außer ihm gewollt hat, Rußland allein trifft die volle Wucht der Verantwortung«, erklärt der Pressesprecher des Auswärtigen Amts, Otto Hammann (Julikrise und Kriegsausbruch/2).

Am 31. Juli wird in Berlin der »Zustand drohender Kriegsgefahr« erklärt:

Als gestern nachmittag um fünf Uhr die Bekanntmachungen und Warnungen über den Kriegszustand an die Litfaßsäulen geklebt wurden, als der erste Schritt zum Kriege den Einwohnern Berlins mitgeteilt wurde, von diesem Augenblick ab senkte sich die Schwere der Zeit auf alle denkenden und fühlenden Menschen.

Es mögen gestern abend vor dem Schloß zweihunderttausend Menschen gestanden haben. Lieder wogten auf und drangen in das Dunkel, das über dem Schloß lag. Hüte wurden geschwenkt, und in rhythmischen Intervallen stiegen brausende Hochrufe zu den Fenstern auf, hinter denen das Volk den Kaiser vermutete. Der Kaiser aber war gerade in den bewegtesten Stunden von sieben bis neun Uhr zur Trauung seines Sohnes in das Schloß Bellevue gefahren. Aber dann, als er von der Feier zurückkehrte, brach das Gefühl zuversichtlicher Stärke und freudiger, zitternder Erregung durch, und die Hochrufe und Zustimmungskundgebungen wollten kein Ende nehmen.

Berliner Volks-Zeitung, 1. August 1914, 1. Beiblatt

1. August 1914. Die Berliner Zeitungen berichten in großer Aufmachung über den neuesten Stand der Dinge: »Deutsches Ultimatum an Rußland«. – »Der Anfang ist da. Die Kriegsfackeln brennen.« An diesem Tag erklärt Frankreich, Rußlands Bündnispartner, die Mobilmachung. Am Nachmittag Plakate an den Berliner Litfaßsäulen, Extrablätter in den Händen der Zeitungsjungen: Auch in Deutschland wird mobilgemacht. Für Minuten stockt der Pulsschlag der Straße. Wenige Stunden später übergibt in Sankt Petersburg Graf Pourtalès, der deutsche Botschafter, die Kriegserklärung an Rußland. Das tödliche Szenario, von dem später jeder sagen wird, er habe es nicht gewollt, ist in Gang gesetzt.

Sonntag, 2. August 1914. Es ist der erste Mobilmachungstag. Im Straßenbild tauchen zum erstenmal die feldgrauen Uniformen auf. Es ist der Tag, an dem in Groß-Berlin über zweitausend Nottrauungen vollzogen werden. Vor dem Reichstagsgebäude finden Gottesdienste unter freiem Himmel statt. Unter den Linden, in der Friedrichstraße ein Gewoge dichter Menschenmassen, ein millionenfaches Kommen und Gehen, das bis in die späten Abendstunden anhält. Auf den Bahnsteigen und in den Vorhallen der Fernbahnhöfe stapelt sich das Gepäck der überstürzt zurückkehrenden Ferienreisenden. Die Ausflugslokale und Spielplätze liegen verödet.

Zwei Tage später, am 4. August – Deutschland hat inzwischen auch Frankreich den Krieg erklärt, deutsche Truppen sind in Luxemburg und in das neutrale Belgien einmarschiert (was England mit der Kriegserklärung an Deutschland beantwortet) –, an diesem 4. August tritt in Berlin der deutsche Reichstag zusammen. Keiner Regierung, keinem Kanzler, keinem Kaiser ist es bis dahin in den Sinn gekommen, die gewählten

Die Schloßbrücke am 2. August 1914. Photo von Max Missman

Vertreter des Volkes zu einer so schicksalsschweren Entscheidung wie Krieg oder Frieden auch nur zu befragen. Jetzt, wo Deutschland sich anschickt, einen existenzbedrohenden Mehrfrontenkrieg zu beginnen, »in aufgedrungener Notwehr, mit reinem Gewissen und reiner Hand«, wie Wilhelm II. voller Pathos erklärt, soll die politische Unmündigkeit und Sprachlosigkeit des Parlaments in einer symbolträchtigen Formel auch für die Zukunft festgeschrieben werden:

Sie haben gelesen, meine Herren, was Ich zu Meinem Volke vom Balkon des Schlosses aus gesagt habe. Ich wiederhole, Ich kenne keine Parteien mehr. Ich kenne nur Deutsche, und zum Zeugen dessen, daß Sie fest entschlossen sind, ohne Parteiunterschiede, ohne Standes- und Konfessionsunterschiede zusammenzuhalten mit Mir durch dick und dünn, durch Not und Tod, fordere Ich die Vorstände der Parteien auf, vorzutreten und Mir dies in die Hand zu geloben.
Schulthess' Europäischer Geschichtskalender 1914

Diese Worte Wilhelms II. sind die offizielle Verkündung des »Burgfriedens«, des Abkommens zwischen der Regierung und den Parteien, für die Dauer der bewaffneten Auseinandersetzung auf jede öffentliche Austragung politischer Gegensätze zu verzichten. Auch die Fraktion der Sozialdemokraten stimmt – alle revolutionären Traditionen über Bord werfend – dem Burgfrieden zu.

Die Regierung hatte diese Sitzung durch ein Weißbuch vorbereitet, das unter die Abgeordneten verteilt wurde. Es war die Karikatur einer parlamentarischen Urkundensammlung, von einer kläglichen Dürftigkeit und an vielen Stellen durch Umarbeitung der Dokumente gegen die Wahrheit verstoßend. Auch der Reichskanzler, der die Sitzung mit einer wirkungsvollen Rede eröffnete, konnte natürlich nur ein sehr zurechtgestutztes Bild der letzten Vorgänge geben … Er glaubte seine Pflicht am besten zu erfüllen, wenn er auf jede advokatorische Finte verzichtete und sagte: »Not kennt kein Gebot. Unsere Truppen haben Luxemburg besetzt, vielleicht schon belgisches Gebiet betreten. Das widerspricht den Geboten des Völkerrechts.« Dann wiederholte er die Behauptung über den angeblich drohenden französischen Einfall in Belgien und fuhr fort: »Das Unrecht – ich spreche offen –, das Unrecht, das wir damit tun, werden wir wieder gutzumachen suchen, sobald unser militärisches Ziel erreicht ist. Wer so bedroht ist wie wir und um sein Höchstes kämpft, der darf nur daran denken, wie er sich durchhaut.« Der Bericht verzeichnet hier: »Anhaltender Beifall und Händeklatschen auf allen Seiten des Hauses.«
Erich Eyck, Das Persönliche Regiment Kaiser Wilhelms II.

Am Nachmittag des 4. August soll der Reichstag die Finanzierung des Feldzuges beschließen, der bereits in vollem Gange ist.

Alexandra Kollontai, russische Sozialdemokratin und erst vor wenigen Tagen in Berlin eingetroffen, hat die mit Spannung erwartete Sitzung am Königsplatz miterlebt:

In den Wandelgängen des Reichstages ist es leer. Mir entgegen kommt Kautsky. Ganz taprig und konfus ist er! Beide Söhne sind zur österreichischen Armee eingezogen, seine Frau ist in Italien. Ich frage ihn nach seiner Meinung zu den Ereignissen:

»Was wird denn nun weiter?«

Und auf einmal seine völlig überraschende Antwort:

»In so einer schlimmen Zeit muß eben jeder sein Kreuz zu tragen wissen.«

»Sein Kreuz«? Ist der alte Mann etwa nicht ganz bei Troste?

Göhre setzt sich zu uns. Er ist durch und durch naiv patriotisch. Wenn man ihnen so zuhört, begreift man gar nichts mehr: Entweder haben sie alle den Verstand verloren, oder ich bin nicht mehr normal. Doch die Wand des Nichtverstehens wird immer dicker.

»Denken Sie nur, wer hätte das geglaubt, daß es unter unseren Sozialisten so viel Patriotismus, so viel Begeisterung geben würde! Viele ziehen als Freiwillige in den Krieg. Ja, ja, Deutschland ist uns allen teuer. Man hat uns überfallen, nun werden wir das Land verteidigen! Wir werden zeigen, daß auch die Sozialisten für das Vaterland zu sterben wissen.« ...

Stadthagen ist nervös. Er ruft mich beiseite. Vertraulich informiert er mich über »ungeheuerliche, beispiellose Meinungsverschiedenheiten« in der Reichstagsfraktion. Auf der gestrigen Sitzung der sozialdemokratischen Fraktion sei es beinahe zum Handgemenge gekommen. Eine Minderheit habe sich herausgebildet, vierzehn Leute, unter ihnen Haase und Liebknecht. Sie haben den Beschluß der Mehrheit angefochten, für den Etat zu stimmen.

»Wie bitte? Für den Etat zu stimmen?« Ich traue meinen Ohren nicht ...

Der entscheidende Augenblick ist gekommen. Ich glaube noch nicht an die Stimmabgabe. Mir will immer noch scheinen, daß sich die Fraktion in letzter Minute anders besinnt.

Die zweite Hälfte der Sitzung beginnt um fünf Uhr. Erneut strömt das Publikum auf die Empore. Doch die Spannung ist nicht mehr so groß wie vormittags. Im Gegenteil. Die Mienen sind irgendwie besänftigt, fast zufrieden. Es wird sogar gescherzt. Haase verliest die »Erklärung« der Fraktion. Er wird von allgemeinem Beifall unterbrochen. Auch die extreme Rechte applaudiert ... Stürmische Begeisterung bewirken die Worte, die Sozialdemokratie lasse in der Stunde der Gefahr das eigene Vaterland nicht im Stich. Mir ist, als stürzte ich in einen Abgrund. »Ausgehend von allen genannten Gründen, spricht sich die sozialdemokratische Fraktion für den Kredit aus ...«

Was nun kommt, haben die Mauern des Reichstages noch nicht erlebt! Das Publikum springt auf die Stühle, schreit, fuchtelt mit den Armen. Vizepräsident Paasche erklärt, der Kredit sei »einmütig votiert« worden. Daraufhin erneut großes Geschrei. Ein neuerlicher Sturm »patriotischer« Hysterie. Ich bemerke, daß man auch auf den linken Bänken in einem Anfall von »Patriotismus« tobt.

Es ist geschehen. Und doch will ich es nicht glauben. Ich laufe in die Wandelgänge. Vielleicht ist das noch nicht endgültig? ...

Bei Liebknecht steht ein Grüppchen; man streitet heftig mit ihm. Wendel blickt böse zu Liebknecht hin.

»Ein Verrückter, ein Wahnsinniger! So einer gehört hinter Gitter. Jetzt sind jegliche Sentimentalitäten fehl am Platz.«

Offenbar sieht er in Liebknecht einen wirklichen »Verräter« seines lieben, militaristischen Vaterlandes.

Zu mir treten Frauen von Abgeordneten. Wir kennen uns. Sie sind sehr zufrieden mit dem Ausgang der Sitzung. Sie fürchteten den Einfluß der »Vierzehn«.

»Wenn sie nämlich die Oberhand gewonnen hätten, wäre mein Mann einfach als Verräter erschossen worden!«

Na herrlich! – möchte ich ihr als Antwort ins Gesicht schreien.

»Ja, wir Deutschen verstehen es, einig zu sein. Welch großer feierlicher Augenblick der Einigkeit!« höre ich jemand sagen.

»Einigkeit« mit wem? Mit General Kessel? Mit den Dummköpfen aus dem Oberkommando? Mit den »rechten Bänken«? Ich glaube vor ohnmächtiger Wut, vor Verzweiflung ersticken zu müssen ...

Der Reichstag ist aufgelöst. Ausgelöscht das letzte Fünkchen von Volkskontrolle über die Handlungen einer Regierung, die sich auf Bajonette stützt.

Ich verlasse den Reichstag zusammen mit Liebknecht, wir gehen lange durch den Tiergarten, Straßenbahnen sind selten, die Omnibusse mobilgemacht.

»Was wird aus der Internationale? Der heutige Tag hat sie vernichtet. Es muß eine neue, eine andere Generation heranwachsen, um sie zu neuem Leben zu erwecken. Uns deutschen Sozialdemokraten wird die Arbeiterklasse der Welt unser heutiges Handeln niemals verzeihen.«

Auch mir ist, als hätte ich einer Hinrichtung beigewohnt.

Alexandra Kollontai, Ich habe viele Leben gelebt ...

Während drinnen im Reichstag die Phrase von der Vaterlandsverteidigung ihr einigendes Band um alle Parteien schlingt und auch die bescheidenste Hinterfragung des Geschehenen im Keim erstickt, drängen sich auf den Plätzen und Bahnhöfen der Stadt die Einberufenen und Kriegsfreiwilligen, in frisches »Feldgrau« gekleidet, Helm und Gewehr mit Blumen bekränzt: »Unsere Truppen ziehen in den Kampf, den schwersten, den je ein Volk zu kämpfen hatte, wie zum Tanz.« (Berliner Tageblatt, 9. August 1914)

Berlins Straßen glichen einem aufgewühlten Menschenmeer. Truppen marschierten in endlosen Kolonnen mit klingendem Spiel und mit Blumen an den Bajonetten an die Front. Frauen klammerten sich schluchzend den Soldaten an die Arme und schleppten sich auf dem Todesmarsch mit, so weit sie konnten. »Deutschland über alles!« scholl es aus allen Kehlen. »Gott strafe England!« hörte man heisere Männerstimmen brüllen ... Schüchtern strichen ab und zu ein paar Soldatenfinger über eine bebende Frauenhand: Nicht den Mut verlieren, wie? Nicht die Haltung verlieren! Wir müssen ja alle hinaus, nicht wahr? Das Ganze wird nicht lange dauern ...

Die Stadt wurde zu einem brodelnden Hexenkessel, Steine flogen in die Fenster der englischen Gesandtschaft, und die Glassplitter klirrten auf die tobende, schreiende Volksmenge herunter, berittene Polizei trieb die Massen die Linden hinab. Man schrie, weil die anderen schrien, man trampelte, um nicht niedergetrampelt zu werden.

Inmitten dieser Raserei wurde ich von meiner Gesellschaft getrennt. Eine Angst wie nie zuvor ergriff mich zwischen all den verzerrten Gesichtern, und plötzlich wurde mir der Hut heruntergerissen, so daß mein schwarzes Haar zum Vorschein kam. »Eine Russin!« kreischte es hinter mir, und eine Hand packte mich beim Kopf. Ich schrie vor Angst und Schmerz auf. Da drehte sich ein Herr vor mir um und erkannte mich. Er rief den aufgeregten Leuten hinter mir meinen Namen zu, die ließen mich los und begannen aufeinander zu schimpfen. Jemand schlug wie rasend um sich und traf einen anderen im Gesicht. Blut floß. »Sie dürfen hier nicht bleiben«, erklärte mein Retter. »Die Leute sind ganz von Sinnen, die wissen nicht, was sie tun. Ich werde Ihnen zu einem Wagen verhelfen.« Er bahnte sich einen Weg durch die Menge, indem er schrie, daß ich krank sei, und in einer Seitenstraße gelang es wirklich, eine Pferdedroschke aufzutreiben, die mich auf vielen Umwegen nach Haus brachte.

Asta Nielsen, Die schweigende Muse

Berlin war besoffen von Kriegsbegeisterung. Studenten und einziehende Soldaten, halb in Zivil, sangen Lieder ... Ich kam ins Theater. Alles war durcheinander. Einige Schauspieler hatten schon die Uniformen an. Mein Freund Wangenheim hatte auch schon seine Uniform, und als ich ihn abends verlassen wollte, fragte er mich voller Mißtrauen, ob ich denn eigentlich kein Spion sei. Plötzlich war ich ein Fremder. Mein bester Freund traute mir nicht mehr. Das Theater unterbrach die Proben – es sah aus, als ob der Strom des Lebens ins Stocken geriete – als ob das ganze Leben plötzlich aufhörte …

Ich war reisefertig und ging ins Theater, mich zu verabschieden … Nun waren schon viele Schauspieler in Uniform. Reinhardt stand auf der Probe, ernst und besorgt. Da stürzte plötzlich der Komiker Viktor Arnold auf die Bühne, warf sich zu Reinhardts Füßen und weinte verzweifelt – der Komiker: »Herr Reinhardt, was jetzt, was nun? Die Welt wird zerstört, geht ja unter, diese schöne Welt, die Sintflut, Weltuntergang!« Der Komiker Arnold schluchzte und weinte, niemand konnte ihn beruhigen. Er wurde nach Hause gebracht. Als er allein war, zerschlug er eine Fensterscheibe und schnitt sich mit einem Glasscherben den Hals durch und verblutete und war tot.

Die Kaiser und Könige logen, als sie sagten, sie hätten den Krieg nicht gewollt! Sie haben ihn vorbereitet und gemacht und schickten ihre Völker, sich gegenseitig abzuschlachten. Hier war ein Komiker, ein Künstler, ein Mensch, der in seinem Innern das Grauen dieses Krieges ahnte. Er hat ihn wirklich nicht gewollt.

Alexander Granach, Da geht ein Mensch

Berlin im Weltkrieg

Am 22. August 1914 schreibt der Berliner Polizeipräsident Traugott von Jagow in einem seiner regelmäßigen Berichte:

Die Stimmung der Bevölkerung ist gut, ernst aber würdig und, wenn Siegesmeldungen kommen, begeistert. Die Klassengegensätze scheinen fast geschwunden, die bekannte Berliner Kritiksucht ist kaum noch zu spüren und der Hang zu Vergnügungen ganz zurückgedrängt. Einen Schatten auf das Bild wirft nur die drohende Arbeitslosigkeit …

Nach der anliegenden Liste sind von den 300 000 Berliner Gewerkschaftsmitgliedern 57 188 ohne Arbeit. Im ganzen dürften zur Zeit etwa 15 Prozent der Berliner Angestellten arbeitslos sein. Mit einem weiteren Anwachsen dieser Zahl wird gerechnet. Man klagt, daß Landsturmpflichtige nicht angenommen werden, daß die großen Betriebe Frauen einstellen, daß die Militärwerkstätten – angeblich – Überstunden machen lassen statt Arbeiter anzunehmen, und daß die vor dem Kriege begonnenen staatlichen und städtischen Arbeiten gar nicht oder nur mit halben Kräften fortgesetzt werden. Auch sind die zur Unterstützung der Arbeitslosen getroffenen Maßregeln allem Anscheine nach unzulänglich. In dieser Beziehung muß Durchgreifendes geschehen, und zwar mit aller Schnelligkeit, ehe die Arbeitslosigkeit und der damit verbundene wirtschaftliche Notstand zu einer Gefahr werden kann.

Dokumente aus geheimen Archiven 1914–1918

Während die Militärs alle kriegstechnischen Maßnahmen seit langem bis ins Detail geplant haben, trifft der Ausbruch des Krieges Wirtschaft und Zivilbehörden weitgehend unvorbereitet. Nicht nur die Zahl der Arbeitslosen wächst sprunghaft an. »Diese Ziffer hat sich heute«, klagt der »Berliner Börsen-Courier« am 16. August 1914, »unter der Einwirkung des vollständigen industriellen und kaufmännischen Stillstandes verdoppelt, wenn nicht verdreifacht«. Not und Sorgen herrschen auch in zahlreichen Kriegerfamilien, denen nun der Ernährer fehlt. Zwischen sechs und neun Mark monatliche Unterstützung erhält laut Gesetz die Ehefrau eines Soldaten, zusätzlich für jedes Kind noch vier Mark. Da hilft auch wenig, wenn das »Berliner Tageblatt« zu Spenden »für die bedürftigen Frauen und Kinder im Felde stehender Vaterlandskämpfer« auffordert (5. August 1914) und die Kommunen noch ein paar Mark drauflegen. Tausende von Frauen bis hinein ins Bürgertum sind gezwungen, Lohnarbeit anzunehmen, wo sie zu finden ist. In der Berliner Metallindustrie steigt die Zahl der weiblichen Arbeitskräfte in zwei Jahren von 8300 (1914) auf 44 500 (1916). Frauen arbeiten als Straßenbahnfahrerinnen, als Droschkenkutscher, Transportarbeiter und Fensterputzerinnen, sogar Schornsteinfegerinnen und weibliche Müllkutscher tauchen im Berliner Straßenbild auf: Berufe, die bis dahin für Frauen undenkbar waren.

Auch sonst müssen sich die Berliner an manch einschneidende Veränderung ihres Alltagslebens gewöhnen. Militäreinheiten belegen Schulen, Turnhallen und Vergnügungsstätten. Öffentliche Tanzlustbarkeiten sind bis auf weiteres verboten. Der hektische Weltstadtverkehr läßt spürbar nach: viele Straßenbahnlinien sind eingestellt, von den 336 Autobussen werden schon im August 228 zum Heeresdienst »eingezogen«.

Auf Bahnhöfen und vor öffentlichen Gebäuden werden, aus Angst vor »Spionen«, strenge Personenkontrollen durchgeführt; auch im neuen Bibliotheksgebäude Unter den Linden wird Sicherheit großgeschrieben:

Während in Ost und West, in Süd und Nord die Flammenzeichen des Krieges hell auflodern, öffneten sich gestern vormittag zum ersten Male … die Pforten der neuen Königlichen Bibliothek der Allgemeinheit. Welch ein Gegensatz! Das Land von Feinden umdräut, und in der Reichshauptstadt erschließt sich das Zentrum friedlicher Geistesarbeit. Aber auch hier, in der Stille des Lesesaals, empfand man die Sorgen der Kriegszeit, die eindringlich zur strengsten Vorsicht mahnt. Eine doppelte Kontrolle der Besucher ist eingeführt: gleich beim Betreten des Hauses und zum andern am Eingang zum Lesesaal, genau wird hier die Nummer der Leihkarte, außerdem der Name des Besuchers notiert. Der Leihverkehr ist für den Augenblick aufgehoben, und endlich sind, wie eine Bekanntmachung besagt, Russen, Engländer, Franzosen und Serben von der Benutzung der Bibliothek ausgeschlossen.
Berliner Volks-Zeitung, 11. August 1914

Auf den Straßen der Innenstadt machen die Verkäufer von Feldpostkarten ein gutes Geschäft – »Sehr oft sieht man auf ihnen den Kaiser am Steuerrad des deutschen Kriegsschiffes« –, ebenso die Karikaturenzeichner mit ihren Produkten, »auf denen unsere vielen Feinde und die wenigen Freunde zu sehen sind«, geschmückt mit dem Leitmotiv dieser Tage: »Lieb' Vaterland, magst ruhig sein …« (Berliner Volks-Zeitung,

Heinrich Zille, Frauen bei der Müllabfuhr, um 1916

30. August 1914) Es ist die große Zeit des patriotischen Kitsches: »In allen Schaufenstern stehen 42-cm-Geschosse: Modelle in Lebensgröße und Nachbildungen in Schokolade, Wolle, Konservenbüchsen, Zigarren, Garnrollen oder Nudeln.« (Die Hilfe, 29. Oktober 1914) Man produziert Schnapsgläser in Mörserform und Sofakissen, die »Heil dir im Siegerkranz« spielen, wenn man sich dagegenlehnt. »Kriegslieder, Postkarten und allerhand Gegenstände, oft im Stil rohester Silvesterscherze, werden massenhaft vertrieben. Man sieht Engländer, Franzosen und Russen, die mit ausgereckter Zunge am Strick baumeln: 15 Pfennig das Stück. Oder schwarze Holzschwerter mit der blutigroten Aufschrift ›Jeder Stoß ein Franzos‹: einen Groschen das Stück.« (Vorwärts, 4. November 1914)

Ein glänzendes Geschäft machen auch die Berliner Schildermaler in diesen Tagen. Alles, was auch nur im entferntesten an den »Erzfeind« Frankreich oder an das »perfide« England erinnern könnte, fällt der nationalen Säuberungswelle zum Opfer: Das »Piccadilly« nennt sich nun »Vaterland, Kaffeehaus Potsdamer Platz«; aus dem Kabarett »Chat noir« wird über Nacht ein guter deutscher »Schwarzer Kater«, aus dem »Café Windsor« ein unverfängliches »Kaffee Winzer«. Auch die Berliner Polizei – wen wundert es – beteiligt sich eifrig am Vernichtungsfeldzug gegen die Fremdwörter und schickt ihre »Sprach-Schutzmänner« auf die Jagd nach undeutschen Ladenschildern. Mehr als 12 000 Berliner Firmen taufen sich in diesen Wochen um.

Nicht weniger rigoros ziehen die nationalen Eiferer gegen die »dreiste Sittenlosigkeit einer durch und durch undeutschen Frauentracht« zu Felde. In ihrer ständigen Rubrik »Ich schneide die Zeit aus« zitiert »Die Aktion« die »National-Zeitung« vom 22. Februar 1915:

In Gestalt und äußerer Erscheinung sind unsere Frauen von den Französinnen so grundverschieden, daß eine Pariser Mode niemals das Wesen der Berlinerin auszudrücken vermag ... Nun ist der Krieg dem Geschmacke zu Hilfe gekommen, und der Gatte der Berlinerin kämpft in Belgien und Frankreich nicht nur für die heiligen Güter seines Volkes, sondern auch für ein ganz privates Heiligtum: für den Beginn einer wahren, ihrer persönlichen Eigenart entsprechenden Kultur seiner Frau. Daß sie eine solche oft verleugnete und ihre deutsche Krimhildenfigur durch allerlei Firlefanz vom Erhabenen zum Lächerlichen erniedrigte, war lange die offene und geheime Sorge vieler.
Die Aktion, 21. August 1915

Auch das Berliner Kulturleben, einst berühmt für seinen weltoffenen Charakter, fällt zurück in tiefe Provinzialität. »Die Internationalität des Kunstmarktes und des Kunstgeschwätzes hat uns die natürliche Empfindung oft genug verdorben«, erklärt ein angesehener Gelehrter der Berliner Universität, »und es ist vielleicht gut, wenn wir Germanen, die nun einmal kein wesentlich künstlerisch veranlagtes Volk sind, davon ablassen, uns künstlerisch zu drapieren und uns die ästhetische Feinnervigkeit als Surrogat für sittliche, religiöse und physische Kraft aufreden zu lassen.« (Ernst Troeltsch, Der Krieg und die Internationalität der geistigen Kultur) Die Konzertunternehmer bieten »vom Ausländertum gereinigte« Veranstaltungen, französische Opern sind ebenso unzeitgemäß wie russisches Ballett. Auf den Bühnen der Hauptstadt haben die patriotischen Schnelldichter Hochkonjunktur:

Ungefähr sechs Wochen nach Kriegsbeginn sah eine Berliner Litfaßsäule so aus:

Theater an der Weidendammer Brücke ....»Anfang gut – alles gut!«
Gebrüder Herrnfeld-Theater .... »Ende gut – alles gut!«
Komödienhaus .... »Es braust ein Ruf ... «
Theater Folie Caprice .... »Fest steht und treu ... «
(Diese Firma ist groß gedruckt, aber schamhaft durchgestrichen, darüber steht: »Possentheater«)
Walhalla-Theater .... Berlin im Felde
Theater am Nollendorfplatz .... Immer feste druff!
Rose-Theater .... Die Waffen her!
Residenz-Theater .... Der Kaiser rief!
Kasino-Theater .... Mein Leben dem Vaterland
Theater des Westens .... Königin Luise
Luisen-Theater .... Der heilige Krieg ...
Thalia-Theater .... Kam'rad Männe
Treptower Sternwarte (Lichtspiel) .... Krieg und Frieden
Deutsches Opernhaus .... Die Marketenderin
Apollo-Theater .... Die Barbaren
Eikowoche .... Kriegsaufnahmen
Mozartsaal .... Durch Pulverdampf und Kugelregen.
....Vaterländische Vortragsabende (3 Stücke)
Palast-Theater .... »1914«

Es war, um mit dem Prinzen Hamlet zu reden, »schaudervoll, höchst schaudervoll«.

Julius Bab, Berliner Kriegstheater

Nicht nur auf den Brettern, die einst die Welt bedeuteten, feiert der Nationalismus seine Orgien. Auch die Mehrheit der Berliner Schriftsteller, Künstler und Wissenschaftler ist schnell bereit »umzulernen«.

Fast alle deutschen Dichter, Hauptmann und Dehmel voran, glaubten sich verpflichtet, wie in urgermanischen Zeiten als Barden die vorrückenden Kämpfer mit Liedern und Runen zur Sterbebegeisterung anzufeuern. Schockweise regneten Gedichte, die Krieg auf Sieg, Not auf Tod reimten. Feierlich verschworen sich die Schriftsteller, nie mehr mit einem Franzosen, nie mehr mit einem Engländer Kulturgemeinschaft haben zu wollen, ja mehr noch: sie leugneten über Nacht, daß es je eine englische, eine französische Kultur gegeben habe. All das sei gering und wertlos gegenüber deutschem Wesen, deutscher Kunst und deutscher Art ...

Der typischste, der erschütterndste Fall einer solchen ehrlichen und zugleich unsinnigen Ekstase war für mich der Ernst Lissauers ... Für

ihn war alles verbürgteste Wahrheit, was deutsche Zeitungen und der deutsche Heeresbericht meldeten. Sein Land war überfallen worden, und der schlimmste Verbrecher, ganz wie es die Wilhelmstraße inszeniert hatte, jener perfide Lord Grey, der englische Außenminister. Diesem Gefühl, daß England der Hauptschuldige gegen Deutschland und an dem Kriege sei, gab er in einem »Haßgesang gegen England« Ausdruck, einem Gedicht – ich habe es nicht vor mir –, das in harten, knappen, eindrucksvollen Versen den Haß gegen England zu dem ewigen Schwur erhob, England nie sein »Verbrechen« zu verzeihen ... Das Gedicht fiel wie eine Bombe in ein Munitionsdepot. Nie vielleicht hat ein Gedicht in Deutschland, selbst die »Wacht am Rhein« nicht, so rasch die Runde gemacht wie dieser berüchtigte »Haßgesang gegen England«. Der Kaiser war begeistert und verlieh Lissauer den Roten Adlerorden, man druckte das Gedicht in allen Zeitungen nach, die Lehrer lasen es in den Schulen den Kindern vor, die Offiziere traten vor die Front und rezitierten es den Soldaten, bis jeder die Haßlitanei auswendig konnte. Aber nicht genug an dem. Das kleine Gedicht wurde, in Musik gesetzt und zum Chor erweitert, in den Theatern vorgetragen; unter den siebzig Millionen Deutschen gab es bald keinen einzigen Menschen mehr, der den »Haßgesang gegen England« nicht von der ersten bis zur letzten Zeile kannte, und bald kannte ihn – freilich mit weniger Begeisterung – die ganze Welt. Über Nacht hatte Ernst Lissauer den feurigsten Ruhm, den sich ein Dichter je in diesem Kriege erworben – freilich einen Ruhm, der später an ihm brannte wie ein Nessushemd.
Stefan Zweig, Die Welt von gestern

Auch in den Berliner Wissenschaftseinrichtungen wird geistig mobilgemacht. Die Kaiser-Wilhelm-Institute in Dahlem konzentrieren ihre Arbeit auf die Erfordernisse der Kriegsführung: von der künstlichen Herstellung von Salpeter über die Entwicklung von Ersatzstoffen aller Art bis zur Erprobung chemischer Kampfstoffe reicht die Palette ihrer Forschungsthemen. In einem bis dahin nicht gekannten Ausmaß wird die moderne Naturwissenschaft dem Krieg und der Zerstörung nutzbar gemacht.

Professoren und Dozenten der geisteswissenschaftlichen Disziplinen, zu solcher Art Dienst am Vaterland nicht befähigt, leisten ihren Beitrag zum »heiligen Krieg« mit aufmunternden Vorträgen und patriotischen Reden:

Da nun einmal der Krieg uns aufgenötigt ist, rufen wir ihm ein freudiges Willkommen zu. Wir sind nicht nur entschlossen, alles, was wir haben, für seine Durchkämpfung einzusetzen und ohne Murren die unberechenbaren Opfer zu bringen, die es noch kosten mag, bis das Ziel er-

reicht ist. Nein! Wir begrüßen diesen Krieg auch als ein durch göttliche Fügung uns gesandtes Heil! Denn der gerechte Krieg ist nicht bloß Zertrümmerer, sondern auch Erbauer. Er vernichtet nicht bloß, sondern erzeugt auch Werte … Immer hat er hinweggefegt, was innerlich verfallen und zum Untergange reif war. Und immer hat er das, was innerlich gesund und des Bestandes noch wert war, zu neuem, reicheren Leben erweckt und, wenn es zu wanken schien, gefestigt, wenn es zu altern schien, verjüngt.
Otto von Gierke, Krieg und Kultur

»Innerlich gesund« – das sind natürlich die Deutschen mit ihrer Tüchtigkeit, ihrem Fleiß, ihrer sittlichen Kraft; »innerlich verfallen und zum Untergange reif«, daran lassen diese Agitatoren keinen Zweifel aufkommen – das sind die anderen, die Engländer, mit ihrer »ehr- und herzlosen Krämerlist«, das französische Volk, »das an dem nationalen Selbstmord seines Zwei- oder Einkindersystems hinstirbt«.

Oder liegt ein sittliches Recht bei den Horden vor, die aus dem Osten hereinbrechen wie einst die Hunnen? Das Volk führt nicht historische und sittliche Werte mit sich, das immer wieder in wahnsinnigem Taumel die innere Hohlheit und Verkommenheit durch Vergrößerung seines Umfanges vergessen machen will. Wo Rußland seine Hand hinlegte, hat es die Kultur zerstört. Noch immer ist ein großes Stück alten deutschen Bodens in der Hand der Barbaren. Soll es immer so bleiben?
Reinhold Seeberg, Das sittliche Recht des Krieges

Im Grunde brauchen wir Deutsche in geistig-kultureller Hinsicht niemand. Kein Volk der Erde kann uns auf dem Gebiete der Wissenschaft, der Technologie, der Kunst oder der Literatur irgend etwas Nennenswertes geben, das zu entbehren für uns schmerzlich wäre. Besinnen wir uns doch auf den unerschöpflichen Reichtum des deutschen Wesens, das alles in sich schließt, was menschliche Kultur an wirklichen Werten zu erzeugen vermag … auch wenn alle internationalen Zeitschriften eingingen, wenn der Gelehrtenaustausch ein paar Jahrzehnte mal in Wegfall käme: es wäre für uns kein Schade.
Werner Sombart, Händler und Helden

In jenen ersten Wochen und Monaten des Krieges, in denen der »Geist von 1914« allenthalben überschäumt, ist der Glaube an einen raschen Sieg der deutschen Waffen noch ungebrochen. Mit Siegesmeldungen aus Ost und West überspielt die offizielle Propaganda die Tatsache, daß des

»Jetzt wollen wir sie dreschen.« (Der Kaiser), Kohlezeichnung von Max Liebermann

Kaisers öffentliches Versprechen, der Krieg sei beendet, »ehe das Laub von den Bäumen fällt«, nicht einzuhalten ist.

Zwar scheinen die anfänglichen Erfolge deutscher Truppen im Westen den Kriegsenthusiasten recht zu geben. Deutsche Armeen dringen weit in französisches Gebiet ein. Paris liegt zum Greifen nahe. Aber die Umklammerung des Gegners und der geplante Vorstoß zur Kanalküste mißlingen. Schon sechs Wochen nach Kriegsbeginn kommt an der Marne der deutsche Vormarsch zum Stehen. Für achtzehn Monate erstarren im Westen die Fronten im kräftezehrenden Stellungskrieg.

Auch die siegreichen Schlachten in Ostpreußen, mit denen Paul von Hindenburg und sein Stabschef Ludendorff die russischen Armeen zum Stehen bringen, entscheiden den Feldzug nicht. Nach schweren Niederlagen der Österreicher in Galizien und wechselvollen Kämpfen deutscher Truppen im nördlichen Polen kommt auch im Osten der Bewegungskrieg zum Erliegen.

Am 12. Dezember 1914 notiert der Berliner Polizeipräsident in seinem 20. Stimmungsbericht:

Mit aller Zuversicht der Zukunft entgegen«, das ist noch immer die Stimmung der weitaus größten Kreise der Berliner Bevölkerung. Doch hat der Verlust unserer Auslandskreuzer, das Ausbleiben der Entscheidung im Westen und die Tatsache, daß die Erfolge im Osten nicht so schnell kommen, wie nach den in Berlin in Umlauf gewesenen übertriebenen Gerüchten von manchem angenommen wurde, auf einzelne schwache Gemüter herabdrückend gewirkt. Auch klagen bereits einige Kleinmütige über die lange Dauer des Krieges ... Die Zahl der schwarzgekleideten Frauen mehrt sich zusehends und bringt in die Weihnachtsstimmung einen düsteren Klang.

Dokumente aus geheimen Archiven 1914–1918

Nach dem Scheitern der Blitzkriegsstrategie müssen sich die Verantwortlichen in Berlin auf die Erfordernisse eines langandauernden, von riesigen »Materialschlachten« begleiteten Krieges gegen einen zahlenmäßig, ökonomisch und bald auch technisch überlegenen Gegner einrichten.

Auf den Wirtschaftskrieg hatte sich Deutschland in dem Glauben, seine Feinde rasch niederwerfen zu können, nicht vorbereitet und sah sich jetzt gezwungen, seine bisherige individualistische Wirtschaftsverfassung aus dem Stegreif heraus völlig umzugestalten. Rohstoffe wurden beschlagnahmt, die Gütererzeugung und Güterverteilung, die Ein- und Ausfuhr planmäßig geregelt, Betriebe stillgelegt, andere zusammengefaßt und vergrößert, die Menschen aus ihrer gewohnten Tätigkeit gerissen, die Arbeitskräfte den Stellen zugewiesen, wo sie am nötigsten gebraucht wurden, die Preise bestimmt, den Menschen vorgeschrieben, was und wieviel sie essen sollten, ihnen die Verfügung über ihr Eigentum und ihren Hausrat entzogen. Der Staat griff in das tägliche Leben in einer noch nie gesehenen, nie für möglich gehaltenen Weise ein …

Bei Kriegsbeginn wurde im Kriegsministerium auf Veranlassung von Walther Rathenau, dem Präsidenten der Allgemeinen Elektrizitäts-Gesellschaft, eine Kriegsrohstoffabteilung geschaffen, die die Versorgung des Heeres mit seinem Bedarf überhaupt erst ermöglichte. Dazu kamen ein Kriegsernährungsamt, eine Reichszentrale für Arbeitsnachweise, eine Reichsgetreidestelle, Reichsstellen für Fleisch, für Speisefette, für Eier und Fische, für Zucker, Kartoffeln, Hülsenfrüchte, Gemüse und Obst, eine Reichsbekleidungsstelle, eine Kriegswirtschaftsstelle für das deutsche Zeitungsgewerbe usw. Für ihre kaufmännischen Zwecke gliederten sich die Reichsstellen eine Kriegsgesellschaft nach der anderen an. Ein ungeheurer, kaum übersehbarer und nur unter schweren Reibungen arbeitender Verwaltungsapparat entstand.

Johannes Ziekursch, Politische Geschichte des neuen deutschen Kaiserreiches/3

Während das angestrengte Bemühen, dem Mangel mit straffer Zentralisation und bürokratischer Bevormundung zu Leibe zu rücken, viele Handwerker und Kleinbetriebe, die »nur« für den zivilen Bedarf arbeiten, in den Ruin treibt, beginnen für die Produzenten kriegswichtiger Güter goldene Zeiten. Vor allem die großen Konzerne, die in den beim Kriegsministerium gebildeten Rohstoffabteilungen die entscheidenden Stellen besetzt halten, bedienen sich ungeniert des Staatsapparats, um ihre Machtpositionen auszubauen. AEG, Bergmann, Lorenz, Ludwig Loewe und Telefunken empfehlen sich als leistungsfähige Produzenten von Geschoßzündern und Feldtelephonen, von Patronen und Kabeln, von Flugzeugmotoren und Schiffsausrüstungen. Schwartzkopff errichtet auf dem alten Stammgelände in der Chausseestraße auf Staatskosten neue weitläufige Hallen für den Torpedobau. Siemens, schon vor dem Kriege erfahren in der elektrischen Ausrüstung der Marine, kann sein Produktionsvolumen vervielfachen. Neben dem Wernerwerk entsteht zwischen 1915 und 1917 ein zweiter riesiger Fertigungskomplex. Siemens errichtet ein Flugzeugwerk und eine Automobilfabrik. Die Zahl der Siemensarbeiter steigt während des Krieges um ein Drittel.

Auch bei den Deutschen Waffen- und Munitionsfabriken in Spandau herrscht Hochbetrieb:

Im April 1915 wurde von Aufsichtsrat und Vorstand der Deutschen Waffen- und Munitionsfabriken der Beschluß gefaßt, in Berlin und Karlsruhe Grundstücke zu kaufen und neue Fertigungsstätten zu errichten …

Das Geschäft mit dem Krieg hat viele Nuancen: Weihnachtsinserat 1914

Viele Millionen Mark wurden für die Neubauten in Berlin und Karlsruhe ausgegeben. Um der Firma für diese Fertigungsstellen, die nur durch den erhöhten Kriegsbedarf notwendig geworden waren, auch eine gewisse Sicherheit für Beschäftigung nach dem Kriege zu geben, schloß der Staat schon im März des Jahres 1915 einen sogenannten »Milliardenvertrag« ab. Er bestellte 1,2 Milliarden S-Geschosse und 1,8 Milliarden S-Patronenhülsen, mit deren Lieferung am Tag der allgemeinen Demobilmachung begonnen werden sollte.
50 Jahre Deutsche Waffen- und Munitionsfabriken

Für die Großbetriebe der Berliner Industrie gibt es kein besseres Geschäft als diesen Krieg: Der Staat sorgt für gesicherten Absatz, er zahlt, was von ihm verlangt wird, und obendrein beteiligt er sich an Investitionen und Entwicklungskosten.

Für die Masse der Berliner gestaltet sich das Leben mit zunehmender Kriegsdauer weitaus weniger erfreulich. Da für die zivile Versorgung nur unzureichend Vorsorge getroffen ist, machen sich bald Lebensmittelknappheit und steigende Preise bemerkbar. Im Februar 1915 muß Berlin, als erste deutsche Stadt, eine »Brotkarte« einführen: 225 Gramm Mehl pro Tag oder – mit dem obligaten Kartoffelzusatz – zwei Kilo Brot pro Kopf und Woche. Die Regierung legt Höchstpreise für die wichtigsten Lebensmittel fest. Da die Großagrarier aber zu den verordneten Preisen nicht liefern, wächst die Nahrungsmittelknappheit, die Preise steigen weiter an, der »Schleichhandel« blüht.

Als schon im ersten Kriegswinter die Versorgung der Bevölkerung mit Kartoffeln ernsthaft gefährdet ist, ordnet die Regierung die massenhafte Schlachtung von Schweinen an, um die Verfütterung von Kartoffeln zu reduzieren. Fünfunddreißig Prozent des Schweinebestandes fallen der »Bartholomäusnacht der Borstentiere« zum Opfer. Nun gibt es zwar, vorübergehend, wieder Kartoffeln, aber das Fleisch wird knapp. Unerschrockene Theoretiker wie Friedrich Naumann sehen in dem geordneten Chaos der behördlichen Eingriffe erste Vorboten eines sozialistischen Zukunftsstaates:

In wenigen Monaten konnte ein Schritt getan werden, der sonst ein Menschenalter von Verhandlungen gebraucht hätte: die Erklärung aller notwendigen Bestände zu Staatseigentum und die Ersetzung des privaten Handels durch öffentliche Ämter und Staatsverwaltungsgesellschaften. Der Staatssozialismus hat über Nacht Riesenschritte vorwärts getan. Vor dem Krieg galt der Satz: »Ich kann mit meinen Kartoffeln machen, was ich will.« Jetzt gilt der Satz: »Deine Kartoffeln sind unsere Kartoffeln.«
Friedrich Naumann, Mitteleuropa

Aber weder Schweinemord noch Kartoffelsozialismus bringen die erhoffte Entspannung auf dem Lebensmittelmarkt. In der einstigen Weltstadt Berlin gehen die Bewohner zur Selbstversorgung über: leerstehende Schuppen und Verschläge verwandeln sich in individuelle Schweinemästereien, auf brachliegendem Bauland, an Bahngeländen, in den städtischen Parks, zwischen Holzplätzen und Lagerschuppen wird Eßbares angebaut: »Der Kartoffelacker am Kurfürstendamm, eingebettet in die banale Eleganz der Berlin-W-Häuserreihen, freut einen immer wieder: Ein ehemaliger Tennisplatz, der umgepflügt ist und auf dem nun die bescheidenen grünen Staudenreihen aus dem gelben märkischen Sand steigen. Es gibt auch Erbsenbeete mit kunstvollem Reisig- und Bindfadenschutz gegen die Sperlinge.« (Die Hilfe, 10. Juni 1915)

In den Massenquartieren des Berliner Ostens, wo keine Tennisplätze für die zusätzliche Versorgung nutzbar gemacht werden können, wächst der Unmut der Bevölkerung über die ständige Verschlechterung der Lebensverhältnisse. Am 21. Oktober 1915 notiert Theodor Wolff in sein Tagebuch:

Die Teuerung hat einen bedrohlichen Charakter angenommen. Fleisch ist kaum zu bezahlen, das Pfund Butter kostet 3 Mark 20 und 3 Mark 40, es fehlt an Fetten und Öl, die Kartoffelpreise sind infolge der falschen Maßnahmen und der agrarischen Verdiensucht sinnlos gestiegen. Reis und andere Dinge sind sehr selten geworden. Ebenso liegt es auf anderen Gebieten, besonders Leder ist fabelhaft teuer, eine Schulmappe kostet 24 MK, ein paar Stiefelsohlen 6,50. Es hat an allen letzten Tagen im Osten und Norden Berlins und in vielen Städten ernste Krawalle gegeben, die Butterläden in Berlin sind geplündert und demoliert worden, in Chemnitz hat es Opfer gegeben. Der Aufruhrparagraph ist in den Berliner Arbeitervierteln öffentlich angeschlagen worden. Man spricht nur von dieser Teuerung, kaum vom Krieg, der Zorn gegen die Versäumnisse der Regierung, gegen Agrarier und Zwischenhändler ist allgemein, das Wort vom »Lebensmittelwucher« auf aller Lippen.
Theodor Wolff, Tagebücher/1

Die Proteste gehen im ersten Kriegsjahr noch kaum über spontane Unmutsäußerungen hinaus. Eine organisierte Opposition kann sich unter den Bedingungen des Belagerungszustandes, dem Berlin seit Kriegsbeginn unterworfen ist, nur schwer entwickeln: Bürgerliche Grundrechte wie Freiheit der Person, Unverletzlichkeit der Wohnung, Pressefreiheit, Vereins- und Versammlungsrecht sind eingeschränkt oder außer Kraft gesetzt. Politisch mißliebige Personen können jederzeit in »Schutzhaft« genommen werden. Wirtschaftliche und politische Maßnahmen gehen unter dem Deckmantel militärischer Erfordernisse mehr und mehr von den zivilen Behörden in die Zuständigkeit der Militärs über. Unter solchen Bedingungen hat es die kleine Gruppe linker Sozialdemokraten, die der Burgfriedenspolitik von Partei- und Gewerkschaftsführung kritischen Widerstand entgegensetzt, schwer, zu öffentlicher Wirksamkeit zu gelangen. Aber an der Parteibasis, vor allem in den Berliner Ortsvereinen, wächst die Zahl ihrer Anhänger, je länger der Krieg dauert.

Schon am 12. Oktober 1914 schreibt Rosa Luxemburg an einen befreundeten Genossen in der Schweiz:

Zu Deiner und anderer Freunde Information (nicht zur öffentlichen Verwendung) sei nur gesagt, daß es ein grober Irrtum wäre, zu denken, die offizielle Haltung der Reichstagsfraktion, des Parteivorstandes und der Parteiredakteure entspräche dem Denken und Fühlen der gesamten Partei! Im Gegenteil läßt sich eine wachsende Erbitterung allenthalben merken. Wie weit diese Erbitterung reicht, auf welcher Seite die Mehrheit ist, kann jetzt natürlich nicht annähernd festgestellt werden, da gerade den Gegnern der parteioffiziellen Taktik das Maul verbunden ist, und da das politische Leben der Massen völlig erdrückt ist. Auch verschiebt sich die Stimmung immer weiter; manche, die für die Bewilligung der Kredite waren, haben seitdem ob der eingetretenen Entwicklung einen heilsamen Schreck gekriegt und sind nun Gegner dieser Politik oder werden es morgen sein. Zugleich rutscht ein anderer Teil Genossen mit jedem Tag mehr ins reinste Fahrwasser der nationalpatriotischen Regierungspolitik. Auf diese Weise vollzieht die innere Entwicklung der Partei im Kriege trotz ihrer Unmerklichkeit einen unaufhaltsamen Prozeß der Abschnürung von Elementen, die eigentlich zum bürgerlichen Lager gehören und höchstens eine militärfromme proletarische Reformpartei mit starkem nationalistischem Anstrich bilden, auf der anderen Seite von Elementen, die den Kern des revolutionären Klassenkampfes und des Internationalismus nicht preisgeben wollen ... Es ist nur der Belagerungszustand und der Krieg, die unsere angebliche Einigkeit künstlich zusammenhalten.
Rosa Luxemburg, Briefe/5

Wenige Wochen später, am 2. Dezember 1914, stimmt Karl Liebknecht, »die programmzerstörende Fraktionsdisziplin zum Teufel jagend«, als erster – und vorläufig einziger – Sozialdemokrat im Reichstag gegen die Bewilligung neuer Kriegskredite. Er will mit seinem Votum ein Zeichen des Protestes setzen »gegen die Annexionspläne, gegen den Bruch der belgischen und luxemburgischen Neutralität, gegen die Militärdiktatur, gegen die soziale und politische Pflichtvergessenheit, deren sich die Regierung und die herrschenden Klassen auch heute noch schuldig machen«. (Karl Liebknecht, Klassenkampf gegen den Krieg) Liebknechts

Erklärung geht als illegal gedrucktes Flugblatt in Berlin von Hand zu Hand. Während die sozialdemokratische Reichstagsfraktion Liebknechts »Disziplinbruch« öffentlich verurteilt, stellt sich die Mehrheit der sozialdemokratischen Mitglieder in Berlin auf Liebknechts Seite. »Es ist kein gemeinsamer Boden mehr da«, klagt der rechte Sozialdemokrat Eduard David im Dezember 1914. »Bleiben diese Leute in der Partei, so werden sie die ganze Position des 4. August versauen und jeden vernünftigen ferneren Schritt unendlich erschweren oder ganz unmöglich machen.« (Eduard David, Kriegstagebuch)

Auch den Militärbehörden sind die linken Sozialdemokraten, die sich so gar nicht an den vereinbarten Burgfrieden halten wollen, ein Dorn im Auge. Am 7. Februar wird Liebknecht zum Landsturm eingezogen. Zwei Tage später schreibt er an Hugo Haase:

In einer feierlichen Verhandlung des Bezirkskommandeurs mit mir (in Gegenwart eines anderen Offiziers und des Bezirksfeldwebels) eröffnete der erstere mir, daß ich von diesem Moment an Soldat sei und den Militärgesetzen unterstehe ... Dann las er mir die Erlasse über das Verbot der Teilnahme an Versammlungen und Sitzungen (außer denen des Landtages) und das Verbot der Agitation in Wort und Schrift (»im In- und Ausland«) sowie des Ausstoßens »revolutionärer Rufe« vor und im Anschluß daran die einschlägigen Bestimmungen des Militärstrafgesetzbuches sowie des Reichsmilitärgesetzes. Alles dies motivierte er damit, daß ich mitten im politischen Leben stehe und er mich warnen wolle »anzuecken«.

Karl Liebknecht, Reden und Schriften/8

Kurz darauf wird auch Rosa Luxemburg aus dem politischen Verkehr gezogen: Am 18. Februar 1915 muß sie eine einjährige Haftstrafe antreten, zu der sie im Februar 1914 wegen antimilitaristischer Propaganda verurteilt worden war.

Das rigorose Vorgehen der Militärbehörden kann nicht verhindern, daß Fragen nach Sinn und Berechtigung des Krieges in immer breiteren Bevölkerungskreisen laut werden. Vor allem sind es die ungeniert formulierten Annexionspläne führender Persönlichkeiten und einflußreicher Wirtschaftsverbände, die die These vom Verteidigungskrieg zunehmend ins Zwielicht geraten lassen: Kruppdirektor Hugenberg möchte, wie Ernst Jäckh ausplaudert, »die Naturschätze des Kaukasus für die deutsche Industrie gesichert wissen; ebenso die Ukraine als Kornkammer« (Ernst Jäckh, Der goldene Pflug); eine Eingabe an die Regierung vom Juni 1915, die von 1347 Persönlichkeiten – Industriellen, Agrariern, Hochschullehrern, Beamten, Künstlern, Geistlichen – unterschrieben wird, fordert die russischen Ostseeprovinzen, deren »fruchtbarer und

Ernst Heilemann, Der kleine Soldat. Titelbild der Weihnachtsnummer 1915 der »Lustigen Blätter«

dünn bevölkerter Boden ein zukunftsreiches Siedelungsgebiet darstellt«, und eine »durchgreifende Verbesserung unserer ganzen Westgrenze von Belfort bis zur Küste«. »Von Calais bis Antwerpen, Flandern, Limburg, Brabant, bis hinter die Maasfestungslinie: preußisch … Wir brauchen Industrieland, Wege ins Weltmeer, eine unzerstückte Kolonie, die Ge-

wißheit des Rohstoffbezuges und den ergiebigsten Wohlstandsborn: zu Arbeit tüchtige Menschen.« (Die Zukunft, 17. Oktober 1914) Selbst ein Mann wie der Generaldirektor der Hamburg-Amerika-Linie, Albert Ballin, Intimus Wilhelms II., zeigt sich von den annexionistischen Phantasien der angeblichen Vaterlandsverteidiger irritiert. Am 1. Oktober 1914 schreibt er an den Staatssekretär des Reichsmarineamts Alfred von Tirpitz:

Ich war in dieser Woche in Berlin und bin erschrocken über die uferlosen Gedanken, denen nicht nur die Berliner, sondern auch hervorragende Männer aus Rheinland und Westfalen sich hingeben. Eine Landung unserer Armee in England sehen sie als selbstverständlich an. Die Wegnahme ihrer besten Kolonien braucht nicht mehr diskutiert zu werden. Daß wir Calais, Boulogne, Ostende und Antwerpen behalten ist längst beschlossen. Die englische Flotte hat sich in dem Rahmen der Ausdehnung der unsrigen zu bewegen, und die Kriegsentschädigung schwankt zwischen 30 und 40 Milliarden. Daß die englische Flotte sich längst aus dem Kanal zurückgezogen und hinter den Orkneyinseln versteckt hat, ist ebenso gewiß wie es sicher ist, daß Ägypten zu denjenigen Kolonien gehört, welche wir uns zum Nachtisch servieren lassen.

Das ist – wie gesagt – die Stimmung, welche im deutschen Inlande und besonders in der Reichshauptstadt heute vorherrscht. Es wird gut sein, diese Stimmung langsam zu demobilisieren.

Der Krieg zur See 1914–1918/2

Obwohl die Regierung, um den Burgfrieden nicht zu gefährden, eine öffentliche Diskussion der Kriegsziele bis zum November 1916 verbietet, denkt in der Wilhelmstraße niemand an eine »Demobilisierung« der annexionistischen Stimmung. »Programme werden aufgestellt, die dem gegenwärtigen Kriege den Stempel eines Eroberungskrieges aufdrücken«, heißt es in einem von Eduard Bernstein, Hugo Haase und Karl Kautsky am 19. Juni 1915 veröffentlichten Aufruf »Das Gebot der Stunde«. Erstmals rütteln damit nicht nur die Linken in der Sozialdemokratie, sondern auch führende »Zentristen« und »Revisionisten« öffentlich an den Grundlagen der Burgfriedenspolitik: »Nachdem die Eroberungspläne vor aller Welt offenkundig sind, hat die Sozialdemokratie die volle Freiheit, ihren grundsätzlichen Standpunkt in nachdrücklichster Weise geltend zu machen, und die gegebene Situation macht aus der Freiheit eine Pflicht.« (Schulthess' Europäischer Geschichtskalender 1915)

Am 21. Dezember 1915 stimmen mit Karl Liebknecht neunzehn weitere sozialdemokratische Abgeordnete gegen eine neuerliche Bewilligung von Kriegskrediten. Die politische Polarisierung führt kurz darauf zu einer Spaltung der Reichstagsfraktion in »Mehrheitssozialisten«, die, unter Führung Friedrich Eberts, unverdrossen an der Politik des 4. August festhalten, und »Minderheitssozialisten«, geführt von Hugo Haase, die für einen raschen Friedensschluß ohne Annexionen und Kontributionen eintreten.

In Berlin, der Hochburg der Minderheitssozialisten, ist der Stimmungsumschwung, die Sehnsucht nach einer raschen Beendigung des mörderischen Krieges, besonders deutlich spürbar. Als Rosa Luxemburg Ende Februar 1916 aus dem Weibergefängnis in der Barnimstraße entlassen wird, bereitet man ihr einen Empfang, der sie »ganz verblüfft und beschämt«. Am 9. März schreibt sie an Clara Zetkin:

Wie mich die hiesigen Genossinnen empfangen haben, wirst Du wohl schon gehört haben. Über tausend an der Zahl holten sie mich ab, und dann kamen sie massenhaft zu mir in die Wohnung, um mir die Hand zu drücken. Meine Wohnung war und ist noch vollgestopft mit ihren Geschenken, Blumenkästen, Kuchen, Stollen, Konservenbüchsen, Teesäckchen, Seife, Kakao, Sardinen, feinste Gemüse – wie in einem Delikatessenladen, alles von diesen armen und herzlichen Frauen selbst gebacken, selbst eingemacht, selbst gebracht. Du wirst wissen, was ich empfinde, wenn ich das sehe. Ich möchte heulen vor Beschämung und tröste mich nur mit dem Gedanken, daß ich hier doch nur die Holzstange bin, an die sie die Fahne ihrer allgemeinen Kampfbegeisterung gehängt haben.
Rosa Luxemburg, Briefe/5

Am 1. Mai will die von Rosa Luxemburg, Karl Liebknecht, Franz Mehring und anderen linken Sozialdemokraten gegründete Spartakusgruppe, dem Belagerungszustand zum Trotz, für ein Lebenszeichen der Opposition sorgen. Sie ruft zu einer Kundgebung auf dem Potsdamer Platz unter der Losung »Brot! Freiheit! Frieden!« Etwa tausend Menschen drängen sich am Abend des 1. Mai auf und um den Potsdamer Platz, den die Polizei hermetisch abzuriegeln versucht. Als Karl Liebknecht inmitten der Demonstranten: »Nieder mit dem Krieg! Nieder mit der Regierung!« ruft, wird er sofort verhaftet und wenige Wochen später wegen »Kriegsverrat« zu vier Jahren und einem Monat Zuchthaus verurteilt. Auf den Prozeß gegen Liebknecht, von dem die Öffentlichkeit ausgeschlossen ist, reagieren die empörten Berliner Metallarbeiter unter Leitung ihres Gewerksschaftsobmanns Richard Müller auf ihre Weise:

Am 28. Juni morgens 9 Uhr erhielt die gewaltige, Tag und Nacht arbeitende Kriegsmaschine einen Stoß. In den Abteilungen der Dreher wurden plötzlich die Maschinen angehalten. Wie ein Lauffeuer flog es

durch alle Abteilungen: »Die Dreher streiken für Liebknecht!« Nur wenige Minuten währte es, und aus den großen Fabriktoren der Großbetriebe traten Tausende von Menschen. Die Großbetriebe von Ludwig Loewe, AEG Huttenstraße, Schwartzkopff, Borsig und andere lagen fast ganz still. 55 000 Arbeiter streikten für Liebknecht. Am folgenden Tage holten mehrere Betriebe nach, was sie versäumt hatten, weil sie nicht rechtzeitig benachrichtigt worden waren ... Deutschland hatte seinen ersten politischen Massenstreik ... Die Militärbehörde untersagte der Tagespresse jede Mitteilung über den Streik. Die Unternehmer wurden aufgefordert, die Rädelsführer anzugeben, damit deren Einziehung zum Heeresdienst erfolgen konnte. Tausende traf dieses Los.
Richard Müller, Vom Kaiserreich zur Republik

Auch Richard Müller, der Organisator des Streiks, gehört zu den strafweise Einberufenen. Zu den Einberufenen gehören fast alle leitenden Köpfe der Spartakusgruppe. Rosa Luxemburg wird am 10. Juli in »militärische Sicherheitshaft« genommen, aus der sie erst die Novemberrevolution wieder befreit. »Auch in Deutschland kommen wir allmählich in die Zeiten, wo der geziemendste Ort für anständige Leute hinter Gefängnisgittern ist«, resümiert der August-Brief 1916 der Gruppe Spartakus.

Im Laufe des Jahres 1916 versucht die Oberste Heeresleitung unter Generalstabschef von Falkenhayn mit einer gewaltigen militärischen Anstrengung aus dem Patt der Kriegführung herauszukommen. Vom Februar 1916 bis in den Sommer hinein berennen deutsche Truppen die Festung Verdun, die den Weg nach Paris versperrt: vergeblich. Auch in den sich über Monate erstreckenden verlustreichen Kämpfen an der Somme kann keine der kriegführenden Parteien eine Entscheidung erzwingen. Im August muß der vom Kriegsglück wenig begünstigte Generalstabschef Falkenhayn sein Amt abgeben. Eine neue Oberste Heeresleitung unter dem »Sieger von Tannenberg«, Paul von Hindenburg, und General Erich Ludendorff soll die entscheidende Wende zum »Siegfrieden« herbeiführen. »Wenn immer in schwerer Bedrängnis das deutsche Volk nach Rettung ausschaut, meldete ihm sein Kaiser durch Hindenburg die befreiende Tat«, jubelt die konservative »Deutsche Tageszeitung« am 2. Oktober 1916. »Die tiefe Frömmigkeit, das reine Herz und das selbstlose Streben ist auch hier letzten Endes, was zu Erfolgen führt.«

Hindenburg, weniger lyrisch veranlagt, setzt auf die rigorose Mobilisierung aller Kräfte und Mittel für den Krieg. Ein »Hindenburgprogramm« soll aus den letzten felddienstfähigen Männern neue Divisionen formieren und die Produktion von Rüstungsgütern vervielfachen. »Finanzielle und andere Bedenken können jetzt nicht mehr mitsprechen.«

Da die Seeblockade der Engländer immer wirksamer die Auslandszufuhren abschneidet, wird nach und nach auch aus den privaten Haushalten alles herausgeholt, was sich als Rohstoff für die Kriegsproduktion nutzen läßt. Kolonnen von Frauen und Kindern durchziehen mit Handwagen die Berliner Straßen, um das »Kriegsmetall« zu den Sammelstellen zu bringen: kupferne Rohrleitungen und Geschirre, Ofentüren und Waschkessel.

Vom 12. August ab werden alle im Privatbesitz befindlichen Fahrradschläuche und -reifen beschlagnahmt! Das Recht zur Benützung von Fahrädern wird nur noch Schulkindern, Arbeitern und Arbeiterinnen mit mindestens drei Kilometern Weges zur Schule oder Arbeitsstelle gestattet. Ärzten, Hebammen usw. zur Ausübung ihres Berufes, Jägern und Fischern, wenn sie ihre Beute dem Lebensmittelmarkt zuführen, und Geschäften je eins für die Beförderung von Waren. Das ist ein sehr einschneidender Eingriff …
Die Hilfe, 20. Juli 1916

Beschlagnahmt oder bewirtschaftet ist bald alles, was aus irgendeinem im »Materialkrieg« verwendbaren Stoff besteht:

Im Oktober 1916 wurden durch die Kriegsrohstoffabteilung Bierglas- und Bierkrugdeckel aus Zinn beschlagnahmt …, wodurch besonders Brauereien, Restaurants, Vereine, Gesellschaften, Kasinos und Kantinen betroffen wurden. Im Januar 1917 folgten ihnen die zinnernen Orgelpfeifen, am 1. März die bronzenen Glocken und alle Aluminiumgegenstände, im Mai Destillationsapparate aus Kupfer und Kupferlegierungen und im Juni schließlich kupferne und messingne oder bronzene Einrichtungsgegenstände. Diese Verordnung vom 20. Juni 1917, die am 26. März 1918 ergänzt und erweitert wurde, griff aufs tiefste in die Eigentumsverhältnisse der Hausbesitzer, der Geschäftsleute und der Haushaltungen ein, umfaßte sie doch Tür- und Fenstergriffe, Treppenläuferstangen, Bekleidungen von Heizkörpern, Fenstern und Türen, Garderobenhaken und Gardinenstangen. Namentlich die Beschlagnahme der Tür- und Fenstergriffe und die Frage ihres Ersatzes erregte in der Öffentlichkeit lebhafte Anteilnahme, die sich allerdings vor allem in scharfer Kritik äußerte.
Ernst Kaeber, Berlin im Weltkriege

Im letzten Kriegsjahr sind selbst die bronzenen Denkmäler aus der ruhmreichen Geschichte der Hohenzollern nicht mehr tabu. »Es ist ein schöner, glatter Weg, um schlechte Beispiele aus der Welt zu schaffen

Aus den privaten Haushalten wird alles herausgeholt, was sich für die Kriegführung nutzen läßt: Berliner bei der Abgabe ihrer Fahrradschläuche

und viele Sünden gegen die Schönheit ungeschehen zu machen«, kommentiert »Die Hilfe« am 16. Mai 1918.

Im Zusammenhang mit der äußersten Konzentration aller Potenzen auf die Kriegswirtschaft beschließt der Reichstag im Dezember 1916 das Gesetz über den »Vaterländischen Hilfsdienst«. Danach können alle Männer von siebzehn bis sechzig Jahren zur Arbeit in kriegswichtigen Betrieben gezwungen werden. Das Recht auf freie Wahl des Arbeitsplatzes wird faktisch aufgehoben.

Im Ergebnis dieser Vorgänge wankt bis weit in den Mittelstand hinein der Glaube an die Gerechtigkeit einer Ordnung, die von den Kleinen Opfer über Opfer fordert, während die Großen des Kapitals Gewinne einstreichen, die alles in den Schatten stellen, was in »normalen« Zeiten möglich war. »Die Stimmung ist im allgemeinen sehr gedrückt«, konstatiert ein Berliner Polizeibericht vom 17. August 1916:

Jeder sehnt sich nach Beendigung des Krieges. In der Bevölkerung selbst beginnt sich allmählich die Erbitterung gegen den Krieg und gegen die Reichen zu stärken, da die Lebenshaltungen unter den Minderbemittelten und kleinen Beamten auf unhaltbaren Zuständen angelangt sind. Alles deutet darauf hin, daß mit dem Ende des Krieges eine rege Agitation gegen den Kapitalismus und gegen die Regierung einsetzen

Die letzten Reserven werden mobilisiert: Sammlung von Obstkernen zur Gewinnung von Speiseöl

wird. Man ist mit den Maßnahmen der Regierung nicht zufrieden, zumal gegen die Teuerung und gegen den Wucher nicht genügend eingeschritten wird. Mit dieser Erbitterung gehen die Soldaten ins Feld, und man hört allgmein, daß der Krieg nicht für das Vaterland, sondern nur für den Kapitalismus geführt werde …
Dokumente aus geheimen Archiven 1914–1918

Im Laufe des Jahres 1916 geht die latente Lebensmittelkrise in eine akute Hungersnot über. Nach der Rationierung von Brot, Mehl und Kartoffeln muß Berlin im Februar 1916 die »Butterkarte« einführen, 125 Gramm pro Person und Woche; im April wird der Zucker rationiert, im Juni das Fleisch; die Milchversorgung bricht zusammen, seit August 1916 gibt es keinen Käse mehr. Verschärft wird die Versorgungskrise durch eine schlechte Ernte. Allein der Kartoffelertrag geht innerhalb eines Jahres um mehr als die Hälfte zurück. So bleibt bald nur noch die Kohlrübe zum Stillen des schlimmsten Hungers.

Die Kohlrübe wurde in allen möglichen Formen konsumiert. Sie wurde dem Brotteig zugesetzt; aus ihr wurde Marmelade gekocht; getrocknet diente sie als Kaffee-Ersatz; ja, selbst Bier wurde aus Kohlrüben ge-

braut. In einem der unzähligen Ernährungsflugblätter wurden beispielsweise folgende »Steckrübengerichte für vier Personen« empfohlen und ihre Zubereitung geschildert: Steckrübensuppe, Steckrüben mit Kartoffeln, braune Steckrüben, Steckrübenauflauf, Steckrübenpudding, Steckrübenfrikadellen, Steckrübenkoteletts, Grünkohl und Steckrüben, Rotkohl und Steckrüben, Steckrübenauflauf mit Weißkohl, Kohlrollen mit Steckrübenfüllung, Steckrübensalat, saure Steckrüben, Steckrüben mit Porree, Steckrüben mit Äpfeln, gefüllte Steckrüben, Steckrübenklöße, Steckrüben und gelbe Wurzeln, Steckrübenbrotaufstrich, Steckrübenmus, Steckrübenmarmelade, Steckrübenmehl.
Illustrierte Geschichte der Deutschen Revolution

Die amtlichen Wochenrationen für Erwachsene betragen im Winter 1916/17 in Groß-Berlin 1800 Gramm Brot, mit Kartoffeln oder Kohlrüben gestreckt, 80 Gramm Butter, 250 Gramm Fleisch und Knochen, 180 Gramm Zucker, ein halbes Ei. In den Fleischerläden bereichern Krähen, Eichkatzen und Sperlinge das spärliche Angebot. Kastanien, Brennesseln und Obstkerne werden der Ernährung nutzbar gemacht. Der Handel mit Ersatzlebensmitteln blüht:

Ich hörte in einem Vortrag des Gerichtschemikers Professor Juckenack, daß man augenblicklich mit etwa rund 10000 Ersatzmitteln rechnen könne … Die Ersatznotwendigkeit hat sogar zu bedeutenden Erfindungen geführt, aber daneben trabt leicht der Betrug mit. Ersatz für Nahrungsmittel läßt sich eben nur aus andern Nahrungsmitteln herstellen, und dadurch werden diese wieder verteuert und aufgebraucht. Im übrigen fabrizierte man Fleisch aus Getreide und Kohlsorten, Wurst aus rotgefärbtem Kohlrabi, Leberpastete aus Stärkekleister, Eierersatz aus Schlemmkreide mit Backpulver. Für Gänseschmalz soll man Dachsfett vorgeschlagen haben, dazu müßte die schläfrige Dachszucht erst gehörig auf die Beine gebracht werden. Eine Honigmischung mit einem Zusatz von Gummiarabicum gab es nur, solange dieses im Überfluß vorhanden war. Kaum hat man sich an etwas gewöhnt, ist es schon nicht mehr zu haben. Manche Tees und Kaffees trinkt man am besten mit angehaltenem Atem.
Fedor von Zobeltitz, Ich hab so gern gelebt

455 Präparate enthält eine erste Liste verbotener, weil gesundheitsschädlicher Ersatzlebensmittel, die der Bundesrat im Sommer 1918 veröffentlicht. Eine wahre »Hexenküche«: »Der ahnungslose Laie geht wohl am sichersten und verliert nicht viel, wenn er die Ersatzmittel überhaupt vermeidet.« (Die Hilfe, 4. Juli 1916)

Aber wer kann das schon! Auf dem Schwarzen Markt, wo die Reichen ihren fehlenden Bedarf decken, explodieren die Preise: 1917 kostet ein Pfund Butter, das vor dem Krieg für 1,40 Mark zu haben war, über 20 Mark, ein Ei 1,50 Mark, ein Kilo Fleisch 18 Mark statt 1,80 vor dem Krieg. Da sind die Lohnsteigerungen, die im Gefolge des Hindenburgprogramms, vor allem für Rüstungsarbeiter, gezahlt werden, nur ein Tropfen auf den heißen Stein.

Zu den Leiden des Hungers kommen die der Kälte. Im »Kohlrübenwinter« 1916/17 mißt man in Berlin Temperaturen von minus 20 Grad und darunter. Die Belieferung mit Brennstoffen kommt auf den überlasteten und eingefrorenen Schienenwegen nahezu völlig zum Erliegen. »Seit vier Tagen«, notiert der Berliner Arzt Alfred Grotjahn am 25. Februar 1917, »sind wir trotz des Frostwetters ohne jede Heizung. In unsern Zimmern ist die Temperatur 6 bis höchstens 10 Grad C.« (Alfred Grotjahn, Erlebtes und Erstrebtes) Das »Berliner Tageblatt« empfiehlt seinen Lesern am 6. Februar 1917, wegen der großen Kälte die Füße zusätzlich in Zeitungspapier einzuwickeln. Theater, Kinos und Museen sind geschlossen, die Schulkinder haben Kälteferien. Wärmende Kleidung und Schuhe gibt es, wenn überhaupt, nur noch auf Bezugsschein. Statt Wolle und Baumwolle verarbeitet man Bast, Brennesseln und Ginster; die Kaufhäuser annoncieren Hemden und Anzüge aus Papier. »Früher waren doch selbst in Berlin gewisse Dinge selbstverständlich«, schreibt Kurt Tucholsky am 29. April 1918, »daß man etwas zu essen hatte, und daß man etwas anzuziehen hatte und dergleichen – jetzt sieht jeder dem andern in den Bauch, was drin ist und woher er das viele Mehl hat, und ob er noch Stiefel hat – es ist eine große Zeit.« (Kurt Tucholsky, Ausgewählte Briefe)

Von der Begeisterung der Augustwochen 1914 ist im dritten Kriegsjahr kaum etwas übriggeblieben.

18. Februar 1917. Durieux und Eysoldt gaben einen Vortragsabend bei Cassirer. Nicht öffentlich, nur vor Geladenen. Vater und ich waren eingeladen. Das Programm bezog sich mehr oder weniger auf den Krieg. Die ersten Sachen gingen an einem vorüber (Kolb und Däubler). Dann aber las die Durieux eine Geschichte von Leonhard Frank: Der Kellner. Ein Kellner bekommt im Jahr 94 ein Söhnchen, ein einziges. Die alte Geschichte vom Arbeiten nur für dies Kind. Besucht die höhere Schule, soll studieren. Dann kommt der Krieg. Der Sohn fällt. Der Vater bekommt den Zettel mit den bekannten Worten. Das »auf dem Felde der Ehre« bleibt ihm wie aus einer fremden Sprache. Die Arbeit wird sinnlos für ihn, er vergrübelt ganz. Und dann einmal geht ihm der Mund auf, als er bedient in einer Gewerkschaftsversammlung oder so etwas. Er fängt an zu sprechen und seinem Nichtfassenkönnen des Krieges stammelnde Worte zu geben. Die Menschen, die alle geschlagen und getre-

ten sind durch den Krieg, verstehen ihn. Große Erregung kommt über sie. Sie drängen heraus, draußen schließen sich andere an. Bald ist es ein Zug, ein drängender, von Leidenschaft vorwärtsgerissen. Das Wort Frieden schwillt an, alle zusammen schreien nach Frieden.

Dieses las die Durieux mit einer eigenen wachsenden Leidenschaft und Erregtheit. Es war fast nicht zum Aushalten. Ich fühlte, daß nicht nur ich es war, die kaum an sich halten konnte. Als sie geendet hatte und ihr letzter Ruf »Frieden« noch klang, rief einer aus den Zuhörern laut, wie in übermäßiger Sehnsucht immer weiter – Frieden, Frieden – es war, als ob wir alle hochgehoben wurden von derselben Welle.

Dann wurde das Licht angedreht, und dann kam die Eysoldt und las noch anderes – aber ich glaube, niemand hörte das mehr.

Das war mal eine Stichprobe. So sieht es in den Menschen aus, die scheinbar gut den Krieg ertragen. Und wie erst in denen, die ganz und gar durch ihn zu Boden geworfen sind? So sieht es überall in Europa aus. Überall unter der Oberfläche blutige Wunden und Tränen. Und doch geht der Krieg weiter und kann nicht aufhören. Nach anderen Gesetzen.

Käthe Kollwitz, Briefe an den Sohn

Mit Besorgnis beobachtet die Berliner Politische Polizei die zunehmende Breite der Friedensbewegung. Im Januar 1918 erarbeitet sie eine »Liste der im Landespolizeibezirk Berlin und Umgebung wohnhaften namhaften Pazifisten»: Auf ihr finden sich Namen wie Graf Georg von Arco, Direktor der Telefunken AG; Gustav Landauer, Julius Hart und Eduard Bernstein, Schriftsteller; Magnus Hirschfeld, Nervenarzt und Sexualforscher; Albert Einstein, Physiker; Hugo Simon, Bankier; Friedrich Siegmund-Schultze, Pastor; Minna Cauer und Helene Stöcker, Frauenrechtlerinnen; Kurt von Tepper-Laski, Rittmeister. Sie alle stehen dem im Februar 1916 verbotenen »Bund Neues Vaterland« nahe, der sich engagiert für die Herbeiführung eines annexionslosen Friedens einsetzt. Linke Intellektuelle sammeln sich um die von Franz Pfemfert redigierte Zeitschrift »Die Aktion«, um Siegfried Jacobsohns »Schaubühne« – ständig schikaniert von der Zensurstelle des Oberkommandierenden in den Marken. Seit 1916 gibt Wieland Herzfelde in Berlin die Monatsschrift »Neue Jugend« heraus, in der Theodor Däublers, Albert Ehrensteins, Else Lasker-Schülers, Johannes R. Bechers gegen den Krieg gerichtete Gedichte, George Grosz' und John Heartfields entlarvende Satiren auf eine aus den Fugen geratene Bürgerwelt erscheinen.

Mehr noch als die Aktivitäten der pazifistischen Intellektuellen fürchten die Polizei- und Militärbehörden jedoch »unüberlegte« Handlungen der erschöpften, hungrigen und gereizten Arbeiterschaft. »Die Stim-

Die Aktion

WOCHENSCHRIFT FÜR POLITIK, LITERATUR, KUNST

VII. JAHR. HERAUSGEGEBEN VON FRANZ PFEMFERT NR. 39/40

INHALT: Felix Müller: Original-Holzschnitt (Titelblatt) / L. Franz: Zur Regelung der zwischenmenschlichen Angelegenheiten / Bernard Lazare: Michael Bakunin / Richard Bampi: Original-Holzschnitt / Ludwig Bäumer: Der Untergang / H. Anger: Menschen (Original-Holzschnitt) / Albert Ehrenstein: Machtlos / Camill Hoffmann: Glühende Landschaft / Gustav Schulz: Langsam . . . / Iwan Goll: Unterwelt / Christian Schad (Genf): Apachencafé (Original-Holzschnitt) / Svendsen: Schuld, Verantwortung, Sühne / Heinrich Schaefer: Aus Memoiren / W. Schuler: Hunde (Holzschnitt) / Georg Gretor: Brief aus Neutralien (Hodler-Ausstellung in Zürich) / Hodler: Studie / Theodor Lessing: Johannes Scherr zum hundertsten Geburtstage / F. P.: Ich schneide die Zeit aus; Kleiner Briefkasten

VERLAG · DIE AKTION · BERLIN-WILMERSDORF

HEFT 80 PFG.

Titelblatt der »Aktion« vom 6. Oktober 1917, Holzschnitt von Felix Müller (Conrad Felixmüller)

mung in der Bevölkerung«, heißt es warnend im Bericht des Berliner Polizeipräsidenten vom 21. Juli 1917, hat sich »noch erheblich verschlechtert«:

Es grollt und wetterleuchtet, und wenn nicht bald eine Besserung in der Versorgungsregelung eintritt, so ist eine Entladung nicht außer dem Bereich der Möglichkeit. Schon jetzt sind Ansätze zu Tumulten auf den Lebensmittelmärkten Groß-Berlins und Versuche zu Zusammenrottungen gemacht worden. Bis jetzt haben sie noch immer im Keime erstickt werden können. Aber wie lange noch wird der immer größer werdende Auflehnungsdrang zurückgedämmt werden können! Die Not und das Hungergefühl unterdrückt jede bessere Einsicht und macht unzugänglich gegen jede Vertröstung auf bald bessere Zeiten, welcher man schon an sich mißtraut im Hinblick auf die früheren schlechten Erfahrungen.
Dokumente aus geheimen Archiven 1914–1918

Als bekannt wird, daß die Brotration nochmals um ein Viertel gekürzt werden soll, treten im April 1917 die Arbeiter von 300 Berliner Rüstungsbetrieben in den Streik und fordern gerechte Verteilung der Lebensmittel, kürzere Arbeitszeiten und höhere Löhne. Über 200 000 Arbeiter beteiligen sich an dieser seit Kriegsausbruch gewaltigsten Kampfaktion, in der bald auch politische Forderungen erhoben werden: Aufnahme sofortiger Friedensverhandlungen, Aufhebung von Belagerungszustand und Zensur, Freilassung politischer Häftlinge, demokratisches Wahlrecht.

Noch einmal gelingt es den Militärmachthabern mit geringfügigen Zugeständnissen, mit Versammlungsverboten, Verhaftungen und Einberufungen der »Rädelsführer« die Streikfront aufzulösen.

Aber die Zeichen stehen weiter auf Sturm. Hoffnungen schöpfen die Menschen vor allem aus den Ereignissen in Rußland, wo der Sturz des Zarismus ein neues Zeitalter eingeleitet hat. »Die Stimmung, bisher gedrückt, wird erkennbar schwül: Sie richtet sich gegen die Regierung, gegen die Gutsbesitzer, die die Nahrungsmittel anhäufen und nicht herausgeben, gegen den Krieg, gegen das ganze Regime.« (Theodor Wolff, Tagebücher/1) In Berlin schließen sich die meisten Sozialdemokraten der im April 1917 gegründeten neuen Oppositionspartei, der USPD, unter Führung von Hugo Haase und Georg Ledebour an, die offen für sofortigen Friedensschluß und eine Demokratisierung der inneren Verhältnisse eintritt. Mehr als die Hälfte ihrer Mitglieder verliert in Berlin die von Ebert und Scheidemann beherrschte, unbeirrt am Burgfrieden festhaltende Sozialdemokratische Partei. Auch die Spartakusgruppe tritt der USPD als selbständige Gruppe bei, ständig beobachtet von der Politischen Polizei, wie der Bericht eines Agenten vom 5. Juli 1917 beweist:

… das radikale Groß-Berlinertum hängt mit unzerstörbarer Anhänglichkeit an seinen Führern, deckt, versteckt, verteidigt sie, verbreitet musterhaft die Flugblätter und bereitet der Polizei mit Freuden jegliche Schwierigkeit.

Von den Gewerkschaften stehen die Mannschaften der Textilindustrie, die Mehrheit der Buchdrucker, Setzer, Lithographen und der graphischen Künste, die Feinmechaniker sowie ein Teil der Metallarbeiter mit der Spartakusgruppe in werktätigem Kartell als zahlende, empfangende und verbreitende Hilfstruppen.
Archivalische Forschungen, 4/II

Einen neuen Höhepunkt erreicht die politische Konfrontation mit dem Streik der Munitionsarbeiter vom Januar 1918, dem sich in Berlin eine halbe Million Arbeiter anschließen. Ökonomische Motive treten in diesem von Revolutionären Obleuten und USPD-Funktionären organisiertem Streik immer deutlicher hinter den politischen Zielen zurück: sofortiger Friedensschluß, Aufhebung des Belagerungszustandes, umfassende Demokratisierung. Aus Angst, ihren Rückhalt bei den Massen gänzlich zu verspielen, und mit dem Ziel, die Streikbewegung »in geordnete Bahnen« zu lenken und dann zu ersticken, treten auch Otto Braun, Friedrich Ebert und Philipp Scheidemann vom Parteivorstand der SPD in die Streikleitung ein. Wenige Jahre später verteidigt sich Scheidemann im ersten der sogenannten Dolchstoßprozesse gegen den Vorwurf, im Januar 1918 der Revolution Vorschub geleistet zu haben:

Wenn wir nicht in das Streikkomitee hineingegangen wären, dann würde wahrscheinlich das Gericht heute nicht tagen können, und dann wäre der Krieg und alles andere meiner festen Überzeugung nach schon im Januar erledigt gewesen. Die Arbeiter hätten sich nicht, ohne sich zu wehren, niederschießen lassen. Es wäre ein tolles Tohuwabohu eingetreten. Andererseits bestand die Gefahr des totalen Zusammenbruchs und des Eintritts russischer Zustände. Durch unser Wirken wurde der Streik bald beendet und alles in geregelte Bahnen gelenkt. Man sollte uns eigentlich dankbar sein, statt uns zu beschimpfen.
Der Prozeß des Reichspräsidenten

Die Furcht, auch in Deutschland könne, nach russischem Vorbild, das alte Regime in einem revolutionären Sturm hinweggefegt werden, sitzt tief seit dem Februar und noch mehr nach dem Oktober 1917. Während ein Teil der herrschenden Klassen unvermindert auf Gewalt setzt, um der Ausbreitung der revolutionären Seuche Einhalt zu gebieten, plädieren andere Gruppierungen für das Palliativ vorsichtiger verfassungs-

rechtlicher Korrekturen. Selbst der Reichskanzler Bethmann Hollweg spricht im März 1917 plötzlich von der »Notwendigkeit innenpolitischer Reformen«. Eine Kommission wird eingesetzt, die eine Änderung des preußischen Wahlrechts und die Ministerverantwortlichkeit gegenüber dem Parlament beraten soll. Monate vergehen, ehe schließlich, nach zähem Ringen der Parteien, im Dezember 1917 eine Wahlrechtsvorlage der Regierung im preußischen Landtag zur Debatte steht. Aber die preußischen Konservativen, die mit dem Dreiklassenwahlrecht die Grundlage ihrer Mehrheit im Parlament schwinden sehen, sind zum Kompromiß nicht bereit. Im Mai 1918 werfen sie der Regierung den Wahlrechtsänderungsentwurf vor die Füße. »Es sieht fast so aus, als ob man die Zeichen der Zeit nicht verstände«, schreibt Albert Ballin, ein genauer Beobachter der politischen Szene:

Es wird der Regierung mit dem preußischen Wahlrecht ebenso gehen, wie es einst ging mit den sybillinischen Büchern: Sie werden immer teurer, je länger man zögert, sie zu erwerben. Heute würde man mit einem Pluralwahlrecht noch sehr gut durchkommen. Wenn der Krieg aber zu Ende ist und die Sozialdemokratie ihre Leute demobilisiert und eines Abends 10 000 Mann, geschmückt mit Eisernen Kreuzen, in großen Demonstrationen auftreten läßt, so ist kein Halten mehr. Man sagt mir zwar, im Zeitalter des Maschinengewehrs gebe es keine Revolutionen. Ich glaube nicht daran, ich glaube es noch weniger, seit wir die Ereignisse in Petersburg kennen. Daß das regierende Haus, und noch dazu in Rußland, so sang- und klanglos, ohne daß ein Großfürst oder ein Soldat die Hand aufhebt, verschwindet, gibt doch viel zu denken.
Ursachen und Folgen/1

Erst fünf Minuten vor zwölf, im Oktober 1918, beschäftigt sich der preußische Landtag – unter dem Druck der Obersten Heeresleitung – noch einmal mit der Wahlrechtsreform:

Die Heeresleitung erbat nicht mehr und nicht weniger, als daß das gleiche Wahlrecht ohne jeden Verzug vom Herrenhause angenommen werde. Gebieterisch verlange die politische und militärische Lage eine völlige innere Einheit des Volkes, damit es in seiner äußersten Bedrängnis zusammenstehe. Jeder Reibungsstoff müsse sofort verschwinden, vor allem anderen der Verfassungsstreit. Daher bitte mit der Heeresleitung die Regierung inständigst, nicht morgen, sondern heute endlichen Beschluß zu fassen. Der geringste Aufschub könne verhängnisvoll sein …

Die preußische Verfassung verlangte bei einer Verfassungsänderung zweimalige Abstimmung mit einem Zwischenraum von einundzwanzig Tagen. Der Präsident wählte für die zweite Abstimmung den nächstmöglichen Termin, den 15. November. An ebendemselben 15. November 1918 erklärte die preußische Revolutionsregierung das Herrenhaus für erledigt.

Die Akten des Herrenhauses über die Wahlrechtsreform sind vorzeitig geschlossen. Es war zu spät geworden.

Adolf Wermuth, Ein Beamtenleben

An die Möglichkeit einer solchen Entwicklung aber glauben im Jahr 1917 weder die Verantwortlichen in der Wilhelmstraße noch die Machteliten in den Chefetagen der großen Wirtschaftsverbände, noch die Strategen der OHL. Bethmann Hollweg, der mit seinen außen- und innenpolitischen Vorstellungen den Rechten zu weit, den Mitte-Links-Parteien nicht weit genug geht, muß im Juli seinen Rücktritt erklären. Nachfolger im Amt des Reichskanzlers wird auf Betreiben von Hindenburg und Ludendorff ein weithin unbekannter Staatskommissar für Volksernährung namens Michaelis, der bis dahin, nach eigenem Ausspruch, als »unbeteiligter Zeitgenosse neben dem Wagen der Politik einhergelaufen« war. Von ihm haben die Militärs keinerlei Widerspruch zu gewärtigen.

Entschlossen, dem Krieg endlich eine siegreiche Wende zu geben, und in verhängnisvoller Fehleinschätzung des tatsächlichen Kräfteverhältnisses, beginnt die OHL im Frühjahr 1918 eine neue, großangelegte Offensive im Westen. »Der Krieg wird nicht als Remispartie abgebrochen«, erklären Hindenburg und Ludendorff großspurig, nachdem ihnen der Sowjetrußland aufgezwungene Diktatfrieden von Brest-Litowsk im Osten etwas Luft verschafft hat. Eilig werden über fünfzig Divisionen aus Rußland in Marsch gesetzt, um die Entscheidung auf dem westlichen Kriegsschauplatz zu erzwingen.

Auch die Patrioten an der Heimatfront spüren wieder Auftrieb:

Rußland, das keine Entschädigung geben wollte, mußte in letzter Minute unermeßlich Beute hergeben: 800 Lokomotiven, 8000 Eisenbahnwaggons mit allerlei Schätzen und Lebensmitteln; Gott wußte, daß wir es brauchten. Und weiter brauchten wir Geschütze und Munition zum letzten Schlag gegen die Feinde im Westen. Auch das wußte Gott. So schenkte er es uns aus freier Hand, denn Gott ist reich: 2600 Geschütze, 5000 Maschinengewehre, zwei Millionen Schuß für die Artillerie, Gewehre, Flugzeuge, Kraftwagen und ungezähltes andere … Und wie wird es weitergehen? Was Gott angefangen hat, pflegt er auch zu vollenden; er tut nichts halb. Mit Zuversicht schauen wir auf die bevorstehende Vollendung im Westen: und es dünkt uns wie eine Schändung Gottes, ihm diese Vollendung nicht zuzutrauen … Der Herr streitet für Deutschland.

Allgemeine Evangelisch-Lutherische Kirchenzeitung, 15. März 1918

Aber die euphorische Stimmung hat nicht lange Bestand. Nach anfänglichen Erfolgen kommt der deutsche Vormarsch, der in Nordfrankreich die Nahtstelle zwischen britischer und französischer Armee aufreißen und den Vorstoß zum Kanal erzwingen soll, zum Stehen. 240000 deutsche Soldaten verlieren bei der Operation »Michael« ihr Leben. Im Juli 1918 bricht auch die letzte der Ludendorff-Offensiven im Westen nach mörderischen Verlusten zusammen. Die Entente beginnt mit frischen Truppen und modernster Kampftechnik, zunehmend unterstützt von Amerika, das ein Jahr zuvor noch in den Krieg eingetreten ist, eine Folge von Gegenangriffen, die zum militärischen Zusammenbruch Deutschlands führen.

In den Berliner Zeitungen steht natürlich nichts von Rückzügen und Niederlagen. Da ist von »freiwilligem Verzicht« die Rede, vom »Vorteil der kürzeren Front«, von »falscher Bewertung des reinen Geländebesitzes« und immer noch von dem »notwendigen Vertrauen in die Erlangung des Endsieges«.

So schlägt am 29. September die Nachricht, Hindenburg und Ludendorff hätten die Reichsregierung ersucht, beim amerikanischen Präsidenten Woodrow Wilson um Waffenstillstand nachzusuchen, wie eine Bombe ein. Ein Major wird aus dem fernen Hauptquartier nach Berlin entsandt, um die Fraktionsvorsitzenden der Reichstagsparteien zu informieren:

Zeugen haben mir später den Eindruck geschildert: Die Abgeordneten waren ganz gebrochen; Ebert wurde totenblaß und konnte kein Wort herausbringen; der Abgeordnete Stresemann sah aus, als ob ihm etwas zustoßen würde; einzig und allein Graf Westarp begehrte auf gegen die vorbehaltlose Annahme der 14 Punkte. Der Minister von Waldow soll den Saal mit den Worten verlassen haben: Jetzt bliebe ja nur übrig, sich eine Kugel durch den Kopf zu schießen.
Max von Baden, Erinnerungen und Dokumente

Die Bankrotterklärung der Obersten Heeresleitung löst eine politische Krise aus. In die Wilhelmstraße wird – als neuer Reichskanzler und als Verhandlungspartner für die Entente – der süddeutsche Prinz Max von Baden geholt; er ist durch chauvinistische Reden nicht allzusehr belastet, er soll das gescheiterte Unternehmen liquidieren. So wie der Krieg ohne Zustimmung des Reichstags begonnen wurde, so wird, ohne auf die Zustimmung des Parlaments zu warten, in der Nacht zum 5. Oktober das Telegramm aufgegeben, in dem der neue Kanzler Wilsons Verhandlungsbedingungen akzeptiert. Die Berliner Öffentlichkeit, über die Vorgänge seit dem 29. September in Unwissenheit gehalten, erfährt aus den Morgenzeitungen zum erstenmal von der überraschenden Wendung der

Käthe Kollwitz, Gefallen, 1921

Dinge: »Man steht, wie wenn man mit hohlen Händen einen stürzenden Strom auffangen sollte«, notiert Gertrud Bäumer am 6. Oktober in der »Heimatchronik« der »Hilfe«.

Die Krise aber ist – das wissen die Verantwortlichen – nicht damit behoben, daß ein Waffenstillstand erbeten wird. Zu weitgreifend ist die moralische Niederlage der Militärpartei, zu groß die Not und Empörung der Massen. So beeilt man sich, wiederum unter dem Druck der OHL, als papierenen Damm gegen die drohende Revolution, der Hohenzollernmonarchie eine demokratische Fassade zu geben: Zusammen mit einigen bürgerlichen Parlamentariern aus dem Zentrum und der Freisinnigen Volkspartei werden zwei rechte Sozialdemokraten, Philipp Scheidemann und Gustav Bauer, als Staatssekretäre in die kaiserliche

Regierung berufen; der Reichstag verabschiedet rasch und ohne viel Aufhebens zu machen eine Reihe von Gesetzen zum Ausbau der parlamentarischen Demokratie nach westlichem Vorbild:

Der Reichskanzler und die Staatssekretäre hatten fortan im Auftrage der Reichstagsmehrheit die Geschäfte zu führen, waren ihr verantwortlich und konnten von ihr jederzeit wieder ihrer Ämter entsetzt werden ... Die Entscheidung über Krieg und Frieden stand fortan dem Reichstage neben dem Bundesrate zu. Der Kaiser verlor die Kommandogewalt über Heer und Flotte; das Militär wurde den Ministern untergeordnet ... Am 28. Oktober trat diese Änderung der deutschen Reichsverfassung in Kraft ... Als sich Ludendorff den Beschlüssen der Reichsregierung während des Notenwechsels mit Wilson nicht fügen wollte, sondern in die Außenpolitik nach alter Art einzugreifen versuchte, wurde er am 26. Oktober entlassen.

Johannes Ziekursch, Politische Geschichte des neues deutschen Kaiserreiches/3

Der so eilig in Gesetzesform gegossene Abschied vom halbabsolutistischen Obrigkeitsstaat wird in Berlin eher beiläufig zur Kenntnis genommen. Zu tief sitzt nach jahrzehntelangen Erfahrungen mit konservativem Beharrungsvermögen der Unglaube an die Reformfähigkeit der Hohenzollernmonarchie, zu verbraucht ist das moralische Kapital ihrer Repräsentanten. »Unsere politische Wohnung«, kommentiert Rudolf Breitscheid, »ist halb Rohbau und halb Ruine, und nicht einmal die Leistungen, deren sich die Regierung rühmt, sind tatsächlich vollendet.« (Sozialistische Auslandspolitik, 7. November 1918) Aber immerhin – eine bisher starre, gebundene Masse ist mit der Verfassungsreform ins Rutschen gekommen, und die herrschenden Eliten ahnen, daß das gleitende Geschiebe nicht gerade an der Linie halt machen wird, die sie ihm als Schranke ziehen möchten. Auch in den Kreisen der Berliner Oberschicht breitet sich Endzeitstimmung aus:

Sonntag, 20. Oktober. Mit Herrn und Frau Warburg (Fritz) im Adlon gegessen: ich sehe hier die satten Bourgeois und eleganten Offiziere, dicken, breitspurig auftretenden Leute, die auch jetzt noch sehr gut leben und doch gleichsam schon auf durchsägten Stühlen sitzen (er will, scherzend, von mir einen Tip haben, wohin er später fliehen soll – vielleicht auf eine Farm nach dem amerikanischen Westen); mit Rudnitzky durch den feuchten, herbstlichen Tiergarten: durch die Siegesallee, die Physiognomien stolz, kalt, bourgoishaft-anmaßend, ein wahrer Maskenball von auftrumpfenden Exemplaren, und vor der Siegessäule: der eiserne Hindenburg steht da, erschreckend geschmacklos, in verwitterten Trophäen, wie ein Götzenbild; barsch, plump, wie ein häßlicher

Fleck in der herbstlichen Umgebung ... Abends im Deutschen Theater »Dantons Tod« von Büchner. Das Stück hat den Geist der Revolution, gibt den Glanz, Wirbel, das Elend solcher Zeiten vollkommen wieder. Allzuviel Reinhardtsche Aufmachung, aber sie ist gut auf ihrem blutfarbenen Untergrund ...

Montag, 21. Oktober. Verbohrtheit, Verworrenheit, Hilflosigkeit! Nirgends ein klarer Blick und fester Wille ... Überall die Sehnsucht nach einem starken Mann ... Das alte deutsche Kaisertum geht jetzt wirklich unter: das preußische wie das österreichische. Jetzt erst erfüllt sich 1806; die letzten Ausläufer des Mittelalters enden. Österreich zerfällt, und wir wissen noch nicht, ob das deutsche Österreich zum Reich kommen oder sich mit Bayern vereinen wird. Vor der künftigen Geschichtsschreibung erscheint vielleicht die industrielle-technische, wirtschaftliche Blüte vor dem Kriege bereits als der Anfang des Zerfalls. Abenddämmerung über dem westlichen Europa. Neue Völker im Osten und im fernen Osten, wie im fernen Westen. Pax americana.

Dienstag, 22. Oktober. Bummele traurig umher in der Stadt, esse zwei Teller Kartoffelsuppe, etwas Gemüse in der »Hütte« ... Die Reichstagsrede des Kanzlers, in den Abendblättern, macht einen faden Eindruck. Die Sitzung scheint ohne Sensation verlaufen. Was hätte man in Rußland, in Frankreich, aus diesem Tag gemacht! Der Deutsche ist ohne Pathos, ohne Temperament ... Die Domglocken läuten, gehe in den Gottesdienst. Liturgie. Rede Dryanders, eines alten Gelehrten und Pharisäers, auf die »Kaiserin, Herrin des deutschen Volkes«! Wohl zum letzten Mal. Mit all diesen Requisiten des protestantisch-höfischen Kirchenglaubens. Verlasse, als gesungen wird »Dies Wort sie sollen lassen stahn«, als erster – und für immer – das Haus.

Alfons Paquet, Aus den Tagebüchern

Wie wenig sich auch nach der Verfassungsreform an den tatsächlichen Machtverhältnissen in Preußen-Deutschland geändert hat, wird schlagartig deutlich, als die Marineleitung Ende Oktober, ohne Regierung oder Parlament auch nur zu konsultieren, der Hochseeflotte den Befehl zum Auslaufen gibt. In einem letzten Gefecht soll die englische Flotte – koste es, was es wolle – zur entscheidenden Seeschlacht herausgefordert werden. Aber die Matrosen weigern sich, diesem verbrecherischen Befehl Folge zu leisten. Die Aufstandsbewegung greift auf das Festland über. In Kiel, bald darauf in Lübeck, Hamburg, Bremen und anderen Küstenstädten, wird die rote Fahne gehißt, übernehmen Arbeiter- und Soldatenräte die Macht. Offiziere werden entwaffnet, politische Gefangene befreit.

Auch die Machthaber in Berlin beginnen zu begreifen, daß nun der revolutionäre Funken nicht mehr zu ersticken ist. Als erster verläßt Wilhelm II. das sinkende Schiff:

Am 31. Oktober erfuhr man, am Morgen sei Wilhelm II. heimlich, ohne die Regierung des Prinzen Max zu benachrichtigen, zum Großen Hauptquartier abgereist. Er war mißtrauisch, Berlin hatte jetzt etwas Unheimliches, die Menschen schlichen wie drohende Gespenster herum, in seiner eigenen Umgebung gab es nur nervös besorgte Gesichter, eine Atmosphäre und eine Schweigsamkeit wie in einem Krankenhaus. Er fürchtete, daß dieser Prinz Max und seine Komplizen den Skandal auf die Spitze treiben, ihm schließlich zumuten würden abzudanken, und hier konnte man sich auf niemanden mehr stützen, hier war man von Verrat umringt. Sicherheit war nur bei der Armee, die für ihren Kaiser kämpfen und sterben würde, und so schnell als möglich, ohne noch eine Stunde zu verlieren, mußte man dorthin. Die Regierungskreise und die Politiker waren, als die Flucht – denn anders wurde diese Abreise nicht genannt – bekannt wurde, ungeheuer aufgeregt. Das Kabinett trat zu sofortiger Beratung zusammen, der Kaiser sollte zur Rückkehr bewogen werden, das Große Hauptquartier wurde telephonisch angerufen, aber nichts half. Wilhelm II. ließ sich nicht zurücklocken, gab keine Antwort, rührte sich nicht, blieb hinter den breiten militärischen Rücken verschanzt. Die Berliner sagten, er habe sich in den Schutz der reaktionären Generäle begeben und wolle die Truppen gegen das Volk marschieren lassen, und so konnte allmählich wirklich etwas wie eine revolutionäre Gereiztheit entstehen. Als Wilhelm II. so leise seine Gemächer verließ, schloß sich hinter ihm die Tür, und er hatte sich selber ausgesperrt.
Theodor Wolff, Der Marsch durch zwei Jahrzehnte

In den ersten Novembertagen beginnt man erstmals öffentlich über eine Abdankung des Kaisers nachzudenken. Bis weit ins bürgerliche Lager hinein dringt die Auffassung, daß mit einem Wilhelm II. an der Spitze des Staates weder erträgliche Friedensbedingungen auszuhandeln noch den Gefahren einer Revolution im Innern zu begegnen seien.

Nicht um die schwere Frage der Schuld handelt es sich dabei in erster Linie; denn ebenso schuldig wie der Kaiser waren die Jämmerlichen, die ihm knechtisch dienten … Aber der Kaiser selbst hat sich vor der ganzen Welt zum Symbol der Politik gemacht, die Deutschland in den Abgrund geführt hat; als *sein* System hatte diese immer in der Ichform geführte Politik vor der Zeit und vor der Geschichte gelten sollen – so gebietet es die Würde, daß er verzichte, wenn diese furchtbare Politik zusammenbricht.
Frankfurter Zeitung, 5. November 1918

Nur die wenigsten gehen – wie die Unabhängigen Sozialdemokraten und der Spartakusbund – so weit, die Monarchie als Staatsform in Frage zu stellen. Auch die rechten Sozialdemokraten um Ebert und Scheidemann beschränken sich, nachdem man in dieser Frage lange Zeit überhaupt geschwiegen hat, auf die Forderung nach Rücktritt des diskriminierten Oberhaupts der Hohenzollerndynastie.

Die Sozialdemokratie war in dieser revolutionären Zeit fast monarchischer als die bürgerlichen Parteien. Ihre Vertreter in der Regierung wagten nicht die Frage der Abdankung des Kaisers aufzuwerfen. Als der Reichskanzler Prinz Max in den letzten Tagen des Oktobers die »peinliche Frage« im Kabinett aufwarf und sich direkt an Scheidemann wandte, erklärte dieser, er betrachte die freiwillige Abdankung des Kaisers als die »glücklichste Lösung«, aber er wolle in diesem Augenblick das Kabinett nicht durch eine solche Forderung sprengen.
Richard Müller, Die Novemberrevolution

Dann aber, am 7. November, ermannt sich die sozialdemokratische Parteispitze doch noch, in ultimativer Form die Abdankung des Kaisers zu fordern: bis zum Mittag des nächsten Tages. In einem Gespräch mit dem Reichskanzler am Morgen dieses Tages erläutert Ebert die Gründe des plötzlichen Gesinnungswandels: »›Wenn der Kaiser nicht abdankt, dann ist die soziale Revolution unvermeidlich. Ich aber will sie nicht, ja, ich hasse sie wie die Sünde.‹ Nach der Abdankung des Kaisers hoffe er, die Partei und die Massen hinter die Regierung zu bringen.« (Max von Baden, Erinnerungen und Dokumente)

Wilhelm II. jedoch erklärt im fernen Spa, er werde freiwillig unter keinen Umständen seinen Platz verlassen. So scheitert der Versuch, in letzter Stunde die Monarchie zu retten, nicht an der mangelnden Bereitschaft der Gruppe um Ebert, sondern an der Borniertheit des Kaisers, der seinen Part nicht spielen will.

Zu diesem Zeitpunkt hat die revolutionäre Bewegung, von Norddeutschland ausgehend, schon weite Teile des Landes erfaßt. Ohne ernsthaften Widerstand zu finden besetzen Arbeiter- und Soldatenräte in Hannover und Braunschweig, in Frankfurt und Köln, in Dresden und Leipzig die Bastionen der alten Macht. Am 8. November wird in München die Monarchie hinweggefegt und der Freistaat Bayern proklamiert. »Wir sind – ohne es noch recht zu fassen – in der sozialen Revolution«, schreibt Käthe Kollwitz an diesem Tag an ihren Sohn. »Es ist ein Sturm. Aber da man mitten drin ist im Fortgerissensein merkt man, daß es ein Sturm ist, nur an der rasenden Schnelligkeit der vorübersausenden Bilder.«

Auch in Berlin, wo die Entscheidung fallen muß, bereitet man sich auf die Revolution vor. Das Oberkommando in den Marken beordert In-

fanterie, Maschinengewehrtruppen und leichte Feldartillerie ins Berliner Zentrum. Der ganze Umkreis des Schlosses wird militärisch abgesperrt. Aber die Truppen verspüren wenig Lust, tatsächlich einzugreifen. »Die Aufforderung des Kriegsministeriums, mit Energie alle Maßnahmen zur Unterdrückung der Revolution zu betreiben, wird anscheinend nur ganz mangelhaft ausgeführt«, klagt ein Mitarbeiter des Kriegsministeriums. »Der ganze militärische Apparat scheint wie von einer Lähmung befallen.« (Gustav Böhm, Adjutant im Preußischen Kriegsministerium)

Der Polizeipräsident gibt Befehl – Zeichen des beginnenden Zusammenbruchs – die Akten der politischen Polizei zu verbrennen: eine »Ehrenpflicht« gegenüber den Informanten, die der Polizei im Vertrauen auf Verschwiegenheit ihre Nachrichten gebracht hätten, heißt es in der Begründung.

An diesem Tag, es ist der 8. November, notiert Theodor Wolff:

Die Spannung ist fieberhaft ... In jeder Minute telephoniert irgendein Bekannter oder Unbekannter bei mir an, der wissen will, Wilhelm habe bereits abgedankt, oder er weigere sich, oder er sei mit einer Armee gegen Berlin unterwegs. Aus dem ganzen Lande Meldungen über die Fortschritte der Revolution, nirgends rühren die Kreise, die sich so kaisertreu gebärdeten und so stolz mit ihren Orden waren, auch nur einen Finger für die Verteidigung der Monarchie, und die Soldaten laufen überall aus den Kasernen heraus. In Berlin sind die Bahnhöfe militärisch besetzt, vor den Palais, dem Kriegsministerium und anderen Gebäuden stehen noch Doppelposten, äußerlich ist das alles wie sonst. In den Köpfen unter den Helmen wird wohl der Gedanke rumoren, dies sei die letzte Wache, und morgen oder heute abend schon werde das freie Leben beginnen. Im Bürgerpublikum sind viele ängstlich, nervös, verstecken ihre Geldscheine, versorgen sich, um für alle Fälle eine Beleuchtung zu haben, mit den kleinen Karbidlampen, die so entsetzlich stinken, und einige Villenbesitzer, die ich kenne, ziehen aus dem Grunewald oder von den Havelufern, wo sie sich zu einsam und ungeschützt fühlen, in die Stadt. Sie alle haben Angst vor dem Spartakismus, und ihre einzige Hoffnung ist jetzt die Sozialdemokratie, die ja vernünftig ist und nicht gleich alles kaputtschlagen wird. Um ein Uhr ist noch keine Antwort des Kaisers da. Der sozialdemokratische Parteivorstand, der so dringend eine Regelung in Güte wünscht, will sich noch gedulden und verlängert die Ultimatumsfrist. Gegen Mitternacht telephoniert mir aus dem Auswärtigen Amt Ferdinand Stumm, der Kaiser werde bestimmt nachgeben, aber das alte Regime könne sich leider nicht so schnell umstellen, kostbare Zeit gehe verloren, nun würden wir morgen auch in Berlin die Revolution haben, und ob man dann dem Bolschewismus werde entgehen können, sei doch sehr zweifelhaft ... Dann

wird in der Nacht noch bekanntgegeben, daß der Generaloberst Linsingen, der Oberkommandierende in den Marken, der militärische Befehlshaber von Berlin, zurückgetreten sei. Also diese eben noch so großartigen Diener der Monarchie denken auch in Berlin an keinen Widerstand mehr und räumen das Feld, ohne den Degen zu ziehen.
Theodor Wolff, Der Marsch durch zwei Jahrzehnte

Zu diesem Zeitpunkt laufen die Vorbereitungen für den bewaffneten Aufstand in Berlin bereits auf vollen Touren. In den Betrieben und Kasernen kursieren die Flugblätter des Vollzugsausschusses der Revolutionären Obleute, des Parteivorstandes der USPD und des Spartakusbundes: »Die Entscheidungsstunde ist da! ... Wir fordern nicht Abdankung einer Person, sondern Republik! Die sozialistische Republik mit allen ihren Konsequenzen. Auf zum Kampf für Friede, Freiheit und Brot! Heraus aus den Betrieben! Heraus aus den Kasernen! Reicht Euch die Hände!«

Berlin unter roten Fahnen. Das Ende der Hohenzollernmonarchie

Als der trübe Novembertag anbrach, zeigte sich nichts, was ihn von anderen Tagen abhob. Die Verkehrsmittel waren vollständig im Betrieb, und die Arbeitermassen strömten wie sonst in die Fabriken, Büros und Geschäftshäuser. Der Spießer konnte ruhig seinen gewohnten Morgenkaffee trinken. Revolutionsstimmung war äußerlich nirgends sichtbar.

Aber nach der Frühstückspause wurde es lebhaft. Die Fabriken leerten sich in unglaublich schnellem Tempo. Die Straßen füllten sich mit gewaltigen Menschenmassen. An der Peripherie, wo die größten Fabrikbetriebe liegen, formierten sich große Demonstrationszüge, die dem Mittelpunkt der Stadt zuströmten. Daß es sich nicht um eine friedliche Demonstration handelte, zeigten die zahlreichen Pistolen, Gewehre und Handgranaten, die überall sichtbar waren.

Wo sich Soldaten zeigten, bedurfte es zumeist keiner Aufforderung, sie schlossen sich freiwillig den Arbeiterzügen an. Männer, Frauen, Soldaten, ein Volk in Waffen, flutete durch die Straßen den zunächt gelegenen Kasernen zu.

Die Straßenbahner zeigten sich wie bei früheren Aktionen auch diesmal am wenigsten geneigt, an dem Aufstand teilzunehmen. Sie wurden zum Teil gewaltsam gezwungen. Die Aufständischen besetzten die Kraftwerke, schnitten Strom ab und legten den ganzen Straßenbahnverkehr still …

Um 1 Uhr stürmte ein Trupp bewaffneter Arbeiter und Soldaten das Zellengefängnis in Moabit und forderte die Freilassung der politischen Gefangenen und derjenigen, die als Opfer des Krieges inhaftiert waren. Sie prüften die Akten und ließen die Gefangenen frei. Später stürmte ein Trupp bewaffneter Matrosen das Strafgefängnis in Tegel und ließ 200 Militärgefangene frei.

Die Soldaten der übrigen Kasernen waren bereits im Verlaufe des Vormittags teils einzeln, teils truppweise zu den Aufständischen übergegangen.

Richard Müller, Die Novemberrevolution

An diesem 9. November folgen die Ereignisse einander in atemberaubendem Tempo. Bewaffnete Gruppen besetzen Rathaus, Haupttelegraphenamt, die großen Zeitungsbetriebe, das Reichstagsgebäude, die wichtigsten Bahnhöfe. Auch das Kaiser-Alexander-Regiment in der Nähe des Schlosses, einst von Wilhelm II. dazu ausersehen, den Monarchen »notfalls mit der Waffe in der Hand vor den frechen und unbotmäßigen Berlinern zu schützen«, geht auf die Seite der Revolution über.

Aus den Kasernentoren sind die Soldaten herausgeeilt, haben sich mit der jubelnden Menge, die dort wartete, verbrüdert, Männer haben ihnen gerührt die Hand geschüttelt, Frauen und Mädchen haben ihnen Blumen angesteckt und sie umarmt. Nacheinander kommt von allen anderen Regimentern her der gleiche Bericht. Die Schildwachen, Postenketten und Maschinengewehre, die noch vor ein paar Stunden das Scheinbild eines Verteidigungsplanes boten, sind plötzlich verschwunden und mit ihnen die breitschultrigen Schutzleute, Säulen und Symbole der kaiserlichen Ordnung, strenge Vormünder des Untertan ... Auf dem Fahrdamm wallen ununterbrochen endlose Demonstrationszüge von Soldaten und Arbeitern, oder eigentlich nur ein einziger, immer fortdauernder Zug ... Den Soldaten baumelt das Gewehr auf dem Rücken, sie haben die Mützen auf dem Kopf schief geschoben, gebärden sich keck und fröhlich, rauchen gewaltig und winken den Mädchen zu. Alle Teilnehmer des Zuges haben in einem Knopfloch oder auf der Brust eine rote Schleife, die daneben schreitenden Ordner, mit dem Gewehr am Schulterriemen, zeichnen sich durch rote Armbinden aus. Mitten in der langsam vorbeiziehenden Masse werden große rote Fahnen getragen, das Tuch weht breit über den Köpfen, und es ist erstaunlich, daß in einer Zeit, in der alle Stoffe knapp sind und requiriert wurden, von dieser roten Ware so viel übrigblieb ... Unter den Marschierenden sehe ich ein paar Soldaten, die ihre Uniformjacken ausgezogen haben und lose, wie Pelerinen, auf dem Rücken tragen, und zwar so, daß das Innere nach außen gewendet ist. Um die Wirkung noch zu erhöhen, haben sie sogar die Ärmel umgekrempelt, die nun, mit der ans Licht gebrachten Futterseite, wie leere Wursthäute schlotterig herunterhängen. Es ist das einzige Pittoreske in diesem Zuge, eine pittoreske Liederlichkeit zum Zeichen, daß es nun aufgehört hat mit Krieg und Kriegsdisziplin, und es sind gar keine Uniformen mehr, sondern nur noch mitgeschleppte Überbleibsel aus einer langen Zeit voll Wahnsinn und Grauen. Man ist endlich wieder ein Mensch, ein Mensch, der nicht mehr blind gehorchen muß, nicht mehr gezwungen werden kann, zu töten, aus verfaulten Gräben in den Granatenhagel hinauszustürzen und gegen Stacheldrähte anzurennen. Als müßte man sich selber – denn auf dem Hirn liegt noch der dumpfe Druck, und es ist alles noch halb wie ein Traum – durch

etwas Sichtbares fortwährend daran erinnern, daß man nun ein freier Mensch ist, hat man das Innere der Ärmel nach außen gekehrt.
Theodor Wolff, Der Marsch durch zwei Jahrzehnte

Nur vereinzelt kommt es an diesem Tag zu blutigen Zusammenstößen, so bei der Besetzung der »Maikäfer«-Kaserne in der Chausseestraße, die drei Arbeiter das Leben kostet, am Marstall, an der Universität und an anderen Punkten der Innenstadt. Am frühen Nachmittag fällt auch das Polizeipräsidium am Alexanderplatz, jenes verhaßte Symbol der alten Macht, in die Hände der Aufständischen:

Die wachsenden Volksmassen auf den Straßen, ihre begreifliche Erregung, hatten der Polizei nicht nur den letzten Rest von Mut, sondern auch die Besinnung genommen. Das böse Gewissen, die Erinnerung an die früheren Attacken gegen die Berliner Arbeiter muß bei ihr eine wilde Furcht vor der Vergeltung erzeugt haben, denn Schutzleute und Offiziere rissen sich, so schnell das nur gehen wollte, die Säbel und Revolver vom Leib, warfen sie auf einen rasch anwachsenden Haufen; die Polizei ist nicht eigentlich entwaffnet worden, sie hat sich damals selbst entwaffnet. Die Polizei ist auch nicht vertrieben worden, aus eigenem Antrieb entfernte sie sich, so rasch das bei den das Gebäude umdrängenden Massen nur gehen wollte, aus dem Präsidium. Im großen ganzen blieb die Polizei von den Volksmassen unbehelligt, diese strömten nur durch die Tore über den Hof und nahmen die Polizeiwaffen bis zum letzten Gurt und zur letzten Revolvertasche an sich. Alles Abmahnen nützte nichts, die Polizeiwaffen wurden im Triumph davongetragen.
Emil Eichhorn, Meine Tätigkeit im Berliner Polizeipräsidium

Wenig später weht nicht nur auf dem Polizeipräsidium, sondern auch auf dem Schloß der Hohenzollern die rote Fahne der Revolution. Karl Liebknecht, seit seiner Entlassung aus dem Zuchthaus Luckau am 23. Oktober aktiv an der Vorbereitung der Revolution beteiligt, spricht zu den Massen: »Das Alte ist nicht mehr. Die Herrschaft der Hohenzollern, die in diesem Schloß jahrhundertelang gewohnt haben, ist vorüber. In dieser Stunde proklamieren wir die freie sozialistische Republik Deutschland.« (Vossische Zeitung, 10. November 1918)

Und der Kaiser? Und die Regierung? Was tun sie in diesen Stunden, in denen das Alte stürzt wie morsches Holz, das vom Herbststurm hinweggefegt wird?

Prinz Max von Baden sitzt im Reichskanzlerpalais in der Wilhelmstraße und wartet ungeduldig darauf, daß die Nachricht von der Abdankung des Kaisers eintrifft. Vergeblich!

10. November 1918: Revolutionäre Matrosen patrouillieren in der Friedrichstraße

Ich verständige mich mit Simons. »Ihr Gedanke von gestern ist richtig, Ebert ist in dieser Situation der einzig mögliche Reichskanzler.«

Ich sagte mir: die Revolution ist im Begriff, siegreich zu sein; wir können sie nicht niederschlagen, vielleicht aber ersticken. Jetzt heraus mit der Abdankung, mit der Berufung Eberts, mit dem Appell an das Volk, durch die Verfassungsgebende Nationalversammlung seine eigene Staatsform zu bestimmen. Wird Ebert mir als Volkstribun von der Straße präsentiert, dann kommt die Republik, ist es Liebknecht, auch der Bolschewismus. Aber wenn der abdankende Kaiser Ebert zum Reichskanzler ernennt, dann besteht noch eine schmale Hoffnung für

die Monarchie. Vielleicht gelingt es, die revolutionären Energien in die legalen Bahnen des Wahlkampfes zu lenken.
Max von Baden, Erinnerungen und Dokumente

Auf dieser Grundlage einigen sich dann auch der vorletzte und der letzte kaiserliche Reichskanzler am Tage des Berliner Aufstands. Um die Mittagsstunde überträgt Max von Baden, ohne lange nach Formalien zu fragen, sein Amt an den Sozialdemokraten Friedrich Ebert. Anschließend übernimmt er es, und sei es mit Hilfe einer Falschmeldung, dafür zu sorgen, daß Wilhelm II. vom Thron verschwindet:

Ich sah mich vor die Wahl gestellt, entweder abzuwarten und nichts zu tun oder auf eigene Verantwortung zu handeln. Ich wußte, daß ich formell nicht berechtigt war, ohne Einverständniserklärung des Kaisers die Veröffentlichung vorzunehmen. Aber ich hielt es für meine Pflicht, den mir als feststehend mitgeteilten Entschluß des Kaisers bekanntzugeben, solange er noch einen Sinn hatte …

Ich war mir der Schwere der Verantwortung wohl bewußt, als ich dem Wolffschen Telegraphenbüro die nachstehende Erklärung zugehen ließ:

»Der Kaiser und König hat sich entschlossen, dem Throne zu entsagen. Der Reichskanzler bleibt noch so lange im Amte, bis die mit der Abdankung des Kaisers, dem Thronverzicht des Kronprinzen des Deutschen Reiches und von Preußen und der Einsetzung der Regentschaft verbundenen Fragen geregelt sind. Er beabsichtigt, dem Regenten die Ernennung des Abgeordneten Ebert zum Reichskanzler und die Vorlage eines Gesetzentwurfs wegen der sofortigen Ausschreibung allgemeiner Wahlen für eine Verfassungsgebende deutsche Nationalversammlung vorzuschlagen, der es obliegen würde, die künftige Staatsform des deutschen Volkes, einschließlich der Volksteile, die ihren Eintritt in die Reichsgrenzen wünschen sollten, endgültig festzustellen.«
Max von Baden, Erinnerungen und Dokumente

Gegen 13 Uhr erscheint die »B.Z. am Mittag« mit der Meldung von der Abdankung des Kaisers und dem Thronverzicht des überhaupt nicht befragten Kronprinzen. Extrablattverkäufer eilen mit der Neuigkeit durch die Straßen Berlins, kaum beachtet von den hin und her wogenden Menschenmassen. »Mir griff es doch an die Gurgel, dieses Ende des Hohenzollernhauses: so kläglich, so nebensächlich, nicht einmal Mittelpunkt der Ereignisse«, notiert Harry Graf Kessler am 9. November in sein Tagebuch. Theodor Wolff kommentiert das Ereignis, das von den Berlinern fast wie eine Selbstverständlichkeit hingenommen wird, in der Abendausgabe des »Berliner Tageblatts«:

So sicher es ist, daß der von der Höhe herabfallende Stein nicht in der Luft hängenbleiben kann, so sicher stand, nach dem Gesetz der Schwere, seit Wochen diese Lösung der großen Frage fest. Besser wäre es auch hier gewesen, dem Willen des Volkes nicht hinterdrein zu folgen, sondern ihm mit Herrscherwürde voranzugehen. Aber trifft die Könige die alleinige Schuld, wenn sie zu lange glauben, das ganze Volk sei in liebender Anhänglichkeit um sie geschart? Wann tritt, zwischen huldigenden Bürgermeistern, Ehrenjungfrauen, Spalierenthusiasten, Lakaien und Triariern, die Wahrheit an sie heran? Und wie sollen sie verstehen, daß plötzlich so mancher, der gestern noch den Roten Adlerorden vierter Klasse glückstrahlend entgegennahm, heute die demokratische Überzeugung möglichst sichtbar ins Knopfloch steckt? Es ist verzeihlich, wenn sie an eine so schnelle Wandlung nicht glauben wollen, die doch nur dartut, daß selbst in der furchtbarsten Tragödie die menschliche Komödie unverändert weitergeht …

Wilhelm II. war nicht der alleinige Urheber, aber der Repräsentant einer aberwitzig kurzsichtigen, die Kräfte und Ideen des Auslandes falsch einschätzenden Politik, und er war das Symbol einer Zeit und eines Geistes, der, in Machtbegehren und Selbstüberhebung, die Katastrophe herbeigeführt hat. Er mußte abdanken, auch wenn die Aufstandsbewegung im ganzen Lande nicht so brausend und unbezwingbar angeschwollen wäre, wie es niemand erwartet hat. Nur diejenigen sollten ihn heute nicht anklagen, die Hurra gerufen haben, als er ihnen »herrliche Zeiten« und, im August 1914, die glanzvollsten Siege versprach.

Berliner Tageblatt, 9. November 1918, Abendausgabe

Einen Tag nach der Revolution verläßt der Kaiser das Große Hauptquartier im belgischen Spa und flieht nach Holland. Fast drei Wochen noch braucht er, um sich endgültig zum Thronverzicht durchzuringen. Die politische Geschichte des Hauses Hohenzollern hat schon vorher ihr ruhmloses Ende gefunden.

Wesentlich besser als der Kaiser verstehen es der letzte kaiserliche Reichskanzler Friedrich Ebert und seine Mitstreiter, ihr Mäntelchen in den revolutionären Wind zu hängen. Innerhalb weniger Stunden gelingt es ihnen, sich an die Spitze einer Revolution zu stellen, die sie nicht gewollt und nicht gemacht hatten. Eilends entwirft man in der Redaktion des »Vorwärts« ein Flugblatt, in dem die Berliner Arbeiter zum Generalstreik aufgerufen werden. »Die Bewegung wird gemeinschaftlich geleitet von der Sozialdemokratischen Partei Deutschlands und der Unabhängigen sozialdemokratischen Partei Deutschlands.« Um die Mittagszeit – der Aufstand ist längst in vollem Gange – wird der Aufruf in den Straßen Berlins verteilt. Der rechte Sozialdemokrat Philipp Scheide-

»Wir weinen ihm keine Träne nach, er hat uns keine zu weinen übrig gelassen.«
Zeichnung von Thomas Theodor Heine, »Simplicissimus«, 3. Dezember 1918

mann, noch vor wenigen Stunden kaiserlicher Staatssekretär, verkündet um 13 Uhr von einem Balkon des Reichstags aus die »freie deutsche Republik«; und Friedrich Ebert, in der Kunst des Sichanpassens nicht minder geübt, mutiert in Blitzesschnelle vom Reichskanzler der alten Ordnung zum sozialistischen »Volksbeauftragten«. Hat man erst einmal die Leitung der Bewegung im Griff, dann läßt sich vielleicht das Schlimmste noch verhindern.

Am Abend und in den Nachtstunden dieses 9. November einigt man sich mit den Unabhängigen Sozialdemokraten auf die Bildung einer paritätisch zusammengesetzten, »rein sozialistischen« Koalitionsregie-

rung, die am nächsten Tag als »Rat der Volksbeauftragten« von einer Vollversammlung der Berliner Arbeiter- und Soldatenräte ihre Legitimation erhält. Einigkeit, Versöhnung, »kein Bruderkampf« – das wird zur alle Gegensätze verdeckenden Parole des Tages. Die Vertreter der Spartakusgruppe um Karl Liebknecht und Rosa Luxemburg lehnen es ab, sich mit Wendehälsen wie Ebert und Scheidemann, die vier Jahre lang das Geschäft der Kriegspartei betrieben haben, auf eine Regierungsbank zu setzen.

Für die meisten Zeitgenossen scheint mit der Bildung einer neuen, einer sozialistischen Regierung das Ziel der Revolution bereits erreicht:

Die größte aller Revolutionen hat wie ein plötzlich losbrechender Sturmwind das kaiserliche Regime mit allem, was oben und unten dazu gehörte, gestürzt. Man kann sie die größte aller Revolutionen nennen, weil niemals eine so fest gebaute, mit so soliden Mauern umgebene Bastille so in einem Anlauf genommen worden ist. Es gab noch vor einer Woche einen militärischen und zivilen Verwaltungsapparat, der so verzweigt, so ineinander verfädelt, so tief eingewurzelt war, daß er über den Wechsel der Zeiten hinaus seine Herrschaft gesichert zu haben schien. Durch die Straßen von Berlin jagten die grauen Autos der Offiziere, auf den Plätzen standen wie Säulen der Macht die Schutzleute, eine riesige Militärorganisation schien alles zu umfassen, in den Ämtern und Ministerien thronte eine scheinbar unbesiegbare Bürokratie. Gestern früh war, in Berlin wenigstens, das alles noch da. Gestern nachmittag existierte nichts mehr davon.
Berliner Tageblatt, 10. November 1918

Aber der Schein trügt. Weder die rechten Sozialdemokraten noch die vorübergehend aus dem Tritt geratenen bürgerlichen Parteien denken ernstlich daran, reinen Tisch zu machen. Zwar ist das monarchische System gestürzt, aber keineswegs »mit allem, was oben und unten dazugehörte«. Geblieben ist die alte Armee, mit der der Sozialdemokrat Friedrich Ebert schon am Abend des 10. November ein Bündnis zur Aufrechterhaltung von »Ruhe und Ordnung« schließt, geblieben ist die Macht der Großagrarier und der Monopole. Unangetastet bleibt der riesige Beamtenapparat des alten Obrigkeitsstaates:

Die wichtigsten Reichsämter behielten ihre alten »kaiserlichen« Leiter … Jedem Staatssekretär wurden zwei »Beigeordnete«, je ein Sozialdemokrat und je ein Unabhängiger, zugeteilt. Die Führung der Waffenstillstandsverhandlungen wurde bürgerlichen Politikern und kaiserlichen Generalen übertragen.

Von den »kaiserlichen« Leitern der Reichsämter durfte wohl niemand erwarten, daß sie ihr Amt im Sinne der Revolution führen würden. Selbst wenn sie sich auf den Boden der gegebenen Tatsachen stellten, so waren sie und blieben sie Feinde der Bestrebungen des werktätigen Volkes und der Revolution … Die Kontrolle der beiden sozialistischen »Beigeordneten« konnten sie ruhig hinnehmen, denn sie beherrschten die Materie, und der gesamte Verwaltungsapparat, vom Portier bis zum Unterstaatssekretär, stand ihnen bei.
Richard Müller, Die Novemberrevolution

In der Hauptstadt wird weder der kaiserliche Oberbürgermeister Wermuth abgelöst noch sein Stellvertreter Reicke. Es bleiben die Verantwortlichen in den Zentralen der Meinungsbildung, an den Schulen und Universitäten, die so laut und so lange den »Geist von 1914« beschworen hatten.

Am 4. Dezember 1918 veröffentlicht »Die Republik«, Organ der Unabhängigen Sozialdemokraten, einen offenen Brief des Berliner Völkerrechtlers Wilhelm Kaufmann, in dem dieser eine durchgreifende Erneuerung des geistigen und politischen Lebens in Deutschland fordert:

Wer schuldig und mitschuldig ist, muß sich nicht bloß nach dem Gesichtspunkt bestimmen, welche Personen *formell* politisch und militärisch verantwortlich waren … Die prominenten Schuldigen und Mitschuldigen aus allen Kreisen, zum Beispiel aus dem Kreise der Abgeordneten, der Industrie, Agrarier, Finanz, der Regierung und Verwaltung, der Universitäten, der Verdreher des Völkerrechts, der Schriftsteller, Journalisten usw. müssen völlig aus dem öffentlichen Leben verschwinden.
Die Republik, 4. Dezember 1918

Wilhelm Kaufmann bleibt ein einsamer Rufer in der Wüste.

In der Euphorie der ersten Revolutionstage, als die Macht vom kaiserlichen Thron so plötzlich auf die Straße gerollt ist, berauscht man sich noch an den tatsächlichen, für jedermann sichtbaren Erfolgen der Revolution: die Monarchie ist gestürzt, Gottesgnadentum und persönliches Regiment gehören der Vergangenheit an. Der Rat der Volksbeauftragten beschließt das allgemeine, gleiche und direkte Wahlrecht zu allen Vertretungskörperschaften; auch die Frauen erhalten erstmals das Wahlrecht. Der Achtstundentag, Koalitions-, Presse- und Versammlungsfreiheit werden gesetzlich festgeschrieben, die schikanöse preußische Theaterzensur aufgehoben. Und vor allem: Es ist Frieden. Am 11. November, 11.55 Uhr zeigt das Läuten der Kirchenglocken den Berli-

nern an, daß der Weltkrieg zu Ende, daß Frieden ist. Die Schreckensbilanz des über vierjährigen Mordens ist in jenen Novembertagen nur zu ahnen: zehn Millionen Tote auf allen Seiten der Fronten, fünf Millionen Krüppel, Millionen Vermißte, durch Hunger und Seuchen ums Leben Gekommene. Ungezählt die Städte und Dörfer, die zerstört, die Kulturgüter, die vernichtet wurden. Nie wieder Krieg und Gewaltherrschaft – das ist der Schwur von Millionen in jenen Novembertagen 1918.

Einen Monat später blickt der Dichter René Schickele zurück auf jene kurze Epoche voller Hoffnung und Zuversicht:

Gestern war der Aufschwung. Gestern war die Verbrüderung. Tief unten im Sumpf versank der Krieg, weithin versanken, mittendrin, die gepanzerten Kommandoposten: gewaffnete Geldschränke. Am Abend zogen die Berliner in tapferer, vertrauensseliger Kindheit durch ihre Straßen und zeigten sich einander. Durch dieselben Straßen, die sie bisher mit ihren mürrischen oder frechen Gesichtern, ihrer Hast, ihrem herausfordernden und entwürdigenden Witz erniedrigt hatten. Gestern war Feiertag. Wie er alle paar Jahrhunderte einmal die Schleusen der geknechteten und verdorbenen Herzen sprengt und die Städte und Länder mit Großmut überschwemmt. Gestern hätten wir, wenn so etwas möglich wäre, an diesem und einem Tag die Gemeinschaft der Menschen aufgerichtet, mit Häusern, Straßen, Plätzen und dem tausendfach verschlungenen Netz von Beziehungen, die bedächtig geknüpft und sorgfältig unterhalten sein wollen, damit jeder in ihm seine Freiheit und Sicherheit habe. Oh, gestern hätten wir spielend errichtet ... wie es nennen? Ich suche ein Wort für Cité. Gemeinschaft ist zu abstrakt ... In zehn Stunden hätten wir die Freie Stadt aufgerichtet. Gestern. Wenn man uns nur hätte machen lassen. Wenn wir nur gleich zusammengekommen wären und das Nötige sofort ausgeführt hätten. An nichts hat es gefehlt als daran. An dem: sofort das Nötige zu tun. Wir fanden wieder einmal nicht die Zeit. Wir wußten wieder einmal nicht, wie es anstellen. Die Freude hatte alle auseinandergeblasen. Sie waren auf der Straße. Sie hielten Reden, in Automobilen zwischen zwei Maschinengewehren. Im Reichstag. Auf dem Denkmal Albrechts des Bären. Sie riefen: »Hoch!« Sie rieben sich die Augen, und um es wahrzuhaben, riefen sie noch einmal »Hoch« und hielten noch eine Rede. Denn, wahrhaftig, es war ein Wunder.

Und jetzt?

René Schickele, Der neunte November

Anhang

Zu dieser Ausgabe

Das vorliegende Buch unternimmt den Versuch, Entwicklung, Glanz und Untergang des Wilhelminischen Berlin vom Ende der Bismarckzeit bis zum Ausbruch der Novemberrevolution an Hand zeitgenössischer Texte wieder lebendig werden zu lassen. Politiker und Industrielle, Beamte und Journalisten, Künstler und Wissenschaftler, Arbeiter und Handwerker, Berliner und Nichtberliner berichten von ihren Eindrücken, von ihren Erlebnissen und Erfahrungen in der Hauptstadt des Deutschen Reiches, einer Stadt, die in der deutschen Geschichte eine zunehmend entscheidende Rolle spielt und in der die charakteristischen Erscheinungen der Epoche, vieles von dem komplizierten Prozeß der politischen und geistigen Entwicklung in Deutschland besonders deutlich sichtbar werden.

Für diese Reise in die Vergangenheit wurden Briefe und Tagebuchaufzeichnungen der Zeitgenossen ausgewertet, Erinnerungen und Berichte, amtliche Dokumente und ganz persönliche Aufzeichnungen. Vor allem die Durchsicht von Zeitungen und Zeitschriften dieser Jahre ermöglichte den Abdruck mancher unbekannter, zu Unrecht in Vergessenheit geratener Texte, aus denen sich interessante Aufschlüsse über die großen und kleinen Sorgen der Berliner, über die politischen und sozialen Kämpfe der Zeit gewinnen lassen.

Wie bei dem vorangegangenen Band »Berlin wird Kaiserstadt. Panorama einer Metropole 1871–1890« lag der Auswahl der Versuch zugrunde, ein möglichst breites Spektrum des Berliner Lebens am Ende des 19. und zu Beginn des 20. Jahrhunderts einzufangen: die großen Zeitereignisse und ihre Wirkung auf die Berliner sollten dabei ebenso berücksichtigt werden wie die Atmosphäre der Stadt, ihre räumliche Entwicklung, die Alltagsgewohnheiten ihrer Bewohner, das wirtschaftliche, soziale, kulturelle oder wissenschaftliche Leben. Vollständigkeit der Themen konnte jedoch angesichts des begrenzten Raumes dabei nicht angestrebt werden. Richtschnur bei der Auswahl der Texte aus einer oft schier unüberschaubaren Fülle des Materials waren, neben einer guten Lesbarkeit, die Aussagekraft der Zeugnisse für das Denken und Fühlen der Menschen, für die wichtigen Erscheinungen und Bewegungen der Zeit. Goethe, der den Wert von Selbstzeugnissen sehr hoch einschätzte, sagte einmal: »Ein Faktum unseres Lebens gilt nicht, insofern es wahr, sondern insofern es etwas zu bedeuten hatte.« In diesem Sinne wollte die vorliegende Auswahl »Bedeutendes«, für die damalige Zeit wie für unsere Zeit Bedeutsames zusammentragen, um Anregungen zum historischen Nachdenken zu geben – sind doch längst nicht alle Fragen, die am Anfang dieses Jahrhunderts standen, an seinem Ende schon gelöst.

Die Texte der Zeitgenossen sollen in erster Linie durch sich selbst sprechen, sich gegebenenfalls gegenseitig ergänzen, berichtigen oder widersprechen. Die vom Autor verfaßten Zwischentexte sollen den Fluß der Erzählung aufrechterhalten, Übergänge schaffen, ergänzende Informationen geben und, wo nötig, Zusammenhänge erläutern. Ein kommentiertes Personenregister und das zeitgenössische Bildmaterial bieten zusätzliche Informationsmöglichkeiten.

Die ausgewählten Quellentexte werden der besseren Lesbarkeit wegen in einer behutsam modernisierten und vereinheitlichten Orthographie und Interpunktion dargeboten. Auslassungen innerhalb der Texte sind durch drei Punkte kenntlich gemacht. Wer die ausschnittsweise zitierten Texte im Original einsehen möchte, findet die entsprechenden Hinweise im Quellen- und Literaturverzeichnis.

Mein Dank gilt allen, die mich bei der aufwendigen Materialrecherche unterstützten, insbesondere den Mitarbeitern der Berliner Stadtbibliothek, der Amerika-Gedenkbibliothek, der Staatsbibliothek Preußischer Kulturbesitz sowie der Bibliothek der Humboldt-Universität. Den im Bildnachweis aufgeführten Museen und Archiven sei für die freundliche Hilfe bei der Beschaffung der Illustrationsvorlagen gedankt.

Ruth Glatzer
Berlin, im Januar 1997

Literaturverzeichnis

Quellen

Die Akademische Frau. Gutachten hervorragender Universitätsprofessoren, Frauenlehrer und Schriftsteller über die Befähigung der Frau zum wissenschaftlichen Studium. Hrsg. von Arthur Kirchhoff, Berlin 1897

Die Aktion. Wochenschrift für Politik, Literatur, Kunst. Hrsg. von Franz Pfemfert, Berlin-Wilmersdorf

Allgemeine Evangelisch-Lutherische Kirchen-Zeitung, Leipzig

Allgemeine Musik-Zeitung. Wochenschrift für die Reform des Musiklebens der Gegenwart, Berlin-Schöneberg

Amts-Blatt des Reichs-Postamts, 37/1898 (25. Juni 1898). Abgedruckt in: Michael Stürmer, Das ruhelose Reich, Berlin 1983

Andersen Nexö, Martin, Deutschlandbriefe. In: Reiseschilderungen (Reden und Artikel, Bd. 1), Berlin 1956

Archivalische Forschungen zur Geschichte der deutschen Arbeiterbewegung. Hrsg. von Leo Stern. Bd. 4/II, Berlin 1959

Das Atelier. Organ für Kunst und Kunstgewerbe, Berlin

Avenarius, Ferdinand, Der Dom. In: Der Kunstwart, 2. Märzheft 1905

Avenarius, Ferdinand, Vom Subalternen. In: Der Kunstwart, 1. Februarheft 1909

Baader, Ottilie, Ein steiniger Weg. Lebenserinerungen, Stuttgart/Berlin 1921

Bab, Julius, Die Berliner Bohème (Großstadt-Dokumente, Bd. 2), Berlin/Leipzig o. J.

Bab, Julius, Berliner Kriegstheater. In: Die Hilfe, 26. November 1914

Bab, Julius, Das Theater der Gegenwart. Geschichte der dramatischen Bühne seit 1870, Leipzig 1928

Bahr, Hermann, Selbstbildnis, Berlin 1923

Die Bank. Monatshefte für Finanz- und Bankwesen. Hrsg. von Alfred Lansburgh, Berlin

Bardolph, Im Kientopp. In: Morgen. Wochenschrift für deutsche Kultur, 8. Januar 1909

Barth, Theodor, Politische Unzufriedenheit. In: Die Nation, 18. September 1897

Becher, Johannes R., Das poetische Prinzip. In: Bemühungen/2 (Gesammelte Werke, Bd. 14), Berlin/Weimar 1971

Beese-Boutard, Melli, Unser Flugplatz – in memoriam. In: Motor, Mai/Juni 1921

Berlin und die Berliner. Leute, Dinge, Sitten, Winke, Karlsruhe 1905

Berliner Börsen-Courier, Berlin
Berliner Illustrirte Zeitung
Berliner Lokal-Anzeiger
Berliner Neueste Nachrichten. Unparteiische Zeitung
Berliner Tageblatt und Handels-Zeitung
Bernhardi, Friedrich v., Deutschland und der nächste Krieg. 6. Auflage, Stuttgart/Berlin 1913
Bernstein, Eduard, Der Kampf der Sozialdemokratie und die Revolution der Gesellschaft, T. 2. In: Die Neue Zeit, Jg. 16 (1897/98), Bd. 1, Nr. 18
Bie, Oscar, Das Kunstgewerbe, Frankfurt am Main 1908
Das Blaubuch. Wochenschrift für öffentliches Leben, Literatur und Kunst, Berlin
Boehn, Max v., Die Mode. Menschen und Moden im neunzehnten Jahrhundert. Bd. 4: 1878–1914, München 1919
Böhm, Gustav, Adjutant im Preußischen Kriegsministerium. Hrsg. von Heinz Hürten und Georg Meyer, Stuttgart 1977
Bölsche, Wilhelm, Friedrichshagen in der Literatur. In: Wilhelm Bölsche, Auf dem Menschenstern. Gedanken zu Natur und Kunst, Dresden 1909
Braun, Lily, Memoiren einer Sozialistin. Kampfjahre (Gesammelte Werke, Bd. 2), Berlin o. J.
Brousson, Jean-Jacques, Anatole France in Pantoffeln, Berlin 1925
Das Buch der neuesten Erfindungen. Hrsg. von Jean Clairemont, Berlin 1905
Bülow, Bernhard Fürst v., Denkwürdigkeiten, Bd. 2, Berlin 1930
Bunsen, Marie v., Die Welt, in der ich lebte. Erinnerungen aus glücklichen Jahren. 1860–1912, Leipzig 1929
Bürgel, Bruno H., Vom Arbeiter zum Astronomen. Die Lebensgeschichte eines Arbeiters, Berlin 1921

Carstenn-Lichterfelde, Johann Anton Wilhelm v., Die Zukünftige Entwicklung Berlins, Berlin 1892
Carthaus, Vilma, Zur Geschichte und Theorie der Grundstückskrisen in deutschen Großstädten, mit besonderer Berücksichtigung von Groß-Berlin, Berlin 1917
Cauer, Minna, Freie Bahn. In: Die Frauenbewegung, 1. Mai 1908. S. auch: Minna Cauer. Leben und Werk.
Class, Heinrich, Wider den Strom, Leipzig 1932
Corinth, Lovis, Das Leben Walter Leistikows. Ein Stück Berliner Kulturgeschichte, Berlin 1910

Damaschke, Adolf, Die Bodenreform. Grundsätzliches und Geschichtliches zur Erkenntnis und Überwindung der sozialen Not, 3. Auflage, Berlin 1904

David, Eduard, Kriegstagebuch 1914 bis 1918. In Verbindung mit Erich Matthias bearbeitet von Susanne Miller, Düsseldorf 1966
Delbrück, Clemens v., Die wirtschaftliche Mobilmachung in Deutschland 1914. Hrsg. von Joachim v. Delbrück, München 1924
Delbrück, Hans, Ein Nachwort zum Frauenkongreß. In: Preußische Jahrbücher, Bd. 148, H. 1 (April 1912)
Deneken, Friedrich, Alfred Mohrbutter. Ein Lebensbild, Crefeld 1916
Deutsche Tageszeitung, Berlin
Deutsche Volkswirtschaftliche Korrespondenz, Berlin
Die Deutschen Dokumente zum Kriegsausbruch 1914. 4 Bde. Vollständige Sammlung der von Karl Kautsky zusammengestellten Aktenstücke mit einigen Ergänzungen. Im Auftrage des Auswärtigen Amtes hrsg. von Max Montgelas und Walter Schücking, 3. Auflage, Berlin 1922
Deutsches Fußball-Jahrbuch, 10. Jg., 1913. Hrsg. vom Deutschen Fußball-Bund, Dortmund
Dohm, Hedwig, Der Frauen Natur und Recht. 2., veränderte Auflage, Berlin 1893
Dokumente aus geheimen Archiven, Bd. 4: Berichte des Berliner Polizeipräsidenten zur Stimmung und Lage der Bevölkerung in Berlin 1914 bis 1918. Bearb. von Ingo Materna und Hans Joachim Schreckenbach unter Mitarbeit von Bärbel Holz, Weimar 1987
Dominik, Hans, Moderne Tiefbauten. In: Die Gartenlaube, Illustrirtes Familienblatt, 1911, H. 6
Dominik, Hans, Vom Schraubstock zum Schreibtisch. Lebenserinnerungen, Berlin 1942
Dreher, Hans/Schumann, Oswald, Die ökonomischen Vorbedingungen und das Werden der Organisation. Ein Ausschnitt aus der Geschichte der Handels-, Transport- und Verkehrsarbeiter-Bewegung Deutschlands, Berlin 1907
Dresdner, Albert, Kunstsammlungen. In: Ich weiß Bescheid in Berlin
Duisberg, Carl, Denkschrift über die Vereinigung der deutschen Farbenfabriken. In: Abhandlungen, Vorträge, Reden aus den Jahren 1882–1921, Berlin/Leipzig 1923
Durieux, Tilla, Eine Tür steht offen. Erinnerungen, Berlin 1954
Dyhrenfurth, Gertrud, Die hausindustriellen Arbeiterinnen in der Berliner Blusen-, Unterrock-, Schürzen- und Tricotkonfektion, Leipzig 1898

Edel, Edmund, Berlins leichte Kunst und lustige Nächte. In: Ich weiß Bescheid in Berlin
Ehrlich, Heinrich, Modernes Musikleben. Studien, Berlin 1895
Eichborn, Emil, Meine Tätigkeit im Berliner Polizeipräsidium und mein Anteil an den Januarereignissen, Berlin 1919
Eloesser, Arthur, Die Straße meiner Jugend. Berliner Skizzen, Berlin 1919
Endell, August, Die Schönheit der großen Stadt. In: Die Zukunft, 12. September 1908

Engels, Friedrich, Brief vom 18. September 1893. In: Karl Marx/Friedrich Engels, Werke, Bd. 39, Berlin 1968
Eschwege, Ludwig, Der Ruf nach dem Kaufmann. In: Die Bank, 1909, II. Semester
Eulenberg, Herbert, Mein Leben für die Bühne, Berlin 1919
Eyck, Erich, Das Persönliche Regiment Kaiser Wilhelms II. Politische Geschichte des Deutschen Kaiserreiches von 1890 bis 1914, Erlenbach/Zürich 1948

Faktor, Emil, Fortgeschrittene Lyrik. In: Pan, Jg. 2, 2. Mai 1912
Falk, Norbert, Heinrich Zille, ein Maler der kleinen Leute. In: Berliner Illustrirte Zeitung, 21. Februar 1904
Fallada, Hans, Damals bei uns daheim. Erlebtes, Erfahrenes und Erfundenes, Berlin und Weimar 1982
Fechter, Paul, Menschen und Zeiten. Begegnungen aus fünf Jahrzehnten. 2. Auflage, Gütersloh 1949
Frankfurter Zeitung und Handelsblatt
Freisinnige Zeitung, Berlin
Fried, Alfred H., Kleine Anzeigen. Sociale Streiflichter vom Jahrmarkt des Lebens, Berlin 1900
Fuchs, Carl Johannes, Die Wohnungsfrage vor und nach dem Kriege, München/Leipzig 1917
Für Groß-Berlin. Hrsg. vom Propaganda-Ausschuß, 1912, H. 1
Fürst, Artur, Emil Rathenau. Der Mann und sein Werk, Berlin 1915
Fürst, Artur, Das Weltreich der Technik. Entwicklung und Gegenwart. Bd. 3: Der Verkehr auf dem Wasser. Der Verkehr in der Luft, Berlin 1926

Die Gartenstadtbewegung, Jg. 2 (1908), H. 4. Zitiert nach: Julius Posener, Berlin auf dem Wege zu einer neuen Architektur
George, Stefan, Der Teppich des Lebens und die Lieder von Traum und Tod, mit einem Vorspiel, Berlin 1900
Gerlach, Hellmut v., Adieu, Bülow! In: Die Welt am Montag, 2. November 1908
Gerlach, Hellmut v., August Bebel. Ein biographischer Essay, München 1909
Gerlach, Hellmut v., Erinnerungen eines Junkers, Berlin 1924
Gerlach, Hellmut v., Siegreiche Besiegte. In: März. Halbmonatsschrift für deutsche Kultur, 16. Oktober 1908
Gierke, Otto v., Krieg und Kultur. In: Deutsche Reden in schwerer Zeit, Berlin 1914
Goldschmidt, Richard B., Im Wandel das Bleibende. Mein Lebensweg, Hamburg 1963
Graf Bülows Reden, nebst urkundlichen Beiträgen zu seiner Politik. Hrsg. von Johannes Penzler, Leipzig 1903

Granach, Alexander, Da geht ein Mensch, Weimar 1949
Graul, Richard, Die XI. In: Pan, Jg. 2 (1896), H. 1
Grävell, A., Die Baugenossenschaftsfrage. Ein Bericht über die Ausbreitung der gemeinnützigen Bautätigkeit ... während der letzten 12 Jahre. Auf Erfordern des Centralverbandes städtischer Haus- und Grundbesitzer-Vereine Deutschlands, Berlin 1901
Grelling, Richard, Glossen zum Weberprozeß. In: Das Magazin für Litteratur, 14. Oktober 1893
Die Grenzboten. Zeitschrift für Politik, Litteratur und Kunst, Leipzig
Gropius, Walter, Die Entwicklung moderner Industriebaukunst. In: Jahrbuch des Deutschen Werkbundes 1913
Grosz, George, Ein kleines Ja und ein großes Nein. Sein Leben von ihm selbst erzählt, Hamburg 1955
Groß-Berlin. Bilder von der Ausstellungsstadt. Hrsg. von Albert Kühnemann, Berlin 1896/97
Grotjahn, Alfred, Erlebtes und Erstrebtes. Erinnerungen eines sozialistischen Arztes, Berlin 1932
Gurlitt, Cornelius, Die deutsche Kunst des Neunzehnten Jahrhunderts. Ihre Ziele und Taten. 3., umgearbeitete Auflage, Berlin 1907

Hahn, Otto, Mein Leben, München 1968
Halbe, Max, Berliner Brief. In: Die Gesellschaft, Monatsschrift für Litteratur, Kunst und Sozialpolitik, 1889, H. 5
Hamburger Fremden-Blatt, Hamburg
Handbuch für sozialdemokratische Wähler. Der Reichstag 1907–1911. Hrsg. vom Vorstande der Sozialdemokratischen Partei, Berlin 1911
Hancke, Erich, Max Liebermann. Sein Leben und seine Werke, Berlin 1914
Hanstein, Adalbert v., Das jüngste Deutschland. Zwei Jahrzehnte miterlebter Litteraturgeschichte, Leipzig 1900
Hart, Heinrich, Literarische Erinnerungen. Gesammelte Werke, Bd. 3. Hrsg. von Julius Hart, Berlin 1907
Heiligenthal, Roman, Berliner Städtebaustudien, Berlin 1926
Heine, Anselm (d.i. Anselma Heine), Berlins Physiognomie. In: Ich weiß Bescheid in Berlin
Heiß, Cl., Auslese und Anpassung der Arbeiter in der Berliner Feinmechanik. In: Schriften des Vereins für Sozialpolitik, Bd. 134, Leipzig 1910
Heller, M., Wie es den Arbeitern in der Großstadt ergeht. 8., verbesserte Auflage, Berlin 1909
Hempel, Frieda, Mein Leben dem Gesang. Erinnerungen, Berlin 1955
Hermann, Georg, Am Grabe Leistikows. In: Neue Revue, Halbmonatsschrift für das öffentliche Leben, Jg. 1, 2. Augustheft 1908
Hermann, Georg, Hans Baluschek. In: Nord und Süd. Eine deutsche Monatsschrift, Jg. 33, H. 382, Januar 1909
Hermann, Georg, Vom gesicherten und ungesicherten Leben. Ernste Plaudereien, Berlin 1915

Die Hilfe. Wochenschrift für Politik, Literatur und Kunst. Hrsg. von Friedrich Naumann, Berlin-Schöneberg

Hillard, Gustav, Begegnung mit Walther Rathenau. In: Merkur, Deutsche Zeitschrift für europäisches Denken, Jg. 4 (1950), H. 2

Hoffmann, Ludwig, Lebenserinnerungen eines Architekten. Bearbeitet und aus dem Nachlaß herausgegeben von Wolfgang Schäche, Berlin 1983

Hofmann, Albert, Groß-Berlin, sein Verhältnis zur modernen Großstadtbewegung und der Wettbewerb zur Erlangung eines Grundplanes für die städtebauliche Entwicklung Berlins. In: Deutsche Bauzeitung, 2. April 1910

Hohenlohe-Schillingsfürst, Chlodwig zu, Denkwürdigkeiten. Hrsg. von Friedrich Curtius, Stuttgart/Leipzig 1907

Hohenlohe-Schillingsfürst, Chlodwig zu, Denkwürdigkeiten der Reichskanzlerzeit. Hrsg. von Karl Alexander v. Müller, Stuttgart 1931

Holstein, Friedrich v., Lebensbekenntnis in Briefen an eine Frau. Hrsg. von Helmuth Rogge, Berlin 1932

Huber, Franz C., Fünfzig Jahre Deutschen Wirtschaftslebens, Stuttgart 1906

Hugo v. Hofmannsthal – Richard Strauss, Briefwechsel. 4. ergänzte Auflage, Zürich 1970

Huret, Jules, Berlin. In Deutschland. Dritter Teil, München o. J.

Ich weiß Bescheid in Berlin. Illustrierter systematischer Führer durch Groß-Berlin für Fremde und Einheimische, für Vergnügungs- und Studienreisende. 2. Auflage, Berlin 1909/10

Illustrierte Geschichte der Deutschen Revolution, Berlin 1929

Jäckh, Ernst, Der goldene Pflug. Lebensernten eines Weltbürgers, Stuttgart 1954

Jacob, Hans, Kind meiner Zeit. Lebenserinnerungen, Köln/Berlin 1962

Jacob, Heinrich Eduard, Berlin. Vorkriegsdichtung und Lebensgefühl. In: Imprimatur. Ein Jahrbuch für Bücherfreunde. Neue Folge. Bd. 3, Frankfurt am Main 1962

Jacobsohn, Fritz, Hans Gregors Komische Oper 1905–1911, Berlin 1911

Jahrbücher des Deutschen Werkbundes: Die Durchgeistigung der deutschen Arbeit, Jena 1912; Die Kunst in Industrie und Handel, Jena 1913

50 Jahre Deutsche Waffen- und Munitionsfabriken, Berlin 1939

Jansen, Hermann, Vorschlag zu einem Grundplan für Groß-Berlin, München 1910

Jeetze, M., Einnahmen und Ausgaben einer Berliner Arbeiterfamilie. In: Die Gleichheit, Zeitschrift für die Interessen der Arbeiterinnen, 23. September 1903

Jeidels, Otto, Das Verhältnis der deutschen Großbanken zur Industrie, München/Leipzig 1905

Jhering, Herbert, Begegnungen mit Zeit und Menschen, Berlin 1963

Julikrise und Kriegsausbruch 1914. Eine Dokumentensammlung. Bearbeitet und eingeleitet von Imanuel Geiss. Bd. 1: Hannover 1963, Bd. 2: Hannover 1964
Jung, Franz, Der Weg nach unten. Aufzeichnungen aus einer großen Zeit, Berlin 1961

Kaeber, Ernst, Berlin im Weltkriege. Fünf Jahre städtischer Kriegsarbeit, Berlin 1921
Kafka, Franz, Briefe 1902–1924, Frankfurt am Main 1975
Kahane, Arthur, Die Jahre 1905–1924. In: Max Reinhardt. 25 Jahre Deutsches Theater. Hrsg. von Hans Rothe, München 1930
Kahane, Arthur, Tagebuch des Dramaturgen, Berlin 1928
Kalbus, Oskar, Vom Werden deutscher Filmkunst. 1. Teil: Der stumme Film, Altona/Bahrenfeld 1935
Kalisch, David, Haussegen oder Berlin wird Weltstadt (Lustige Werke, H. 3), 1866, Neuausgabe Leipzig/Wien 1903
Kappstein, Theodor, Das kirchliche Berlin. In: Ich weiß Bescheid in Berlin
Kassner, Rudolf, Umgang der Jahre, Zürich 1949
Katalog der Deutschen Kunstausstellung der »Berliner Secession«, Berlin 1899
Kaufmann, Oskar, Das Kinotheater »Cines« am Nollendorfplatz. In: Berliner Architekturwelt, Jg. 16 (1914), H. 2
Kautz, Georg, Erinnerungen. In: Glatzer, Dieter und Ruth, Berliner Leben 1900–1914, Bd. 2, Berlin 1986
Kerr, Alfred, Junggesell um das dreißigste Jahr. Ein Tagebuch aus Berlin um 1900. In: Alfred Kerr, Es sei wie es wolle, Es war doch so schön!, Berlin 1928
Kessler, Harry Graf, Herr von Werner. In: Kunst und Künstler, Jg. 2 (1903/04), H. 7
Kessler, Harry Graf, Tagebücher 1918–1937. Hrsg. von Wolfgang Pfeiffer-Belli, Frankfurt am Main 1961
Kessler, Harry Graf, Walther Rathenau. Sein Leben und sein Werk, Berlin 1928
Kiderlen-Wächter, der Staatsmann und Mensch. Briefwechsel und Nachlaß, 2 Bde, Stuttgart, Berlin und Leipzig 1924
Kirchbach, Wolfgang, Pergamon in Berlin. In: Die Nation, 2. Februar 1902
Kober, August Heinrich, Einst in Berlin. Hrsg. von Richard Kirn, Hamburg 1956
Kokoschka, Oskar, Mein Leben, München 1971
Kollontai, Alexandra, Ich habe viele Leben gelebt … Autobiographische Aufzeichnungen, Berlin 1980
Kollwitz, Käthe, Briefe an den Sohn. 1904 bis 1945. Hrsg. von Jutta Bohnke-Kollwitz, Berlin 1992
Kollwitz, Käthe, Rückblick auf frühere Zeit, 1941. In: Käthe Kollwitz, Die Tagebücher. Hrsg. von Jutta Bohnke-Kollwitz, Berlin 1989

Konsbrück, Hermann, Neu-Berlin. In: März, 7. Januar 1908
Krell, Max, Das alles gab es einmal, Frankfurt am Main 1961
Kreuz-Zeitung (Neue Preußische Zeitung), Berlin
Der Krieg zur See 1914–1918. Hrsg. vom Marine-Archiv. Der Krieg in der Nordsee. Bd. 2: Von Anfang September bis November 1914, Berlin 1922
Kuczynski, Robert, Bevölkerung und Gewerbe Berlins. In: Ich weiß Bescheid in Berlin
Kunst und Künstler. Illustrierte Monatsschrift für Kunst und Kunstgewerbe, Berlin
Kunstchronik. Wochenschrift für Kunst und Kunstgewerbe. Beiblatt zur »Zeitschrift für bildende Kunst«, Leipzig/Berlin
Kunst-Salon. Offizielles Organ des Vereins Berliner Künstler, Berlin
Der Kunstwart. Halbmonatsschau über Dichtung, Theater, Musik, bildende und angewandte Künste. Hrsg. von Ferdinand Avenarius, München

Landé, Dora, Frauenarbeit in der Maschinenindustrie. In: Die Frauenbewegung, 15. August und 1. September 1911
Lange, Helene, Lebenserinnerungen, Berlin 1921
Lansburgh, Alfred, Die Bank mit den 300 Millionen. In: Die Bank, 1914, I. Semester
Lasker-Schüler. Ein Buch zum 100. Geburtstag der Dichterin. Hrsg. von Michael Schmid, Wuppertal 1969
Le Corbusier, Etude sur le Mouvement d'Art Décoratif en Allemagne, 1912. Zitiert nach: Tilmann Buddensieg, Industriekultur. Peter Behrens und die AEG
Leider, Frida, Das war mein Teil. Erinnerungen einer Opernsängerin, Berlin-Grunewald 1959
Lenz, Max, Geschichte der Königlichen Friedrich-Wilhelms-Universität zu Berlin. Bd. 2, zweite Hälfte, Halle 1918
Lewinsohn, Richard (Morus), Das Geld in der Politik, Berlin 1930
Lichtwark, Alfred, Briefe an die Commission für die Verwaltung der Kunsthalle, Bd. 1–9, Hamburg 1896–1901
Lichtwark, Alfred, Realistische Architektur. In: Pan, Jg. 3 (1897), H. 4
Liebknecht, Karl, Klassenkampf gegen den Krieg. In: Gesammelte Reden und Schriften, Bd. 8, Berlin 1966
Liebknecht, Karl, Zur Verwaltungsreform in Preußen. In: Gesammelte Reden und Schriften, Bd. 2, Berlin 1960
Lilienthal, Anna und Gustav, Die Lilienthals, Stuttgart/Berlin 1930
Linsemann, Paul, Die Theaterstadt Berlin. Eine kritische Umschau, Berlin 1897
Loerke, Oskar, Tagebücher 1903–1939. Hrsg. von Hermann Kasack, Heidelberg/Darmstadt 1955
Lüders, Marie-Elisabeth, Fürchte dich nicht. Persönliches und Politisches aus mehr als 80 Jahren. 1878–1962, Köln und Opladen 1963

Luxemburg, Rosa, Gesammelte Briefe. Bd. 1–5, Berlin 1982–1984
Luxemburg, Rosa, Rede zur Steuerfrage. In: Gesammelte Werke, Bd. 3, Berlin 1973
Luxemburg, Rosa, Die zweite Lesung der Wehrvorlage. In: Gesammelte Werke, Bd. 3, Berlin 1973

Das Magazin für Litteratur, Berlin
Mann, Heinrich, Briefe an Ludwig Ewers 1889–1913. Hrsg. von Ulrich Dietzel und Rosemarie Eggert, Berlin 1980
Martin, Rudolf, Unter dem Scheinwerfer, Berlin/Leipzig 1910
März. Halbmonatsschrift für deutsche Kultur, München
Matschoß, Conrad, Berlins Großindustrie. In: Ich weiß Bescheid in Berlin
Max von Baden, Erinnerungen und Dokumente, Stuttgart/Berlin/Leipzig 1927
Mayer, Gustav, Erinnerungen. Vom Journalisten zum Historiker der deutschen Arbeiterbewegung, Zürich/Wien 1950
Meidner, Ludwig, Anleitung zum Malen von Großstadtbildern. In: Kunst und Künstler, Jg. 12 (1913/14), H. 6
Meier-Graefe, Julius, Geschichten neben der Kunst, Berlin 1933
Meinecke, Friedrich, Die deutsche Katastrophe. Betrachtungen und Erinnerungen. In: Werke, Bd. 8, Stuttgart 1969
Mendelsohn, Erich, Briefe eines Architekten. Hrsg. von Oskar Beyer, München 1961
Meyer-Förster, Wilhelm, Auf den Rhinower Bergen. Eine Erinnerung an Otto Lilienthal. In: Velhagen & Klasings Monatshefte, Jg. 24, H. 12, August 1910
Michaelis, Paul, Von Bismarck bis Bethmann. Die Politik und Kultur Großpreußens, Berlin/Leipzig 1911
Minna Cauer. Leben und Werk. Dargestellt an Hand ihrer Tagebücher und nachgelassenen Schriften von Else Lüders, Gotha/Stuttgart 1925
Mühsam, Erich, Heinrich Mann. In: Das Blaubuch, 8. August 1907
Mühsam, Erich, Peter Hille. In: Die Zukunft, 22. August 1908
Mühsam, Erich, Unpolitische Erinnerungen. In: Ausgewählte Werke. Hrsg. von Christlieb Hirte unter Mitarbeit von Roland Links und Dieter Schiller, Bd. 2, Berlin 1978
Müller, Richard, Vom Kaiserreich zur Republik. Ein Beitrag zur Geschichte der revolutionären Arbeiterbewegung während des Weltkrieges, Wien 1924
Müller, Richard, Die Novemberrevolution (Vom Kaiserreich zur Republik, Bd. 2), Wien 1925

Nagel, Otto, Autobiographische Zeugnisse und ausgewählte Aufsätze. In: Erhard Frommhold, Otto Nagel, Zeit, Leben, Werk, Berlin 1974
Die Nation. Wochenschrift für Politik, Volkswirtschaft und Litteratur. Hrsg. von Theodor Barth, Berlin

National-Zeitung, Berlin
Naumann, Friedrich, Der Industriestaat. In: Die Neue Rundschau, Jg. 20 (1909), Bd. 4
Naumann, Friedrich, Mitteleuropa, Berlin 1915
Das neue Deutschland. Wochenschrift für konservativen Fortschritt, Berlin
Die Neue Zeit. Revue des geistigen und öffentlichen Lebens. Wochenschrift der deutschen Sozialdemokratie. Redigiert von Karl Kautsky, Stuttgart
Nielsen, Asta, Die schweigende Muse. Aus dem Dänischen von H. Georg Kemlein, Rostock/Berlin 1961
Nielsen, Asta, Mein Weg im Film. In: Asta Nielsen. Ihr Leben in Fotodokumenten, Selbstzeugnissen und zeitgenössischen Betrachtungen. Hrsg. von Renate Seydel und Allan Hagedorff, Berlin 1981
Nordhausen, Richard, Groß-Berlin. In: Der Kunstwart, 2. Januarheft 1909

Osborn, Max, Berlins Aufstieg zur Weltstadt. In: Berlins Aufstieg zur Weltstadt. Ein Gedenkbuch. Hrsg. vom Verein Berliner Kaufleute und Industrieller, Berlin 1929
Osborn, Max, Der bunte Spiegel. Erinnerungen aus dem Kunst-, Kultur- und Geistesleben der Jahre 1890 bis 1933, New York 1945
Osborn, Max, Chronik der bildenden Künste. In: Das Magazin für Litteratur, 13. Mai 1897
Osborn, Max, Die Zerstörung Berlins. In: Die Nation, 5. Mai 1906
Ostwald, Hans, Das Zille-Buch. Unter Mitarbeit von Heinrich Zille, Berlin 1929
Otto, Adolf, Wie es war und wurde. In: Der Falkenberg, 1923, H. 6

Pachnicke, Hermann, Führende Männer im alten und im neuen Reich, Berlin 1930
Paetow, Walter, Berlin für den Musikfreund. In: Ich weiß Bescheid in Berlin
Paquet, Alfons, Aus den Tagebüchern. In: Von Brest-Litowsk zur deutschen Novemberrevolution. Hrsg. von Winfried Baumgart, Göttingen 1971
Pechstein, Max, Erinnerungen. Hrsg. von Leopold Reidemeister, München 1963
Plesch, János, János erzählt von Berlin, München 1958
Plietzsch, Eduard, »... heiter ist die Kunst«. Erlebnisse mit Künstlern und Kennern, Gütersloh 1955
Die Post, Berlin
Preußische Jahrbücher. Hrsg. von Hans Delbrück, Berlin
Protokoll über die Verhandlungen des Parteitages der Sozialdemokratischen Partei Deutschlands. Abgehalten in Jena vom 14. bis 20. September 1913, Berlin 1913
Der Prozeß des Reichspräsidenten. Bearb. von Karl Brammer, Berlin 1925

Quidde, Ludwig, Im Kampf gegen Cäsarismus und Byzantinismus im kaiserlichen Deutschland. Erinnerungen. In: Caligula. Eine Studie über römischen Cäsarenwahnsinn, 31. Auflage, Berlin 1926

Rapsilber, Maximilian, Hotel Adlon, Berlin 1907
Rathenau, Walther, Deutsche Gefahren und Neue Ziele. In: Gesammelte Schriften, Bd. 1, Berlin 1929
Rathenau, Walther, Das Eumenidenopfer. In: Gesammelte Schriften, Bd. 1, Berlin 1929
Rathenau, Walther, Die neue Ära. In: Hannoverscher Courier, 12. Februar 1907 (Nachgelassene Schriften, Bd. 1, Berlin 1928)
Rathenau, Walther, Die schönste Stadt der Welt. In: Die Zukunft, 7. Januar 1899 (Nachgelassene Schriften, Bd. 2, Berlin 1928)
Rathenau, Walther, Unser Nachwuchs. In: Nachgelassene Schriften, Bd. 2, Berlin 1928
Die Republik, Berlin
Reuter, Ernst, Schriften, Reden. Hrsg. von Hans E. Hirschfeld und Hans J. Reichhardt. Bd. 1: Briefe, Aufsätze, Referate 1904 bis 1922, Berlin 1972
Riezler, Kurt, Tagebücher, Aufsätze, Dokumente. Hrsg. von Karl Dietrich Erdmann, Göttingen 1972
Rilke, Rainer Maria, Briefe. Hrsg. vom Rilke-Archiv in Weimar in Verbindung mit Ruth Sieber-Rilke und besorgt durch Karl Altheim. Bd. 1: 1897–1914, Wiesbaden 1950
Rosenberg, Adolf, Das Nationaldenkmal für Kaiser Wilhelm I. in Berlin. In: Kunstchronik, 1. April 1897

S. Fischer, Verlag. Von der Gründung bis zur Rückkehr aus dem Exil. Eine Ausstellung des Deutschen Literaturarchivs, Marbach am Neckar 1985
Die Schaubühne. Hrsg. von Siegfried Jacobsohn, Charlottenburg
Scheffler, Karl, Die Architektur der Großstadt, Berlin 1913
Scheffler, Karl, Berlin. Ein Stadtschicksal, Berlin 1910
Scheffler, Karl, Die fetten und die mageren Jahre, Leipzig 1946
Scheffler, Karl, Moderne Baukunst, Leipzig 1907
Scheffler, Karl, Ein moderner Laden von Van de Velde. In: Die Kunst. Monatshefte für freie und angewandte Kunst, Bd. 4, Dezember 1901.
Schickele, René, Der neunte November. In: Werke in drei Bänden. Hrsg. von Hermann Kesten unter Mitarbeit von Anna Schickele. Bd. 3, Köln/Berlin 1959
Schilling, Otto, Die innere Stadt-Erweiterung, Berlin 1921
Schmitz, Oscar A. H., Frauenrecht. In: Das neue Deutschland, 16. Mai 1914
Schmoller, Gustav, Ein Mahnruf in der Wohnungsfrage. In: Zur Sozial- und Gewerbepolitik der Gegenwart, Leipzig 1890
Schuch, Friedrich v., Richard Strauss – Ernst v. Schuch und Dresdens Oper, Dresden 1952

Schulthess' Europäischer Geschichtskalender. Neue Folge, München
Schumacher, Fritz, Stufen des Lebens. Erinnerungen eines Baumeisters, Stuttgart/Berlin 1935
Seeberg, Reinhold, Das sittliche Recht des Krieges. In: Internationale Monatsschrift für Wissenschaft, Kunst und Technik, Jg. 9, H. 3, 1. November 1914
Selber, Walter (d. i. Walter Leistikow), Die Affaire Munch. In: Freie Bühne für den Entwickelungskampf der Zeit, Jg. 3, Dezember 1892
Servaes, Franz, Praeludien. Ein Essaybuch, Berlin/Leipzig 1899
Siemens, Georg, Erziehendes Leben. Erfahrungen und Betrachtungen. Freiburg/München 1957
Siemens, Georg, Der Weg der Elektrotechnik. Geschichte des Hauses Siemens. 2 Bde., 2., wesentlich überarbeitete Auflage, Freiburg/München 1961
Simplicissimus. Illustrierte Wochenschrift, München
Slaby, Adolf, Glückliche Stunden. Entdeckungsfahrten in den elektrischen Ozean, Berlin 1908
Sombart, Werner, Die deutsche Volkswirtschaft im 19. Jahrhundert. 3., durchgesehene und bis auf die Gegenwart weitergeführte Auflage, Berlin 1913
Sombart, Werner, Die Elemente des politischen Lebens in Deutschland. In: Morgen, 9. August 1907
Sombart, Werner, Händler und Helden. Patriotische Besinnungen, München/ Leipzig 1915
Sombart, Werner, Die Reklame. In: Morgen, 6. März 1908
Sombart, Werner, Vom Stil des politischen Lebens. In: Morgen, 2. August 1907
Sozialistische Auslandspolitik. Korrespondenz. Hrsg. von Rudolf Breitscheid, Berlin
Spartakusbriefe. Mit einem Vorwort von Ernst Meyer, Berlin 1926
Spitzemberg, Tagebuch, s. Das Tagebuch der Baronin v. Spitzemberg
Stanislawski, Konstantin S., Briefe 1886–1938. Hrsg. von Heinz Hellmich, Berlin 1975
Stargard-Wolff, Edith, Wegbereiter großer Musiker. Unter Verwendung von Tagebuchblättern, Briefen und vielen persönlichen Erinnerungen von Hermann und Louise Wolff, Berlin/Wiesbaden 1954
Steed, Wickham, Through thirty years. 1892–1922. Vol. 1, London/New York 1924
Stein, August, Es war alles ganz anders. Aus der Werkstätte eines politischen Journalisten 1891–1914. 2. Auflage, Frankfurt am Main 1922
Stenographische Berichte über die Verhandlungen des Preußischen Hauses der Abgeordneten, Berlin
Stillich, Oscar, Geld- und Bankwesen. Ein Lehr- und Lesebuch, Berlin 1907
Stoeckel, Walter, Erinnerungen eines Frauenarztes. Hrsg. von Hans Borgelt, München 1966

Stratz, Rudolph, Reisen und Reifen. Der Lebenserinnerungen zweiter Teil, Berlin 1926
Strauss, Richard, Betrachtungen und Erinnerungen, Hrsg. von Willi Schuh, Zürich 1949
Stuebben, Josef, Das Zweckverbandsgesetz für Groß-Berlin, 1911. Zitiert nach: Julius Posener, Berlin auf dem Wege zu einer neuen Architektur
Der Sturm. Halbmonatsschrift für Kultur und die Künste. Herausgeber und Schriftleiter Herwarth Walden, Berlin/Paris

Der Tag. Moderne Illustrierte Zeitung, Berlin
Das Tagebuch der Baronin v. Spitzemberg, geb. Freiin v. Varnbühler. Aufzeichnungen aus der Hofgesellschaft des Hohenzollernreiches. Hrsg. von Rudolf Vierhaus, Göttingen 1960
Taut, Bruno, Siedlungsmemoiren. In: Architektur der DDR, Jg. 24 (1975), H. 12
Theek, Bruno, Keller-Erinnerungen. In: Jahrbuch des Märkischen Museums, Bd. 5, Berlin 1979
Theek, Bruno, Keller, Kanzel und Kaschott. Lebensbericht eines Zeitgenossen, Berlin 1961
Thieß, Frank, Verbrannte Erde, Wien/Hamburg 1963
Tietz, Georg, Hermann Tietz. Geschichte einer Familie und ihrer Warenhäuser, Stuttgart 1965
Timm, Johannes, Soziale Bilder aus der Berliner Konfektion. In: Soziale Praxis, Jg. 4 (1894/95)
Troeltsch, Ernst, Der Krieg und die Internationalität der geistigen Kultur. In: Internationale Monatsschrift für Wissenschaft, Kunst und Technik, Jg. 9, H. 1, 1. Oktober 1914
Tschudi, Georg v., Aus 34 Jahren Luftfahrt, Berlin 1928
Tucholsky, Kurt, Ausgewählte Briefe. 1913–1935 (Gesammelte Werke. Hrsg. von Mary Gerold-Tucholsky und Fritz J. Raddatz, Ergänzungsband), Reinbek bei Hamburg 1962
Twain, Mark, Das deutsche Chicago. In: Der berühmte Springfrosch von Calaveras. Aus dem Amerikanischen übersetzt von Günther Klotz, Berlin 1963

Uhde-Bernays, Hermann, Im Lichte der Freiheit. Erinnerungen aus den Jahren 1880 bis 1914, Wiesbaden 1947
Ursachen und Folgen. Vom deutschen Zusammenbruch 1918 und 1945. Eine Dokumentensammlung. Hrsg. von Herbert Michaelis und Ernst Schraepler. Bd. 1: Die Wende des ersten Weltkrieges und der Beginn der innerpolitischen Wandlung 1916/17. Bd. 2: Der militärische Zusammenbruch und das Ende des Kaiserreichs, Berlin 1958

Velde, Henry van de, Geschichte meines Lebens. Hrsg. und übertragen von Hans Curjel, München 1962

Viertel, Salka, Das unbelehrbare Herz. Ein Leben in der Welt des Theaters, der Literatur und des Films, Reinbek bei Hamburg 1970

Voigt, Paul, Grundrente und Wohnungsfrage in Berlin und seinen Vororten, Jena 1901

Volks-Zeitung. Organ für Jedermann aus dem Volke (ab 1. Juli 1904: Berliner Volks-Zeitung)

Vorwärts. Berliner Volksblatt. Zentralorgan der Sozialdemokratischen Partei Deutschlands

Vossische Zeitung, Berlin

Walden, Nell, Aus meinen Erinnerungen an Herwarth Walden und die »Sturmzeit«. In: Der Sturm. Ein Erinnerungsbuch, Baden-Baden 1954

Waldoff, Claire, Weeste noch ...! Aus meinen Erinnerungen, Düsseldorf 1953

Walser, Robert, Berlin und der Künstler. In: Kunst und Künstler, Jg. 8 (1909/10), H. 4

Weisbach, Werner, Geist und Gewalt, Wien/München 1956

Weisbach, Werner, »Und alles ist zerstoben«. Erinnerungen aus der Jahrhundertwende, Wien/Leipzig/Zürich 1937

Wermuth, Adolf, Ein Beamtenleben. Erinnerungen, Berlin 1922

Werner, Anton v., Ansprachen und Reden an die Studierenden der Königlichen Akademischen Hochschule für die Bildenden Künste zu Berlin, Berlin 1896

Westheim, Paul, Die steinerne Maske. In: Pan, Jg. 2 (1911/12), H. 9

Wilamowitz-Moellendorff, Ulrich v., Erinnerungen. 1848–1914, Leipzig 1928

Willstätter, Richard, Aus meinem Leben, Weinheim 1949

Winterstein, Eduard v., Mein Leben und meine Zeit. Ein halbes Jahrhundert deutscher Theatergeschichte, Berlin 1951

Winterstein, Eduard v., Mein Weg mit dem Film. In: Deutsche Filmkunst, 1956, H. 7

Wolff, Louise, Arthur Nikisch und Berlin. Aus meinen Erinnerungen. In: Arthur Nikisch. Leben und Wirken. Hrsg. von Heinrich Chevalley, Berlin 1922

Wolff, Theodor, Der Krieg des Pontius Pilatus, Zürich 1934

Wolff, Theodor, Der Marsch durch zwei Jahrzehnte. Zitiert nach: Theodor Wolff, Die Wilhelminische Epoche. Hrsg. von Bernd Sösemann. Erweiterter Nachdruck des 1936 in Amsterdam erschienenen Buches »Der Marsch durch zwei Jahrzehnte«, Frankfurt am Main 1989

Wolff, Theodor, Tagebücher 1914–1919. 2 Bde. Hrsg. von Bernd Sösemann, Boppard 1984

Wolff, Theodor, La Terrasse. In: Fritz Paul, Theodor Wolff und die Berliner Boheme des »Schwarzen Ferkels« (Skandinavistik, Jg. 13, 1983, H. 1)

Zedlitz-Trützschler, Graf Robert, Zwölf Jahre am deutschen Kaiserhof. Aufzeichnungen des ehemaligen Hofmarschalls Wilhelms II., Berlin/ Leipzig 1923
Ziekursch, Johannes, Politische Geschichte des neuen deutschen Kaiserreiches. Bd. 3: Das Zeitalter Wilhelms II., Berlin 1930
Zobeltitz, Fedor v., Chronik der Gesellschaft unter dem letzten Kaiserreich. 2 Bde, Hamburg 1922
Zobeltitz, Fedor v., Ich hab so gern gelebt. Lebenserinnnerungen, Berlin 1934
Die Zukunft. Hrsg. von Maximilian Harden, Berlin
Zur Westen, Walter v., Berlins graphische Gelegenheitskunst, Berlin 1912
Zweig, Stefan, Die Welt von gestern. Erinnerungen eines Europäers, Frankfurt am Main 1947

Benutzte Literatur – Eine Auswahl

Bereit zum Krieg. Kriegsmentalität im wilhelminischen Deutschland 1890 bis 1914, Göttingen 1986
Berlin um 1900. Ausstellung der Berlinischen Galerie in Verbindung mit der Akademie der Künste. Katalog, Berlin 1984
Bodenschatz, Harald, Platz frei für das Neue Berlin! Geschichte der Stadterneuerung seit 1871, Berlin 1987
Buddensieg, Tilmann, Industriekultur. Peter Behrens und die AEG 1907 bis 1914. In Zusammenarbeit mit Henning Rogge unter Mitarbeit von Gabriele Heidecker und Karin Wilhelm, Berlin 1979
Cullen, Michael S./Uwe Kieling, Der Deutsche Reichstag. Geschichte eines Parlâments, Berlin 1992
Doede, Werner, Berlin. Kunst und Künstler seit 1870, Recklinghausen 1961
Escher, Felix, Berlin und sein Umland. Zur Genese der Berliner Stadtlandschaft bis zum Beginn des 20. Jahrhunderts, Berlin 1985
Exerzierfeld der Moderne. Industriekultur in Berlin im 19. Jahrhundert. Hrsg. von Jochen Boberg, Tilman Fichter und Eckhart Gillen, Münchern 1984
Fischer, Fritz, Griff nach der Weltmacht. Die Kriegszielpolitik des kaiserlichen Deutschland 1914/18, Düsseldorf 1967
Fischer, Fritz, Krieg der Illusionen. Die deutsche Politik von 1911 bis 1914, Düsseldorf 1969
Fricke, Dieter, Neue Dokumente über die Rolle Albert Südekums. In: Zeitschrift für Geschichtswissenschaft, 1956, H. 4
Geschichte Berlins. Hrsg. von Wolfgang Ribbe. Bd. 2: Von der Märzrevolution bis zur Gegenwart, München 1987

Geschichte der revolutionären Berliner Arbeiterbewegung. Bd. 1: Von den Anfängen bis 1917. Von einem Autorenkollektiv unter Leitung von Wolfgang Schröder, Berlin 1987

Glatzer, Dieter und Ruth, Berliner Leben 1900–1914. Eine historische Reportage aus Erinnerungen und Berichten, 2 Bde, Berlin 1986

Glatzer, Dieter und Ruth, Berliner Leben 1914–1918. Eine historische Reportage aus Erinnerungen und Berichten, Berlin 1983

Haffner, Sebastian, Die deutsche Revolution 1918/19. Neuausgabe, München 1979

Hegemann, Werner, Das steinerne Berlin. Geschichte der größten Mietskasernenstadt der Welt, Berlin 1930

Herzfeld, Hans, Berlin als Kaiserstadt und Reichshauptstadt 1871–1945. In: Hans Herzfeld, Ausgewählte Aufsätze, Berlin 1962

Hüter, Karl-Heinz, Architektur in Berlin 1900–1933, Dresden 1988

Jaron, Norbert/Renate Möhrmann/Hedwig Müller, Berlin – Theater der Jahrhundertwende. Bühnengeschichte der Reichshauptstadt im Spiegel der Kritik (1889–1914), Tübingen 1986

Junghanns, Kurt, Der Deutsche Werkbund. Sein erstes Jahrzehnt, Berlin 1982

Kehr, Eckart, Schlachtflottenbau und Parteipolitik 1894–1901, Berlin 1930

Lange, Annemarie, Das Wilhelminische Berlin. Zwischen Jahrhundertwende und Novemberrevolution, Berlin 1967

Die Metropole. Industriekultur in Berlin im 20. Jahrhundert. Hrsg. von Jochen Boberg, Tilman Fichter und Eckhart Gillen, München 1986

Paret, Peter, Die Berliner Secession. Moderne Kunst und ihre Feinde im kaiserlichen Deutschland, Berlin 1981

Posener, Julius, Berlin auf dem Wege zu einer neuen Architektur. Das Zeitalter Wilhelms II., München 1979

Röhl, John C. G., Kaiser, Hof und Staat. Wilhelm II. und die deutsche Politik, München 1987

Seelig, Carl, Albert Einstein. Leben und Werk eines Genies unserer Zeit. Zürich 1960

Siedler, Wolf Jobst, Abschied von Preußen, Berlin 1991

Stegmann, Dirk, Die Erben Bismarcks. Parteien und Verbände in der Spätphase des Wilhelminischen Deutschlands. Sammlungspolitik 1897 bis 1918, Köln 1970

Stuckenschmidt, Hans Heinz, Schönberg. Leben, Umwelt, Werk, Zürich/Freiburg im Br. 1974

Stürmer, Michael, Das ruhelose Reich. Deutschland 1866–1918, Berlin 1983

Wehler, Hans-Ulrich, Das Deutsche Kaiserreich 1871–1918. 6. Auflage, Göttingen 1988

Wendel, Günter, Die Kaiser-Wilhelm-Gesellschaft 1911–1914, Berlin 1975

Wissenschaft in Berlin. Von den Anfängen bis zum Neubeginn nach 1945. Hrsg. von Hubert Laitko, Berlin 1987

Personenregister

Die Angaben zu den Personen, soweit zu ermitteln, wurden auf den Zeitraum 1890 bis 1918 sowie auf ihre Tätigkeit in Berlin konzentriert. Personennamen als Bezeichnung für eine Firma wurden nicht aufgenommen. Herausgeber und Autoren wissenschaftlicher Publikationen sind nur mit dem Namen erfaßt, historische Persönlichkeiten, die als bekannt vorausgesetzt werden können, nur mit ihren Lebensdaten. Kursiv gesetzte Seitenzahlen bezeichnen die Stelle, an denen ein Text beziehungsweise ein Bild oder eine Zeichnung des Genannten abgedruckt ist.

Folgende Bezeichnung wurde abgekürzt: Mitglied des Reichstages – MdR

Abbildungsnachweis

Leihgeber

AEG Firmenarchiv, Frankfurt am Main: 93
Archiv für Kunst und Geschichte, Berlin: 58, 63, 77, 108, 136 (rechts), 137, 175, 244, 286, 310, 393
Archiv zur Geschichte der Max-Planck-Gesellschaft, Berlin: 247
Bildarchiv Preußischer Kulturbesitz, Berlin: 48/49, 136 (links), 184, 201, 205, 361
Bundesarchiv Koblenz: 398, 399, 419
Deutsches Museum München: 250
Landesbildstelle Berlin: 85, 302/303, 346
Munch Museum, Oslo: 171 (Aufnahme Svein Andersen/Sidsel de Jong)
Siemens Firmenarchiv, München: 96
S. Fischer Verlag, Frankfurt am Main: 181
Staatliche Museen zu Berlin – Preußischer Kulturbesitz, Kunstbibliothek: 217
Staatsgalerie Stuttgart: 329
Stadtmuseum Berlin: 39, 72/73, 112/113, 160 (Aufnahme Christel Lehmann), 229, 252/253, 295, 305 (Aufnahme Christel Lehmann), 309 (Aufnahme Christel Lehmann), 370, 372, 380 (Aufnahme Hans-Joachim Bartsch), 409
Ullstein Bilderdienst, Berlin: 68/69, 120

Publikationen

Album von Berlin. 2 große Panoramen und 43 Ansichten nach Momentaufnahmen, Berlin o. J.: 44/45
Bauwelt, Jg. 1913: 347
Berlin. 12 Kunstblätter in Photogravüre, Berlin o. J.: 52
Berliner Architekturwelt, Jg. XVIII (1915/16): 105
Berliner Leben. Zeitschrift für Schönheit und Kunst, Jg. 1902: 214, Jg. 1905: 165, Jg. 1906: 121, Jg. 1913: 245, 355
Glatzer, Dieter und Ruth, Berliner Leben 1900–1914, Berlin 1986: 265, 278/279, 290
Hans Baluschek 1870–1935. Ausstellungskatalog. Deutsche Akademie der Künste zu Berlin, 1955: 208
Ich und die Stadt. Mensch und Großstadt in der deutschen Kunst des 20. Jahrhunderts. Berlinische Galerie. Ausstellungskatalog 1987: 326
40 Jahre Berlinische Boden-Gesellschaft, Berlin 1930: 308
Die Kunst. Monatshefte für freie und angewandte Kunst. Jg. 1901: 287
Ludwig, Hans, Berlin von gestern, Berlin 1957: 288
Die Metropole. Industriekultur in Berlin im 20. Jahrhundert, München 1986: 318
Ranke, Winfried, Vom Milljöh ins Milieu. Heinrich Zilles Aufstieg in der Berliner Gesellschaft, Hannover 1979: 211

Die Deutsche Bibliothek – CIP-Einheitsaufnahme

Panorama einer Metropole: Das Wilhelminische Berlin/
Ruth Glatzer (Hrsg.). Einl. von Ernst Engelberg. –
1. Aufl. – Berlin: Siedler, 1997
ISBN 3-88680-561-1

Der Siedler Verlag
ist ein Unternehmen der Verlagsgruppe Bertelsmann.

Redaktion: Ditta Ahmadi, Berlin
Schutzumschlag: Brigitte und Hans Peter Willberg, Eppstein
Umschlagbild: Paul Hoeniger, Der Spittelmarkt, 1912
(Stadtmuseum Berlin, Aufnahme Hans-Joachim Bartsch)
Satz: Ditta Ahmadi, Berlin
Reproduktionen: Michael Dittberner, Berlin
Druck und Buchbinder: Spiegelbuch, Ulm
Printed in Germany 1997
ISBN 3-88680-561-1
Erste Auflage